KB151899

MARKETING
마케팅
− 이론부터 실무까지 −

C. SHANE HUNT / JOHN E. MELLO
FIRST EDITION

마케팅

—이론부터
실무까지

신종국 | 박민숙 | 문민경 | 편역

McGraw Hill Education

Marketing

Korean Language Edition Copyright © 2016 by McGraw-Hill Education Korea, Ltd.
All rights reserved. No part of this publication may be reproduced or distributed in any
form or by any means, or stored in a database or retrieval system, without prior written
permission of the publisher.

1 2 3 4 5 6 7 8 9 10 MHE-KOREA 20 16

        Original: Marketing, 1/e
            By C. Shane Hunt, John E. Mello
            ISBN 978-0-07-786109-4

Korean ISBN   979-11-321-0096-6   93300
Printed in Korea

마케팅

– **이론**부터 **실무**까지 –

발 행 일   2016년 3월 1일 초판발행
저   자   C. Shane Hunt, John E. Mello
편 역 자   신종국, 박민숙, 문민경
발 행 처   맥그로힐에듀케이션코리아 유한회사
발 행 인   신디존스(CINDY JONES)
등록번호   제 2013-000122호(2012.12.28)
주   소   서울시 마포구 동교로 18길 38, 2-3층 (서교동, 지우빌딩)
전   화   (02)325-2351

I S B N : 979-11-321-0096-6

판 매 처   한티미디어
문   의   02)332-7993~4
정   가   32,000원

셰인 헌트(C. Shane Hunt)

오클라호마 주립대학에서 마케팅 박사학위를 받았고 현재 아칸소 주립대학의 부교수로 재직 중이다. 2010년 The National Society of Collegiate Scholars로부터 2010 National Inspire Integrity 수상을 포함한 다수의 교육상을 수상하였다. 2011년에는 아칸소 주립대학의 올해의 교수로 Barney Smith상 및 2011 Excellence in Undergraduate Teaching을 수상하였다. The Journal of Personal Selling and Sales Management, The Journal of Business Logistics 등 다수의 마케팅 저널에 논문을 게재하였고 American Marketing Association, The National Conference in Sales Management 등의 학회에서 활동하고 American Marketing Association special interest group in the area of personal selling and sales management의 부회장을 맡고 있다. 오클라오마 대학에서 MBA학위를 취득한 뒤, 포춘지 선정 500대 기업에서 재무 분석가, 제품 관리자, 영업 관리자 등으로 8년간 재직하였고, 영리 및 비영리 기업의 컨설턴트, 연사, 이사로 활발한 활동을 하고 있다.

존 멜로(John E. Mello)

테네시 대학에서 박사학위를 받고 현재 아칸소 주립대학의 마케팅 전공 부교수 및 공급사슬관리센터장으로 재직하고 있다. 2012년 아칸소 주립대학으로부터 2012 Excellence in Teaching을 수상한 매우 존경받는 교육자다. 멜로 박사는 박사학위 취득 전 유니레버와 플레이텍스에서 28년간 재직하였다. 센트럴 코네티컷 주립대학교에서 학사를 받았으며, 뉴헤이븐 대학과 월밍턴 대학에서 석사학위를 받았다. The Journal of Business Logistics, Transportation Journal, International Journal of Physical Distribution and Logistics Management 등의 저널에 논문을 발표하였고, The Decisions Sciences Institute와 Marketing Management Association와 같은 주요 학회에 참여하고 있다. 그는 또한 The Journal of Business Logistics와 Transportation Journal 등의 다수의 논문지에서 편집위원으로 활동하고 있다.

마케팅 관련 강좌를 한 번이라도 수강해본다면 마케팅은 특정의 직업군에서만 관심을 가질 만한 내용이 아닌, 우리 모두의 삶과 매우 밀접하게 연관된 학문이라는 사실을 알 수 있을 것입니다. 이에 본 서는 독자들이 장래 어떤 직업을 선택하더라도, 업무에 마케팅 이론을 적용하여 성공적인 사회생활을 할 수 있도록 내용을 구성하고 있습니다. 또한 본 서는 마케팅의 주요 개념들을 단순히 한곳에 모아 놓은 정보저장소의 역할만 하는 것이 아니라, 습득한 내용들을 학생과 실무자의 관점에서 시장의 현실에 맞게 적용하여 봄으로써 실무적 능력을 배양할 수 있도록 구성하였습니다. 본 서의 각 장에는 독자의 이해를 도울 최신의 다양한 사례들을 포함하고 있으며, 독자 스스로 개인 브랜드와 주요 제품의 마케팅 전략계획을 도출해 봄으로써 학습한 이론을 응용할 수 있도록 하고 있습니다.

마케팅 전공의 독자들은 본서에서 다루고 있는 소비자 행동, 판매전략, 공급 사슬 관리, 마케팅 조사 그리고 광고관리 등 실용적이고 유익한 주제들을 통해, 업무수행과 경력관리에 필요한 실무적 기초를 쌓을 수 있을 것입니다. 마케팅을 처음 접하거나 마케팅 비전공인 독자들은 본 서에서 다루고 있는 성공적인 기업의 마케팅 사례들을 통해, 보다 현실적이고 쉬운 내용으로 지식을 습득할 수 있을 것입니다.

본 서의 각 장에는 다양한 분야에서 마케팅 업무를 담당하고 있는 마케팅 전문가들의 인터뷰를 싣고 있습니다. 이를 통해 독자들은 실제 현장에서 다루어지는 마케팅의 역할을 보다 구체적으로 이해할 수 있을 것입니다.

본 서의 저자들은 독자 여러분의 밝은 미래를 늘 응원하며 여러분이 원하는 장래 목표를 달성할 수 있도록 노력할 것입니다. 마케팅 환경은 끊임없이 진화하며 변화하고 있습니다. 독자 여러분이 세계 어느 곳에 있던, 여러분이 속한 사회가 얼마나 크던, 그 사회의 경제상황이 어떻든 간에 마케팅을 학습한 모든 이에게는 언젠가 기회가 찾아올 것입니다. 독자 여러분의 앞날에 늘 행운이 함께하기를 진심으로 기원합니다.

저자 일동

본 서의 개요

본 서를 준비하는 오랜 기간 동안 마케팅 수업을 듣는 수강생들과 마케팅을 연구하고 강의하는 교수들과 함께 많은 대화를 하였습니다. 강의 상황에 따라 다른 부분들은 있겠지만 마케팅 저서와 관련해 공통적으로 느끼는 필요성은 다음과 같았습니다.

1. 마케팅 비전공자들은 마케팅 이론을 그들의 전공과 연관시켜 이해하는 데 어려움을 겪고 있으며 그들은 각자의 전공을 마케팅에 적용할 수 있는 방법에 대한 가이드라인을 필요로 함.
2. 마케팅 강좌의 수강생들은 높은 기대수준을 가지고 수업에 적극 참여하고자 하며, 강좌에서 사용되는 교재는 흥미로운 내용을 담아 그들의 기대를 만족시켜주었으면 함.
3. 마케팅 강좌 수강생들은 주요 학습내용을 미리 알고 싶어 하며 수업에 사용되는 마케팅 교재는 논리적이고 간결하게 기술되어, 주요 이론들을 쉽게 이해할 수 있도록 강조하고 예습하는 데 도움을 주었으면 함.

이러한 대화를 통해 알게 된 의견을 참고하여 여러 대학의 학생들을 대상으로 설문조사를 실시하였습니다. 다양한 전공의 대학생들이 기존에 출판된 마케팅 서적에 대해 가지고 있는 불만을 정리하면 다음과 같습니다.

1. 교재의 내용이 학생 개인의 목표나 삶에 부합하지 않음.
2. 기존의 서적들은 학습을 통해 배운 마케팅 전략들을 장래 마케팅 실무에서 어떻게 사용할 수 있는지를 알려주지 못함.
3. 기존의 서적 대부분이 주먹구구식의 마케팅 주제와 용어 그리고 내용을 포함하고 있음.

본 서는 이러한 비판적인 의견을 수용하고자 하였습니다. 본 서는 가장 효율적인 방법으로 가장 중요한 마케팅 이론들을 다루어 모든 전공의 수강생들이 마케팅을 쉽게 이해할 수 있도록 하였고 마케팅이 학생들의 장래 직업과 그들이 속할 기업과 사회에 있어 얼마나 중요한 역할을 하는지를 전달하고자 합니다. 본서는 각 장의 마지막에 수록된 'Executive Perspective'를 통해 독자들이 장래 마케팅 관련 업무의 선택 여부와 상관없이 마케팅이 그들의 경력에 어떠한 도움을 줄지를 알려주고자 합니다. 각 실무자들의 인터뷰를 통해 마케팅은 컴퓨터 공학, 인류학, 응용수학, 경제학 등에 이르는 다양한 영역들과 연관되어 있음을 보여주고 있습니다.

본 서는 독자들의 자기 학습을 통한 가치를 창출하고자 합니다. 독자들은 본 서를 통해 마케팅의 기본 이론을 학습하고 실제 업무에 이러한 이론들을 적용할 수 있는 능력을 배양할 수 있습니다. 본서는 마케팅 이론을 심층적으로 다루기보다는 독자들이 꼭 알아야 할 기본적인 이론들을 바탕으로 한 14개의 장으로 구성되어 있습니다.

PART 1: 21세기의 마케팅

Chpater 1. 마케팅의 중요성

1장은 우리 삶에 있어서의 마케팅의 역할과 관련성을 설명하고 있습니다. 마케팅에 대해 잘 모르는 상황에서 마케팅 강좌를 수강하게 되면, 수업 첫날 마케팅에 대한 개념을 학습할 수 있을 것입니다.

Chpater 2. 전략적 계획

2장은 기업에 있어서 전략적 계획의 중요성에 대해 설명하고 있습니다. 독자들은 마케팅 계획의 구성요소들을 학습하고, 그들이 가장 중요하게 생각하는 제품의 마케팅 전략을 스스로 세워봄으로써 학습한 내용을 응용할 수 있을 것입니다.

Chpater 3. 마케팅 환경분석

3장은 마케팅 환경에 영향을 미치는 외부 요인들에 대해 다루고 있습니다. 독자들은 기업의 국내 · 외 환경 요소들이 기업에 어떠한 영향을 미치는지를 학습할 수 있을 것입니다.

PART 2: 고객의 이해

Chpater 4. 마케팅 조사

4장은 마케팅 조사와 마케팅 조사 과정을 다루고 있습니다. 독자들은 마케팅 조사가 기업의 제품 개발, 판매 예측 등과 같은 주요 의사결정에 미치는 영향을 학습할 수 있을 것입니다.

Chpater 5. 소비자 행동

5장은 소비자의 의사결정에 영향을 미치는 주요 요인들을 설명하고 있습니다. 또한 B2B 마케팅과 B2C 마케팅의 유사점과 차이점을 비교하여 봄으로써 소비자 행동을 보다 쉽게 이해할 수 있을 것입니다.

Chpater 6. **제품 개발**

6장은 신제품의 마케팅 사례를 통해 제품개발 과정에 대해 보다 쉽게 설명하고 있습니다. 또한 독자들은 전통적인 제품 콘셉트인 소비자 수용과정과 제품수명주기 및 신제품 개발에 따른 윤리적인 문제들을 학습할 수 있을 것입니다.

Chpater 7. **시장세분화, 표적 시장 선정, 포지셔닝**

7장은 시장세분화와 포지셔닝에 대한 주요 개념들을 다양한 사례들과 함께 설명하고 있습니다. 또한 국내외 시장세분화와 표적 시장 선정에 대한 최근의 예시들을 다루고 있습니다.

PART 3: 고객 접근 방법

Chpater 8. **촉진전략**

8장은 제품의 가치를 소비자에게 알리는 다양한 도구에 대해 다루고 있습니다. 독자들은 소셜미디어부터 인적판매에 이르는 다양한 촉진전략의 활용에 대해 학습할 수 있을 것입니다.

Chpater 9. **공급사슬 및 물류관리**

9장은 마케팅 실무에 필수적인 운송관리와 재고관리에 관해 설명하고 있습니다. 본서는 물류가 모든 마케팅 관련 분야에서 가장 빠르게 성장하고 있고 연봉이 높다는 현실을 반영하여 다른 마케팅 서적들보다 물류 관련 내용을 더 자세하게 다루고 있습니다.

Chpater 10. **이윤추구 및 고객가치를 위한 가격책정**

10장에서는 마케팅 수업을 하는 데 있어 가격책정을 좀 더 쉽고 재밌게 학습할 수 있도록 가격책정과 관련된 이론만 제시하기 보다는 흥미로운 주제들을 다양하게 다룸으로써 가격책정 이론과 전략을 학습할 수 있도록 구성하였습니다.

Chpater 11. **성공적인 브랜드 구축**

11장은 소셜미디어와 제품 포장과 같은 도구들을 이용해 어떻게 성공적인 브랜드를 구축할 수 있는지를 다루고 있습니다. 또한 브랜드 성과 측정과 성공적인 기업 브랜드의 구축 그리고 개인의 브랜드 관리에 대한 내용도 포함하고 있습니다.

PART 4: 고객 반응

Chpater 12. **고객관계관리**

12장은 기업에 있어 가장 중요한 부문 중의 하나인 고객서비스에 관해 다루고 있습니다. 이 장에서 논의되는 개념과 전략들을 통해 독자들은 고객서비스와 브랜드 충성도와의 연관성을 이해할 수 있을 것입니다.

Chpater 13. **기업의 사회적 책임과 지속 가능성**

13장은 지속 가능한 마케팅 전략 구축의 사회·경제적 이점들을 설명함으로써, 기업의 사회적 책임의 중요성에 대해 강조하고 있습니다. 또한 마케팅 관리의 중요한 과제인 지속 가능한 전략 구축에 대한 내용도 포함하고 있습니다.

Chpater 14. **마케팅 성과 측정**

마지막 장에서는 마케팅 성과 측정과 직원 보상 방법을 다루고 있습니다. 마케팅 전략의 실행을 위해 마케팅 성과 측정이 반드시 필요한 부분이라는 것을 학습하게 될 것입니다.

Executive Perspective

각 장의 끝에 실린 Executive Perspective는 해당 주제와 관련 있는 실무자들의 인터뷰들로 구성되어, 실제 현장에서 다루어지는 마케팅의 역할을 전하고 있습니다. 인터뷰에 응한 실무자들은 다양한 분야에서 마케팅 업무를 담당하고 있는 성공한 전문가들로, 성공적인 리더가 되기 위해 반드시 길러야만 될 속성에 대해 이야기하고 있습니다. 특히 본문에서 다루고 있는 잘 알려진 대기업의 사례들과는 달리, 대부분 중소기업에서 일하고 있는 전문가들로 구성되어 있기 때문에 실질적인 마케팅 실행의 이야기들을 들려줄 것입니다.

편역자 소개

신종국
부산대학교 경영학과 교수

박민숙
부산가톨릭대학교 유통경영학과 조교수

문민경
부산대학교 경영학과 강사

이 책의 원저자들은 마케팅 교재개발을 위해 많은 학생과 교수를 만나면서 기존 마케팅 교재의 한계를 파악하였다. 그들은 대학에서 마케팅을 공부하게 되면 학생들은 개인적으로 어떤 장점과 혜택을 갖게 되어야 한다고 생각하였다. 그 결과 주먹구구식의 마케팅 용어는 뜻이 분명하게 서술하려고 노력하였고 학습 목적이 불분명한 주제는 어떤 마케팅 활동을 설명하는 것인지를 명확하게 하려고 노력하였다. 그래서 이 책을 통해, 마케팅을 공부하는 학생들이 개인의 삶의 목표가 구체화되고 그 목표달성을 위한 전략적 접근을 준비하는 것이 가능하도록 하였다.

각 장의 마지막에 실무자들의 경험과 안목을 설명하는 Executive Perspective를 제시하였다. 대부분 중소기업의 전문가들로서 대학생들이 졸업 후 직면하게 될 마케팅 현장을 생생하게 체험하는 듯한 실감나는 지식과 전략을 제공하고 있기 때문에, 이를 통해 독자들이 미래 경영관리에 필수불가결한 기본적 지식을 쌓을 수 있도록 하였다. 그 내용도 컴퓨터 공학, 인류학, 응용 수학, 경제학 등 다양한 분야에 걸쳐 포괄적이다.

이 책의 또 하나의 특징은 학생이 혼자서도 마케팅의 기본 이론을 습득하는 것이 가능하도록 하였다는 점이다. 그래서 기본적으로는 어의 전달의 어려움을 상쇄시킬만 한 쉬운 용어와 문장으로 서술하려고 노력하였다. 많은 부분에서 해외 사례를 대체할 국내 사례를 발굴하여 설명함으로써 우리나라 독자들의 이해를 돕고자 노력하였다.

끝으로 본 서가 출간되기까지 물심양면으로 수고를 아끼지 않으신 McGraw-Hill Education Korea 이종진 사장님과 Product team의 이상덕 이사님, 편집부 송은영 부장님께 편저자 모두는 심심한 사의를 표하는 바이다.

2016. 1.
편역자 일동

차례

PART ONE　　21세기의 마케팅

Chapter 1　마케팅의 중요성

Chapter 2　전략적 계획

PART TWO   **고객의 이해**

Chapter 4 **마케팅 조사**

Chapter 5 **소비자 행동**

PART THREE **고객 접근 방법**

PART ONE
21세기의 마케팅

Michael Friloux
Senior Vice President of Business Development

CITYNET

Citynet
http://citynet.com/

Citynet is a regional telecommunications company headquartered in West Virginia.

TWINOAKS

neptune

Steve DeVore
Senior Vice President and General Manager

Twin Oaks Integrated Marketing
http://www.thetwinoaks.com/

Twin Oaks is a strategic sales and marketing resource that delivers integrated shopper marketing solutions for consumer goods and retailer clients.

Erin Brewer
Managing Partner

REDPIN
RESTAURANT AND BOWLING LOUNGE

RedPin Bowling Lounge and The Basement Modern Diner
http://www.bowlredpin.com/

RedPin is a combination restaurant, bowling alley, and bar in Oklahoma City. It boasts 10 bowling lanes; a full-service bar; space for private parties; a menu of local, made-from-scratch fare; and a large canal-front patio.

Chapter 1
마케팅의 중요성
WHY MARKTING MATTERS TO YOU

학습목표 이 장은 모든 기업과 비영리 조직, 그리고 개인에게 마케팅이 얼마나 중요한지를 설명한다. 우리의 배경, 대학 전공, 미래 계획과 상관없이 마케팅은 우리 모두에게 중요하다. 이 장에서는 마케팅이 무엇인지, 마케팅이 어떻게 세계적인 관심을 받는지, 그리고 역동적인 환경 속에서 기업의 사회적 책임과 윤리가 얼마나 중요한지 공부할 것이다.

학습목표 1-1

마케팅의 가치

마케팅의 정의와 가치 창조, 소통, 그리고 전달에서 마케터의 역할에 대한 서술

어떤 일을 하든 마케팅 원리를 이해하고 실행하는 방법을 아는 것은 사업 성공에서 무엇보다 중요하다. **마케팅**marketing은 고객들에게 가치를 창조하고, 소통하며, 전달하는 조직적 기능으로 일련의 과정이며 조직과 조직의 종업원, 고객, 투자자, 그리고 전체 사회를 이롭게 하는 방향으로 고객관계를 관리하는 것이다. 마케팅의 정의를 이해하기 위해 세 가지 구성요인을 살펴보는 것이 중요하다.

가치 창조creating value

오늘날 기업들은 항상 고객을 위한 가치를 창조하기 위해 새로운 방법을 찾고 있다. 우리는 일상적으로 사용하는 아이패드(iPad)나 트위터와 같은 SNS 애플리케이션, 또는 각종 소프트웨어 등이 지속적으로 개발되면서 새로운 제품과 서비스를 받아들이고 이용하며 새로운 경험을 하고 만족감을 느끼게 된다.

애플은 제품에 고객 가치를 부여함으로써 경쟁사의 제품보다 더 높은 가격을 형성할 수 있었다.

고객 가치customer value는 고객이 제품을 구매하는 비용에 비해 제품으로부터 얻는다고 생각되는 금전적 또는 비금전적 혜택을 말한다. 제품을 구매하는 비용에 비하여 혜택이 커야 가치를 깨달을 수 있다. 예를 들면, 안전성(에스원 세콤서비스), 저축(우리금융그룹), 생활의 편리성(iPhone 스마트폰) 등 고객에게 가치를 제공하는 여러 제품이나 서비스도 획득비용과 비교하여 가치를 평가할 것이다.

이러한 가치 창조의 핵심요소는 고객의 필요와 욕구를 충족시키는 혜택을 고객에게 제공하는 것이지만, 단순히 신제품 창조가 성공을 보장하지는 않는다. 경기변동에 상관없이 신제품의 80% 이상이 실패하므로[1] 가치를 창조하기 위해 충분히 시장의 수요를 창출할 수 있을 만큼의 가치가 제공되어야 하며, 경쟁자보다 우선적으로 제공하는 것이 무엇보다 중요하다. 이를 위해서 마케팅 전략이 중요한데, 환경분석, 효과적인 마케팅 조사, 그리고 고객행동의 이해 등이 종합적으로 고려된 마케팅 전략에 대한 공부가 필요한 것이다. 기업이 가치 있는 제품을 창조했다면 그 가치를 잠재고객과 의사소통해야만 한다.

가치 소통communicating value

가치 있는 제품이나 서비스를 제공할 수 있으면서도 그러한 메시지를 잠재고객에게 제대로 전달하지 못해 실패한 사례도 무수히 많다. 주변에 맛있는 음식점들이 많이 있지만 스스로 마케팅하지 않으면 우리는 그 음식점을 알 수 없다. 자본이나 방법에 대한 지식, 조직력 등의 한계로 개발한 제품을 알리지 못해 성공하지 못하는 중소기업이나 창업자들을 흔히 볼 수 있다. 이렇게 제품을 알리는 마케팅 전략은 잠재고객을 명확히 파악하여 그들에게 신제품의 존재와 가치를 알리는 촉진전략이 대표적이다. 이것은 마치 학생들이 졸업 후 직장을 구하는 과정에서 인사담당자에게 제출한 이력서와 자기소개서에 자신의 가치를 제대로 표현하여 전달하는 것과 유사하다. 인사담당자가 400여 개의 이력서를 보고 있는데, 그 중 나의 이력서가 다른 이력서와 별 차이가 없다면 나의 가치는 소통되지 않을 것이다. 이러한 기본적인 점을 이해 못하면서 왜 자기는 면접과 기회를 갖지 못하고 다른 사람들은 자신을 잘 마케팅해서 그러한 행운을 갖는지를 궁금해 하는 구직자들이 많을 것이다. 이 책은 각 장의 마지막 부분에 제시되는 실무자 인터뷰와 조언이 면접을 통과하는 방법에 도움을 줄 것이다. 기업도 가치를 창출하는 데서만 그치는 것이 아니라 잠재고객에게 가치에 대한 소통을 효과적으로 실시해야 한다.

성공적인 글로벌 기업인 코카콜라, 월마트, UPS 등은 공급 사슬 관리에 박차를 가하여 가치 전달을 그들의 경쟁우위 요소로 만들었다.

가치 전달delivering value

여러분이 편의점, 슈퍼마켓, 음식점, 주유소 등등 어떤 장소에서든 코카콜라를 살 수 있다는 것은 놀랄 일이 아니다. 세상의 수백만의 사람들이 코카콜라(Coca-Cola's)를 사고 즐길 수 있는 것은 코카콜라가 자신의 제품을 수많은 장소까지 전달한 능력 때문이다. 코카콜라의 공급사슬은 가치 전달에 매우 중요한 부분이다. 기업의 공급 사슬supply chain은 "어떤 원천으로부터 고객에게 제품, 서비스, 금융, 그리고 정보를 전달하는 하나 이상의 상류와 하류 흐름에 의해 직접 연계된 세 개 이상의 기업들의 관계"라고 할 수 있다.[2] 공급 사슬의 구성원은 특정 산업에 따라 제조업자, 도매상, 소매상, 운송 기업, 그리고 다른 조직들이 포함될 수 있다. 원산지로부터 최종 고객에 이르기까지 제품, 서비스, 그리고 정보의 흐름을 계획, 실행, 통제하는 공급 사슬 관리의 부분을 로지스틱스logistics라고 한다. 뒤에서 로지스틱스와 공급 사슬과 관련된 과제와 전략을 공부한다.

마케팅의 역사

마케팅 역사의 다양한 시기에 대한 구분

현대 마케팅의 정의를 이해하고 관련된 공부를 하기에 앞서 마케팅이 어떻게 진화해왔는지 이해하는 것이 중요하다.

헨리 포드(Henry Ford)의 생산라인 혁신과 A모델 자동차의 성공적 제조는 제품 지향 시대의 정점이었을 것이고 그때 기업들은 우수한 품질의 제품은 저절로 팔릴 것이라고 믿었다.

제품 지향 production orientation

1920년대 이전에 미국 전역과 선진국에서는 대부분의 기업들이 생산에 초점을 맞추고 있었다. 생산에 초점을 맞추었던 것은 좋은 품질의 제품을 생산하고 단위당 원가를 절감하기 위해 효율적 절차와 생산에 초점을 맞추었다는 뜻이다. 제품 지향 production orientation 시대는 1920년대 중반까지 지속되었는데, 그것은 그때까지 소비자 수요가 생산의 성장을 따라가지 못했기 때문이었다. 그러나 성공을 극대화하기 위해서는 새로운 전략이 필요했으며, 수요를 늘리기 위해 기업들은 증가한 생산량을 소모해 줄 고객을 발견할 수 있는 효과적인 판매원을 찾게 되었다.

판매 지향 sales orientation

판매원의 규모와 영향력이 커지면서 기업들은 판매 지향 sales orientation에 역점을 두게 되었다. 이는 고객들이 신제품을 구매하거나 기존 제품을 더 많이 구매하도록 설득하기 위해 인적판매와 광고를 이용하는 것을 의미한다. 이 전략은 대공황시기에 특히 중요했는데, 그 당시 소비자들은 구매력이 없었고 기업들은 자금이 절실했다. 포드(Ford)와 같은 회사는 대량생산으로 제품원가를 절감했지만 기존보다 제품이 더 많이 판매되지는 않았다. 포드는 점점 더 인적판매와 광고에 의존해서 GM과 같은 경쟁자의 제품 대신에 자사제품을 구매하도록 하였다. 판매 지향의 시대는 제2차 세계대전이 끝날 때까지 계속되었다.

마케팅 콘셉트 marketing concept

20여 년간의 불경기와 세계대전을 치른 후, 미국은 1950년대 초에 확장되는 시기를 맞이하였다. 제품과 서비스 수요가 크게 증가하였다. 전쟁 동안 제한적이었던 공급이 시장에 쏟아져 나오면서 기업들은 경쟁을 위한 새로운 전략을 마련해야만 했다. 결과적으로 소비자에게 초점을 맞춘 마케팅 콘셉트이 등장하게 된 것이다. 마케팅 콘셉트 marketing concept는 기업의 장기적인 성공이 고객의 필요를 충족시키기 위한 전사적 노력을 포함해야만 한다는 이념을 담고 있다. 마케팅 콘셉트는 고객 지향성(customer orientation)으로 특징지어지는데 이는 기업의 판매원, 회계담당자, 인사관리 담당자, 관리 담당자 등의 모든 구성원이 소비자의 필요를 이해하고 충족시켜야 한다는 사고를 강조한다. 월마트는 고객 만족에 초점을 맞추어 현금 수납원이든, 원가절감을 담당하는 로지스틱스 부서든, 반품을 담당하는 고객서비스 담당자든 모두가 마케팅 콘셉트를 실천해야 함을 중시했다. 이러한 고객 지향성이야말로 월마트가 치열한 경쟁 환경에서 성공할 수 있었던 비결이다. 월마트는 독특한 제품을 제공하기보다는 저가 공급, 친절한 서비스, 그리고 경쟁자보다 나은 편의성 등에 대한 소비자의 욕망을 충족시키는 데 초점을 맞춘 것이다.

마케팅 콘셉트는 계속 진화한다. 기술발전은 마케터가 과거에 불가능했던 새로운 방식으로 마케팅을 가능하게 한다. 델(Dell)은 개별 소비자가 직접 자신이 원하는 사양의 맞춤 컴퓨터를 주문하여 구매할 수 있게 함으로써 1990년대의 시장 선도자가 되었다. 오늘날의 기업들도 고객과의 관계를 설정하고, 유지하며, 성장시키는 데 초점을 맞추고 있다. 그루폰

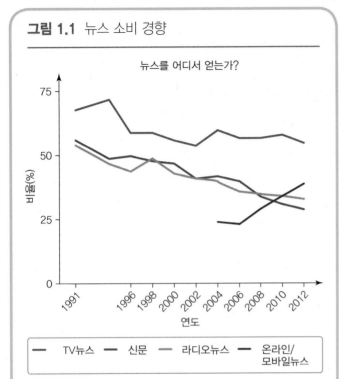

그림 1.1 뉴스 소비 경향

뉴스를 어디서 얻는가?

자료원: Pew Research Center, "In Changing News Landscape, Even Television Is Vulnerable," September 27, 2012, http://www.people-press.org/2012/09/27/in-changing-news-landscape-even-television-is-vulnerable/.

(Groupon)은 수익성을 추구하면서도 고객과의 관계를 증진시키기 위해서 전국 및 각 지역의 기업들이 특별할인가격으로 판매할 수 있는 시스템을 구축하였고, 웹사이트와 모바일 앱에서는 특정 제품을 대학생 할인가격으로 판매가 가능하도록 하였다. 이처럼 고객에게 다가가려는 노력은 제품 판매를 도울 뿐만 아니라 기업이 자사제품을 가장 잘 구매할 것 같은 고객들과 관계를 개발하는 것을 도와준다는 점에서 매우 중요하다 하겠다. **관계 마케팅**relation-ship marketing은 고객관계를 획득하고, 유지하며, 높이는 데 초점을 맞춘 전략이며[3] 오늘날 가장 성공하는 기업들에서 최우선적으로 중요시되는 부분이다.

마케팅의 미래the future of marketing

마케팅의 역사보다 더 흥미진진한 것은 미래에 마케팅이 어떻게 진행될 것인가를 상상하는 것이다. 기술과 다른 변화들이 비즈니스의 세계에 영향을 미치기 때문에 기업들은 고객의 욕구가 무엇인지 또 고객이 어떻게 정보를 받는 것을 선호하는지에 대해 설명하는 새로운 모델을 찾을 필요가 있다. 2010년에 미국에서는 최초로 케이블 TV의 가입자 수가 감소하였는데,[4] 반면 비디오 시청을 위해 인터넷을 사용하는 숫자는 사상 최고를 기록했다. 신문 구독자 수는 지난 10년간 상당히 감소했지만, 웹사이트, 블로그, 다른 온라인 방식을 통해 소통된 정보량은 그림 1.1에 나타난 것처럼 기하급수적으로 증가하였다. 페이스북(Facebook)과 트위터(Twitter)와 같은 서비스의 등장은 기업과 고객이 상호작용하는 방식을 바꾸고 있다. 미래에 마케팅이 어떻게 진화할 것인가와 상관없이 마케팅의 기본적 목표인 가치 창조, 소통, 그리고 전달은 변하지 않는다는 것을 명심해야 한다. 이러한 목표를 달성하기 위하여 마케터는 고객의 필요와 욕구를 충족시키기 위해 모든 마케팅 도구와 전략을 능수능란하게 활용할 수 있어야 한다.

필요와 욕구

소비자 필요needs와 욕구wants의 구별

소비자가 교환관계를 통하여 필요와 욕구를 충족시키게 해주는 제품을 개발할 때 마케터는 고객을 위한 가치를 창조하는 것이다. **교환**exchange은 판매자와 구매자가 가치 있는 것을 거래해서 결과적으로 모두가 혜택을 갖게 될 때 발생한다. 교환이 일어나기 위해서는 교환의 조건이 교환의 당사자들로 하여금 교환 전의 상태보다 더 나은 상태로 만들어줄 수 있어야 한다. 예를 들어, 어떤 소비자가 삼성전자의 스마트폰을 100만원에 구입하였다면 그 소비자는 교환을 통해 삼성전자의 스마트폰이 제공하는 효용을 지니는 반면, 삼성전자는 휴대폰 가격에 해당하는 이익을 얻게 된 것이다. 또한 그와 같은 교환을 통해 소비자와 기업 모두가 교환이 있기 전보다 더 나은 상태로 옮겨 갔다고 할 수 있다.

　소비자의 필요와 욕구의 차이는 마케팅의 가장 기본적인 개념일 것이다. 둘의 차이를 완전히 이해하지 못하거나 그 둘의 차이가 고객에게 제품을 마케팅하는 데 어떻게 영향을 미치는지 잘 모르는 기업에서는 필요와 욕구의 충족가능성을 입증하는 것이 중요한 과업이 될 수 있다. **필요**needs는 결핍을 느끼는 상태다. 소비자는 음식, 옷, 피신처, 수송, 안전과 같은 유용하거나 바람직한 것이 부족할 때 결핍감을 느낀다. 마케터가 필요를 창조하지 않아도 된다. 필요는 인간의 구성물 중의 기본적인 부분이다. 광고를 보거나, 판매원에게 질문하거나, 쇼핑몰의 이메일을 받거나 등등에 상관없이, 여전히 음식, 물, 안식처, 수송 등을 필요로 할 것이다.

　마케팅의 역할은 필요를 욕구와 연결시켜주는 것이다. 배고픔의 필요상황에서 맥도날드의 팬케이크나 프렌치프라이에 대한 욕구와 연결시켜 주는 것이다. 소비자가 추위나 비를 피할 수 있는 집을 원한다면 마케터는 그러한 필요를 여러 개의 방이 있는 큰 주택이나 아파트 등에 대한 욕구로 연결시켜주는 것이다. **욕구**wants는 인간의 개성, 문화, 그리고 구매 상황에 따라 필요가 구체화되어 형태로 나타난 것이다. 욕구는 소비자의 가족, 직업, 그리고 배경 등을 포함하며 많은 것에 영향을 받는다. 예로써 대학생은 자신의 개성을 반영하는 브랜드 셔츠나 운동화에 대한 욕구를 가질 것이고 자신이 어떻게 보이는가에 대해 좋은 인상을 남길 것이다.

필요를 욕구와 구별하기distinguishing needs from wants

필요와 욕구의 구별은 중요하지만 항상 분명히 다른 것은 아니다. 마케터는 고객의 욕구에 맞는 제품을 제공하는데 초점을 맞추는 데 그것이 곧 욕구의 기초인 필요를 충족시키게 된다. 사람들은 직장, 학교, 혹은 자녀를 데리러 가기 위한 수송 수단을 필요로 한다. 이때 소비자는 운전을 하거나, 버스를 타거나, 아니면 다른 대중교통 수단을 이용하는 등의 다양한 방법으로 수송에 대한 필요를 해결할 수 있지만 마케터는 자사의 자동차에 대한 고객의 욕구를 충족시키는 데 초점을 맞춘다. 일터로 가는 방법에는 여러 가지 있겠지만 고급 승용차의 생산자는 고객이 위성 라디오를 들으면서 따뜻한 의자에 앉아 가기를 원한다는 사실에 초점을 맞춘 것이다. 기업이 고객의 필요와 욕구의 차이를 잘 이해하면 할수록, 기업은 그 메시지에 초점을 잘 맞추어서 고객이 자사 제품이나 서비스를 구매하도록 확신시키는 일을 더 효과적으로 할 것이다. 그것은 그 기업이 제공하는 것이 경쟁 제품이나 서비스보다 고객의 필요와 욕구에 더 부합할 것이라는 단순한 이유 때문이다.

대부분의 사람들은 한두 가지의 수송 수단을 필요로 하는데 마케팅은 수송 수단에 대한 필요를 고급 승용차와 같은 욕구와 연결시켜주는 역할을 한다.

필요와 욕구의 윤리적 의의 the ethical implications of needs versus wants

고객의 필요와 욕구를 평가하는 일은 기업과 사회 모두에서 발생 가능한 잠재적인 문제를 피하기 위해 윤리적인 틀의 관점에서도 다루어져야 한다. 2007년 12월에 시작된 세계 경제 불황은 부분적으로는 반세기 이상 미국이 경험해온 최대의 가계주택 소유권 상실과 주택가격 하락을 낳은 주택건설 위기의 결과였다.[5] 주택건설 위기는 주택에 대한 고객의 기본적 필요를 발견하고 고객들의 구매력 이상의 주택을 구매하도록 욕구를 강요한 마케터에 의해 촉발된 것이다. 그 당시에는 그것이 윈-윈(win-win)으로 보였는데, 고객은 꿈꾸던 주택을 갖게 되었고, 고객의 소득으로는 감당하기 어려웠지만 기업이 지원하여 부동산 기업이 수년간 거대한 이익을 챙기도록 보증하였기에 가능한 것이었다. 그러나 결과적으로 이 전략은 수십억 달러의 재무적 손실과 수백만의 일자리 손실을 가져왔다. 비록 마케터는 이 책에서 다루게 될 여러 가지 마케팅 접근법을 이용하였지만 많은 사람들이 비윤리적인 방법으로 마케팅을 이용할 수 있다는 문제인식을 통해 올바른 마케팅을 실행할 수 있는 윤리적 관점을 키워야 하겠다.

학습목표 1-4

마케팅 믹스 : 4Ps

마케팅 믹스의 네 가지 요소에
대한 설명

마케팅 수업을 들은 졸업생들이 가장 많이 기억하는 것이 4Ps이다. 제품(product), 가격(price), 유통(place, distribution), 그리고 촉진(promotion)으로 구성된 마케팅 믹스다.

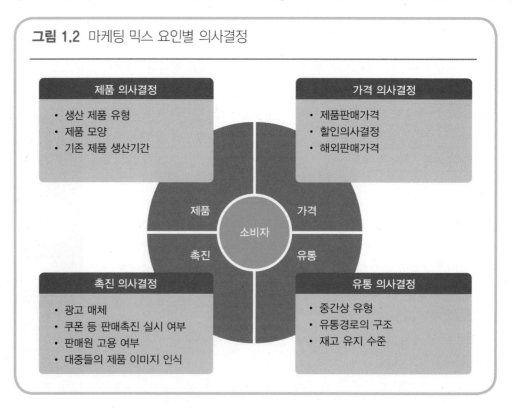

그림 1.2 마케팅 믹스 요인별 의사결정

제품 의사결정
- 생산 제품 유형
- 제품 모양
- 기존 제품 생산기간

가격 의사결정
- 제품판매가격
- 할인의사결정
- 해외판매가격

제품 — 소비자 — 가격
촉진 — 유통

촉진 의사결정
- 광고 매체
- 쿠폰 등 판매촉진 실시 여부
- 판매원 고용 여부
- 대중들의 제품 이미지 인식

유통 의사결정
- 중간상 유형
- 유통경로의 구조
- 재고 유지 수준

마케팅 믹스markting mix는 기업이 자신의 제품, 서비스 혹은 아이디어의 수요에 영향을 미치기 위해 할 수 있는 모든 것을 나타낸다. 마케팅 믹스의 네 가지 P는 마케터에게 고객의 지각, 판매, 그리고 수익성을 높이기 위한 도구를 제공해 준다. 성공적인 마케팅 관리자는 마케팅 믹스의 구체적인 요소에 초점을 맞춘 전략적 의사결정, 예컨대 가격 할인이나 제품포장 변경 등으로 경쟁자에 우월한 혜택을 제공함으로써 장기적인 성공을 달성하게 된다. 그림1.2는 마케팅 믹스 요소 각각에 영향을 미치는 전략적 의사결정 요인을 보여준다. 그러한 전략 개발을 위해 우선 각 요소를 더욱 상세히 이해해야 한다.

제품product

마케팅 믹스에 대한 논의는 전형적으로 제품으로부터 시작되는데, 제품 없이는 가격, 유통, 혹은 촉진의사결정에 대한 논의가 어렵기 때문이다. 제품은 기업이 소비자에게 제공하고자 하는 제품, 서비스, 혹은 아이디어의 결합물이다. 자동차를 보면 엔진, 타이어, 의자, 미션, 등 여러 부분으로 구성된다. 이외에도 신차는 품질 보증과 서비스 보증기간도 제공하는데, 이는 엔진 같은 물리적 속성은 아니지만 자동차의 기본적인 제품 구성이다. 아울러 자동차의 디자인, 브랜드명, 위성 라디오, 응급장치, 보안, 그리고 내비게이션 시스템 등도 제품의 일부분이다. 끝으로 소비자가 자동차를 구매하는 이유는 단순히 장소를 이동하는 혜택만을 생각해서가 아니라 자동차가 나타내는 지위, 자유, 그리고 젊음 등도 포함된다. 이 모든 유무형의 특징들이 자동차의 구성요소다.

또한 제품은 자동차와 같은 유형물뿐만 아니라 변호사나 전기기사가 제공하는 서비스도 해당되며 컨설턴트가 제시하는 아이디어도 포함한다. 이러한 제품의 여러 유형과 구성요소에 대해 6장에서 더욱 상세히 살펴볼 것이다.

가격price

가격은 구매자가 제품을 획득하기 위해 판매자와 교환하는 금전, 시간, 혹은 노력의 양을 말한다. 가격 책정은 기업의 가장 중요한 전략적 의사결정으로 가격이 소비자가 제품에 부여하는 가치와 관련되기 때문이다. 또한 가격에 의해 기업이 영향을 받기도 하며 제품 품질의 척도가 되기도 한다. 만약 1,000원, 5,000원, 10,000원의 가격표만 붙은 버터 3개가 있다면 어떤 것이 가장 우수한 품질이라 생각하겠는가? 아마도 맛도 보지 않고 10,000원이 붙은 버터가 최고라고 말할 것인데 그것은 단순히 높은 가격 때문이다.

또한 가격정책은 전형적으로 가장 변경하기 쉬운 마케팅 믹스 요소다. 그래서 기업들은 이를 시장점유(market share)나 수익(revenue)에서 신속히 조정하는 방법으로 이용하게 된다. 수익은 제품가격에 판매 단위 수량을 곱한 값이다. 만약 기업이 가격을 너무 높게 책정하면 판매 단위가 적어져 수익이 감소할 것이다. 반대로 기업이 가격을 너무 낮게 책정하면 판매 단위는

스마트폰 바코드 스캐너와 같은 신기술은 가격정책을 마케팅 믹스의 복잡하고 영향력 있는 요소로 만드는데, 그 이유는 소비자는 기업과 점포 간의 가격을 신속히 비교할 수 있기 때문이다.

증가하더라도 판매 단위가 낮은 가격을 상쇄하지 못한다면 전체 수익은 여전히 감소할 것이다. 만약 한일전 축구경기 입장권을 50,000원에 판매하였는데 나중에 알고 보니 구매자는 100,000원에도 기쁘게 구매했을 것을 알게 되었다고 한다면, 안타깝게도 50,000원의 잠재수익을 잃은 것이다. 가격정책과 가격전략에 대해 10장에서 구체적으로 살펴볼 것이다.

유통place

유통(place)은 마케팅의 가장 중요한 부분 중 하나다. 먼 곳으로 여행을 갔는데 거기서 맥도날드 제품을 발견하게 되는 것을 상상해 보라. 이는 맥도날드가 마케팅 믹스 중 유통 요소에 크게 초점을 맞추기 때문에 가능한 것이다. 유통은 기업이 자사 제품을 잠재고객이 획득할 수 있도록 하는 활동들을 포함한다. 기업은 고객들이 제품을 어려움 없이 구매하고 소비할 수 있는 곳까지 배분할 수 있어야만 한다. 어떤 고객이 제품을 쉽게 구매하지 못한다면 대체재를 찾게 될 것이다. 예를 들면 부산의 소비자가 특정 브랜드의 오렌지주스를 선호하지만 유통 문제 때문에 그가 구매할 수 있는 가장 가까운 곳이 대구라면 그는 집에서 가까운 곳에서 구매 가능한 다른 오렌지주스를 마실 것이다. 고객이 선호했던 그 주스는 제품을 소비자에게 전달하지 못했기 때문에 사업기회를 잃은 것이다. 유통 의사결정은 장소, 수송, 로지스틱스, 그리고 공급 사슬 관리와 관련된 것으로, 9장에서 구체적으로 다룬다.

촉진promotion

마케팅 믹스의 촉진 요소는 마케팅이 무엇이냐고 물었을 때 대부분의 사람들이 떠올리는 답이다. 촉진은 제품의 가치를 소통하고 소비자가 제품을 구매하도록 설득하는 모든 활동이다. 촉진은 광고, PR, 판매원 판매, 그리고 판매 촉진 등을 포함한다. 여러분이 자동차 보험, 식당, 리조트, 혹은 수천 가지 제품의 텔레비전 광고를 보았거나, 판매원과 얘기를 나누었거나, 어떤 제품 구매를 위해 쿠폰(판매 촉진의 유형)을 사용하였다면 이미 여러분은 촉진활동의 대상이었던 것이다. 마케팅 믹스의 다른 모든 요소와 마찬가지로 성공적인 촉진은 기업이 각각의 활동 가치를 극대화하는 방향으로 통합하는 능력 유무에 달려 있다. "전체가 각각의 부분보다 크다"라는 말을 들어보았을텐 데 이는 성공적인 스포츠 팀에 대해 하는 말일 것이다. 그것은 선수들 개개인도 훌륭하지만 그들이 팀에서 함께 할 때 더 훌륭하다는 뜻이다. 똑같은 논리가 마케팅에도 적용된다. 성공적인 기업의 전체적인 촉진 전략은 그 각 부분의 합보다 크다. 그것은 광고, PR, 판매원 판매, 판매 촉진 등을, 기업의 가치를 고객에게 전달하기 위해 효과적으로 통합하는 일이다.

촉진 전략의 성공에 통합적 접근법이 항상 중요하지만 최근에는 기업이 촉진 활동을 실행하는 방법이 진화되고 있다. 오늘날 기업은 스마트폰 앱(app)과 소셜미디어와 같은 다양한 온라인과 디지털 도구들을 이용하여 고객들과 직접 신속하게 소통할 수 있다. 소셜미디어social media라는 용어는 이용자가 직접 콘텐츠(contents)를 생산하고 교환할 수 있게 하는 인터넷 기반의 애플리케이션 집단을 의미한다. 촉진을 위해 소셜미디어를 이용하는 기업들은 주목을 끌 수 있는 콘텐츠를 창출하여 네트워크를 통해 공유하도록 만든다. 그렇게 함으로써 기업의 메시지가 사용자들 간에 퍼져 나가고, 그 내용이 기업에서 나온 것이 아니라 제3자로부터 나온 것으로 보는 소비자들로부터 공감을 얻게 된다. 소셜미디어 소통은 인터넷에 연결되는 누구나가 연결될 수 있는 방식으로 구전에 의해 진행되는데 이는 유료 매체가 아닌 무료 매체를 통한 소통이라는 뜻이다. 그래서 소셜미디어는 소규모 기업과 비영리 조직이 촉진 전략을 실행하기 위한 저렴한 도구가 된다.[6]

마케팅에 영향을 미치는 요인들

학습목표 1-5

마케팅 영역에서 세계화 globalization의 중요성 토의

소셜미디어는 마케터들이 제품을 고객에게 촉진하는데 점점 더 큰 영향을 미치고 있지만 그것이 현대 마케팅에 영향을 미치는 유일한 요인은 아니다. 기업들은 과거보다 더 폭넓은 초점을 가져야 한다. 마케터가 해외시장에까지 영향을 주고자 하지만 치열한 글로벌 시장의 경쟁을 극복해야 한다. 게다가 갈수록 많은 소비자들은 사회적 책임과 윤리적 책임을 강조하는 기업들을 찾게 되었다. 다음에서 세계화, 기업의 사회적 책임, 윤리 등에 대해 살펴볼 것이다. 이 책의 각 장에서 이러한 주제가 마케팅 계획, 마케팅 조사, 그리고 시장 세분화를 포함한 핵심 마케팅 원리에 어떻게 영향을 미치는지 알게 될 것이다.

글로벌 마케팅global marketing

현대의 마케터는 가치를 창조하고, 소통하며, 전달해야 할 뿐만 아니라 해외시장에서도 그렇게 해야만 한다. 글로벌 시장은 우리가 마케팅하는 모든 것에 영향을 미치는데 그것들은 제품 개발가격부터 공급 사슬 관리까지를 포함한다. 2011년 일본의 지진과 쓰나미는 세계의 제품 공급 사슬을 뒤죽박죽으로 만들어서 제품개발과 배송계획을 지연시켰다.[7] 또한 맥도날드부터 GM까지 미국 기업 성장의 대부분은 해외시장으로의 확장에서 이루어졌다.

과거 10년 동안의 사건들은 글로벌 경제와 어떻게 관련되는지 분명하게 말해준다. 미국 경제가 2007년에 시작된 거대한 불경기에 들어갔을 때 미국 소비자를 겨냥한 중국 공장 생산이 뚜렷하게 감소함으로써 중국의 실업과 성장둔화를 증가시켰다.[8] 유럽연합이 대륙 전반에 퍼진 금융위기를 겪을 때 미국 기업들은 주가가 하락하였는데, 이는 투자자가 유럽의 문제에 노출되는 것을 우려했기 때문이다. 과거의 그 어느 때보다 오늘날의 비즈니스가 해외시장 개발의 영향을 크게 받고 있다. 다음 사실들을 주목해보자.

- 2014년 기준 우리나라의 수출 규모는 5,727억 달러로 이는 전 세계 수출 총액 중 3.1%로 세계 6위 수준이다.[9]
- 2014년 수출과 수입을 합한 한국의 무역액은 1조 980억 달러로 세계 무역 총액 중 2.9%이며 세계 8위다.[10]
- 한국은 자동차, 반도체, 선박, 무선통신기기 등의 수출을 세계에서 주도하고 있다.[11]
- 수출이 한국 경제 전체의 35%를 차지하고 있다.[12]

상호관련된 세상the interconnected world 세계화(globalization), 즉 세계 경제의 점증하는 상호관련성은 사람마다 다른 반응을 보이게 한다. 국제무역협정인 NAFTA는 미국, 캐나다, 그리고 멕시코 사이의 무역규제를 완화시켰지만 개별 여건에 따라서는 긍정적으로도 부정적으로도 볼 수 있다. 농산물을 캐나다와 멕시코로 선적하여 팔던 미국 농부들에게 NAFTA는 사업을 확장하고 수익을 증대시키는 기회를 제공해 주었다. 캐나다와 멕시코는 1993년 이래로 미국 농산물 수출의 37%를 차지하였다.[13] 캐나다와 멕시코로 수출된 미국 총 농산물 수출은 NAFTA가 출범하던 1993년도에 22%이던 것이 15년도 되지 않아서 30%를 넘게 되었다. 그러나 어떤 제조 기업의 종업원의 관점에서 보면 NAFTA는 기업들이 대륙의 임금이 낮은 지역으로 일자리를 옮기도록 만듦으로써 지역의 잠재적 근로자를 위험에 빠뜨렸고 지역사회 전체를 위협하게 되었다. 세계화의 중요성은 매년 증가하고 있으며 마케터는 국제 마케팅 기회를 적극적으로 인식하고 대응함으로써 글로벌 시각을 개발해야만 한다.

글로벌 수준의 마케팅marketing on a global scale 미국의 마케터들은 미국인구가 세계인구의 5% 미만이기 때문에 미국 밖에 사는 수십억의 잠재 소비자에게 제품을 촉진하고 판매하는 방법을 찾아야만 한다. 이는 한국도 마찬가지다. 글로벌 마케팅global marketing은 전 세계를 통하여 고객들, 시장, 그리고 경쟁에 대해 의식적으로 고민해야 하는 일이다.[14]

코카콜라는 4Ps(제품, 가격, 유통, 촉진)를 통해 글로벌 시장에서 성공할 수 있다는 것을 입증했다.

코카콜라는 가장 주도적으로 세계화된 기업이다. 그 기업은 세계의 여러 곳에서 3,500여 가지의 다른 음료를 판매하고[15] 국제 시장의 매출이 80%를 넘어선다.[16] 코카콜라의 마케터는 세계 고객들의 독특한 입맛에 맞도록 제품을 개발했고 능동적으로 자신의 브랜드brand(즉 이름, 용어, 심벌, 디자인 혹은 이러한 것들의 조합이나 제품차별화를 위한 모든 것)를 적극적으로 촉진하며 이를 위해 광고와 소셜미디어를 활용했다. 또한 세계 어느 곳이든 경제적 혹은 경쟁적 요인에 근거하여 가격 의사결정을 했다. 뿐만 아니라 코카콜라는 제품을 글로벌 고객이 구매할 수 있는 장소에 이동시키는 데는 최첨단에 있다. 이를테면 터키에 병입 공장을 세우는 것이나 아프리카 먼 곳까지 공동 수송을 하는 것 등이다.

　　코카콜라와 같은 기업의 영향력이 세계로 퍼져 나가기 때문에 그들 기업은 국내외에서 영향을 주고받는 기업과 사람들을 위해 훌륭한 기업 시민으로 행동해야 하고 윤리적이어야 한다는 책임에 더욱 초점을 맞추어야 한다.

그림 1.3 기업의 사회적 책임에 영향을 받는 이해관계자

내부 이해관계자	외부 이해관계자
종업원	공급자
경영자	사회
사주	정부
	기업
	채권자
	주주
	고객

기업의 사회적 책임corporate social responsibility

점점 더 많은 집단, 주주, 그리고 이해관계자들이 기업이 사회적 책임에 더 적극적인 자세를 취하기를 원하고 있다. 기업의 사회적 책임Corporate Social Responsibility은 기업이 사회에 미치는 긍정적 효과는 극대화하고 부정적 효과는 극소화하는 의무를 의미한다. 이해관계자 책임stakeholder responsibility은 구체적으로 기업이 어떤 대상에게 가져야 할 의무에 초점을 맞추어야 하는데 그들은 기업의 목표 달성과는 상관없이 영향을 미치는 집단이다. 예로써 장난감을 생산하는 기업은 주주에게 이익을 돌려주는 책임을 가지면서 동시에 고객들에게는 어린이들에게 안전한 제품을 판매할 책임을 지게 되는 것이다. 기업들은 그림 1.3에서 나타난 것처럼 다양한 내부 및 외부 이해관계자 집단에 대한 책임을 지게 된다. 내부 이해관계자들은 종업원, 경영자, 그리고 사주를 포함한다. 외부 이해관계자들은 고객, 공급자, 채권자, 주주, 정부, 그리고 사회를 말한다. 마케터는 거의 매일 이러한 이해관계자에게 영향을 미치는 의사결정을 하고 있다.

　　기업의 사회적 책임은 다양한 형태의 주도적인 활동으로 확대되고 있는데, 기업의 기부 재단 설립, 소수자집단 지원, 그리고 조직 전반을 통한 책임 있는 경영 실무 요구 등이 그것이다. 지난 10년간 기업의 사회적 책임 정보를 보고한 기업의 수는 급증하였다. 2002년 포춘(Fortune) 500대 기업 중 10여 개만이 CSR 보고서를 발표하였지만 2012년에는 300개 이상이 매년 CSR 보고서를 발표하고 있다.[17]

학습목표 **1-6**

기업의 사회적 책임 corporate social responsibility의 잠재적 혜택에 대한 평가

CSR의 내용을 발표하고 출판하는 디즈니(Disney)와 네슬레(Nestlé)같은 기업들은 세상에서 가장 존경받는 기업의 순위에 올라 있다.[18]

학습목표 1-7

윤리적 사업의 실행과
시장에서의 성공과의
관계 설명

마케팅 윤리ethics in marketing

세계화와 기업의 사회적 책임처럼, 윤리적 의사결정이 성공적인 마케팅 접근의 주요 구성 요소가 되어야만 한다. 윤리ethics는 사회가 기대하는 도덕적 표준이다. 마케터는 사회에서 기대되는 규범과 가치를 분명하게 이해하고 기업, 종업원 등 그들 자신이 스스로 긍정적이고 윤리적인 방향으로 행동하도록 해야 한다. 미국마케팅협회(American Marketing Association)는 그림 1.4에서 제시된 바와 같이 마케터가 기준으로 삼을 수 있는 윤리강령(Code of Ethics)을 발표하였다.

윤리가 비즈니스에 미치는 영향the impact of ethics on business 윤리 규정을

따르지 않아 심각한 결과가 벌어질 수도 있다. 지난 15년간 기업이 윤리 규정을 따르지 않아 문제가 되기도 했는데, 거기에는 2000년에 포춘 500대 글로벌기업의 18위인 엔론(Enron), 거대 통신회사 월드콤(Worldcom), 2000년 미국 최대 회계 기업 아서앤더슨(Arthur Anderson), 그리고 2008년 세계 최고의 보험 회사인 AIG 등이 포함된다.[19] 비윤리적 의사결정으로 인해 이러한 기업이 사라지는 것은 대학 졸업생들의 고용기회도 줄이게 된다.

윤리적 의사결정을 함으로써 기업은 훌륭한 사업 감각을 가질 뿐 아니라 심지어는 불경기에도 이익을 창출할 수도 있다. 그림 1.5는 윤리적 기업 경영과 시장 성공 간의 관계를 설명하고 있다. 그래프의 WME Index는 세계에서 가장 윤리적인 기업으로 추천된 기업들을 보여주고 있고 S&P 500 Index는 미국주식시장의 500개 대형기업의 주가지수를 기준으로 한다. 윤리적인 기업으로 인식된 기업들이 S&P 500 Index에 포함된 기업들보다 수익률이 좋은 것을 알 수 있다. 이러한 현상은 미국의 가장 심각한 불경기였던 2008년도에도 마찬가지였다.

그림 1.4 미국마케팅협회 윤리강령

서문
미국마케팅협회(AMA)는 구성원(실무자, 학자, 그리고 학생)을 위하여 가장 높은 수준의 직업 윤리 규범과 가치를 증진시키고자 한다. 가치는 지역사회가 바람직하고 중요하며 도덕적으로 적절하다고 생각하는 포괄적인 개념을 의미한다. 우리는 마케터로서 우리의 조직에 기여할 뿐만 아니라 보다 큰 경제의 일부인 거래를 창조하고, 촉진하며, 실행하는데 있어서 사회의 주역이 되어야 한다고 생각한다. 이러한 관점에서 마케터는 복수의 이해관계자(즉, 고객, 종업원, 투자자, 동료, 경로구성원, 규제자, 그리고 지역사회)에 대한 우리의 책무로 인해 생기는 가장 수준 높은 직업 윤리 규범과 윤리적 가치를 수용해야 한다.

윤리적 규범
마케터로서 우리는 다음을 지켜야 한다.
1. 해를 끼치지 말 것. 수준 높은 윤리적 표준을 갖고 모든 관련 법률과 규정에 따라서 해로운 행동이나 소홀함이 없도록 하는 것이다.
2. 마케팅 시스템에서 신뢰를 증진할 것. 교환 과정의 효력을 증진시키고 제품개발, 가격책정, 촉진, 유통에서 기만을 없애기 위해 신뢰와 공정한 거래를 추구하는 것이다.
3. 윤리적 가치를 수용할 것. 진실, 책임감, 공정성, 존중, 투명성, 시민의식 등의 핵심 가치를 지지함으로써 마케팅 통합 관계를 구축하고 소비자 신뢰를 증진하는 것이다.

윤리적 가치
진 실: 고객과 이해관계자의 거래에서 이 목적을 달성하기 위해 다음을 지킨다.
- 언제 어떤 경우라도 진실하게 행동하기 위해 노력한다.
- 우리가 공표한 대로 제품과 가치를 제공한다.
- 만약 제품이 약속된 혜택을 전달하지 못하면 책임을 진다.
- 어떤 관계나 약속이든 모두 존중해라.

책임감: 마케팅 의사결정과 전략의 결과를 수용하는 목적을 달성하기 위해 다음을 지킨다.
- 고객의 필요에 부응하기 위해 노력한다.
- 어떤 이해관계자에게라도 강압적으로 대하지 않는다.
- 마케팅 및 경제적 힘을 가진 이해관계자에게는 사회적 임무를 인식시킨다.
- 어린이나 노인, 경제적으로 열악한 계층, 시장 문외한, 실질적으로 열등한 계층과 같은 불리한 세분시장은 특별히 배려한다.
- 의사결정에서 환경에 대한 책임감을 생각한다.

공정성: 구매자의 필요와 판매자의 이익을 공평하게 하는 목적을 달성하기 위해 다음을 지킨다.
- 판매, 광고 등의 촉진과정에서 제품을 분명하게 제시하여 오해를 불러일으키거나 기만적인 행위가 없도록 한다.
- 고객 신뢰에 손해를 끼치는 조작이나 판매 전술을 이용하지 않는다.
- 불법적인 가격전략과 미끼 제품전략을 이용하지 않는다.
- 이해관계의 갈등에 가담하지 않는다.
- 고객, 종업원, 파트너의 사적 정보를 보호한다.

존 경: 모든 이해관계자의 기본적 인간 위엄을 인식한다는 목적을 달성하기 위해 다음을 지킨다.
- 개인차를 인정하고 고객을 고정관념으로 오해하지 않으며 부정적이거나 비인간적인 방법으로 성별, 인종, 성적 지향성 등의 인구통계집단으로 구분하지 않는다.
- 고객의 필요에 귀를 기울이며 계속적으로 고객의 만족을 모니터하고 증진시키는 데 합리적인 노력을 다한다.
- 모든 문화의 구매자, 공급자, 중간상과 유통업자를 이해하고 존경스럽게 대하도록 최선을 다한다.
- 컨설턴트, 종업원, 협력업자 등의 기여를 인정한다.
- 모든 사람들 심지어는 경쟁자까지도 우리가 대접받고 싶은 것처럼 대접한다.

투명성: 마케팅 실무에서 개방성의 정신을 창조하는 목적을 달성하기 위해 다음을 지킨다.
- 모든 구성원들과 분명하게 소통하려고 노력한다.
- 고객과 다른 이해관계자들의 건설적 비판을 수용한다.
- 고객과 고객의 구매 의사결정의 지각에 영향을 미칠 수 있는 중요한 제품과 서비스 위험, 부품교체 등의 발생 가능한 상황에 대해 설명하고 적절한 행동을 취한다.
- 가격, 자금 지원방법, 가능한 가격 조정 등에 대한 목록을 제시한다.

시민의식: 이해관계자에게 제공할 경제적, 법적, 자선적, 사회적 책임을 실천하는 목적을 달성하기 위해 다음을 지킨다.
- 마케팅 캠페인의 실천에 있어서 생태환경을 보호하려고 노력한다.
- 봉사와 자선 기부를 통해 사회에 환원한다.
- 마케팅과 명성의 증진에 기여한다.
- 모든 참여자들 심지어는 개도국의 생산자에게도 거래가 공정해야 한다는 것을 공급사슬 구성원에게 강조한다.

실천
우리는 미국마케팅협회 구성원들이 이해관계자에게 그들 조직이 분명하거나 암묵적이거나 그 약속을 실천하는 것을 주도하거나 협력하는 일에 용감하고 주도적일 것으로 기대한다. 우리는 모든 산업 부문과 마케팅요소(즉, 시장조사, 전자 상거래, 인터넷 판매, 직접 판매, 그리고 광고)가 각자 정책과 부수적 요건을 필요로 하는 윤리적 이슈가 있다는 점을 인식한다. 그러한 조항들의 내용은 미국마케팅협회 웹사이트에 연결하면 접속할 수 있다. 본 윤리강령을 토대로 해당 산업과 분야에 맞게 조항을 발전시기고 개선하여 활용할 수 있다.

자료원: American Marketing Association, "Statement of Ethics," n.d., http://www.marketingpower.com/aboutama/pages/statement%20of%20ethics.aspx.

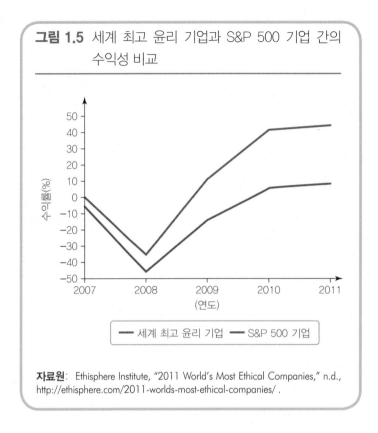

그림 1.5 세계 최고 윤리 기업과 S&P 500 기업 간의 수익성 비교

자료원: Ethisphere Institute, "2011 World's Most Ethical Companies," n.d., http://ethisphere.com/2011-worlds-most-ethical-companies/ .

윤리적 의사결정 틀ethical decision-making framework 윤리적 의사결정이 기업에 미치는 긍정적 영향이 있음에도 불구하고 윤리적 선택이 항상 분명한 것은 아니다. 그림 1.6은 마케팅 과업에서뿐만 아니라 우리 직업에서도 이용할 수 있는 윤리적 의사결정 틀을 설명하고 있다.[20] 이 교과과정 전반을 통해 논의되는 윤리적 문제에 이 체계적인 틀을 적용할 수 있다.

1. **편견 없이 사실을 규명하라.** 의사결정에 영향을 미치는 잠재적 편견을 없애고 문제의 사실적 요소들을 규명하라. 우리는 모두 환경의 지배를 받기 때문에 윤리적 문제에 직면하는 경우에도 우리의 배경이나 역사, 경험을 토대로 판단하게 된다. 만약 우리가 편견 없이 의가결정하려는 의식적 노력을 하지 않으면 이러한 환경적 요인들이 사실의 평가와 해석에 영향을 미치게 된다.
2. **현재의 윤리적 이슈를 파악하라.** 윤리적 이슈가 분명하게 파악되고 나면 윤리적으로 발생하는 문제는 피할 수 있다. 이슈 자체가 분명하게 이해되어야만 다른 단계의 윤리적 의사결정 틀도 가치가 있을 것이다.
3. **의사결정에 의해 영향을 받는 이해관계자를 파악하라.** 이해관계자는 외부에도 있고 내부에도 있다. 고객, 공급자, 주주, 지역사회, 종업원뿐만 아니라 은퇴한 종업원까지 포함한다. 각 집단을 윤리적 의사결정 틀의 부분으로 인정하라.

4. **획득 가능한 모든 대안을 고려하라.** 모든 이해관계자들이 파악된 후에는 모든 구성원들이 대안을 찾기 위한 브레인스토밍에 참여해야 한다. 서로 다른 구성원들은 이슈를 다른 관점에서 볼 수 있기 때문에 브레인스토밍은 창의적이고 유용한 결론을 이끌어낼 수 있다.

5. **의사결정이 이해관계자에게 어떻게 영향을 미칠지 고려하라.** 경영자들은 때때로 이 단계를 "문제의 다른 측면을 따져 보는 것"이라 한다. 이것은 의사결정이 모든 이해관계자에게 어떻게 영향을 미칠지 미리 고려해 보아야 한다는 뜻이다. 예로써 2008년의 서브 프라임 모기지 사태에 관여했던 기업들은 느슨한 대출 기준이 불경기 동안에 주택이 압류되고 대량 해고 등이 발생하기를 기다리기보다 미리 그 영향력을 고려했었어야 했던 것이다.

6. **이해관계자와 논의하라.** 의사결정 전에 이해관계자로부터 피드백을 받아라. 이들의 의견을 받아들이지 않고는 윤리적 의사결정의 모든 역학적 관계를 완전히 이해하는 것은 불가능하다. 의사결정이 확정되기 전에 이들과 심사숙고하여 의사결정을 한다면 많은 문제가 해결될 수 있다.

7. **의사결정하라.** 적절한 집단들과 함께 이슈가 한번 토의된 후에는 언급된 기준에 따라 마지막 의사결정을 하라. 다른 사람에게 영향을 미치는 의사결정을 하는 것은 신경 쓰이고 어려운 과업이지만 이 의사결정 틀을 이용하면 결론에 온전히 도달할 수 있다.

8. **의사결정의 품질을 모니터하고 평가하라.** 경제, 규제 환경, 그리고 소비자의 선택 대안은 항상 변화하고 개선되고 있다. 한두 세대 전에 비행기와 사무실 빌딩 안에서 담배를 피우는 것은 비윤리적인 일이 아니었다. 오늘날 우리가 간접흡연의 위험에 대한 더 많은 정보를 가졌기 때문에 많은 공공장소에서 흡연을 법으로 금하고 있다. 앞으로 기업들은 많은 윤리적 과제에 직면할 것이다. 그것들은 온라인 프라이버시 규제, 환경적 규제, 기업이나 제품의 지속가능성, 어린이 비만 등이다. 마케터를 포함한 모든 직업인들에게 그들이 의사결정한 것이 기업, 소비자, 그리고 사회에 여전히 권리와 윤리적 선택을 반영하고 있는지 모니터하고 평가할 의무가 있다.

마케터는 종종 단기적인 판매증진을 위해 기업이 오랫동안 쌓아온 명성에 해를 끼치는 의사결정에 직면할 수 있다. 윤리적 표준을 지키지 않음으로써 개인적으로 얻을 수 있는 장

그림 1.6 윤리적 의사결정의 틀

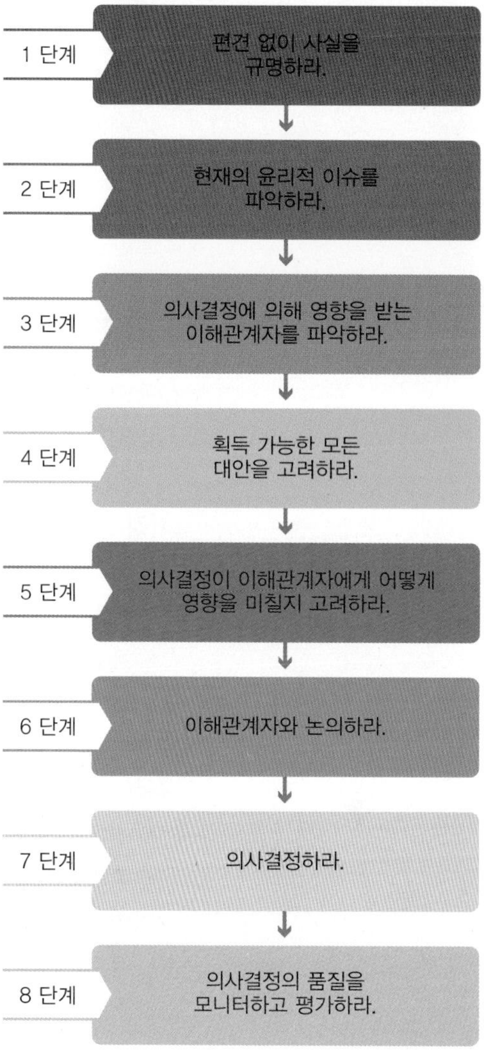

1 단계	편견 없이 사실을 규명하라.
2 단계	현재의 윤리적 이슈를 파악하라.
3 단계	의사결정에 의해 영향을 받는 이해관계자를 파악하라.
4 단계	획득 가능한 모든 대안을 고려하라.
5 단계	의사결정이 이해관계자에게 어떻게 영향을 미칠지 고려하라.
6 단계	이해관계자와 논의하라.
7 단계	의사결정하라.
8 단계	의사결정의 품질을 모니터하고 평가하라.

자료원: Laura Hartman and Joseph Desjardins, *Business Ethics: Decision-Making for Personal Integrity and Social Responsibility* (New York: McGraw-Hill, 2011), pp. 47–57.

기적 이익 대신 단기적 수수료 혜택을 선택하게 될 수도 있다. 다음 목록은 마케터가 마케팅 믹스의 각 요소 안에서 흔히 마주칠 수 있는 윤리적 질문을 담고 있다. 각 항목을 읽을 때 윤리적 의사결정의 틀을 기준으로 이용하면서 여러분은 어떻게 반응할지 생각해 보라.

제품

- 웹사이트의 개인정보 기본 설정(default privacy setting)이 제대로 되어 있는가?
- 어린이와 노인을 위한 안전 위험에 대비되어 있는가?
- 비용이 더 추가된다면 환경친화적인 포장을 사용할 것인가?

유통

- 유통 경로의 다른 구성원에게 외주를 주어야만 하는가?
- 도매상과 소매상의 관계가 부적절하지 않은가?
- 개인적 이득의 기회가 기업의 공급자를 유혹할 수 있는가?

가격

- 고객의 지불 능력에 따라서 다른 가격을 책정해야 할 것인가?
- 경쟁이 없다고 해서 가격을 인상할 것인가?
- 제품이 건강에 나쁠 수 있어도 많은 고객들이 구매하도록 음료와 패스트푸드의 가격을 낮추어야 할 것인가?

촉진

- 광고 메시지가 제품의 혜택을 정직하게 반영하는가?
- 촉진전략이 사회의 어떤 구성원에게는 부적합한 위법, 성, 혹은 신성 모독과 관련되지 않는가?
- 광고 메시지가 자사 제품의 혜택을 강조하기보다 경쟁 제품을 공격하지는 않는가?

EXECUTIVE PERSPECTIVE

스티브 드보어(Steve DeVore)

트윈 오크 통합 마케팅(Twin Oaks Integrated Marketing) 부사장

스티브 드보어는 마케팅 분야에 늦게 입문하였다. 대학에서 언론학을 전공하던 그는 마지막 학기에 수강한 마케팅 과목을 통해 마케팅에 대한 자신의 열망을 발견하게 되었다. 이후 마케팅 회사에 들어가고자 인턴십 과정을 준비하였고 대학 졸업 후 몇 년간 광고대행사에서 일하였다. 이후 그는 크리에이티브 관련 회사에서 월마트, P&G와 같은 세계적인 글로벌 기업들의 쇼퍼마케팅(shopper marketing) 업무를 담당하였다. 쇼퍼마케팅은 소비자의 구매경험을 개선시켜 판매를 증대시키고자 고안되어 최근 급부상하고 있는 마케팅 분야다. 드보어는 트윈 오크 통합 마케팅사를 쇼퍼 마케팅 대행사로 키우고자 노력하고 있다.

Q. 성공하기 위해 가장 중요한 것은 무엇이었습니까?

제가 직업적 성공을 거둘 수 있었던 것은 다음의 세 가지 이유라고 생각합니다. 첫째, 성공적인 인간관계의 형성입니다. 사람은 누구나 혼자서 정상에 다다를 수 없으며 주변인들이 여러분을 존경하지 않거나 어리석다고 생각한다면 여러분 리더가 될 수 없습니다. 둘째, 끈기 있는 노력입니다. 만약 여러분이 자만해서 업무 달성을 위해 매일 꾸준히 노력하지 않는다면 그것은 실패한 삶입니다. 항상 현재보다 나아지고자 노력하세요. 여러분이 기업의 어느 자리에 있던 늘 관리자나 임원이라고 생각하세요. 그러면 기업의 모든 의사결정과 행동에 대한 그 이유를 이해하게 될 겁니다. 세 번째는 인내입니다. 열심히 일하는 사람에게는 늘 새로운 기회와 행운이 따릅니다. 그렇기에 인내하다 보면 언젠가는 좋은 일이 따를 것입니다. 또한 인내하는 자는 언제나 남들보다 강하고 결단력이 있어 보입니다.

Q. 예비 졸업생에게 어떤 조언을 해 주시겠습니까?

누구나 처음부터 일을 잘하기는 어렵습니다. 그렇지만 여러분의 업무를 꾸준히 수행하다 보면 필요했던 것 이상의 가치를 가지게 될 것입니다. 여러분이 그 조직에서 없어서는 안될 인물로 여러분의 가치를 키우도록 하세요.

Q. 귀하는 어떤 마케팅 업무를 수행하고 계십니까?

저는 쇼퍼마케팅 업무의 책임자이고 자사는 소비자의 쇼핑경험을 증진시키기 위한 마케팅 프로그램을 개발하는 데 주력하고 있습니다. 자사의 고객 기업들은 경영에 있어서의 마케팅의 중요성을 인식하고 소비자에게 최고의 구매 경험을 제공하기 위해 자사에 도움을 요청하고 있습니다. 자사의 쇼퍼마케팅 프로그램은 고객기업의 시장 점유율을 향상시키고 매출을 증가시킵니다. 또한 저는 제 스스로를 고객 기업들에 마케팅을 함으로써 저뿐만 아니라 자사와 함께 일하고 싶도록 관리 합니다.

Q. 본인의 개인 브랜드(personal brand)는 어떠해야 한다고 생각합니까?

저는 대학에서 브랜드는 이름, 용어, 심볼, 디자인, 혹은 이런 것들의 조합으로서 기업의 제품을 확인시키거나 차별화시켜 주는 것이라고 배웠습니다. 스티브 드보어는 브랜드이며 내 주변 사람들이 제 이름을 들었을 때 그들이 무엇을 생각하는지를 반영합니다. 저는 늘 옳은 일을 하는 사람이고, 일에 대해 열정적이며, 주변 누구에게나 긍정적인 영향을 미치는 사람이기를 바랍니다. 댈러스 카우보이스(Dallas Cowboys)의 선수였던 마이클 어빈(Michael Irvin)은 인간이 가질 수 있는 가장 위대한 선물은 다른 사람들에게 영향을 미칠 수 있는 능력이라고 했는데 저는 그 말을 믿습니다.

Q. 귀사에게 있어 어떤 마케팅 믹스 요소가 가장 중요합니까?

모든 마케팅 믹스 요소가 다 중요하지만, 그 중 촉진이 가장 중요할 것입니다. 자사는 점포 고객 마케팅에 주력하고 있는데, 만약 고객 10명에게 같은 질문한다면 열 가지 다른 대답을 들을 것입니다. 자사는 부분적으로는 광고 대행 업무를 하고 있으며 동시에 소매 전략 컨설팅도 담당하고 있습니다. 대부분의 대행사들은 점포 고객 마케팅을 점포 내 마케팅과 같은 것으로 여겨 점포 내 고객이 구매하고자 하는 제품을 구매하도록 독려하는 제품 안내서나 점포 내 전시와 같은 판촉 전략을 사용할 것입니다. 그렇지만 저는 훨씬 구체적인 전략을 주로 제시합니다. 고객이 점포를 방문하기 전이나, 방문했을 때 그리고 방문한 이후, 즉 모든 경우에 있어 고객과의 관계를 형성하고 궁극적으로는 일회적 구매 고객을 단골 구매 고객이 되도록 노력합니다.

Q. 귀하는 의사결정을 할 때 윤리적 틀을 이용합니까?

당연히 모든 경우 그렇게 합니다. 자사의 기업경영에 있어 윤리는 항상 그 모든 것의 중심에 있습니다. 자사의 모든 이해관계자들과의 관계형성에서 신뢰와 윤리적 행위는 그 근본이 됩니다.

DISCUSSION QUESTIONS

1. 제품, 서비스, 혹은 아이디어를 효과적으로 마케팅하는 기업을 확인하고 그 기업이 어떻게 가치를 창조, 소통, 전달하는지 분석해 보시오.

2. 지난 세기의 마케팅의 진화를 돌이켜 보고 다음 10년 동안 마케팅 분야에 영향을 미칠 세 가지 주요 변화를 서술하시오.

3. 주변의 세 명의 친구들에게 현재 그들에게 필요한 필요와 욕구를 제시해 보라고 하고 그것에 대해 분석해 보시오. 그들은 필요와 욕구에 대한 각각의 정의를 정확하게 알고 있는가? 또한 연령이나 성별에 따라 응답에는 어떠한 차이가 있는가?

4. 정부가 여러분의 대학 등록금의 일부를 지원한다고 가정하고 이러한 이슈에 대해 윤리적 의사결정의 틀을 사용하여 각 단계별로 예를 들어 설명해 보시오. 무엇이 윤리적 이슈인가? 누가 적합한 이해관계자인가? 그들 이해관계자는 잠재적 결과에 의해 어떻게 영향을 받는가? 여러분은 어떤 의사결정을 할 것인가?

CHAPTER NOTES

1.   Ravi Sawhney and Deepa Prahalad, "The Role of Design in Business," *Bloomberg Businessweek*, February 1, 2010, http://www.businessweek.com/stories/2010-02-01/the-roleof-design-in-businessbusinessweek-business-news-stockmarket-and-financial-advice.

2.   John T. Mentzer (ed.), *Supply Chain Management* (Thousand Oaks, CA: Sage Publications, 2001), p. 14.

3.   Leonard L. Berry, "Relationship Marketing of Services—Perspectives from 1983 and 2000," *Journal of Relationship Marketing* 1, no. 1 (2002), http://www.uni-kl.de/icrm/jrm/pages/jrm_01.pdf# page=62.

4.   Sam Schechner, "Cord-Cutting Avoids Biggest Cities," *The Wall Street Journal*, November 22, 2010, http://online.wsj.com/article/SB100014240527487035673045756288312833366798.html.

5.   Peter Coy, "The Great Recession: An Affair to Remember," *Bloomberg Businessweek*, October 11, 2012, http://www.businessweek.com/articles/2012-10-11/the-great-recession-an-affair-to-remember.

6.   Mikaela Louve, "Social Media Marketing: Not a Magic Bean, but a Very Inexpensive One," *Technorati*, September 20, 2011, http://technorati.com/business/small-business/article/social-media-marketing-not-a-magic/page-2/.

7.   Miyoung Kim and Clare Jim, "Japan Quake Tests Supply Chain from Chips to Ships," *Reuters*, March14, 2011, http://www.reuters.com/article/2011/03/14/ us-japan-quake-supplychain-idUSTRE72D1FQ20110314.

8.   Barry Peterson, "China Feeling Impact of U.S. Recession," CBS News, July 9, 2009, http://www.cbsnews.com/8301-18563_162-5059809.html.

9. 10.   뉴시스(Newsis), 8월 10일, 2015년, http://www.newsis.com/ar_detail/view.html?ar_id=NISX20150810_0010215979&clD=10401&plD=1040.

11.   관세청, "2014년 관세청 통계", http://www.index.go.kr.

12.   경기신문, 10월 6일, 2015년, http://www.kgnews.co.kr/news/articleView.html?idxno=429191.

13.   Office of the United States Trade Representative, "NAFTA Facts," n.d., http://www.ustr.gov/sites/default/files/NAFTAMyth-versus-Fact.pdf.

14.   American Marketing Association, "AMA Dictionary," n.d., http://www.marketingpower.com/_layouts/Dictionary.aspx?dLetter 5 G.

15.   Coca-Cola, "Coca-Cola Beverages and Products," n.d., http://www.worldofcoca-cola.com/coca-colaproducts.htm.

16.   William J. Holstein, "How Coca-Cola Manages 90 Different Brands," Strategy 1 Business, November 7, 2011, http://www.strategy-business.com/article/00093?gko 5 f3ca6.

17.   Knowledge@Wharton, "Why Companies Can No Longer Afford to Ignore Their Social Responsibilities," *Time*, May 28, 2012, http://business.time.com/2012/05/28/whycompanies-can-no-longer-afford-to-ignore-their- socialresponsibilities/.

18.   CNNMoney, "World's Most Admired Companies," March21, 2011, http://money.cnn.com/magazines/fortune/mostadmired/2011/full_list/.

19.   CNNMoney, "Fortune 500 2012," n.d., http://money.cnn.com/magazines/fortune/fortune500/.

20.   Laura P. Hartman and Joseph Desjardins, Business Ethics:Decision Making for Personal Integrity & Social Responsibility, 2nd ed. (New York: McGraw-Hill, 2010).

21.   Paul Schmitz, "Look to Nonprofit Sector to Create Jobs," CNN, October 19, 2012, http://www.cnn.com/2012/10/19/opinion/schmitz-nonprofit-jobs.

22.   St. Jude Children's Research Hospital, "St. Jude Receives Halo Award," June 8, 2008, http://www.stjude.org/stjude/v/index.jsp?vgnextoid 5 8a7374995d1aa110VgnVCM1000001e0215acRCRD.

23.   St. Jude Children's Research Hospital, "Fundraising," n.d., http://www.stjude.org/stjude/v/index.jsp?vgnextoid=0ea8fa3186e70110VgnVCM1000001e0215acRCRD&vgnextchannel=fc4c13c016118010VgnVCM1000000e2015acRCRD.

Chapter 2
전략적 계획
STRATEGIC PLANNING FOR A SUCCESSFUL FUTURE

학습목표 이 장에서는 마케팅의 전략적 계획의 중요성을 살펴볼 것이다. 지속적인 사업의 성공을 위해서는 진중한 마케팅 계획의 실행이 핵심이다. 사명 선언문, 상황분석, 마케팅 전략, 글로벌 마케팅 전략 등에 대해 검토해 보자.

 학습목표 2-1

전략적 계획의 중요성

마케팅의 전략적 계획의 중요성 이해

대학생활을 시작하면서 재미있는 수업이나 쉬운 수업만을 무작위로 신청해서 수강한다고 상상해보자. 4년 뒤에 무엇이 남아 있을까? 아마도 학자금 대출만 남을지도 모른다. 보통은 전공과정을 이수하기 위해 수강해야 할 커리큘럼이 정해져 있다. 전공이수를 위해 필요한 과목을 선택하고 언제 수강할 것인지를 결정하는 것은 대학생들 스스로를 위한 전략적 계획이다. 전공과정과 개인적인 일상생활, 대외활동, 취업준비 등 각각에 대한 투입시간을 전략적으로 계획하고 실행하지 않으면 졸업에 어려움을 겪을 수도 있다.

전략적 계획은 직업적 목표와 개인적 목표 모두를 충족시키기 위해 필수적이다. 전략적 계획이 대학학위 취득이라는 목표 달성을 도와주는 것과 마찬가지로 기업의 전략적 계획은 기업을 성공으로 안내할 것이다.

전략적 계획strategic planning은 기업의 목표를 전반적으로 정의하고 그러한 목표를 달성하는 방법을 개발하는 과정이다. 기업은 전략적 계획이라는 과업을 지속적으로 수행해야 한다. 여건이 변화하고 고객 필요와 경쟁 위협이 변하기 때문에 과거에 잘 수행되었던 것이 미래에는 그렇지 않을 수 있음을 명심하고 전략을 수정해 나가야만 한다. 전략적 계획은 마케터가 성공을 극대화하기 위해 올바른 마케팅 믹스 전략을 선택하고 실행하는 것을 도울 것이다. 마케팅 노력을 계획하고 조정하는 일차적인 전략적 계획이 마케팅 계획이다.

마케팅 계획

학습목표 **2-2**

마케팅 계획marketing plan은 조직의 전반적인 전략적 계획의 일부로, 기업의 마케팅 전략의 분석, 실행, 그리고 통제에 대한 행동지침을 담고 있다. 마케팅 계획 수립은 향후 전략을 실천할 구성원들이 모두 내용을 이해하고 실행해야 하므로, 전적으로 마케팅 부서에서 전담하는 하는 것이 아니라 여러 부서 직원들의 노력과 조언, 평가가 반영되어야 한다.

마케팅 계획의 다섯 가지 주요 구성요소 설명

마케팅 계획의 구체적인 양식은 기업마다 다르지만 대부분의 계획은 핵심요약, 상황분석, 마케팅 전략, 재무계획, 통제 등으로 구성된다. 이러한 다섯 가지 구성요소는 조직이 달성하고자 하는 목표와 그 목표달성 방법에 대한 계획을 보여준다. 그림 2.1은 다섯 가지 구성요소별 항목을 간략히 설명하고 있다.

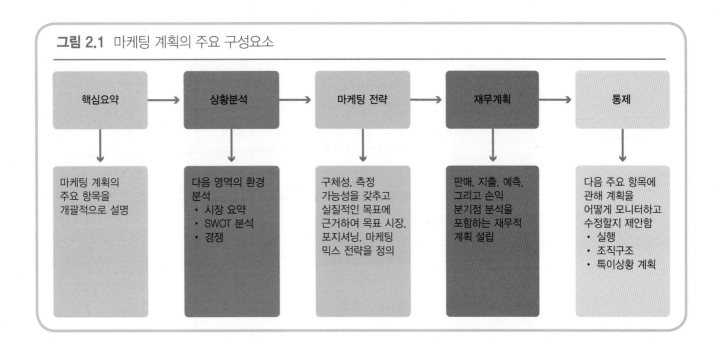

그림 2.1 | 마케팅 계획의 주요 구성요소

핵심요약	상황분석	마케팅 전략	재무계획	통제
마케팅 계획의 주요 항목을 개괄적으로 설명	다음 영역의 환경 분석 • 시장 요약 • SWOT 분석 • 경쟁	구체성, 측정 가능성을 갖추고 실질적인 목표에 근거하여 목표 시장, 포지셔닝, 마케팅 믹스 전략을 정의	판매, 지출, 예측, 그리고 손익 분기점 분석을 포함하는 재무적 계획 설립	다음 주요 항목에 관해 계획을 어떻게 모니터하고 수정할지 제안함 • 실행 • 조직구조 • 특이상황 계획

사명 선언문

학습목표 2-3

효과적인 사명 선언문의
특징 분석

마케팅 계획을 잘 만들기 위한 첫 걸음은 효과적인 사명 선언문을 개발하는 것이다. 사명 선언문mission statement은 기업이 장기적으로 추구하는 목적을 간결하고 분명하게 밝히는 것이다. 효과적인 사명 선언문은 종업원들에게 야망, 방향, 그리고 기회를 공유하게 한다. 현대 경영의 아버지인 피터 드러커(Peter Drucker)는 다음의 고전적인 질문을 고민하는 것으로부터 사명 선언문의 개발 과정이 시작되어야 한다고 제안하였다.[1]

- 우리의 사업은 무엇인가?
- 우리의 고객은 누구인가?
- 우리는 고객에게 어떤 가치를 제공하는가?
- 우리의 사업은 미래에 어떻게 될 것인가?
- 우리의 사업은 무엇이어야 하는가?

이러한 기본적인 질문들을 기업이 가장 중요시하며 고민해야 하는 것이다. 좋은 사명 선언문은 다음의 세 가지 기본적 특징을 갖추어야 한다.

1. **사명 선언문은 소수의 집중된 목표에 초점을 맞추어야 한다.** 10개 이상의 목표를 포함한 사명 선언문은 너무 작은 의미를 가진 여러 개의 목표를 추구하게 되므로, 전체 기업의 목적과 방향을 담을 수 있는 넓은 범위의 목표를 세우는 것이 중요하다.
2. **사명 선언문은 고객 필요와 욕구를 충족시키는 것에 초점을 맞춘 고객 지향성을 기본으로 한다.** 기업은 기업 사명문에 진출하고자 하는 산업의 범위와 각 산업 내에서 자사가 공략해야 할 시장의 범위를 명확히 정의해야 한다. 이러한 시장의 범위는 제품에 의해 정의하는 것보다는 시장, 즉 고객 욕구에 의해 정의하는 것이 보다 바람직하다. 제품의 수명은 짧지만 고객 욕구는 영원히 지속되므로 고객 지향적으로 사업을 정의해야 한다. 코닥은 디지털카메라 기술을 최초로 발견한 기업임에도 불구하고 디지털 이미지 시장에 대한 소비자의 욕구를 제대로 읽지 못해 기존의 필름 사업에 집중하면서 2011년 경영위기를 맞아 법원에 파산 신청을 하게 되었다. 반면 애플은 소비자의 필요와 욕구를 반영한 iPod, iPhone 그리고 iPad 등의 혁신적 신제품 출시로 지난 10년간 가장 성공한 기업 중 하나로 평가받고 있다.
3. **사명 선언문은 종업원과 목표를 공유하고 동기부여 시킬 수 있는 것이어야 한다.** 사명 선언문은 기업의 강점을 강조하여 종업원들에게 자부심을 심어주는데, "구글의 사명은 세계의 정보를 잘 정리하여 전세계적으로 접근가능하고 유용하게 하는 것이다"[2]라고 하는 것과 같다.

다음에서 보는 바와 같이 선도적인 기업들의 사명 선언문은 이러한 세 가지 특징을 보여준다.

아마존Amazon: 소비자, 판매자, 기업, 그리고 콘텐츠 생산자라는 네 가지 유형의 고객을 위해 우리는 지구상에서 가장 고객중심적인 기업이 되려고 한다.[3]

시티그룹Citygroup: 시티City는 개인, 지역사회, 조직체, 그리고 국가를 위해 공헌하고자 쉬지 않고 일한다. 200년 동안 세계의 가장 어려운 과제를 해결하고 가장 큰 기회를 포착했던 경험으로 고객에게 우리는 간단하고, 창조적이며, 책임감 있는 최고의 재무 솔루션을 만들기 위해 노력했다.[4] 160여 개국, 천여 개가 넘는 도시의 수백만 명을 연결하는 조직체인 우리가 바로 글로벌 은행, 시티다.

카맥스Carmax: 고객들에게 훌륭한 품질의 자동차를 기대 이상의 고객서비스와 최고의 가격으로 제공하고자 한다.[5]

제록스Xerox: 비즈니스 프로세스와 자료관리 부분의 세계적인 선도 기술과 서비스를 크고 작은 모든 기업에 제공하여, 기업이 가장 중요하게 여기는 '진정한 비즈니스'에 집중할 수 있는 자유를 누리도록 하는 것이다.[6]

마이크로 소프트Microsoft: 마이크로 소프트의 사명은 사람들과 기업들이 세계 어느 곳에서나 그들의 모든 잠재력을 실현하도록 도움을 주는 것이다.[7]

포드Ford: 모두를 위해 수익성 있는 성장을 전달하는 흥미롭고 생존력 있는 포드가 된다.[8]

기업의 사명 선언문은 많은 의사결정의 기준이 된다. 예를 들면, 제품과 서비스를 고객들에게 판매하는 최선의 방법이 무엇인지를 의사결정하는 과정에서 우수한 사명 선언문은 마케팅 계획 개발의 기초가 된다. 또한 기업이 변화에 맞추어 마케팅 계획을 수정해 가는 동안 사명 선언문은 사업이 핵심 목적과 가치로부터 너무 멀어지지 않게 하는 기준을 제공해 준다. 기업의 사명 선언문이 확정되었다면 이제 마케팅 계획의 다섯 가지 주요 구성요소의 개발을 시작할 수 있다.

핵심요약

직장 생활 중에는 엘리베이터에서 임원들을 우연히 마주치게 되는 경우가 있다. 임원으로부터 무슨 일을 하는지 질문을 받는다면 잠깐 동안 하는 일의 요점을 간단히 말해야 할 것이다. 이때 핵심을 명확히 요약하여 얘기하는 것을 **핵심요약**executive summary 또는 임원용 요약이라 한다. 마케팅 계획의 경우 조직 구성원 모두가 공유하게 되는데, 어떤 사람은 꼼꼼하게 한 줄씩 읽겠지만 대부분은 계획의 이면에 있는 기본적 아이디어와 전략을 신속히 이해하기 위한 방법을 찾을 것이다. 특히 장문의 보고서에 시간을 투자하여 꼼꼼하게 살펴볼 겨를이 없는 임원진들은 보고서의 핵심을 먼저 파악한 후, 필요한 경우에 깊이 있게 살펴보고자 할 것이다. 그래서 대부분의 보고서 맨 앞에는 전체 보고서 내용을 짧은 시간 내에 파악할 수 있는 핵심적인 내용만을 요약하여 정리한 핵심요약을 제시하여 이를 먼저 본 후 보고서에 대한 흥미를 가질 수 있도록 한다. 보통은 2쪽 정도 분량으로 작성되며, 핵심요약인

만큼 가장 가치 있는 정보만을 담는다. 보고서 맨 앞에 실리지만 보고서가 완성된 후 마지막에 작성해야 한다.

상황분석

상황분석의 요소 설명

조직이 앞으로의 전략적 의사결정을 내리기 위해서는 스스로 현재 상황을 분명하게 이해해야만 한다. 그래서 상황분석은 마케팅 계획 수립의 기초라 볼 수 있다. **상황분석**situation analysis은 자료를 체계적으로 수집하여 기업의 성과와 적절한 전략선택에 영향을 미치는 추세, 상태, 그리고 경쟁을 파악하는 것이다. 상황분석은 시장요약, SWOT 분석, 경쟁분석으로 구성된다.

시장요약market summary

상황분석은 먼저 시장에 대한 이해로 시작한다. 시장market은 특정 제품에 관심을 가졌거나 구매가 가능한 소비자 혹은 조직의 집합이다. **시장요약**market summary은 시장의 현재 상태를 서술한다. 예로써, 맥도날드(McDonald's)의 시장요약은 미국에서 패스트푸드 시장의 규모를 파악하고, 얼마나 증감했는지를 살피는 것이다. 우수한 시장요약은 중요한 시장의 추세에 대한 안목을 제공해야 한다. 예를 들어 유선전화 시장의 규모는 엄청나게 크지만 휴대폰 사용으로 고객 수는 점점 감소하는 추세에 있다는 것을 인식해야 한다. 현재의 시장 상황과 앞으로의 시장변화를 이해하는 것은 조직이 어떤 자원을 어디에 투자해야 할 것인지, 마케팅 계획을 통해 기업이 달성할 수 있는 것이 무엇인지에 대해 더 나은 견해를 제공해 줄 것이다. 또한 시장요약으로 국제적인 성장기회와 국제적인 확장을 통한 잠재적 판매를 고려할 수도 있다.

BCG 매트릭스BCG matrix 현재 시장을 서술하는 가장 인기 있는 분석 중의 하나가 BCG(Boston Consulting Group) 매트릭스다. 이것은 시장의 강도와 매력성을 도식적으로 서술한 가로세로 2 × 2의 매트릭스다. 그림 2.2에서 세로축은 시장 성장을, 가로축은 상대적 시장 점유를 나타낸다. 상대적 시장 점유는 제품의 판매량을 가장 큰 경쟁자의 판매량으로 나눈 값을 말한다. 시장 성장과 상대적 시장 점유의 고저에 따라 조합하면 네 가지 제품 영역이 만들어지는데, 각각 스타(stars), 캐시 카우(cash cows), 물음표(question mark), 개(dogs)다. 이들 각각은 상이한 마케팅 전략을 필요로 한다. BCG 매트릭스 분석을 통해 자사 제품이 실제 시장의 어디에 속하는지 파악되면 그 시장 위치에 맞는 마케팅 전략 개발

그림 2.2 BCG(Boston Consulting Group) 매트릭스

상대적 시장 점유

	고	저
고 시장 성장	**스타** 애플의 iPad 거대한 시장 점유와 높은 성장률	**물음표** 신제품 iPhone 앱 작은 시장 점유와 높은 성장률
저	**캐시 카우** 애플의 iPod 거대한 시장 점유와 낮은 시장 성장률	**개** CD 작은 시장 점유와 낮은 성장률

자료원: Adapted from The BCG Portfolio Matrix from the Product Portfolio Matrix, © 1970, The Boston Consulting Group.

의 출발점이 된다.

- **스타star**: 거대한 시장 점유와 높은 성장률을 가진 제품이다. 애플의 iPad가 이 영역에 해당한다. 스타 제품을 가진 기업은 일반적으로 산업이 계속 성장하기 때문에 가치를 소통하고 전달하기 위해 마케팅에 크게 투자해야만 한다. 스타 제품의 마케팅 노력은 가능한 한 성장 산업의 리더로서 제품의 시장 위치를 유지하는 데 초점을 맞추어야 한다.
- **캐시 카우cash cows**: 저 성장률의 산업에서 거대한 시장 점유를 가진 제품이다. 캐시 카우의 예는 애플 iPod이다. MP3형 플레이어의 시장 성장률은 최근 둔화되었지만 iPod는 여전히 거대한 시장 점유를 차지하고 있다. 결과적으로 애플의 마케터는 비용 증가나 수익에 부정적인 영향을 미치지 않으면서 강력한 판매 유지를 위해 TV 광고나 특별 가격 할인과 같은 충분한 마케팅 자원을 할당하는 결정을 해야만 할 것이다.
- **물음표question marks**: 고성장 산업에서 작은 시장 점유를 가진 제품이다. 이 사분면에 있는 제품은 전형적으로 신제품이며 촉진, 제품 관리, 그리고 유통에 상당한 마케팅 투자를 필요로 한다. 신제품 iPhone 애플리케이션이 물음표에 해당하는 제품일 것이다. 신제품 앱의 마케터는 경쟁자가 새로운 앱을 개발하기 전에 애플 제품 사용자에게 다가가기 위해 신속하고 창조적으로 움직여야 한다. 물음표는 불확실한 미래를 가졌기 때문에 마케터는 매트릭스에서 제품 위치를 모니터하여 계속적으로 그곳에 자원을 할당할지 여부를 결정하여야 한다.
- **개dogs**: 저 성장률 산업에 속하면서 작은 시장 점유를 가진 제품이다. 이 영역에 속하는 제품은 전형적으로 생산이 중단될 것이므로 기업은 더 많은 수익 잠재력을 가진 제품에 마케팅 자원을 재배치할 수 있다. 이에 해당하는 제품의 예가 CD인데 거대한 시장 점유를 가진 기업이 없는 산업이면서 성장률이 감퇴하고 있다.

SWOT 분석SWOT analysis

기업의 강점(strengths), 약점(weaknesses), 기회(opportunities), 그리고 위협(threats)에 대한 평가가 SWOT 분석이다. SWOT 분석은 마케팅 계획의 개발에서 가치 있는 도구이지만 그 가치는 잘 실행되었을 때에만 생긴다. SWOT 분석을 수행할 때 기업이 가장 흔히 하는 실수는 내부적 이슈와 외부적 이슈를 잘 구분하지 못하는 점이다. 맥도날드가 SWOT 분석을 어떻게 수행하는지 생각해 보자(표 2.1 참조).

내부적 환경 요인internal considerations 분석에서 강점과 약점 측면은 맥도날드의 내부적 특성이다. 강점strengths은 기업의 목표 달성에 도움이 되는 내부적 능력이다. 맥도날드의 강점은 모든 연령의 소비자에게 강력한 브랜드 인지도를 확보하고 있다는 점이다. 또한 개별 점포 이익과 기업 이익 간의 연계시스템, 높은 수익성, 지속적인 신제품 개발과 브랜드 촉진이 가능한 재무적 능력, 기회활용능력이 뛰어난 점 등을 들 수 있다.

표 2.1 맥도날드의 SWOT 분석 예시

내부적 환경 요인

강점

- 브랜드 인지도
- 효과적인 공급 사슬 전략
- 엄격한 음식 안전 표준
- 저가격 고품질의 제품
- 분권화되면서도 연결된 시스템
- 혁신적인 탁월한 프로그램
- 윤리 조항의 발표
- 수익성

약점

- 시장 변화에 대한 유연성 낮음
- 종업원 발굴과 확보의 어려움
- 주주 가치 달성과 기업의 사회적 책임 상충
- 건강에 해로운 제품 촉진

외부적 환경 요인

기회

- 국제적 확장
- 긍정적 환경 개선
- 경기침체로 저가 식당 수요 증가
- 기업의 사회적 책임 위원회
- 정직하고 진실된 기업 이미지

위협

- 불경기로 외식 수요 감소
- 건강한 식단을 선호하는 소비자 추세
- 일부 소고기, 가금류, 생선에 대한 건강 염려
- 일부 국가에서의 잠재적 노동 착취
- 지구온난화를 부추김

약점weakness은 목표를 달성하기 위한 기업의 능력을 막거나 방해하는 내부적 한계점이다. 맥도날드와 같은 기업의 주요 약점은 수준 높은 종업원을 발굴하거나 확보하는 것이다. 또한 소비자 특히 어린이에게 유해한 음식을 팔아서 이익을 추구한다는 인식을 약점이라 볼 수 있다. 마케터가 약점을 파악하면 솔직해져야 한다. 약점을 극복하기 위한 전략 개발은 약점을 문제로 인식하는 것에서 출발하기 때문이다.

외부적 환경 요인external considerations SWOT 분석의 기회와 위협은 외부적 환경 요인에 속한다. **기회**opportunities는 목표를 달성하거나 넘어서기 위해 기업이 활용할 수 있는 외부적 요인들이다. 맥도날드의 기회는 국제적 확장 가능성이다. 현재 맥도날드는 119개국에서 매일 6,800만 명의 고객들에게 판매를 하고 있다.[9] 최근 맥도날드 매장의 국제적 성장 특히 유럽과 아시아에서의 성장은 미국 내의 성장을 능가해왔다.[10]

위협threats은 현재 또는 잠재적으로 기업의 단기 및 장기목표를 달성하기 위해 극복해야 할 부정적 외부 요인들이다. 맥도날드는 수많은 잠재적 외부 위협, 이를테면 글로벌 경기 침체, 건강한 음식을 찾는 미국 소비자들, 패스트푸드의 소비 감소 등에 직면하였다. 그러나 외부 요인은 기회가 될 수도 있고 위협이 될 수도 있다. 예를 들면, 2007년 12월에 시작된 글로벌 경기 침체는 기업들의 사업 확장, 대출, 그리고 신규 고용을 더욱 어렵게 만들었고 소비자의 외식 소비가 줄을 수밖에 없었다. 이러한 불경기가 고가 식당에는 위협이 되었지만 상대적으로 저가의 패스트푸드를 취급하는 맥도날드는 이러한 침체의 덕을 보기도 하였다. 외부 환경을 이해하고 바라보는 관점에 따라 대응전략과 결과가 달라질 수도 있다.

경쟁분석competition analysis

시장요약에서 경쟁을 파악하는 데 많은 어려움이 있는데, 가장 먼저 직접적 경쟁자들을 명확히 파악하는 것에서 시작하면 된다. 맥도날드 사례를 계속 살펴보면, 직접적인 경쟁자들은 버거킹(Burger King)과 웬디스(Wendy's)가 될 것이다. 이들이 맥도날드에 비해 어떻게 달리 제품을 포지셔닝하는지 그리고 맛, 가치, 가격, 편의성 및 고객 만족과 같은 중요한 소비자 평가 항목을 비교하여 어느 부분에서 상대적으로 취약한지 명시한다.

대부분의 마케팅 계획에서 이러한 직접적인 경쟁자는 전반적으로 평가하지만 간접적인 경쟁자에게는 관심을 훨씬 덜

상황분석을 할 때 맥도날드와 같은 기업이 직접적인 경쟁자인 버거킹을 분석하는 것처럼 서브웨이와 같은 간접적인 경쟁자를 분석하는 것도 똑같이 중요하다.

가거나 무시하는 경향이 있다. 간접적인 경쟁자는 거시적인 추세나 소비자 선호가 바뀌면 자사의 시장 점유를 빼앗아갈 수 있다. 맥도날드는 버거킹의 다른 체인점도 주목해야 하며 건강식을 찾는 소비자 추세에 관심을 가져야 한다. 그 결과가 서브웨이(Subway)와 같은 체인의 대대적인 확산으로 나타나기 도 한다. 2011년에 서브웨이가 세계에서 가장 큰 식당 체인으로서 맥도날드를 앞섰는데 세계적으로 34,000개 점포를 가짐으로써 33,000개에 못 미치는 맥도날드를 추월한 것이다.[11] 패스트푸드를 구매하기보다는 가정에서 식사하는 것을 선택하는 소비자와 맥도날드는 간접적으로 경쟁하는 것이다.

마케팅 전략

학습목표 **2-5**

기업의 주요 전략적 방향 설명

상황분석을 실시한 후에는 마케팅 전략의 정의에 초점을 맞추게 된다. 전략strategy은 조직의 목표를 달성하기 위해 취하게 되는 행동이다. 성공적인 마케팅 전략은 고수익, 강력한 브랜드, 거대한 시장 점유, 그리고 조직의 이해 관계자를 위한 다른 수많은 바람직한 결과들을 낳을 수 있다. 마케팅 계획의 마케팅 전략 구성요인은 사명 선언문과 전략적 계획 과정에 언급된 마케팅 목표를 달성하기 위해 기업이 실행해야 할 행동을 목록으로 제시하고 있다. 마케팅 전략의 효율성은 기업이 정의한 단기 및 중기 목표의 명료성에 달려 있다. 우수한 마케팅 목표는 다음의 세 가지 기본적 특징을 지닌다.

1. **구체적이어야 한다** 목표가 구체적이지 않으면 아무 가치가 없다. 구글(Google)이 광고 수입을 증가시키겠다는 목표를 설정하였다면 이와 관련된 전략을 어떻게 구성할 것인가? 향후 10년간 1달러의 수입 성장이 만족스러운 것인가? 그에 따른 마케팅

전략을 개발할 것인가? 모호한 마케팅 목표는 초점과 책임을 명확히 하지 못한다.

2. **측정 가능해야 한다** 목표는 측정 가능해야만 전략이 잘 수행된 것인지 알 수 있다. 마케팅에서 흔히 언급되는 말 중에 "측정할 수 없으면 관리될 수 없다"라는 표현이 있다. 기업은 마케팅 투자에 대한 구체적인 수익을 확인하고 싶어 하는데 측정 가능 지표의 부족으로 전략이 잘 수행되었는지 판단할 수 없으면 똑같은 실수를 반복해도 알아차리지 못하고 계속 부정적인 결과만 만들 것이다. 따라서 아이디어가 아무리 좋은 전략이라도 그 성과가 측정되지 못하면 좋은 전략인지 판단할 수 없다.

3. **실현 가능한 것이어야 한다** 목표는 실현 가능한 것이어야만 조직의 동기부여가 가능하다. 달성하기 불가능한 목표를 제시한다면 조직원들은 최선을 다해 노력하고자 하는 동기를 잃고 적당히 일하려 할 것이다. 마케팅 목표는 조직원들에게 그것이 진솔하며 사려 깊은 자료라는 것을 보여줄 수 있도록 현실적인 것이어야 한다. 프로 스포츠 조직이 입장권 수입을 300% 증가시키는 목표를 세운다면 그 팀이 계속 경쟁자에게 패배하더라도 그 팀이 져서 목표 달성을 못했다고 생각하기보다는 목표 자체가 비현실적이었다고 생각할 것이므로 마케팅 계획의 다른 부분에까지 신뢰성에 문제가 될 것이다.

이러한 기준에 근거하여 맥도날드는 미국 점포에서 프리미엄 커피 5%, 치킨너겟 3% 판매증진 목표를 세웠다. 이러한 두 가지 목표는 구체적이고, 측정 가능하며, 실현가능한 것이어야 한다. 맥도날드가 두 가지 목표를 충족할 전략을 구축하려면 어떤 고객이 프리미엄 커피 또는 치킨너겟을 가장 구매할 가능성이 높은지를 명확하게 파악해야 하며 각 제품을 어떻게 고객의 마음에 자리잡게 해줄지를 결정해야 한다.

목표 시장과 포지셔닝target markets and positioning

구체적이고 측정 가능하며 실현 가능한 마케팅 목표의 개발은 기업이 목표 시장을 확인하고 제품을 그 시장에 올바르게 포지셔닝하는 데 훌륭한 기초가 된다. **목표 시장**target market 은 기업이 마케팅 노력을 기울이는 고객 집단을 말한다. 작은 기업은 하나의 목표 시장만을 가질 것임에 비해 거대한 조직은 여러 개의 목표 시장에 적합한 제품을 보유하고 마케팅할 것이다. 두 개 이상의 국가에서 다수의 목표 시장을 가진 기업을 **다국적 기업**multinational company이라고 한다. 맥도날드는 역사적으로 성인, 10대, 그리고 어린이를 포함한 빠르고 비싸지 않은 품질 좋은 음식을 찾는 가정을 목표로 삼아왔다. 최근에 맥도날드는 커피 애호가들을 목표 시장으로 정하고 스타벅스(Starbucks) 등의 커피전문점으로부터 고객을 빼앗아오려 노력하고 있다. 규모에 상관없이 기업들은 한 시장에서 먼저 진입하여 성공한 후 그 성공을 바탕으로 확장하는 방식으로 복수시장에 들어가려 한다.

목표 시장에서의 성공은 그 기업이 제품을 어떻게 포지셔닝하는가에 달려 있다. **포지셔닝**positioning이란 목표 시장에서 제품이 특별하게 자리잡도록 하는 활동이다. 포지셔닝에 따라 이후 마케팅 전략 방향이 달라진다. 제품을 포지셔닝하기 위해서 기업은 경쟁, 목표 시장의 필요와 욕구, 그리고 제품이나 서비스가 본질적으로 가진 신비함이나 극적인 요소를 고려해야 한다. 맥도날드가 커피애호가 시장에 들어갔을 때 맥도날드는 단지 빅맥(Big Macs)이나 해피밀(Happy Meals)을 판매하는 곳이라는 개념을 극복하기 위해 조용히 커피(Unsnobby Coffee) 광고 캠페인을 펼쳤고, 수천 개의 점포에 에스프레소 기계를 설치했으며 소비자가 스타벅스보다 싼 가격으로 훌륭한 커피를 살 수 있는 장소라고 스스로를 공격적으로 포지셔닝했다.

성공적인 포지셔닝의 또 다른 사례는 포드의 퓨전 하이브리드(Ford Fusion Hybrid) 자동차다. 포드는 도요타 캠리 하이브리드(Toyota Camry Hybrid)와 같은 경쟁자에 비해서 좀 더 스타일리시하고 젊은 하이브리드 자동차로 포지셔닝하였다. 영국의 고급 스포츠카 브랜드 애스턴 마틴(Aston Martin) 같은 고급 디자인은 과거에 결코 포드를 구매하지 않았던 젊은 구매자들을 환호하게 만들었다. 개선된 포지셔닝 전략으로 포드 퓨전 자동차는 자사의 하이브리드 자동차 판매 수량의 기록을 달성하였고 새로운 세대의 구매자들에게 포드 브랜드를 소개하게 되었다.

그림 2.3 마케팅 성장 전략의 네 가지 기본 영역

	제품 전략	
	기존 제품	**신제품**
기존 시장	시장 침투	제품 개발
신 시장	시장 개발	다각화

(시장 전략)

전략적 방향strategic directions

기업의 마케팅 전략은 제품과 산업에 따라서 다양한 경로로 전개될 수 있지만 대부분의 경우 제품은 그림 2.3에 소개된 시장 침투, 제품 개발, 시장 개발, 그리고 다각화의 네 가지 방향으로 움직이게 된다.[12]

시장 침투market penetration 시장 침투 전략은 기존 제품과 서비스를 기존 고객에게 더 많이 판매하는 것을 강조하는 전략이다. 이 유형의 성장 전략은 기존 고객이 점포를 더 자주 방문하게 하거나 더 많이 구매하도록 하는 전략이다. 피자헛(Pizza Hut)은 두 판째부터 파격적인 할인가로 제공하거나 방문 포장 시 1,000원만 추가하면 피자 한 판을 더 제공하는 프로모션을 진행하고, "Big Dinner Box"라는 메뉴로 피자 두 판과 사이드 메뉴 두 가지를 합쳐서 박스 세트로 구성하여 성공적인 반응을 얻었다. 닭날개, 파스타, 비스킷 빵과 같이 피자헛에서 구매할 거라고 생각하지 못했던 것들을 알리고 판매하게 되었다. 시장 침투 전략이 성공하려면 광고비 증액, 새로운 유통망 개발, 혹은 소셜미디어 확충 등이 실행되어야 한다.

닥터페퍼 텐(Dr Pepper Ten)의 제품 개발 전략은 칼로리에 관심이 있지만 다이어트 닥터페퍼가 여성지향적 제품이라고 느끼는 기존 고객들에게 어필하기 위해 만들어진 것이다.

국제적 확장은 작은 기업은 물론이고 월마트와 같은 대기업에서도 점점 더 성공적인 시장 개발 전략의 필수적인 부분이 되고 있다.

제품 개발product development 제품 개발 전략은 기존 시장에 새로운 제품과 서비스를 개발하여 제공하는 것이다. 닥터페퍼(Dr Pepper)는 "여성을 위한 음료가 아닙니다"라는 슬로건으로 남성을 목표 시장으로 한 10칼로리 음료 닥터페퍼 텐(Dr Pepper Ten)을 새롭게 출시하였다. 평소 닥터페퍼를 즐겼지만 저칼로리의 음료에 관심을 가졌던 남성 소비자에게 초점을 맞추었던 것이다.[13] 남성 소비자가 일반적으로 다이어트 음료 이미지와 맛을 좋아하지 않는 것을 보고 닥터페퍼 텐을 맛이 좋은 남성용 제품으로 마케팅함으로써 새로운 방식으로 목표 시장에 도달하고자 하였다. 신제품은 기존의 것에서 개선된 제품이거나 완전 새로운 모양과 혁신적인 것을 갖춘 제품일 수 있다. 애플(Apple)은 추가적인 외관과 기능을 지닌 여러 가지 새로운 iPhone 제품을 개발하여 소비자의 사랑을 받았을뿐만 아니라 초기 판매에서도 위력을 보여주었다.

시장 개발market development 시장 개발 전략은 기존의 제품과 서비스를 새로운 고객에게 판매하는 것이다. 새롭게 겨냥한 목표 시장의 고객은 다른 성, 연령대, 국가의 소비자일 수 있다. 세계화는 어떤 기업이나 국가든 점차 중요한 전략이 되고 있다. 미국의 100대 대기업의 대다수는 국제경영을 급속히 확장시키고 있으며 전 세계에서 시장 개발 전략을 펼치고 있다. 최근 월마트(Walmart)는 전체 회사 수입의 25% 이상을 해외에서 얻고 있다.[14] 2012년에 월마트의 국제사업부는 중국, 인도, 브라질, 그리고 멕시코를 포함한 27개국에서 영업하였고 점포 수는 2,200개 이상이었다.[15] 해외시장에서 확장을 꾀하는 기업은 명확한 전략을 가져야 한다. 이 장 후반에 기업이 국제 시장에 진입하기 위해 이용할 수 있는 다양한 전략을 논의하기로 한다.

다각화diversification 다각화 전략은 자사의 기존 제품과 관련 없는 신제품을 제공하면서 새로운 고객을 확보하는 전략이다. 디즈니는 과거 수년 동안 상당한 다각화를 진행하였다. 영화를 제작하고 테마 파크를 운영하던 기업에서 ABC와 ESPN과 같은 텔레비전 채널과 루카스필름(Lucasfilm)과 같은 독립 제작사를 소유한 국제적인 가족 오락과 방송 기업일 뿐만 아니라 휴가 자산, 서적, 의류, 그리고 국제적인 소비자 제품을 판매하는 기업으로 탈바꿈 하였다. CJ제일제당은 1958년 밀가루를 만드는 제분공장으로 시작하여 설탕(백설표), 조미료(다시다) 등을 판매하다 1994년 외식사업 진출, 1998년 국내 최초의 멀티플렉스 극장 CGV로 사업을 확장, 2000년에 홈쇼핑채널 인수 등으로 외식, 엔터테인먼트 및 미디어, 유통을 전문분야로 하는 문화창조기업으로 변신하는 데 성공하였다. 또한 동원그룹의 모태인 동원산업은 1979년 '동원참치'의 시초인 '동원살코기캔'을 출시해 선풍적인 인기를 끌었다. 이를 기반으로 유통, 물류, 금융, 전자 등에 진출했고 금융 계열사의 계열분리를 마치고 2013년 기준 38개의 계열사를 보유한 그룹으로 성장하였다.

마케팅 믹스marketing mix

마케팅 계획 중 마케팅 전략 부분의 마지막은 앞에서 결정된 마케팅 목표, 목표 시장 및 포지셔닝, 전략적 방향을 지원할 수 있는 마케팅 믹스 요소를 구성하는 것이다.

제품product 마케팅 계획의 제품 영역에서는 제공할 제품이나 서비스에 대한 상세한 설명을 기술한다. 뿐만 아니라 제품이나 서비스에 부가되는 유형의 보증(warranties)이나 무형의 보장(guarantees)과 같은 모든 관련 서비스도 포함된다. 제품 명세(product description)에는 제품이 고객에게 어떤 가치를 지니는지 명확하게 보여주어야 하며 제품이 제공하는 경쟁우위를 설명하기 위한 경쟁부분도 포함되어야 한다. 경쟁 제품보다 탁월할 때 고객은 다른 제품에 비해 더 큰 가치를 가졌다고 믿기 때문에 **경쟁우위**competitive advantage를 가질 수 있다. 단지 제품과 서비스 자체뿐만 아니라 안전한 제품을 추구함으로써 기업은 경쟁자와 차별화될 수 있고 잠재고객의 부족한 필요와 욕구를 만족시킬 수 있을 것이다. 맥도날드는 음식과 음료 제품을 제공한다. 이는 다른 많은 식당 체인도 그렇게 하고 있다. 이때 맥도날드의 경쟁우위는 청결함, 신속함, 저가격 전략으로 제공하는 것이다. 제품을 제품요인, 서비스 요인, 아이디어 요인의 결합체로 생각해 보면 소비자가 실질적으로 무엇을 구매하는지를 이해하고 되고, 햄버거나 치킨너겟 이상의 것을 지향해야 경쟁우위를 가질 수 있음을 알 수 있다. 이는 휴가철에 가족이 방문하는 맥도날드 매장에서는 무료 무선 인터넷 사용과 청결한 화장실 이용 등이 가능해야 한다는 뜻이다. 마케팅 계획은 기업이 자사의 제품과 제품의 가치를 어떻게 전달할 것인지를 분명히 표현해야 한다.

촉진promotion 마케팅 계획의 촉진 부분에서는 조직이 자사 제품의 가치를 어떻게 소통하는지를 상세히 표현해야 한다. 이 부분은 제품의 강점과 구체적인 촉진 방법, 즉 광고, 판매 촉진, 인적 판매, 혹은 PR 등과 같이 기업이 목표 시장에 도달하기 위해 이용하는 것들

유통 전략의 일부로서 맥도날드는 환경에 대한 소비자 관심에 대한 반응으로 가정용 기름을 재활용하여 생산된 바이오디젤로 달리는 트럭을 영국과 프랑스에서 운행하고 있다. 트럭은 실제로 촉진 역할도 수행하기 때문에 이중적 역할을 수행하는 것이다.

에 대한 계획이 제시되어야 한다. 기독교인들이 예수의 고난과 부활을 기리기 위해 금식하거나 육식을 중단하는 사순절(Lent) 기간에는 피시버거(Fish McBites)를 촉진하기 위해 텔레비전 광고예산을 늘리게 될 것이다. 또한 라디오, 신문, 그리고 소셜미디어에서 소비자들에게 외식을 권장하기 위해 20억 달러의 연간 광고 예산 중 일부를 할당하여 촉진할 것이다.[16]

유통distribution 유통 전략은 마케팅 믹스 요인의 장소(place)에 해당한다. 마케팅 전략의 유통 부분은 기업이 가치를 고객에게 전달하는 방법에 대한 설명이다. 맥도날드는 수많은 유통 의사결정을 내린다. 30,000개 이상의 점포에 어떻게 신선하고 안전한 방법으로 제품을 전달할 것인가? 하루 중 몇 시에 아침 식사와 같은 특정 아이템이 제공되게 할 것인가? 맥도날드 매장 이외에도 주유소나 여행 안내소와 파트너 관계를 맺어야 하는가? 유통 부분은 제품을 고객에게 전달하는 과정에 개입하는 상이한 모든 기업, 사람, 그리고 기술에 대한 윤곽을 잡아야 한다.

가격pricing 마케팅 계획의 가격 부분에서는 고객이 제품에 얼마의 비용을 지불해야 하는지와 왜 그 가격이 결정되는지를 다루는 것이다. 맥도날드는 2011년 3월에 제품 가격을 1% 인상하였는데 그것은 햄버거 고기와 빵 등의 원재료 가격의 상승 때문이었다. 맥도날드는 가격인상으로 인해 부담을 갖는 소비자를 고려하여 원재료 가격 상승분을 가격인상에 모두 반영하지는 않았다. 가격을 조금만 인상하는 것이 더 많은 고객을 유지할 수 있는 주된 이유라고 믿었기 때문이다.[17]

재무

제품과 기업의 전반적인 수익성은 마케팅 계획의 재무부문에서 기술한다. 재무 계획financial projections은 기본적인 수익성 추정치에 대한 계획이다. 재무 계획의 수많은 항목에는 판매 예측(혹은 비영리 조직을 위한 기부금 모금 계획), 지출 예측, 그리고 손익분기분석 등이 포함되어야 한다.

- **판매 예측**: 많은 부서가 판매 예측에 의존적이다. 이것은 기업이 구체적인 기간 동안 얼마만큼의 제품을 판매할 것인지에 대한 기대를 계획한 것이다.
- **지출 예측**: 지출 예측은 기업이 제품을 만들고, 소통과 유통하는 데 필요한 비용을 예측하여 추정치를 도출하는 것이다. 지출 예측 없이는 자원 할당과 제품의 수익 발생 시기 예측이 매우 어려울 수 있다.
- **손익분기분석**: 손익분기분석은 기업이 지출을 감당하기 위해 얼마만큼 판매해야 하는지를 추정하기 위해 판매와 지출 예측 자료를 결합하여 비용, 매출, 이익을 예측하여 분석한다.

통제

마케팅 계획의 마지막 부분은 기업이 전략을 실행할 때 계획을 모니터하고 수정하기 위해 이용하는 통제에 대한 윤곽을 설명하는 것이다. 통제는 다음의 세 가지 항목을 포함한다.

1. **실행**: 실행 부분은 마케팅 계획의 구체적 행동이 어떻게 수행될 것인지와 그것들을 수행하는 책임자가 누구인지에 대한 상세한 설명을 포함해야 한다. 마케팅 계획이 아무리 좋더라도 기업이 그것을 성공적으로 실행하지 않으면 아무 가치가 없다. 마케팅 계획 실행의 각 단계는 예로써 구체적인 텔레비전 채널의 광고 구매와 새로운 트위터 해시태그 이용 등이 사명 선언문과 전략적 계획 과정에 제시된 마케팅 전략과 구체적 목표에 근거하고 있어야 한다. 마케터는 각각의 마케팅 전략을 조심스럽게 모니터하여 결과나 시장 상태 변화에 따라 수정을 하여야 한다.
2. **조직**: 구조 조직 구조의 윤곽을 알고 있으면 구체적인 부서와 개인들이 마케팅 계획의 어떤 부분에 책임을 져야 하는지가 분명해진다. 마케팅 전략의 요소들이 올바르게 실행되지 않은 것은 종종 누가 각각의 활동 수행에 책임을 져야 하는지 분명히 지적하지 못했기 때문이다. 누가 어떤 과업에 대해 책임을 져야 하는지 분명히 함으로써 마케팅 계획은 긍정적 결과를 낳을 수 있다.
3. **특이상항 계획**: 특이상황 계획은 최초의 마케팅 전략이 목표를 달성하지 못할 때 기업이 취해야 할 행동을 정의하고 있다. 코카콜라(Coca-Cola)가 뉴코크(New Coke) 출시 후 목표달성에 실패했을 때 방향전환을 한 것은 유명하다. 원래의 코

크를 코카콜라 클래식으로 재도입하여 수익과 시장점유율을 다시 확보하기 시작하였다. 특이상황 계획은 생애관리 전반을 통해 여러분을 마케팅할 때도 중요하다. 대학을 졸업하고 진로를 결정할 때나 취업 후 계획한 대로 전략이 이루어지지 않을 때를 대비하기 위해 어떻게 진도를 탐색하고 과정을 변화시킬지 생각해 두는 것이 중요하다.

학습목표 2-6

글로벌 시장의 마케팅 전략

다른 나라의 소비자에게 도달하기 위한 전략적 의사결정 논의

지금까지 우리가 논의한 마케팅 계획 요소는 기업의 활동이 국내 시장에만 국한된 것으로 가정했다. 그러나 세계화를 추구한다면 기업이 해외 목표 시장을 염두에 두고 전략적 계획 과정이 고려되어야 한다. 해외시장 진출에서 가장 중요한 전략적 의사결정 중의 하나가 그 시장에 어떻게 진입할 것인가에 관한 것이다. 해외시장에 진출하는 것은 그림 2.4와 같이 다음의 다섯 가지 방법 중 선택할 수 있다.

수출exporting

가장 낮은 위험으로 해외시장에 진출하는 방법이 수출(exporting)이다. 수출은 국내에서 생산된 제품을 외국의 시장에 판매하는 것이다. 점점 많은 다양한 규모의 기업들이 자사 제품을 다른 국가에 판매하고 있다. 미국의 가장 큰 수출업자인 농식품회사인 카길(Cargill)과 석유와 천연가스를 공급하는 엑슨모빌(ExxonMobil)은 매년 여러 사업부에서 수천 가지의 제품을 수출하고 있다. 그러나 작은 규모의 무역회사들이 미국 수출의 96%를 담당하고 있다.[18] 소셜미디어로 작은 기업들이 몇 년 전에는 불가능했던 방법으로 세계의 고객을 접촉할 수 있게 되었고, 페덱스(FedEx)와 UPS 같은 물류 기업들이 소기업들에도 신속하고 효율적인 제품 운송을 제공함으로써 수출 기회를 증가시켰다. 그 덕분에 어떤 작은 기업이라도 수출업자가 될 기회를 갖게 되었다.

라이센싱licensing

라이센싱(licensing)은 한 기업이 다른 기업의 자원, 즉 제품, 상표, 특허, 지적 자산 등을 이용하거나 유통시키기 위해 법률적으로 계약을 맺고 대가를 지불하는 방식으로, 큰 개발비용

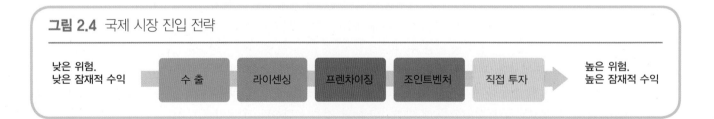

그림 2.4 국제 시장 진입 전략

낮은 위험. 낮은 잠재적 수익 ▸ 수출 · 라이센싱 · 프렌차이징 · 조인트벤처 · 직접 투자 ▸ 높은 위험. 높은 잠재적 수익

을 들이지 않고 제품을 신속하게 널리 유통시킬 수 있는 이점이 있다. 라이센싱은 국내에서
도 두 기업 간에 발생할 수 있는 계약인데 글로벌 관점에서는 국내의 라이센서(licensor)가
외국 기업으로 하여금 자사의 자원 이용을 허락하는 것이다. 메이저리그 야구(MLB)는 관중
증가와 TV 시청률 증가로 해외시장의 관심이 증대되어 꾸준히 라이센싱 수입이 늘어나고 있
다. MLB의 라이센시(licensee)는 푸에르토리코(Puerto Rico)에서 클럽하우스를 운영하고
런던의 해롯(Harrods) 백화점에서는 MLB 라이센싱 의류를 판매하고 있다.[19] 2007~2012년
동안 MLB의 라이센싱 수입이 두 배로 늘어났다.[20] 2005년에 설립된 애니메이션 전문 기획
사 DPS는 '두리둥실 뭉게공항 시즌1'의 성공적인 방영에 힘입어 아시아를 넘어 유럽시장까
지 진출하였다. 방송 콘텐츠 배급과 별개로 캐릭터 사업으로 해외시장을 진출하고자 2013년
기준 국내외 25개 업체와 300여 개 가량의 캐릭터 상품제작 판매 계약을 맺었다. 순수 로열
티 수입만 약 4억 원을 얻었으며 캐릭터 상품 판매로 약 50억 원 이상의 매출을 실현하였다.[21]

해외시장 진입을 위한 라이센싱의 이용은 최근 몇 년간 상당히 증가하였는데 그 이유는
규제강화, 연구개발(R&D) 비용 상승, 제품수명주기 단축 등이다. 라이센싱을 통해 지역소
비자를 잘 이해하고 있는 라이센시가 대신 해외시장에서 제품을 판매해주는 효과를 가지는
것은 이러한 장벽들을 극복하게 해주기 때문이다. 반면 라이센싱은 수출에 비해 다음과 같은 위험도 있다. (1) 라이센서(licensor)는 어쩔 수 없이 라이센시를 미래의 경쟁자로 만들 수 있다. (2) 라이센서는 라이센시와 정보와 독점적 기술의 이용 권리를 공유하게 된다. (3) 라이센시는 잠재적으로 상표를 오용할 수 있다.

프렌차이징franchising

여러분은 이미 맥도날드 같은 프렌차이징(franchising)에 익숙하다. 프렌차이징은 프렌차이저(franchisor, 맥도날드)가 프렌차이지(franchisee, 지역의 자영업자)에게 자사의 이름을 사용하는 권리와 마케팅과 경영 지원을 제공하고 그 대가로 수수료(fee)와 수익의 일부를 받기로 하는 계약이다. 국제적 프렌차이즈 계약은 국내 프렌차이즈 계약과 동일하지만 프렌차이지가 존재하는 국가의 상법에 따르게 되는 예외가 있을 뿐이다. 프렌차이징은 프렌차이지가 대부분의 자본 비용과 인적 자원 문제를 감당하기 때문에 국제 시장에 진입하는 매력적인 방법이다. 프렌차이저는 사업 운영에 필요한 지식과 정보를 제공하는데 그것들이 성공가능성을 높여준다. 프렌차이징의 단점은 직접 감시하기 어렵게 멀리 떨어진 곳의 프렌차이지가 프렌차이저의 이름을 사용한다는 위험을 포함한다. 만약 남아프리카의 맥도날드가 부정적인 사태에 관련되게 되면 전 세계의 맥도날드 명성에 손상을 입히게 된다. 또한 프

메이저리그 야구는 라이센싱 프로그램을 국제 시장으로 확장했는데 그것들은 의류, 장난감과 비디오 게임, 스포츠 상품, 상업용 카드, 그리고 기념품 등을 포함한다.

렌차이저는 만약 프렌차이지가 경쟁 사업을 시작하게 되면 그가 잠재적으로 경쟁적 혜택을 갖게 되는 위험을 감수해야 한다.

조인트 벤처joint venture

수출, 라이센싱, 프렌차이징보다 더 위험이 높은 대안이 조인트 벤처(joint venture)다. 조인트 벤처는 국내 기업이 새로운 법인을 만들어서 해외 현지 기업과 파트너 관계를 맺는 것으로, 자본을 공유하며 현지 소비자, 공급자, 그리고 규제 등 가치 있는 정보를 쉽게 확보할 수 있다. 조인트 벤처는 파트너 기업의 전략적 목표가 같고, 경쟁자들과는 목표가 상이하며, 서로의 특수한 기술을 침해하지 않고 상대방으로부터 배울 수 있을 때 가장 잘 수행된다. 텍사스에 기반을 둔 엑슨모빌(ExxonMobil)은 러시아 기업인 로스네프트(Rosneft)와 조인트 벤처를 맺고 러시아의 북극에 있는 해안 석유를 개발하기로 했다.[22] 이 조인트 벤처를 통해 엑슨모빌은 로스네프트의 방대한 노하우와 러시아의 인프라를 활용하는 혜택을 누리고 로스네프트는 엑슨모빌의 기술과 북아메리카의 여러 가지 훈련 프로그램에 가담하는 혜택을 누릴 것이다.

　조인트 벤처에는 고유한 위험이 있다. 국내 기업과 외국 기업의 운영방식이 서로 다르기 때문에 문화적 충돌이 일어날 수 있다. 또한 상대방의 지식에 대한 불신, 새로운 투자에 대한 갈등, 매출액과 수익을 분배하는 방법에서의 의견 불일치 등이 나올 수 있다. 미국 최대 통신사인 AT&T는 암스테르담(Amsterdam)에 기반을 둔 전자 회사인 필립스(Phillips)와 조인트 벤처를 통해 유럽에 진출하여 통신장비를 생산하기로 했다. 그러나 필립스가 프랑스 통신시장 진출을 지원하지 못해 결국 실패하고 말았다.[23]

직접 투자direct ownership

해외시장에 진입하는 방법 중 가장 높은 위험이 직접 투자다. 직접 투자는 국내 기업이 해외시장에 진출하여 기업이나 설비를 적극적으로 관리하는 것을 말한다. 외국에 사무실, 공장, 그리고 설비의 소유권을 100% 유지하는 것은 기업에는 상당한 위험이다. 직접 투자는 다른 어떤 대안보다 훨씬 더 많은 자원과 개입을 요구하며 멀리서 그 자원을 관리한다는 것은 어려운 일이다. 그래서 직접 투자는 기업이 해외시장에서 상당한 판매 잠재력을 발견했을 때, 정치적 위험이 거의 없을 때, 그리고 외국과 국내의 문화가 유사할 때에 좋은 전략적 대안이다. 안정적으로 운영된다면 기업으로서는 지적 자산, 광고, 가격 정책 그리고 제품 유통 등에서 훨씬 큰 통제가 가능하다.

　마케팅 계획을 개발할 때, 각각의 해외시장 진입 방법에서의 위험과 보상을 전체적으로 꼼꼼하게 분석해야만 한다. 기업이 궁극적으로 어떤 방법을 추구하든, 전략적 의사결정에 대한 것처럼, 국제 시장 진입 전략은 사명 선언문과 전략적 계획 과정에 정의된 기업의 목표와 맞아 떨어져야 한다.

EXECUTIVE PERSPECTIVE

마이클 프리록스(Michael Friloux)

시티넷(Citynet) 사업개발부문 부사장

마이클 프리록스 부사장은 대학에서 컴퓨터공학을 전공했다. 졸업 후 소프트웨어 개발 및 엔지니어링 분야에서 경력을 쌓고 싶었으나, 전공을 살려 취업하는 것이 힘들어 첫 직장으로 광고회사에 입사하게 되었다. 이후 그는 대학에서 배운 컴퓨터 지식을 마케팅 업무에 적용하였다. 제품개발자, 세일즈엔지니어(제품에 대하여 전문적인 지식을 갖추고 그것을 활용하여 상품을 판매하는 사람)를 거쳐 마케팅 및 네트워크설계부문 부사장의 경력을 쌓는 동안 그는 전략적 마케팅 계획을 개발하고 실행하는 능력을 키웠다. 현재는 사업개발부문 부사장으로서 전사적 전략 방향까지도 책임지고 있다.

Q. 성공하기 위해 가장 중요한 것은 무엇이었습니까?

제가 일에 있어 성공을 거둔 데 영향을 미친 부분은 투철한 직업윤리를 갖는 것과 사람들과 잘 어울릴 수 있는 능력이라고 생각합니다. 어떠한 경우라도 기업을 경영하는 데 있어 가장 어려운 부문은 사람들과의 의사소통인 것 같습니다. 저는 사람들이 가진 독특한 특성을 잘 수용해서 그들이 도전할 수 있고 성장할 수 있는 상황과 기회를 제공하고자 합니다. 경영자는 늘 주위에 자신을 비판해 줄 수 있고 자기의 생각을 말해줄 수 있는 사람들과 함께 해야 합니다. 경영자가 하는 말에 동의하는 사람만 있다면 그것은 좋은 경우가 아닙니다.

Q. 예비 졸업생에게 어떤 조언을 해 주시겠습니까?

자기 자신을 마케팅하는 일과 자신의 경력에 대해 책임을 지세요. 다른 사람을 비난하는 것은 자기 스스로에게 책임을 묻는 것보다 훨씬 쉬운 일이지만 그만큼 위험하기도 합니다. 맡은 바 업무에 대한 책임 모두를 자신이 져야 한다는 것을 깨닫게 된다면 여러분은 경력 전반에 필요한 의사결정 능력을 가졌다 할 수 있습니다. 대학 졸업이 직업 교육의 끝이 아니라는 점을 이해하는 것도 매우 중요합니다. 항상 배우고자 하는 자세를 가지고, 지식은 힘이라는 것을 명심하세요. 한 분야에서 성공하기 위해서는 사회적 기술, 완벽한 업무처리 그리고 윤리적 직업의식과 결단력 등을 갖추어야 합니다. 강력한 사회적 기술을 가지게 되면 아무리 다른 사람들이 우월한 기술적 능력을 가졌더라도 그들을 능가하는 실적을 달성할 수 있습니다. 엔지니어, 회계사, 변호사, 마케터는 누구나 될 수 있지만 그 중 세계 최고가 되려면 다른 사람들이 여러분과 함께 일하고 싶게끔 만드는 사회적 기술 없이는 불가능합니다.

Q. 어떤 마케팅 업무를 수행하고 계십니까?

마케팅 전략 개발과 마케팅 계획 실행 업무를 담당하고 있습니다. 저는 자사가 타 경쟁사보다 고객의 수요에 더 민감하게 반응하고 더 저렴한 가격으로 제품을 공급하고자 항상 시장을 주시합니다. 또 마케팅 전략 개발을 위해 사용 가능한 모든 마케팅 믹스를 이용하며 제품개발부터 광고 그리고 유통에 이르기까지 각 전략 사안에 대한 주요 의사결정을 합니다.

Q. 본인의 개인 브랜드(personal brand)는 어떠해야 한다고 생각하십니까?

개인 브랜드는 모든 사람이 유심히 생각해야 할 매우 중요한 문제인 것 같습니다. 저는 우리가 어떤 직업을 가지더라도 본질적으로는 우리 자신을 위해 일한다고 생각합니다. 여러분의 명성이 곧 여러분의 브랜드입니다. 명성을 쌓는 것엔 몇 년이 걸리지만 그것을 잃는 것은 단 몇 분이 걸릴 수도 있습니다. 제 개인 브랜드는 정직, 완벽성, 개방성 그리고 성취의 조합입니다.

Q. 조직에서 전략적 계획의 역할이 무엇이라고 생각합니까?

전략과 비전의 차이는 무엇입니까? 조직을 경영하는 사람 중 몇 명이나 진정한 비전을 가졌을까요? 아마도 그렇게 많지는 않을 겁니다. 세심하게 고안되지 않은 전략적 계획은 대부분 실패하게 되고 사업에 치명적일 수 있습니다. 기업의 능력을 이해하고 측정함으로써 우리는 신뢰할 수 있고 달성 가능한 전략적 계획을 만들어 낼 수 있을 것입니다. 이는 빵을 굽는 과정과도 닮았습니다. 빵을 만들기 위해선 올바른 재료가 있어야 하지만 이와 동시에 맛있는 빵을 완성하기 위해서는 잘 굽는 작업도 필요합니다. 다시 말해, 요리법만으로는 훌륭한 완성물을 만들 수 없습니다. 빵을 만드는 데 있어 더 중요한 작업은 바로 빵을 굽는 일입니다.

DISCUSSION QUESTIONS

1. 국내 100대 기업 또는 포춘500대 기업 중에서 다섯 개 기업의 사명 선언문을 찾아 최고와 최악으로 평가하고 그 이유에 대해 토론하시오. 어떤 사명 선언문이 최고이며, 최악의 사명 선언문은 어떻게 개선하고 싶은가?

2. 내가 가장 좋아하는 브랜드에 대해 SWOT 분석을 실시해 보시오.

3. 성공한 마케팅 전략 사례를 골라, 이 장에서 논의된 내용을 토대로 성공한 이유를 설명해 보시오.

4. 가장 자주 방문하는 점포 한 곳을 골라(예: 식당, 의류점, 편의점 등), 목표 시장과 경쟁자(직접 혹은 간접)를 파악해 보자. 경쟁자에 대비해 어떤 포지셔닝을 가지고 있는지도 분석해 보자.

5. 제품을 세계적으로 마케팅하는 것이 항상 좋은 의사결정인가에 대해 토의하고, 해외시장에서 성공하기도 했고 실패하기도 했던 기업의 사례를 제시하시오.

CHAPTER NOTES

1. Peter Drucker, Management: *Tasks, Responsibilities, Practices* (New York: Truman Talley Books, 1986), pp. 58–69.

2. Google, "Company," n.d., http://www.google.com/about/company/.

3. Amazon, "Amazon Investor Relations," n.d., http://phx.corporate-ir.net/phoenix.zhtml?c 5 97664&p 5 irol-irhome.

4. Citi, "Our Mission: Enabling Progress," n.d., http://www.citigroup.com/citi/about/mission_principles.html.

5. CarMax, "AboutCarMax," n.d. http://www.carmax.com/enus/company-info/about-us.html.

6. Xerox, "Xerox at a Glance," n.d., http://www.xerox.com/about-xerox/company-facts/enus.html.

7. Microsoft, "Mission," n.d., https://www.microsoft.com/enable/microsoft/mission.aspx . Used with permission from Microsoft.

8. Ford, "Our Company," n.d., http://corporate.ford.com/our-company/our-company-news-detail/one-ford.

9. McDonald's, "Our Story," n.d., http://www.mcdonalds.com/us/en/our_story.html.

10. Dan Burrows, "McDonald's Stock Hits Record High on Global Growth," *Moneywatch,* October 21, 2011, http://www.cbsnews.com/8301-505123_162-49043138/mcdonalds-stock-hits-record-high-on-global-growth/.

11. NewsCore, "Subway Overtakes McDonald's as Largest Fast Food Chain," Fox News, March 7, 2011, http://www.foxnews.com/leisure/2011/03/07/subway-overtakes-mcdonalds-largest-fast-food-chain/.

12. H. Igor Ansoff, "Strategies for Diversification," *Harvard Business Review* 35, no. 5 (September–October 1957), pp. 113–124.

13. Mae Anderson, "Dr Pepper's New Brand Is a Manly Man's Soda," Associated Press, October 10, 2011, http://www.msnbc.msn.com/id/44849414/ns/business-us_business/t/dr-peppers-new-brand-manly-mans-soda/.

14. Anne D'Innocenzio, "Wal-Mart 2Q Profit Boosted by Global Growth, Cost Cutting," USA Today, August 17, 2010, http://usatoday30.usatoday.com/money/companies/earnings/2010-08-17-walmart_N.htm.

15. Walmart, "Our Story," n.d., http://corporate.walmart.com/our-story/.

16. Keith O'Brien, "How McDonald's Came Back Bigger than Ever," *The New York Times,* May 4, 2012, http://www.nytimes.com/2012/05/06/magazine/how-mcdonalds-came-back-bigger-than-ever.html?pagewanted 5 all&_r 5 0.

17. Convenience Store News, "McDonald's Reveals Pricing Strategy," *CSNews Foodservice,* April 22, 2011, http:// foodservice.csnews.com/top-story-mcdonald_s_reveals_pricing_strategy_-838.html.

18. U.S. Small Business Administration, "Export Business Planner for Your Small Business," n.d., http://www.sba.gov/sites/default/files/SBA%20Export%20Business%20Planner.pdf.

19. Major League Baseball International, "Licensing and Sponsorship," n.d., http://www.mlbinternational.com/?p 5 articles&art_cat_id 5 66.

20. Eric Fisher, Don Muret, and John Ourand, "Names in the Game," *Street & Smith's SportsBusiness Journal,* April 2, 2012, http://www.sportsbusinessdaily.com/Journal/Issues/2012/04/02/In-Depth/Names-in-baseball.aspx.

21. 2013 캐릭터산업백서, 해외진출전략과 성공사례, http://portal.kocca.kr/common/cmm/fms/FileDown.do?atchFileId=-FILE_000000000213615&fileSn=1&bbsId=.

22. Vladamir Soldatkin and Melissa Akin, "Rosneft wins American Access in Exxon Deal," *Reuters,* April 13, 2012, http://www.reuters.com/article/2012/04/13/us-exxon-rosneft-idUS-BRE83C0SY20120413.

23. Aimin Yan and Yadong Luo, *International Joint Ventures: Theory and Practice* (Armonk, NY: M.E. Sharpe, 2001).

Chapter 3
마케팅 환경분석
ANALYZING YOUR ENVIRONMENT

학습목표 **3-1**   직접 경쟁과 간접 경쟁의 구분

학습목표 **3-2**   마케팅 환경에 영향을 미치는 주요 외부 요인에 대한 이해

학습목표 **3-3**   마케팅 환경 분석의 범위를 해외시장으로까지 확장

학습목표 **3-4**   글로벌 마케팅 환경에 영향을 미치는 주요 무역협정, 화폐동맹 조직들에 대한 정의

학습목표 이 장은 마케팅 관련 의사결정 시 외부 환경 분석의 중요성에 대해 살펴본다. 어떤 기업이든 기업의 외부 환경 변화에 대해 늘 파악하고 있어야 한다. 변화하는 고객의 수요에 귀 기울이고 환경의 변화를 관찰함으로써 잠재적인 성장 기회를 발견할 수 있다.

학습목표 3-1 경쟁 환경

직접 경쟁과 간접 경쟁의 구분

시리어스XM(SiriusXM)은 10여 년 전에 사업을 시작한 북미에서 가장 큰 위성 라디오 공급 업체로서, 수백 개의 광고 없는 음악, 스포츠, 토크쇼 채널을 제공하고 있다. 오늘날 2,000만 명이 넘는 청취자들은 다달이 요금을 지불하며 이용하고 있다. 시리어스XM 같은 기업들은 기업에 영향을 미치는 경쟁과 국내 및 국제적 요인 등 역동적으로 변화하는 환경 속에서 경쟁한다.

직접 경쟁direct competition

기업은 자신이 직면하고 있는 경쟁 환경을 확인하고 평가하여 미래를 위한 계획을 수립해야 한다. 경쟁 환경은 시장 점유율과 이익을 획득하고자 하는 직접 경쟁자와 간접 경쟁자를 모두 포함한다. 가장 일반적으로 논의되는 경쟁의 형태는 **직접 경쟁**direct competition(제품 범주 경쟁 또는 브랜드 경쟁)으로, 동일한 기능을 수행하는 제품들 간의 경쟁을 말한다. 예를 들어, 웬디스(Wendy's)는 고객과 시장 점유율을 두고 햄버거 체인점인 맥도날드(McDonald's) 및 버거킹(Burger King)과 직접적으로 경쟁한다. 2012년, 웬디스는 매출액에서 버거킹을 뛰어넘어 최초로 맥도날드 다음으로 큰 햄버거 체인이 되었다. 2006년과 2011년 사이에, "나의 99센트버거" 저가 메뉴와 데이브의 핫앤쥬시(Dave's Hot-n-Juicy) 버거의 성공적인 촉진 덕분에 웬디스의 미국 내 매출액은 9%나 증가하였다. 버거킹의 매출액은 같은 기간 동안 변동이 없었다.[1] 그러나 웬디스의 매출액은 직접 경쟁자인 맥도날드에 비하면 초라해 보였다. 같은 기간 동안 맥도날드의 매출액은 26% 증가한 342억 달러로, 버거킹과 웬디스의 매출 총액을 합한 금액의 두 배 가까이에 달했다.

시리어스XM의 직접 경쟁은 전통적인 라디오 방송사와 판도라(Pandora) 같이 광대역 연결망을 통해 전파를 내보내는 인터넷 라디오 서비스 기업들을 포함한다. 전통적 라디오와 인터넷 라디오는 대체재의 예들이다. **대체재**substitute products란 매우 유사한 기능을 수행하여 대용으로 사용될 수 있는 재화 및 서비스를 말한다. 시리어스XM이 성공하기

시리어스XM과 모든 조직의 마케팅 전문가들은 직접 경쟁과 간접 경쟁이 제기하는 도전을 인식하여 사업을 보호하고 확장하기 위한 전략을 개발해야 한다.

위해서는 고객의 청취 경험에 가치를 더하는 방식으로 대체재와는 다르게 자사 제품을 차별화시켜야 한다. 시리어스XM은 광고를 포기하고 다른 어떤 대체재에서도 이용할 수 없는 특별한 콘텐츠를 제공함으로써 이러한 차별화를 실시하고 있다.

간접 경쟁indirect competition

시리어스XM 같은 기업들은 직접 경쟁자들 외에도 간접 경쟁자들과도 경쟁해야 한다. 간접 경쟁indirect competition은 제품이 동일한 고객에게 대안적인 해결책을 제공하는 경우에 나타난다. 시리어스XM의 경우, 간접 경쟁에는 애플의 아이팟(iPod) 같은 제품이 포함될 것이다. 아이팟은 소비자들이 자신들의 집이나 차 안에서 들을 수 있도록 음악, 오디오북, 팟캐스트 등을 다운로드할 수 있게 해준다. 간접 경쟁은 패스트푸드 산업에도 영향을 미친다. 웬디스가 버거킹을 추월하여 미국 햄버거 체인 중 2등의 자리에 오르긴 하였으나 간접 경쟁이 심해지면서 전반적인 성장률은 상대적으로 낮았다. 소비자들이 더 건강한 식사를 원하면서, 서브웨이(Subway)는 약 114억 달러의 매출을 달성하여 웬디스와 버거킹을 제치고 미국에서 두 번째로 큰 레스토랑 체인이 되었다.[2] 웬디스의 제품은 버거킹의 와퍼(Whopper)에 비해서 상대적으로 많은 수익을 벌어들였으나, 서브웨이의 건강식 샌드위치 "5달러 풋롱($5 Footlong)" 마케팅 캠페인에 그 자리를 내주어야만 했다. 이 캠페인은 12인치의 샌드위치를 5달러에 판매하는 것으로 보통 1인용 샌드위치인 6인치의 두 배를 저렴한 가격으로 푸짐하게 먹을 수 있다는 점에서 엄청난 인기를 끌었다. 풋롱은 12인치를 말한다.

웬디스의 마케팅 부서는 패스트푸드 햄버거 체인 고객들을 경쟁사보다 더 만족시킬 수 있는 기회를 찾기 위해서 직접 경쟁자들의 제품과 광고를 면밀히 관찰한다.

음료 제품에서도 간접 경쟁의 또 다른 사례를 찾아볼 수 있다. 직접 경쟁자 관계인 코카콜라(Coca-Cola)와 펩시(Pepsi)는 수십 년 동안 청량음료의 시장점유율을 두고 다투어 왔다. 그러나 소비자들이 보다 웰빙 음료를 찾게 되면서 청량음료 매출은 하락하기 시작했다. 코카콜라와 펩시는 주스, 차, 에너지 음료, 다양한 유형의 생수를 판매하는 간접 경쟁자들이 시장점유율을 잠식하는 것을 지켜봐야 했다. 소비자들은 애리조나(Arizona) 아이스티와 네슬레(Nestle's)의 생수 퓨어라이프(Pure Life)를 점점 더 많이 구매하고 있다. 이에 따라 코카콜라와 펩시는 새롭게 인기를 끌고 있는 음료 브랜드를 사들임으로써 공격적으로 확장시켰다. 코카콜라는 다사니(Dasani), 펩시는 게토레이(Gatorade)와 트로피카나(Tropicana)를 인수하였다.

외부 마케팅 환경

학습목표 3-2

마케팅 환경에 영향을 미치는 주요 외부 요인에 대한 이해

마케팅은 외부와 단절된 상태에서 이뤄지는 것이 아니다. 기업 외부에서 일어나는 뜻밖의 전개가 기업 마케팅 전략의 성공에 직접적으로 영향을 미칠 수 있다. 이러한 이유에서, 마케팅 전문가들은 지속적으로 외부 환경을 탐색하고 분석한다. 환경 탐색environment scanning은 위협과 기회를 감지하고 거기에 대응하기 위한 목적으로 기업의 통제 밖에 있는 국면들을 감시하는 일을 포함한다. 미국 자동차 산업의 거대 기업인 포드(Ford), 제너럴 모터스

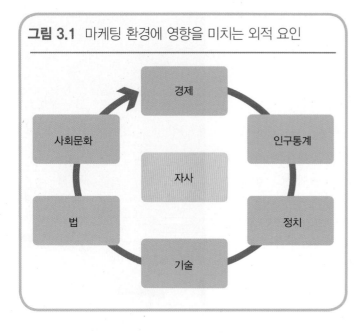

그림 3.1 마케팅 환경에 영향을 미치는 외적 요인

(General Motors), 크라이슬러(Chrysler)는 주로 서로에 대해서만 신경을 쓰며 20세기의 대부분을 보냈다. 그러나 세계 경제가 점점 더 상호 연결되면서, 이 기업들은 미국 밖의 환경까지 탐색 활동을 확대하고 있다. 오늘날 혼다(Honda) 같은 글로벌 자동차 제조업체들은 제너럴 모터스에 포드만큼의 영향을 끼친다. 아모레퍼시픽은 1990년대 초 국내 화장품 시장이 완전 개방화됨에 따라 다국적 기업과의 경쟁에서 살아남고자 철저한 시장조사를 통해 고객의 욕구가 반영된 제품을 출시하였다. 이후 국내 시장의 성공에 안주하지 않고 중국, 일본과 같은 아시아 시장을 넘어 유럽 및 미주로까지 시장을 확대하였으며 프랑스, 미국 등 유수의 화장품 기업들과 경쟁하고 있다.[3]

기업의 마케팅 환경에 영향을 미치는 여섯 가지 주요 외적 요인들은 그림 3.1과 같이 경제, 인구통계, 사회문화, 정치, 법, 기술 등이다. 이러한 요인들은 국내 시장과 글로벌 시장에서 모두 나타나지만, 글로벌 환경을 포함하여 논의를 확장하기 전에, 우선 국내 환경에서 이러한 요인들이 어떻게 영향을 미치는가에 초점을 맞출 것이다.

경제적 요인economic

경제적 요인은 기업이 내리는 거의 모든 마케팅 의사결정에 영향을 미친다. 경제적 조건은 소비자의 제품 구매 의향과 구매력에 영향을 준다. 따라서 기업은 현재의 경제 조건에 적합한 방식으로 가치를 창출하고, 의사소통하고 전달해야 한다. 마케터에게 영향을 미치는 경제적 요인은 국내총생산(GDP), 소득 분포, 인플레이션, 소비심리의 네 가지로 나뉘어 설명한다.

국내총생산gross domestic product 기업이 주의를 기울여야 할 유일한 경제 지표가 국내총생산인 것은 아니지만, 국내총생산은 한 국가의 경제적 건전성에 대한 간단한 그림을 보여준다. 국내총생산(GDP)이란 일정 기간 동안 한 국가 내에서 생산된 최종 재화 및 서비스의 공인된 시장 가치의 합을 말한다. 일인당 국내총생산은 종종 한 국가의 생활수준에 대한 지표가 된다.[4] 예를 들어, 2014년에 한국의 일인당 국내총생산은 27,970 달러였고, 미국은 54,629달러, 멕시코는 10,230달러, 중국은 7,593달러였다.[5] 전체 GDP는 한 경제의 전반적인 확대 또는 축소에 대한 가장 보편적인 척도다. 전체 GDP가 몇 분기 동안 연속적으로 하락할 때, **경기침체recession**가 발생한다. 2007년 12월에 시작된 미국의 경기침체는 2008년과 2009년 동안 GDP의 하락으로 나타났다.[6] 경기침체는 마케팅에 강력한 부정적 영향을 미칠 수 있다. 경기침체에는 전형적으로 정리 해고, 실업률 증가, 소비자 신뢰 감소 등이 뒤따른다. 이러한 요인들은 소비자의 제품 구매 및 비영리 조직에 대한 기부 의향과 능

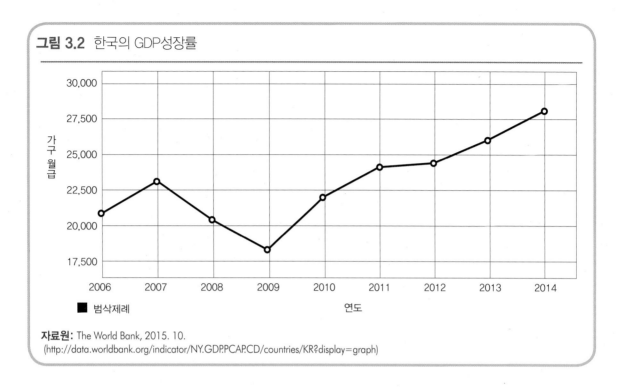

그림 3.2 한국의 GDP성장률

자료원: The World Bank, 2015. 10.
(http://data.worldbank.org/indicator/NY.GDP.PCAP.CD/countries/KR?display=graph)

력에 영향을 준다.

한국의 GDP 증가율(경제성장률)은 1997년 외환위기 이전에는 7% 이상의 높은 수준을 유지하였으나, 그 이후에는 약 4%로 감소하였다. 4%의 GDP 증가율은 미국의 1.95%나 일본의 0.88% 등 다른 선진국에 비하면 여전히 높은 수준이지만, 중국의 9.72%와 같은 일부 개발도상국에 비하면 낮은 수준이다. 이러한 성장률의 하락은 경제가 성숙해짐에 따라 일반적으로 발생하는 현상이라 할 수 있는데, 이는 다른 조건들이 동일하다면 아직 개발이 충분히 이루어지지 않은 국가일수록 고도성장의 가능성이 더 많기 때문이며 2008년 발생한 글로벌 금융위기와 유럽 재정위기의 여파로 세계경기가 침체됨에 따라 한국의 성장률도 같이 하락한 면이 있다.[7] 미국은 2011년에 14조 달러 이상의 국내총생산을 달성하여 단일 국가로서는 세계에서 가장 높은 GDP를 가지고 있다.[8] 그러나 최근 몇 년 동안 중국, 인도, 그리고 그 외의 개발도상국가들이 가장 높은 GDP 성장률을 보이고 있다. 미국은 2011년에 3.0% 성장하였는데, 중국은 9.3%로 세 배 이상 더 빠르게 성장하였다.[9] 높은 GDP 성장률은 낮은 실업률, 높은 소비자 신뢰, 대다수 소득 계층에서의 부의 증가로 이어진다. 이러한 모든 요인들은 소비자에게 소비할 수 있는 더 많은 돈을 가져다준다. 그러나 낮은 GDP 성장률은 추세를 예측하고 자사의 마케팅 믹스 전략을 추세에 맞게 수정하고자 하는 마케터들을 위해 기회를 제공할 수도 있다.[10]

소득 분포income distribution 한국의 가구당 소득수준과 소득구성을 비교해보면, 표 3.1과 같이 상위 20% 소득계층의 월평균 가구소득은 하위 20% 소득계층의 가구소득 대비 6배 이상 많고 근로소득에서 두 계층 간 차이는 약 10배에 달한다. 또한 소득수준이 높은 가

표 3.1 소득 계층별 평균 소득

(단위 : 원)

	저소득계층	하위중산층	상위중산층	하위고소득	중위고소득	상위고소득
1990년	342,026	709,255	1,112,687	1,562,510	2,161,996	3,562,986
2000년	499,331	1,078,073	1,705,041	2,389,094	3,262,073	5,000,730
2010년	596,145	1,378,323	2,178,086	3,071,344	4,249,721	6,354,765

자료원: 한국보건사회연구원, 2013. 04.
(https://www.kihasa.re.kr/html/jsp/share/download_publication.jsp?bid=200&ano=1372&seq=1)

구일수록 근로소득의 비중이 높은 특성을 가지고 있다.[11]

소득분포의 변화는 최상위와 최하위 소득수준에 속해 있는 소비자의 필요와 욕구를 충족시키기 위한 새로운 기회를 마케터에게 제공한다. 미국의 편의점 체인인 달러제너럴(Dollar General)이나 한국의 다이소 같은 많은 기업들은 저렴한 제품을 선호하는 소비자를 목표로 하고 있다. 이들의 마케팅 전략은 소득수준이 낮거나 저렴한 제품을 선호하는 사람들에게 가격대비 좋은 품질의 음식, 건강, 미용 제품 등을 제공하고 있다. 이러한 접근방식은 지난 10년에 걸쳐 이들을 유망한 소매업체로 바꾸어 놓았다. 경기침체로 인해 시장 불황이 지속됨에도 불구하고 다이소는 연매출 1조 원을 돌파하였으며 하루 평균 50만 명 이상의 고객이 매장을 방문할 만큼 활황을 띠고 있다.[12]

연속선상의 반대쪽에서는, 럭셔리 브랜드 루이비통(Louis Vuitton)이 고소득 소비자들을 대상으로 엄청난 성공을 거두었다. 신발, 시계, 액세서리, 기타 프리미엄 제품을 제조하

현저하게 다른 전략을 추구하고 있음에도 불구하고, 다이소와 루이비통은 소득 분포의 변화에 맞춰 성공적인 마케팅을 펼치고 있다.

는 이 기업은 수년 동안 가장 성공적인 럭셔리 브랜드 중 하나였고, 꾸준히 그 브랜드 가치를 높이고 있다. 가장 최근의 경기침체 동안, 루이비통의 마케팅 전략은 가격 인상과 집중적인 품질 강화였다. 그 결과는 자사의 최고 부유층 고객에 대한 추가적인 매출과 그에 따른 이익의 증가로 나타났다.[13]

인플레이션inflation 20년 전만 하더라도 자장면 한 그릇이 400원에 불과하였다든지 껌한 통에 200원이었다든지 하는 이야기를 들어본 적이 있을 것이다. 오늘날 자장면 한 그릇이 4,000원 이상에 팔리고 껌 한 통에 1,000원 한다는 것은 인플레이션의 결과다. 인플레이션은 한 국가 내에서 일정 기간 동안 제품 가격의 일반적인 수준이 상승하는 것을 말한다. 일반적인 가격수준이 상승할 때, 각 통화 단위로 더 적은 재화 및 서비스를 구매할 수 있다. 따라서 인플레이션은 화폐의 구매력에서의 잠식을 야기하게 된다. **구매력**purchasing power이란 특정한 화폐량으로 구매할 수 있는 재화와 서비스의 양을 말한다. 예를 들어, 휘발유 가격이 올해 10% 증가한다면, 20,000만 원으로 구매할 수 있는 휘발유의 양은 10% 감소하게 된다. 1990년대 후반 평균 휘발유 가격은 리터당 평균 1,160원이였기 때문에, 20년 전에는 20,000만 원으로 연료 탱크를 가득 채울 수 있었을 것이다.[14]

　가격이 소비자의 소득보다 빠르게 오르 면 인플레이션은 마케팅에 심각한 영향을 미칠 수 있다. 지난 10년간, 소비자들은 휘발유와 식품 가격에서 상당한 가격 상승을 봐왔다. 같은 기간 동안, 휘발유과 식품을 제외한 다른 모든 재화와 서비스를 구매하기 위한 화폐량에서는 상당한 감소를 경험해야 했다.

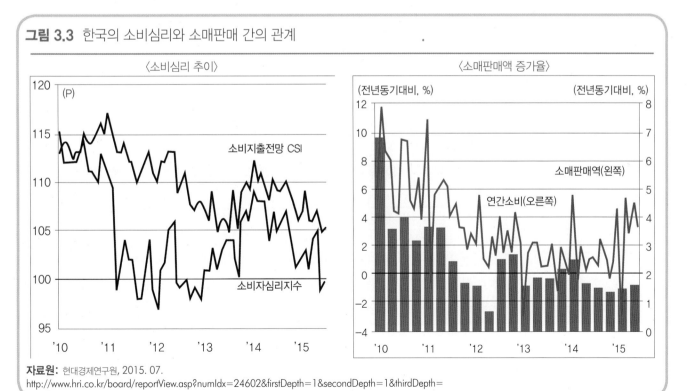

그림 3.3 한국의 소비심리와 소매판매 간의 관계

자료원: 현대경제연구원, 2015. 07.
http://www.hri.co.kr/board/reportView.asp?numIdx=24602&firstDepth=1&secondDepth=1&firstDepth=

그림 3.4 미국의 소비자 신뢰와 실제 소비자 지출 간의 관계

— 실제 소비자 지출　　　— 소비자 신뢰

주석: 음영으로 처리된 구간은 미국의 경기침체를 나타냄.

자료원: Federal Reserve Bank of St. Louis, "FRED Graph," n.d., http://research.stlouisfed.org/fred2/graph/?utm_source=research&utm_medium=website&utm_campaign=data-tools.

소비심리consumer sentiment 소비자는 현재의 소득뿐만 아니라 미래의 재정 상태를 고려하여 소비지출을 합리적으로 결정하고자 한다. 즉 소비자들은 현재 또는 미래 경기에 대해 낙관적으로 전망하면 내구소비재와 같은 품목에 대한 지출을 늘리지만, 현재 또는 미래의 경제여건에 대해 비관적이거나 불투명하다고 판단하면 지출을 줄이는 경향이 있다. 이와 같이 개별 소비자들의 전망이 경기에 대해 비관적으로 바뀌게 되면 연쇄적이고 광범위하게 소비자 지출의 위축이 초래되고 경제행위에 곧바로 영향을 미치기 때문에 소비심리를 조사하는 것은 매우 중요하다.[15]

한국은행은 1995년부터 소비자동향지수Consumer Survey Index(CSI)를 조사하여 현재 및 향후 6개월 동안의 경제 상황에 대한 소비자의 태도와 가계의 소비 심리를 토대로 지수 산출을 한다. 소비자동향조사는 소비자들이 경기를 어떻게 전망하는지부터 시작해 취업전망, 물가전망, 금리전망, 주가전망 등의 다양한 조사를 진행하는데 이 중 주요 6가지 요소(현재 생활 형편, 생활형편 전망, 가계수입 전망, 소비지출 전망, 현재 경기판단, 향후 경기전망)를 추려 소비자심리지수를 산출한다.[16] 미국도 유사한 방법으로 소비자신뢰지수(consumer confidence index)를 측정하는데 경제조사기관인 콘퍼런스 보드(Conference Board)가 매달 5,000가구를 대상으로 설문조사를 실시해 집계한다. 소비자 신뢰는 전체 경제 상황과 개인적 재무 상황에 대해 소비자가 낙관적으로 느끼는 정도를 측정한다. 소비자들이 자신들의 고용 상태가 안전하다고 느껴 소비자 신뢰가 높은 경우, 소비자들은 더 많이 구매한다. 경기가 위축되어 실업이 많아지면 소비자 신뢰가 하락하고 지출은 줄이면서 저축은 늘게 된다. 앞의 그림 3.3은 한국의 소비심리 변화와 소매판매의 변화를 나타내고 있으며 소비신뢰에 해당하는 소비심리는 파란 선으로 소비자 지출에 해당하는 소매판매는 실선으로 표시하고 있다. 마찬가지로 그림 3.4는 미국의 소비자 신뢰의 변화 및 그로 인한 실제 소비자 지출의 변화를 도식화하였 다. 녹색 선은 소비자 신뢰를 나타내며, 적색 선은 같은 기간 동안 실제 소비자 지출에서의 변화를 나타낸다. 위 두 그림을 알 수 있듯이 두 요소 사이에는 정확한 상관관계가 있는 것은 아니지만, 소비자 신뢰와 소비자 지출은 종종 같은 추세를 보인다.

소비자들이 자신의 구매에 대해 신뢰를 느낄 수 있도록 만드는 전략적 방법을 찾을 수 있는 마케터들은 경기가 어렵더라도 성과를 향상시킬 수 있을 것이다. 예를 들어, 2009년, 현대는 미국 소비자들이 고용의 불안정화로 새 차 구입하는데 부담감을 느끼는 것을 알았다.

이에 대한 전략으로, 현대는 구매자 보증 프로그램을 실시하였다. 이 프로그램은 현대차 구매자들이 직업을 잃는 경우 12개월 이내에 아무 조건 없이 차를 환불할 수 있도록 하는 것이었다.[17] 현대는 근본적이고 강력한 소비자의 두려움을 찾아내어 전략을 개발하는 데 이용하였다. 이 전략은 그러한 두려움을 진정시키고 소비자들이 구매에 대해 보다 신뢰감을 느낄 수 있도록 만들어 주었다.

현대의 구매자 보증 프로그램은 경기 위축으로 인한 낮은 소비자 신뢰를 극복하는 데 초점을 두었는데, 이 프로그램으로 경기침체기 동안 현대 자동차의 미국 내 매출, 이익, 시장점유율이 증가하였다.

　　마케터는 경제적 환경에 영향을 줄 수는 없다. 그러나 마케터들은 경제적 요인에 관계없이 기업이 성공하기 위한 최선의 마케팅 전략을 개발해야 한다. 경기침체로 인해 소비자 신뢰가 낮았던 2008년부터 2010년까지, 서브웨이는 저가 메뉴를 확대하고 있는 다른 레스토랑 체인들과 경쟁하기 위해 신메뉴를 찾고 있었다. 마이애미에 있는 서브웨이 프랜차이즈 한 곳에서 주말에 5달러밖에 하지 않는 풋롱 샌드위치를 최초로 선보였다.[18] 5달러 풋롱 샌드위치를 제공하는 점포의 고객 대기열이 길게 늘어졌을 때, 서브웨이는 이것이 바로 그들이 찾던 마케팅 전략이라는 것을 깨달았다. 서브웨이는 자사의 광고대행사와 함께 이제는 유명해진 " 5달러 풋롱" 징글을 개발했고, 그 징글의 인기는 급상승하였다. 더 많은 소비자들이 자신들의 주문을 6인치 샌드위치에서 풋롱으로 업그레이드했고, 다른 소비자들은 풋롱 샌드위치 하나를 구매해서, 절반은 먹고, 나머지 절반은 다음 날 아침을 위해 남겨두었다. 5달러 풋롱은 서브웨이의 국내 매출을 17%나 끌어올렸는데, 같은 시기에 거의 모든 다른 레스토랑 체인들의 매출은 하락하였다.[19] 5달러 풋롱을 도입하고 단지 3년 만에, 서브웨이는 맥도날드를 추월하였고, 이제는 세계적으로도 유명한 레스토랑 체인이 되었다.[20]

특정한 경제적 환경에 대한 대응으로, 서브웨이는 기존의 재화 및 서비스에 대한 마케팅 믹스를 조정하여 새로운 방식으로 고객의 반향을 불러 일으켰다.

인구통계적 요인demographic

경제적 요인은 소비자들의 구매 유형을 이해하기 위한 거시적 틀을 제공하는 반면, 인구통계는 소비자 시장을 정의하기 위해 사용될 수 있는 인구의 특성을 말한다. 인구통계에는 연령, 성별, 인종, 교육수준 등이 포함되고, 이들은 모두 소비자가 구매하는 제품에 영향을 미친다. 전형적인 인구통계 정보는 미국 인구조사국과 닐슨 같은 리서치 회사로부터 손쉽게 구할 수 있다. 한국의 경우 통계청에서

5년마다 인구주택총조사를 실시하여 인구의 일반적인 특성 조사뿐만 아니라 인구에 관한 경제, 사회, 문화 등 제반 특성까지 조사범위를 확대하여 정보를 수집하고 있다. 인구통계 정보에 대한 접근은 기업의 표적 시장을 정의하고 특징짓는 데 필수적이다.

연령age 당신은 당신의 부모님과 같은 방식으로 정보를 이용하는가? 당신은 당신이 5년 전에 사용했던 방식으로 정보를 이용하는가? 이 두 질문에 대한 답변은 "아니오"일 가능성이 크다. 연령은 소비자가 정보를 처리하는 방식에서 중요한 역할을 한다. 이것은 결국 기업이 소비자들에게 도달하기 위해서 사용해야 할 마케팅 전략에 영향을 미친다.

해마다 한국 인구의 평균 연령은 높아지고 있는데, 노년층이 가장 빠르게 증가하는 인구통계 집단이다. 전문가들은 한국 사회가 2020년에는 인구의 20%가 65세가 넘는 소위 초고령화 사회로 진입하게 될 것으로 예상하고 있다.[21] 이러한 급속한 고령화는 기업 경영, 특히 마케팅 분야의 새로운 기회이자 위협이기도 하다. 지금까지 마케팅 분야에서 고령층 소비자에 대한 관심은 상대적으로 적었다. 이들은 사회경제적인 위상이 상대적으로 낮았고 소비 욕구가 크지 않았기 때문이다. 그러나 전 세계적으로 **베이비부머**baby boomers가 고령화되는

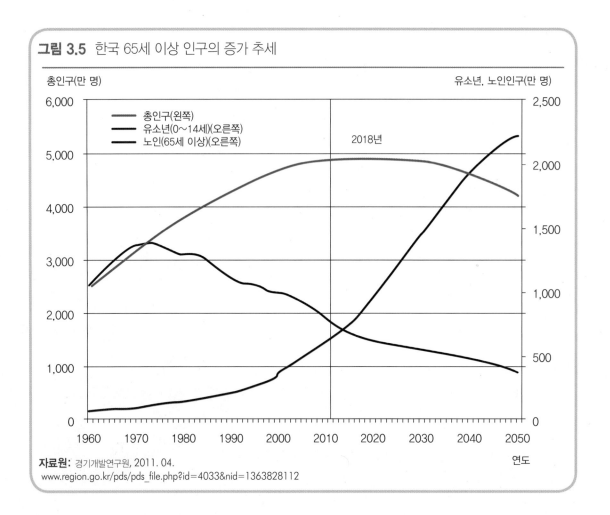

그림 3.5 한국 65세 이상 인구의 증가 추세

자료원: 경기개발연구원, 2011. 04.
www.region.go.kr/pds/pds_file.php?id=4033&nid=1363828112

상황을 맞이하면서 이들 고령 소비자들의 영향력은 커지고 있다.

이들은 전통적인 할아버지 할머니 상에서 벗어나 자신의 라이프를 적극적으로 즐기기를 희망하는 것으로 나타나고 있다. 자신의 손자와 손녀를 돌보는 것 같은 전통적인 역할에서 벗어나 자신만의 인생을 추구하며 자신들의 육체적인 연령보다 젊게 생활하고자 한다. 특히 경제적 여력이 있고 건강에 대해 확신이 있는 활동성이 강한 고령층은 지금까지의 가족 중심적인 삶을 영위하거나 자식 의존적인 생활에서 벗어나 자신들의 남은 생을 즐기려는 모습을 보이고 있다. 이들의 가장 큰 욕구는 바로 건강하게 생활을 유지하는 것이며, 건강 악화로 인한 삶의 질이 나빠지는 것을 가장 우려한다. 특히 건강이 나빠졌을 때 이를 고치려 하기보다는 예방적 차원의 관리를 위해 많은 시간과 돈을 투자하고 있다. 두 번째 욕구는 안티에이징anti aging이다. 육체적으로 나이가 드는 것은 인정하더라도 정신적 심리적으로 노화되는 것에 상당한 거부감을 보이고 있다. 따라서 이들에게 소위 과거에 잘 나갔던 시절을 회상시킬 수 있는 향수 마케팅(nostalgia marketing)이나 이 제품을 사용하면 젊은이 못지않게 삶을 역동적으로 살 수 있다는 광고메시지를 전달하는 노력이 필요하다. 신뢰성 있는 고령의 모델을 광고에 등장시켜 이들 소비자를 설득하는 것도 한 가지 방법으로 독일 생활용품회사인 니베아(Nivea)는 화장품에 52세의 여성을 모델로 기용했는데 상당히 호의적인 반응을 얻었다.[22]

최근에는 전 세계적으로 정보통신기술의 영향을 많이 받아 각종 인터넷 환경에 익숙하고 다양한 미디어를 통해 전 세계의 정보를 공유하고 소통하는 1984~1992년 사이에 태어난 젊은이들인 N세대net generation가 시장의 판도를 바꾸고 있다. 이들은 다양한 소셜 네트워킹 사이트와 휴대전화에 관심이 많다. 인터넷과 가상공간을 통해 다양한 인적 네트워크를 형성하고 있으며, 컴퓨터와 휴대전화를 이용해 MP3음악, 동영상, 사진 등 각종 콘텐츠를 사이트에 올리고 공유하는 것을 즐기며, 각종 글로벌 문화에 대해서도 개방적이어서 다른 나라 문화나 다른 인종에 대한 거부감도 적다. 또한 명품보다는 자기 표현에 관심이 많고 자기 개성을 표출하는 것을 선호한다.[23] N세대에 접근하고자 하는 마케터들은 소셜 네트워킹 사이트나 모바일 채널을 사용해 메시지를 전달하며 개성을 나타낼 수 있는 자기 표현적인 제품을 제공해야 한다. 컨버스(Converse)는 운동화에 직물용 물감으로 그림을 그려 넣거나 천을 덧대는 등의 튜닝을 권장했으며[24] 반스(Vans)는 리폼 디자인 공모전을 개최하여 다양한 재료와 방법으로 개성 넘치게 디자인한 스니커즈를 선발하는 마케팅으로 큰 호응을 얻었다.[25]

성별gender 최근 수십 년 동안 한국에서 일어난 가장 중요한 변화 중 하나는 남성과 여성의 역할, 태도, 그리고 구매 습관이다. 역사적으로, 여성 소비자들은 남성 소비자들보다 표적 시장 규모가 적었다. 오늘날 여성은 매우 많고 다양한 제품에 대해 의사결정을 내리는 역할을 맡고 있다.

대다수 소비자 지출을 여성이 통제하기 때문에 여성은 다양한 제품에 걸쳐서 마케터들의 표적이 된다. 여성은 전 생애주기에 걸쳐 남성보다 월등히 많은 소비생활을 한다. 여성은 결혼 전에 패션, 여행, 대중문화의 각종 트렌드를 화려하게 주도했다면, 결혼 후에는 가계 의사결정의 70% 이상을 진두지휘하는 가계지출의 최고 의사결정자로서 맹활약한다. 노년기에

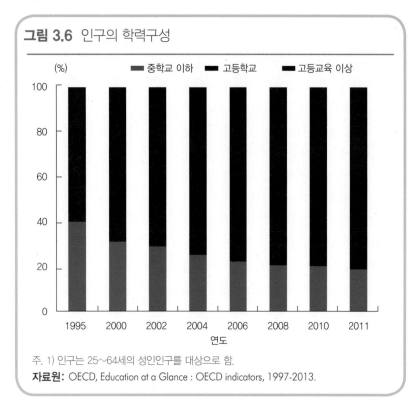

그림 3.6 인구의 학력구성

(%)　■ 중학교 이하　■ 고등학교　■ 고등교육 이상

연도

주. 1) 인구는 25~64세의 성인인구를 대상으로 함.

자료원: OECD, Education at a Glance : OECD indicators, 1997-2013.

접어들어서도 여성은 월 평균 4.2회의 쇼핑을 즐기는 것으로 나타나 1.6회에 불과한 남성의 쇼핑빈도를 압도하고 있다. 게다가 여성은 평균 수명도 남성보다 길다.[26] 이전에는 여성만의 가치라고 여겨졌던 것들이 사회가 변함에 따라 남성에게도 유효한 가치로 작용하면서 전통적으로 남성 중심의 마케팅을 펼치던 자동차회사나 정유회사의 경우도 최근에는 컬러마케팅이나 문화마케팅, 감성적 디자인 등을 도입하여 여성 소비자는 물론 새로운 남성소비층을 끌기 위해 노력하고 있다.

GS칼텍스(GS-Caltex)는 2002년 업계 최초로 여성 모니터 제도를 시행하여 여성 고객의 불만사항을 청취하고 이를 개선하기 위한 노력을 기울여왔다. 2007년 여성의 라이프스타일에 맞춰 내놓은 '시네마브런치' 이벤트는 여성 소비자들에게 큰 호응을 얻으며 GS칼텍스 여성고객의 비율을 15%에서 25%로 급격히 끌어올리는 역할을 했다.[27] 또한 광고모델을 자사 소속 축구선수인 박주영에서 국민여동생 문근영으로 교체하는 등 여성중심의 서비스와 커뮤니케이션을 강화함으로써 소비자들에게 부드럽고 친근한 주유소로 포지셔닝하는 데 성공했다.

교육education 한국은 전 세계에서 교육률이 가장 높은 나라다. 2013년 OECD 조사에 따르면 한국은 1995년 이후 중졸 이하의 학력을 가진 인구의 비율은 지속적으로 하락한 반면, 고등교육을 이수한 인구의 비율은 꾸준히 상승하고 있다.[28] 그림 3.6에서 보듯 1995년에는 전체 성인 인구 중 중학교 졸업 이하의 학력을 가진 집단의 비율이 40%이고 고등교육을 이수한 인구의 비율 18%였지만 2011년에는 중학교 졸업 이하 학력 소유자의 비율은 19%로 떨어진 반면, 고등교육 이수자의 비율은 40%까지 높아졌다. 또한 고학력의 소비자일수록 고용될 가능성이 더 많다. 그림 3.7과 같이 고등교육기관 졸업자의 실업률은 2000년 이후에 완만하게 하락하는 추세를 보이고 있으며 나머지 인구에 대비 실업률은 상대적으로 낮다. 고학력 소비자들은 생애 전반에 걸쳐 더 많은 돈을 벌 가능성도 높으며, 광고주들의 메시지도 더 쉽게 이해할 수 있기 때문에, 마케팅 전략에 대한 주요 표적이 된다.

고등교육 이수자는 향후에도 계속 증가할 양상을 보이고 있어 그에 따라 고학력의 전문직 소비자의 수도 증가할 것으로 기대된다. 고학력 소비자의 증가는 마케터들에게 새로운 전략의 필요성을 나타낸다. 일반적으로 고학력 소비자들은 환경에 관심이 많고 기술적 특성들을 높게 평가하는 경향이 있다. 닛산은 경제적 효율성과 진보된 기술특성을 강조한 전기 자

그림 3.7 교육 수준별 실업률 추이

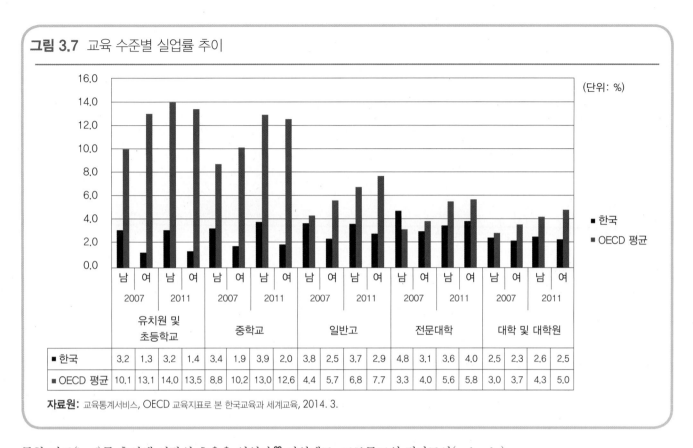

	남	여	남	여	남	여	남	여	남	여	남	여	남	여	남	여	남	여	남	여
	2007		2011		2007		2011		2007		2011		2007		2011		2007		2011	
	유치원 및 초등학교				중학교				일반고				전문대학				대학 및 대학원			
■ 한국	3.2	1.3	3.2	1.4	3.4	1.9	3.9	2.0	3.8	2.5	3.7	2.9	4.8	3.1	3.6	4.0	2.5	2.3	2.6	2.5
■ OECD 평균	10.1	13.1	14.0	13.5	8.8	10.2	13.0	12.6	4.4	5.7	6.8	7.7	3.3	4.0	5.6	5.8	3.0	3.7	4.3	5.0

자료원: 교육통계서비스, OECD 교육지표로 본 한국교육과 세계교육, 2014. 3.

동차 리프(leaf)를 출시해 시장의 호응을 얻었다.[29] 이외에도, 교보문고의 전자도서(e-book) 샘(sam)이나 애플(Apple)의 아이패드(iPad) 같은 제품들은 계속해서 더 많은 디지털 콘텐츠를 읽고자 하는 고학력 소비자들을 표적으로 한다.

인종ethnicity 미국은 다양한 인종으로 구성된 다문화주의로 빠르게 변하고 있어, 마케터들은 다양한 인종 집단에 접근하기 위하여 다양한 언어들로 광고하는 등과 같은 기본적인 조치를 이미 취하고 있고, 인종 구성이 계속 변하고 있기 때문에, 마케팅 전문가들은 상이한 인종 집단과 그들의 구매 행동에 대해서 연구를 계속할 필요가 있을 것이다. 한국은 전통적으로 민족적 동질성이 강조되었지만 지난 사반세기 동안 이주노동자, 결혼이민자, 귀화자 등 체류외국인 수가 계속 증가하여 다문화 사회로 진입하는 단계에 이르렀다. 체류 외국인은 국제화가 본격 진행되면서 증가하였다. 1992년 한중수교 이후 중국인 동포 유입이 꾸준히 이어졌고, 저출산·고령화 사회 진입으로 인한 외국인 근로자 및 결혼이민자 증가도 두드러졌으며 2007년 재외동포를 위해 도입한 방문취업제로 2013년 기준 한국은 체류 외국인 150만 명을 돌파하였다. 2000년대 초반까지만 해도 한국에 체류하는 외국인은 국내 총인구의 1%에 못 미쳐 우리 사회의 이방인으로 분류됐지만, 이제는 국제화 시대를 맞아 외국인이 국내 총인구의 3%가량을 차지할 정도로 급증하여 한국 사회는 외국인과 더불어 살 수밖에 없는 다문화·다인종 사회로 진입하였다.[30]

그림 3.8과 같이 국내 체류 외국인을 국적별로 보면 한국계를 포함한 중국 출신이 절반

그림 3.8 국가별 국내 체류 외국인(상위 20개국)

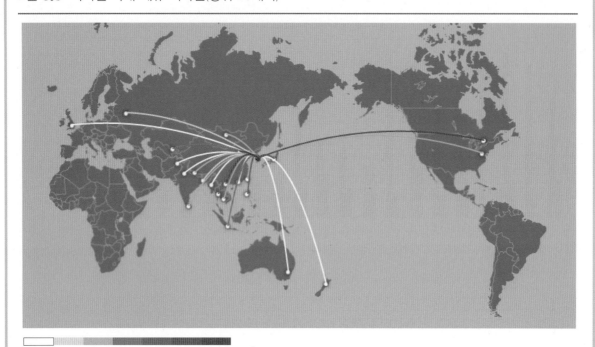

0　10,000　20,000　30,000　40,000　100,000　500,000⁺

	국가	인원			국가	인원			국가	인원
1	중국	741,487		9	캄보디아	28,482		17	파키스탄	9,984
2	미국	138,824		10	대만	26,288		18	미얀마	9,588
3	베트남	120,488		11	몽골	28,103		19	인도	8,998
4	일본	44,983		12	캐나다	24,003		20	오스트레일리아	8,505
5	필리핀	44,017		13	스리랑카	21,887		21	영국	7,373
6	태국	43,757		14	네팔	20,168		22	뉴질랜드	3,614
7	우즈베키스탄	38,488		15	방글라데시	13,612		23	홍콩	3,494
8	인도네시아	33,518		16	러시아	12,458				

자료원: 연합뉴스 2013. 06. 10.
http://www.yonhapnews.co.kr/medialabs/special/multicultural/foreign.html

가량을 차지해 가장 많으며 그 뒤로 미국, 베트남, 일본, 필리핀 순이다. 또한 대륙별로 보면 아시아 국가들이 체류 규모 상위 20개국의 대부분을 차지하고 있으며, 서구권 국가로는 캐나다와 뉴질랜드가 각각 11위와 18위에 있다. 이러한 국내 체류 외국인들은 결혼이나 영주를 목적으로 한 체류가 가장 많았고 그 뒤를 국내 기업에 취업하거나 유학이나 연수와 관련한 학업을 위해 방문하고 있다.

　한국에 거주하는 외국인이 크게 늘면서 각종 외국인 정책이 시행되고 있지만 아직까지 한국 사회에는 다문화, 사회통합 등과 관련된 국민적 공감대가 형성되지 않아 내외국인 간, 인종 간 갈등이 불거질 수 있다는 우려가 제기되고 있다. 이에 기업들은 사회공헌을 위해 앞장서서 체류 외국인 및 다문화가정의 안정적인 사회정착을 위해 노력하고 있다. KDB국민은행은 이주 여성을 위한 한국요리책을 제작 배포하고 다문화가정 어린이들을 위한 이중 언어 교재를 개발하는 등 사회공헌활동을 펼치고 있다.[31]

사회문화적 요인socialcultural

개인이 속해 있는 사회와 문화는 개인의 신념, 가치관, 규범을 형성하게 도와주고, 이것은 다시 개인의 취향과 구매 습관을 결정한다. 사회문화적 요인이란 개인적 계발에 영향을 미치는 사회 및 문화적 요인들의 조합을 말한다. 지난 50년 동안 미국 내에서 가장 큰 사회문화적 변화 중 하나는 부부 중 한 명은 집에서 아이를 키우는 외벌이 가족이 주를 이루던 사회에서 맞벌이 가족과 편부모 가족이 우세한 사회로의 변화다. 2010년에는 미국 가구의 21%만이 자녀가 있는 혼인 커플로 구성되어 있었다.[32] 일하는 아버지와 가정주부 어머니로 구성된 가구는 단지 16%였다.[33] 과거 배우자 중 남편의 외벌이가 주를 이루던 한국 사회도 최근 여성의 사회진출 증가로 인해 결혼한 가구의 43%가 맞벌이를 하는 것으로 나타났다.[34] 이러한 변화는 "돈은 많은데, 시간은 부족한" 사회로 이끌었다. 즉 쓸 돈은 많지만 그 돈을 쓸 시간은 부족한 국가가 되었다는 것이다.

시간이 부족한 가족이라는 새로운 사회문화적 현상은 기업이 새로운 유형의 가치를 제공할 수 있는 기회를 창출한다. 예를 들어, 은행들은 늦은 저녁 시간까지 서비스를 제공하고 ATM 기기를 통해 서비스를 확대하는 등이 그것이다. 또한 은행들은 바쁜 소비자들을 위해 더 많은 은행 서비스를 사용할 수 있도록 추가적인 온라인 서비스를 개설하였다. 필립스의 로봇 청소기 스마트프로 콤팩트는 원하는 청소 시간을 설정하면 매일 정해진 시간에 청소를 하는 스케줄링 기능을 탑재해 집안일을 할 시간이 부족한 맞벌이 부부에게 소중하다.[35] 미국 내 다른 사회문화적 변화 – 독신자 수의 증가, 소비자 개인정보 보호에 대한 우려의 증대, 환경문제에 관심을 가지는 소비자 수의 증가 – 들도 기업에게 제품을 새롭고 더 나은 방식으로 마케팅하기 위한 수많은 이유를 제공한다. 예를 들어, 친환경 재화 및 서비스에 대한 소비자의 수요가 증가함으로써, 자동차 제조사들은 하이브리드 및 전기 자동차 등을 내놓았고 개인 미용용품 마케터들은 자연적인 유기농 제품을 다양화하여 도입하였다.

정치적 요인political

정치적 분위기는 정부의 정책 방향을 급속하게 변화시키고, 마케터들이 자사 제품을 포지셔닝하는 방법에도 영향을 미칠 수 있다. 온라인 게임업체들은 2011년 여성가족부의 강제적 셧다운제, 즉 '16세 미만 청소년의 심야시간 게임이용을 차단하는 제도'와 문화체육관광부의 선택적 셧다운제의 중복규제에 우려의 목소리를 나타내었다. 또한 2012년 교육부는 청소년 사용자가 게임을 시작한 지 2시간이 지나면 자동으로 게임을 종료하고 10분 후 1회에 한하여 재접속을 가능케 하는 쿨링 오프제를 도입하여 온라인 게임업체들을 압박하였다. 온라인 게임시장에서 주요 소비자들 중 다수는 청소년이기 때문에 이러한 규제법안은 다른 인구통계적 세분시장을 대상으로 매출을 올리기 위한 방안을 강구하기 위해 마케터들이 자사의 전략과 포지셔닝 전략을 제고하게 만들었다. 이러한 정부부처의 압박으로 게임시장은 급속도로 위축되었고 국내 황금산업이었던 게임산업은 2013년에 마이너스 성장을 하기에 이르렀다. 이에 심각성을 깨달은 정부는 최근 규제완화를 통해 게임산업의 재활성화를 위해 지원정책 마련을 서두르고 있다.[36]

기업들은 정치적 분위기의 변화가 자사에 어떤 영향을 미칠 것인지 그리고 그러한 환경변화 속에서 성공할 수 있는 마케팅 전략을 어떻게 개발할 수 있을 것인지에 대해 이해해야 한다. 한국은 기업이 정책의 입안 또는 변경에 영향력을 행사하기 위해 로비활동을 하거나 특정 정당 또는 정치인을 지지하며 금전적인 기부를 하는 것을 정경유착의 행위로서 부정적으로 바라보는 경향이 있고, 실제로 법률에서 기업의 정치자금 기부를 명시적으로 금지하고 있다. 그러나 북미 및 유럽지역의 기업들은 자신들의 사업에 영향을 미치는 정치적 의사결정에 대해서 적극적인 로비활동을 통한 영향력 행사로 자사의 권리를 보호하고자 하는 움직임이 강화되고 있다. 예를 들어 미국의 경우 지난 20년 동안, 정치 활동 위원회(PACs)의 수와 영향력은 극적으로 증가해 왔다. PACs는 자신들의 조직을 긍정적으로 생각하는 후보를 돕기 위해 또는 자신들이 속해 있는 산업과 관련된 특정 이슈를 촉진하기 위해서 기금을 조성하였다. PACs는 특정한 유형의 광고에 대한 제한 또는 소비자 권리 보호 등과 같이 마케팅에 영향을 미치는 몇몇 이슈를 포함하여 특정 이슈에 보다 면밀하게 초점을 맞추기 위해서 정부 관리들에게 로비를 벌인다. 예를 들어, 2013년에 캘리포니아, 버몬트, 뉴욕, 그리고 다른 몇몇 주들은 부모의 허락이 있어도 미성년자들이 선탠숍을 이용하지 못하게 금하는 법안을 통과시켰다.[37] 1,400개 선탠숍을 회원으로 거느리고 있는 미국 선탠 협회는 선탠에 대한 규제를 완화시키기 위해 연방정부와 주정부를 대상으로 로비를 시작하였다. 그 협회가 성공한다면, 마케터들은 젊은 소비자들로부터 더 많은 수익을 거둘 수 있을 것이고, 선탠 산업 내부의 법적 환경을 변화시킬 수 있을 것이다.

법적 요인legal

법 체제는 기업의 마케팅에 영향을 미치는 외부 환경의 또 다른 구성요인이다. 미국 내 법적 환경은 지속적으로 변하고 있기 때문에, 마케팅 전문가들은 자신들의 전략을 수정해야 한다. 표 3.2는 마케팅 환경을 이해하는 데 가장 중요한 미국 법률 몇 가지를 강조하고 있다. 연방정부, 주정부, 지역정부는 다음의 두 가지 주요 목적으로 법규를 제정한다.

1. 기업이 서로 공정하게 경쟁하는 것을 보장하기 위해서. 예를 들어 셔먼법(Sherman Antitrust Act, 1980)은 독점을 금지하고 경쟁을 보장하기 위해서 통과되었다. 로빈슨 패트먼법(Robinson- Patman Act, 1936)은 동일한 제품을 상이한 가격에 판매하는 것을 금지하는 법을 개선하였다. 휠러리법(Wheeler-Lea Act, 1938)은 기만하고 오도하는 광고를 불법으로 규정하였다. 이러한 법률들은 미국 소비자 보호를 담당하는 연방통상위원회(federal trade commission, FTC)가 강제하는 법

표 3.2 마케팅에 영향을 미치는 미국 법률

법률	마케팅에 대한 중요 사항
Sherman Antitrust Act (1980)	경쟁을 저해하는 관행 금지, 개별 기업에 의한 시장 독점 금지, 자유 경쟁을 통상 규칙으로 보존
Robinson–Patman Act (1936)	제품의 원가가 다르거나 또는 품질이 다른 것이 아닌 경우 주간 통상에서 동일한 제품을 상이한 가격으로 판매하는 가격 차별화로부터 기업 보호
Wheeler–Lea Act (1938)	불공정 또는 기만 광고 조항의 감독권을 FTC에 부여함. 소비자를 거짓 광고 관행으로부터 보호하는 것을 포함하는 FTC의 권한을 확대시킴
Fair Packaging and Labeling Act (1966)	다수의 소비재 포장 라벨에 적용됨. 라벨에 제품에 대해 제품의 명칭, 제조 · 포장 · 유통 기업의 주소지, 내용물의 정확한 양 등을 명시할 것을 요구함
Telephone Consumer Protection Act(1991)	오전 8시에서 오후 9시 사이의 상업적인 전화 권유를 제한하고, 원하지 않는 전화 권유를 회피하는 절차를 텔레마케터들이 마련하도록 강제함
Credit Card Accountability, Responsibility, and Disclosure(CARD) Act(2009)	소비자 권리를 보호하고 기만적인 대부 관행을 폐지함

률에 속한다. FTC는 규제를 어긴 조직들에 대한 불평을 수집하는데, 이것은 조사와 기소로 이어질 수 있다.

2. 기업이 소비자를 이용하지 못하도록 보장하기 위해서. 예를 들어 공정포장표시법 (Fair Packaging and Labeling Act, 1966)은 제품의 포장의 라벨이 정확하게 기재되도록 보장한다. 전화 소비자 보호법(Telephone Consumer Protection Act, 1991)은 기업이 전화상으로 소비자들에게 직접 제품을 판매하는 텔레마케팅의 사용을 줄였다. 이 법률은 소비자들이 걸려오는 텔레마케팅 횟수에 제한을 가하거나 수신을 거부할 수 있도록 만들었다.[38] 은행들과 다른 금융회사들은 신용카드 해명, 책임 및 공개에 관한 법(Credit Card Accountability, Responsibility, and Disclosure Act, 2009)에 따라 고객들에게 응대하는 방법을 바꾸어야 했다. 그 법률은 불공정한 신용카드 이자율의 증가를 금지하고 어린 소비자들을 보호하기 위해서 최소 지불 한도와 이자율에 대한 내용을 쉬운 영어로 표현할 것을 요구했다.[39]

한국은 다음과 같은 목적으로 기업의 경영활동에 영향을 주는 법률을 제정하였다.

1. 기업 상호 간 관계에서 기업을 보호하려는 목적으로 입법을 한다. 기업 경영자는 경쟁을 하는 것을 당연하게 받아들이기는 하지만 되도록 경쟁을 피하려는 심리를 가지고 있다. 따라서 정부의 입장에서 보면 이러한 심리적인 경쟁 회피 과정에서 발생할 수 있는 불공정 상황을 규제해야 한다고 본다.

표 3.3 마케팅에 영향을 미치는 한국 법률

법률	마케팅에 대한 중요 사항
시장법(1961)	시장을 적절히 운영하게 함으로써 상업의 정상적인 발전을 도모하여 국민경제의 건전한 발전에 기여함
상품권법(1961)	상품권의 확실한 상환을 도모함으로써 상품권의 유통질서를 확립하고 소유자의 권익을 보호하고자 함
식품위생관계법(1962)	식품으로 인한 위해의 방지와 식품 영양의 질적 향상을 도모함으로써 국민 건강 향상에 기여함
광고물단속법(1962)	광고물의 표시 장소, 표시 방법, 광고문을 게시하기 위한 물건의 설치 및 유지에 관한 필요한 사항을 규제함으로써 미관풍치 또는 미풍양속의 유지와 공중에 대한 위해를 방지하고자 함
독점규제 및 공정거래에 관한 법률(1980)	기업의 시장지배적 지위의 남용과 과도한 경제력의 집중을 막고 부당공동행위 및 불공정거래행위를 막기 위한 규제
소비자보호법(1986)	기업의 상행위로부터 소비자를 보호하고 구매자의 권익을 옹호하고자 함
신용카드업법(1987)	신용카드에 관계되는 제반규제를 목적으로 함
방문판매 등에 관한 법률(1991)	방문판매, 통신판매 및 다단계판매에 관련된 상품의 판매 및 용역 제공에 관한 규제를 목적으로 함

2. 불공정한 기업의 행위로부터 소비자를 보호하기 위해 법률 규제를 한다. 기업은 때에 따라 제품의 품질을 속이기도 하고 포장을 통해 소비자를 기만하기도 하며 가격 조작을 통해 소비자를 현혹시키기도 한다. 따라서 국가 기관의 입장에서 보면 당연히 소비자 보호법을 발동하게 된다.
3. 기업 활동 때문에 발생하게 되는 외부효과에 대한 사회적 책임과 비용을 부담시키기 위해 기업 규제를 하게 된다.

기술적 요인technology

모든 외적 요인들 중에서, 급속하게 진화하는 기술은 마케팅 전문가들에게 가장 중요한 도전 중 하나이면서 동시에 가장 중요한 기회 요인 중 하나이기도 하다. 기술은 모든 마케팅 행위에 내재하는 기본적인 개념인 소비자가 자신들의 필요와 욕구를 충족시키는 방법에 영향을 끼친다. 예를 들어, 당신이 1990년대 초에 대학에 다니면서 당신이 구매하기를 원하는 음악을 라디오로 들었다면, 당신에게는 두 가지 대안이 있다. 당신은 3달러 내지 5달러를 지불하고 노래 한 곡을 CD에 담아서 구매하거나, 아니면 당신이 좋아하지 않는 다른 아홉 곡이 같이 담겨 있는 앨범이더라도 15달러 내지 20달러를 지불하고 그 가수의 전체 앨범을 구매할 수 있다. 또 그 한 곡을 듣기 위해 10곡 이상이 담긴 그 가수의 앨범 CD를 10,000원 이상의 가격을 지불하고 구매해야 했다. 애플의 아이팟과 아이튠즈 스토어(iTunes Store)는 소비자가 좋아하는 특정 곡을 단지 1,000원에 구매할 수 있도록 함으로써 시장을 변화시켰다. 이러한 기술적 진보는 소비자가 음악을 구매하는 방식을 영구히 바꾸어 놓았다.

소비자의 제품 사용 방식에 영향을 미치는 것 외에도, 기술은 기업이 제품을 촉진하는 방식도 변화시킨다. 최근, 점점 더 많은 소비자들이 휴대폰 때문에 전통적인 유선 전화 사용을 거의 안하게 된다. 이러한 기술-주도적인 변화는 소비자들에게 접근하기 위한 새로운 방식을 마케터들에게 제공한다. 소비자의 위치를 추적하는 애플리케이션, 그루폰이 제공하는 것과 같은 전자 쿠폰, 고품질 스마트폰은 마케터들에게 소비자가 어디에 있는지 알려주며, 바로 그 순간 적당한 장소를 소비자들에게 직접 전할 수 있다. 저녁 시간쯤에 시카고 시내를 걸어 다니다가 당신이 있는 곳에서 한 블록도 떨어지지 않은 곳의 피자 레스토랑에서 사용 가능한 전자 쿠폰을 받았다고 상상해보라. 사실, 우리는 그러한 시나리오를 상상할 필요가 없다. 이러한 도구들은 현재 이용 가능하며, 그것들은 기업이 소비자에게 마케팅하는 방식을 기술이 어떻게 변화시킬 수 있는지를 보여준다.

월트디즈니 월드리조트(Walt Disney World Resort)는 자사의 테마파크에서 성가신 일이 전혀 없는 경험을 제공하기 위해 기술을 활용하고 있다. 2013년, 디즈니는 매직밴드(MagicBands)를 소개하였는데, 이것은 RFID 칩이 내장되어 있는 손목밴드다. 매직밴드는 디즈니 테마파크 방문객들을 위한 방 열쇠와 입장권의 기능을 한다.[40] 매직밴드는 또한 월트 디즈니 월드리조트 호텔의 숙박 요금과 연계가 될 수 있기 때문에, 테마파크 내에서 일어나는 구매를 더욱 쉽고 빠르게 만들어준다. 방문객의 경험을 풍부하게 하는 부가적인 가치 외

디즈니의 매직밴드와 같은 새로운 기술은 소비자들에게 편의성을 전달할뿐만 아니라 고객의 구매 패턴과 습관에 대한 귀중한 정보를 마케터들에게 제공해준다.

에도, 매직밴드는 마케터들에게 유용한 정보를 제공해준다. 고객이 이용한 놀이기구와 구매 패턴을 추적함으로써, 디즈니는 고객의 필요와 욕구를 가장 잘 만족시키는 제품을 설계할 수 있다.

기아자동차는 날로 치열해지는 경쟁상황에서 고객 서비스를 더욱 강화하고 고객들에게 더욱 편리한 서비스를 제공하기 위해 태블릿PC와 첨단 서비스 애플리케이션 '레드 샘즈(RED SEMS: RED Service Experience Management Solution)'를 활용한 스마트 고객 응대 시스템을 도입하였다. 서비스센터 방문을 예약한 고객의 차량 정보, 정비 이력 등의 정보를 고객 방문 전에 미리 해당 업체 및 담당자가 태블릿PC로 확인해 더욱 빠르고 정확한 안내가 가능하며, 고객에게 서비스센터의 위치정보 등을 사전에 전송한다. 입고 후에는 태블릿PC를 활용해 정비가 필요한 부분의 사진을 촬영하고 고객에게 사진을 보여주면서 필요한 서비스의 내용과 견적서에 대해서 자세히 설명해주며, 고객은 서비스 완료까지 걸리는 시간과 진행경과 과정을 확인할 수 있다. 수리가 완료된 이후에는 해당 부위의 사진을 촬영해 수리 전후의 모습을 상세히 보여주고 의뢰내용과 수리내용을 비교해 설명함으로써 정비 서비스의 투명성과 신뢰성까지 제고해 고객 만족도를 높이고 있다. 뿐만 아니라 모바일 기기를 통해 정비명세서를 제공하고 이를 활용해 비용 결제까지 가능한 시스템을 구축해 고객의 편의성을 더욱 높이고 있다.[41]

학습목표 3-3 글로벌 마케팅 환경

마케팅 환경 분석의 범위를 해외시장으로까지 확장

최근 통계에 의하면 세계 인구는 70억 명을 넘어섰다고 한다. 전문가들은 2050년까지 세계 인구는 거의 100억 명으로 증가할 것이라고 예상한다.[42] 국내 소비자들에게 주로 판매되는 소규모 기업들이더라도 점점 더 글로벌 트렌드와 사건, 경쟁자들에 의해 영향을 받고 있기 때문에 환경 탐색 과정에서 글로벌 요인들까지 고려되어야 할 것이다.

이론상으로는 국제 시장에서 기업에 영향을 미치는 핵심적인 외적 요인들은 국내 시장의 외적 요인들과 그다지 다르지 않다. 소비자들의 연령, 학력 수준, 성별은 여전히 중요하며, 특정 국가 내부의 정치적·법적 시스템은 그 국가에서 제품을 얼마나 쉽게 판매하고 유통할 수 있을지를 좌우한다. 그리고 한 국가의 기술 진보 수준은 기업이 자사 제품을 그 지역 소비자들에 촉진하는 방법을 암시한다. 그러나 실제 글로벌 수준에서의 환경 탐색에서는 추가적으로 다음의 몇 가지 요인들을 더 고려해야 한다.

환율 변동currency fluctuation

환율 변동은 한 국가의 통화 가치가 다른 국가의 통화 가치와 연계해서 어떻게 변하는가를 말한다. 환율 변동은 관점에 따라서 기업의 글로벌 마케팅 방식에 긍정적으로도 또는 부정적으로도 영향을 미칠 수 있다. 예를 들어, 미국 달러화($)와 유럽 연합의 유로화(€) 간 환율을 고려해 보자. 환율currency exchange rate은 외국 통화와 비교되는 자국 통화의 가격을 말한다. 2012년 1월 31일에 1유로는 1.29달러의 가치가 있었다.[43] 일 년 뒤, 1유로는 1.33

달러로 책정됐다. 유로화의 가치가 달러에 비해 높게 평가되자, 유럽산 제품을 구매하고자 하는 미국 소비자들의 구매력은 감소하였다. 반면, 달러화가 낮게 평가되면 미국산 재화 및 서비스는 유럽 소비자들에게 보다 저렴해지게 된다.

인구 면에서 세상에게 가장 큰 국가인 중국은 자국 통화를 평가절하하여, 즉 중국 통화의 가격을 실제 가치보다 낮게 책정하여 비난을 받았다. 많은 국가들은 자국 통화를 평가절하함으로써 자국 제품을 다른 국가 제품보다 더 싸게 만들 수 있기 때문에 중국이 해외에 수출하는 데 유리해진다고 믿는다. 그러나 최근 달러에 비해 위안화의 가치가 상승함에도 중국 소비자의 구매력이 증가하였다.[44] 코카콜라부터 제너럴 모터스에 이르는 미국 마케터들은 중국 소비자들에게 강한 위안화-달러 환율로 인해 가격이 낮아진 자신들의 제품을 더 많이 구매하도록 유인하기 위해서 광고와 유통에 박차를 가하고 있다.

환율이 평가절상 되든 아니면 평가절하 되든 환율 변동은 마케팅 기회를 제공할 수 있다. 예를 들어 달러화 대비 유로화의 가치가 상승하면 많은 유럽 사람들이 플로리다주 올랜도에 위치한 월트디즈니월드로 여행을 오게 될 것이다. 이는 이전보다 더 저렴하게 여행할 수 있기 때문이다. 또한 디즈니는 유럽 사람들을 표적으로 하여 미국 테마파크를 방문하기 위한 더 좋은 시기는 없다는 아이디어를 촉진하는 광고를 내보낼 수 있을 것이다.

소득 분포income distribution

한 국가의 소득 분포는 그 국가 구매력에 대한 가장 신뢰할 만한 밑그림을 제공한다. 마케터들은 특히 중산층이 증가하는 국가에 대해 매력을 가지는데, 중산층 가구의 비율이 증가할수록 한 국가의 구매 능력이 증가하는 경향이 있기 때문이다. 아시아와 라틴 아메리카 개발도상국들의 더 많은 국민들이 중산층으로 진입함에 따라 나타나는 소득 증가는 세계 교역을 활성화시킬 가능성이 크다. 그림 3.9는 향후 수십 년 동안 주요 아시아 국가들의 중산층 소비 비율이 미국과 비교하여 어떻게 변화할 것인가에 대한 추정치를 도식화한 것이다. 그림에서 볼 수 있는 바와 같이 인도의 중산층 소비 비율은 2050년이면 미국을 앞지를 것이다. 중산층이 빠르게 증가하지 않는 국가들조차도 식품비, 교통비, 또는 건강관리를 위한 정부 보조금 때문에 처음 통계치보다 더 높은 구매력을 가지게 될 것이다.

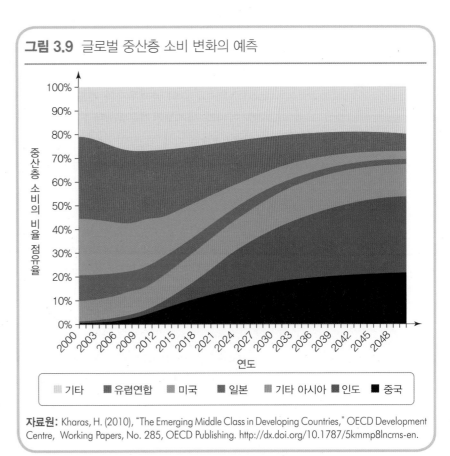

그림 3.9 글로벌 중산층 소비 변화의 예측

범례: 기타 | 유럽연합 | 미국 | 일본 | 기타 아시아 | 인도 | 중국

자료원: Kharas, H. (2010), "The Emerging Middle Class in Developing Countries," OECD Development Centre, Working Papers, No. 285, OECD Publishing. http://dx.doi.org/10.1787/5kmmp8lncrns-en.

학습목표 **3-4**

글로벌 마케팅 환경에 영향을
미치는 주요 무역협정, 화폐동맹,
조직들에 대한 정의

주요 무역협정 및 기구major trade agreements and orgarzations

국제무역협정, 통화동맹, 국제기구들은 기업의 사업 환경에 상당한 영향을 미칠 수 있다. 이들은 기업이 해외시장에 얼마나 쉽게 진입할 수 있는지, 국가 간 환율이 얼마인지, 심지어는 지역 시장에서 마주치게 될 경쟁 기업이 누구인지에 대해서도 영향을 미칠 수 있다. 무역협정과 통화동맹은 국경을 넘는 화폐와 제품의 교환을 촉진하고 국제기구는 경제활동에 대한 규제를 가한다.

WTO 세계무역기구World Trade Organization(WTO)는 마라케쉬 협정(Marrakech Agreement)에 따라 1995년 1월 1일 공식적으로 설립되었다. WTO는 국가 간 무역 규정을 처리하는 국제 조직으로, 참가 국가들 간 무역을 규제하고 수입업자와 수출업자의 사업 수행을 돕는다. 또한 WTO는 무역협정을 교섭하고 형식화하기 위한 틀과 참가국들이 WTO 협약을 준수하도록 하는 분쟁 조정 프로세스를 제공한다. 스위스 제네바에 본부를 두고 있는 WTO는 세계 인구의 97% 이상을 차지하는 153개의 회원국과 30개의 참관국을 거느리고 있는데, 참관국 중 대부분은 회원국이 되기를 희망한다.

UN 국제연합United Nations(UN)은 국제안전 및 환경보호, 세계 경제개발, 개도국의 빈곤퇴치, 건강 및 인권보호, 기술개발과 국제표준 제정 등 다양한 분야에서 실질적인 기획 및 실행조직, 심지어 군사력을 갖춘 명실상부한 범국가적 조직체다. 국제 마케팅 환경에 영향을 주는 UN의 산하기구에는 유엔무역개발회의United Nations Conference on Trade and Development(UNCTAD), 유엔개발계획United Nations Development Programme(UNDP)과 같이 국제투자와 개도국 개발 프로젝트를 통해 직접적인 영향을 행사하는 기구뿐 아니라 세계보건기구World Health Organization(WHO), 유엔식량농업기구United Nations Food and Agriculture Organization(UN-FAO)처럼 농산물, 약품의 구매조건 또는 각국 정책에 대한 가이드라인을 제시하여 간접적 영향력을 행사하는 UN의 기구들도 있다. 한국은 북한과 함께 1991년 9월 18일 제46차 UN총회에서 동시 가입이 승인되었다.

FTA 자유무역협정Free Trade Agreement(FTA)은 특정 국가 간의 상호 무역증진을 위해 물자나 서비스 이동을 자유화시키는 협정으로, 나라와 나라 사이의 제반 무역장벽을 완화하거나 철폐하여 무역자유화를 실현하기 위한 양국 간 또는 지역 사이에 체결하는 특혜무역협정이다. 그러나 자유무역협정은 그동안 대개 유럽연합(EU)이나 북미자유무역협정(NAFTA) 등과 같이 인접국가나 일정한 지역을 중심으로 이루어졌기 때문에 흔히 지역무역협정(RTA: regional trade agreement)이라고도 부른다.

　　FTA에는 크게 두 가지 형태가 있는데, 하나는 모든 회원국이 자국의 고유한 관세와 수출입제도를 완전히 철폐하고 역내의 단일관세 및 수출입제도를 공동으로 유지하는 방식으로, 유럽연합이 대표적인 예다. 다른 하나는 회원국이 역내의 단일관세 및 수출입제도를 공동으로 유지하지 않고 자국의 고유관세 및 수출입제도를 그대로 유지하면서 무역장벽을 완화하는 방식으로, 북미자유무역협정이 대표적인 예다. FTA는 양자주의 및 지역주의적인 특혜무역체제로, 회원국에만 무관세나 낮은 관세를 적용한다. 시장이 크게 확대되어 비교우위에 있는 상품의 수출과 투자가 촉진되고, 동시에 무역창출효과를 거둘 수 있다는 장점이 있으나, 협정대상국에 비해 경쟁력이 낮은 산업은 문을 닫아야 하는 상황이 발생할 수도 있다는 점이 단점으로 지적된다.

한국은 1998년 11월 대외경제조정위원회에서 FTA 체결을 추진하기 시작하여 한국 최초의 한-칠레 FTA가 2004년 4월 1일부터 발효되었다. 그 뒤로 한-싱가포르 FTA는 2006년 3월 2일에, 한-유럽자유무역연합(EFTA) FTA는 2006년 9월 1일에 발효되었다. 2007년 6월 발효된 한-ASEAN(동남아시아국가연합) FTA 상품무역협정은 2008년 11월 캄보디아 등 9개국에 대한 발효가 완료되었다. 2011년 현재 한국은 16개국과 5건의 FTA 발효, 29개국과 3건의 FTA 체결, 12개국과 7건의 FTA 협상 진행, 16개국과 9건의 FTA 협상 준비 및 공동 연구를 하고 있다.

OECD 경제협력개발기구Organization for Economic Cooperation and Development(O-ECD)는 상호 정책조정 및 정책협력을 통해 회원각국의 경제사회발전을 공동으로 모색하고 나아가 세계경제문제에 공동으로 대처하기 위한 정부 간 정책연구·협력기구다. OECD는 제2차 세계대전 후 유럽의 경제부흥협력을 추진해온 '유럽경제협력기구(OEEC)'를 개발도상국원조문제 등 새로 발생한 경제정세변화에 적응시키기 위해 개편한 기구로, 1961년 9월 30일 파리에서 발족하였다. OECD는 설립 초기 선진국 위주로 회원을 늘렸으나, 1989년 이후 비선진국권으로 회원국 및 협력관계를 확대하였다. OECD회원이 되기 위한 기본자격은 다원적 민주주의 국가로서, 시장경제체제를 보유하고, 인권을 존중하는 국가이어야 한다. 한국은 1996년 12월에 29번째 회원국으로 가입하였다.

APEC 아시아·태평양 경제협력체Asia Pacific Economic Cooperation(APEC)는 지속적인 경제성장과 공동의 번영을 위해 1989년 호주 캔버라에서 12개국 간의 각료회의로 출범하였다. APEC은 회원국 간 경제적·사회적·문화적 이질성을 극복하고 역내 지속적 경제성장에 기여함으로써 궁극적으로는 아·태 지역 경제공동체를 추구하는 데 그 목적이 있으며, 이를 달성하기 위해 무역·투자 자유화 및 원활화와 경제·기술협력을 중점 활동 분야로 추진하고 있다. 한국은 1989년 APEC 출범 시, 12개 창설 회원국 중 하나로서 APEC에 참가하였으며 지역경제협력체로서 한국의 무역·투자 자유화 촉진, 새로운 시장 확대에 크게 기여하고 있다.

NAFTA 북미 자유무역협정North American Free Trade Agreement (NAFTA)은 미국, 캐나다, 멕시코 간의 자유무역지대를 형성하여 세 국가 간 무역 장벽을 제거하고 투자를 촉진하는 것을 목표로 한다. 이 지역의 주요 무역 장벽 중 하나는 관세이었는데, 관세tariffs란 국가 간 수입과 수출에 부과되는 세금을 말한다. 1994년 1월 1일 NAFTA의 실행과 동시에 멕시코에서 미국으로 수입되는 물량의 절반 이상과 미국에서 멕시코로 수출되는 물량의 3분의 1 이상에 대한 관세가 철폐되었다. NAFTA가 실행된 지 10년 동안, 미국에서 멕

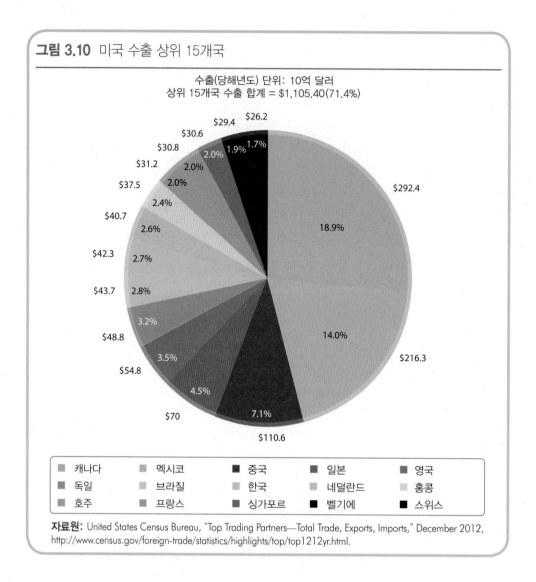

그림 3.10 미국 수출 상위 15개국

수출(당해년도) 단위: 10억 달러
상위 15개국 수출 합계 = $1,105.40(71.4%)

■ 캐나다	■ 멕시코	■ 중국	■ 일본	■ 영국
■ 독일	■ 브라질	■ 한국	■ 네덜란드	■ 홍콩
■ 호주	■ 프랑스	■ 싱가포르	■ 벨기에	■ 스위스

자료원: United States Census Bureau, "Top Trading Partners—Total Trade, Exports, Imports," December 2012,
http://www.census.gov/foreign-trade/statistics/highlights/top/top1212yr.html.

시코로 수출되는 농산물을 제외한 모든 미국–멕시코 간 관세는 철폐되었는데, 농산물에 대한 관세도 15년 내에 단계적으로 철폐되었다. 대부분의 미국–캐나다 간 무역도 이미 관세가 부과되지 않는다. NAFTA는 금수조치와 제재 같은 비관세 무역 장벽도 제거하려고 한다. 그 결과, 세 국가 간 무역은 1993년 2,8880억 달러로 세 배 가까이 증가하였고 2011년에는 1조 달러에 달했다.[45] 그림 3.10에서 보여주듯, 미국은 다른 어떤 국가들보다 캐나다와 멕시코에 더 많은 제품을 수출하고 있다. 이것은 상당 부분 NAFTA로 인해 세 국가 간 교환이 매우 수월하기 때문이다.

EU 유럽 연합European Union (EU)은 회원 국가들 간 재화, 서비스, 금융의 자유로운 무역에 대한 장벽을 제거함으로써 단일 유럽 시장을 조성하기 위해 형성되었다. EU는 27개 유럽 국가들로 구성된 경제, 정치, 통화동맹이다. 2010년 EU는 글로벌 GDP 중 26%를 차지

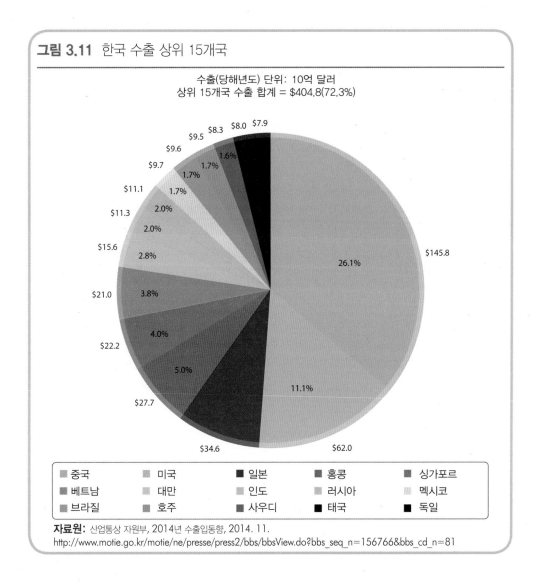

그림 3.11 한국 수출 상위 15개국

수출(당해년도) 단위: 10억 달러
상위 15개국 수출 합계 = $404.8(72.3%)

■ 중국	■ 미국	■ 일본	■ 홍콩	■ 싱가포르
■ 베트남	■ 대만	■ 인도	■ 러시아	■ 멕시코
■ 브라질	■ 호주	■ 사우디	■ 태국	■ 독일

자료원: 산업통상 자원부, 2014년 수출입동향, 2014. 11.
http://www.motie.go.kr/motie/ne/presse/press2/bbs/bbsView.do?bbs_seq_n=156766&bbs_cd_n=81

하는 것으로 추정되면서 세계에게 가장 큰 경제 단체로 부상하였다.[46] EU는 중국, 인도, 미국 등을 포함하는 몇몇 대국들에 대한 가장 큰 수출국이자 가장 큰 수입국이고, 가장 큰 무역 상대국이다. 그러나 그리스, 스페인, 포르투갈, 이탈리아 등과 같은 EU 국가들은 최근에 심각한 경제 문제에 봉착해 있다. 이러한 문제들은 EU의 지역 시장뿐만 아니라 EU 국가 소비자들에게 제품을 수출하는 해외 기업들에도 부정적인 영향을 미친다.

IMF 제2차 세계대전 직후에 29개 국가들은 워싱턴 D.C.에 본부를 둔 **국제통화기금**International Monetary Fund(IMF)을 조직하기 위한 협정에 동의하였다. IMF는 "국제 통화 협력을 조성, 재정 안정성을 보장, 국제 무역 촉진, 높은 고용과 지속가능한 경제 성장을 촉진, 전 세계 빈곤 퇴치를 위해 노력한다. IMF는 1945년에 창설되어 188개 거의 전 세계 국가들을 회원으로 두고 있다."[47] IMF는 회원 국가들이 자국의 채무를 이행하기 위한 자금을 차입할 수 있도록 해줌으로써 국제적인 경제 협력, 무역, 고용, 환율 안정성을 촉진하기 위해 조직되었다. 각 국가들은 기금 조성에 참여하고, 채무이행에 어려움을 겪는 국가들은 조성된 기금을 한시적으로 차입할 수 있다. IMF는 처음 창설되었을 때 특히 중요한 역할을 했는데 제2차 세계대전에 따른 세계 경제 체계의 안정화가 시급했기 때문이다. 오늘날까지도 IMF는 회원 국가들의 경제를 증진시키기 위해 노력한다.

기술technology

글로벌 마케팅 활동에 영향을 미치는 경제적 요인들과 무역 협정 및 조직들을 이해하고 나면, 글로벌 소비자들에게 접근하기 위한 최선의 방법에 대해서 보다 구체적으로 조사해야 한다. 오늘날의 기술은 소규모 기업들까지도 글로벌 소비자들에게 접근할 수 있도록 만들어준다. 웹사이트는 수십억 잠재고객들에게 접근하기 위한 접점의 역할을 하며, 소셜미디어는 기업이 매우 적은 비용으로 세계 어느 곳의 소비자와도 관계를 구축할 수 있도록 도와준다. 구글(Google) 번역기 같은 도구들은 소비자들이 자신들의 언어로 해외 웹사이트를 볼 수 있게 만들어 주므로 해외에서의 제품촉진이 용이해졌다. 게다가 페덱스(FedEx)와 유피에스(UPS) 같은 글로벌 운송회사들은 소규모 기업들도 해외 고객들에게 제품을 배송해주며, 구매자와 판매자 모두 온라인으로 제품의 배송 상황을 추적할 수 있다. 이처럼 글로벌 시장에서 소비자들의 필요와 욕구를 충족시키고자 할 때 기술이 글로벌 마케팅 환경에 어떤 영향을 미치는지 이해하는 일은 필수적이다.

문화적 적합성cultural fit

국내 기업들이 글로벌 시장에 진출하고자 할 때 저지르게 되는 가장 큰 실수 중 하나는 해외 소비자들도 국내에서 팔리고 있는 똑같은 제품을 원할 것이라고 믿고, 그 제품들을 똑같은 방식으로 마케팅하고자 한다는 것이다. 버거킹이 햄 샌드위치 꼭대기에 힌두 여신이 앉아 있는 사진에 "신성한 샌드위치"라는 카피를 써서 유럽매장용 점내광고를 선보이자 대대적으로 비난을 받았다.[48] 전 세계 거의 10억 명에 가까운 힌두교 신자들 중 다수는 채식주의자이기에 그 광고에 상처받아 항의했고, 버거킹은 결국 그 광고를 내려야 했다. 시장을 확장하고자 한 버거킹의 목표에 대한 부정적인 태도를 만들어 장기적으로 잠재적인 손상만 남긴 이 사례는 문화적 적합성에 대한 이해의 중요성을 말해준다.

글로벌 기업들의 점점 커지는 걱정거리는 소비자 자민족 중심주의다. 소비자 자민족 중심주의consumer ethnocentrism란 외국산 재화와 서비스를 구매하는 것이 부적절하고 부도덕하다는 자국 소비자의 믿음을 말한다.[49] 이러한 믿음은 미국, 프랑스, 독일 등과 같은 많은 선진국들과 중국에서 커지고 있다. 소비자 자민족 중심주의는 사실상 막을 수 없기 때

소비자 자민족 중심주의는 때때로 글로벌 마케팅 전문가들에게 문제를 야기한다. 다른 방식으로 제품을 촉진함으로써 그러한 문제를 극복할 수 있다.

문에 마케터들을 더욱 어렵게 만든다. 예를 들어, 2003년 프랑스가 이라크에서 미군 작전에 합류하는 것을 거절하자 미국 소비자들은 프랑스와 전혀 상관이 없는 프렌치프라이(french fries) 먹기를 거부했다. 이러한 문제에 발 빠르게 맞서 한동안 프리덤프라이(freedom fries)로 판매하는 매장이 등장하기도 하였다. 문화적 적합성을 분석하고 소비자 자민족 중심주의를 극복하는 것은 글로벌 수준에서의 환경 탐색에 필수적이며, 기업이 글로벌 소비자들을 위한 가치 창출에 도움이 된다.

EXECUTIVE PERSPECTIVE

에린 브루어(Erin Brewer)

레드핀 볼링 라운지 & 더 베이스먼드 모던 디너(RedPin Bowling Lounge and The Basement Modern Diner) 운영자

에린 브루어 대표는 자기 주변의 세계를 분석하고 그러한 분석을 바탕으로 의사결정을 내리는 것에서의 전문가다. 그녀는 대학에서 인류학을 전공하고 대학원에서 인적관리 전공 석사학위를 취득하였다. 이후 유나이티드 웨이(United Way)를 포함한 다수의 비영리 조직에서 약 10년간 경력을 쌓았다. 비영리 조직에서의 업무를 통해 기금 조성, 커뮤니케이션, 행사기획에 대한 경험을 쌓을 수 있었다. 사업을 시작하면서 사업에 영향을 미칠 수 있는 외적 요인들을 분석하여 최적의 사업계획 및 마케팅 계획을 개발하고 운영한 결과, 10개의 볼링라인을 갖추고 있는 레스토랑은 오클라호마 시티(Oklahoma City) 지역에 새로운 문화를 촉진시키고 있으며 관광객과 가족들이 방문하는 명소로 자리잡았다.

Q. 성공하기 위해 가장 중요한 것은 무엇이었습니까?

제가 성공하게 된 요인들 중에서 가장 중요한 것은 배울 수 있는 모든 것을 배우고자 하는 저의 열망입니다. 저는 항상 더 배울 것이 있다고 생각했어요. 제 주변의 사람들, 조직의 역사와 목표, 다른 사람들이 하고 있는 일(그 일이 제 일에 직접적으로 적용되지 않더라도), 제 업무와 직·간접적으로 관련 있는 최신 트렌드를 신중하게 학습합니다. 알아야 할 것보다 많이 아는 것은 제가 경쟁 우위를 차지할 수 있게 만들어 줍니다. 또한 빠르고 효율적으로 일하고, 효과적으로 문제를 해결하며, 협상을 잘 이끌어 나갈 수 있게 도와 줍니다.

Q. 예비 졸업생들에게 어떤 조언을 해 주시겠습니까?

훌륭한 직장에서 높은 급여를 제안한다면, 그것을 받아들이세요! 여러분의 경험이 선호되는 기준에 딱 들어맞지 않는다고 해도, 여러분을 흥미롭게 만드는 그 자리에 지원하는 것을 두려워하지 마세요. 이력서는 반드시 각각의 잠재적 직종에 맞추어서 작성해야 합니다. 일단 일을 시작하고 나면, 시작하는 그 순간부터 모든 것을 배울 수 있습니다. 배워야 할 것들에는 여러분에게 주어진 특정한 역할 외에도 사무실의 환경 및 사무실 외의 환경도 포함된다는 것을 명심하세요. 여러분이 자신의 직업을 좋아한다면, 승진할 방법을 찾아내십시오. 반대로 여러분의 직업을 싫어한다면, 다른 직업을 찾는 동안 계속 배우십시오. 우리들 대부분은 어른이 되었을 때 무엇이 되고 싶어 하는지 잘 모른다는 사실에 위안을 받아요. 여러분이 알든 알지 못하든, 변화에 대비하세요! 개인적인 목표를 정하되, 계획에 변경이 생기는 것에 개의치 마세요. 진로를 바꾸는 것은 괜찮습니다. 하지만 가장 중요한 것은 자신의 일을 즐기는 것입니다.

Q. 어떤 마케팅을 실시하였나요?

우리와 같은 소규모 기업이 마케팅에서 뛰어나지 않다면, 사업을 오래 지속할 수는 없을 것입니다. 오클라호마 시티에는 많은 음식점과 오락거리가 있습니다. 그래서 우리는 사람들이 좋아하는 훌륭한 제품을 개발하고, 사람들을 가게 안으로 불러들일 수 있도록 제품을 촉진하며 사람들이 다시 찾아오고 싶게 만드는 훌륭한 고객 서비스를 제공해야만 성공할 수 있습니다. 우리 가게는 주변에서 일어나고 있는 일들에 맞추어 독특한 마케팅 전략을 개발하였는데, 그러한 전략에는 시즌별 연휴 기간 촉진과 특정 시간대에 한정된 특별 가격할인이 있습니다. 이러한 마케팅 전략 덕분에 경기 변동 같은 외적 요인에도 성공할 수 있었습니다.

Q. 본인의 개인 브랜드(personal brand)는 어떠해야 한다고 생각하십니까?

저는 순간순간을 즐기며, 후회하지 않을 결정을 내리고, 예의와 존경으로 다른 사람들을 대하며, 매일매일 무언가를 배우고, 현재에 만족하려고 노력합니다. 또 질문을 하고 어려운 문제에 대한 답을 찾으려고 애쓰는 것을 좋아합니다! 저는 모든 답을 알지 못한다는 것에 점점 편안해지고 있습니다. 저를 포함하여 사람들이 스스로 변하기를 원한다면 변할 수 있다고 믿습니다. 저는 제 자신에 대해 개선해야 될 것들에 대한 실행 목록을 가지고 있습니다. 그리고 지금의 저를 있게 해준 모든 실패와 성공, 결정, 친구, 경험에 대한 제 자신만의 역사를 자랑스럽게 여깁니다. 한마디로 말하자면, 저는 제가 될 수 있는 최고의 사람이 되기 위해 노력하고 있습니다.

Q. 소비자 신뢰가 사업에서 왜 중요합니까?

사람들이 경기나 자신들의 고용 상태에 불안감을 느낀다면, 그들은 레드핀 같은 곳에서 외식하기 위해 돈을 쓰려고 하지는 않을 것입니다. 우리의 마케팅 전략이 어떠하든지 간에 소비자들이 자신들의 경제적 여건에 대해 어떻게 느끼는가에 따라 우리 레스토랑에 올 것인지, 친구를 데리고 올 것인지, 그리고 다른 고객들에게 우리를 추천해 줄 것인지에 대한 의사결정이 달라집니다.

DISCUSSION QUESTIONS

1. 현재 사용하고 있는 스마트폰이 향후 5년 내에 직면하게 될 직접 경쟁자와 간접 경쟁자 목록을 작성해 보자.

2. 현재 살고 있는 상권에 새로운 피자 레스토랑을 개업한다고 가정해 보라. 어떤 외적 요인들이 의사결정에 영향을 미칠 것인가?

3. 닥터페퍼(Dr Pepper) 마케팅팀에서 일하고 있으며 그 브랜드를 세계시장에서 공격적으로 마케팅한다고 가정해 보라. 현재 후보지는 멕시코, 오스트레일리아, 인도다. 이 장에서 논의하였던 환율 변동, 소득 분포, 문화적 적합성, 기술 등의 글로벌 환경 요인들을 사용하여 어떤 시장이 최선의 기회를 제공하는지 순위를 매겨 보고 그 이유를 분석해 보자.

4. 글로벌 마케팅 환경에 적응을 잘하여 성공한 기업과 실패한 기업의 사례를 찾아 분석해 보자.

CHAPTER NOTES

1. Candice Choi, "Wendy's Takes No. 2 Spot from Burger King," *Bloomberg Businessweek*, March 19, 2012, http://www.businessweek.com/ap/2012-03/D9TJLUH00.htm.

2. Tiffany Hsu, "Wendy's Dethrones Burger King, but Five Guys Grows Fastest," *Los Angeles Times*, March 19, 2012, http://www.sltrib.com/sltrib/money/53750045-79/sales-burger-king-wendy.html.csp.

3. 서울경제신문, 9월 15일, 2015, http://economy.hankooki.com/lpage/industry/201509/e20150904165729120180.htm.

4. Tim Callen, "Gross Domestic Product: An Economy's All," March 28, 2012, http://www.imf.org/external/pubs/ft/fandd/basics/gdp.htm.

5. The World Bank, "GDP Growth," n.d., http://data.worldbank.org/indicator/NY.GDP.MKTP.KD.ZG.

6. Ibid.

7. 통계청, http://www.index.go.kr/potal/main/EachDtlPageDetail.do?idx_cd=2871.

8. Ibid.

9. Ibid.

10. Ibid.

11. 통계청, 가계동향조사, http://www.index.go.kr/potal/main/EachDtlPageDetail.do?idx_cd=2905.

12. 조선일보, 12월 13일, 2014, http://biz.chosun.com/site/data/html_dir/2014/12/13/2014121300023.html.

13. "The Substance of Style," The Economist, September 17, 2009, http://www.economist.com/node/14447276.

14. 한국석유공사 석유정보망, http://www.knoc.co.kr/.

15. 박소현, 최정수, "소비자전망조사결과에 영향을 미치는 요인분석". 통계연구. 1호 p.1-29, 3월 11일 2006년.

16. 조선 비즈, 3월 16일 2014년, http://biz.chosun.com/site/data/html_dir/2014/03/15/2014031501699.html.

17. Stephanie Startz, "Hyundai Formula: Inconspicuous Luxury Plus Empathy," *BrandChannel*, September 22, 2009, http://www.brandchannel.com/home/post/2009/09/22/Hyundai-Formula-Inconspicuous-Luxury-Plus-Empathy.aspx#.

18. Mathew Boyle, "The Accidental Hero," *Bloomberg Businessweek*, November 5, 2009, http://www.businessweek.com/magazine/content/09_46/b4155058815908.htm.

19. Ibid.

20. Julianne Pepitone, "Subway Beats McDonald's to Become Top Restaurant Chain," CNNMoney, March 8, 2011, http://money.cnn.com/2011/03/07/news/companies/subway_mcdonalds/index.htm.

21. 미래에셋증권, 2012 유통산업전망, 11월 7일 2011년.

22. 미래에셋증권, 2012 유통산업전망, 11월 7일 2011년.

23. 조선일보, 2월 21일, 2009년, http://news.chosun.com/site/data/html_dir/2009/02/20/2009022000801.html.

24. 한국경제신문, 02월 21일, 2006년. http://news.naver.com/main/read.nhn?mode=LSD&mid=sec&sid1=101&oid=015&aid=0000874681.

25. 머니투데이, 4월 4일, 2005년, http://news.naver.com/main/read.nhn?mode=LSD&mid=sec&sid1=101&oid=008&aid=0000524043.

26. 통계청, 2013 통계로 보는 여성의 삶. http://kostat.go.kr/portal/korea/kor_nw/2/1/index.board?bmode=read&aSeq=306961.

27. 경향신문, 06월 28일, 2012년. http://bizn.khan.co.kr/khan_art_view.html?artid=201206282122015&code=920401&med=khan.

28. 통계청. 한국의 사회동향 2013.

29. 오토 타임즈, 10월 3일, 2014년. http://auto-times.hankyung.com/apps/news.sub_view?popup=0&nid=01&c1=01&c2=01&c3=00&nkey=201410031646251.

30. 연합뉴스, 6월 10일 2013년. http://www.yonhapnews.co.kr/bulletin/2013/05/28/0200000000AKR20130528133900372.HTML.

31. SR와이어, 4월 16일 2014년. http://srwire.co.kr/archives/8574.

32. U.S. Census Bureau, "U.S. Census Bureau Reports Men and Women Wait Longer to Marry," November 10, 2010, http://www.census.gov/newsroom/releases/archives/families_households/cb10-174.html.

33. Alex Williams, "Just Wait until Your Mother Gets Home," *The New York Times*, August 10, 2012, http://www.nytimes.com/2012/08/12/fashion/dads-are-taking-over-as-full-time-parents.html?pagewanted=all.

34. LG Business insight, 3월 28일, 2012년. https://www.kefplaza.com/labor/down.jsp?idx=11372&fileId=11002.

35. 스포츠조선 라이프, 10월 23일, 2015년. http://sports.chosun.com/news/ntype.htm?id=201510230100270290018552&servicedate=20151023.

36. 한국스포츠경제, 10월 21일, 2015년. http://www.sporbiz.co.kr/news/articleView.html?idxno=17470.

37. John Tozzi, "The Tanning Industry Is Tired of Getting Burned," *Bloomberg Businessweek*, January 3, 2013, http://www.businessweek.com/articles/2013-01-03/the-tanning-industry-fights-teen-bans.

38. Federal Communications Commission, "Unwanted Telephone Marketing Calls," n.d., http://www.fcc.gov/guides/unwanted-telephone-marketing-calls.

39. Ron Lieber, "Consumers Are Dealt a New Hand in Credit Cards," *The New York Times*, May 19, 2009, http://www.nytimes.com/2009/05/20/your-money/20money.html.

40. Ben Weitzenkorn, "Disney World to Track Visi-tors with Wireless Wristbands," *NBC News*, January 8, 2013, http://www.nbcnews.com/travel/travelkit/disney-world-track-visitors-wireless-wristbands-1B7874882.

41. 한국일보, 10월 21일, 2015년. http://www.sporbiz.co.kr/news/articleView.html?idxno=17455.

42. Justin Gillis and Celia Dugger, "U.N. Forecasts 10.1 Billion People by Century's End," *The New York Times*, May 3, 2011, http://www.nytimes.com/2011/05/04/world/04population.html?_r=0.

43. X-Rates, "US Dollar per 1 Euro Monthly Average," n.d., http://www.x-rates.com/average/?from=EUR&to=USD&amount=1&year=2012.

44. Jason Dean, "Multinationals May Gain from the Yuan," *The Wall Street Journal*, June 21, 2010, http://online.wsj.com/article/SB10001424052748704638504575318740664651482.html.

45. NAFTA Free Trade Commission, "Joint Statement," April 3, 2012, http://www.international.gc.ca/trade-agreements-accords-commerciaux/agr-acc/nafta-alena/js-washington-dc.aspx?lang=eng.

46. United States Department of Agriculture, "Overview," n.d., http://www.ers.usda.gov/data-products/international-macroeconomic-data-set.aspx.

47. International Monetary Fund, "The IMF at a Glance," August 22, 2012, http://www.imf.org/external/np/exr/facts/glance.htm.

48. ABC News, "Burger King Ad Outrages Hindus," July 7, 2009, http://abclocal.go.com/kgo/story?section=news/national_world&id=6904129.

49. Terence A. Shimp and Subhash Sharma, "Consumer Ethno-centrism: Construction and Validation of the CETSCALE," *Journal of Marketing Research*, 24 (August 1987), pp. 280–289.

PART TWO
고객의 이해

Dr. Judy Reed Smith
Chief Executive Officer

ATLANTIC · ACM

ATLANTIC-ACM
http://www.atlantic-acm.com/

ATLANTIC-ACM delivers quantitative and qualitative research—including market sizing, forecasting, segmentation, customer satisfaction measurement, and competitive benchmarking—to executives.

Tracey Rogers
Vice President and General Manager

KAIT8 kait8•com abc

KAIT-TV
http://www.kait8.com/

KAIT-TV is a Raycom-owned ABC television affiliate located in the southern United States.

PEG
Bandwidth

Tom Payne
Director of Access Planning

PEG Bandwidth
http://pegbandwidth.com/

PEG Bandwidth focuses on customizing solutions for wireless carriers through broad partnerships with numerous telecommunications firms.

Cornelius Lovelace
Executive Director

Fitness Bootcamp Unlimited
http://www.fitnessbootcampunlimited.com/

Fitness Bootcamp Unlimited is a small health club with multiple locations in the southern United States that focuses on helping people lead healthier lives.

Chapter 4
마케팅 조사
Marketing Research

학습목표 훌륭한 정보는 훌륭한 의사결정으로 이끈다. 체계적인 마케팅 조사를 통해 목표 시장에 맞는 마케팅 전략을 수립하고 실행할 수 있다. 이 장은 마케팅 조사의 중요성과 조사 방법을 단계별로 살펴본다. 마케팅 조사에 활용되는 마케팅 정보 시스템의 유형과 정보원천을 이해하고 판매예측, 글로벌 마케팅, 윤리적 문제 등에 대해 생각해 볼 것이다.

학습목표 4-1

마케팅 조사

마케팅 조사의
중요성에 대한 설명

블랙베리(BlackBerry) 스마트폰이 휴대폰 기술 시장을 선도했던 적이 있다. 그러나 2012년 가을, 블랙베리의 주가는 2008년 최고치의 90%나 하락하였다. 세 가지 문제가 블랙베리 몰락의 원인이 되었다.[1] 첫째, 블랙베리는 산업재 소비자가 아니라 개인 소비자가 스마트폰 시장을 이끌 것이라는 것을 예측하지 못했고, 이 때문에 개인 소비자에게 혜택을 주는 혁신을 게을리했다. 둘째, 블랙베리는 스마트폰의 표준으로 키보드 대신 애플리케이션(앱)이 등장할 것이라는 것을 예측하지 못했고, 이로 인해 블랙베리는 애플과 다른 스마트폰 제조업체보다 훨씬 뒤처지게 되었다. 셋째, 블랙베리는 소비자들이 스마트폰을 통신 수단으로서뿐만 아니라 오락 수단으로 사용하는 트렌드의 변화를 읽지 못했다. 기본적으로 블랙베리는 휴대폰 시장의 급격한 변화에 대응하지 못한 결과, 소비자들에게 더 이상 매력적이지 않은 휴대폰을 개발하고 판매하였다. 블랙베리가 변화하는 트렌드에 대한 더 많은 지식을 가지고 있었다면 결과가 달라졌을까? 아마도 그럴 것이다. 기술에 의해 주도되는 빠르게 변화하는 시장에서 기업이 정확한 데이터에 접근할 수 없다면 어제의 승자는 오늘의 패자가 될 수 있다.

항해 도구로서의 마케팅 조사 marketing research as a navigation tool

항해 도구의 부족으로 항로를 이탈할지도 모른다는 걱정을 안고 멀고 먼 나라로 모험을 떠나야 했던 옛날 선원들처럼, 기업들은 마케팅 조사 marketing research의 도움 없이는 시장에서 길을 잃을 수 있다. 마케팅 조사는 명확하게 정의된 마케팅 문제에 대한 정보를 수집하고, 해석하며, 보고하는 활동이다. 적절히 수행된다면, 마케팅 조사는 기업이 고객의 필요와 욕구를 이해하고 충족시킬 수 있도록 도울 것이다. 시장은 계속 글로벌화되고 제품수명주기는 점점 더 짧아짐에 따라 마케팅 조사는 더욱 중요해지고 복잡해지게 되었다. 이러한 환경 하에서 기업들은 위험을 감소시키고 훌륭한 의사결정을 내리기 위해 정확한 정보를 필요로 한다. 정보에 대한 이러한 요구는 기업들로 하여금 마케팅 조사에 매년 수십억 달러를 쏟아 붓게 만든다.

점점 글로벌화되는 시장에 대응하여 글로벌 마케팅 경쟁에서 승리하고자 하는 다국적 기업들은 세계적인 트렌드에 대한 실제적인 지식을 가지고 있어야 한다. 예를 들어 유니레버(Unilever PLC)와 같이 소비재를 생산하는 기업들은 인도네시아의 저소득 소비자들에게 판매하는 것이 사업성이 있다는 것을 발견했다.[2] 이러한 소비자들은 미국이나 유럽 소비자에

마케팅 조사를 통해 유니레버는 개인 생활 용품에 많은 돈을 쓰고 싶어 하지 않는 인도네시아의 소비자들에게 판매하기 위해 데오도란트와 샴푸 제품을 소량 포장으로 개발하였다.

비해 소득은 매우 낮지만, 그들도 음식, 비누, 샴푸 같은 제품들을 구매한다. 포장재 제품에서 저소득의 인도네시아 소비자들은 고소득 국가의 소비자들과 다르다. 인도네시아 소비자들은 소량 포장된 제품을 원하기 때문에 한 가지 제품 구매에 소득의 대부분을 할당하지 않는다. 마케팅 조사는 유니레버 같은 다국적 기업들에 매력이 없어 보이는 시장에서도 제품 판매로 수익을 올릴 수 있는 기회를 제공한다.

　　글로벌화에 더하여 급속히 변하는 소비자 행동 패턴과 같은 트렌드는 기업들이 마케팅 조사를 통해 최신 정보를 수집하게 만드는 동인이 된다. 기업들은 장래의 마케팅 전략을 결정하기 위해 더 이상 과거의 자료에만 의지할 수 없다. 이제 그들은 시시각각 정보를 수집하고 신속히 해석하여 경쟁자가 행동하기 전에 실행해야 한다. 그렇게 하지 않으면 시작도 하기 전에 패배할 것이다.

마케팅 조사의 영향력the impact of marketing research

마케팅 조사는 기업의 거의 모든 사업 영역에 영향을 미친다. 우리는 이러한 영향을 4P(제품, 가격, 유통, 촉진)의 관점에서 살펴볼 수 있다.

1. **제품**은 마케팅 부서의 기분에 의해서가 아니라, 소비자의 실제적인 필요와 욕구에 근거해서 개발되어야 한다. 연구개발부서의 제품 개발자들은 신제품을 개발하기 전에 소비자의 욕구가 무엇인지 파악해야 하고, 재무부서는 신제품 개발에 할당된 예산 내에서 제품개발이 실행가능한지에 대한 정보를 가지고 있어야 한다.

이전의 휴대폰 매출이 급락하자 블랙베리는 블랙베리 10을 개발하기 위해 마케팅 조사를 실시했다. 블랙베리 10은 물리적인 자판이 없고, 멀티태스킹을 지원하기 위한 독특한 사용자 인터페이스를 갖추고 있는, 즉 소비자들이 스마트폰에 있어서 원하는 점이 반영된 제품이다.

2. **가격책정**은 잠재시장의 규모 및 가격 변화가 수요에 미치는 영향에 대한 분석을 필요로 한다. 이러한 정보는 수요 분석을 통해 얻을 수 있는데, **수요 분석demand analysis**이란 특정 제품에 대한 소비자 수요가 얼마나 많이 존재하는지 예측하고 그러한 수요를 창출하는 영향요인을 이해하기 위해 사용되는 조사의 한 유형이다.[3]

3. **유통**에 관한 의사결정은 특정 기간 안에 얼마나 많은 제품이 판매될 것인지 예측하는 조사의 한 유형인 **판매 예측 sales forecasting**을 활용하여 내려져야 한다. 이러한 조사를 활용함으로써 유통 네트워크 내의 다양한 거점에서 얼마나 많은 제품을 보유해야 하는지 알 수 있다. 판매 예측에 대해서는 이 장의 후반부에서 논의하기로 한다.

4. **광고** 등과 같은 촉진 활동은 그 효과성에 근거하여 평가되어야 한다. 기업은 광고와 촉진 캠페인이 얼마나 효과가 있는지 측정하기 위해서 광고 효과 조사와 판매 추적을 활용한다. **광고 효과 조사advertising effectiveness studies**는 특정 광고 캠페인이 시장 점유율 증가, 소비자 인지도 창출, 제품에 대한 호의적인 태도 형성 등과 같은 마케팅 목표를 얼마나 잘 달성하였는지 측정한다.[4] **판매 추적sales tracking**은 마케팅 노력이 기업의 판매액에 어떤 영향을 미치는지 알아보기 위해서 촉진 프로그램을 진행하는 동안이나 진행하고 난 뒤에 판매액의 변화를 추적하는 것이다. 마케팅 전문가들은 촉진 노력을 누구를 대상으로 어떻게 적용해야 할지 수정하기 위해서 이러한 조사의 결과를 활용한다.

　　마케팅 조사는 기업에 미치는 영향 외에 소비자들에게도 중요하다. 소비자들은 그들이 필요로 하고 원하는 제품을 개발하고 판매하는 일을 기업에게 맡긴다. 예를 들어 매출과 이익이 하락하고 난 뒤, 블랙베리는 기능, 사용자 인터페이스, 애플리케이션의 관점에서 소비자가 스마트폰에 대해 바라는 것이 무엇인지 조사했다. 그들은 조사결과에 따라서 스마트폰을 재설계했다. 마케팅 조사가 없다면, 기업은 앞에서 언급한 블랙베리 폰의 사례에서처럼 소비자가 원하는 것을 단지 추측에 의존하여 중요한 것을 놓치게 될 것이다.

마케팅 조사자들은 소비자들이 진실로 원하는 재화 및 서비스를 제공하기 위해서 다양한 기법들을 활용하고 수많은 원천으로부터 자료를 수집한다. 사용된 기법이 무엇이든 간에, 기업이 마케팅 조사 과정을 수행할 때는 다음의 다섯 가지 기본적인 단계를 따른다.

 학습목표 4-2

마케팅 조사 과정

마케팅 조사 과정의 다섯 단계 구성

마케팅 조사 과정은 시장에 대한 매우 유용한 정보를 획득하는 일련의 체계적 단계로 진행된다. 마케팅 조사에 대한 체계적인 접근방식은 (1) 문제 정의, (2) 계획 개발, (3) 자료 수집,

(4) 자료 분석, (5) 행동 실행의 5단계 과정을 따른다. 그림 4.1은 인기 음료를 생산하는 기업인 퓨즈(Fuze)의 가상 제품을 위한 마케팅 조사 과정을 보여준다. 그림 4.1은 마케팅 조사 과정을 선형적인 발전 과정으로 나타내고 있지만, 때때로 마케터들은 문제에 대한 더 신속한 해결책을 얻기 위해 몇 단계를 건너뛰거나, 또는 추가적인 자료를 수집하고 필요한 자료를 재분석하기 위해 이전 단계로 되돌아가기도 한다.

1단계: 문제 정의problem definition

마케팅 조사 과정의 첫 번째 단계는 문제를 정의하는 것에서 시작한다. 문제의 정의는 문제인식, 상황분석, 조사 목표 수립으로 구성된다. 기업들은 문제가 있다는 것은 알지만 그 문제를 명확하게 정의하지 못하는 경우가 있다. 문제의 정확한 본질을 파악하는 것은 기업이 잘못된 자료를 추적하여 잘못된 해결책을 도출하는 데 시간, 돈, 인적 자원을 낭비하는 것을 막아준다.

만약 퓨즈가 생산하는 음료 제품 하나가 지난해 동안 수익을 내지 못하였다고 가정해 보자. 퓨즈는 왜 수익을 내지 못했는가를 문제로 정의하고 상황분석을 실시해 볼 것이다. 이는 거시환경 및 경쟁환경, 실행했던 마케팅 믹스와 표적 시장의 구성 등 구체적 상황을 분석하는 것이다. 예를 들어, 음료 시장 전체가 수익성이 낮아지고 있다면, 왜 퓨즈의 수익이 감소하였는지 대해 조사를 계속할 필요가 없기 때문에 처음으로 되돌아가서 문제를 재정의해야 할 것이지만, 다른 기업들은 여전히 수익을 내고 있다면 그 문제의 근본적인 원인을 찾아야 할 것이다. 만약 소비자들은 그 제품을 좋아하지만 프로모션이 효과적이지 못해 시장점유율을 상실하고 있는 것이라면, 프로모션 활동 중에서 어떤 부분이 시장점유율 하락의 원인이 되었는지를 밝혀야 하는 것이다. 이러한 과정을 거쳐 조사 목표를 수립하게 된다.

조사 목표 또한 마케팅 목표와 마찬가지로 구체적이고 측정 가능해야 하며 조사 수행을 통해 얻고자 하는 것을 나타낸다. 이 목표를 달성하기 위해 퓨즈의 마케터들은 관리자들에게 조사에 대해 요약 보고하고 조사 계획 개발의 승인을 구하는 공식적인 제안서를 작성할 수 있다.

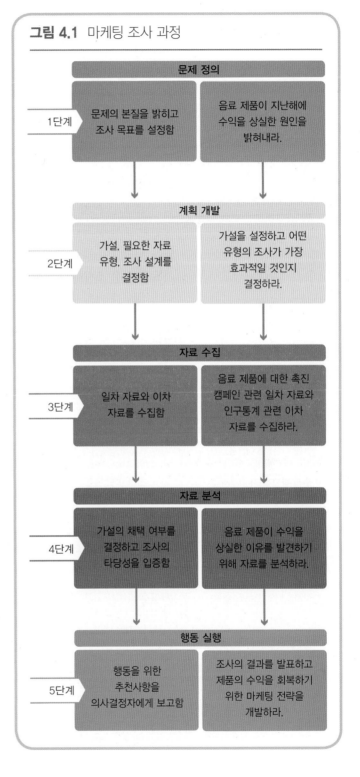

그림 4.1 마케팅 조사 과정

문제 정의

1단계

| 문제의 본질을 밝히고 조사 목표를 설정함 | 음료 제품이 지난해에 수익을 상실한 원인을 밝혀내라. |

계획 개발

2단계

| 가설, 필요한 자료 유형, 조사 설계를 결정함 | 가설을 설정하고 어떤 유형의 조사가 가장 효과적일 것인지 결정하라. |

자료 수집

3단계

| 일차 자료와 이차 자료를 수집함 | 음료 제품에 대한 촉진 캠페인 관련 일차 자료와 인구통계 관련 이차 자료를 수집하라. |

자료 분석

4단계

| 가설의 채택 여부를 결정하고 조사의 타당성을 입증함 | 음료 제품이 수익을 상실한 이유를 발견하기 위해 자료를 분석하라. |

행동 실행

5단계

| 행동을 위한 추천사항을 의사결정자에게 보고함 | 조사의 결과를 발표하고 제품의 수익을 회복하기 위한 마케팅 전략을 개발하라. |

2단계: 계획 개발plan development

계획 개발 조사 설계(research design)를 말하는 것인데, 활용할 자료 원천, 사용할 조사 기법, 적용할 표본수집 방법에 대해 확인하고 가설을 개발하게 된다. **가설hypothesis**이란 조사 중인 문제의 원인에 대해 기존 지식 또는 조사에 근거한 경험에서 우러난 추측을 하는 것이다. 앞의 퓨즈 사례에서 표적 시장이 촉진 캠페인에 충분히 노출되지 않았다는 가설을 개발할 수 있다.

자료의 원천data source 가설을 검증하기 위해서 먼저 자료를 수집해야 한다. 첫째, 일차 자료 또는 이차 자료 중 무엇을 수집할 것인지 결정해야 한다. **일차 자료primary data**는 당면한 조사 문제를 위해 특별히 수집되는 자료다. 퓨즈 제품의 경우, 표적 시장 내 얼마나 많은 사람들이 특정 광고에 노출되었는가, 그들은 광고에 어떤 반응을 보이는가 등에 대한 자료를 직접 조사하는 것이 될 수 있다. **이차 자료secondary data**는 현재 조사 문제를 밝히기 위해서가 아니라 아니라 다른 목적으로 이미 조사된 자료를 말한다. 기업 내부에서 이전에 활용했던 자료나 데이터를 모아두었다가 지속적으로 사용할 수도 있고 , 기업 내부에서 구하기 어려운 경우에는 외부의 다양한 원천에서 자료를 수집할 수 있다. 예를 들어, 퓨즈가

표 4.1 일차 자료와 이차 자료의 차이점

	일차 자료	이차 자료
수집 방법 예시	표적 집단 면접 설문조사 관찰법 장비(비디오 등)를 이용한 자료 수집 심층 면접	문헌 고찰 온라인 탐색 기업 내부 기록 마케팅 정보 시스템 사설 조사 기관 고객응대 직원(영업사원 등)
장점	특정 문제 조사에만 적용 소비자가 왜 그리고 어떻게 선택을 내리는지에 대한 통찰력 제공	비용이 비교적 저렴하거나 무료 정보를 즉시 이용 가능함
단점	비용이 비교적 비쌈 고객 참여를 독려하기 어려움 자료 수집에 시간이 많이 소요될 수 있음	자료가 관련성이 낮을 수도 있음 자료가 정확하지 않을 수도 있음 자료에 편향이 개입될 수도 있음
사용 예시	소비자의 구매 동인을 이해 제품 선택에 대한 변수(가격 등)의 영향력을 결정 기존 제품과 신제품에 대한 피드백	거시경제적 자료를 수집 사회경제적 자료를 수집 경쟁업체에 대한 정보 수집 국제 문화 및 시장에 대한 통찰력 확보

자사 표적 시장의 규모를 알아내기 위해 표적 시장에 속하는 인구통계 및 거주지역 등을 찾는다면 미국 인구통계국의 웹사이트(www.census.gov)에서 검색이 가능하다. 한국의 경우 통계청 국가통계포털(kosis.kr)에서 조회가 가능하다. 일차 자료는 직접 조사해야 하기 때문에 이차 자료보다 수집비용이 더 높지만 직접적으로 특정 조사 문제에 대한 답변을 얻을 수 있기 때문에 일반적으로 보다 가치가 높다. 이차 자료만으로 답을 구하기 어려운 경우가 많기 때문에 많은 기업들이 직접 일차 조사를 수행하는 경우가 많다.

조사의 유형types of research 다음으로 자료 수집을 위한 조사 방법을 결정해야 하는데, 다음의 세 가지 기본적인 조사가 활용된다.

1. **탐색적 조사**exploratory research는 문제점이나, 소비자의 생각, 필요, 행동 등을 더 잘 이해하기 위해 고객 및 관련자들과 면대면 상호작용을 통해 통찰력을 얻는 조사다. 예를 들어 퓨즈가 음료의 성분이 소비자 구매행동에 미치는 영향을 분석하고자 소비자들을 대상으로 면접조사를 실시하여 소비자의 행동을 이해하는 것이다.

2. **기술적 조사**descriptive research는 누가, 무엇을, 언제, 어디서, 어떻게 하였는가의 질문에 답함으로써 소비자 행동을 이해하고자 하는 조사다.[5] 주로 설문조사를 통해 실시되는데, 제품이나 기업에 대한 소비자 태도, 소비자의 제품 구매 의도, 온라인 쇼핑 선호도 등 소비자의 특정한 행동 방식에 대해 직접 응답하도록 하고 연령, 성별, 주거지 등의 인구통계적 정보를 함께 분석하여 결과를 도출하게 된다. 퓨즈의 경우 자사 음료 제품에 대해 얼마나 구매할 의향을 가지고 있는지 소비자를 대상으로 설문조사를 실시할 수 있다.

3. **인과적 조사**causal research는 변수들 간 원인과 결과 관계를 이해하기 위해서 사용된다. 인과적 조사는 독립 변수(원인 또는 원천)가 특정한 종속 변수(효과 또는 결과)에 어떤 영향을 미치는지 알아보기 위한 조사다. 예를 들어, 현재 퓨즈의 포장에 대한 소비자 태도가 구매에 어떤 영향을 미치는지를 설문조사를 통해 분석할 수 있으며, 새로운 포장 대안을 보여주고 새로운 포장에 대한 태도가 구매에 어떤 영향을 미치는지를 알아볼 수 있다. 새로운 대안을 제시하는 경우에는 기존에 없던 것을 새로 만들어야 하므로 독립변수를 조작화하여 실험을 실시하게 된다.

이상의 조사 유형 중에서 현재 조사 목표 달성에 가장 적합하다고 판단되는 유형을 선택하면 되고, 꼭 한 가지 조사 유형만 고집할 필요는 없다. 조사 진행 단계에 따라 현재 조사 문제가 정확하지 않아 소비자 의견을 좀 알아보고 싶다면 탐색적 조사부터 실시하면 되고, 구체적인 소비자 태도나 반응에 대해 상세히 알아보고 싶다면 바로 기술적 조사나 인과적 조사를 실시하면 된다. 소비자의 마음을 더 깊이 이해하기 위해 탐색적 조사를 추가로 실시할 수도 있다.

표본추출 방법sampling methods 소비자를 대상으로 조사를 실시할 때 표적 시장의 모든 소비자를 대상으로 인터뷰나 설문조사를 한다면 예산과 시간상 불가능할 것이다. 그래서 조사를 실행할 때에는 전체 집단을 대표할 수 있는 일부 응답자들을 선별해내어 조사를 실시하게 되는데, 이때 응답자들을 선별해내는 것을 표본추출이라고 한다. **표본추출**sampling 이란 전체 모집단을 대표하는 부분 집단을 선정하는 과정이며 조사 결과의 타당성 확보에 매우 중요한 과정이다. **표본**sample이란 전체 모집단(이 경우, 음료 소비자)을 대표하는 부분 집단을 말한다. 표본을 대상으로 조사를 실시하고 그 결과를 전체 집단의 결과로 추론하여 일반화하게 된다. 만약 이차 자료를 활용하는 경우에도 그 자료에 응답한 소비자가 우리의 조사 목표와 관련성이 있는지를 확인해야 한다. 표적 시장이 다르다면 오히려 엉뚱한 결론을 끌어낼 수도 있다.

표본추출은 확률 표본과 비확률 표본의 두 가지 기본적인 유형이 있다. **확률 표본추출**probability sampling은 표적 모집단에 속하는 모든 사람들이 표본으로 선정될 가능성이 있고, 각 구성원이 표본으로 선정될 확률이 알려져 있는 표본추출 방법이다. 확률 표본추출의 가장 보편적인 예는 **단순 무작위 표본추출**simple random sampling이다. 난수표를 이용해서 모든 잠재적 참여자들에게 숫자 하나씩을 부여하고, 표본집단 선정에 그 숫자를 사용하게 되는데, 모자 속에서 이름표를 골라내는 것과 같이 모자 속의 모든 이름표는 선택될 확률이 동일하다.

반면, **비확률 표본추출**nonprobability sampling은 표적 모집단의 구성원 모두가 선정될 확률이 있는 것은 아니다. 비확률 표본추출은 조사자가 참여자를 선정하기 전에 몇 가지 기준에 의해 표본 집단의 범위를 좁히는 판단적인 요소가 개입된다. **할당 표본추출**quota sampling과 **눈덩이 표본추출**snowball sampling이 그 예인데, 할당 표본추출에서 기업은 인종, 연령, 성별 등의 인구통계 같은 선정 기준에 근거해서 참여자의 수를 정하게 된다. 눈덩이 표본추출에서는 질문에서 다루고 있는 주제에 대해 어느 정도 지식이 있는 다른 참여자의 추천에 근거해서 참여자를 선정하게 된다. 확률 표본추출을 사용하면 표적 모집단의 일부에서 결과를 도출할 수 있지만, 비확률 표본추출을 사용하면 조사 질문에 보다 적합할 수 있는 결과를 도출할 수 있다.

3단계: 자료 수집data collection

3단계에서는 이전에 살펴본 여러 가지 조사 유형 중에서 그 방법을 선정하고 난 후 실제 자료를 수집하는 과정을 말한다.

이차 자료의 수집secondary data collection 이차 자료는 내부 원천과 외부 원천의 두 가지 원천에서 획득할 수 있다. 내부 자료는 기업에 의해 수집되는데, 제품 매출액, 개인 고객의 로열티 카드 이용 구매 정보, 이전의 조사 보고서, 회계 기록, 영업사원들이 제공하는 시장 정보 등이 포함될 수 있다. 기업은 이러한 자료를 저장하기 위해서 대규모의 내부 데이터베이스를 구축한다. 또는 기업이 운영하는 웹사이트나 쇼핑몰의 구매정보 데이터베이스를 통해 상당량 수집된다.

외부 이차 자료는 다양한 원천에서 획득할 수 있다. 정부는 수많은 자료를 작성해서 일반 대중에게 공개한다. 지식경제부 그리고 통계청과 같은 정부기관, 한국은행, 정부 국책연구소, 민간 경제연구소, 경제신문사, 상공회의소, 산업별 협회 발간자료, 대학연구소 등은 다양한 보고서 형식으로 수많은 유용한 이차 자료를 제공한다. 또한 외부조사전문기관이 정기적으로 수집·분석하여 회원기업에 유료로 제공하는 마케팅 자료도 중요한 기업의 외부 이차 자료다. 구글(Google)이나 네이버(Naver) 같은 검색 엔진은 이차 자료의 원천을 찾을 수 있도록 도와준다. 그러나 인터넷에서 발견한 정보는 편향이 존재하고, 부정확하며, 입증되지 않은 것일 수도 있다는 것을 이해하는 것은 중요하다. 특히 개인의 의견을 주관적으로 제시하는 블로그나 SNS의 글을 함부로 객관적인 조사 자료의 근거로 활용하면 위험하다. 조사자들은 그러한 정보를 이용하는 데 있어서 항상 주의를 기울여야 하고 그 정보를 이용하기 전에 이름 있는 유효한 원천에서 그 정보의 정확성을 확인해야 한다.

일차 자료의 수집primary data collection 이차 자료가 기업이 조사하고자 하는 문제에 적절한 답을 제공하지 못하는 경우 일차 자료의 수집이 필요하다. 조사 설계(탐색적, 기술적, 또는 인과적)에 따라서 다양한 일차 자료 수집 방법을 선택할 수 있다. 일차 자료 수집 방법은 정성적일 수도 있고 정량적일 수도 있다. 그림 4.2는 조사 목표와 수집 방법 및 유형 간의 관계를 보여준다. 정성적 조사에는 표적 집단 면접, 일대일 면접, 관찰법 등과 같은 탐색적 조사 유형이 포함된다.

- 표적 집단 면접focus groups interview은 사회자 한 명이 진행하고, 소수의 응답

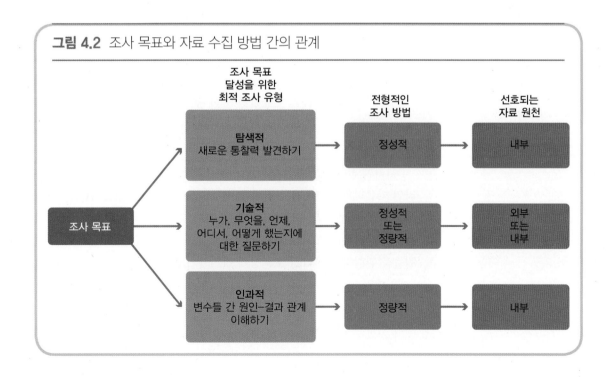

그림 4.2 조사 목표와 자료 수집 방법 간의 관계

자들이 참여하여(보통 8~12명) 특정 주제 아니면 개념에 대해 자유롭게 논의한다. 특정 장소에 모여서 진행하거나 아니면 온라인 형식으로 할 수도 있다. 퓨즈는 소비자들이 자사 제품과 경쟁 제품에 대해 어떻게 느끼지는 더 깊이 이해하기 위해 표적 집단 면접을 사용할 수 있다. 진행과정에서 자연스럽게 의견을 주고받으며 상호작용하기 때문에 예상치 못했던 마케팅 문제를 발견하는 통찰력을 제공해주며 특정한 문제에 대해서도 깊이 있는 의견을 들을 수 있다는 장점이 있다. 그러나 비용이 많이 들고, 참여자들로부터 유용한 정보를 이끌어 내는 방식으로 적절하게 토론을 주도할 수 있는 유경험자에 의해 진행되어야 한다.

- **일대일 면접**interview은 조사자가 한 번에 한 참여자와 면담을 실시하는 방식이다. 조사자는 개인 참여자가 다양한 제품이나 브랜드를 지각하고 사용하는 방법에 대해서 선택지 없이 응답자가 자유롭게 답변할 수 있도록 개방형의 질문을 한다. 예를 들어, 퓨즈는 참여자들에게 그들이 매장 진열대에 있는 음료제품을 볼 때 머릿속에서 떠오르는 생각이 무엇인지 질문할 수 있다. 일대일 면접은 소비자들이 무슨 생각을 하는지 발견하기에 유용한 방법이나 시간이 많이 소모된다는 한계가 있다.

- **관찰법**observation은 사람들이 어떻게 행동하는지 지켜보고 조사 목표와 상관이 있을 수도 있는 행동에 대해 무엇이든 기록하는 일을 말한다. 예를 들어, 퓨즈는 음료제품으로 가득한 가상 점포 통로를 꾸며 놓고 참여자들이 상이한 포장 또는 통로 내 음료제품의 위치에 따라 어떤 반응을 보이는지 관찰할 수 있다. 이렇게 발견된 정보가 매우 유용하게 활용될 수 있으나, 참여자들이 무의식적으로 조사자가 기대하는 대로 행동할 가능성도 있다. 이러한 경향을 방지하기 위해, 프록터 앤드 갬블(Procter & Gamble), 유니레버 PLC(Unilever PLC), 킴벌리-클라크(Kimberly-Clark) 등과 같은 주요 기업들은 소비자가 가상 점포 진열대를 쳐다보는 처음 10초 안에 주목을 받는 설계가 무엇인지 알아내고자 안구-추적 기술을 제품 및 점포 배치 컴퓨터 시뮬레이션과 결합시키고 있다.[6] 관찰법은 소비자가 어떻게 행동하는지 파악할 수 있게 해주는 반면, 소비자가 왜 그렇게 행동하는지 판단하는 데는 유용하지 않기 때문에 특정 행동 이면의 동기를 발견하도록 도와주는 다른 기술들과 결합하여 관찰법을 사용한다.

이러한 전통적인 정성적 방법 외에, 인터넷은 소비자의 특정 관심 분야를 위해 조직된 온라인 커뮤니티의 행동을 관찰하는 네트노그라피(netnography, 온라인상의 민족지학)라 불리는 새로운 형식의 정성적 연구를 진행할 수 있다. 커뮤니티의 구성원들 중에는 신제품 수용을 빨리 받아들이고 브랜드에 열정적인 소비자가 많이 포함되어 있으므로 커뮤니티 구성원들을 관찰하고 온라인 토론장에 참여시키기도 한다.

일대일 면접이나 표적 집단 면접과 같은 정성적 방법들은 조사자에게 방대한 통찰력을 제공할 수 있으나, 조사자가 보다 많은 수의 소비자에 대한 일반화된 결론을 끌어내기에는 한계가 있다. 그래서 설문조사, 실험, 수학적 모형화 등의 정량적 조사를 실행한다.

- **설문조사**surveys는 "누가, 무엇을, 어디에서, 왜, 어떻게"라는 질문에 대한 답을 얻기 위해 설문지를 통해 질문하고 답을 얻는다. 설문지는 오랜 세월에 걸쳐 효과가 검증되고 표준화된 방식으로 작성되며, 다양한 형식의 질문으로 구성하여 다양한 종류의 자료 수집에 사용된다.[7] 소비자 태도와 행동 의도뿐 아니라 행동 이면의 동기를 발견할 수 있는 질문도 가능하다. 설문조사는 우편, 전화, 온라인 등 다양한 방법으로 실행 가능하다. 퓨즈는 대규모 소비자들로부터 그들이 보았던 퓨즈의 촉진과 그러한 촉진에 대한 반응에 관한 자료를 수집하기 위해 설문조사를 실시할 수 있다.

- **실험**experiments은 가설을 검증하기 위해 수행되는 절차다. 실험은 조사자들이 변수들 간의 인과 관계를 검증할 수 있도록 조사 환경을 통제할 수 있게 해준다. 퓨즈는 제품 포장의 색상(독립 변수)에 변화를 주어 소비자들이 실험실의 가상 점포 진열대에 있는 그 제품을 어떻게 바라보는지(종속 변수)에 대한 실험을 실시할 수 있다. 조사자들은 점포나 쇼핑몰과 같은 실제 환경 속에서 **현장 실험**field experiments을 실시한다. 현장 실험은 현실성을 제공할 수 있으나 통제하기가 한층 어렵기 때문에 실험의 타당성을 저하시킬 수 있다. 몇몇 기업들은 소비자가 제품, 포장, 광고에 대해서 어떻게 느끼는지 이해하기 위해서 실험 참여자가 특정한 자극에 노출될 때 보이는 뇌 활동을 측정하는 **뉴로마케팅**neuromarketing을 활용한다. 펩시(Pepsi)와 코카콜라(Coke) 제품을 맛보는 참여자들의 뇌 촬영 사진을 비교하였다. 이 실험에서 맛이 자극으로 작용하여 맛보기 과정 동안 활성화된 뇌의 부분에 근거하여 분석한 결과, 코카콜라의 맛을 선호해서가 아니라 그 브랜드의 경험을 선호하기 때문에 코카콜라를 구매한다는 것을 발견했다. 이러한 발견은 사람들이 제품을 선택할 때 사용하는 사고 과정에 제품을 연관시키는 광고를 개발하기 위해 활용될 수 있다.

- 인과적 조사의 또 다른 유형은 **수학적 모형화**math-ematical modeling인데, 변수들 간의 관계를 모형화하기 위해서 방정식을 사용한다. 예를 들어, 퓨즈는 제품 가격의 인상 또는 인하가 매출에 미치는 영향을 조사하기 위해 수학적 모형화 방식을 이용할 수 있다.

이차 자료에 수집에 있어서와 마찬가지로, 인터넷은 일차 자료 수집을 위한 도구로 활용될 수 있다. 이 장의 후반부에서 인터넷이 일차 자료 수집에 어떻게 영향을 미치는지 논의할 것이다. 자료가 수집되고 나면, 마케팅 조사자는 다음 단계인 자료 분석을 실시하게 된다.

조사자의 해석이 조사 참여자를 통해 획득한 결과를 잘 반영하고 있는지 검토하는 한 가지 방법은 참여자가 실제로 의도

전통적인 관찰법 연구에서 때때로 발생할 수 있는 편향을 제거하기 위해, 몇몇 대규모 기업들은 안구-추적 기술을 활용한다. 안구-추적 기술은 아래의 사진에 나와 있는 것 같은 적외선 열지도를 만들어 내는데, 조사 참여자들이 컴퓨터 스크린상이나 점포 내에 있는 포장을 얼마나 오랫동안 그리고 얼마나 자주 응시하는지 알 수 있다.

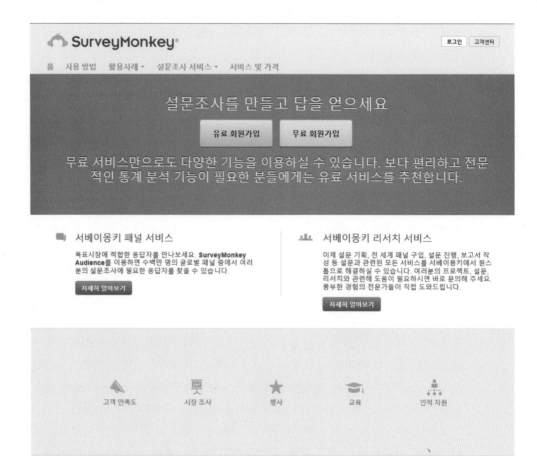

서베이몽키(SurveyMonkey)와 같은 웹-기반 설문조사 소프트웨어는 조사자들이 온라인 설문조사를 수행하고 분석하는 일을 더욱 쉽게 만들어 준다.

한 바대로 조사자가 이해하고 있다는 것을 확인하는 것이다. 약점이 존재함에도 불구하고, 조사자들은 정성적 조사로부터 상당한 통찰력을 얻을 수 있다. 정성적 자료의 수집과 분석은 나중에 정량적 조사를 통해 검증될 수 있는 조사 주제에 대한 아이디어를 제공한다. 미리 정해진 답변(예를 들어, 선다형 질문)이 없기 때문에, 참여자들은 질문에 대해 마음을 터놓고 답할 수 있으며 조사자가 이전에 생각하지 못했던 것들도 언급할 수 있다. 또한 조사자는 매우 상세하게 그리고 한층 유연하게 주제에 대해 질문할 수 있기 때문에, 소비자의 동기와 행동에 대해 정량적 방법보다 더욱 세부적인 내용을 발견할 수도 있다. 조사자의 해석이 조사 참여자를 통해 획득한 결과를 잘 반영하고 있는지 검토하는 한 가지 방법은 참여자가 실제로 의도한 바대로 조사자가 이해하고 있다는 것을 확인하는 것이다.

4단계: 자료 분석data analysis

자료 분석의 목적은 3단계에서 수집된 자료를 기업이 처음에 정의했던 마케팅 문제의 해결을 위해 정보로 전환하여 조사 가설의 채택 여부를 결정하고 조사의 타당성을 입증하는 것이다.

정성적 자료의 분석analyzing qualitative data 정성적 자료의 분석은 주로 면접을 통해 조사가 이루어지고, 조사 결과의 객관성을 확보하기 어렵기 때문에 분석의 어려움이 큰 편이다. 특히 정성적 조사는 시간이 오래 소모되기 때문에 표본의 규모가 작고, 표적시장의 전체 모집단을 대표하지 못할 수도 있다. 일대일 면접의 경우, 개인의 의견을 전체 소비자 의견으로 단정하기에는 무리가 있으며, 간혹 응답자의 답변이 조사자가 의도하는 방향대로 유도되는 경우도 있기 때문이다. 또한 응답자의 답변을 해석하는 과정에서도 오류가 발생할 수 있다. 개방형 질문의 경우, 미묘한 세부 사항을 담고 있을 수도 있지만, 조사자가 놓칠 수도 있다. 예를 들어, 참여자가 한 광고의 세부 내용을 회상하려고 애쓰면서 잠시 멈추었다가 다른 광고에 대한 정확한 설명을 재빨리 제시하는 것을 조사자가 알아차리지 못하는 경우, 두 번째 광고가 첫 번째 광고보다 더 효과적일 수 있다는 중요한 발견을 놓치게 될 것이다. 또는, 마케터가 응답자의 피드백을 잘못 이해하거나 결과를 해석할 때 자기 자신의 편향을 개입시킬 수도 있다. 그래서 조사 과정에서 조사자의 해석이 응답자의 의견을 제대로 이해한 것인지 확인을 해야 한다. 이러한 부분의 오류를 주의한다면 정성적 조사로부터 상당한 통찰력을 얻을 수 있다. 정성적 자료의 수집과 분석은 정량적 조사를 통해 검증될 수 있는 조사 주제에 대한 아이디어를 제공한다. 미리 정해진 답변(예, 다지선다형 질문)이 없기 때문에, 참여자들은 질문에 대해 마음을 터놓고 답할 수 있으며 조사자가 이전에 생각하지 못했던 것들도 언급할 수 있다. 조사자 또한 매우 상세하게 그리고 한층 유연하게 주제에 대해 질문할 수 있기 때문에, 소비자의 동기와 행동에 대해 정량적 방법보다 더욱 세부적인 내용을 발견할 수도 있다.

정량적 자료의 분석analyzing quantitative data 자료를 수집하고 분석하기 위한 정량적 방법은 적은 비용으로도 신속하게 수행될 수 있으며, 소비자 행동의 원인과 결과를 이해할 수 있다. 정성적 자료의 분석에서 점검해야 할 사항으로는 응답의 대표성이 있는지, 타당성은 확보되었는지, 설문지 및 조사 과정에서의 오류는 없었는지 하는 것이다. 정량적 자료에 대한 통계적 분석이 마케팅 전문가에게 소비자 행동에 대한 통찰력을 제공할 수는 있겠지만, 조사의 결과를 채택해야 하는지의 여부는 표본이 전체 모집단을 얼마나 잘 대표하는지에 달려 있다.

타당성validity이란 조사자가 측정하려고 의도했던 바를 조사 자료가 얼마나 잘 측정하고 있는가 하는 것인데, 응답자들이 다양한 방식으로 해석될 수 있는 잘못 작성된 질문 때문에 타당성이 떨어지는 것을 방지하기 위해 설문지가 완성되면 예비조사(pretest)를 실시하여 응답자들이 질문을 제대로 이해하고 있는지 확인한 후에 본조사를 실시한다. 실제 조사 과정에서 응답률이 낮을 수도 있고, 기꺼이 조사에 응답하는 사람들은 설문에 긍정적인 태도를 가지고 있는 경우가 많기 때문에 기꺼이 응답하려는 의도에서 비롯되는 자기선택편견(self-selection bias)도 보일 수 있다. 또한 설문조사에서 질문한 항목 외에는 응답자들이 자신의 답변에 대한 상세한 설명을 할 없다는 제한성이 있다. 이러한 정량적 자료 분석의 한계점을 인식하고 보완하기 위한 분석 과정이 필요하다. 표 4.2에서 정성적 연구 방법과 정량적 연구 방법의 장점과 단점을 정리하였다.

표 4.2 정성적 조사와 정량적 조사의 장점과 단점

조사 방법 유형	장 점	단 점
정성적	• 행동 이면의 동기 발견 • 미리 결정된 답변에 한정되지 않음 • 마케팅 문제에 대한 조사를 시작 방안 • 접근방법이 매우 유연할 수 있음 • 마케팅 아이디어를 도출	• 객관적 측정의 어려움 • 정량적 방법보다 시간이 많이 걸림 • 조사자의 편향이 개입될 수 있음 • 개별 참여자의 모집단 대표성이 낮음 • 표본 규모가 작음
정량적	• 결과의 일반화가 가능함 • 신속하고 저렴하게 수행될 수 있음 • 자료 분석이 정성적 조사 보다 빠를 수 있음 • 특정 행동이 발생하는 이유를 설명하는 • 인과적 조사를 수행할 수 있음 • 비용이 효과적일 수 있음	• 조사자의 질문에 의해 한정될 수 있음 • 응답률이 매우 낮을 수 있음 • 비응답 편향을 알아내기 어려움 • 응답자들의 자발적 참여로 인한 자기– 선택 편향이 나타날 수 있음 • 참여자들이 민감한 정보 제공을 거부할 수 있음

5단계: 행동 실행taking action

분석 과정을 거쳐 가설이 맞는지 확인하고 나면, 문제 해결을 위해 취할 수 있는 행동을 담은 보고서를 작성하여 공식적으로 의사결정자에게 보고가 이루어진다. 조사 결과 보고서는 명확하고 이해 가능한 방식으로 제시되어야 하고, 조사 결과와 추천을 뒷받침하기 위한 그림이나 표 등의 적절한 시각 자료가 포함되어 마케팅 문제 해결에 도움이 되어야 한다. 예를 들어, 퓨즈의 소비자들은 케이블 TV보다는 인터넷상의 동영상이나 영화를 보면서 시간을 보낸다는 분석결과가 나왔다면 유튜브 동영상 등을 활용한 새로운 촉진전략을 수립할 수 있다.

앞에서 살펴본 바와 같이, 소비자의 필요와 욕구가 무엇인지, 그리고 소비자 구매행동의 동기는 무엇인지에 대한 정보는 이용가능하지만, 그러한 정보는 효과적으로 수집되고 분석되어야 한다. 다음 내용에서는 마케팅 조사의 효율성과 효과성을 높일 수 있는 기술 활용에 대해 살펴볼 것이다.

학습목표 4-3

정보 시스템 활용

마케팅 정보 시스템의 다양한 유형과 각 유형별 정보 원천에 대한 설명

강력한 컴퓨터 소프트웨어와 하드웨어는 마케팅 조사가 더 쉽게 수행될 수 있도록 돕는다. 마케팅 의사결정 지원 시스템(DSS)과 같은 사내 시스템과 소셜미디어를 지원하는 온라인 시스템은 기업이 방대한 양의 자료를 수집하여 분석할 수 있게 해준다.

그림 4.3 마케팅 정보 시스템

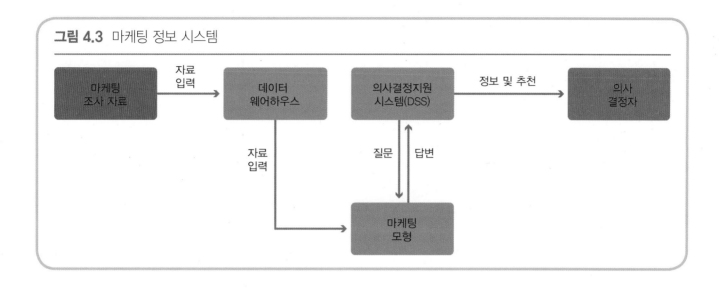

마케팅 정보 시스템marketing information systems

오래되거나 부정확한 정보 또는 시대에 뒤떨어지거나 현재 상황에 적용이 불가능한 개인 경험에 근거한 조사 보고서 때문에 잘못된 마케팅 의사결정을 내릴 수도 있다. 상위의 의사결정자일수록 자신의 경험과 직관에 의존하기 때문에 그러한 판단이 잘못되었음을 인식시키는 것은 어려울 것이다. 이러한 상황일수록 시의적절하고 정확한 사실 정보가 도움이 될 것이다.

　　마케팅 정보 시스템marketing information system(MIS)은 기업이 지속적으로 정보를 수집하고 조사자와 의사 결정자가 접근 가능한 방식으로 정보를 저장하여 전략 수립의 근거를 제공해 주는 컴퓨터 소프트웨어다. MIS는 그림 4.3과 같이 정보를 저장하는 데이터 웨어하우스와 의사결정 지원 시스템으로 구성된다. **의사결정 지원 시스템**decision support system(DSS)은 데이터 웨어하우스에 저장되어 있는 정보에 접근하여 사용할 수 있게 만들어 준다. 방대한 데이터베이스 내에서 의미 있는 추세나 패턴을 발견해내는 데이터 마이닝data mining 기술이 적용될 수도 있다.[8]

인터넷 조사internet-enabled research

최근에는 인터넷을 통한 조사의 효율성이 높아지면서 일차 자료 수집에 많이 활용되고 있다.

설문조사의 경우 응답자들은 제시되는 순서대로 질문에 답해야 하고 질문에 답하지 않고는 다음 질문으로 넘어갈 수 없기 때문에 보다 완전한 답변을 얻을 수 있고, 참여자들도

페이스북의 타임라인(Timeline)의 인터페이스는 온라인 표적 집단 면접의 피드백에 의해 설계되었다. 피드백의 결과에 따라 화면의 중간 아랫부분에 라인을 두어 각각 다른 시간대를 보여줌으로써 타임라인을 더 쉽게 이용할 수 있도록 변경하였다.

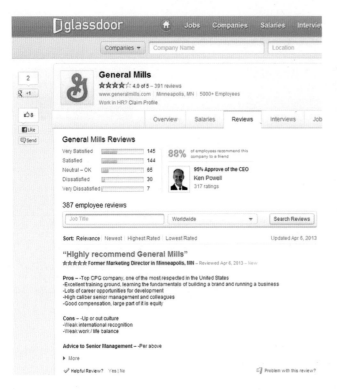

직원들에게 자신들이 몸담고 있는 기업에 대한 점수를 매기고 논평할 수 있는 기회를 제공하고 있는 글래스도어(Glassdoor), 몬스터(Monster), 인디드(Indeed) 같은 소셜미디어 사이트들은 기업이 새로운 방식으로 경쟁자에 대한 정보를 수집할 수 있도록 해준다.

편하게 참여할 수 있기 때문에 선호하고 있다.[9] 인터넷 채팅룸을 통해 표적 집단 면접도 수행될 수 있다. 참여자들이 미리 만들어진 사이트를 방문하고 채팅룸에서 대화를 주고받으며 토론을 하게 된다. 델몬트(Del Monte)는 애견 동호회의 구성원들은 아침에 자신들의 애견에게 무엇을 먹이고 싶어 하는지 알아내기 위해 온라인 표적 집단 면접을 이용했다.[10] 이러한 온라인 조사를 지원하는 업체들도 등장하여 설문 응답자들과 표적 집단 면접 등에 참여할 패널들을 확보하고 기업의 조사 목적에 적합한 응답자들을 공급해주므로 기업은 응답자들을 쉽게 모집하게 되었다.[11]

소셜미디어의 폭발적인 성장 또한 마케팅 조사자들이 정보를 무료로 얻을 수 있는 기회를 확대시키고 있다. 수백만 명의 사람들이 한 가지 이상의 소셜미디어를 매일 사용하므로, 기업에 유용한 소비자 정보뿐만 아니라 구매 경험이나 구매 의향에 대한 정보를 쉽게 수집할 수 있다. 블로그, 팟캐스트, 인터넷 게시판, 온라인 토론 게시판 등을 통해 소비자들은 다양한 주제에 대해서 가치 있는 의견을 게시하고 있기 때문에 기업들은 블로그 사이트의 인기 주제를 추적하여 제품에 대한 의견이나 소비자 트렌드 등의 자료를 수집하여 조사자들이 분석할 수 있게 해주는 소프트웨어를 개발하기도 했다. 간혹 이러한 과정에서 소비자 프라이버시를 침해할 수 있는 윤리적 문제는 발생하지 않는지 주의가 필요하다.

 학습목표 4-4

경쟁 정보

경쟁 정보가 마케팅 조사의 중요한 형태 중 하나인 이유에 대한 설명

마케팅 조사 과정을 통해 자사 및 소비자에 대한 조사 외에도 중요한 조사가 경쟁 정보다. 경쟁자가 시장에서 무엇을 하고 있는지에 대한 **경쟁 정보**competitive intelligence는 직접적 경쟁자와 간접적 경쟁자가 신제품 개발과 마케팅 믹스의 관점에서 어떤 전략을 따르고 있는지에 대해 체계적으로 자료를 수집하는 것이다. 이러한 정보를 통해 경쟁자의 향후 촉진이나 신제품에 적절히 대응할 전략과 제품을 미리 준비하고 경쟁자의 행동 결과를 약화시킬 수 있는 대응방식을 준비하게 된다. 예를 들어, 음료회사 퓨즈는 경쟁회사가 가까운 미래에 가격 인하를 계획하고 있다는 것을 알게 되면 매우 유용할 것이다. 그러한 정보는 경쟁업체의 가격에 자사 제품의 가격을 맞추거나 더 낮추는 촉진 캠페인으로 가격 인하에 대응하도록 만들어 경쟁업체의 시장점유율 증가를 미연에 방지하도록 활용될 수 있다

기업은 회의, 박람회, 소셜미디어 사이트, 경쟁업체의 공급자, 유통업체, 소매업체, 경쟁업체의 고객들을 포함하는 다양한 원천으로부터 다른 회사의 행동과 계획에 대한 정보를

수집할 수 있다. 경쟁업체의 웹사이트, 증권거래위원회(SEC), 특허청, 상공회의소 같은 정부 기관 웹사이트에서 경쟁업체의 재무상태 및 신제품 정보를 찾을 수도 있다. 또한 마케팅 리서치 기관이나 대행사에서 자료를 수집해주거나 분석해주기 때문에 수수료를 주고 정보를 획득할 수도 있다.

그러나 정보를 얻기 위해 경쟁업체 직원에게 뇌물을 주고, 전화 도청을 위해 사람을 고용하고 경쟁업체의 부지 내에 감시 카메라를 설치하는 등은 경쟁 정보를 얻기 위한 비윤리적이고 비합법적인 예다.

판매 예측

학습목표 4-5

판매 예측의 중요성을 설명하고 예측 기법의 세 가지 기본적인 유형 비교

판매 예측은 4P의 유통 분야를 관리하는 데 중요한 역할을 한다. 물류 부서는 기업이 원료와 완성품을 저장하고 이동시키기에 충분한 운송, 저장, 유통 능력을 명확히 계획하고 실행하기 위해 판매 예측을 활용한다. 또한 마케팅 부서는 신제품 및 기존 제품에 대한 가격 책정과 촉진 활동을 포함하는 마케팅 믹스를 구축하기 위해 판매 예측을 필요로 한다. 재무 부서는 비용과 수익을 예측하고 기업 운영에 필요한 자금이 얼마인지 결정하기 위해서와 생산 부서와 구매 부서는 얼마나 많은 제품을 언제 생산해야 하는지, 그리고 생산을 위해 필요한 원료를 언제 얼마나 조달해야 하는지 계획하기 위해서 판매 예측이 필요하다.[12]

판매 예측은 특정한 기간 내에 얼마나 많은 제품이 판매될 것인가를 예측하는 조사에 근거한다. 올바른 자료를 수집해서 그것을 적절하게 분석하는 것이 자료의 효과적인 사용에 중요하다는 점에서 판매 예측은 다른 유형의 마케팅 조사와 유사하다. 기업은 판매 예측을 위해서 다양한 기법을 사용할 수 있다. 이러한 기법들은 일반적인 시계열 기법, 회귀 기법, 판단적 기법의 세 가지로 구분된다.[13]

시계열 기법time series techniques

시계열 기법time series techniques은 제품 매출액의 평준, 추세, 계절적 변동성을 정량적으로 분석하는 것이다. 평준level은 매출액이 추세 또는 계절적 변동성의 영향을 받지 않는 것을 말한다. 계절적 변동성의 영향을 받지 않는 유명 브랜드는 평준화된 매출액을 보일 것이다. 추세trend는 매출액이 상승하거나 하락하는 특징을 보이는 패턴이다. 신제품은 전형적으로 상승 추세를 보이나 출시가 오래된 제품은 종종 하락 추세를 보인다. 그림 4.4는 냉장고 판매량 추세를 보여준다. 그림에서 볼 수 있는 바와 같이 판매량은 지속적으로 상승 추세다. 계절적 변동성seasonality은 일 년 중 특정 기간을 중심으로 규칙적으로 반복되는 매출액 패턴을 말한다. 잔디 살수기 시스템의 매출액은 겨울에는 사람들이 잔디에 물을 주지 않기 때문에 뚜렷한 계절적 변동성을 보일 것이다. 그림 4.5는 자전거 매출액의 계절적 변동성을 보여준다. 여름과 크리스마스 세일로 인해 2분기와 4분기의 매출액이 다른 분기보다 높은 것을 볼 수 있다. 시계열 기법은 특별 촉진 활동과 같은 요인에 의해 야기되는 매출액 자료에서의 불규칙 변동을 추적할 수도 있다.

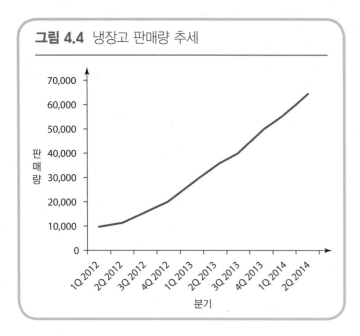

그림 4.4 냉장고 판매량 추세

판매량 (세로축): 0, 10,000, 20,000, 30,000, 40,000, 50,000, 60,000, 70,000

분기 (가로축): 1Q 2012, 2Q 2012, 3Q 2012, 4Q 2012, 1Q 2013, 2Q 2013, 3Q 2013, 4Q 2013, 1Q 2014, 2Q 2014

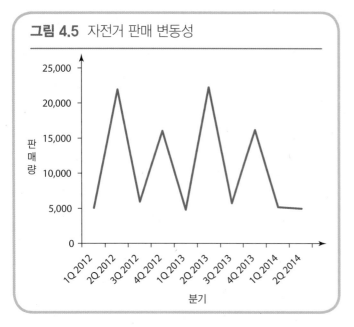

그림 4.5 자전거 판매 변동성

판매량 (세로축): 0, 5,000, 10,000, 15,000, 20,000, 25,000

분기 (가로축): 1Q 2012, 2Q 2012, 3Q 2012, 4Q 2012, 1Q 2013, 2Q 2013, 3Q 2013, 4Q 2013, 1Q 2014, 2Q 2014

회귀 기법 regression techniques

회귀regression는 제품 매출액과 제품 매출액에 영향을 미칠 수 있는 몇몇 다른 변수 또는 변수들 간의 관계를 도출하는 정량적 분석이다. 예를 들면, 매출액에 영향을 주거나 매출액의 영향을 받는 변수들을 구분해 낼 수 있다. 이러한 변수들은 가격 변화 또는 광고 캠페인과 같이 기업의 통제 내에 있거나 또는 경제 상황이나 경쟁업체 행동과 같이 기업의 통제 밖에 있을 수도 있다.

판단적 기법 judgmental techniques

판단적 예측judgmental forecasting은 영업사원, 마케터, 상급 관리자 등과 같은 경험이 많은 기업 직원들에게 장래의 매출액을 예측하도록 하는 정성적 분석이다. 혁신 제품 또는 신제품과 같이 이전 매출 자료가 거의 또는 전혀 존재하지 않은 경우에 적합하다. 판단적 예측은 특정한 상황 하에서 가치가 있을 수 있지만, 높은 매출액 추정을 전반적으로 강조하는 기업 문화적 편향이나 개인적 편향에 의해 영향을 받을 수 있으므로 그러한 오류를 주의 깊게 걸러내야 한다.[14,15]

　판매 예측은 마케팅 조사의 중대한 한 가지 형태이다. 그러나 불행히도, 예측하지 못했던 다수의 변수들이 개입될 수 있기 때문에 판매 예측은 완전히 어긋나거나 부정확할 수 있다. 그로 인해 매출과 고객의 상실, 과잉 재고 및 재고 진부화, 비용 낭비, 기업 전체에 걸친 전반적인 불만 등 여러 가지 부작용을 초래할 수 있다. 그래서 기업은 예측 시스템에 투자하고 정확한 예측을 위해 노력하는 문화를 정착시키려 하며, 개인적 편향이나 문화적 편향 요소를 제거하여 정확성이 높은 예측 프로세스를 구축해야 한다.

마케팅 조사기관

대부분의 기업들은 마케팅 조사 부서를 운영하기 위한 자원을 가지고 있지 않다. 조사 부서가 있는 경우도 복잡한 조사 과제를 수행하는 데 추가적인 도움이 필요할 수 있다. 애틀랜틱-ACM 같은 마케팅 조사기관은 다양한 방법으로 기업들에 혜택을 제공할 수 있다. 먼저, 이들은 기업의 정책에 영향을 받을 수도 있는 사내 조사 부서와는 달리, 조사 절차와 전략도출 과정에서 편향되지 않고 객관적일 가능성이 높다.[16] 또한 사내 부서와는 달리 마케팅 조사가 핵심역량이다. 기업은 계획 개발, 자료, 수집, 자료 분석, 보고서 준비 및 발표를 포함하는 조사의 전 과정을 수행하기 위해 비용을 부담하면서도 이들을 고용할 수 있다. 그러나 직접 수행하는 비용과 조사 참여로 인해 다른 업무에 집중하지 못하는 기회비용 등을 고려하면 훨씬 경제적이고 효율적일 수 있다.

마케팅 조사기관은 정기적으로 정해진 조사를 실시한 결과를 판매하기도 하고, 기업이 원하는 대로 조사 내용을 작성하여 조사를 실시하기도 한다.[17] 정기적으로 조사를 실시하는 **표준화된 조사기관**standardized research firms은 많은 기업들이 모두 활용할 수 있는 보편적인 조사 설계를 하여 기업의 공통된 조사비용을 절감하게 해준다. TV 시청률 조사업체로 유명한 닐슨(Nielsen)은 표준화된 조사기관의 대표적인 예로, 100개국 이상의 시장에서 TV, 라디오, 소매, 스포츠 등 다양한 산업 분야의 기업들에 서비스를 제공한다. 또한 특정 국가나 지역에 대한 전문적인 조사를 실시하는 기관들은 해외시장에 진출하고자 하는 기업들에 가치 있는 정보를 제공한다.

닐슨(Nielsen)과 같은 표준화 마케팅 조사기관은 전 세계에 글로벌 소비자 신뢰도, 소셜미디어 광고의 효과성, 모바일 기기 사용률 등을 포함하는 소비자 트렌드를 지속적으로 연구한다.

이에 비해 기업은 일반적인 조사결과보다도 특별한 상황이나 특정 문제에 대한 조사를 실행하고 싶어 하는데, 특별히 개별 기업의 조사목적에 맞추어 조사방법과 절차 계획과 실행을 대행해 주는 **맞춤화된 조사기관**customized research firms도 있다. 여러 가지 조사방법을 다양하게 활용하는 조사기관도 있는 반면, 설문조사나 표적 집단 면접과 같은 조사의 특정 분야에 전문화되어 있기도 하다. SNG 코퍼레이션(SNG Corporation)은 기업 이미지 조사, 신제품 개발 조사, 고객 만족 설문조사를 위해 표적 집단 면접, 일대일 면접과 같은 정성적 방법과 우편 및 웹기반 설문조사와 같은 정량적 방법을 모두 사용한다.

글로벌 마케팅 조사

학습목표 4-6

글로벌 마케팅에서 마케팅 조사의 중요성에 대한 설명

글로벌 마케팅 조사는 국내 조사에 비해서 한층 더 다양한 마케팅 요인이 작용하므로 많은 문제들이 일어날 수 있다. 각 국가의 정치적, 법률적, 사회문화적, 기술적 요인들이 얼마나 다양할지 상상해 보면 글로벌 마케팅 조사에 수반되는 오류의 가능성과 복잡성을 이해할 수 있을 것이다. 독일의 헬스케어 기업인 로열 필립스 일렉트로닉스(Royal Philips Electronics)의 최고 경영자인 프란스 반 하우튼(Frans Van Houten)은 다음과 같이 말했다. "중국, 브라질, 미국 등 각양각색의 소비자들을 표적 시장으로 삼고 있는 우리는 소비자들이 동일한 욕구를 가지고 있다고 일반화할 수 없다. 혁신은 그 지역에서만 의미가 있다."[18]

세계에서 가장 인구가 많은 나라인 중국을 생각해 보라. 중국이 경제 실세로 도약함에 따라 많은 기업들은 중국에서 자사 제품을 판매하고 싶어 한다. 그러나 중국 소비자 문화는 매우 독특하다. 중국 소비자들은 금전적인 절약에 대해 매우 신경을 쓰고, 대단히 가격에 민감하며, 신용카드로 지불하는 것을 좋아하지 않는다.[19] 그럼에도 불구하고 중국 소비자들은 명품을 좋아한다. 그들은 사적으로 소비되는 제품보다 공적으로 소비되는 제품에 더 많은 돈을 기꺼이 지불하려 한다. 내재적 가치 때문이 아니라 신분의 상징 때문에 명품을 찾는 것이다. 중국 소비자들은 절제된 소비를 하려고 하는 동시에, 돋보이고 싶어 한다. 중국 소비자 문화에 대한 조사를 수행하지 않는 서양 기업들은 문화가 미국이나 유럽과 상당히 다르기 때문에 그곳에서 제품을 마케팅하는 데 어려움을 겪을 것이다.

　글로벌 마케팅 조사는 기업 스스로 수행할 수도 있으나, 모든 기업이 글로벌 자료 원천에 익숙한 것은 아니며, 자료 원천을 알고 있다 하더라도 그것을 이용하지 못할 수 있다. 해외 국가에 대한 훌륭한 이차 자료 확보의 어려움 때문에 글로벌 마케팅에 어려움이 크다.[20] 기업이 다른 지역의 소비자 행동에 대해 학습하기 좋은 방법 중 하나는 그 지역의 마케팅 조사기관을 활용하는 것이다. 기업이 해외시장에 진입하려 할 때 저지를 수도 있는 많은 실수들을 제거할 수 있도록 도와주며, 해외 기업에는 낯선 원천에서 이차 자료를 수집해주거나 일차 자료를 직접 수집하여 분석결과를 제공하기도 한다. 현지 조사기관을 통하든지 직접 조사를 수행하든지 간에 글로벌 조사에는 다음과 같은 내용이 필요하다. 이

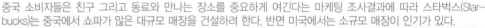

중국 소비자들은 친구 그리고 동료와 만나는 장소를 중요하게 여긴다는 마케팅 조사결과에 따라 스타벅스(Starbucks)는 중국에서 쇼파가 많은 대규모 매장을 건설하려 한다. 반면 미국에서는 소규모 매장이 인기가 있다.

러한 내용에 대한 정확한 조사결과가 없다면 국내 마케팅 활동보다 훨씬 위험한 환경에서
경쟁해야 할 것이다.

1. 가장 빠르게 성장하는 시장, 기업의 제품에 대한 가장 규모가 큰 시장, 기업의 제품과 관련 있는 다양한 글로벌 시장 내 트렌드, 수입할당제도나 관세와 같은 기업의 제품 수입에 대한 규제 등을 이해하기 위해서 글로벌 시장을 분석해야 한다.[21]

2. 경쟁업체의 이름과 시장점유율, 촉진 활동, 제품 가격 등을 포함하여, 기업이 글로벌 시장에서 판매하기를 원하는 제품에 대한 구체적인 정보를 획득해야 한다. 또한 글로벌 시장에서의 수익성을 확인하기 위해 특정 소매가격에서의 잠재적 시장점유율과 제품 매출액을 예측하여야 한다.

마케팅 조사 윤리

기업은 컴퓨터와 인터넷을 활용하여 수백만 명의 소비자들로부터 자료를 수집하고, 저장하고, 분석할 수 있게 되었다. 수백만 명의 소비자가 사용하는 트위터 같은 온라인 플랫폼은 기업이 거의 무제한적 개인 정보에 접근할 수 있게 해주지만 프라이버시 침해에 대한 우려도 상당히 높다. 그래서 많은 기업은 소비자 정보 수집에 있어서 비윤리적 관행을 경계하고 감시하는 역할을 하는 개인정보보호 책임자를 두고 있다.

마케팅 조사에서의 또 다른 윤리적 문제는 조사 방법과 결과의 오용이다. 마케팅 조사 기업들은 자사 고객인 의뢰업체에 호의적인 결과, 또는 의뢰업체가 미리 정해 놓은 결과를 도출하도록 강요받는다. 또는 마케팅 조사 기업에는 잘못된 자료를 보고하거나, 조사 수행 방침을 따르지 않거나, 수행하지 않았던 조사에 대한 공로를 주장하는 직원들이 있을 수 있다.[24] 마케팅 조사 결과의 신뢰성에 대해 우려를 표명하는 미국마케팅협회, 마케팅조사협회, 국제상공회의소(ICC), ESOMAR(European Society for Opinion and Market Research) 등과 같은 조직들은 조사 수행을 위한 윤리적 기준을 확립했다. 표 4.3은 ICC/ESOMAR 표준의 핵심 요소들을 열거하고 있다. 그러한 표준들은 소비자의 신뢰를 획득하는 데 도움을 주기 때문에 마케팅 조사에서 중요하다. 그러한 신뢰가 없다면, 소비자들은 마케팅 조사에 참여하고, 온라인으로든 면대면으로든 개인 정보를 제공하며, 기업의 웹사이트에 방문하고, 온라인으로 제품을 주문하는 일을 거부할 것이다.

사용자가 가족, 친구들과 대화하고, 비디오, 사진, 장소, 음악을 공유하게 만들어 주는 스마트폰 앱 개발자인 패스(Path)는 앱사용자들로부터 허락 없이 개인 정보를 수집함으로써 개인정보 보호법을 어긴 혐의로 연방통상위원회에 의해 기소되었다.[23]

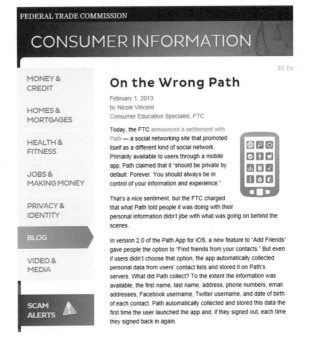

표 4.3 시장 및 사회 조사에 대한 ICC/ESOMAR 국제 규약의 주요 기본 원칙

---

1. 시장 조사자들은 모든 관련 국내법과 국제법을 준수해야 한다.

2. 시장 조사자들은 윤리적으로 행동해야 하고 시장 조사의 평판에 해를 입힐 수 있는 어떤 일도 해서는 안 된다.

3. 시장 조사자들은 어린이와 젊은이들을 대상으로 조사를 수행할 때 특별한 주의를 기울여야 한다.

4. 사용자의 협조는 자발적이어야 하고, 참여자의 동의를 얻을 때에는 조사의 본질과 일반적인 목표에 따른 적절한 정보에 근거해야 하며, 그러한 모든 내용들은 성실히 이행되어야 한다.

5. 시장 조사자들은 개인의 사적인 정보를 보호해야 하고, 시장 조사에 협조한 것으로 피해를 입거나 악영향을 받지 않도록 조치해야 한다.

6. 시장 조사자들은 시장 조사 과제에서 수집한 개인 자료가 시장 조사 외의 다른 목적으로 사용되게 해서는 안 된다.

7. 시장 조사자들은 조사 과제와 활동이 정확하고, 투명하며, 객관적인 방법으로 설계되고, 수행되고, 보고되고, 기록될 것을 확실히 해야 한다.

8. 시장 조사자들은 승인된 공정 경쟁 원칙을 준수해야 한다.

자료원: ICC and ESOMAR. This Code was drafted in English and the English text is the definitive version. As the Code and ESOMAR guidelines are updated on a regular basis, please refer to www.esomar.org for the latest English text.

 학습목표 4-7

마케팅 조사 트렌드

마케팅 조사 실시에서 수반되는 주요 윤리적 문제들에 대해 논의

마케팅 조사는 기업과 개인 양측 모두에게 분명 중요하다. 적절하게 수행되는 경우에, 기업은 소비자들의 필요와 욕구를 충족시키는 제품의 유형을 확인할 수 있다. 이러한 지식은 기업이 효과적이고 수익적으로 제품을 개발하여 판매할 수 있도록 해준다. 마케팅 조사는 소비자들이 원하는 제품의 유형이 시장에서 이용될 수 있도록 만들어 주기 때문에 소비자들에게도 득이 된다. 마케팅 조사는 진화하고 있으며 몇 가지 트렌드가 이 분야에서 부각되고 있다.[25] 하나는 특히 인터넷상에서 이차 자료의 이용 가능성과 자료 획득의 비용 효과적인 측면으로 인한 이차 자료에 대한 의존도가 증가하고 있다는 것이다. 또 다른 트렌드는 사내 및 인터넷 원천 모두에서 정보를 수집하고, 조직하며, 분석하기 위해 마케팅 정보 시스템 같은 기술의 사용이 증가하고 있다는 것이다. 세 번째 트렌드는 기업이 국내 시장 밖에 존재하는 시장 기회를 더 잘 이해하기 위해서 글로벌 마케팅 조사를 활용한다는 것이다. 기술과 연산 능력이 지속적으로 향상됨에 따라, 미래에는 기업의 시장 이해 능력과 고객 욕구 충족 역량을 더욱 향상시키는 많은 변화가 있을 것이다.

EXECUTIVE PERSPECTIVE

주디 리드 스미스 박사(Dr. Judy Reed Smith)

애틀랜틱-ACM(ATLANTIC-ACM) 최고경영자

리서치에 대한 열정이 주디 리드 스미스 박사를 사업가로 만들었다. 그러나 이것은 하룻밤에 이뤄진 것이 아니다. 대학시절 리서치에 대한 그녀의 관심은 그녀를 생물학 학위 취득에 매진하게 만들었다. 이후 10년간 생물 선생님으로 근무하였고 그러던 중 리서치 분야에서 전문가가 되고자 하는 뜻을 품고 대학원에 입학하였다. 석사 학위를 받고 이후 몇 군데 건실한 마케팅 리서치 기업에서 일하며 축적해온 마케팅 기술을 활용하여 애틀랜틱-ACM을 창업하기로 결정했다. 현재 이 회사는 기업의 경영진들에게 수익을 증대시키고, 기존 고객 기반을 강화하며, 새로운 시장에 침투하고, 역동적인 시장에서 변화를 주도하기 위한 전략을 제공하는 정량적·정성적 리서치 보고서를 제공한다.

Q. 성공하기 위해 가장 중요한 것은 무엇이었습니까?

우리와 함께 일하는 고객들을 마음 깊이 존경해야 합니다. 저는 고객들이 우리에게 문제해결을 부탁하는 것에 대해 적극 환영합니다. 힘든 업무 외에도, 정직과 나보다 밝고 다른 방식으로 똑똑한 사람들을 고용하는 일, 그리고 다른 사람들에 대한 보편적인 배려심이 우리 회사를 성공하게 만든다고 생각합니다. 매우 평범하게 들릴지 모르겠지만, 우리는 얼마나 많은 경쟁자들이 이러한 일들에 최우선으로 두지 않는지를 알면 항상 놀랍니다.

Q. 예비 졸업생에게 어떤 조언을 해 주시겠습니까?

직업 선택: 첫 번째 직업은 돈을 가장 많이 벌게 해주는 직업이 아니라 가장 많이 배울 수 있는 직업을 선택하십시오. 교수님께서는 "너희는 너희들이 좋아하는 직업이 필요할 뿐이니, 친구들에게 우쭐대기 위해 여러 곳의 직장을 기웃거리지는 말거라"라고 말씀하셨습니다. 향후 어떤 산업 분야가 성장 가능성이 높은지 알아내기 위해 탐색하십시오. 성장은 구직의 기회를 가져옵니다.

직무 수행: 직업을 구하고 나면, 산업 분야에 대해 배우기 위해 사무실 밖에서 듣고, 읽고, 시간을 보내십시오. 주말의 파티를 포기하면, 다음날 사무실에서 맑은 정신으로 일할 수 있습니다. 학습 속도를 향상시키고, 정중함과 책임감을 기르세요.

장기적인 안목: 자신의 스타일과 기술에 적합하고 정말로 만족할 수 있는 직업이 무엇인지 알기 위해서는 수년의 직장 생활이 필요할 수도 있습니다. 만약 그 일을 발견했다면, 그 일이 돈을 많이 못 벌거나 가장 명망 높은 일이 아니라고 해도 그 길을 가십시오. 장기적으로 보면, 분별없이 돈을 좇는 사람들보다 더 부유하고 성공한 사람이 될 것입니다.

Q. 어떤 마케팅을 실시하였나요?

기업들이 더 나은 마케팅 의사결정을 하도록 돕는 것이 우리 업무의 핵심입니다. 자사의 마케팅 리서치는 우리 고객들에게 어떤 제품을 개발해야 하고, 어떤 가격 전략을 써야 하며, 기업이 제공하는 서비스에 대해 고객이 어떻게 느끼는지에 대한 지침을 제공합니다. 마케팅은 우리 고객들의 욕구를 충족시킴으로써 우리가 작은 회사를 성공적으로 경영해 나가는 데 일조합니다.

Q. 본인의 개인 브랜드(personal brand)는 어떠해야 한다고 생각하십니까?

저는 노력하는 사람으로, 그리고 고객이 원하는 것을 경청할 수 있고 진실로 이해할 수 있는 사람으로 존경받고 싶습니다. 그러기 위해 늘 성실하고 진실되게 일하며, 친구, 동료, 고객들과 오랫동안 연락하며 지내려고 노력합니다.

Q. 신입 마케터들이 마케팅 리서치를 수행할 때 저지르는 가장 큰 실수는 무엇입니까?

신입 마케터들이 저지르는 실수 중 제가 보았던 가장 큰 실수는 본인이 얻고 싶어 하는 결과대로 자료를 분석하려고 시도하는 것입니다. 이것은 전혀 효과가 없습니다. 정성적 마케팅 리서치는 질문에 답하거나 문제를 해결해주지만, 자료를 자신의 의도대로 만들려고 합니다. 그러나 마케터는 자료를 정직하게 분석하고 리서치 결과가 본인이 원했던 것이 아니더라도, 고객이나 제품에 대해 리서치 결과가 마케터에게 말하고 있는 것을 경청해야 합니다.

Q. 경쟁 정보를 수집하기 위한 새로운 전략으로 부각되고 있는 것은 무엇입니까?

기술은 경쟁 정보 수집을 이전보다 훨씬 쉽게 만들고 있습니다. 소셜미디어는 경쟁업체에 대한 정보를 수집하기 위한 강력한 도구입니다. 인터넷은 각 지역별 가격정책뿐 아니라 긍정적이거나 부정적인 소비자 의견을 알게 해주고, 심지어 매우 작은 기업도 자신들의 경쟁업체와 소비자들이 그들을 좋아하거나 싫어하는 이유에 대한 방대한 정보를 찾아낼 수 있습니다. 이러한 리서치를 통해 획득한 통찰력은 고객을 유인하고 시장점유율을 증가시키기 위한 제품 설계, 촉진, 가격책정 전략에서 매우 유용할 수 있습니다.

DISCUSSION QUESTIONS

1. 마케팅 조사는 기업의 목표 달성에 어떠한 도움이 되는가?

2. A사는 가장 수익성 높은 기존 제품 라인인 샴푸와 컨디셔너를 재출시하려는 중이다. 관리자는 새로운 포장이 소비자를 유인할 수 있을지를 확인하고 싶어 한다. 새로운 포장을 어떻게 설계해야 하는지 결정하기 위한 최선의 조사 방법은 무엇이라고 생각하는가?

3. 본인이나 친구의 페이스북 페이지를 방문하여 마케팅 조사에 유용하게 활용될 수 있는 정보를 찾아보자. 마케팅 조사에 그러한 정보가 이용되는 것이 프라이버시 침해가 될 수 있다고 보는가?

4. 만약 소매업체의 마케팅 조사 책임자가 되어 경쟁업체의 가격과 특성에 대한 조사를 수행하게 되었다면 그러한 정보에 접근할 수 있는 방법에는 어떤 것들이 있는가?

5. 정확한 판매 예측이 기업에 제공하는 주요 혜택은 무엇인가? 잘못된 판매 예측이 조직에 미치는 악영향은 무엇인가?

6. 기업이 글로벌 시장에서 자사 제품을 성공적으로 판매하기 위해 글로벌 시장에 대해 알아야 할 필요가 있는 정보의 유형을 최소 6개 이상 열거하라. 기업은 그러한 유형의 정보를 어떻게 얻을 수 있는가? 어떤 원천으로부터 얻을 수 있는가?

CHAPTER NOTES

1. Will Connors, "RIM's Sales Drop 31% ahead of New Phone," *The Wall Street Journal*, September 28, 2012, http://online.wsj.com/article/SB100008723963904435072045780227130 78333152.html.

2. Matthew Boyle, "In Emerging Markets, Unilever Finds Passport to Profits," *Bloomberg Businessweek*, January 3, 2013, http://www.businessweek.com/articles/2013-01-03/in-emerging-markets-unilever-finds-a-passport-to-profit.

3. Joseph R. Hair, Jr., Robert P. Bush, and David J. Ortinau, *Marketing Research in a Digital Information Environment*, 4th ed. (New York: McGraw-Hill/Irwin, 2009).

4. 5Ibid.

5. Joseph R. Hair, Jr., Mary F. Wolfinbarger, David J. Ortinau, and Robert P. Bush, *Essentials of Marketing Research*, 2nd ed. (New York: McGraw-Hill/Irwin, 2010).

6. Emily Glazer, "The Eyes Have it: Marketers Now Track Shoppers' Retinas," *The Wall Street Journal*, July 12, 2012, http://online.wsj.com/article/SB1000142405270230364400457752 0760230459438.html.

7. Hair, Jr., Wolfinbarger, Ortinau, and Bush, *Essentials of Marketing Research*.

8. Gordon S. Linoff and Michael J. Barry, *Data Mining Techniques: For Marketing, Sales, and Customer Relationships*, 3rd ed. (Indianapolis, IN: Wiley, 2011).

9. Hair, Jr., Bush, and Ortinau, *Marketing Research in a Digital Information Environment*.

10. Emily Steel, "The New Focus Groups: Online Networks," *The Wall Street Journal*, January 14, 2008, http://online.wsj.com/article/SB120027230906987357.html.

11. Ibid.

12. John T. Mentzer and Carol C. Bienstock, *Sales Forecasting Management* (Thousand Oaks, CA: Sage Publications, 1998).

13. John T. Mentzer and Mark A. Moon, *Sales Forecasting Management,* 2nd ed. (Thousand Oaks, CA: Sage Publications, 2005).

14. John E. Mello, "The Impact of Sales Forecast Game Playing on Supply Chains," *Foresight: The International Journal of Applied Forecasting* 13, no. 1 (2009).

15. John E. Mello, "The Impacts of Corporate Culture on Sales Forecasting," *Foresight: The International Journal of Applied Forecasting* 2, no. 2 (2005).

16. Hair, Jr., Bush, and Ortinau, *Marketing Research in a Digital Information Environment*.

17. Hair, Jr., Wolfinbarger, Ortinau, and Bush, *Essentials of Marketing Research*.

18. Kate Linebaugh, "For Philips, Matching the Product to the Market," *The Wall Street Journal*, May 30, 2012, http://online.wsj.com/article/SB10001424052702303395604577434171 435274122.html.

19. Tom Doctoroff, "What the Chinese Want," *The Wall Street Journal,* May 18, 2012, http://online.wsj.com/article/SB10001 424052702303360504577408493723814210.html.

20. Hair, Jr., Wolfinbarger, Ortinau, and Bush, *Essentials of Marketing Research*.

21. Ibid.

22. Jessica Guynn, "Mobile Social Networking App Path Settles with FTC for $800,000," *Los Angeles Times*, February 1, 2013, http://articles.latimes.com/2013/feb/01/business/la-fi-tn-ftc-path-settlement-20130201.

23. Hair, Jr., Wolfinbarger, Ortinau, and Bush, *Essentials of Marketing Research*.

24. Ibid.

Chapter 5
소비자 행동
KNOWING YOUR CUSTOMER: CONSUMER AND BUSINESS

학습목표 이 장에서는 최종 소비자와 산업재 소비자를 구분하고 구매의사결정 과정에 대해 살펴본다. 소비자들이 어떤 방식과 절차를 거쳐 구매하는지를 이해하게 되면, 적합하고 효과적인 마케팅 전략을 개발할 수 있을 것이다. 구매의사결정에 영향을 미치는 상황적 요인과 심리적 요인을 함께 살펴보고 최종 소비자와 산업재 소비자의 차이점 등에 대해서도 논의할 것이다.

소비자 의사결정 과정

학습목표 5-1

소비자 의사결정 과정에 대한 설명

우리는 점심을 어디에서 먹을까부터, 어떤 휴대폰을 사용할까, 어떤 라디오를 들을까에 이르기까지 매일매일 수많은 소비자 의사결정을 하고 있다. 소비자에게 가장 매력적으로 다가가는 방법을 찾아내기 위해서는 소비자가 의사결정을 할 때 거치게 되는 과정을 명확하게 이해하는 것이 우선이다. 소비자 행동consumer behavior이란 개인과 조직 소비자가 시간이나 돈과 같이 이용 가능한 자원을 소비하기 위해 의사결정을 하는 방식을 말한다. 이 장은 두 가지 주요 마케팅 유형인 B2C(business-to-consumer)와 B2B(business-to-business)에 관련되는 소비자 행동에 대한 논의한다. 먼저 재화와 서비스를 최종 소비자에게 판매하는 것을 일컫는 B2C 마케팅에서의 소비자 행동을 살펴보자. B2C 마케팅의 예로는 개인 소비자들에게 제품이나 서비스를 제공하는 레스토랑, 자동차 대리점, 미용실 등이 있다. 어디에서 어떤 제품에 대해 구매의사결정을 하는지에 상관없이 B2C 마케터의 표적 시장인 대부분의 소비자들은 일반적으로 그림 5.1과 같은 5단계의 의사결정 과정을 거치게 된다.

그림 5.1 소비자 의사결정 과정

1단계	**문제 인식** 내가 충족시키고자 하는 욕구는 무엇인가?
2단계	**정보 탐색** 내 욕구를 충족시키기 위해서 어떤 제품을 이용할 수 있는가?
3단계	**대안 평가** 어떤 제품이 내 욕구를 가장 잘 충족시킬 것인가?
4단계	**구매** 어디에서 구매해야 하나? 얼마에 구매해야 하나?
5단계	**구매 후 평가** 내 구매가 만족스러운가?

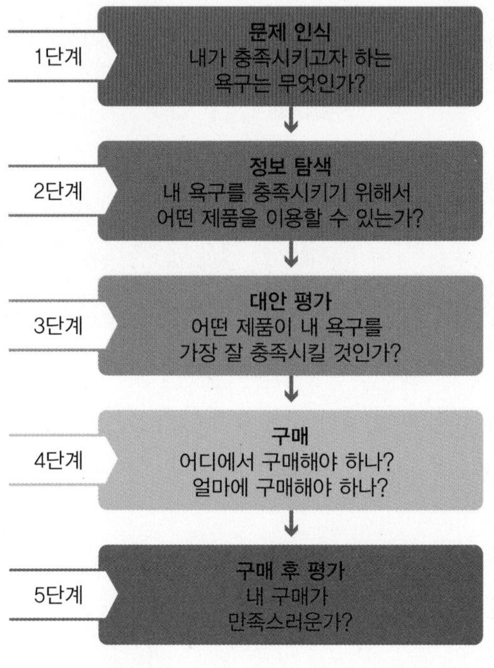

1단계: 문제 인식problem recognition

구매 과정은 소비자가 충족시켜야 할 욕구를 느낄 때 시작되는데 이것을 문제 인식 단계라고 부른다. 자동차를 구매하는 소비자들의 구매 동기를 살펴보면, 지금 타던 차가 오래되어 고장이 나서 새 차를 구매하고자 하는 소비자도 있을 것이고, 대학졸업 후 바로 취업이 된 사회 초년생이 버스를 환승하여 한 시간 거리의 직장 출퇴근 문제로 교통요금과 소요시간, 업무의 효율성 등을 고려하여 차를 구입하는 것이 더 낫겠다는 필요에 의해서도 있을 것이며 아니면 현재 아무런 이상이 없는 승용차를 소유하고 있지만 그 차와는 다른 기능을 가진 스포츠카를 한 대 더 소유하고 싶어 구매하고자 하는 소비자도 있을 것이다. 마케팅 관점에서, 문제 인식과 관련하여 다음의 두 가지 중요한 문제점을 명심할 필요가 있다. 소비자의 문제를 마케터도 인식해야 하고, 소비자도 인식하고 있어야 한다는 것이다.

소비자들의 생활을 개선하거나 향상시킬 수 있는 제품을 만들어

내기 위해서는 소비자가 인식하는 문제점의 모든 측면들을 마케터가 파악하고 있어야 한다. 예를 들어, 새 차를 구매하고자 하는 소비자가 운송수단에 대한 욕구 이면에 가지고 있는 문제가 무엇인지 모른다면, 소비자의 반향을 불러일으킬 전략을 개발할 가능성이 낮다. 소비자가 고급 자동차를 찾고 있는가 아니면 할부 방식으로 적은 비용을 지불하고자 하는가에 대한 질문부터 해결해야 하는 것이다. 신기하게도 매우 상이한 문제를 해결하기 위해 동일한 자동차를 구매할 수도 있다는 것을 인지해야 한다.

또한 소비자들도 스스로 문제를 알지 못하거나 욕구를 인지하지 못한다면, 구매 과정의 다음 단계로 나아갈 가능성이 낮다는 것을 기억해야 한다. 정계에서 일하는 마케팅 전문가들은 각 선거 주기마다 이러한 문제에 직면한다. 한국의 국회의원 재선 비율은 20% 미만이지만[1] 미국 의회에 출마하는 주요 정당의 현직 정치인들은 평균 90% 이상의 비율로 재선출된다.[2] 유권자들이(위의 사례에서는 소비자들이) 현재 선출된 의원의 문제를 찾지 못하면, 그들은 대부분 그 의원에게 표를 던질 가능성이 높다. 정치 분야 마케터들이 다른 후보를 촉진할 수 있으려면, 충분한 수의 유권자들이 현직 의원에 대해 문제를 인식하고 다른 후보들에게 관심을 가지게 만들어야 한다.

2단계: 정보 탐색information search

소비자들이 문제를 인식하고 나면 문제 해결을 위한 구매의사결정을 내리는 데 도움이 되는 정보를 찾는다. 구매를 얼마나 중요하게 생각하는지에 따라 정보를 찾기 위한 노력을 하게 될 것이다. 집이나 신차 같은 거액의 구매는 많은 양의 정보 수집을 필요로 한다. 새 남자친구를 위한 선물이나 차량용 스피커와 같은 소액의 구매도 소비자에게 중요한 의사결정이기 때문에 방대한 정보 탐색을 수반할 것이다. 정보 탐색은 외적 정보 탐색과 내적 정보 탐색의 두 가지 주요 범주로 분류된다.

외적 정보 탐색external information search 소비자가 구매의사결정에 도움이 되고자 자신의 지식이나 경험 외의 정보를 찾는 경우를 말한다. 광고와 제품 웹사이트를 통해서 소비자들에게 필요한 지식을 제공할 수 있다. 인터넷은 소비자가 알고 싶어 하는 제품에 대한 맞춤 정보를 그들이 원하는 만큼 상세하게 제공할 수도 있고 필요한 경우에는 요약적으로도 제공할 수 있기 때문에 점점 더 강력한 도구가 되고 있다. 많은 기업들은 소비자들에게 외적 정보 탐색에 대한 권한을 주기 위해 소셜미디어를 활용한다. 예를 들어, 포드(Ford)는 소비자들과 의사소통하고 관계를 강화하기 위해 페이스북(Facebook), 트위터(Twitter), 유튜브(YouTube), 플릭커(Flickr), 스크라이브드(Scribd)를 활용한다. 포드는 페이스북의 로그아웃 페이지에 머스탱(Mustang) 광고 동영상을 게

포드(Ford)는 특정 언어, 지역, 국가에 맞게 조정된 메시지를 통해 유망 고객이 원하는 외적 정보를 정확하게 전달하는 데 페이스북이 특히 효과적이라는 것을 알아냈다.

시함으로써 페이스북에서 광고와 콘텐츠를 결합하였다. 단지 하루 동안 백만 명 이상의 사람들이 그 동영상을 보았고, 포드는 대규모의 시청 소비자들에게 머스탱에 대한 외적 정보를 제공할 수 있었다.[3]

친구와 가족은 아마도 가장 중요한 외적 정보 원천의 역할을 할 것이다. 새 차를 구매하는 사례에 대해서 생각해보고 자동차의 다양한 유형이나 브랜드에 대해 친구와 가족이 뭐라고 말할 것인지 생각해보라. 자동차에 대해서 광고나 영업사원에 의해 깊은 인상을 받을 수 있다. 그러나 부모님이나 친구들이 그 차에 대한 나쁜 경험에 대해 당신에게 말해준다면, 그들의 의견이 아마도 더 큰 영향을 줄 것이다. 광고나 영업사원처럼 상업적인 정보 원천보다 친구와 가족 같은 개인적인 원천에 대해 더 신뢰하기 때문이다. 그래서 마케터나 영업사원들이 소비자들과 진실하고 좋은 관계를 구축하는 것이 중요하다.

내적 정보 탐색internal information search 모든 구매가 외적 정보 탐색을 필요로 하는 것은 아니다. 샴푸나 치약 같이 빈번하게 구매되는 품목은 내적 정보만으로도 의사결정을 내리기에 충분하다. 내적 정보 탐색의 경우, 소비자들은 동일한 브랜드 또는 제품 범주에 대한 자신들의 과거 경험을 정보 원천으로 사용한다. 선호하는 청량음료나 휴양지를 쉽게 기억할 수 있고, 이것은 오늘 점심과 함께 무엇을 마실 것인지 또는 내년 휴가 때 어디로 갈 것인지에 영향을 미칠 것이다.

앞의 자동차 사례에서 자동차에 대한 과거 경험은 새 차 구매 시 중요한 역할을 한다. 예를 들어, 현대자동차의 벨로스터 또는 한국GM 쉐보레의 크루즈를 몰면서 멋진 경험을 하였다면, 같은 차의 신형 모델을 구매하려고 결정할 수도 있다. 반대로, 특정 자동차에 대해서 나쁜 경험을 가지고 있다면, 그러한 차들은 당신의 고려 대상에서 재빨리 제거될 것이다.

3단계: 대안 평가evaluating alternatives

소비자가 정보를 얻었다면, 보통 각 제품이 제공하는 혜택을 파악하는 데 초점을 두면서 그러한 정보를 다양한 대안을 평가하기 위해 사용할 수 있다. 소비자들의 **평가 기준**evaluative criteria은 특정 제품에 대해 그들이 중요하다고 생각하는 속성들로 구성된다. 예를 들어, 어떤 차를 살 것인가 평가할 때 당신은 가격, 보증, 안전성, 또는 연비 경제성 등과 같은 자동차의 특성들을 다른 특성들보다 더 중요하다고 생각할 수도 있을 것이다. 자동차 마케터들은 자신들의 자동차, 트럭, 또는 SUV의 혜택이 당신이 중요하게 생각하는 기준들을 충족시키고 있다는 것을 설득시키기 위해 매우 열심히 노력할 것이다.

마케팅할 때 자사 제품의 혜택만 강조하는 것보다는 그러한 혜택을 중요하게 생각하는 잠재적 구매자들에게 확신을 주기 위한 전략도 사용해야 한다. 연비가 아주 뛰어난 자동차를 판매하는 기업은 당신이 연료비 절감을 통해 일 년에 수천 달러를 신용카드 대금이나 가족 여행을 위한 자금으로 사용할 수 있다고 설명할 수 있을 것이다. 반대로, 연비가 낮은 대형 SUV를 판매하는 기업은 자동차의 안전성과 그 차가 당신의 가족을 어떻게 보호할 수 있는지, 또는 더 많은 가족 구성원이 동승할 수 있는 자동차의 유연성에 대해 강조할 수 있을 것이다.

4단계: **구매**making the purchase

대안을 평가하고 나면 구매 단계로 넘어가게 된다. 이 단계에서도 몇 가지 결정을 내려야 한다. 예를 들면, 구매하려는 브랜드의 자동차를 어느 대리점에서 구매할 것인지 결정해야 한다. 특정 자동차 대리점과의 과거 경험, 가격, 판매사원은 더 낮은 이자율의 금융 조건처럼 이러한 의사결정에 직접적으로 영향을 끼칠 수 있다. 할부나 리스 등 결제 방법 등에 대해서도 이 단계에서 확정할 수 있다.

의례적 소비의 경우에는 이전의 단계가 생략되고 바로 구매 단계로 들어가기도 한다. **의례적 소비**ritual consumption란 정기적으로 반복되는 소비 패턴을 말하는 것으로, 동일한 청량음료를 구매하거나 매일매일의 아침 식사를 위해 동일한 장소에 방문하는 것처럼 정보 수집이나 대안 평가 없이 단순하게 반복구매하는 것이라 볼 수 있다. 이러한 반복적인 구매는 기업에 높은 이익과 꾸준한 고객 매출로 이어지므로 이를 위한 마케팅 전략을 구축하는 것도 중요하다.

5단계: **구매 후 평가**post-purchase evaluation

소비자의 구매 후 평가는 구매에 대해서 느끼는 감정이 특정 제품을 재구매할 것인지의 여부에 영향을 미칠 수 있기 때문에 매우 중요하다. 소비자들은 간혹 **인지 부조화**cognitive dissonance를 경험하기도 한다. 인지 부조화란 사람들이 자신들의 신념 또는 추정을 반박하는 새로운 정보를 획득하는 경우에 겪게 되는 정신적인 갈등을 말한다.[4] 때때로 구매자의 후회감을 말하기도 하는데 소비자가 올바른 구매 결정을 내렸는지 의심하기 시작할 때 종종 발생한다.

구매 후 인지 부조화는 다양한 원인에서 발생할 수 있다. 새로 구매한 자동차의 고속도로 주행 연비가 당신이 기대한 만큼 높지 않다는 것을 발견할 때, 또는 지인이 동일한 자동차를 더 저렴한 가격에 구매했다는 것을 알았을 때, 또는 친구가 다른 브랜드의 자동차를 얼마나 만족스러워 하는지 들었을 때 인지 부조화가 발생할 수 있다. 마케터들은 소비자가 느끼는 인지 부조화의 수준을 낮추기 위해 다양한 노력을 한다. 예를 들어, 자동차 기업은 보증 기간을 연장하거나, 새 차에 대한 어떤 문제점에 대해서도 전화 문의를 할 수 있도록 무료 상담 전화를 제공할 수도 있다. 또한 온스타시스템(Onstar system)이나 시리어스XM(SiriusXM) 위성 라디오 같은 유명한 서비스를 무료로 이용하도록 제공하여 새 차에 대한 초기 경험을 향상시킬 수도 있다. 이러한 부가적인 소비자들이 인지 부조화를 가장 많이 인식하는 기간인 구매 후 6개월까지 또는 12개월까지 제공하는 경우가 많다. 이 기간 동안 소비자들이 자신들의 자동차 구매에 대해 더 긍정적으로 느끼게 함으로써 긍정적인 외적 정보를 다른 사람들에게 제공할 가능성을 높여 신규고객을 유치하고 향후 재구매를 유도할 수 있다. 구매 후 평가는 인터넷상에서 이용 가능한 소비자 후기의 영향력 때문에 오늘날 마케터들에게 한층 더 중요해졌다.

의사결정 과정은 소비자들이 어떤 과정을 통해 제품을 구매하기로 결정하는지를 이해하기 위한 틀을 제공하지만, 소비자들이 항상 이 순서대로 구매하는 것은 아님을 주의해야 한

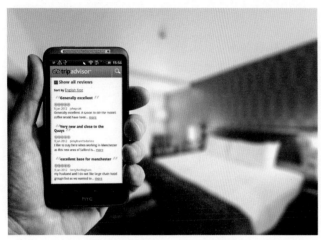

새 차를 구매할 때나, 호텔을 예약할 때, 또는 레스토랑을 선택할 때, 소비자들은 구매의사결정을 하기 전에 다른 소비자들의 평가를 먼저 읽어보기 위해 옐프(Yelp)나 트립어드바이저(TripAdvisor) 같은 사이트를 점점 더 많이 이용하고 있다.

학습목표 5-2

상황적 요인이 소비자 행동에 미치는 영향에 대한 설명

다. 또한 마케터들은 자신들의 전략이 소비자 의사결정 과정의 한 단계에서 성공하였다고 해서 다음 단계에서도 성공하리라고 가정해서는 위험하다. 예를 들어, 자동차 기업은 자신들의 자동차에 대한 소비자 관심을 불러일으키기 위한 외적 정보를 제공하는 과업을 성공적으로 해낼 수도 있지만, 재무적인 문제나 다른 가족 구성원의 반대를 해결하지 못해서 판매를 하지 못할 수도 있다. 다음 절에서 더욱 구체적으로 논의하게 될 이와 같은 수많은 상황적 요인들이 의사결정 과정의 여러 단계에서 발생할 수 있고, 그에 따라 소비자의 의사결정은 달라질 수 있다.

상황적 요인과 소비자 행동

수많은 요인들이 소비자 의사결정 과정의 각 단계에서 영향을 미치므로, 이러한 요인들을 고려한 효과적인 마케팅 전략이 수립되어야 한다. 이러한 요인들을 상황적 요인과 심리적 요인으로 분류할 수 있다. 소비자와 그들의 의사결정 과정 사이에서 접점 역할을 하는 사회적 환경, 시간 같은 요인들을 포함하는 **상황적 요인**situational influences에 대해서 먼저 논의해보자.[5]

시간time

소비자들은 자신들의 시간을 매우 소중히 여긴다. 따라서 시간 관련 요인들이 구매에 큰 영향을 미친다. 오늘날 대부분의 소비자들은 한두 세대 전보다 시간적인 압박을 훨씬 더 크게 느낀다. 전 세계의 기업들은 소비자의 시간적인 압박을 이해하고 이러한 시간적인 압박에 보다 잘 부응하는 제품을 설계한다. 예를 들어, 가장 성공적인 은행들 중 다수는 시간적인 제약 때문에 전통적인 낮 시간 동안 은행을 이용할 수 없는 사람들에게 모든 금융 서비스를 제공하기 위해 영업시간을 연장하거나 ATM 기기를 도입하였다.

시간은 또한 소비자가 구매 가격에도 영향을 미친다. 시간을 절약해 준다면 그만큼 비싼 가격을 지불하고 있다. 예를 들어, 어떤 소비자가 지역 주유소에서 판매하는 청량음료, 스낵, 또는 빵 가격이 슈퍼마켓보다 훨씬 비싸다는 것을 안다. 그러나 그 소비자는 가까이에 주차하고, 작은 점포에서 신속하게 쇼핑하고 계산하면서 절약하는 시간 때문에 기꺼이 초과 가격을 지불하려고 할 것이다. 보다 편리한 장소에 제품을 유통시킴으로써 소비자들에게 더 큰 가치를 제공하는 동시에 개별 품목에 대한 이익을 증대시킬 수 있다.

사회적 요인social factors

사회적 요인은 소비자와 다른 사람들 간의 관계에서 비롯된다. 소비자 의사결정 과정에 영향을 미치는 사회적 요인에는 가족, 준거 집단, 의견 선도자가 포함된다.

가족family influences 가족 구성원들은 소비자 행동에 가장 큰 영향을 미치는 요인들 중 하나다. 영향력의 정도는 가족에 따라 다를 수 있으며, 가족이 성숙함에 따라, 그리고 결혼이나 출생을 통해 새로운 구성원이 가족에 합류함에 따라 진화할 수 있다. 가족의 구성은 최근 10년간 크게 변하였는데, 한 부모 가정과 다문화가정이 증가하였고 동성부부와 특히 1인 가구도 급격히 늘었다. 가족의 영향력은 일부 문화권에서는 특히 중요하다. 히스패닉 문화권에서 가족은 가장 중요한 대상이기 때문에 미국 및 전 세계의 히스패닉 소비자들을 목표로 하는 메시지를 개발할 때에는 가족이 중심 주제가 되어야 한다.

가족 구매에 대한 어린이의 영향력 어린이들은 가족의 구매의사결정에 종종 큰 영향을 미치는데, 식료품 쇼핑과 외식 분야에서 특히 그러하다. 맥도날드(McDonald's), 소닉(Sonic), 버거킹(Burger King)의 마케터들은 어린이 소비자들에게 광고하고 어린이용 메뉴에 장난감과 책을 끼워주는 판매촉진을 실행하는 데 엄청난 비용을 들인다. 맥도날드는 어린이를 대상으로 마케팅하기 위해서 재미있는 게임과 기술이 가득한 웹사이트(www.happymeal.com)를 제공한다. 어린이를 대상으로 하는 이러한 성공적인 촉진들은 방문고객 수와 수익을 증대시킬 수 있다. 그러나 아동 비만이 사회적 이슈가 되고 있는 상황에서 어린이들에게 패스트푸드를 마케팅하는 것은 기업이 윤리적 관점에서 고민을 해봐야 할 부분이다.

가족 생애 주기 가족 생애 주기보다 소비자 행동에 더 큰 영향을 미치는 상황적 요인은 거의 없다. 가족 생애 주기family life cycle는 개인이 자신의 생애 과정을 통해 지나가게 되는 가족과 관련된 뚜렷이 구별되는 국면들을 말한다. 그림 5.2는 개인이 자신의 가족 생애 주기 동안 겪게 될 수 있는 여섯 단계를 보여준다. (1) 미혼 가구, (2) 자녀가 없는 결혼 가족, (3) 10대 미만의 자녀가 있는 결혼 가족, (4) 10대 자녀가 있는 결혼 가족, (5) 부양 자녀가 없는 결혼 가족, (6) 1인 노년 가구로 구성된 가족 생애 주기의 각 단계별로 소비자 행동이 달라지기 때문에 이에 따라 마케팅 전략도 달라야 한다. 서른 살의 오래된 친한 친구 두 명을 상상해 보라. 둘은 같은 동네에서 자랐고, 같은 대학을 다녔고, 같은 학위를 이수했으며, 같은 교회에 다니고, 현재는 이웃에 살고 있다. 이러한 유사성에 근거하여 마케터는 그들의 구매 행동도 매우 유사할 것이라고 가정할 수 있으나, 한 명은 일 년에 200일 동안 출장을 다니는 미혼의 제약회사 중역이고, 다른 한 명은 결혼을 하여 전업주부인 아내와 두 명의 어린 자녀를 두었다면 가족 생애 주기가 달라지므로 이들은 다른 세분 집단으로 분류하게 되는 것이다. 대학생 기준에서 본인의 가족 생애 주기는 어디에 해당하는지, 그리고 그것이 구매 행동에 어떤 영향을 미치는지 생각해 보라. 현재는 집을 소유하지 않고 은퇴준비도 되어 있지 않고 생명 보험에 대한 욕구도 별로 없을 것이다. 그러나 앞으로 취업하고 결혼을 하게 되고 아이를 낳으면 이러한 일들은 바뀔 것이다. 마케터들은 소비자들이 생애 주기를 지나가는 동안 변화하는 수요를 충족시킬 수 있는 제품을 개발하고 마케팅하고자 한다. 스테이트 팜 인슈어런스(State Farm Insurance) 같은 보험회사들은 첫 차에 대한 자동차보험, 가족을 안심시키기 위한 생명보험, 은퇴준비를 위한 투자 등 가족 생애 주기별로 적합한 상품을 개발하고 있다.

　가족 외에도, 소비자들은 다양한 사회적 집단(학교, 직장, 교회, 자원봉사단체 등)에 속

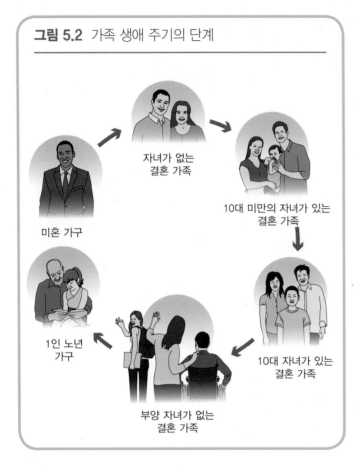

그림 5.2 가족 생애 주기의 단계

미혼 가구

자녀가 없는 결혼 가족

10대 미만의 자녀가 있는 결혼 가족

10대 자녀가 있는 결혼 가족

부양 자녀가 없는 결혼 가족

1인 노년 가구

해 있거나 그들과 접촉하며 지낸다. 사회적 집단 또한 소비자의 구매의사결정에 영향을 미칠 수 있다.

준거 집단reference groups 준거 집단은 소비자들이 어떻게 살 것인가에 대한 새로운 시각을 제공할 수 있다. 대학을 갓 졸업하고 첫 직장에 출근하는 첫날에 무엇을 입고 갈 것인지 어떻게 알게 되는가? 대부분의 기업들은 공식적인 복장 규정이 없다. 그래서 면접을 위해 회사를 방문했을 때 다른 사람들이 어떤 복장을 하고 있었는지 상기하거나 새로운 동료들에게 출근할 때 어떤 복장을 하는지 물어볼 것이다. 그러한 경우에 동료들은 준거 집단의 역할을 한다. 준거 집단이란 소비자가 자기 자신을 비교해 볼 수 있는 다른 사람들로 구성된다. 준거 집단이 미치는 영향은 정보적 영향, 규범적 영향, 가치표현적 영향으로 구분할 수 있다. 정보적 영향은 신뢰성 있는 정보 원천으로 생각하고 정보를 수집하고자 하는 것을 들 수 있다. 규범적 영향은 준거집단의 규범에 순응하고자 하도록 하는 영향으로 친구집단의 패션이나 언어를 따라하는 것을 볼 수 있다. 가치표현적 영향은 특정 집단에 소속됨을 표현하고자 하거나 소속되고 싶을 때 그 집단의 가치에 따라 행동하게 되는 것을 말한다.[6] 이러한 준거집단의 영향은 구매의사결정에도 직접적인 영향을 줄 수 있으며, 특히 개인적인 제품보다 타인에게 노출되는 제품의 구매의사결정에 더 큰 영향을 미칠 수 있다. 일반적으로 기업은 마케팅 전략을 개발할 때 다음의 세 가지 소비자 준거 집단 유형에 초점을 둔다.

1. **소속 준거 집단**membership reference group은 소비자가 실제로 속해 있는 준거 집단이다. 소속 집단에는 가족, 직장, 학교 동아리, 동호회 등이 속한다. 예를 들어, 은행이 대학의 공식 은행으로 마케팅하면서, 학생들을 위한 예금우대 서비스나 학교 로고가 그려진 신용카드를 제공할 수 있을 것이다. 신입생들의 입장에서는 그러한 제품을 이용하는 것이 자신들의 새로운 준거 집단과 더 잘 동화될 것이라 생각하게 된다.

2. **열망 준거 집단**aspirational reference group은 소비자가 모방하고 싶어 하는 개인들의 집단을 말한다. 졸업 후 취업하고 싶은 기업에 다니는 선배들 모임은 미래에 소속 가능성이 있는 기대 열망 준거 집단이고, 뛰어난 야구 선수 팀은 향후 소속 여부에 관계없이 그들의 기량이나 에너지를 갖고 싶게 하는 상징적 열망 준거 집단이다. 서브웨이(Subway)는 2012년 런던에서 개최된 하계 올림픽 기간에 자사의 마케팅 캠페인에 이러한 준거 집단을 활용하였다. 수영선수 마이클 펠프스(Michael

Phelps)는 훈련기간 서브웨이가 식이요법에서 중요한 역할을 했다고 했다.

3. **회피 준거 집단**dissociative reference groups은 소비자가 닮고 싶어 하지 않는 개인들의 집단을 말한다. 구강청결제나 자일리톨 껌은 소비자들에게 구취가 심한 사람이 되지 않기 위해서 자사 제품을 이용하라고 광고한다. 어린 세대들에게 기성세대는 열망 준거 집단이 되기도 하고 회피 준거 집단이 될 수도 있다.

가족과 준거 집단은 보통 가장 영향력이 크기는 하지만, 소비자의 구매의사결정에 영향을 미치는 유일한 사회적 요인은 아니다. 저명인사나 파워블로거, 소셜 미디어 기고자 등과 같은 의견 선도자들 또한 의사결정 과정에 영향을 미칠 수 있다.

의견 선도자opinion leaders 특정 제품에 대한 지식이 많은 것으로 여겨지기 때문에 다른 사람들의 의사결정에 상당한 영향력을 끼치는 개인들을 의견 선도자라고 부른다.[7] 의견 선도자에는 나이키 제품을 홍보하는 마이클 조던(Michael Jordan)에서부터 조리 기구를 촉진하는 레이첼 레이(Rachael Ray)까지 다양한 사람들이 포함된다. 의견 선도자에는 저명인사만 포함되는 것이 아니다. 소셜미디어는 소수의 소비자들이 다수의 소비자 구매의사결정에 영향을 미치게 만든다. 예를 들어 파이오니아 우먼(The Pioneer Woman)으로 알려져 있는 리 드러먼드(Ree Drummond)는 소 목장에서 남편과 네 명의 아이들과 함께 하는 그녀의 삶에 대한 블로그를 운영한다. 그녀는 미국에서 가장 유명한 여성 블로거 10명 중 한 명으로 선정되었으며, 식재료 구매와 준비 등을 포함한 다양한 주제에 관한 블로그 독자들의 구매의사결정에 영향을 미친다.[8] 한국PR기업협회는 각 전문 주제 분야별 국내블로그 100명을 선정하여 매년 공시하고 있다.[9] 한국에서 가장 많은 구독자의 수를 가진 블로그는 '서명덕 기자의 人터넷 세상'으로 전 기자출신의 서경덕은 새로 출시된 IT · 컴퓨터 제품들의 리뷰를 통해 많은 독자들의 구매의사결정에 영향을 미치고 있다.[10]

개인적 요인personal factors
사회적 요인이 소비자 구매의사결정에 상당한 영향을 끼칠 수 있지만, 소비자들은 자신의 개인적 요인에 근거하여 의사결정을 내리기도 한다. 소비자의 개성, 라이프스타일, 가치관은 소비자의 행동에 직접적으로 영향을 미치므로, 기업은 이에 맞추어 자사의 마케팅 전략을 어떻게 조정해야 할 것인지 이해해야 한다.

개성personality 소비자의 개성은 소비자 자신을 자신만만한, 매력적인, 공손한, 융통성 있는, 또는 지배적인 사람으로 만드는 특성을 포함할 수 있다. 개성이란 특정한 상황에 대해서 개인을 일관된 방식으로 반응하게 이끄는 독특한 특성들의 집합이라 할 수 있다. 개성은 소비자의 구매의사결정에 강력하게 영향을 끼친다. 예를 들어, 도요타 프리우스를 운전하는 것은 환경에 대한 소비자의 관심을 나타내는 것이다. 도요타는 "인간, 자연, 기계의 조화"라는 슬로건으로 2010 프리우스 모델을 마케팅했다.[11] 프리우스의 마케팅 캠페인은 자동차 지붕 위의 태양전지판 같은 기술을 아름다운 자연 환경 이미지와 결합한 것이었는데, 표적 소비자의 개성에 호소하도록 설계되었다. 마케팅 전문가들은 소비자 세분집단을 다른 세분집단과 구별하게 만들어 주는 개성적 특성을 밝히기 위해 노력해야 하고, 그러한 소비자들에게 가장 매력적인 전략을 개발해야 한다.

라이프스타일lifestyle 라이프스타일 특성은 개성적 특성보다 이해하고 측정하기가 더 수월한 편이다. 소비자들이 사회, 문화적 맥락에서 자기 자신을 어떻게 표현하는지 관찰하는 것은 상대적으로 쉽기 때문이다. 라이프스타일lifestyle이란 활동(activities), 관심(interests), 의견(opinions)에 의해 표현되는 개인의 전형적인 삶의 방식을 말한다. 마케터들은 소비자들이 열정을 가지고 있는 대상에 대한 이벤트를 후원하거나 광고함으로써 표적 소비자들에게 도달할 수 있을 것이다. 콜맨(Coleman)은 브랜드 정체성을 담은 아날로그 캠핑을 개최해 고객들에게 색다른 제품 체험 기회를 제공하였다. 이 캠팽은 디지털 기기의 사용을 금하고 최소한의 장비만으로 캠핑을 즐기는 컨셉으로 기획되었으며 아버지와 아들로 참가 자격에 제한을 두고 어린 시절 운동회에서 경험했던 놀이를 체험 프로그램으로 구성해 고객에게 추억을 선사했다. 또한 루이까또즈(louisquatorze)의 남성 라이프스타일 편집숍 루이스 클럽(louisclub)은 할로윈 파티를 개최해 고객들에게 유쾌한 브랜드 경험을 선물하였다. 총 100명을 대상으로 진행한 할로윈 파티는 2014 F/W 스타일링 제안, 디제잉파티, 페이크 타투 등으로 대표되는 이색적인 볼거리와 즐길 거리로 고객들의 매장 만족도를 높이는 성과를 거두었으며 루이스 클럽의 패션철학인 유러피안 컨템포러리 감성을 축제 형태의 행사로 선보여 고객들과 소통할 수 있는 기회였다는 평가를 받기도 하였다.[12]

사람들에게 자사 제품을 구매하지 말라고 얘기한 의류업체 파타고니아(Patagonia)의 광고는 환경적 책임감과 지속 가능성에 대한 소비자들의 관심에 어필(appeal)하기 위해 상식에 반하는 시도를 하였다.

가치관values 자신의 가치 체계가 삶의 방식에 어떤 영향을 미치는지 생각해보라. 가치 체계는 다양한 제품에 대한 당신의 구매 행동과 일치하는 경우가 많다. 가치관은 사회적으로 또는 개인적으로 특정한 행동이 다른 행동보다 더 바람직하다는 소비자의 신념을 반영한다. 소비자의 종교적 신앙에서 자기 책임감에 대한 신념에 이르기까지 모든 것을 포함하는 개인적 가치관은 의사결정 과정에 영향을 미칠 수 있다. 사회적 책임감 및 윤리적 가치관을 중시하는 소비자는 더바디샵(The Body Shop)의 환경보호와 동물대상 실험중지 등의 환경친화적 메시지에 따르게 된다. 더바디샵은 단순히 미적인 것에만 신경을 쓰는 소비적 회사라는 이미지에서 탈피하여 사회적 책임감을 갖춘 기업의 이미지를 부각시킴으로써 윤리적인 소비를 지향하는 소비자들에게 어필하고 있다.

점점 더 많은 소비자들이 지속 가능성을 강조하는 제품,

즉 책임감 있는 방법으로 생산된 제품을 찾는다. 이러한 트렌드는 특히 개발도상국가들과 관련이 있다. 개발도상국 소비자들의 거의 2/3 정도는 자신들의 구매로 야기되는 사회적, 환경적 영향을 고려하게 되는데, 이는 미국 같은 선진국 소비자들의 2배에 가까운 수치다.[13]

글로벌 요인global factors

전 세계 다양한 국가들에 존재하는 독특한 요인들이 소비자 행동에 어떤 영향을 미칠 수 있는지 이해하는 것도 중요하다. 예를 들어, 글로벌 소비자들이 미국에 대해 가지고 있는 이미지는 원산지 효과를 일으킬 수 있다. 원산지 효과country-of-origin effects란 사람들이 특정 국가에 대해 가지고 있는 신념과 연상을 말한다. 그러한 신념과 연상은 해당 국가 또는 특정 제품에 대해 전반적으로 가지는 긍정적인 느낌 또는 부정적인 느낌을 반영할 수 있다. 예를 들어, 독일은 고품질 자동차를 제조한다는 명성을 가지고 있다. 원산지 이미지가 호의적일수록 광고 속에서 국가를 한층 강조해야 한다. 독일 BMW는 독일의 정밀성이 반영되었음을 강조해 왔다.

　또한 글로벌 시장마다 소비자 행동이 다르다. 가족이 구매 과정에 미치는 영향이나 관심은 미국이나 유럽에 비해 중국시장에서 더 높게 나타난다.[14] 그러나 최근 중국의 젊은이들은 미국의 젊은 소비자들에게 영향을 받아 소비를 할 때 사회적인 표현보다 나에게 맞는 것을 더 선호하는 경향도 생겨났다.[15] 글로벌 마케팅을 하는 기업이 늘어나면서 이러한 글로벌 시장에서의 특징과 소비자 행동 패턴을 제대로 이해하는 것이 더욱 더 중요해지고 있다.

심리적 과정과 소비자 행동

학습목표 **5-3**

소비자 행동에 영향을 미치는 심리적 과정을 설명

소비자들이 구매의사결정을 할 때, 태도, 학습, 동기 등과 같은 특정한 심리적 과정psycho-logical processes의 영향을 받기도 한다. 심리적 과정은 소비자 행동에 영향을 미칠 수 있는 내재적인 심리적 기제를 말하는 것으로, 상황적 요인 및 개인적 요인과 결합되어 궁극적으로 소비자 의사결정과 구매로 이어진다. 의사결정 과정을 거치면서 소비자는 자신의 삶에서 제품에 대한 태도를 확립하며 그 제품에 대한 지식을 획득하고 구매하도록 동기부여되어야 한다.[16] 이러한 과정에 대해 이해하고 적합한 마케팅을 실시해야 할 것이다.

태도attitude

태도는 제품, 비영리 기구, 또는 정치 후보자 등의 어떤 대상에 대한 개인의 견해를 반영한 것으로, 특정 대상에 대해서 개인적으로 좋아하거나 또는 싫어하는 감정이 담긴 종합적인 평가다. 그래서 태도는 소비자 행동에 상당한 영향을 미칠 수 있다. 예를 들어, 온라인 구매를 할 때 많은 소비자들이 자신의 정보가 어떻게 보호되는지에 대해 걱정한다. 2011년 소니 플레이스테이션 사용자의 개인정보가 해킹과 같은 사건이 발생하게 되면 이러한 걱정은 커지게 되어 온라인 쇼핑에 대해 우려하는 태도가 더욱 강해지게 된다.[17] 특히 본인의 정보가 해킹을 당한 경험이 있다면 그 우려는 더욱 커지게 되므로 프라이버시 관련 법률을 이해하고 준수하며, 소비자들의 우려를 충분히 이해함을 알리고 그에 맞는 정책을 수립하는 등의 온라인 마케팅이 실시되어야 할 것이다.

학습learning

학습이란 경험과 다른 외적 자극으로 인해 시간이 지남에 따라 발생하는 행동의 변화를 일컫는다.[18] 거의 모든 소비자 행동은 학습될 수 있기 때문에 마케팅을 통해 학습하게 할 수도 있고, 그 학습으로 인해 마케팅이 달라지기도 한다. 학습 과정은 전형적으로 소비자들로 하여금 필요 또는 욕구를 자극하는 것에서 시작하여 그것을 충족시키고자 하는 반응이 뒤따르며 형성된다. 예를 들어 배가 고픈 상황에서 햄버거 광고가 소비자를 자극하게 되면, 햄버거를 구매하여 먹는다는 반응이 배고픔에 대한 필요를 감소시켜 만족하게 되고, 이것이 반복되다 보면 구매의사결정을 내리는 습관을 형성하게 된다. 즉, 햄버거 광고를 보고 맛있게 먹게 되면 계속 구매하게 되도록 학습된다는 것이다. 편의점에서 선택하는 음료수가 항상 동일하지 않다면 아직 음료수에 대한 학습이 형성되지 않은 것이라 볼 수 있다. 커피를 즐겨 마시는 소비자들은 커피에 대한 지식을 풍부하게 가지고 만드는 방법, 마시는 방법까지 다양한 학습을 즐기기도 한다.

강화를 촉진하는 마케팅 전략의 설계로 소비자 학습을 형성할 수 있다. 롯데 자일리톨 휘바는 "자기 전에 씹는 껌"이라는 슬로건을 통해 제품을 촉진하고 있다. 촉진에서의 반복을 통해 충치를 염려하는 부모들도 안심하고 자녀들에게 자일리톨 휘바 껌을 권할 수 있게 소비자 학습에 영향을 미쳤다. 자일리톨 휘바는 가장 높은 시장점유율의 선두를 유지하며 전체 껌시장에서 매출 3분의 1 이상을 차지하며 지속적인 매출증가를 보이고 있다.[19]

동기motivation

소비자 행동에 영향을 주는 세 번째 심리적 과정은 동기다. 동기는 필요 또는 욕구를 충족시키고자 하는 내부 동인을 말한다. 마케터들은 소비자들이 제품을 구매하도록 동기부여할 수 있는 방법을 알아내기 위해서 막대한 조사비용을 들인다. 소비자 동기를 이해하기 위한 가장 유명한 모형 중 하나는 1900년대 중반에 아브라함 매슬로우(Abraham Maslow)에 의해 개발되었다. 그는 인간이 물이나 잠과 같은 단순한 욕구에서부터 애정과 자아존중과 같은 복잡한 욕구에 이르기까지 다양한 유형의 욕구를 가지고 있다는 이론을 제시했다.[20] 그림 5.3에 나타나 있는 매슬로우의 욕구 계층 모형은 사람들이 높은 수준의 욕구를 충족하기 전에 먼저 기본적인 욕구부터 충족하려고 함을 설명하고 있다.

생리적 욕구physiological needs 매슬로우의 욕구 계층 모형에서 맨 아랫부분을 형성하고 있는 생리적 욕구는 인간의 생존을 위한 단순한 필요요건이다. 음식이나 쉼터와 같은 필요요건이 충족되지 않는다면, 인간의 육체는 기능을 계속하지 못할 것이다. 음식, 안전, 애정, 존중이 부족한 소비자는 음식을 가장 중요한 욕구로 여길 것이기 때문에, 다른 어떤 욕

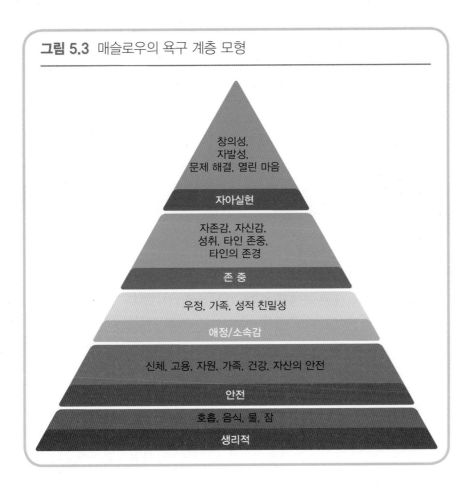

그림 5.3 매슬로우의 욕구 계층 모형

구보다 생리적 욕구를 먼저 충족하고자 할 것이다. 음식, 생수, 의약품의 마케터들은 종종 자사 표적 소비자의 생리적 욕구를 충족시키는 데 초점을 둔다.

안전 욕구safety needs 생리적 욕구가 충족되고 나면 안전 욕구가 가장 필요한 요소가 되어 행동을 지배하게 된다. 안전은 신체적 안전과 경제적 안전을 포함하여 다양한 형태를 취할 수 있다. 예를 들어 전쟁, 자연재해, 가정폭력 등으로 인한 신체적 안전의 부재는 사람들로 하여금 외상후 스트레스 장애나 불안 등의 감정 상태를 경험하게 만들 수 있다. 보안전문기업 ADT캡스는 자사의 재화 및 서비스가 소비자들을 더욱 안전하게 한다는 TV 광고와 온라인 마케팅을 실시하여 광범위한 표적 청중들을 대상으로 가정 안전 시스템을 매우 성공적으로 마케팅하고 있다.

또한 경제 위기나 실업으로 인한 경제적 안전의 부재는 소비자들이 고용보장, 저축예금, 보험정책, 적절한 장애인 시설 등을 필요로 하게 만든다. 마케터들은 자사의 재화 및 서비스와 소비자들의 경제적 안전에 대한 욕구를 일치시키기 위한 방법을 찾는다. 메리츠화재의 '메리츠 걱정인형'은 소비자에게 메리츠화재를 각인시키는 데 큰 역할을 하였다. 메리츠 걱정인형은 미래에 대한 걱정과 불안을 해소해준다는 보험업 본질과 절묘하게 맞아떨어져 소비자들에게 보다 안전하다는 느낌을 주었다. 메리츠화재는 이를 통해 타사와 차별되는 강력한 브랜드 경쟁력을 갖추게 되었으며 상당한 수익 증가도 이룰 수 있었다.[21]

애정과 소속감 욕구love and belonging 생리적 욕구와 안전 욕구가 충족되고 나면, 인간 욕구의 세 번째 단계인 애정과 소속감의 욕구가 나타난다. 이러한 대인관계에 관련된 욕구의 결핍은 연인, 친구, 가족과의 감정적으로 중요한 관계를 형성하고 유지하는 개인의 능력에 영향을 미칠 수 있다. 애정은 마케터들에게 규모가 큰 사업이 되고 있다. 미국의 온라인 데이트 사이트인 이하모니(eHarmony)는 2000년에 설립되었는데, 자사 브랜드를 진지한 만남을 원하는 사람, 특히 여성을 위한 사이트로 정립함으로써 온라인 데이트 사업에서 명성을 떨쳤다. 결혼이나 진지한 관계를 원하는 여성에게 적합한 서비스를 제공한 결과, 이하모니는 두 가지 재무적인 성과를 얻었다. 첫째, 경쟁자들보다 높은 요금을 책정하여 더 높은 수익을 창출할 수 있었다. 영혼의 반려자를 찾는다는 생각은 단순한 데이트 상대를 찾는다는 것보다 회원들에게 더 큰 가치를 제공하기 때문에 이하모니는 한 달에 60달러에 이르는 추가요금을 책정할 수 있었다.[22] 둘째, 이하모니는 다른 사이트보다 다수의 여성회원을 확보하였다. 보통 남성을 대상으로 대부분의 수익을 올리지만, 이하모니는 여성을 대상으로 하여 더욱 성공할 수 있었는데, 자사 유료 고객의 거의 60%는 여성이다.[23]

존중 욕구esteem 욕구 계층 모형의 네 번째 단계는 존중이다. 존중은 자신 스스로에 의해서뿐만 아니라 타인들에 의해서 존중받기를 원하는 모든 인간이 가지고 있는 욕구다. 매슬로우는 하위와 상위의 두 가지 존중 욕구를 설명하였다. 하위의 존중 욕구는 다른 사람들의 존경, 지위, 인정, 명성, 위신, 관심에 대한 욕구를 포함한다. 보석 매장과 렉서스 같은 고급 자동차 제조업체는 종종 하위의 존중 욕구를 가진 소비자들, 또는 자신들의 지위나 위신을 향상시키고자 하는 사람들을 표적으로 하고 있다. 렉서스 광고는 방금 구매한 새 렉서스를 부러워하는 눈으로 바라보는 이웃의 모든 사람들에 초점을 맞추고 있다.

상위의 존중 욕구는 자존감, 힘, 역량, 지배력, 자신감, 자립심, 자유에 대한 욕구를 포함한다. 예를 들어, 외국어 교육 소프트웨어 제조업체는 새로운 언어를 구사하고 싶어 하는 소비자들의 평생 꿈을 실현하는 방법으로 자사 제품을 마케팅하고 있다. 그들의 광고는 새로운 언어를 학습하는 것이 직무 능력과 지적 능력을 향상시키고, 외국에서의 휴가를 더욱 즐겁게 보낼 수 있었다고 말하는 행복한 소비자들을 보여준다. 로제타 스톤(Rosetta Stone)은 이러한 마케팅 전략을 사용하여 세계에서 가장 많이 판매되는 외국어 학습 소프트웨어 회사가 되었는데, 연간 매출액이 2억 달러를 넘는다.[24]

자아실현 욕구self-actualization 매슬로우는 욕구 계층의 최고 단계를 개인이 이룰 수 있는 모든 것을 이루고 싶어 하는 열망이라고 설명한다. 자아실현은 소비자의 완전한 잠재력과 그 잠재력을 실현시키고자 하는 욕구와 관련된다. 구체적으로 개인에게 적용해 보면 이상적인 부모가 되고자 하는 강력한 욕망이나 뛰어난 운동선수가 되고 싶다거나 그림, 사진, 발명 등에서 뛰어나기를 원할 수 있다. 프로 농구선수인 드웨인 웨이드(Dwyane Wade)는 꿈의 농구 캠프를 설립함으로써 욕구 계층의 가장 상위에 속한 욕구를 가지고 있는 소비자들을 표적으로 한다. 4일간의 캠프 참가비용은 12,500달러부터 시작하는데, 그 캠프는 성공한 성인이 NBA 스타선수와 농구 경기를 하는 꿈을 실현시킬 수 있다.[25] 올림픽 역도 금메달 리스트 장미란은 장미란재단을 설립하여 역도 유망주를 대상으로 2012년부터 '스포츠멘토링 교실'을 열고 있다. 역도부가 있는 학교들을 직접 찾아가 꿈과 비전이라는 주제로 특강을 하고 선수들을 직접 만나 본인의 선수 시절 운동법에 대한 노하우를 알려주는 등 역도 유망주를 위한 격려와 후원을 아끼지 않는다. 선수들에게는 평소 그들이 우상으로 여겼던 장미란 선수를 직접 만나 고민을 나누고 함께 운동을 하는 등의 꿈을 실현할 수 있는 기회가 되었다.[10]

관여도

학습목표 **5-4**

관여도와
소비자 의사결정 간의
관계 이해

시간이나 준거 집단 같은 상황적 요인과 동기 같은 심리적 요인이 소비자 의사결정 과정에 영향을 미치지만, 의사결정의 본질 또한 의사결정 과정 동안 소비자가 어떻게 움직이는지, 그리고 각 단계에서 소비자가 중점을 두는 것이 무엇인지에 있어서 중요한 역할을 한다. 의사결정의 개인적, 금전적, 사회적 중요성을 관여도involvement라 한다.[26] 관여도의 높고 낮음에 따라 소비자의 구매 과정과 결과가 어떻게 달라지는지에 대한 많은 연구들이 진행되었으며 이에 대한 이해는 마케팅 전략에 필수적이다. 그림 5.4는 고관여 구매의사결정과 저관여 구매의사결정의 특성을 비교하고 있다.

저관여 구매의사결정low-involvement buying decisions

충동구매impulse buying는 아무 계획이나 사전 숙고 없이 제품을 구매하는 것이다. 식료품 매장의 계산대에서 껌을 구매하는 것 또는 쇼핑몰을 걷는 동안 보게 된 새로운 모자를 구매하는 것 등이 충동구매의 예다. 충동구매는 보통 저관여 제품에서 나타난다. 저관여 제품 low-involvement products이란 사전 숙고를 거의 하지 않고 빈번하게 구매할 수 있는, 가

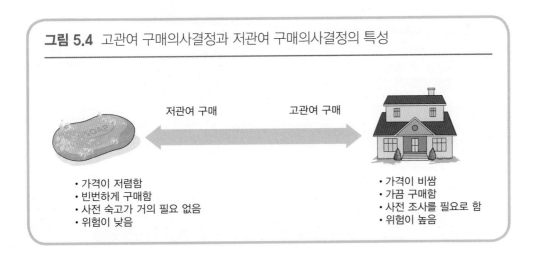

그림 5.4 고관여 구매의사결정과 저관여 구매의사결정의 특성

저관여 구매   고관여 구매

- 가격이 저렴함
- 빈번하게 구매함
- 사전 숙고가 거의 필요 없음
- 위험이 낮음

- 가격이 비쌈
- 가끔 구매함
- 사전 조사를 필요로 함
- 위험이 높음

격이 비싸지 않은 제품을 말한다. 소비자들은 매장을 방문하기 전까지 저관여 제품에 대한 자신의 욕구를 종종 인지하지 못하기 때문에 매장 내 촉진은 저관여 제품을 마케팅하기 위한 매우 유용한 도구가 될 수 있다. 할인점에서 할인행사를 알리는 광고판을 설치하거나 독특한 포장이나 특별한 전시는 소비자의 주의를 높이고 그 제품의 혜택을 재빨리 설명할 수 있다.

고관여 구매의사결정high-involvement buying decisions

고관여 구매의 가장 보편적인 두 가지 예로는 자동차와 주택 구매가 있을 것이다. 고관여 제품은 소비자가 구매에 실패할 경우 높은 위험을 야기하는 한층 중요한 구매를 포함한다. 고관여 제품을 마케팅하는 기업들은 잠재소비자가 의사결정 과정을 거치는 동안 대량의 유용한 정보를 제공해야 한다. 정보전달형 광고는 특정 제품 구매의 주요 혜택을 소비자에게 요약적으로 설명할 수 있다. 또한 동양종금증권은 고객이 맡긴 예금을 어음이나 채권에 투자하고 그 수익을 고객에게 돌려주는 실적배당 금융상품 CMA 광고를 동화적인 일러스트의 입체북으로 쉽고 간결하게 전하였다. 책장을 넘길 때마다 '최고 4.9& 수익률', '1인당 5,000만 원 예금자 보호' 등 CMA 통장의 다양한 혜택과 특징을 화려한 일러스트와 함께 시각적으로 쉽게 전달하고자 하였다.[27] 이러한 정보 전달형 광고는 비슷한 이미지 광고에 식상한 소비자들에게 새로운 정보에 대한 욕구를 자극하고 호기심과 기대를 불러일으킨다.

그러나 저관여 제품과 고관여 제품 간의 차이가 항상 절대적인 것은 아니며 개인 소비자의 우선순위에 따라 달라진다는 것을 기억해야 한다. 자신의 외모를 극도로 중요하게 여기

구매의사결정이 고관여인지 저관여인지의 여부는 개별 소비자마다 다를 수 있다. 어떤 소비자들에게는, 선글라스 구매가 저관여 의사결정이기 때문에 월마트(Wallmart)나 타깃(Target)의 매장에서 10달러를 주고 15분 만에 구매를 마친다. 또 다른 소비자들에게는, 그 의사결정이 고관여의 패션 제품이기 때문에 많은 시간과 돈을 들일 수 있다.

는 여성 소비자는 샴푸 구매를 고관여 제품으로 인식하기 때문에 정보를 찾고 대안을 평가하는 데 상당한 시간을 보낼 것이다. 그 소비자가 과거에 구매했던 샴푸에 만족하였다면, 한층 저관여 상태가 되어 정기적으로 그 제품을 반복 구매하게 될 것이다. 마케터가 제품의 효능에 대한 의심을 효과적으로 제거할 수 있다면, 만족한 소비자들이 고관여 제품을 저관여 제품으로 인식하도록 바꿀 수 있다.

B2B 마케팅

학습목표 5-5

B2B 마케팅과
B2C 마케팅의 비교

지금까지 우리는 개인 소비자들의 행동 및 의사결정 과정에 초점을 두었고, 그들을 이해하는 것이 기업의 마케팅 성공에 어떻게 영향을 미치는지 논의하였다. 그러나 기업은 자사 재화 및 서비스를 다른 기업들에게도 판매하고 마케팅한다. B2B 마케팅business-to-business marketing(B2B)은 재판매나 공급을 목적으로 하는 재화 및 서비스를 생산하는 데 필요한 재화와 서비스를 구매하는 조직들을 대상으로 하는 마케팅이다. 예를 들어, SK하이닉스는 모바일과 컴퓨팅 등 각종 IT 기기에 필수적으로 들어가는 반도체 제품을 생산하는 기업으로 개인 고객에 제품을 판매하는 것이 아니라 모바일 제품 및 컴퓨터 제품을 제조하는 기업 고객에 판매한다.[28] 점점 더 많은 수의 대학 졸업생들이 B2B 마케팅에 초점을 두고 있는 기업에서 일하고 있고, 최종 소비자들보다 기업 소비자들을 대상으로 하는 매출액이 점점 더 증가하고 있다. B2B 마케터들은 B2C 마케터들이 직면하고 있는 동일한 문제들에 가지고 있지만, 기업 시장에 독특한 몇 가지 요인들도 고려해야 한다.

전문적 구매professional purchasing

최종 소비자인 개인 소비자는 아이스크림 또는 새로운 골프 클럽 세트를 어떤 이유에서든 언제라도 구매할 수 있지만, 기업 구매는 전형적으로 대규모 구매 거래를 성사시키는 데 필요한 정책과 절차에 경험이 많은 전문적인 구매 관리자를 수반한다. 예를 들어, 백화점 또는 TV홈쇼핑의 전문 구매 관리자는 최종적으로 자사 매장에서 판매될 신발과 의류에 대한 구매에 책임이 있을 것이다. B2B 구매 과정은 소비자 구매의사결정 과정보다 더 길고, 소비자 구매에서 나타나지 않는 견적서 요청(RFP; request for proposal)이나 계약 협상 등과 같은 표준화된 절차들을 필요로 한다.

파생 수요derived demand

산업용 제품에 대한 욕구는 소비자 제품에 대한 수요에서 파생된다. 예를 들어, 콜로라도주 브룸필드에 본사를 두고 있는 레벨3통신(Level 3 Communications) 같은 B2B 통신회사들은 AT&T, 버라이즌무선통신(Verizon Wireless), 스프린트 같은 무선통신 회사들을 위해 광대역 주파수를 제공한다. 레벨3의 서비스에 대한 AT&T, 버라이즌, 스프린트의 수요는 그 기업들의 무선통신 소비자들의 수요에서 파생된다. 파생 수요는 한 제품의 수요가 관련 제품에 대한 수요 때문에 발생할 때 나타난다. 레벨3은 개인 소비자들에게 무선통신 제품을 제공하지 않지만, 레벨3 사업의 성공은 개인 소비자의 구매 패턴에 직접적으로 영향을 받는다.

파생 수요는 또한 B2B 파트너 기업들 간의 상호 호혜적 관계를 개발해야 할 필요성에 대한 근거를 제공한다. 경쟁업체의 공급 사슬에 발생한 문제로 인해 학교 식당에 식자재를 제공하는 유일한 공급업자가 되는 경우를 상상해 보라. 학교의 대안이 한 기업밖에 없기 때문에 높은 가격을 책정할 수 있는 힘을 가지게 되었고 수익을 극대화할 수 있다. 그러나 높은 가격을 책정하기로 결정하였다면 학생이 지불하는 가격 인상으로 이어지게 된다. 학교 식당 메뉴의 가격이 너무 높게 책정된다면 학생들은 캠퍼스 안이나 밖에서 더 싼 식당을 찾게 될 것이므로 식당 메뉴에 대한 학생들의 수요는 하락하고 학생 수요에서 파생된 수요도 하락할 것이다. 마케터들은 B2B 관계에 대한 전략적인 시각을 가져야만 하고, 자신들의 행동이 파생수요에 미치는 잠재적인 영향력을 모두 이해해야 한다.

적은 수의 구매자fewer buyers

산업재 소비자 마케터들은 B2C 마케터들보다 전형적으로 더 적은 수의 구매자를 상대한다. 개인 소비자들보다 규모가 더 크고 기업 성공에 더욱 중요한 역할을 한다. 예를 들어, 피자에 대한 잠재적 수요는 미국 내에서 거의 무제한적이지만 대형 피자 오븐에 대한 수요는 중대형 피자매장에 국한된다. 이들 중 대다수가 피자헛(Pizza Hut) 등의 피자 체인점에 속해 있다. 구매자의 수가 적기 때문에 B2B 마케터들은 자신들의 기업 소비자들에게 높은 품질의 제품을 제공하고 좋은 관계를 구축하는 데 훨씬 더 많은 압박을 느낀다. 소비자 불만 발생 시 피자헛 매장이 주당 20달러의 손해를 본다면, 오븐 제조업체는 일 년 수익 전체 또는 회사의 장래까지도 상실할 수 있다.

올림픽 같은 대규모 행사들은 건축 인력 및 장비를 포함하여 많은 것들에 대한 파생 수요를 자극한다. 올림픽이 열리는 리오 데 자네이로 같은 도시는 운송선수들과 방문객들을 유치하기 위해서 경기장, 호텔, 공공 운송수단 등을 건설하는 데 수십억 달러를 투입한다.

산업재 소비자 유형

정부 시장government markets

정부 시장은 눈 쌓인 도로를 치우기 위한 중장비에서부터 서류를 정리하기 위한 종이클립에 이르는 모든 것들을 구매한다. 미국 정부는 일 년에 수백억 달러를 소비하는 세계에서 가장 큰 소비자 중 하나다. 미국 정부에 재화 및 서비스를 마케팅하기 위해서는 특정 정책, 절차, 서류 의무를 엄격히 고수할 필요가 있다. 정부는 정부의 지출에 대해 공중에게 설명할 의무가 있기 때문에, 구매가 필요요건을 충족한다는 것을 확실히 하기 위해서 복잡한 구매 절차로 말해준다. 예를 들어, 미시시피에 근거를 두고 있는 걸프 연안 농산(Gulf Coast Pouduce)은 군에 수백만 달러어치의 과일과 채소를 공급하기 위한 정부 계약을 따기 위해 상당한 시간과 자원을 투입했다.[29] 복잡하고 시간이 많이 걸리기 때문에 소규모 기업은 정부 사업 입찰을 꺼린다. 미국 내 2,000만 개에 달하는 소규모 기업들 중에서, 대략 50만 개의 기업만이 정부 상대로 판매하기 위한 자격에 요구되는 서류작업을 완수하였다.[30] 그러나 정부 시장은 매우 수익성이 높은 시장이 될 수 있다. 연방 정부 외에도, 50개의 주정부와 대략 9만 개의 지방 정부 시장이 있으며, 이 모든 정부 시장은 존재하기 위해서 재화 및

수많은 군용 비행기와 함께 대통령 전용기인 에어포스 원(Air Force One)을 생산하는 보잉(Boeing)은 부분적으로는 정부 기관을 상대로 판매하는 데 필요한 복잡한 요구조건을 충족시키는 능력 때문에 미 국방부의 가장 큰 군납업체 중 하나가 되었다.

서비스를 구매해야 한다. 지방 정부가 제공하는 서비스의 수가 지속적으로 증가하고 있기 때문에 지방 정부에 의해 소비되는 금액도 빠르게 증가하고 있다. 그러나 최근 예산의 부족과 삭감으로 지방 정부들은 자신들이 소비하는 금액을 더욱 의식하게 되었고 자신들의 구매에 대한 가치를 높이는 데 더욱 집중하게 되었다.

기관 시장 institutional markets

기관 시장은 병원, 학교, 교회, 그리고 비영리 조직을 포함하는 매우 다양한 조직들을 말한다. 기관 시장은 조직에 따라 구매 관행이 상당히 다르다. 예를 들어, 수천 명의 신도를 거느리고 수백만 달러의 예산을 집행하는 거대 교회에는 구매업무를 담당하는 구매 관리자나 구매 대행사가 있을 것이다. 그러나 신도 수가 매우 적은 신설 교회에 마케팅할 때는 목사와 말하면 될 것이다. 그래서 상이한 규모의 학교나 병원과 같은 기관 시장의 독특한 욕구를 충족시키는 유연하고 고객맞춤화된 솔루션을 개발해야 한다. 기관 고객들에게 특정한 제품이 그 조직을 어떻게 더 효과적이고 효율적이게 만드는지 학습시키는 것은 이러한 유형의 산업재 시장에서 제품을 팔기 위한 최선의 도구가 된다. 예를 들어, 병원을 대상으로 하는 마케터들은 자사의 고객맞춤화 기술 솔루션이 병원의 비용을 어떻게 절감시키고 동시에 환자 치료를 어떻게 개선시키는지 보여줄 수 있을 것이다.

재판매자 시장reseller markets

재판매자resellers에는 완제품을 구매해서 이윤을 남기고 그 제품을 되파는 소매상과 도매상이 포함된다. 의류 매장이나 식료품 매장 같은 소매상retailer은 주로 최종 소비자에게 판매하는 기업이다. 그림 5.5는 글로벌 유통시장 내 소매기업들을 총 소매 매출액 기준으로 조사한 순위다.[31]

도매wholesaling는 소매상, 산업재, 비영리기관 소비자, 다른 전문적인 기업 사용자, 또는 다른 **도매상wholesaler**에게 제품을 판매하는 것이다. 일반적으로, 도매상은 제품을 최종 소비자가 아닌 다른 소비자에게 판매하는 기업을 말한다. 도매상은 종종 대량의 제품(예를 들어, 햄버거 고기)을 낮은 가격에 구매해서 소량으로 분할(예를 들어, 가정용 소포장 햄버거 고기)한 다음 보다 높은 단가로 판매한다. 전통적으로, 도매상들은 제품을 생산하여 자신들에게 공급하는 제조업체들보다는 자신들이 제품을 공급하는 시장에 물리적으로 더 가까이 존재한다. 그러나 개발도상국의 기술적 발전은 특히 중국, 대만, 동남아시아 같은 국가들에서 많은 수의 도매상들이 제조업체 근처에 위치하게 만들고 있다.

이러한 다양한 산업재 시장 모두는 B2B 마케팅에 관여하는 기업들에게 독특한 문제들을 야기한다. 다음 부분에서, 산업재 소비자들에게 제품을 마케팅하는 방법에 영향을 미치는 다양한 구매 상황에 대해 논의할 것이다.

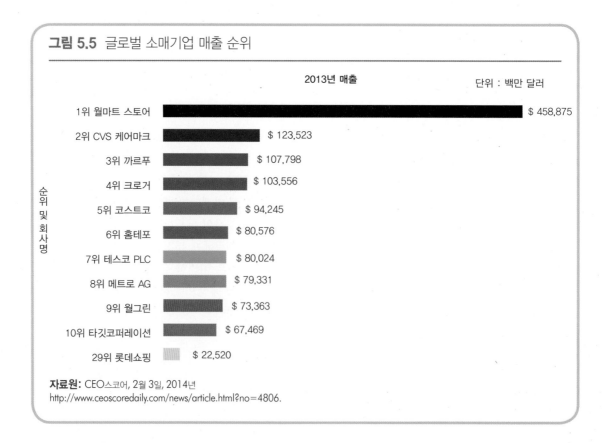

그림 5.5 글로벌 소매기업 매출 순위

2013년 매출   단위 : 백만 달러

순위 및 회사명	2013년 매출
1위 월마트 스토어	$ 458,875
2위 CVS 케어마크	$ 123,523
3위 까르푸	$ 107,798
4위 크로거	$ 103,556
5위 코스트코	$ 94,245
6위 홈데포	$ 80,576
7위 테스코 PLC	$ 80,024
8위 메트로 AG	$ 79,331
9위 월그린	$ 73,363
10위 타깃코퍼레이션	$ 67,469
29위 롯데쇼핑	$ 22,520

자료원: CEO스코어, 2월 3일, 2014년
http://www.ceoscoredaily.com/news/article.html?no=4806.

구매 상황

B2B 소비자의 유형이 다양하지만 유사한 구매 상황을 다음과 같은 세 가지 일반적인 범주로 분류할 수 있다.

1. 신규 구매new buy는 산업재 소비자가 특정 제품을 최초로 구매하는 상황이다. 예를 들어, 델(Dell)이 이전에 자사 제품을 구매한 적이 없는 대학에 컴퓨터를 판매하려고 한다고 가정해보자. 그 대학은 델과 거래한 경험이 거의 없거나 전혀 없기 때문에 대학의 구매의사결정 과정은 복잡해지고 상당한 양의 정보와 협상이 필요할 것이다. 델이 기존의 기업 고객 및 대학 고객에게 높은 품질의 서비스를 제공하고 그들의 특정한 욕구를 충족시키는 것으로 평판이 좋다면 처음 판매에서도 유리할 것이다.

2. 단순 재구매straight rebuy는 산업재 소비자가 동일한 제품을 동일한 가격에 구매하는 것으로 기존 구매에 만족하는 경우에 발생한다. B2B 마케터들은 다른 어떤 구매 상황보다 단순 재구매를 선호하는데, 단순 재구매는 보통 다른 추가적인 설계 변경이나 계약 조건의 협상을 필요로 하지 않기 때문이다. 또한 경쟁 입찰을 하지 않는다는 장점이 있다. 델의 사례가 단순 재구매 상황이라면, 델은 그 대학이 자신들의 구매의사결정에 만족하게 만들기 위해서 경쟁력 있는 가격으로 뛰어난 서비스를 제공하는 고품질의 컴퓨터를 생산하기 위해 열심히 노력해야 한다. 게다가 델은 대학이 지연이나 번거로움 없이 새로운 컴퓨터를 신속하게 주문할 수 있는 간단한 온라인 또는 자동 재주문 시스템과 같은 보다 편리한 주문 방법을 개발해야 할 것이다. 고객들이 자사와 가능한 한 쉽게 거래할 수 있도록 만들어 고객이 가치를 알고 충성심을 가지도록 한다.

3. 수정 재구매modified rebuy는 고객의 욕구가 약간 변하거나 그들이 구매한 제품에 대해 완전하게 만족하지 못한 경우에 발생한다. 델의 예에서, 대학은 델이 자사 컴퓨터에 부가적인 특성을 추가하여 제품을 수정하거나, 가격을 내리거나, 또는 학교에 신제품이 배송되는 시간을 단축시키기를 바랄 수 있다. 수정 재구매는 마케터들에게 긍정인인 피드백과 부정적인 피드백을 동시에 제공한다. 델로부터 재구매를 함으로써 대학은 자신의 구매 경험 중 적어도 어떤 부분에는 만족하고 있다는 것을 표현한다.

오피스 365(Office 365)의 출시와 함께, 마이크로소프트는 자사의 오피스 제품군에 대한 구독 서비스 형태의 접근권을 제공함으로써 단순 재구매를 더욱 쉽게 만들었다. 소프트웨어가 업그레이드될 때마다 컴퓨터에 소프트웨어를 설치하기 위해 매번 비용을 지불하는 대신에, 기업들은 다수의 컴퓨터에서 사용 가능한 소프트웨어에 대한 이용료를 매달 지불할 수 있고, 화상 회의와 문서 공유 같은 추가적인 혜택도 제공받을 수 있다.

그러나 대학이 델에게 더 이상 수익이 실현되지 않는 정도까지 제품 가격을 인하해 달라고 요구하거나 제품의 설계 특성을 수정해달라고 요구하는 경우, 수정 재구매는 부정적일 수 있다. 델이 자사에 손실을 야기하는 계약 조건에 동의한다면, 델의 장기적인 건전성에 위험이 될 수 있다.

EXECUTIVE PERSPECTIVE

트레이시 로저스(Tracey Rogers)

KAIT-TV 부사장

자사의 고객에 대해 아는 것은 트레이시 로저스(Tracey Rogers)가 사업을 경영하는 데 있어 매우 중요한 일이다. 대학에서 언론학 학위를 취득하고 난 뒤, 로저스는 미국의 전국 TV뉴스 방송국에서 직장생활을 시작했다. 뉴스 편집사원에서 뉴스 부장으로 승진함에 따라, 시청자들에게 중요한 것이 무엇인지 이해하는 것은 시청자들의 욕구를 충족시키는 뉴스 프로그램을 개발하는 데 필수적인 요소가 되었다. KAIT에서 현재 그녀의 관심은 다른 조직들과의 관계 개발까지 넓어졌다. 부사장으로서 그녀는 TV 광고를 판매하고 시청 지역 내에서 기업이 자신들의 유망 고객에게 도달하도록 돕는 등 중요한 마케팅 기능에 관여하고 있다. 이를 위해 로저스는 최종적으로 광고를 보는 시청자들뿐만 아니라 그녀가 광고 시간을 판매해야 하는 기업고객들에 대해서도 이해해야 한다.

Q. 성공하기 위해 가장 중요한 것은 무엇이었습니까?

저는 사람들을 움직이게 만드는 것이 무엇인지 배워야 했습니다. 자사에는 다양한 팀이 있고, 저는 각 팀에 최대의 동기부여를 제공하는 방식으로 그들을 관리해야 할 필요가 있습니다. 성공적인 팀을 만들려면 긍정적인 마음가짐을 가지고 있고, 자신과의 약속을 지킬 수 있으며, 승리를 열망하는 사람들로 제 주변을 채워야 합니다.

Q. 예비 졸업생에게 어떤 조언을 해 주시겠습니까?

여러분과, 여러분의 광고주, 여러분의 동료가 만족시켜야 할 고객이 누구든지 간에 고객의 서비스 기대수준을 완전히 충족시키고, 그 기대 수준을 뛰어넘어야 합니다. 고객이 다시 찾아오게 만들고 싶다면, 여러분은 매번 뛰어난 고객 서비스를 제공해야 할 것입니다. 고객이 최고 수준의 서비스를 받고 있다고 느낀다면, 그들은 충성고객이 될 것이고 더 높은 가격도 기꺼이 지불하려고 할 것입니다. 여러분이 여러분 고객 또는 여러분 직원들의 기대를 완전히 충족시키지 못하고 기대를 뛰어넘지 못한다면, 그들은 그렇게 할 수 있는 다른 누군가를 찾을 것입니다.

Q. 어떤 마케팅 업무를 수행하고 계십니까?

마케팅은 제 업무에서 가장 중요한 부분 중 하나입니다. TV방송국에서 성공하기 위해서 훌륭한 마케터가 되어야 합니다. 또한 우리 고객들이 훌륭한 마케터가 될 수 있도록 도와주어야 합니다. 도심에 새롭게 개장한 매장이 그들의 잠재고객들에게 점포를 알리고자 할 때, 우리의 TV 및 디지털 플랫폼을 필요로 하게 됩니다. 이때 우리는 기격 대비 가장 큰 혜택을 제공하는 마케팅 솔루션을 개발하여 우리 고객들의 마케팅 노력이 성공하도록 돕습니다. 고객의 성공은 곧 우리의 마케팅 역시 성공하였다는 것을 의미합니다.

Q. 본인의 개인 브랜드(personal brand)는 어떠해야 한다고 생각하십니까?

저는 열정적이고, 가장 사소한 세부사항까지 모든 일에 성심을 다하며, 제 고객들을 세심하게 관리합니다. 저는 저의 직업, 회사, 팀에 대해 제가 가지고 있는 열정 덕분에 제가 하고 있는 일을 더 잘

해내고 있다고 믿습니다.

Q. 의견 선도자를 활용하는 것은 소비자들에게 마케팅하기 위한 효과적인 방법입니까?

절대적으로 그렇다고 말하고 싶습니다. 저는 운동선수, 배우, 전직 의원, 또는 공동체 내에서 존경을 받고 있는 사람들을 포함한 의견 선도자들이 광고에 미치는 긍정적인 효과를 직접 목격했습니다. 이러한 유형의 의견 선도자들은 광범위한 청중들에게서 반향을 불러일으키고, 그들이 광고 제품과 잘 어울리는 경우에는 특정 제품에 대한 청중들의 구매의도를 더 향상시킬 수 있습니다. 핵심은 의견 선도자들이 여러분이 제품을 판매하고자 하는 표적 청중과 어울리는지 확인하는 것입니다.

Q. B2B 마케팅에서 관계 개발은 왜 중요합니까?

가장 단순한 대답은 B2B 시장에는 구매자가 소수이기 때문입니다. 여러분이 속해 있는 시장의 규모에 상관없이, 유망 고객이 될 수 있는 B2B 기업의 수는 한정적입니다. 우리의 기업 소비자 모두가 KAIT와의 관계에서 뛰어난 가치를 획득할 수 있다는 것을 확신시키기 위해 엄청난 노력을 합니다. 우리의 판매 및 마케팅 팀은 이러한 상호 호혜적인 관계를 개발하는 데 초점을 두고 있습니다. B2B 소비자 한 명을 잃게 되어, 이를 대체할 수 있는 새로운 고객을 찾는 것은 매우 어려운 일이기 때문입니다.

DISCUSSION QUESTIONS

1. 최근 구매에 대해 생각해 보고 소비자 의사결정 과정의 각 단계에서 취했던 행동을 설명하라. 여러 단계들 중에서 어떤 단계를 건너뛰었는가? 어떤 단계가 마케터들에게 가장 중요하다고 생각하는가? 그것이 제품의 유형에 따라 다를 수 있다고 생각하는가?

2. 이 장에서 서술하였던 상황적 요인들 중에서 어떤 요인이 본인의 구매의사결정에 가장 많이 영향을 끼치는가?

3. 작년에 구매하였던 고관여 제품 두 가지를 열거하라. 그 제품들은 본인에게 고관여 제품인 이유를 설명해보라.

4. 파생 수요가 대학 교내 서점에 어떻게 영향을 미칠 수 있는지 설명하라.

CHAPTER NOTES

1. Greg Giroux, "Voters Throw Bums In While Holding Congress in Disdain," *Bloomberg*, December 12, 2012, http://www.bloomberg.com/news/2012-12-13/voters-throw-bums-in-while-disdaining-congress-bgov-barometer.html.

2. 영남일보, 10월 16일, 2015년. http://www.yeongnam.com/mnews/newsview.do?mode=newsView&newskey=20151016.010230812280001.

3. Dale Buss, "Ford Thinks It Has a Better Idea about How to Handle Facebook," *Forbes*, May 15, 2012, http://www.forbes.com/sites/dalebuss/2012/05/15/ford-thinks-it-has-better-idea-about-how-to-handle-facebook/.

4. James Montier, *Behavioral Finance: Insights into Irrational Minds and Markets* (Hoboken, NJ: Wiley, 2002).

5. R. W. Belk, "Situational Variables and Consumer Behaviour," *Journal of Consumer Research*, December 1975, pp. 157–164.

6. Henry Assael, Consumer Behavior (New York: Cengage Learning, 2003), pp. 415-418.

7. Leisa Reinecke Flynn, Ronald E. Goldsmith, and Jacqueline K. Eastman, "Opinion Leaders and Opinion Seekers: Two New Measurement Scales," *Journal of the Academy of Mar-keting Science* 24, no. 2 (1996), pp. 137–147.

8. Alicia Purdy, "10 of the Most Popular Women Bloggers in the U.S.," May 18, 2012, http://www.deseretnews.com/top/701/3/Ree-Drummond-10-of-the-most-popular-women-bloggers-in-the-US-.html.

9. 한국PR기업협회. http://www.kprca.or.kr/webzine/aboutpr_view.asp?cpage=1&seq=20.

10. 월간조선, 1월, 2009년, 세상을 움직이는 블로거들의 세계. http://monthly.chosun.com/client/news/viw.asp?nNumb=News200901100024.

11. John Voelcker, "2010 Toyota Prius Marketing Theme: Harmony between Man, Nature, and Machine," May 11, 2009, http://www.greencarreports.com/news/1020596_2010-toyota-prius-marketing-theme-harmony-between-man-nature-and-machine.

12. 한국패션협회. 라이프스타일 마케팅, 4월 13일, 2015년. http://www.koreafashion.org/_html/information/fa_story_view.asp?cataldx=803&boardId=story&clientIdx=941&num=889.

13. Accenture, "Long-Term Growth, Short-Term Differentia-tion, and Profits from Sustainable Products and Services," http://www.accenture.com/SiteCollectionDocuments/PDF/Accenture-Long-Term-Growth-Short-Term-Differentiation-and-Profits-from-Sustainable-Products-and-Services.pdf.

14. McKinsey and Company, "2010 Annual Chinese Consumer Study," August 2010, https://solutions.mckinsey.com/insight-schina/_SiteNote/WWW/GetFile.aspx?uri 5 /insightschina/default/en-us/aboutus/news/Files/wp2055036759/McKinsey%20Insights%20China%20-%202010%20Annual%20Consumer%20Study%20-%20EN_d81cb1d7-3a47-4d27-953f-ede02b-28da7a.pdf.

15. Ibid .

16. Wayne D. Hoyer, Deborah MacInnis, and Rik Pieters, *Consumer Behavior* (Mason, OH: South-Western Cengage, 2012) .

17. Lars Paronen, "Sony Admits PlayStation Pri-vacy Breach," *Reuters*, April 26, 2011, http://blogs.reuters.com/media-file/2011/04/26/tech-wrap-sony-admits-playstation-network-privacy-breach/.

18. Jim Blythe, *Consumer Behaviour* (London: Thomson, 2008).

19. 한국경제, 3월 29일, 2001년. http://news.naver.com/main/read.nhn?mode=LSD&mid=sec&sid1=101&oid=015&aid=0000355621

20. Abraham Maslow, *Motivation and Personality* (New York: Harper, 1954), p. 236.

21. 매일경제, 5월 7일, 2015년. http://news.mk.co.kr/newsRead.php?year=2015&no=433867.

22. John Tierney, "A Match Made in the Code," *The New York Times*, February 11, 2013, http://www.nytimes.com/2013/02/12/science/skepticism-as-eharmony-defends-its-matchmaking-algorithm.html?pagewanted 5 all&_r 5 0.

23. Lisa Baertlein, "Dating Site eHarmony Has 436 Questions for You," *USA Today*, June 2, 2004, http://usatoday30.usatoday.com/tech/webguide/internetlife/2004-06-02-eharmony_x. htm.

24. Andrew Adam Newman, "An Emphasis on Fun for Language Learners," *The New York Times*, June 19, 2012, http://www.nytimes.com/2012/06/20/business/media/rosetta-stone-ads-emphasize-fun-not-efficiency.html.

25. Ira Winderman, "Dwyane Wade Miami Beach Fantasy Camp Carries $12,500 Tab," *South Florida Sun Sentinel*, May 11, 2011, http://articles.sun-sentinel.com/2011-05-11/sports/sfl-miami-heat-dwyane-wade-s051111_1_fantasy-camp-youth-camps-website.

26. John C. Mowen and Michael Minor, *Consumer Behavior: A Framework* (Upper Saddle River, NJ: Pearson Prentice-Hall, 2001).

27. 한국경제, 6월 12일, 2007년. http://www.hankyung.com/news/app/newsview.php?aid=2007061269731.

28. 매일경제, 10월 23일, 2015년. http://news.mk.co.kr/newsRead.php?no=1011295&year=2015.

29. AP News, "Miss. Producer Distributor Has Military Contract," *Bloomberg Businessweek*, March 29, 2013, http://www.businessweek.com/ap/2013-03-29/miss-dot-produce-distributor-has-military-contract.

30. Sharon McLoone, "Getting Government Contracts," *The New York Times*, October 7, 2009, http://www.nytimes.com/2009/10/08/business/smallbusiness/08contracts.html?_r 5 0.

31. CEO스코어, 2월 3일, 2014년. http://www.ceoscoredaily.com/news/article.html?no=4806.

Chapter 6

제품 개발
DEVELOPING YOUR PRODUCT

학습목표 이 장은 유형재, 무형재, 아이디어 등의 제품 개발 및 관리의 중요성에 대해 살펴본다. 마케팅해야 할 제품을 만들어내고 관리하는 일은 필수적이다. 이 장에서 다양한 신제품의 유형을 살펴보고 신제품 개발 과정을 단계별로 살펴볼 것이다. 또한 제품수명주기에 따라 마케팅 전략과 소비자의 수용이 어떻게 변화하는지를 이해하게 될 것이다.

학습목표 6-1

신제품이란 무엇인가?

신제품의 다양한 유형 구별과
각 유형의 장단점 이해

오늘날 매일 신제품이 출시되는 소식을 들을 수 있는 건 무엇 때문일까? 수천 년 동안 사람들은 신제품을 거의 보지 못한 채 평생을 살았는데 오늘날에는 다음과 같은 변화들로 신제품을 쉽게 접하게 되었다.

1. **더욱 빨라지고 저렴해진 운송** 100년 전 운송은 매우 느렸고, 길고 위험한 운송의 각 단계에서 제품의 가격이 급격히 치솟았다. 그러나 이제 대부분의 화물은 극적으로 짧아진 시간 안에 소액의 가격 상승만으로 먼 거리 운송이 가능해졌다. 19세기까지는 말을 타고 이동하는 속도가 가장 빠른 것이었지만 이제는 제품이 태평양을 횡단하는 데 배로는 11일이 걸리고, 비행기로는 수 시간 내에 가능하며, 디지털화할 수 있다면 거의 시간이 들지 않을 수도 있다.

2. **대량생산** 과거의 책은 사람의 손으로 필사를 하여 극소수의 필사본만이 이용 가능했다. 1439년 무렵, 요하네스 구텐베르크(Johannes Gutenberg)는 유럽 최초로 활판 인쇄기를 사용하여 책을 대량생산하고 책값을 엄청 낮추게 되었다. 대부분의 현대 제품들은 대량생산이 가능하며, 대량생산을 통해 많은 고객들이 더 저렴한 가격으로 더욱 쉽게 제품을 이용할 수 있게 되었다.

3. **전자통신의 출현** TV 광고, 기업의 웹사이트, 소셜미디어, 스마트폰 앱 등을 통해 신제품 소식이 전 세계로 신속하게 퍼질 수 있다. 또한 기업이 특정 시장에 도달하기도 전에 기업의 제품에 대해 촉진하여 제품에 대한 흥미를 유발할 수도 있게 해준다. 오늘날 소비자들은 제품의 특징, 기능, 경쟁제품 대비 가격 등을 포함하는 제품 관련 정보에 쉽게 접근할 수 있기 때문에 더 많은 힘을 갖게 되었다.

기업이 자사의 표적 시장에게 제공하는 재화, 서비스, 또는 아이디어가 모두 제품product이다. 소비자의 필요와 욕구를 충족시키는 디자인, 특징, 기능을 제공함으로써 소비자의 생활을 풍요롭게 해준다. 재화는 자동차와 같이 물리적인 용적을 가지고 있는 유형재를 말한다. 서비스는 자동차 수리와 같이 만질 수 없고, 무게를 달거나 측정할 수도 없는 무형재를 말한다. 아이디어 또한 형태가 없는, 정립된 생각 또는 의견을 말한다. 새로운 재화, 서비스, 그리고 아이디어는 새롭고, 그리고 기술적으로 진보적인 제품 제공물을 전에 없이 강조하는 오늘날의 마케팅 환경에서 기업의 생존을 위해 필수적이다.

지속적으로 새롭고 기술적으로 진보된 제품을 출시하는 것이 오늘날 마케팅 환경에서 기업 생존에 필수요소가 되었다. 많은 기업들이 이러한 혁신을 지속하지 못해서 도중에 실패한다. 아타리(Atari)는 1980년대 초중반 홈 비디오 게임 시장을 지배하였으나, 기술력의 차이 때문에 닌텐도와 소니에 시장을 내주고 말았다.[1] 디지털 제품들은 너무나 빨리 진부해지고 경쟁이 치열하기 때문에 휴렛-팩커드 같은 기업들은 그 산업 분야의 선도자 위치를 유지하기 위해 해마다 수천 개의 신제품을 소개해야 한다.

신제품은 어떤 방식으로든 기업에 새로운 제품이다. 제품이 시장에 존재하는 기존 제품과 기능적으로 다르던지 아니면 현재의 형태나 방식으로 마케팅되고 있지 않았던 경우에도 신제품으로 간주될 수 있다. 신제품은 다음의 네 가지 유형으로 범주화된다.

- 혁신제품
- 카테고리 확장
- 제품라인 확장
- 개량제품

아래에서 신제품의 네 가지 유형에 대해 더욱 상세히 설명하겠다. 강력한 연구개발(R&D) 부서를 가지고 있는 기업은 경쟁에서 승리하기 위해 혁신제품 개발에 집중하는 반면, 강력한 브랜드 및 기업 이미지를 가지고 있는 기업은 기존의 제품과 유사하지만 다소 차별적인 특성을 가지고 있는 제품라인으로 확장하거나 개량할 것이다.

리트로(Lytro) 카메라는 자사의 핵심 역량인 연구개발에 막대한 투자를 하고 있음을 보여준다. 리트로 카메라는 사용자들이 한 손으로 사진을 찍을 수 있게 만들어주는 독특한 디자인을 가지고 있다. 초점을 맞출 필요도 없는 가벼운 소형 카메라다.

혁신제품new-to-the-market products

이전에 존재하지 않았고 새로운 시장을 창출하게 되는 발명품은 혁신제품으로 간주된다. 신제품 중에서 혁신제품의 비중이 가장 작지만 혁신제품을 도입하는 기업에는 가장 높은 가능성(그리고 위험)을 가져다준다. 혁신제품은 소비자들에게 매우 높은 가치를 부여하는 혁신적인 혜택을 제공함으로써 기존 제품을 진부하게 만들기 때문에 시장을 교란시킨다. 경쟁자보다 먼저 시장에 진입하는 것은 그 시장에서의 선도자적 지위뿐만 아니라 더 높은 수익과 이익, 고객충성도를 의미하기 때문에 이것은 기업에는 엄청난 성장 가능성이라 할 수 있다. 그러나 혁신제품은 개발하는 데 많은 시간과 비용이 투입되므로 기업에 심각한 위험을 끼칠 수 있다. 신제품의 대다수가 실패하면 기업은 신제품 개발에 들어간 금전적 자원과 인적 자원 비용을 회수하지 못하게 되는 경우가 다반사이기 때문이다. 애플의 아이패드는 혁신제품으로 분류될 수 있다. 애플은 경쟁사보다 앞서게 만들어줄 수 있는 혁신제품을 개발하기 위해서 연구개발에 상당한 자원을 투입했다. 2000년에 닷컴 버블이 붕괴된 뒤에도, 대부분의 실리콘밸리 기업들은 투자와 비용을 삭감했으나 애플은 연구개발에 상당한 투자를 지속했다.[2] 연구개발에 대한 이러한 강조의 결과물이 바로 아이팟, 아이튠즈 스토어, 애플 스토어 등이다.

카테고리 확장new category entries

카테고리 확장은 혁신제품과 달리 이미 시장에서는 판매되고 있는 제품이나 기존에 생산하지 않던 카테고리의 제품을 출시하는 것이다. 세단 자동차만을 생산하던 기업이 스포츠카나

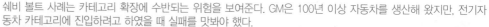

쉐비 볼트 사례는 카테고리 확장에 수반되는 위험을 보여준다. GM은 100년 이상 자동차를 생산해 왔지만, 전기자동차 카테고리에 진입하려고 하였을 때 실패를 맛봐야 했다.

전기자동차 카테고리로 제품을 확장하는 것이라 볼 수 있다. 기업에는 신제품이지만 시장에서는 신제품이 아니다. 기존에 판매되었던 제품이 있기 때문에 경쟁사의 제품이나 가격, 판매추세, 포지셔닝 등의 정보를 쉽게 획득할 수 있어 혁신제품보다 훨씬 위험은 낮으면서 새로운 고객과 시장을 확보할 수 있는 방법이다.

그러나 기업은 그 제품에 대한 경험이 거의 없기 때문에 이러한 신제품 유형을 개발하는 데에는 여전히 위험이 따른다. 제네럴모터스(GM)는 시장에서 인기가 좋은 포드퓨전하이브리드(Ford Fusion Hybrid)와 토요타프리우스(Toyota Prius) 등과 같은 연비가 좋은 제품들과 경쟁하기 위해서 카테고리 확장제품인 전기자동차 쉐비볼트(Chevy Volt)를 출시하였다. 그러나 경쟁제품에 비해 가격이 상당히 높았고[3] 충전용량이 작아서[4] 경쟁우위를 확보하지 못했다. 미국에서 볼트 구매 시에 7,500 달러의 세금 감면을 받을 수 있었음에도 불구하고, 낮은 매출로 인해 GM은 2012년에 볼트 생산 라인을 멈춰야 했다.[5]

제품라인 확장product line extensions

제품라인 확장은 기존의 제품라인에 새로운 기능, 맛, 또는 다른 속성을 첨가하여 새로운 제품을 출시하는 것이다. **제품라인product line**이란 한 기업이 제공하는 연관성 있는 제품의 집단을 말하므로 **제품라인 확장product line extensions**은 기업의 기존 제품라인을 확장하거나 보완하는 것이다. 예를 들면 기아동차가 판매하는 K3, K5, K7 세단자동차 제품라인에 K9을 추가하여 확장하는 것이다. 제품라인 확장은 기업과 브랜드가 쉽게 인식될 수 있고, 이미 그 제품라인에 대한 고객 애호도가 형성되어 있을 수 있다. 또한 기업이 이미 유사한 제품을 생산하고 있기 때문에 효율적으로 쉽게 생산할 수 있고 기존 제품에 추가하여 신제품을 광고할 수 있다는 장점이 있다. 또한 계절적 요인과 유행 때문에 매출이 일정하지 않을 경우에 이를 상쇄하기에 좋은 방법이다. 바셀린 인텐시브 케어 브랜드는 여름 동안 바디로션의 판매고 하락으로 자사의 제품라인에 선 케어 제품을 추가하였다. 제품라인 확장은 기존 제품라인과의 관련성 인식과 부정적인 이미지 전이 때문에 다소의 위험이 존재하긴 하지만, 전반적으로 혁신제품이나 카테고리 확장보다는 위험이 훨씬 적다.

개량제품revamped product

개량제품은 새로운 포장으로 변경하거나 다른 특징 추가, 디자인이나 기능의 개량 등으로 새롭게 출시하는 제품을 말한다.[6] 제품이 새롭게 개선되었다고 설명하는 라벨을 본다면, 그 제품은 이러한 범주의 신제품이라 할 수 있는데, 미연방통상위원회(FTC)에 따르면 "기능적으로 상당하게 또는 상당한 측면에서" 제품이 변하였을 때에만 기업은 법적으로 "신" 제품이라는 라벨을 붙일 수 있다.[7] 또한 기업은 점포에 진열된 뒤 6개월 동안에만 신제품 또는 개량제품이라고 광고할 수 있다.

이러한 개량제품은 많은 기업이 흔히 사용하는 신제품 전략이다. 세탁세제의 경우, 기존의 브랜드명을 사용하면서 기존 세제 라인과 똑같이 효과적으로 세탁이 된다고 주장하는 농축액체 세제로 개량하고, 제품 포장에서 플라스틱 비중을 줄여 친환경적인 신제품을 출시하였다. 원료와 완제품의 저장공간 및 비용도 줄이고 제품의 무게가 감소하여 선적비용도 절감하였으며 소비자들이 포장용기를 재활용하지 않아 매립되는 플라스틱의 양도 줄일 수 있었다. 일부 기업들은 개량제품의 개발과 마케팅에 들어가는 비용이 혁신제품이나 카테고리 확장에 비해 훨씬 낮기 때문에 의도적으로 기존 브랜드 또는 제품을 개량하는 데 투자한다. 개량제품은 기존 제품에 근거를 두고 있기 때문에 혁신제품이나 카테고리 확장보다 위험이 훨씬 낮다. 기존 제품에 대한 브랜드 인지도와 고객 애호도를 활용할 수 있는 것 외에도 기업은 기존 제품과 함께 개량제품을 광고할 수 있으며, 기존 제품을 판매하던 유통경로를 이용할 수도 있다.

학습목표 6-2

신제품 개발 단계

신제품 개발 단계의 이해

어떤 유형의 신제품이든 간에 보통 그림 6.1과 같이 정형화된 신제품 개발new-product development(NPD) 과정을 따르게 된다. 신제품 개발 과정은 (1) 신제품 전략 개발, (2) 아이디어 창출, (3) 아이디어 선별, (4) 사업성 분석, (5) 제품 개발, (6) 테스트 마케팅, (7) 제품 출시의 7단계로 진행된다.

1단계: 신제품 전략 개발new-product strategy development

NPD 과정의 첫 단계에서, 기업은 전반적인 마케팅 전략과 일치하는 신제품 개발 전략을 수립한다. 신제품 전략 개발은 기업이 신제품을 개발할 때 택해야 할 방향을 결정하는 일을 포함한다. 신제품 전략은 다음의 과업을 수반한다. 서비스 역시 제품과 같은 과정을 거쳐 개발된다.

- NPD 과정 전반의 지침
- 마케팅 계획에 적합한 제품 개발을 위한 방법 명시
- 개발할 제품의 일반적인 특성 요약
- 신제품 목표 시장 명시

기업의 마케팅 포지션을 강화할 수 있는 신제품의 포지션을 결정하기 위해 환경분석과 SWOT 분석을 실시하고 기대수익과 수익창출 시기 등을 예측해 본다. 특히 시장의 세계화와 선진국 및 개발도상국으로 시장을 확장하기 위한 기회가 증가하여 신제품 전략 개발 시에 신제품을 세계 시장에 도입할 때 예상되는 혜택과 위험도 고려해야 한다. 다수의 다국적 기업들은 애초에 세계 시장을 대상으로 하는 신제품을 개발하기도 한다. 이러한 제품 중 일부는 표준화되어 있는 반면, 다른 제품들은 특정 시장을 위해 맞춤화되어 있다. 예를 들어, 현대는 미국 시장에 판매되는 자동차에 휴대용 커피 텀블러 홀더를 부착하였다. 그러나 한국 시장 제품에는 작은 종이컵 홀더를 설계하였다.

2단계: 아이디어 창출idea generation

신제품 전략을 수립하고 나면 두 번째 단계인 아이디어 창출 단계로 넘어간다. 아이디어 창출은 잠재적으로 실행 가능한 신제품을 확인하기 위한 제품 콘셉트를 찾아내는 작업이다. 이러한 아이디어들 중 극소수만이 제품화된다. 많은 기업은 시장에서 실제로 판매 가능한 하나의 제품을 찾아내기 위해서 100가지나 되는 아이디어를 창출해야 한다.[8]

내부 아이디어 창출internal idea generation 신제품을 위한 아이디어는 다양한 원천으로부터 나올 수 있다. 직원들로부터 아이디어가 나오는 경우도 많다. 3M사의 종이제품부서의 엔지니어 아서 프라이(Arthur Fry)는 접착력이 약한 접착제를 개발한 셸던 실버(Sheldon Silver)의 발표에 참석하였고, 처음에 그다지 강한 인상을 받지는 않았다. 그러나 교회 성가대였던 프라이는 예배 시간 중에 불러야 하는 노래를 표시하기 위해서 찬송가에 종이조각으로 표시를 하는 습관을 가지고 있었는데, 종이조각은 종종 책 밖으로 빠져나왔고 항상 정신없이 찬송가를 다시 찾아야 했다. 그러던 어느 날 실버의 접착제를 이 종이조각에 적용하는 아이디어가 떠오른 것이다. 그 종이조각은 책 위에서 떨어지지 않을 정도로 잘 붙어 있을 것이고, 다음 주의 찬송을 위해서 재사용도 가능할 것이었다. 포스트잇은 그렇게 탄생했다! 영리한 기업들은 자기들의 직원들이 신제품 아이디어를 제안하도록 장려한다.

외부 아이디어 창출external idea generation 많은 아이디어들은 외부에서 생성된다. 프록터 앤드 갬블(Procter & Gamble)은 자사 신제품 아이디어의 절반 이상을 기업 외부에서 얻는다.[9] 고객은 훌륭한 아이디어 원천이 될 수 있기 때문이다. 영업사원은 시장과 가장 가까이에서 고객을 대하는 중간상이나 산업재 고객뿐만 아니라 개인 고객들과도 정기적으로 대화를 나눈다. 그들이 올바른 질문을 한다면, 고객들의 필요와 욕구에 대한 피드백을 획득할 수 있다. 경쟁업체의 제품 또한 중요한 아이디어 원천이 된다. 자동차 제조업체 등 많은 기업들은 더 나은 기능과 대안을 고안하기 위해서 경쟁업체들의 신제품을 구매해서 분석한다. 서비스 아이디어를 개발하는 기업들도 새로운 서비스를 만들어내기 위해 다른 기업의 서비스를 이용해 보기도 한다. 기업 내부의 연구개발부서는 기업을 위한 혁신적인 신제품 아이디어를 찾아내기 위해 존재하지만, 실제 여기서 개발되는 신제품은 소수다. 또한 **아웃소싱**outsource을 통해 신제품을 개발할 수도 있다. 아웃소싱은 기업이 재화, 서비스, 또는 아이디어를 내부 원천이 아니라 제3의 제공자로부터 조달하는 것으로 외부의 연구소에 의뢰하여 연구개발 업무를 대신하도록 하는 것이다. 이외에도 공급업체, 대학, 발명가 등이 신제품 아이디어의 원천이다.

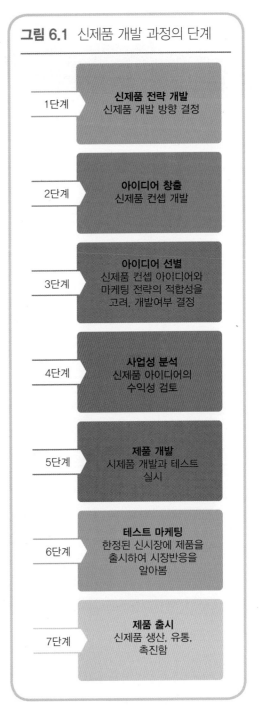

그림 6.1 신제품 개발 과정의 단계

1단계
신제품 전략 개발
신제품 개발 방향 결정

2단계
아이디어 창출
신제품 컨셉 개발

3단계
아이디어 선별
신제품 컨셉 아이디어와 마케팅 전략의 적합성을 고려, 개발여부 결정

4단계
사업성 분석
신제품 아이디어의 수익성 검토

5단계
제품 개발
시제품 개발과 테스트 실시

6단계
테스트 마케팅
한정된 신시장에 제품을 출시하여 시장반응을 알아봄

7단계
제품 출시
신제품 생산, 유통, 촉진함

세계에서 가장 큰 제약회사 중 하나인 엘리 릴리(Eli Lilly)는 혁신적인 신제품 아이디어 개발을 위해 기업 외부에 아웃소싱을 한다. 릴리의 전직 이사였던 제이미 다난버그(Jamie Dananberg)는 팀 마스터즈 프로젝트의 일환으로 Keck Graduate Institute(KGI)의 학생들과 함께 일했다. 팀 마스터 프로젝트(Team Master's Project)는 기업의 실제 문제를 해결하기 위해 3명에서 6명의 학생들로 구성된 팀이 스폰서 기업과 함께 일하는 캡스톤 프로젝트다.

원천에 관계없이 모든 신제품 아이디어를 가치 있게 여기는 문화를 가지고 있는 기업들은 그렇지 않은 기업들보다 더 성공적인 제품들을 개발하는 경향이 있다. 유연성 또한 자산이 될 수 있다. 때때로 한 방향으로 가기 시작하는 아이디어는 선회할 수 있는데, 한 방식으로 아이디어를 적용하다가 그것이 잘 안풀리면 다른 방식으로 아이디어를 적용하게 된다. 이러한 방식은 주로 모바일과 웹 부분에서 발생하는데, 모바일과 웹에서는 쉽고 저렴하게 소프트웨어 제품을 개발하고 전환하는 것이 가능하다.

3단계: 아이디어 선별idea screening

앞에서 설명한 원천들 중에서 아이디어가 제시되면 그 아이디어가 신제품 전략에 적합한지의 여부를 결정하기 위해 아이디어를 평가하는 선별 과정이 진행된다. 이 단계에서, 많은 아이디어들이 몇 가지 이유로 탈락하게 된다. 제품 안전성과 관련된 문제들에 있어서는 규정 준수 및 법적 책임의 이유에서 기업이 그 아이디어를 거부할 수 있고, 투자수익률(ROI)이 저조하여 탈락할 수도 있을 것이다. 신제품 아이디어가 제품으로 개발되기 위해서는 최소한의 ROI 요구수준을 충족해야 한다. 재무부서에서 ROI 요구수준을 근거로 신제품 아이디어를 거부하는 일은 드문 일이 아니다.

아이디어 선별 질문idea screening questions ROI 외에도, 기업은 아이디어 선별 단계에서 다음과 같은 핵심 질문들에 대해 검토한다.

- **이 제품이 팔릴 것인가?** 아이디어의 판매 가능성은 콘셉트 테스트를 통해 확인할 수 있다. 콘셉트 테스트concept test는 소비자들에게 아이디어를 개략적으로 표현한 모형을 보여주고 설명을 하여 반응을 알아보는 방식으로 진행된다.
- **이 제품이 시간적 제약 및 예산 한도 내에서 개발되고 판매될 수 있나?** 기업 내부의 인적자원과 재무자원은 한계가 있다. 이러한 자원의 부족 때문에 경쟁에서 이길 수 없다면 신제품 개발은 헛되게 될 것이다. 신제품 아이디어는 이러한 자원의 지출이라는 기준에서 비교되어야 한다. 그래서 완벽하게 훌륭한 아이디어일지라도 똑같은 자원을 필요로 하는 또 다른 신제품 아이디어가 상대적으로 더 시장 가능성이 높다면 탈락하게 되는 것이다.
- **이 제품을 생산할 능력을 갖추고 있는가?** 신제품을 생산하기 위해 기업이 새로운 장비를 구입하고, 다른 공장을 짓고, 또는 다른 공정을 설계해야 한다면 소요되는 시간과 불확실성이 높아지므로 그 아이디어는 탈락할 수 있을 것이다. 그래서 기존 생산장비와 기술을 활용할 수 있는 제품라인 확장과 개량제품 전략이 더 많이 활용되는 것이다.

아이디어 선별에서 소셜미디어의 역할the role of social media in idea screening

최근에는 많은 기업들이 소셜미디어를 활용하여 신제품을 평가하고 있다. 특히 신제품 개발 과정에 투자할 자금이 부족한 중소기업과 비영리조직에 큰 도움이 된다. 노스캐롤라이나주의 샬럿에 위치한 플래시퍼처스(Flash Purchase)는 어떤 신제품 아이디어가 소비자들에게 가장 인기가 있는지 측정하기 위해서 다양한 소셜미디어 플랫폼을 통해 설문조사를 실시했다.[10] 뉴욕시티에 위치한 디저트 부티크인 크림딜리셔스(Creme Delicious)는 소비자들의 피드백을 얻기 위해서 자사 페이스북 페이지에 신제품 케이크의 디자인 사진을 올렸다.[11] 소셜미디어를 활용함으로써, 마케터는 소비자들을 아이디어 선별 과정에 참여시킬 수 있으며, 소비자들로부터 최고의 피드백을 받은 신제품들이 개발될 수 있도록 진행시킨다.

4단계: 사업성 분석business analysis

아이디어 선별 단계를 통과한 아이디어라도 시간이 지나면서 수익예측의 변화가 있을 수 있으므로 신제품이 충분한 수익을 창출할 수 있다는 것을 합리적으로 확신하게 되기 전까지 추가적으로 섬세한 분석을 실시해야 한다. 수익(재화 및 서비스의 가격을 판매된 수량에 곱한 값)에서 비용(재화 및 서비스를 생산하고 판매하는데 소요된 모든 비용)을 차감하여 계산된 수익성은 결정하기가 매우 어렵기 때문이다. 특히 혁신제품인 경우에는 그 기준이나 경험이 없기 때문에 더욱 그러하다. 수익성을 계산하기 위해서 기업은 다음을 포함하는 사업성 분석business analysis을 실시해야 한다.

1. **비용 예측** 기업은 제품에 관련된 모든 비용을 예측해야 한다. 비용을 줄이기 위해서 대량생산을 통해 평균 생산비용을 낮추는 규모의 경제를 달성하려고 시도한다. 또는 보다 저렴한 원료를 사용하거나, 생산과 유통 활동을 제3자에게 아웃소싱하고, 또는 국내 공급업자보다 저렴하게 재화를 생산하고 서비스를 제공할 수 있는 역외 기업을 찾을 수도 있다. 역외 기업offshore이란 외국에 위치하거나 근거를 둔 기업을 말한다.

2. **예상 판매 가격 확인** 마케팅 조사를 통해서 기업은 고객이 재화 및 서비스를 구매하기 위해 기꺼이 지불하고자 하는 금액을 알 수 있다. 고객이 제품 개발 비용보다 더 높은 가격을 지불하고자 하지 않는다면 수익을 얻을 수 없다.

3. **제품에 대한 수요 예측** 신제품이 자사 또는 다른 기업에 의해 이미 판매되고 있는 제품과 유사한 경우에는 매출액을 예측하기 위해 기존의 매출액 기준치를 활용할 수 있다. 스타벅스가 파이크 플레이스 로스트(Pike Place Roast) 커피를 새로 도입하였을 때, 기존의 라인 확장에 대한 매출액 데이터를 가지고 있었기 때문에 신제품의 매출액 예측이 가능했다. 혁신제품의 경우에는 신제품의 장래 매출액에 기회 혹은 위협이 되는 요소를 추정하기 위해서 잠재시장의 규모, 소비자가 지불하고자 하는 가격, 시장 트렌드, 경제 지표 등을 조사하여 예측해야 한다.

혼다 디자이너들은 도쿄에 있는 자사의 리서치 및 디자인 센터에서 왼쪽 사진의 세단과 같은 프로토타입(원형)을 개발한다. 그들은 혼다가 오른쪽 사진과 같은 원형 자동차의 양산형을 효과적으로 제작할 수 있도록 이러한 프로토타입을 이용한다.

5단계: 제품 개발product development

신제품이 이윤을 창출할 것이라는 확신을 가지게 되면, NPD 과정의 다섯 번째 단계에 들어가게 된다. 2단계에서 개발된 콘셉트를 근거로 프로토타입(원형)을 제작하는 것이다. 프로토타입prototype이란 실물크기의 제품 모형으로서, 기업이 최종 제품에서 사용하고자 하는 소재와 디자인을 적용하여 실제 제품의 샘플을 제작하는 것이다. 프로토타입 생산 시설에서 생산 가능성을 테스트하는 동시에 제품의 위험성과 제품 비용 검토를 동시에 진행할 수 있다. 만약 모형으로 만들 수 없는 서비스를 개발한다면, 이 단계에서 종업원 훈련 규약 수립, 필요한 장비 유형 확인, 서비스 제공에 필요한 직원 채용을 결정하여 실제 서비스 운영 과정을 구상하고 검점하면서 마케팅 전략을 개발하게 된다. 이러한 과정에서 실제 개발 및 마케팅 과정이 실현 가능하다고 확인되면 다음의 테스트 마케팅 단계로 넘어가게 된다.

6단계: 테스트 마케팅test marketing

제품 개발 단계를 통과한 제품은 잠재고객을 대상으로 더욱 철저한 테스트를 받게 된다. 테스트 마케팅은 제품이 얼마나 잘 팔리고 잠재구매자들로부터 어떤 반응을 얻는지 살펴보기 위해서 지리적으로 한정된 시장에 신제품을 최종적인 형태(프로토타입과는 다를 수 있는)로 출시해 보는 것이다. 인구통계, 소득 수준, 라이프스타일 등의 기준에서 전체 목표 시장을 얼마나 잘 반영하는가에 근거하여 테스트 마켓을 선정하게 되는데, 이 테스트 결과가 기대할 수 있는 예상 매출액을 반영하는가를 보장하는 데 필수적이기 때문에 테스트 마켓의 선정이 무엇보다 중요하다. 새로운 온라인 게임이 얼마나 잘 팔릴 것인가를 테스트하기 위해 은퇴자들이 많이 거주하는 지역을 선정하는 것은 부적절한 테스트 마켓 선정의 예라 할 수 있다. 미국의 경우, 뉴욕주의 알바니, 시러큐스, 로체스터, 노스캐롤라이나주의 그린스보로, 샬럿, 앨라배마주의 버밍험, 테네시주의 내슈빌, 오리건주의 유진 등의 도시들은 미국 전체의 인구통계적 특성을 반영하기 때문에 정기적으로 테스트 마켓으로 선정된다.

테스트 마케팅 단계 동안, 기업은 제품 자체만이 아니라 제품과 관련된 마케팅 전략도 테스트한다. 마케팅 부서는 어떤 마케팅 믹스가 최고의 효과를 거두는지 확인하기 위해서 상이한 테스트 마켓에서 다양한 마케팅 믹스를 동시에 시도해 볼 수 있다. 예를 들어, 항공사는 어떤 서비스를 제공할 때 좌석 업그레이드를 가장 많이 하는지 확인하기 위해서 한 지역에서는 비행기의 특정 구역 내에 다리 공간이 넓은 좌석을 비싼 가격으로 책정하고, 다른 지역에서는 일등석과 비즈니스석 고객에게 수화물 수수료를 무료로 제공하면서 어떤 좌석으로 업그레이드를 많이 하는지 비교해볼 수 있다.

테스트 마케팅의 위험성risk of test marketing　테스트 마케팅은 긍정적인 면이 많으나 위험한 부분도 있다. 첫째, 비용이 많이 들고, 둘째는 시간이 많이 소모된다는 것이다. 유니레버는 북유럽 스타일의 샴푸인 티모테이(Timotei)를 테스트하기 위해 엄청난 규모의 테스트 마켓을 진행하였다. 다수의 지역에서 수천 명의 표본을 대상으로 일 년 이상 지속하면서 엄청난 비용과 자원을 투입한 뒤에, 유니레버는 그 제품이 미국 시장에서 이윤을 창출할 수 없다고 판단하여 NPD 과정을 중단하기로 결정했다. 테스트 마케팅의 세 번째 위험은 제품을 공개하여 경쟁업체들이 모방할 수 있다는 것이다. 이것은 선점우위를 약화시킬 수 있다.

경제적인 테스트 마케팅 대안economical test marketing options　테스트 마케팅을 위해 보다 저렴한 수단을 이용할 수도 있다. 첫째 방법은 모의 테스트 시장simulated test markets 방법이다. 이것은 잠재고객들에게 신제품과 경쟁사 제품에 대한 광고를 보여주고 두 제품 중에서 하나를 선택하도록 하는 실험을 실시하는 것이다. 가상의 상황을 보여주는 것이므로 실제 테스트 마켓을 광범위하게 실시하는 것보다 준비 과정과 진행 과정에서 비용과 자원의 투입을 줄일 수 있고, 소비자의 반응을 알아볼 수 있는 방법이다. 두 번째 대안은 **온라인 테스트 마케팅**online test marketing이다. 자사의 웹사이트를 통해 매장에서는 이용할 수 없는 견본 제품을 소비자들에게 판매하거나 시연하고 반응을 살펴봄으로써 비용을 절감하면서도 가치 있는 정보를 획득할 수 있다. 이러한 다양한 방법의 테스트 마케팅을 통해 제품 출시 전에 고객이 신제품에 대해 어떤 반응을 보일지 파악하고 예상되는 비용을 절감할 수 있으며, 제품 출시를 준비하는 동안 마케팅 계획을 조율할 수 있게 해준다.

7단계: 제품 출시product launch

이전 과정을 거치면서 제품 출시가 준비되면 완전하게 테스트를 거친 제품을 시장에 출시하여 판매하게 된다. 마지막 단계에서는 출시 전까지 최종적인 준비를 완료하고 다음의 활동을 모두 수행하게 된다.

- 재품 생산 및 포장 원료의 구입
- 서비스 제공을 위한 직원 고용
- 유통 및 판매예측에 따른 충분한 재고 생산 또는 목표 서비스 수준에 맞는 역량 구축
- 고객 주문에 대비하여 창고에 재화를 전략적으로 배치

- 주문을 받기 위한 내부 시스템 준비
- 신입 직원을 대상으로 서비스를 최상으로 제공하는 방법 훈련

　제품이 일정에 맞추어 시장에 소개될 수 있도록 제품 출시 계획을 신중하게 수립해야 한다. 그러나 제품 출시를 위한 최선의 계획도 예상치 못했던 문제들 또는 기업의 통제범위 밖에 존재하는 문제들에 의해 방해받을 수도 있다. 공급업자가 시간에 맞춰 배송을 하지 못해서, 소비자 수요가 예상외로 높아서, 또는 품질 문제로 인해 재화가 출시일에 준비되지 못해서 등등의 이유로 인해 수많은 제품 출시 계획들이 지연될 수 있다. 2012년 블랙베리는 스마트폰의 최종 모델을 미국 통신사들에게 정시에 공급하지 못해서 2년의 개발 기간을 걸쳐 준비한 신제품의 출시를 몇 개월 더 늦춰야 했다.[12] 보통 신제품 개발 과정 중에서 이 출시 단계의 비용이 가장 많이 발생하는데, 제품 출시 지연은 초과 근로 및 선적 비용을 야기하기 때문에 더 많은 비용이 소요되기도 한다.

순차적 신제품 개발과 동시적 신제품 개발sequential versus concurrent new-product development

이상의 7단계가 순차적으로 진행되기도 하지만 제품 출시 속도나 시기에 따라 동시에 진행되기도 한다. 순차적으로 개발하느냐 동시적으로 개발하느냐에 따라 신제품 최초 출시의 이익이 달라지기도 한다. 순차적 신제품 개발sequential new-product development은 점진적인 순서에 따라 신제품 개발을 진행하는 것으로, 기능별 부서들은 연속적으로 자신들의 개발 과업을 완성해 간다. 예를 들면, 마케팅 부서가 신제품 아이디어를 도출하면 프로토타입

보잉(Boeing)의 787 드림라이너(Dreamliner)는 제품 출시 지연 비용에 대한 극단적인 예다. 설계 및 공급체인 문제로 인한 3년의 제품 출시 지연에 따른 예상 밖의 추가 비용은 보잉의 단기적 매출 기회에 심각하게 영향을 미쳤다.[13]

표 6.1 순차적 신제품 개발 대 동시적 신제품 개발

순차적 신제품 개발	동시적 신제품 개발
장 점	**장 점**
기업은 복잡한 제품의 개발에 대해서 더 많은 통제를 할 수 있다. 기업은 프로젝트의 진행과정을 더 쉽게 추적할 수 있다.	한 부서에서의 지연이 다른 부서들의 지연을 야기하지 않는다. 모든 부서로부터의 투입이 과정 전체에 걸쳐 나타난다. 문제점들이 보다 빨리 인식될 수 있다.
단 점	**단 점**
시간이 많이 소요될 수 있다. 비효율적일 수 있다. 한 부서에서의 지연은 다른 부서들의 지연을 야기한다.	통제하기가 더 어렵다. 기능별 부서들 간에 긴장을 야기할 수 있다.

개발을 위해 R&D 부서로 넘긴다. 그리고 나면 효과적으로 생산될 수 있는지 확인하기 위해서 생산 부서에서 테스트하는 것이다. 이러한 접근방식은 기업이 한 번에 한 가지 활동만 수행하여서, 그 프로젝트를 쉽게 추적할 수 있게 해주기 때문에 복잡하고 위험한 프로젝트를 통제할 수 있다. 그러나 순차적 NPD는 한 가지 개발 경로만을 따라 진행되기 때문에 시간이 많이 소요될 수 있고, 한 분야에서의 지연은 전체 과정을 지연시킬 수도 있다. 출시 기간이 촉박하여 완전하게 계획되지 않은 제품을 출시해야 하는 상황도 발생할 수 있다.

동시적 신제품 개발concurrent new-product development은 재화와 서비스를 개발하기 위해서 다양한 부서의 대표들로 구성된 복합기능 팀(cross-functional teams)을 활용한다. 공습 사슬 관리 전문가들이 선호하는 접근방식이며, 팀에는 전형적으로 R&D, 생산, 마케팅, 엔지니어링, 구매부서의 구성원들이 포함되고, 공급업체와 고객이 포함될 수도 있다. 동시적 접근방식에서는 부서별 과업이 완성되고 나면 제품을 넘겨주는 것이 아니라 동시에 과업을 완성하기 때문에 한 부서에서 발생한 문제가 전체 프로젝트 추진일정에 꼭 영향을 미치지는 않는다. 그래서 전체 개발 과정의 기간을 단축시키고 출시계획을 유연하게 조절하기 쉬워진다. 그러나 순차적 접근방식보다 통제하기 어려울 수 있으며 부서 간 긴장을 야기할 수 있다. 표 6.1은 두 가지 접근방식의 장점과 단점을 요약해서 보여준다.

신제품 개발의 위험과 윤리적 문제

학습목표 **6-3**

신제품 개발에 따른 주요 위험 이해 및 위험을 낮추기 위한 방안 제시

신제품 개발 위험risks in new-product development

모든 기업은 시장에서 경쟁우위를 유지하고 향상시키기 위해 지속적으로 신제품을 개발해야

노키아 신제품 출시 사례가 보여주는 바와 같이, 세계 시장에 신제품을 도입하는 일은 추가적인 위험을 야기한다. 신제품의 최초 가격이 중동, 아프리카, 아시아 일부 지역의 소비자에게는 너무 높게 책정되었기 때문에 제품을 출시하고 나서 노키아는 가격을 크게 인하해야만 했다.

한다. 신제품 개발에 실패하면 엄청난 위험이 따르는데, 빠르게 진부화되는 제품을 개발하는 기업들은 특히 그러하다. 그러나 NPD는 그 자체가 기업에게 위험이 될 수 있다. 표 6.2는 이러한 위험들의 심각성 수준과 그러한 위험이 기업에게 야기하는 결과를 보여준다.[14] 기업은 위험의 유형과 심각성을 모두 이해해야 하며, 기업이 시장에 성공적으로 신제품을 도입하기 위해서는 이러한 위험들을 어떻게 경감시킬 수 있는지 알아야 한다.

신제품의 매출이 저조한 경우나 신제품의 결함이나 위험이 생기는 경우에 큰 위험에 처한다. 제품으로 인해 고객이 사용 중에 다치거나 생명에 지장을 주는 경우가 발생하며 법적 책임을 지게 되는 경우, 기업의 이미지는 영구적으로 손상되거나 존폐에 큰 위기가 올 수 있다. 장난감을 생산하는 마텔(Mattel)은 납이 함유된 페인트와 설계가 잘못된 자석으로 인해 2007년에 1,800만 개를 리콜해야 했다.[15] 미국 정부로부터 벌금을 물게 되었고, 매출액 감소와 제품 회수 및 보상비용으로 인해 큰 손실을 보는 등 이미지를 심각하게 손상시켰다. 특히 신제품을 전 세계적으로 마케팅할 때 심각한 위험에 직면할 수 있는데, 제품 품질, 공급, 또는 마케팅 믹스와 관련된 문제들이 제품 출시일의 지연, 불만족하는 고객, 과도한 반품, 이윤의 상실 등을 야기할 수 있다. 예를 들어, 노키아가 루미아(Lumia) 스마트폰을 출시

표 6.2 신제품 개발 위험과 관련 결과

위험의 심각성	위험 유형	결과
매우 높음	• 제품이 고객의 필요와 욕구를 충족시키지 못함 • 제품이 위험하거나 결함이 있는 것으로 판명됨	• 기업이 비용을 회수할 수 없음(손실 발생) • 기업이 법적 책임을 져야 하고 제품을 리콜해야 함
높음	• 품질이 고객 기준을 맞추지 못함 • 제품 공급이 수요를 맞추지 못함 • 신제품이 시장에서 잘 수용되지 못함 • 원재료의 불충분한 공급으로 생산이 지연됨 • 목표 가격이 시장에서 수용되지 못함	• 고객이 불만족하여 과도한 반품이 발생함 • 주문, 매출, 고객을 상실함 • 수익과 이익을 상실하고 재고진부화 발생 • 제품 출시가 지연, 선점자 이점을 상실 • 가격인하로 수익과 이익 상실
중간	• 공급자 비용 절감을 달성하지 못함 • 제품이 기존 제품의 매출을 잠식함 • 경쟁사가 제품을 모방하여 더 낮은 가격에 판매함	• 수익성 하락함 • 총 수익과 이익이 예상치보다 적음 • 기업이 시장점유율과 이익을 상실함

하였을 때, 마케팅 믹스 문제로 중동, 아프리카, 아시아 등과 같은 일부 지역에서 그 회사의 매출이 급격히 하락했다. 노키아가 책정했던 가격이 그 지역의 대다수 소비자들에게는 너무 비쌌던 것이었다.[16] 그 당시 노키아를 따라잡고 있는 삼성과 경쟁하기 위해 저가 모델을 출시하고 가격을 상당히 인하해야만 했다.

신제품 개발의 윤리적 문제ethical issue in new product development

학습목표 **6-4**

신제품 개발 과정에서의 윤리적 문제점 이해

기업이 NPD 과정에서 주의를 기울여야 할 또 다른 위험은 기업의 이미지를 손상시킬 수도 있는 윤리적 문제다. 기업이 신제품을 개발할 때 몇 가지 윤리적 문제점들이 나타날 수 있다.

- 가장 보편적인 윤리적 문제는 FTC(미국 연방 통상 위원회)의 "신제품" 정의와 관련된다. 기업들은 기존 제품에 사소한 변화만 주고서 그 제품이 "기능적으로 상당하게 또는 상당한 측면에서" 변경되었다고 주장하려고 한다. 그러한 행위는 윤리적 문제만이 아니라 FTC가 그 기업의 관점에 동의하지 않는다면 법적인 문제까지 야기할 수 있다.

- 기존 제품이 진부화되거나 또는 특허가 만료될 때까지 중요한 신제품을 개발하지 않기로 기업이 결정하는 경우에 윤리적 문제가 발생할 수 있다. 예를 들어, 제약 회사들은 전형적으로 신약 개발에 엄청난 자원을 투입하고 수년 간의 매출을 통해 개발 비용을 회수한다. 그 결과, 기존 약품의 개발에 들어간 비용을 회수하기 전까지 새로운 약품의 마케팅을 미루고 싶어 한다. 신약을 시장에 출시하지 않음으로써, 기업은 주주들을 보호하고 새로운 R&D에 투자할 충분한 자금을 확보한다. 그러나 동시에 그 기업은 생명을 증진시키거나 구할 수 있는 중요한 혁신을 방해하고 있는 것일 수도 있다.

- 신제품 개발과 관련된 세 번째 윤리적 문제는 계획적 진부화다. 계획적 진부화 planned obsolescence는 기업이 기존 제품의 모델을 진부화시키는 새로운 모델을 빈번하게 출시하는 경우에 나타난다. 프로젝션 TV가 그러한 예다. 기업은 소비자에게 인기가 있는 평면 스크린 플라즈마 TV와 LCD TV의 출시를 계획하면서도 여전히 프로젝션 TV를 생산하고 있다. 윤리적 문제는 차치하고도, 그러한 행위는 기업과 산업재 고객의 관계는 물론이고 잠재적으로는 개인 소비자와의 관계도 손상시킬 수 있다. 그러나 계획적 진부화와 기술 변화로 빈번한 신제품 출시는 차이가 있다. 사람들은 최신의 기술, 최고의 기술을 원하고 이로 인해 기업은 경쟁에 뒤지지 않기 위해 자사 제품의 기능성을 지속적으로 업그레이드해야 한다. 당신이 가지고 다니는 애플 아이폰이 2세대 전의 것이라면, 애플이 계획적 진부화를 전략으로 사용하고 있지 않다는 것을 의미한다. 첨단 기술의 세계에서, 애플은 단지 시장 점유율을 유지하거나 획득하기 위해 반드시 수행해야 하는 일을 하고 있는 것이다.

제품 수용

학습목표 6-5

소비자 수용 과정에 따른 수용자 유형과 신제품 특성이 제품 확산에 끼치는 영향에 대한 설명

소비자가 제품을 구매하여 사용하는 것이 제품 수용이다. 제품이 수용되어 다양한 유형의 수용자 전체에 걸쳐서 퍼지는 과정을 확산diffusion이라고 한다. 신제품이 얼마나 수용될 수 있을지, 어떤 비율로 수용될 것인지, 어떤 과정을 통해 시장으로 퍼져나갈 것인지에 대한 확산 과정을 이해하는 것은 신제품을 성공적으로 출시하고 지속시키기 위한 필수적이다. 일정 기간 동안 어떤 소비자가 신제품을 구매할 가능성이 높은지 알아내고, 적절한 마케팅 믹스를 계획하여 잠재적 매출액을 예측할 수 있게 한다.

소비자의 신제품 수용consumer adoption process 또한 신제품 개발과 같이 단계별 과정을 거치게 된다. 소비자 수용 과정은 다음의 다섯 단계로 구성된다.[17]

1. **인지** 제품이 소비자에게 노출되어 시장에서 이용가능하다는 것을 알게 되는 단계 이다.
2. **관심** 소비자 마음속에서 제품이 구매 가능한 것으로 인식되어 소비자가 그 제품에 대한 정보를 찾기 시작할 때 관심이 나타난다.
3. **평가** 소비자가 제품의 가치를 살펴보고 제품을 시용해 볼 것인지의 여부를 고민한 다. 소비자는 자신의 필요와 욕구를 가장 잘 만족시키는 제품이 무엇인지 결정하기 위해서 경쟁 제품도 평가한다.
4. **시용** 소비자가 제품이 필수요건을 충족시키는지 알아보기 위해서 제품을 테스트 하거나 사용해 보는 단계다. 자동차 시험 운전, 친구로부터 빌려서 사용, 샘플을 받거나 구매해서 사용, 온라인 무료 사용 혜택, 일주일 서비스 무료이용권 등을 통해 이루어진다.
5. **수용** 소비자는 제품을 구매하여 사용한다.

수용자 유형types of adopters

소비자 수용 과정은 수용자의 유형에 따라 각 단계의 비중이 달라지거나 순서가 변경될 수도 있다. 시제품이 출시되면 모든 소비자가 신제품을 구매하는 것이 아니라, 소수의 관심있는 소비자가 먼저 구매하게 된다. 그러다가 이들의 경험이나 입소문이 퍼지면 제품에 관심을 가지고 구매하는 소비자가 점점 늘어나게 되고, 정점을 찍고 나면 다시 감소하게 된다. 이러한 시기에 따라 수용자의 유형을 혁신자, 조기수용자, 조기다수자, 후기다수자, 최후수용자의 다섯 가지 범주로 분류할 수 있다. 그림 6.2는 각 수용자 범주의 대략적인 비율을 보여준다.

혁신자innovators 제품이 출시되자마자 그 제품을 수용하는 소비자층은 전체의 약 2.5% 정도 된다. 이러한 이들을 혁신자라 부른다. 이들은 가장 먼저 신제품을 사용해보고 싶어 하고, 확산 과정의 후반부에 제품을 수용하는 사람들보다 더 젊고 활동적인 경향이 있다. 또한

새로움이라는 아이디어에 사로잡혀 있으며 신제품을 시도할 때 수반되는 위험을 두려워하지 않는다. 매우 지식이 풍부하고, 평균보다 높은 소득을 가지고 있으며, 자신감이 충만하고, 전통적인 규범을 따르고자 하지 않는 경향이 있다. 소수의 구매자만이 이 범주에 포함되지만 기업은 혁신자를 소중하게 여기는데, 그들이 제품에 대한 정보를 다른 사람들과 공유함으로써 시장에서 제품이 수용되도록 돕기 때문이다.

조기수용자early adopters 조기수용자는 혁신자 다음으로 제품을 수용하는 사람들로 대략 13.5%를 차지한다. 조기수용자는 제품이 출시되고 나면 곧 그 제품을 구매하여 사용하지만, 혁신자만큼 신속하지는 않다. 이들은 혁신자들보다 집단의 규범과 가치관을 더 잘 따르고, 사회적 집단 및 공동체와 긴밀한 관계를 맺는 경향이 있다. 나머지 범주의 수용자들보다 제품을 먼저 수용하기는 하지만, 혁신자와는 달리 제품을 구매하기 전에 제품 후기나 제품과 관련된 추가 정보를 기다린다. 조기수용자는 전형적으로 그들의 또래 집단의 존경을 받으며, 다른 사람들에게 자신의 구매 경험에 대해 기꺼이 이야기하고 싶어 하는 의견 선도자인 경우가 많기 때문에 마케터들은 조기수용자들의 인정을 얻고 싶어 할 정도로 신제품 확산을 위해 매우 중요한 사람들이다.

조기다수자early majority 전체 소비자 중 약 34%를 차지하는 조기다수자는 앞의 두 범주에 속한 소비자들보다 더 많은 정보를 수집하고 구매의사결정을 내리는 데 더 많은 시간을 들여 신중하게 구매한다. 이들이 제품을 구매할 즈음에는 더 많은 경쟁자들이 시장에 진입하기 때문에 이들은 어떤 제품을 구매할 것인지에 대한 선택권을 가지게 된다. 이들이 제품을 구매하지 않으면 제품은 수익을 내지 못하게 될 것이다. 이들이 의견선도자들의 의견을 중요하게 생각하는 것처럼 조기다수자는 또한 다음 수용자 집단인 후기다수자에게 이르는 교량의 역할을 한다.

후기다수자late majority 후기다수자들도 약 34%를 차지하는데, 이들은 새로운 물건과 아이디어에 대해서 조심스러운 경향이 있다. 이들은 앞의 세 범주 소비자들보다 나이가 더 많고 또래집단의 압력이 없으면 신제품을 사용하지 않을 수도 있다. 이들은 정보를 얻는 데 있어서 다른 사람들에게 의지하고, 친구들이 이미 제품을 구매했기 때문에 그 제품을 구매한

그림 6.2 각 수용자 유형별 백분율

수용자 백분율 / 수용 시간

- 혁신자 2.5%
- 조기수용자 13.5%
- 조기다수자 34%
- 후기다수자 34%
- 최후수용자 16%

조기수용자는 다른 소비자들에게 제품에 대한 메시지를 퍼트리는 것을 도울 뿐만 아니라 마케터들에게 제품에 대한 귀중한 피드백을 제공한다.

니콘 D3100 같이 다양한 기능을 가지고 있는 최고급 디지털 일안 반사식 카메라는 일반 소비자들에게는 빨리 수용되지 않을 수도 있으나. 기업이 카메라의 기능을 활용하는 방법을 배우는 데 시간을 기꺼이 투자하는 카메라 애호가들을 표적으로 선정한다면, 그 제품은 성공적으로 수용될 수 있다.

다. 이 집단의 소비자들은 소득과 교육수준이 평균보다 낮은 경향이 있다. 후기다수자가 제품을 구매할 때에는 제품 수익성과 성장 면에서 더 이상 기대할 것이 없다.

최후수용자laggards 마지막 수용자 범주는 최후수용자다. 이들은 시장의 약 16%를 구성한다. 최후수용자는 보수적이고 변화를 좋아하지 않는 경향이 있다. 이들은 한 제품이 더 이상 이용가능하지 않을 때까지 그 제품에 충성적일 수도 있다. 이들은 전형적으로 다른 네 범주의 소비자들보다 나이가 많고 교육수준이 낮다.[18] 다수가 인터넷을 사용하지 않는다. 이들은 전통에 얽매여 있으며 촉진 전략에 쉽게 반응하지 않는 경향이 있어서 제품을 구매하도록 설득하지 못할 수도 있기 때문에 이들을 위해 많은 시간과 노력을 투입할 필요가 없다. 이미 수익과 성장은 후기다수자 수용 과정에서 달성하였다.

제품 특성product characteristics

신제품의 확산에 영향을 주는 요인은 수용자 유형 외에도 제품 특성이 고려되어야 한다. 다음의 신제품 특성 또한 신제품 수용률에 영향을 미칠 수 있다.

- **경쟁 우위** 특정 제품이 그 제품 범주 내의 다른 제품들보다 더 높은 가치를 가지고 있다고 소비자가 믿는 경우 그 제품은 **경쟁 우위**competitive advantage를 획득하게 된다. 제품이 경쟁 우위를 가지고 있다면, 신속하게 수용될 것이다. 애플 아이폰은 사용자들에게 보다 익숙하고 편리한 아이콘을 운영체제로 사용하여 기존의 블랙베리보다 경쟁 우위를 확보하였다.
- **양립성** 양립성이란 신제품이 잠재소비자의 필요, 가치관, 제품 지식, 과거 행동에 얼마나 잘 어울리는지를 말한다. 예를 들어, 신제품 맥주는 종교적 금기 때문에 술을 못마땅하게 생각하는 국가들에서는 양립하지 못하는 제품일 것이다.
- **관찰 가능성** 사람들이 어떤 제품을 사용하는 사람들을 보고 그 제품의 사용가치를 인식할 수 있을 때 제품이 신속하게 확산될 것이다. 레스토랑, 점포, 거리 등과 같은 다양한 공공장소에서 스마트폰을 사용하는 사람들을 관찰할 수 있는 가시적인 제품이 있는 반면, 집에서 샤워 후 바르는 샤워로션과 같이 개인적인 제품들은 쉽게 관찰할 수 없기 때문에 그 제품이 얼마나 효과가 있는지 확인하기가 어렵다.
- **복잡성** 일반적으로 제품을 이해하고 사용하기가 더 쉬울수록, 확산도 더 빠르게 일어난다. 최초의 VCR(비디오 카세트 녹화기)처럼 신제품이 사용하기 너무 어렵다고 소비자들이 판단하는 경우, 그 제품이 단순화되기 전까지는 매출이 증가하지 않을 것이다. VCR의 경우, 화상 프로그래밍 기능의 추가로 인해 보통의 사용자들이

TV 쇼 녹화 방법을 따라할 수 있게 되면서 확산되기 시작했다. 복잡성의 영향력은 전 세계 지역별로 차이가 있다. 산업화 사회의 소비자들은 기술적으로 보다 복잡한 제품에 노출되어 왔고 그런 제품을 사용해 왔기 때문에 추가적인 기능을 제공하는 복잡한 제품을 쉽게 수용하고 심지어는 갈망할 수도 있다.

- **시용가능성** 큰 비용을 지출하지 않고도 소비자가 사용해 볼 수 있는 제품은 그렇지 않은 제품보다 빨리 확산될 것이다. 예를 들어, 99센트로 가격이 책정된 GPS 스마트폰 애플리케이션은 50달러에 달하는 독립형 GPS 기기보다 더 빠르게 확산될 것이다. 이와 유사하게, 소비자들은 테스트용 제품, 무료 샘플링 프로그램, 시식 등과 같은 매장 내 시용을 통해 처음 소개된 제품을 수용하기가 쉬울 것이다.

제품수명주기

학습목표 6-6

제품수명주기의 각 단계와 특징에 대해 서술

제품 특성과 소비자 수용 과정에 근거한 제품의 수용률은 제품수명주기의 길이에도 영향을 미친다. 제품의 출시와 함께 제품의 삶은 시작된다. 인간과 마찬가지로 제품도 자신의 수명에 흔적을 남기는 다양한 단계를 거치게 된다. 이러한 일련의 단계들을 **제품수명주기**prod-uct life cycle(PLC)라 부른다. 그림 6.3은 PLC의 다섯 단계 및 제품수명주기 동안 각 단계의 매출과 이익의 관계를 보여준다. 신제품 개발 과정 동안 제품은 기업에 비용만 발생시켰지만 제품이 시장에 도입되어 기업의 마케팅 활동이 시작됨에 따라 인지도가 올라가면 매출은 서서히 증가한다. 성장기가 되면 소비자들이 자신들의 필요와 욕구를 충족시키는 제품의 능력을 인식하게 되면서 매출과 이익이 정점에 이르게 된다. 성숙기 단계에서는 경쟁이 증가하고 소비자들이 다음에 등장할 신제품을 기대하기 시작하면서 매출과 이익이 하락하기 시작한다. 쇠퇴기 동안 매출과 이익은 완전히 하락한다.

도입기introduction

기업이 제품을 시장에 출시하여 혁신자들이 제품을 구매하기 시작하면, PLC의 도입기에 진입한 것이다. 제품이 혁신제품인 경우 이 단계에서는 경쟁자가 거의 없거나 전무한 특성을 보인다. 그러나 소비자들이 아직 그 제품에 익숙하지 않기 때문에 매출은 낮다. 기업이 초기시장 진입자라면 높은 시장점유율을 먼저 확보할 수도 있는데, 이것은 규모의 경제 및 높은 브랜드 인지도라는 이점을 제공한다. 또한 기업은 이용가능한 공급업자들의 능력을 독점할 수도 있기 때문에 다른 경쟁업체들이 제품 생산을 위한 원료를 확보하는 것을 더욱 어렵게 만든다. 그러나 신제품을 개발하고, 광고하고, 생산하고, 유통시키는 데 들어간 높은 비용 때문에

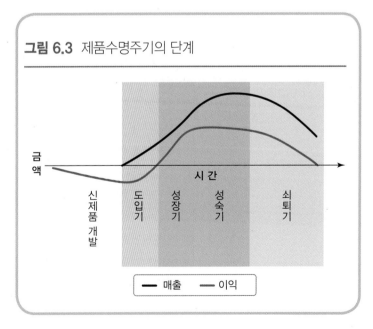

그림 6.3 제품수명주기의 단계

이익은 종종 낮거나 적자를 기록한다. 이 단계에서는 제품개량을 극소화하고 제품의 매출이 증가하여 이윤을 창출하는 시점까지는 기본 모델만 생산하는 경향이 있다. 매출은 전형적으로 천천히 증가하고, 기업은 유통업체들이 제품을 취급하게 만들기 위해서 인센티브를 제공할 필요가 있기 때문에 제한적인 유통이 이뤄진다. 새로운 서비스도 유사한 인센티브를 필요로 할 것이다. 기업은 고객들이 새로운 서비스에 관심을 보이도록 만들기 위해서 낮은 도입기 가격을 책정할 수도 있다.

제품의 상대적 이점, 제품 촉진을 위해 기업이 투입하는 자원의 규모, 제품의 속성에 대해서 소비자들을 교육시키는 데 필요한 노력 등과 같이 수많은 요인들이 도입기의 지속 기간에 영향을 미친다. 예를 들어, 고화질 TV는 도입기를 오랫동안 거친 반면, 스마트폰은 빠르게 다음 단계로 넘어갔다.

성장기|growth

성장기에는 조기수용자가 구매하고 그에 이어 조기다수자가 구매하기 시작한다. 기업이 구매, 제조, 유통에서 규모의 경제를 달성하면서 매출과 이익이 증가하기 시작한다. 그리고 경쟁업체들이 시장에 진입하게 되면서 가격이 낮아진다. 이 단계에서 경쟁 제품과 대비되는 자사 제품의 경쟁 우위를 보여주기 위해서 마케팅 노력을 집중하여 자사 브랜드와 경쟁업체 브랜드 간 차별성을 촉진해야 하며 제품의 품질을 향상시키거나 새로운 기능을 추가함으로써 제품 개량을 시도할 수 있다. 이러한 노력으로 촉진 비용이 증가하겠지만 도입기보다는 일반적으로 낮다. 또한 시장 점유율을 증가시키기 위해서 제품의 유통망 구축에 집중하여 대리점, 유통업자, 소매업자들이 제품을 취급하게 만드는 데 힘써야 한다. 만족이 높은 제품은 반복 구매가 제품의 수익성을 높이게 되고 브랜드 충성도가 생겨나기 시작한다.

성숙기|maturity

성숙기에 들면 후기다수자와 재구매자가 늘어나게 된다. 성숙기의 주요 목표는 수익성과 시장점유율을 가능한 한 오래 유지하는 것이다. 시장이 포화상태에 이르게 되어 매출은 변동이 없고 경쟁은 더 치열해지면서 성공적이지 못한 기업들은 시장에서 탈락한다. 모든 기업이 시장점유율 획득을 위해 애쓰기 때문에 치열한 경쟁으로 인해서 마케팅 비용은 증가한다. 기업은 자사 제품과 경쟁 제품 간 차별성을 보여주기 위해 많은 촉진 비용을 투입할 필요가 있고 가격을 인하해야 한다는 압박을 느낀다. 그 결과, 전형적으로 이 단계에서 이익이 하락하기 시작한다. 어떤 기업은 다양한 스타일과 다양한 속성을 가진 추가적인 모델을 제공하기 시작하고 제품의 품질과 성능을 계속해서 향상시키기도 하는데, 이것은 늘어난 제품 모델에 부응하기 위해서 마케팅 믹스의 조정을 필요로 한다. 수요를 창출하기 위해서 가격 인하, 보다 효과적인 광고와 촉진이 사용될 수도 있다. 중간상이 경쟁사 제품이 아니라 자사 제품을 계속적으로 구매하도록 유인하기 위해서 이 단계 동안 재판매업자에 대한 촉진은 증가한다. 고객 서비스와 수선이 중요해지기 시작하고 이것이 경쟁 제품에 대한 차별화 원천으로 작용할 수 있다. 서비스 또한 이 단계 동안 경쟁사와 차별화를 시도한다. 예를 들어, 항공사들은 적시 운행, 보다 호의적인 환불 정책, 우선 탑승 등을 통해서 서비스 품질을 향상시킨다. 성숙기는 PLC 단계 중에서 일반적으로 가장 길다.

쇠퇴기|decline

쇠퇴기는 매출과 이익의 하락으로 시작된다. 제품에 따라서 매출의 하락이 급격할 수도 있고 오랜 기간에 걸쳐 천천히 나타날 수도 있다. 쇠퇴기 동안, 제품의 수익성이 낮아짐에 따라 경쟁자들이 시장을 빠져나간다. 매출을 창출하기 위해서 가격을 인하하고, 광고를 축소하며, 수익성이 낮은 모델을 제품라인에서 제거하고, 개인 소비자 및 재판매업자에 대한 촉진을 감축한다. 소비자들이 다른 유형의 제품으로 전환하기 때문에 이 시기에 제품의 외형이나 기능을 변화시키기 위한 노력은 거의 하지 않는다. 제품은 보통 이 시기에

흑연과 붕소 등의 신소재와 기술발전으로 개발된 루어 낚시대가 저렴한 가격과 뛰어난 성능으로 인기가 높아지면서 대나무 낚시대에 대한 관심이 떨어졌지만, 낚시광들은 $3,000에 달하는 R.L. Winston 대나무 낚싯대를 지속적으로 구매한다.

진부화되기 때문에, 기업은 할인 소매업자에게 제품을 팔아넘길 수도 있다. 매출을 연장하고 남아 있는 재고를 줄이기 위해서 쿠폰이나 1+1 판촉이 사용될 수도 있다. 기업이 제품을 계속 유지하고자 하는 경우, 제품 판매와 광고에 최소한의 노력만 투입한다. 이 시점에서 기업은 제품을 제거할 것인지, 재포지셔닝할 것인지, 작지만 수익성 있는 틈새시장을 찾을 것인지 결정해야 한다. 예를 들어, 최근 여행자들이 온라인으로 정보를 탐색하고 예약하고 여행을 계획하면서 여행사에 대한 수요가 많이 감소하였다. 이에 대한 대응으로, 많은 여행사들은 일반적인 소비자 시장에서 남아메리카에서의 승마 여행 또는 유럽에서의 와인 시음 여행 등과 같은 틈새시장으로 그 초점을 옮기고 있다. 그러한 여행 상품은 수요가 제한적이지만 대리점에는 높은 수익을 가져다줄 수 있다.

마케팅 믹스 시사점|implication of the marketing mix

개인이 생애주기의 상이한 단계에 도달하면 관심 분야, 활동, 능력이 변하는 것과 마찬가지로, 제품수명주기의 각 단계들은 제품을 마케팅하는 방법에 대한 많은 시사점을 제공한다. 제품이 어떤 수명주기 단계에 있는지에 따라 마케팅 믹스 전략을 수정할 수 있다. 표 6.3은 제품의 수명주기 단계에 따라 수행하는 4P's 각각에 대한 전형적인 전략들을 보여주고 있다.

- **제품 전략** 도입기에는 소수의 모델에서, 성장기에는 그 수가 늘어나고, 성숙기에는 완전한 제품라인을 갖추었다가, 쇠퇴기에 이르면 가장 잘 팔리는 제품만 남기고 다수의 다른 제품 모델은 제거하게 된다.
- **유통 전략** 도입기에 제한적 유통에서 시작하여 점차 집중적 유통으로 늘리다가, 수익성이 떨어지면 유통경로의 수를 줄이게 된다.
- **촉진 전략** 도입기에는 제품 및 제품 속성, 인지도를 높이는 데 중점을 두다가, 성

표 6.3 제품수명주기 단계에 따른 전형적인 마케팅 믹스 전략

단계	제품 전략	유통 전략	촉진 전략	가격 전략
도입기	소수의 모델	제한적 유통 경로 파트너 개발	소비자 인지도 개발을 위한 촉진	고가격
성장기	모델의 다양화 및 다수 수정	유통을 확장하기 위한 집중적 노력	소비자 인지도 확대를 위한 촉진. 인적 판매 증대	경쟁자 진입으로 가격 인하 시작
성숙기	완전한 제품라인	유통을 유지하기 위한 집중적 노력	브랜드 속성과 차별적 특성을 알리기 위한 촉진	경쟁자와 동일한 가격 또는 낮은 가격
쇠퇴기	수익성에 근거하여 제품 수 감축	저수익 유통경로 철수	최소한도로 촉진 감축 또는 촉진 안함	최소 수익을 유지하기 위한 가격. 제품이 틈새시장에서 인기를 얻는 경우 가격 인상 가능

장기에는 제품이 경쟁제품과 어떻게 차별화되는지를 강조하는 집중적인 광고를 실시하고, 성숙기에는 제품과 제품의 가치를 소비자들에게 상기시키며, 쇠퇴기에는 최소한의 촉진만 하던지 전혀 촉진을 하지 않게 된다.

- **가격 전략** 도입기에는 경쟁자도 없고 높은 출시 비용을 회수하기 위해서 고가격을 책정했다가 경쟁이 치열해지기 시작하는 성장기에는 가격을 인하하기 시작한다. 성숙기에는 시장점유율을 방어하기 위해서 가격이 계속 낮아지고, 쇠퇴기에는 그 상태를 유지한다.

제품수명주기의 양상

제품 수명 기간의 예측estimate the length of the product's life

PLC를 제대로 이해한다면 각 단계에 적합한 마케팅 믹스를 조정하고 실행할 수 있다. PLC의 양상을 이해하는 첫 번째 단계는 PLC의 기간을 예측하는 것이다. 주로 유사한 경쟁 제품 분석을 통해 예측한다. 애플은 아이패드의 PLC를 예측하기 위해 자사의 개인용 컴퓨터 제품들에 대한 데이터를 활용하였는데, 그 제품들은 유사점이 매우 많았으며 상당히 동일한 고객을 표적으로 하고 있었기 때문이다. 제품수명주기는 제품의 유형에 따라 기간이 매우 달라질 수 있다. 컴퓨터와 같은 기술기반 제품들은 연산 능력과 속성에서의 빠른 변화 때문에 PLC 기간이 짧은 경향이 있다. 어떤 제품들은 수십 년 동안 시장에서 살아남을 수도 있다. 웰스 파고(Wells Fargo)는 1852년 회사 창립 이후로 은행 서비스를 제공해오고 있으며, 최근 20년 동안 계속해서 가장 큰 모기지 금융 공급업자 중 하나로 남아 있다.

그러나 마케팅에서 한 가지 일반적인 추세는 제품수명주기가 점점 짧아지고 있다는 것

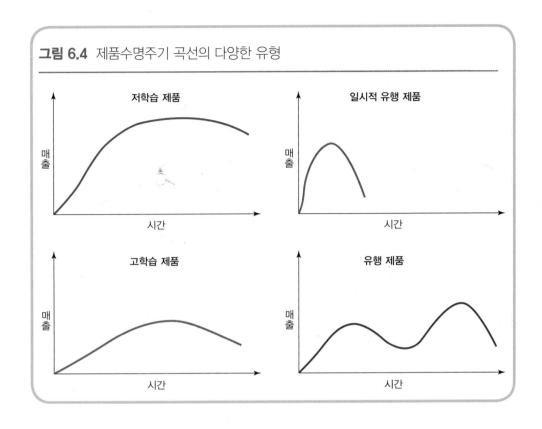

그림 6.4 제품수명주기 곡선의 다양한 유형

저학습 제품

매출 / 시간

일시적 유행 제품

매출 / 시간

고학습 제품

매출 / 시간

유행 제품

매출 / 시간

이다. 제품을 빠르게 진부화시키는 기술 변화에 더하여, 오늘날 기업들은 더욱 빠른 속도로 신제품을 도입하고 있으며, 이러한 관행은 기존 제품들을 보다 빨리 성숙기와 쇠퇴기로 밀어 넣는다. 조직들은 PLC의 상이한 단계에 있는 다양한 제품들로 구성된 제품 믹스를 개발함으로써 수명주기의 단축을 방지할 수 있다. 한 기업의 제품 믹스는 그 기업이 판매하는 모든 제품들로 구성된다. 뱅크오브아메리카(Bank of America)의 제품 믹스는 당좌예금과 저축예금, 신용카드, 학생 금융, 온라인 및 모바일 뱅킹 등과 같은 다양한 서비스들을 포함한다. 신규 모바일 뱅킹 서비스는 도입기인 반면 기본적인 저축예금은 쇠퇴기일 수 있다. 제품 믹스 내의 이러한 각각의 항목들은 마케터들에게 독특한 기회를 제공한다. 신규 모바일 뱅킹 제품은 시간이 부족하고 최신기술에 능통한 소비자들에게 가치를 창출하는 속성과 기술을 가지고 있을 것이다. 반면, 기본적인 저축예금 제품은 비록 쇠퇴기에 있지만 마케터들이 보다 전통적인 소비자들뿐만 아니라 처음 은행 계좌를 개설하여 평생 관계를 지속할 수 있는 젊은 소비자들에게도 서비스를 제공할 수 있게 해준다.

제품수명주기 곡선 형태의 추정project the shape of the PLC curve

두 번째 단계는 자사 제품의 PLC 곡선 형태를 추정하는 것이다. 그림 6.4는 일반적인 PLC 곡선 네 가지를 보여준다. 소비자들이 제품의 효익을 알기까지 긴 시간이 걸리는 제품(예, 개인용 컴퓨터), 또는 제품을 지원하기 위한 훌륭한 기반시설이 준비가 되어 있지 않은 제품(예, 전기 자동차)은 도입기와 성장기가 길고 평평한 모양의 곡선을 가질 것이다. 이러한 제품들은 고학습 제품high-learning products이라고 하고 그 효익을 쉽게 알 수 있는 제품은 저학습 제품low-learning products이라고 한다. 저학습 제품은 성숙기까지 가파른 기울기의 곡선을 가진다. 저학습 제품의 예로는 지역 은행의 무료 당좌예금이 있다. 상대적으로 짧은 기간 동안 매우 인기가 있는 제품인 일시적 유행 제품은 소비자들이 급속히 수용하고 나서 버리기 때문에 가파른 기울기의 상승-하강 곡선을 가질 것이다. 허니버터칩과 같이 시장에서 인기가 급격히 높아지다가 곧 인기를 잃게 되는 일시적 유행 제품fad products이 있고, 소비자의 선호도가 올라갔다가 내려갔다가 하는 유행 제품fashion product이 있다. 남성용 모자는 수십 년 동안 유행하다가 1960년대에 인기가 시들었으나 최근에 다시 유행하고 있다. 유행 제품의 수명주기는 일시적 유행 제품보다 일반적으로 더 길게 지속되나, 고학습 및 저학습 제품의 곡선에 비하면 짧다. SPA의류나 스마트폰은 등은 짧은 수명주기로 관리하기 위해 최신 유행의 새로운 매장으로 보이게 만들기 위해서 3주, 6주, 또는 12주 수명주기를 정해두고 새로운 색상의 계절 제품을 출시한다.

EXECUTIVE PERSPECTIVE

톰 페인(Tom Payne)

PEG 밴드위스(PEG Bandwidth) 접근성기획 이사(Director of Access Planning)

톰 페인(Tom Payne)은 대학시절 자신이 문제 해결에 재능이 있음을 깨닫게 되었다. 웨스트포인트 대학에서 응용 수학 학위를 취득하고 난 뒤, 그는 미군 장교로 복무하면서 자신의 재능을 발휘했다. 제대 후 그는 대형 통신기기 제조업체에서 제품 분석가로 일하다가 곧 문제 해결이 제품 관리 및 개발의 필수 분야라는 것을 깨달았다. 현재 그는 네트워크 인프라 솔루션을 제공하는 PEG 밴드위스에 재직 중이며 대규모 무선 통신사가 포함된 자사 고객들을 위해서 제품 솔루션을 개발하기 위해서 다양한 부서의 대표들로 구성된 팀을 관리하고 있다.

Q. 성공하기 위해 가장 중요한 것은 무엇이었습니까?

바로 긍정적인 태도입니다. 저는 재능 있는 사람들이 자신들의 태도 때문에 낮은 평가를 받고 승진에서 탈락하는 것을 계속 봐왔습니다. 그들은 회사가 자신들의 덕을 보고 있다고 생각했고 다른 사람들과 잘 어울리지 못했습니다. 회사는 공동 작업을 하기 위해 모인 사람들의 집단일 뿐입니다. 다른 집단들과 똑같이, 거만하거나, 괴팍하거나, 또는 비관적인 구성원에게 회사는 긍정적인 반응을 보이지 않습니다. 과거에 저와 함께 일했던 사람들이 저에 대해 많은 다양한 것들을 말할 수는 있겠지만, 제가 나쁜 태도를 가졌다고 말하는 사람은 없을 겁니다.

Q. 예비 졸업생에게 어떤 조언을 해 주시겠습니까?

제가 취업을 고려 중인 예비 졸업생들에게 항상 말해 주고 싶었던 것이 몇 가지 있습니다. 첫 번째는 유연성입니다. 여러분의 관리자가 아무도 풀지 못한 문제를 들고 여러분에게 올 때, 그것이 바로 기회의 순간입니다. 여러분이 제품 관리자로 고용되었다고 할지라도, 여러분이 실제로 만들지 않은 제품에 대해서 주요 고객들 앞에서 발표를 해야 하거나, 생산 라인이나 과정에 개입하여 책임을 맡아야 할 때도 있습니다. 우리는 영웅은 기억하지만 겁쟁이는 잊어버립니다. 제가 하고 싶은 또 한 가지는 너무도 분명하지만 극소수만이 실제로 실천하고 있는 일입니다. 바로 자신의 인적 네트워크를 활용하라는 것입니다. 많은 기업들은 대학에게 이러한 자원을 활용할 줄 아는 훌륭한 인재들을 요청하고 있습니다. 또한 여러분은 친지들의 직업에도 관심을 기울일 필요가 있습니다. 맹목적으로 수백 통의 이력서를 보내는 것보다는 개인적인 소개나 추천이 더 낫습니다.

Q. 어떤 마케팅 업무를 수행하고 계십니까?

마케팅은 조직 내 모든 사람들의 모든 직무와 관련이 있습니다. 마케팅은 수익과 이익을 증대시키기 위한 핵심 요인입니다. 마케팅 없이는 사업이 성공할 수 없습니다. 제 직업에서 성공하기 위해 저는 매일같이 고객 만족을 결정짓는 제품 관련 의사결정을 해야 합니다. 저는 우리의 판매 팀이 고객에게 가치 있는 서비스를 제공하여 기업 이윤을 창출할 수 있는 솔루션을 개발하도록 지원합니다. 저는 다양한 산업 분야의 다양한 규모의 기업들을 위해 일해 왔고, 마케팅은 제가 수행했던 모든 일과 매우 깊은 관련이 있습니다.

Q. 본인의 개인 브랜드(personal brand)는 어떠해야 한다고 생각하십니까?

제가 근무했던 회사들은 파산하거나, 팔리거나, 이전하였습니다. 저는 직업을 여러 번 바꿨고, 다양한 직책과 책임을 경험했습니다. 그러나 저는 구직을 할 필요가 없었습니다. 제 개인 브랜드가 그것을 가능하게 했습니다. 저를 알고 저와 함께 일했던 사람들은 제가 업무에서 두 가지를 갖추었다고 평가합니다. 바로 태도와 개성입니다. 제가 통신 산업에서 가장 똑똑한 전문가라고 생각하기 때문에 저를 고용한 사람은 아무도 없습니다. 그러나 그들은 제가 열심히 일하고, 회사의 돈을 자신의 돈처럼 여기고, 무슨 일을 맡겨도 긍정적인 태도를 보이는 사람이라는 것을 알고 있었습니다. 그러한 개성을 개발하고 발전시킨다면, 사람들은 여러분을 고용하고 싶어 할 것입니다.

Q. 제품 개발 과정에서 기업들이 많은 실수를 하는 단계는 어디입니까?

테스트 마케팅 단계라고 봅니다. 첫째, 테스트 마케팅은 비용이 많이 들기 때문에 기업들은 비용을 최대한 절감하려고 테스트 마케팅 횟수나 장소를 줄이게 되는데, 이것이 큰 실수입니다. 제품 관리자로서 전국적으로 그리고 세계적으로 제품을 출시하기 전에 그 제품의 성공을 확신하고 싶어한다면, 테스트 마케팅에 들어가는 비용을 감축함으로써 마케터들이 실제로 절약할 수 있는 돈은 별로 없습니다. 오히려 보다 큰 시장에서의 제품 실패로 상당한 돈을 잃게 될 뿐입니다.

두 번째 이유는 과정에서 기인합니다. 테스트 마케팅 단계에서 각 과정들이 제품을 위한 준비가 되어 있도록 확인하는 것은 제품 관리자들의 책임입니다. 제품 관리자들은 제품이 어떻게 포장되고, 홍보되며, 가격이 책정되고, 제공되어야 하는지에 대한 분명한 지침을 가지고 있어야 합니다. 특정한 개인이나 집단이 이러한 항목들 각각에 대한 책임을 지고 있는 조직 내에서 그것은 매우 분명해야 합니다. 그러나 불행히도, 너무도 많은 기업들과 제품 관리자들이 이러한 책임을 완수하기 위해 필요한 세부적인 내용에 대한 관심이 부족하기 때문에 장래에 더욱 큰 문제들이 생기게 됩니다.

DISCUSSION QUESTIONS

1. 생활용품을 저렴한 가격에 생산하는 P&G의 마케팅 부사장이 되어, 보다 젊은 구매자들에게 소구하기 위해서 기존 브랜드 중 하나를 개량하기로 하였다. 이러한 개량 전략이 기업에게 야기할 수 있는 위험과 혜택을 점검할 수 있는 목록을 개발하라.

2. PLC의 쇠퇴기에 있는 제품이나 서비스를 한 가지 골라, 기업이 이 제품을 취급하기 위해 사용할 수 있는 전략 방안에 대해 논의하라. 무엇이 최고의 선택이라고 생각하는가, 왜 그렇게 생각하는가?

3. 순차적 NPD 과정과 대비되는 동시적 NPD 과정의 장점을 논의하라. 동시적 NPD 과정이 제품화를 위한 시간, 이익, 브랜드 이미지에 미치는 영향은 무엇일까? 동시적 NPD 과정을 사용할 때 기업이 직면할 수도 있는 문제점에는 어떤 것이 있는가?

4. PLC 기간과 곡선의 형태에 영향을 미치는 제품의 특성은 무엇인가? 기업이 제품의 수명주기를 연장하기 위해서 제품에 어떤 변화를 가할 수 있는가?

5. NPD 과정의 사업성 분석 단계를 책임지고 있다면 제품 개발이 계속 진행되어야 하는지의 여부를 결정하기 위해서 수집할 필요가 있는 데이터는 무엇인가?

CHAPTER NOTES

1. Julianne Pepitone, "Atari U.S. Files for Bankruptcy but Plays On," *CNNMoney*, January 21, 2013, http://money.cnn.com/2013/01/21/technology/atari-bankrupt/index.html.

2. Justin Scheck and Paul Glader, "R&D Spending Holds Steady in Slump," *The Wall Street Journal*, April 6, 2009, http://online.wsj.com/article/SB123819035034460761.html.

3. Peter Whoriskey, "Chevy Volt Will Cost $41,000," *The Washington Post*, July 27, 2010, http://www.wash-ingtonpost.com/wp-dyn/content/article/2010/07/27/AR2010072703364.html.

4. Ibid.

5. Bernie Woodall, Paul Lienert, and Ben Klayman, "GM's Volt: The Ugly Math of Low Sales and High Costs," *Reuters*, September 10, 2012, http://www.reuters.com/article/2012/09/10/us-generalmotors-autos-volt-idUSBRE88904J20120910.

6. Lisa McQuerrey, "Objectives of Revamping a Product," *Houston Chronicle*, n.d., http://smallbusiness.chron.com/objectives-re-vamping-product-50406.html.

7. Federal Trade Commission, *Code of Federal Regulations*, Title 16, Volume 1, Part 500, Rev. January 1, 2000.

8. Adam Bryant, "In the Idea Kitchen, Too Many Cooks Can Spoil the Broth," *The New York Times*, November 24, 2012, http://www.nytimes.com/2012/11/25/business/notting-ham-spirks-co-presidents-on-cultivating-new-ideas.html?_r50.

9. Lydia Dishman, "How Outsiders Get Their Products to the Innovation Big League at Procter & Gamble," July 13, 2012, http://www.fastcompany.com/1842577/how- outsiders-get-their-products-innovation-big-league-procter-gamble.

10. Melinda Emerson, "Using Social Media to Test Your Idea before You Try to Sell It," *The New York Times*, August 3, 2012, http://boss.blogs.nytimes.com/2012/08/03/using-social-media-to-test-your-idea-before-you-try-to-sell-it/.

11. Ibid.

12. Will Connors, "RIM's BlackBerry Delay Hits Stocks," *The Wall Street Journal*, June 28, 2012, http://online.wsj.com/article/SB10001424052702304058404577495013601177508.html.

13. David Fickling and Susanna Ray, "Boeing Loses Qantas Order for 35 Dreamliners after Delays," *Bloomberg*, August 23, 2012, http://www.bloomberg.com/news/2012-08-22/qantas- air-ways-has-first-annual-loss-as-fuel-costs-rise.html.

14. Omera Khan, Martin Christopher, and Bernard Burnes, "The Impact of Product Design on Supply Chain Risk: A Case Study," *International Journal of Physical Dis-tribution and Logistics Management* 28, no. 5 (2008), pp. 412-432.

15. Louise Story and David Barboza, "Mattel Recalls 19 Mil-lion Toys Sent from China," *The New York Times*, August 15, 2007, http://www.nytimes.com/2007/08/15/business/worldbusi-ness/15imports.html?pagewanted5all&_r50.

16. Kalyan Parbat, "Nokia to Lower Lumia Prices in India," *The Times of India*, February 18, 2013, http://articles.timesofindia.indiatimes.com/2013-02-18/strategy/37159401_1_lumia-range-nokia-plan-stephen-elop.

17. Jim Blythe, *Consumer Behaviour* (London: Thomson Learn-ing, 2008), p. 284.

18. Wayne D. Hoyer and Debra MacInnis, *Consumer Behavior* (Mason, OH: South-Western Cengage Learning, 2008), p. 424.

Chapter 7
시장세분화, 표적 시장 선정, 포지셔닝
SEGMENTING, TARGETING, AND FINDING YOUR MARKET POSITION

학습목표 훌륭한 정보는 훌륭한 의사결정으로 이끈다. 체계적인 마케팅 조사를 통해 목표 시장에 맞는 마케팅 전략을 수립하고 실행할 수 있다. 이 장은 마케팅 조사의 중요성과 조사 방법을 단계별로 살펴보게 된다. 마케팅 조사에 활용되는 마케팅 정보 시스템의 유형과 정보원천을 이해하고 판매예측, 글로벌 마케팅, 윤리적 문제 등에 대해 생각해 볼 것이다.

학습목표 7-1

시장세분화

효과적인 시장세분화의
중요성을 설명

한 가지 제품으로 전체 욕구를 충족시키는 대중 마케팅의 시대는 거의 끝났다. 모든 소비자를 완벽하게 모두 만족시키려는 마케팅은 아무도 제대로 만족시키지 못할 수 있다. 햄버기, 파스타, 초밥에 이르는 다양한 요리 메뉴가 85개나 되는 레스토랑은 그 중 하나의 요리도 제대로 하지 못할 것이라는 의심이 들 수 있다. 이에 비해 한정된 메뉴를 전문적으로 제공하는 레스토랑은 다를 수 있다. 미국의 햄버거 체인점인 파이브 가이즈 버거 앤 프라이(Five Guys Burgers and Fries)는 개업 초기에 커피를 원하는 소비자들의 요구에 따라 커피를 제공하기 시작했으나, 전문화되지 못한 커피 맛에 오히려 핵심 제품인 햄버거마저 위협받을 수 있는 상황에 놓였다. 그래서 커피는 제공하지 않기로 하고 버거와 프라이에 집중, 고품질의 한정된 메뉴를 제공하여 북미에서 가장 빠르게 성장하는 레스토랑 체인점이 되었다.[1]

파이브 가이즈는 모든 잠재고객을 만족시킬 수 있는 메뉴를 제공하려 애쓰기보다는 시장을 세분화하여 자사의 표적 고객들에게 최적화된 제품을 제공하는 것을 선택하였다. 시장세분화market segmentation는 유의미하게 공유된 특성에 근거하여 하나의 전체 시장을 더 작은 집단, 또는 세분 시장으로 나누는 과정이다. 시장세분화 과정을 거쳐 상대적으로 동질한 소비자 집단으로 묶은 것을 세분시장market segments이라 한다. 지구에는 한 가지 마케팅 믹스만으로는 유인하기 불가능한 다양한 필요와 욕구를 가지고 있는 70억 명 이상의 사람들이 존재한다. 시장세분화의 이점을 크게 다음의 세 가지로 정리해 볼 수 있다.

1. 시장세분화는 기업이 자사 제품 구매에 가장 높은 관심을 가지고 있는 고객들의 필요와 욕구를 정의할 수 있도록 돕는다. 파이브 가이즈의 고객들은 맛, 신선도, 품질을 중요하게 여기기 때문에 다른 패스트푸드 햄버거 레스토랑에서 보다 더 많은 비용을 지불하고 더 오랜 시

파이브 가이즈 버거 앤 프라이는 시장세분화를 통해 자사 표적 고객들을 만족시킬 수 있는 제한된 수의 메뉴를 제공함으로써 성공하였다.

간을 기다리더라도 "고급스러운 햄버거"를 경험하고자 한다.[2]

2. 시장세분화는 기업이 특정 세분 시장의 특성에 적합한 마케팅 전략을 설계하도록 돕는다. 파이브 가이즈의 마케팅 부서는 자사 고객의 필요와 욕구를 이해하고 있었기 때문에 표적 고객들이 중요시하지 않는 저가격 또는 신속한 서비스가 아니라 고품질의 신선한 제품에 초점을 맞춘 촉진 캠페인과 광고를 개발할 수 있었다. 파이브 가이즈는 심지어 고객들의 시간이 촉박할 경우 다른 곳에서 햄버거를 구매하라고 권고하는 표지판을 제시하기도 하였다.[3] 그러한 전술은 모든 소비자를 위한 햄버거가 아니라 자사 표적 고객에 가장 적합한 햄버거를 준비하는 것에 더욱 집중할 수 있게 해주었다. 이와 같이 시장세분화는 기업이 표적으로 하는 세분 시장에서 수익을 증대시킬 수 있게 한다.

3. 시장세분화는 기업이 이익을 극대화하기 위해 자사의 마케팅 자원을 어떻게 배분할 것인가를 결정하도록 돕는다. 파이브 가이즈는 표적 시장의 필요와 욕구에 대한 이해를 토대로 광고와 프로모션을 실시할 수 있으며 햄버거와 프라이를 더욱 자주 구매하고, 소득수준이 높은 가구들이 많은 지역에 유통망을 확대하여 수익성을 높이고 있다.

시장세분화의 기준

학습목표 7-2

시장을 세분화하기 위해서 시장세분화 기준이 필요하다. 이러한 기준은 구매 행동에 영향을 미치는 고객 특성이 중심이 된다. 시장을 세분화하기 위해 수많은 변수를 사용하는데, 그러한 변수들은 네 가지 주요 범주로 분류될 수 있다. 인구통계적, 지리적, 정신심리적, 행동적

시장세분화를 위한 네 가지 기준 서술

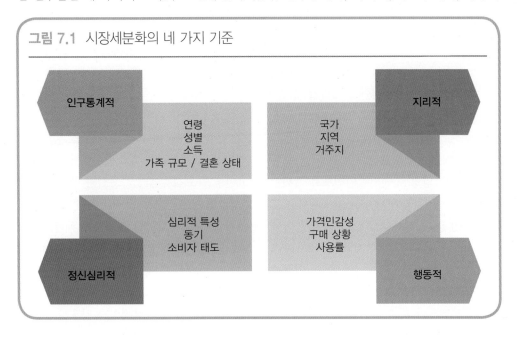

그림 7.1 시장세분화의 네 가지 기준

인구통계적

연령
성별
소득
가족 규모 / 결혼 상태

지리적

국가
지역
거주지

심리적 특성
동기
소비자 태도

정신심리적

가격민감성
구매 상황
사용률

행동적

변수가 그것이다. 그림 7.1은 이러한 기준과 각 기준들 하에서 시장을 세분화하기 위해 사용될 수 있는 구체적인 변수들을 보여준다.

인구통계적 기준demographic

기업은 연령, 성별, 소득, 교육, 가구 규모 등과 같은 특성을 이용하여 **인구통계적 시장세분화demographic segmentation**를 실시한다. 이 중 확인하기가 쉬운 연령과 성별이 가장 흔하게 사용되는 변수다. 소비자가 연령대가 어느 정도인지, 남자인지 여자인지 구별하는 데 마케터에게 고도의 기술이 필요하지는 않기 때문에 단순하지만 유용한 기준으로 쉽게 활용될 수 있다. 보다 구체적인 기준은 통계청의 국가통계포털(kosis.kr)에서 검색하여 활용할 수 있고, 미국은 인구조사국(US Census Bureau)에서 제공하는 통계사이트(census.gov)를 이용하면 인종, 교육, 연령, 직업으로 세분화된 가구의 소득과 자산 등에 관한 정보를 얻을 수 있다.

연령age 소비자의 나이가 들수록 소비가 증가하게 되므로 식품, 주거, 건강 등과 같은 분야에서 연령은 가치 있는 시장세분화 도구다. 미국의 경우, 평균 연령이 점점 높아지고 있어 기업들은 수익성을 높이기 위해 고연령층 세분 시장을 표적 시장으로 포함시키고 있다.[4] 이들은 저연령층 소비자에 비해 시간과 돈에 여유가 있기 때문이다. 그러나 오늘날 고연령층은 이전 세대와 달리 은퇴 후에도 활동적으로 지내고 싶어 하고 더 젊게 보이기 위해 노력한다.[5] 노화 방지 제품이나 자연 식품, 유기농 식품 같은 제품을 위한 마케팅 전략을 개발하는 기업들은 고연령층 세분 시장을 성공적으로 공략하고 있다. 비아그라, 보톡스, 홀푸드에 이르는 제품들은 고연령층 소비자에게 젊음이라는 발상을 마케팅함으로써 수익을 올리고 있다.

저연령층을 표적 시장으로 성공한 사례도 흔히 볼 수 있다. 맥도날드는 더 이상 해피밀(Happy Meals)을 원하지 않는 어린이들에 초점을 둔 전략을 개발하였다. 마케팅 조사 결과, 8~10세 어린이들은 식욕이 왕성하기 때문에 '소량의 어린이 식사'를 원하지 않는다는 것을 발견했고, 어린이 세분 시장에게 더 넓은 메뉴선택과 넉넉한 양을 제공하는 마이티 키즈 밀(Mighty Kids Meals)을 출시했다. 연령에 의한 시장세분화로 마케터들은 단일 연령 세분 시장을 표적으로 하는 전략을 개발할 수 있을 뿐만 아니라, 같은 제품으로 복수 연령 세분 시장을 공략하기 위한 전략을 세울 수도 있다. 예를 들어, 디즈니 크루즈 라인(Disney Cruise Line)은 다양한 연령층의 소비자를 유인할 수 있는 전략을 개발했다. 디즈니는 크루즈를 어린이들에게는 좋아하는 캐릭터를 만날 수 있는 마법 같은 모험으로, 청소년들에게는 그들을 위한 독특한 양방향 엔터테인먼트로 기획했다. 고연령층 고객들에게는 음식과 풍경을 즐길 수 있고, 대규모 놀이공원을 걸어 다니는 것과 비교하여 육체적으로 덜 힘든 관광으로 포지셔닝하였다. 디즈니 마케터들은 단일한 크루즈 서비스를 통해 다양한 연령층의 세분고객들이 바로 자신들을 위해 설계되었다고 느끼도록 만드는 데 성공하였다.

성별gender 성별은 의류, 청량음료, 의약품 등의 제품에서 가치 있는 시장세분화 변수다. 새로운 트렌드가 기존의 남성 또는 여성 지향적 마케팅에서 양성 지향적 마케팅으로 변하고 있기 때문에 마케터들은 전통적인 성별 시장세분화의 한계를 뛰어넘기도 한다. 예를 들어, 주택 인테리어 용품 소매점인 로우스(Lowe's)는 자사의 여성 고객 비중이 점점 더 증가하고 있으나 촉진전략에서 여성 고객들을 간과해 왔다는 것을 깨달았다. 로우스는 여성 소비자를 표적으로 하여 마사 스튜어트(Martha Stewart) 제품 라인과 무드 조명, 크롬 화장지 걸이 등과 같은 인테리어 용품들을 새롭게 출시하였다.[6]

성별 시장세분화는 더 어린 소비자들을 위해서도 진화하고 있다. 지난 20년 이상 레고는 주로 소년들을 표적 시장으로 삼았는데, 마케팅 조사 결과 소녀들이 소년들과는 전혀 다른 방식으로 레고를 가지고 논다는 것을 파악하고 소녀들을 위한 레고 프렌즈(Lego Friends) 라인을 출시하였다. 파스텔 색조와 카페 만들기 세트 등을 특징으로 하는 레고 프렌즈 라인은 예상한 것보다 2배나 더 많이 팔려 나갔다.[7]

맥도날드는 자사의 시장을 연령에 의해 세분화하고, 어린이들을 위한 해피밀, 고학년 어린이들을 위한 마이티 키즈밀, 용돈이 부족한 고등학생과 대학생들을 위한 달러 메뉴 등과 같이 각 연령층을 표적으로 하는 제품을 개발하였다.

소득income　소득은 소비자 구매력에 영향을 미치기 때문에 가치 있는 시장세분화 기준이 된다. 자산관리 및 금융설계 서비스에 대한 수요는 최근 수십 년간 극적으로 증가했다. 메릴 린치(Merrill Lynch) 같은 기업은 투자 가능한 자산이 10만 달러에서 25만 달러 사이인 대중 부유층(mass affluent)으로 간주되는 미국 가구를 표적 고객으로 삼는다.[8] 대중 부유층은 미국 내에서 가장 빠르게 성장하는 세분 시장 중 하나로 메릴 린치가 제공하는 유형의 금융설계 서비스를 필요로 한다. 이러한 방식으로 시장을 세분화함으로써, 메릴 린치는 표적 고객의 욕구를 가장 잘 충족시킬 수 있도록 자사의 글로벌 투자 고문과 전문적인 재산관리 서비스를 맞춤화할 수 있다. 현재 메릴 린치는 자사의 소비자 금융회사와 글로벌 자산 및 투자 관리회사에서 1,100만 이상의 고객을 확보하고 있다.[9]

가족 규모 및 결혼 상태family size and marital status　가족 규모와 결혼 상태 또한 유용한 인구통계적 시장세분화 도구다. 결혼한 개인 고객이 독신인 개인 고객보다 더 높은 가격을 지불한다거나, 또는 독신 고객이 결혼한 고객에 비해서 특정 제품을 더 빈번하게 구매한다는 것을 발견할 것이다. 반지의 경우, 결혼한 고객들을 대상으로 결혼기념일 반지 촉진을, 그리고 결혼하지 않은 여성을 대상으로 독신의 상징으로 종종 착용되는 오른손 반지 촉진을 계획할 수 있다.

최근 대학생 나이의 자녀들이 집으로 되돌아오고 성인 커플들이 자신들의 나이든 부모를 돌보는 경우가 늘어나고 있어 한 가구 내 거주 가족 규모가 증가하는 현상이 나타나기도 한다. 미국의 주택건설업체인 레나(Lennar)는 여분의 방이 딸린 주택이나 별개의 출입구가 있는 아파트를 건설하고 촉진함으로써 이러한 대규모 가족을 공략하고자 한다.[10]

가족 규모는 레나와 같은 주택건설업체를 위한 훌륭한 시장세분화 도구가 될 수 있다. 레나는 장기 체류 손님, 대가족, 성인 자녀를 위한 여분의 공간을 제공하는 새로운 유형의 차세대 주택 '집 속의 집(Next Gen—The Home Within a Home)'을 개발하였다.

지리적 기준geographic

소비자가 제품에 부여하는 가치는 지역에 따라 매우 다를 수 있다. 지리적 시장세분화geographic segmentation는 시장을 국가, 지역, 거주지 등과 같은 집단으로 분류하는 것을 말한다. 마케터들은 지리적으로 다른 지역의 재화 및 서비스의 유형을 그 지역에 맞게 맞춤화하는 데 집중한다. 해변 근처에 위치한 월마트는 그 지역의 인기 스포츠에 대한 수요를 충족시키기 위해 서핑보드를 판매한다. 월마트는 각 매장의 관리자들에게 그 지역 공동체에 가장 적합한 제품을 취급할 수 있는 권한을 이양한다.

시장 크기market size 시장의 크기는 중요한 지리적 시장세분화 도구다. 시장의 크기 및 지리적 기준에 의한 특징을 파악하기 위해 통계지리정보서비스(http://sgis.kostat.go.kr/html/index.html)를 이용할 수 있다. 이 서비스에서는 지역별 인구통계, 가구통계, 주택통계, 사업체통계, 행정구역통계 등 다양한 상권별 특징을 제공한다.

이케아(IKEA)는 신규 점포를 개설할 때 직경 97㎞ 범위 내 최소 200만 명이 거주하는 지역을 선호한다.[11] 이러한 유형의 지리적 시장세분화는 시나 군뿐만이 아니라 전체 시장에

표 7.1 미국 내 가장 규모가 큰 대도시 통계 지구(MSA) 순위

순위	중심 도시	대도시 지구 인구수	대도시 통계 지구	지역
1	New York City	19,831,858	New York-Newark-Jersey City, NY-NJ-PA	Northeast
2	Los Angeles	13,052,921	Los Angeles-Long Beach-Anaheim, CA	West
3	Chicago	9,522,434	Chicago-Naperville-Elgin, IL-IN-WI	Midwest
4	Dallas	6,700,991	Dallas-Fort Worth-Arlington, TX	South
5	Houston	6,177,035	Houston-The Woodlands-Sugar Land, TX	South
6	Philadelphia	6,018,800	Philadelphia-Camden-Wilmington, PA-NJ-DE-MD	Northeast
7	Washington, D.C.	5,860,342	Washington-Arlington-Alexandria, DC-VA-MD-WV	South
8	Miami	5,762,717	Miami-Fort Lauderdale-West Palm Beach, FL	South
9	Atlanta	5,457,831	Atlanta-Sandy Springs-Roswell, GA	South
10	Boston	4,640,802	Boston-Cambridge-Newton, MA-NH	Northeast

자료원: U.S. Census Bureau, "Annual Estimates of the Population of Metropolitan and Micropolitan Statistical Areas: April 1, 2010 to July 1, 2012," n.d., http://www.census.gov/popest/data/metro/totals/2012/ .

대한 정보를 필요로 한다. 미국 인구조사국은 도시와 도시화된 지역들을 대도시 통계 지구 (Metropolitan Statistical Areas, MSA)로 분류하고 있는데, MSA는 중심부 도시 인구가 최소 5만 명 이상인 독립 지구를 말한다. 이케아 마케터들은 그들이 원하는 시장 크기에 도달하기 위해서 가장 규모가 큰 MSA에서 자사 점포를 개설하고 있다. 표 7.1은 미국 내 가장 큰 MSA 10곳과 각 MSA에 포함된 모든 도시와 지역을 보여준다.

고객 편의성customer convenience 지리적 시장세분화는 마케터에게 고객 편의성을 활용할 수 있게 해준다. 크래커 배럴 올드 컨트리 스토어(Cracker Barrel Old Country Store)는 자사의 매장을 지리적으로 편리한 위치에 입지시킴으로써 미국 전역에 걸쳐 성공적인 레스토랑 및 소매 사업을 전개해 왔다. 크래커 배럴 마케팅 전략의 주요 요소는 고속도로를 따라 매장을 개설하는 것이다. 고객들은 특히 미국 서부에 있는 주요 고속도로 출구 모두에서 크래커 배럴을 이용할 수 있다는 기대를 가지게 되었다. 크래커 배럴 고객의 거의 1/3은 여행객들로 구성되기 때문에, 주행 거리와 주로 자동차로 여행하는 사람의 비율 등과 같은 통계는 크래커 배럴의 수익에 영향을 미친다. 많은 가족들이 자동차로 이동하는 휴가지에서 크래커 배럴은 특히 성업 중이다. 크래커 배럴은 고객이 매장으로 들어오게 만들고 시간이 없는 고객들이 14분 내에 식사를 끝낼 수 있도록 하는 데 초점을 맞춘 운영 체제를 시행하여 여행객의 편의성 욕구에 기반을 두었다.[12]

정유소, 은행, 크래커 배럴 올드 컨트리 스토어와 같은 소매점은 자사 마케팅 전략의 핵심 부분이라 할 수 있는 지리적 시장세분화에 근거하여 고객의 편의성을 도모한다.

인구 이동population shifts 마지막으로, 지리적 시장세분화는 다른 지역 간 인구 변화를 이해하기 위한 가치 있는 도구가 될 수 있다. 2010년 인구조사 결과는 텍사스주, 플로리다주 같은 남부지방 주의 인구는 상당히 증가하였으나, 오하이오주, 미시간주, 뉴욕주를 포함하는 다수의 북부지방 주의 인구는 낮은 증가율을 보이거나 전혀 증가하지 않은 것으로 나타나는 인구 이동을 보여주었다.[13] 경기 침체, 은퇴, 심지어는 자연 재해도 인구 이동을 야기할 수 있다. 소비자가 왜 이동하는지, 그리고 어디로 이동하는지 이해하기 위해서 소비자의 이동 패턴을 이해하는 것은 중요하다. 예를 들어, 부동산 관련 마케터들은 새로운 주택가를 개발하기 위한 입지를 선정할 때 이러한 정보를 이용할 수 있다. 수도권 등 대도시의 인구 증가는 급속한 인구 증가에 뒤이어 나타나는 주택 수요를 충당하기 위한 기회가 된다.

정신심리적 기준psychographic

소비자를 세분화하기 위해 심리와 인구통계를 이용하는 과학을 정신심리적 시장세분화psychographic segmentation라고 부른다. 인구통계적 특성은 시장을 세분화하기 위한 다양한 방법을 제공하지만, 동일한 인구통계적 특성을 가진 소비자들도 매우 다른 심리적 특성이나 개인적 특성을 가질 수 있으며 이러한 특성들이 구매행동에 영향을 미치게 된다. 정신심리적 시장세분화는 소비자들의 정신심리적 특성이 인구통계적 특성과 어떻게 연관되는지에 집중함으로써 세분 시장에 대한 보다 의미 있는 설명을 제공할 수 있게 해준다.

정신심리적 기준에 의하여 시장을 세분화하는 경우, 전체 시장은 소비자가 구매를 하는 이유에 따라서 분류된다고 볼 수 있다. 예를 들어, 소비자는 다양한 이유로 메르세데스(Mercedes) 신차를 구매한다. 한 세분 시장의 소비자들은 고급 승용차가 자신들에게 제공하는 사회적 위상 때문에 차를 구매할 수 있다. 다른 세분 시장의 소비자들은 메르세데스의 우수한 안정성 때문에 차를 구매할 것이다. 개별 소비자의 구매동기를 이해하고 그것에 근거하여 자사 제품의 특정한 특성을 강조하는 메르세데스 영업사원은 판매 가능성이 높을 것이다. 그러한 특성은 그 소비자의 독특한 필요와 욕구에 부합할 가능성이 더 높기 때문이다.

라이프스타일lifestyle 크래프트(Kraft)를 포함한 많은 기업들은 최근 라이프스타일에 의한 시장세분화를 성공적으로 수행해 왔다. 라이프스타일 시장세분화lifestyle segmentation는 소비자들을 그들이 추구하는 의견, 흥미, 활동에 근거하여 분류하는 것을 말한다. 보통 여성 고객들의 휴대전화로 마케팅 메시지를 보내는 마케팅과 달리, 크래프트는 자사가 표적으로 하는 여성 고객에게 닿기 위해 다른 전략을 취했다. 크래프트는 단순히 모바일 메시지를 전달하기보다, 손가락 끝으로 누르기만 하면 7,000개의 요리법을 보여줌으로써 여성 고객들의 식사 준비를 더 쉽게 만들어주는 "iFood Assistant"라는 아이폰 앱을 개발했다. 효과적으로 시장을 세분화함으로써, 크래프트는 자사 표적 고객들의 니즈를 충족시키는 제품을 경쟁업체보다 더 잘 개발할 수 있었고, 그리하여 증가하는 매출과 충성도를 획득하였다.

VALS 네트워크VALS network 아마도 가장 보편적으로 사용되는 정신심리적 시장세분화 도구는 VALSTM일 것이다. VALS는 SRI 인터내셔널(SRI International)에 의해 최초로

사냥, 낚시 및 아웃도어 장비 소매업체인 카벨라(Cabela)는 "그것은 당신의 본능입니다(It's in Your Nature)"라고 불리는 마케팅 캠페인을 개발하기 위해서 라이프스타일 시장세분화를 사용하였다. 캠페인은 카벨라의 고객들이 추구하는 보트 타기, 캠핑 등과 같은 다양한 활동들을 촉진하는 다수의 동영상으로 구성되어 있다.

개발되었는데, 태도와 관련된 34개 문항과 인구통계와 관련된 4개 문항에 대한 18세 이상 미국 및 캐나다 성인들의 답변을 기준으로 8개의 정신심리적 집단인 혁신자(Innovators), 사상가(Thinkers), 신봉자(Believers), 성취자(Achievers), 투쟁가(Strivers), 체험자(Experiencers), 제작자(Makers), 생존자(Survivors)로 분류하고 있다. VALS는 두 가지 차원을 측정하는데, 주된 동기와 자원이 그것이다. 동기와 자원이 결합되어 있는 방식은 상이한 소비자 집단이 왜 상이한 행동을 보이는지, 그리고 상이한 소비자 집단이 상이한 이유에서도 왜 같은 행동을 보이는지를 설명해 준다. 표 7.2는 8개의 VALS 세분 시장을 보여주며, 각 세분 시장의 인구통계 및 행동 특성뿐만 아니라 정신심리적 특성의 사례도 나타내고 있다.

표에서 알 수 있듯이, VALS는 세 가지 주요 동기 "이상, 성취, 자아표현"을 밝히고 있다. 풍부한 자원(소득이나 교육과 같은 주요 인구통계적 자원뿐만 아니라 자신감과 같은 감정적이고 정신심리적인 자원을 포함하는)은 각 세분 시장의 주요 동기를 실현할 수 있는 능력에 영향을 미친다. 예를 들어, 성취에 의해 동기화된 소비자들은 다른 사람들로부터 인정받기를 원한다. 많은 자원과 성취-동기를 가진 성취자들(Achievers)은 그들이 속하기를 열망하는 집단을 모방한다. 반면, 적은 자원과 성취-동기를 가진 투쟁가들(Strivers)은 그들과 유사한 타인과의 동일시를 추구한다. 예를 들어 마케터들은 성취자 또는 투쟁가 중 누가 자사 제품을 구매할 가능성이 높은지를 결정하기 위해 VALS를 이용할 수 있으며, 그리고 나서는 마케팅 믹스를 적합하게 맞추면 된다. VALS와 같은 심리적 틀에 의한 시장세분화는 기업이 소비자 행동을 더 잘 이해할 수 있게 만들어 주지만, 정신심리적 시장세분화는 인구통계적 또는 지리적 시장세분화보다 더욱 어렵고 비용이 많이 들 수 있다. 기업은 VALS 세분 시장으로 소비자를 분류하기 위해서 VALS 설문조사를 내용을 포함하여 설문조사를 실시해야 한다는 점이다.

행동적 기준behavioral

행동적 시장세분화는 고객이 재화와 서비스를 실제로 어떻게 이용하는지에 근거하여 고객을 분류하는 것과 관련된다. 행동적 시장세분화behavioral segmentation는 소비자가 제품으로 무엇을 하는지 또는 제품에 대해 어떤 태도를 보이는지에 따라 소비자를 분류하는 것이다. 행동적 시장세분화 변수에는 상황(예를 들어, 신혼여행 또는 사업상의 출장), 애호도, 사용률 등이 포함된다. 예를 들어, 넷플릭스(Netflix)는 시장을 사용자와 비사용자 집단으로 세분화함으로써 사용률 변수로 시장세분화를 시작할 것이다. 그리고 나서는, 현재 넷플릭스 사용자들을 다시 대량, 중량, 소량 사용자와 같은 집단으로 더욱 세분화할 것이다. 대량 사용자들은 넷플릭스 이익의 핵심을 구성하기 때문에 적절한 대우를 받아야 한다. 많은 기업들은 20%의 대량 사용자들이 전체 수요의 80%를 차지한다고 주장하는 80/20 법칙에 동의한다. 기업이 자사의 대량 사용자들을 확인할 수 있다면, 기업 성공에 가장 크게 기여하는 이러한 소비자들에게 도달하기 위한 효과적인 마케팅 전략을 개발하기가 훨씬 수월할 것이다. 행동적 시장세분화는 마케터가 상이한 소비자 세분 시장이 추구하는 혜택을 정확하게 이해할 수 있도록 도와준다. 예를 들어, 한 소비자가 같은 브랜드의 치약을 12년 동안 사용해 왔고, 그 기간 동안 충치가 전혀 발생하지 않았다면, 조금 가격이 올라도 그 소비자에게는 문

표 7.2 VALS™ 소비자 집단(세분 시장)의 인구통계 및 행동 특성

주요 동기	혁신자	이상		성취		자아표현		생존자
정신심리적 집단		사상가	신봉자	성취자	투쟁가	제험자	제작자	
심리 묘사	정교한, 담당하는, 호기심 많은	정통한, 사색적인, 자족하는	글자그대로인, 충실한, 도덕주의자같은	목표-지향적인, 브랜드를 의식하는, 보수적인	현재적인, 모방적인, 스타일을 의식하는	트렌드를 좇는, 충동적인, 다양성을 추구하는	책임감 있는, 실용적인, 자급자족하는	향수어린, 구속된, 신중한
인구통계 및 행동 특성	혁신자 백분율	사상가 백분율	신봉자 백분율	성취자 백분율	투쟁가 백분율	제험자 백분율	제작자 백분율	생존자 백분율
전체 미국 인구	10%	11.3%	16.5%	14%	11.5%	12.7%	11.8%	12%
기혼	62	73	62	70	32	20	64	45
정규직	67	52	40	65	45	42	56	13
태블릿 PC나 또는 전자책 단말기 소유	36	25	9	19	6	14	7	4
애견 소유	39	40	43	52	44	41	57	38
전년도 신규 또는 다른 자동차 보험 가입	17	16	16	18	15	16	22	14
천연 또는 유기농 식품 구매	24	15	8	10	4	9	8	4
가장 신뢰하는 매체:								
TV	11	25	43	26	38	24	33	54
라디오	15	11	7	7	7	6	12	11
인터넷	42	30	21	35	32	48	26	4
잡지	10	9	7	7	4	3	7	5
신문	23	25	23	24	18	19	22	24

자료원: Strategic Business Insights (SBI); www.strategicbusinessinsights.com/VALS.

대량 사용자들을 향한 마케팅 노력은 홀리데이 인 우수고객클럽(Holiday Inn Priority Club)과 같은 로열티 프로그램의 목표다. 이 프로그램은 추후에 홀리데이 인 호텔에 투숙할 때 사용할 수 있는 포인트를 부여함으로써 단골 고객에게 보상을 제공한다.

제가 되지 않을 것이다. 그러나 어떤 고객은 똑같은 가격 인상에도 브랜드를 전환할 수 있다. 마케팅 믹스 전략의 변화가 상이한 유형의 사용자에게 어떤 영향을 미치는지 이해하는 것은 그러한 변화가 매출액과 수익에 끼치는 영향을 기업이 예측할 수 있게 해준다.

행동적 시장세분화는 네 가지 세분화 기준 중에서 종종 적용하기가 가장 어려운 기준이라 할 수 있다. 소비자가 특정 제품을 어떻게 사용하는지 추적하고 이해하기 위해 요구되는 마케팅 조사는 많은 비용과 시간을 소모하는 일이기 때문이다. 기업은 행동적 시장세분화의 혜택과 필요한 정보를 획득하는 데 관련된 비용을 잘 따져보아야 할 것이다.

B2B 시장세분화 기준Business-to-Business segmentation Bases

B2B 기업들은 일반적으로 세 가지 유형의 시장세분화 기준을 사용한다. 인구통계적, 지리적, 행동적 기준이 그것이다. 이러한 기준들에 붙여진 이름이 앞에서 논의했던 B2C 기준들과 같기는 하지만, B2B 환경에서는 다르게 적용된다.

- **인구통계적** 주요 B2B 인구통계적 변수에는 산업, 조직 규모, 지배 구조가 포함된다. 산업에 의한 시장세분화는 전체 산업 중 어떤 분야가 자사 사업에 가장 가치 있는 시장인지 결정할 수 있게 도와주는 중요한 첫 단계다. 규모가 다른 조직은 상이한 필요와 욕구를 가지기 때문에 조직 규모는 중요한 변수가 된다. 시스코(Cisco) 같은 큰 조직들은 소규모 조직과 비교하여 더 많은 영업사원이 근무하고, 보다 복잡한 구매 과정을 거친다. 지배 구조 또한 마케팅 의사결정에 영향을 미칠 수 있다.

예를 들어, 상장 기업에 비해 개인 기업은 관리 계층이 적기 때문에 의사결정을 보다 신속하게 할 수 있을 것이다.

- **지리적** B2B 지리적 변수들은 B2C 지리적 변수들과 유사한데, 국가, 지방, 주, 기후 등을 포함한다. 지리적 시장세분화는 지리적 특성과 관련된 니즈 또는 본사의 위치에 의해서 B2B 소비자를 분류할 수 있게 해준다.
- **행동적** 행동적 시장세분화는 B2B 마케터들에게 가장 이로운 변수가 될 수 있다. 입찰을 위한 계약 시기 등의 구매 패턴이나, 공급자의 전자상거래 가능 여부와 같은 공급자 필요조건, 선호하는 기술 및 기술지향성 등이 실질적인 행동적 시장세분화의 요소가 될 수 있다.

효과적인 시장세분화의 요건

성공적인 시장세분화의 요건 논의

소비자를 단순히 작은 규모로 세분화하는 것은 의미가 없다. 세분화를 통해 마케팅의 효율성과 효과성을 높여야 의미가 있는 것이다. 시장세분화가 효과적이기 위해서는, 다음의 다섯 가지 요건을 충족시켜야 한다.

1. **규모의 적절성** 세분 시장은 기업이 그 세분 시장을 대상으로 수익을 창출할 수 있을 만큼 충분히 커야 한다. 예를 들어, 100세 이상의 사람들을 위한 시리얼 또는 24 사이즈 이상을 신는 사람들을 위한 운동화를 계획하는 것은 가능하지만, 그러한 제품을 위한 시장은 기업이 유지 가능한 수익을 창출할 만큼 충분히 크지 않기 때문에 마케팅 성과를 높이기 위한 올바른 선택이라고 보기는 어렵다.

2. **측정 가능성** 세분 시장의 규모와 구매력은 분명하게 정의되어야 한다. 마케팅의 계획과 성과 평가에서 명확한 측정이 가능해야 성공인지 실패인지에 대한 평가 가능하기 때문이다. 예를 들어, 닛산(Nissan)은 전기자동차에 대한 욕구를 가지고 있는 세분 시장의 규모와 구매력을 조사하였다. 닛산 리프 제품(Leaf, Leading, Environmentally friendly, Affordable, Family car)의 장기적인 성공에서 핵심적인 요인은 이러한 유형의 자동차를 원하는 소비자들의 수와 그 소비자들이 기꺼이 지불하고자 하는 가격을 기업이 얼마나 정확하게 예측하는가의 여부일 것이다. 이러한 예측부터 불가능하다면 제품 개발부터가 어렵다.

3. **구별 가능성** 모든 세분 시장이 상이한 마케팅 전략에 똑같이 반응한다면 시장을 세분화하는 것은 전혀 무의미하다. 많은 마케터들이 이러한 실수를 저지른다. 예를 들어, 마케팅 수업을 듣는 학생들을 성별이나 연령으로 세분화하는 것은 교과서 출판사에게 아무런 가치가 없을 것이다. 그 수업의 학생들은 모두 교과서를 구매해야 하기 때문이다.

4. **접근 가능성** 마케터들은 표적 세분 시장에 접근하여 그들의 욕구를 충족시켜줄 수 있어야 한다. 기업이 특정 세분 시장의 욕구를 충족시켜주기 위한 적절한 규모, 금

애플비(Applebee's)는 편리함과 건강을 동시에 추구하는 상당한 수의 소비자 집단에 접근하기 위해 550칼로리 메뉴를 런칭함으로써 성공 가능한 전략을 실시하였다.

융자산, 전문성, 또는 정부의 인허가를 갖추지 못했다면, 나머지 요건들은 모두 무의미하다. 소규모 건설회사가 부지를 매입하고 비용을 지불하기 위한 금융 자산, 또는 합법적인 주택 건설에 필요한 지방정부의 인허가를 갖추지 못했다면 주택건설 시장에서 경쟁하는 것은 불가능할 것이다.

5. **실행 가능성** 특정 세분 시장을 자사의 재화 및 용역으로 유인할 수 있는 전략을 개발할 수 있어야 한다. 기업은 자사의 마케팅 믹스를 통해 소비자들에게 제품에 대한 정보와 그 제품이 소비자들에게 어떻게 가치를 부가하는지, 그리고 궁극적으로는 어떻게 그 제품을 구매하는지에 대해 알릴 수 있어야 한다. 서브웨이(Subway)는 남성 소비자들에게 보다 매력적으로 보이고 서브웨이가 그들의 체중감량을 도울 수 있다는 내용을 담고 있는 자레드(Jared, 서브웨이 샌드위치로 다이어트에 성공하여 극심한 비만에서 탈출한 남성)를 모델로 한 캠페인으로 보다 광범위한 세분 시장을 대상으로 자사 제품을 마케팅하였다.

표적 시장의 선정

학습목표 7-4

표적 시장 선정을 위한 전략 서술

유망한 세분 시장이 위의 다섯 가지 요건을 충족한다고 판단되면, 마케터는 그 다음 단계인 표적 시장 선정을 진행한다. 시장세분화는 유망한 소비자들에게 접근하기 위한 첫 발을 내디뎠다면, 이제는 어떤 시장을 표적으로 할 것인지 결정하기 위해서 세분 시장들을 검토해야 한다. 각 세분 시장을 평가하여 어떤 세분 시장이 매출 극대화를 위한 가장 매력적인 기회를 제공하는지 결정할 때 표적 시장 선정targeting이 이뤄진다. 선정된 세분 시장이 기업의 표적 시장이 된다. 표적 시장target market은 기업이 자사의 마케팅 노력을 집중하기로 결정한 고객들의 집단을 말한다. 표적 시장 선정 과정에서 기업은 다음의 세 가지 중요한 요인들을 고려해야 한다.

1. **성장 가능성** 전형적으로, 미래의 성장 가능성이 높을수록 세분 시장의 매력성은 높아진다. 예를 들어, AT&T의 기존 주거지 유선전화 사업은 여전히 수백만 달러의 시장이다.[14] 그러나 점점 더 많은 소비자들이 휴대폰을 전적으로 사용하면서 가정 내 유선전화를 없애고 있기 때문에, 이 사업의 수익과 이익은 지난 10년간 해마다 하락하였다. 마케터는 유선전화 사업을 검토한 뒤 높은 매출 가능성을 알게 되겠지만, 성장 가능성은 매우 제한적이기 때문에 그 세분 시장은 매력적이지 않다고 판단할 것이다.

2. **경쟁 수준** 세분 시장 내 경쟁이 치열할수록 세분 시장의 매력성은 낮아진다. 경쟁자 수가 많다는 것은 기업이 수익을 올리고 시장점유율을 증가시키기 위해 촉진에 더 많이 투자하고 노력해야 한다는 것을 의미한다. 경쟁자들은 시장점유율의 상실을 방지하기 위해 매우 격렬하게 싸울 것이고, 가격경쟁력을 확보하기 위한 가격인하경쟁이 치열해질 수 있다. 만약 규모와 성장 가능성이 동일하다면, 덜 경쟁적인 환경의 세분 시장이 더 매력적이다. 예를 들어, 판다 익스프레스(Panda Express)와 같은 중국 패스트푸드 레스토랑이 뷔페식의 음식과 배달 서비스를 제공하는 수많은 중국 음식 레스토랑 시장에 진출하게 되면 경쟁수준이 높아져 그 세분 시장의 소비자들에게 접근하여 높은 이익을 내기 위해서는 더 많은 비용이 요구될 것이므로 신중한 선택이 필요하다.

3. **전략적 적합성** 마케터들은 선정된 표적 시장이 자사의 사명 선언문에서 정의하고 있는 조직의 정체성과 비전에 적합한 시장인지 확실히 하여야 한다. SWOT 분석은 기업이 특정 세분 시장을 성공적으로 표적 시장으로 선정하였는지를 결정하기 위한 우수한 틀을 제공한다.

적합한 표적 시장을 선정하는 것은 성공적인 마케팅 전략에서 결정적인 요소다. 기업의 마케팅 믹스가 얼마나 기발하고 혁신적인가에 상관없이, 기업이 잘못된 소비자를 표적으로 선정한다면 그 제품은 실패할 것이다. 맥도날드는 2009년에 최고급 제품으로 앵거스 버거(Angus burger)를 출시하였다. 앵거스 버거는 가장 가격이 비싼 메뉴 중 하나였고 맥도날드의 1 달러 메뉴를 선호하는 고객들에게는 잘 맞지 않았다. 제품은 우수하였으나, 맥도날드의 표적 소비자들은 햄버거 하나에 4~5배의 돈을 지불하고 싶어 하지 않았다. 결국 맥도날드는 2013년에 앵거스 버거를 메뉴에서 지워버렸다.[15]

표적 마케팅 전략

학습목표 **7-5**

마케팅 부서는 어떤 세분 시장이 표적으로 선정하기에 최선인가를 결정하는 데 많은 시간을 들인다. 표적 시장을 결정하고 나면, 기업은 표적 시장에 접근하기 위한 전략을 개발해야 한다. 표적 시장 선정을 위한 세 가지 기본적인 전략에는 비차별적 표적 시장 전략, 차별적 표적 시장 전략, 틈새시장 전략이 포함된다.

가장 일반적인 표적 마케팅 전략들 비교

비차별적 표적 시장 전략undifferentiated targeting

비차별적 표적 시장 전략은 전체 시장을 하나의 큰 세분 시장으로 접근한다. 기업이 시장을 세분화하지 않기 때문에, 동일한 제품과 마케팅 믹스로 모든 소비자에게 접근할 수 있다. 그래서 이 전략의 주요 장점은 제품 개발 및 마케팅 비용의 절감이다. 주로 소금이나 바나나와 같이 획일적인 제품에 적합하며, 그런 제품에 대해서 기업은 모든 고객의 필요와 욕구를 충족시키는 하나의 마케팅 믹스를 개발할 수 있다. 매우 제한적인 숫자의 제품들만이 이러한 범주에 속하며, 대다수의 제품들은 상이한 소비자들의 매우 상이한 필요와 욕구를 충족시키기 위한 것이다. 일반적인 재화 및 서비스만 제공하는 기업들은 소비자 니즈를 더욱 잘 충족시키는 보다 특화된 제품을 제공하는 경쟁자들에게 취약하다. 전혀 특별하거나 독특하지 않은 일반적인 자동차나 레스토랑이 성공할 가능성은 매우 희박하다. 따라서 대부분의 경우에 마케터들은 다음에서 설명되고 있는 보다 집중적인 전략 중 하나를 사용해야 한다.

차별적 표적 시장 전략differentiated targeting

전형적으로 기업은 비차별적 표적 시장 전략이 아니라 차별적 표적 시장 전략을 이용함으로써 더 높은 수준의 고객만족을 제공하고 더 많은 수익을 창출할 수 있다. 차별적 표적 시장 전략은 기업이 상이한 몇 개의 세분 시장을 각각의 세분 시장에 적합한 상이한 전략으로 동시에 공략할 때 나타난다. 제너럴 모터스(GM)는 성공적인 차별적 표적 시장 전략의 고전적인 사례를 보여준다. 100년 전부터 GM은 고객이 지불할 수 있는 가격과 고객이 희망하는 품질에 의해서 시장을 세분화한 뒤, 각 세분 시장의 독특한 니즈에 맞도록 자사의 제품, 메시지, 촉진을 맞춤화하여, 쉐보레(Chevrolet)에서 뷰익(Buick)과 캐딜락(Cadillac)에 이르는 GM 가족의 출발점이 되었다.

상이한 기호를 가지고 있는 다수의 지역에 동일한 제품을 마케팅하는 기업은 종종 차별적 표적 시장 전략을 사용한다. 그러한 경우, 각 세분 시장의 특유한 니즈를 충족시키기 위해서 제품은 수정될 것이다. 예를 들어, 몇몇 지역은 다른 지역에서는 팔리지 않을 맛을 가진 식품을 선호할 수 있다. 프리토-레이(Frito-Lay)는 중서부 지역에는 그라탱 맛, 뉴욕주의 버팔로에는 케첩 맛 등을 포함하여 10개 이상의 지역맞춤화된 맛을 제공한다.[16] 핵심 제품은 동일하게 유지되나, 채택된 맛은 지역적 선호에 근거하여 특정 지역에 맞춤화한 것이다. 미국 외의 국가에서 마케팅하는 기업도 역시 국가별 정부 규제와 문화적 선호에 따라서 제품을 수정해야 한다. 예를 들어, 월마트는 초기에 생선과 육류를 미국에서 판매하는 방식과 똑

프리토–레이는 미국 내 다양한 지역의 소비자를 유인하기 위해서 다양한 맛의 감자칩을 개발함으로써 차별적 표적 시장 전략을 사용하였다.

같이 스티로폼과 셀로판으로 포장하여 판매함으로써 중국 소비자들을 불쾌하게 만들었다. 중국 소비자들은 신선한 음식을 가치 있게 여기며 미리 포장이 되어 있는 제품은 오래된 상품으로 생각한다.[17] 마케터들은 이 문제에 신속히 대응하여 생선용 수조를 설치하고 육류 제품을 포장하지 않은 채 판매함으로써 중국 소비자를 위한 제공물을 차별화하였다. 정문 바로 안쪽의 정교한 화장품 매장 등과 같은 다른 차별화 전략과 더불어 이러한 움직임은 월마트로 하여금 중국 내 목표 시장의 반향을 불러일으키게 만들었다.

틈새 마케팅niche marketing

틈새시장의 소비자는 전형적으로 매우 독특한 니즈를 가지고 있으며, 그러한 니즈를 충족시키기 위해서는 높은 가격도 지불하고자 한다. 틈새 마케팅은 소규모 세분 시장 선정하는 것으로, 틈새 제품은 표적 고객이 열망하는 독특한 제공물 또는 전문성을 가지고 있다. 타이즈닷컴(Ties.com)은 성공적인 인터넷 기반의 틈새 소매업체로 1998년부터 운영되었다.[18] 패션 소매업자인 캐시 마루(Kathy Marrou)가 원래 일반 의류 소매업체였던 이 회사를 넥타이에만 집중하는 소매업체로 변신시켜 설립하였다. 그 아이디어는 매우 성공적이었고, 회사는 현재 목에 두르는 제품에 욕구를 느끼는 여성 소비자 틈새시장을 표적화하기 위해 제품라인에 스카프를 추가하였다. 기업이 표적으로 선정한 시장이 틈새시장이라 하더라도 사업이 성공하기에 충분한 규모여야 한다. 타이즈닷컴이 이색적인 넥타이를 좋아하는 10명의 사람에게만 넥타이를 팔았다면, 수익을 창출하여 하나의 사업체로 살아남기는 불가능했을 것이다. 목에 두르는 제품을 위한 세분 시장은 타이즈닷컴이 2012년에 240만 달러의 수익을 창출할 수 있었을 정도로 충분히 크며, 이 금액은 3년 전보다 578% 증가한 수치다.[19]

동일한 제품 범주 내에서도 다수의 틈새시장이 존재할 수 있다. 피자헛, 도미노스, 파파존스 등과 같은 기업들이 이끄는 미국의 피자 매출액은 최근 연간 320억 달러에 이르렀다. 그러나 다수의 피자 공급업체들은 피자 시장의 독특한 틈새 세분 시장을 표적화하는 데 성공하였다. 피자 퓨전(Pizza Fusion)은 대규모 피자 체인 대신 더 건강하고 환경 친화적인 피자를 찾는 소비자를 표적으로 삼고 있으며, 파파 머피스(Papa Murphy's)는 직접 구워 먹는 피자 틈새시장을 선도하고 있다. 리틀 시저스(Little Caesars)의 5달러짜리 핫앤레디 피자(Hot-N-Ready Pizza)는 가치와 시간 절약을 바라는 소비자들을 표적으로 하고 있다.

학습목표 7-6

표적 마케팅의 윤리적 문제점

표적 시장 선정 시 발생하는 윤리적 문제점 인식

기업이 어떤 표적 시장 마케팅 전략을 사용하는지에 관계없이, 어린이, 비원어민, 노인 등과 같은 몇몇 세분 시장에서는 특히 표적 시장 선정과 관련하여 발생하는 윤리적 문제들에 대해 신중하게 고민해야 한다. 1990년대 후반과 2000년대 초반에 아베크롬비 앤 피치

피자 페트론(Pizza Patron's)은 보다 큰 사이즈의 피자를 선호하는 히스패닉 소비자들을 표적으로 틈새 마케팅 전략을 실행함으로써 많은 고객을 확보하였다.

(Abercrombie and Fitch), 쥬시 꾸띄르(Juicy Couture), 그리고 몇몇 유사 기업들이 8~12살 사이의 "10대 초반(tween)" 어린이 소비자를 표적으로 선정하는 경향이 나타났다. 10대 초반 세분 시장은 직접 구매액이 510억 달러 이상이며, 부모와 가족 구성원에 의한 간접 구매액이 1,700억 달러에 이른다.[20] 이러한 경향은 틴에이저들에게 보다 적합한 것으로 여겨져 왔던 화장품 및 최신유행 의류 등과 같은 제품을 기업이 트윈들에게 마케팅하기 위해 이러한 제품들의 표적 연령을 조정하게 만드는 효과를 가져왔다. 게다가, 학교 내 마케팅 프로그램과 인기 있는 TV 프로그램 및 영화 속의 간접광고는 트윈들이 엔터테인먼트와 제품 촉진을 구별하는 것을 어렵게 만들었다. 아동시장을 대상으로 하는 유명한 온라인 소매업체의 분석 결과에 따르면 아동 의류의 약 30%가량이 성적인 특성을 강조하고 있다는 점이다.[21]

시장 포지셔닝

학습목표 7-7

시장 포지셔닝 3단계 및 재포지셔닝 이해

포지셔닝positioning은 표적 시장의 의식 속에 자사 제품에 대한 특정한 지각을 창출하기 위해서 기업이 수행하는 활동이다. 표적 시장 내에서의 성공은 기업이 자사 제품을 어떻게 표지셔닝하는가에 따라 어느 정도 결정된다. 소비자들이 혜택에 근거하여 재화 및 서비스를 비교한다고 가정하기 때문에 포지셔닝은 브랜드의 정체성 및 경쟁사와 대비한 적합한 위치를 고려해서 실행된다. 최적 포지셔닝을 결정하기 위해서 다음의 세 가지 주요 단계를 따른다.

1단계: 경쟁사의 위치를 분석하라analyze competitors' positions

첫 단계는 다른 경쟁사들이 시장에서 차지하고 있는 위치를 파악하는 것이다. 고객이 경쟁

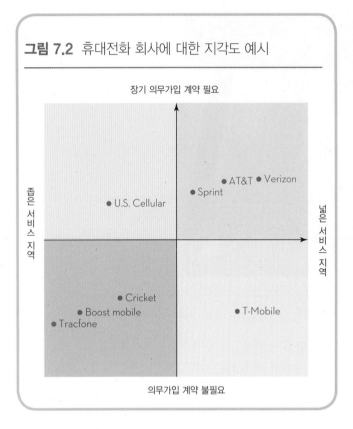

그림 7.2 휴대전화 회사에 대한 지각도 예시

사의 제공물을 어떻게 지각하는지에 대해서 현실적인 인식을 가지는 것은 중요하며, 경쟁사들이 모두 유사한 재화와 서비스를 제공하는 경우에 경쟁사 분석은 한층 더 중요해진다. 은행과 신용협동조합 등과 같은 금융기관들은 이러한 문제에 봉착해 있다. 무료 수표발행이나 온라인 뱅킹 같은 서비스는 은행의 유형에 상관없이 매우 유사하다. 뱅크 오브 아메리카(Bank of America)는 전세계에서 이용 가능한 자사의 수천 개 현금인출기와 현금인출기를 사용하여 수표를 확인하고 예치할 수 있다는 사실을 강조하는 광고를 실시함으로써 이러한 장애를 극복하려 했다. 반면, 신용협동조합은 낮은 수수료와 높은 금리를 포함하는 고객 친화적인 서비스를 촉진하고, 자신들은 이윤을 창출하기 위한 조직이 아니라는 것을 강조한다. 유망 고객들에게 자신들은 고객들로부터 이윤을 짜내는 조직이 아니라고 설명함으로써 신용협동조합은 자신들을 보다 고객 중심적인 조직으로 포지셔닝할 수 있고, 고객들이 영리 은행들로부터 전환하도록 설득할 수 있을 것이다.

시장에서의 경쟁사 위치를 파악하여 소비자의 마음속에 자리한 제품의 위치에 대한 시각적인 그림을 생성한 것이 **포지셔닝 맵**perceptual map이다. 그림 7.2는 미국 내 휴대전화 시장을 도식화하고 있는 지각도의 예를 보여준다. 포지셔닝 맵은 아직 욕구가 충족되고 있지 않은 유망한 시장 위치에 대한 지침을 제공한다. 예를 들어, 그림 7.2는 무선전화회사인 T-모바일(T-Mobile)이 2013년에 1년 의무가입 계약을 요구하지 않는 새로운 서비스 계획을 촉진하기로 결정한 이유 중의 하나를 보여준다.[22] 그렇게 함으로써 T-모바일은 의무가입 계약 없이 아이폰 또는 안드로이드폰을 구매하는 소비자들에게 전국적인 서비스망을 제공하는 기업으로 포지셔닝된 유일한 무선전화회사가 될 수 있었다. 이와 반대로, 다수의 주요 전화회사들은 전국적인 서비스망을 제공하지만 최소 1년 의무가입 계약을 요구한다. AT&T, 버라이즌(Verizon Wireless), 스프린트(Sprint)가 이미 그러한 시장 위치에서 경쟁하고 있었기 때문에, T-모바일이 동일한 포지셔닝 전략을 이용하여 성공하기는 어려웠을 것이다.

2단계: 자사의 경쟁 우위를 명확하게 정의하라
clearly define your competitive advantage

마케터들은 경쟁 우위와 소비자들이 자사 제품을 구매하는 이유를 파악하고, "왜 내가 이 제품을 사야 하는가?"라는 질문에 대해서 소비자들이 명확한 답을 가지고 있어야 한다는 것을 알고 있다. 마케터가 소비자의 마음속에 이러한 질문에 대한 답변을 분명하게 확립시킬 수 없다면, 그 제품의 잠재력은 완전하게 실현될 수가 없을 것이다. 다음과 같이 기업의 경쟁 우위를 강조하기 위해 사용 가능한 수많은 포지셔닝 전략이 있다.

1. **가격 대비 품질 관계** 월마트는 가격 대비 품질 관계 전략을 사용하여 성공적으로 포지셔닝한 저가격 소매업체의 우수한 사례다. 전 세계적으로 수천 개에 달하는 매장 덕분에 월마트는 도매업체로부터 대량구매 할인을 받아 자사의 유통비용을 낮게 유지할 수 있다. 이러한 비용절감은 제품 판매가격의 하락으로 이어져 경쟁사들은 가격경쟁에서 이길 수가 없다. 쇼핑객들은 월마트가 가장 낮은 가격을 제공한다는 것을 알기 때문에 월마트를 선택한다. 이것은 다시 월마트 브랜드를 강화시키고, 경쟁 우위의 증진으로 이어진다.

2. **제품 속성** 제품은 종종 시장 내에서 독특한 위치를 창출하는 다양한 속성들을 가지고 있다. 마케터들은 그러한 속성을 평가하여, 제품이 고객에게 가치 있는 특수한 범주로 포지셔닝되게 해야 한다. 성공적인 속성들에는 리더십, 유산, 제품 제조 과정, 또는 멋짐(coolness) 요인 등이 포함된다. 예를 들어, 나이키는 마이클 조던이 은퇴한 뒤 에어 조던 제품 라인을 마케팅하여 지속적으로 높은 매출을 올렸다. 나이키 운동화의 멋짐 요인은 시장에서 독특한 위치를 창출하는 속성이며 전 세대에 걸친 소비자들의 반향을 불러일으켰다.

3. **응용성** 애플이 아이패드 제품으로 성공할 수 있었던 이유 중 하나는 제품에 부가되는 애플리케이션이 가지고 있는 경쟁 우위 덕분이다. 새로운 아이패드 모델을 출시하면서, 애플은 경쟁제품과 아이패드를 보다 더 차별화하기 위해서 페이스타임(FaceTime), 아이클라우드(iCloud)와 같은 독점적인 서비스를 강조하였다. 게다가, 애플은 고객들에게 자사의 앱스토어가 가장 높은 수준의 안전성 표준을 제공하는 최대 규모의 매장임을 상기시켜주었다.

기업이 자사의 경쟁 우위를 표적 시장에게 분명하게 제시할 수 있는 한, 하나의 경쟁 우위를 촉진할지 아니면 다수의 경쟁 우위를 촉진할지 선택할 수 있다.

3단계: 피드백을 평가하라 evaluate feedback

시장 포지셔닝의 세 번째 단계는 소비자의 피드백을 지속적으로 평가하는 것이다. 패션 스타일이 변하는 것과 마찬가지로, 자동차, 음식, 심지어는 교육 분야의 학습 형식을 포함해서 거의 모든 것에 대한 소비자 기호도 변한다. 예를 들어, 많은 학생들이 학교에 다니면서 동시에 일을 하고 있기 때문에, 대학들은 야간 수업을 제공했고, 학생들의 업무 스케줄, 높은 차량 연료비, 어려운 경제 사정에 부응하기 위해서 대학들은 보다 많은 온라인 과정을 제공하기 시작했다. 대학은 표적 시장이 요구하는 추가적인 속성과 편의성에 부응하기 위해서 자신들의 제품을 수정하고 있지만, 여전히 자신들을 고품질 교육 프로그램 제공자로 포지셔닝한다.

디즈니는 더 나은 포지셔닝을 위해서 어린이 건강에 관심이 많은 소비자들로부터의 피드백을 활용하였다. 디즈니는 2015년까지 자사 네트워크상에서 광고되는 식음료 제품은 자사 고유의 영양 표준에 적합해야 한다고 발표했다. 2012년, 디즈니는 자사의 매장, 놀이공원, 리조트에서 판매되는 음식이 영양 표준을 충족시킨다는 것을 나타내는 "미키 확인(Mickey Check)" 증표를 사용하기 시작했다.[23] 이러한 프로그램의 목표는 아동 비만과의 전쟁이라고 명시되었다. 이 민감한 문제에 대한 고객의 피드백에 귀 기울이는 것은 어린이의 건강한 삶을 추구한다는 점에서 디즈니가 부모들의 파트너로 포지셔닝될 수 있도록 만들었다.

포지셔닝 선언문positioning statement

기업이 자사 제품을 최적으로 포지셔닝하는 방법을 결정하고 나면, 자사가 선택한 시장 포지션을 먼저 조직구성원들 및 고객들을 대상으로 간단명료하게 전달해야 한다. 자사 제품의 핵심 표적 시장이 누구이며, 핵심 표적 시장이 자사 제품을 어떻게 인식하기를 바라는지에 대한 설득적인 내용을 간단명료하게 서술하여 포지셔닝 선언문을 발표하는 것이다. 성공적인 포지셔닝 선언문은 제품의 경쟁 우위를 포함하여 포지셔닝 과정의 전 단계를 명확하게 반영하고 있다. 또한 의사소통을 용이하게 하고 기업이 전달하고자 하는 메시지에 대한 주주와 소비자들의 이해 가능성을 증진시키기 위해서 포지셔닝 선언문은 간결해야 한다. 집카(Zipcar)는 회원들에게 시간당 또는 일당 요금제로 차량이용 예약 서비스를 제공하는 회원 기반의 차량–공유 기업이다. 집카의 목표는 차량을 소유하는 것보다 더 나은 대안으로 자사 서비스의 우수성을 강조하는 것이다. 이러한 접근방식은 30개의 단어수를 넘기지 않으면서도 표적 시장이 누구인지, 표적 시장 소비자가 자사의 서비스를 어떻게 인식하기를 바라는지, 그리고 자사의 서비스가 다른 대안들보다 어떤 우위를 가지는지 간략하게 서술하는 다음의 포지셔닝 선언문에 잘 나타나 있다.

> 도시에 거주하는 높은 교육수준의 기술에 정통한 소비자(표적 시장)가 차를 소유하는 대신 집카의 차량–공유 서비스를 사용하면(소비자의 의식 속에 심어주고 싶은 자사 서비스의 포지션) 탄소를 줄이는 동시에 돈을 절약할 수 있습니다(경쟁 우위).[24]

포지셔닝 선언문이 소비자들에게도 제대로 전달되려면 먼저 내부구성원들과 이해관계자들이 기업의 기본 원칙을 따르게 만들기 위한 내부 지침의 역할을 수행해야 한다. 모든 부서가 조직의 시장 포지셔닝을 더 잘 이해할수록, 시장 포지셔닝은 전체 조직을 걸쳐 더 잘 전달되고 실행될 것이다.

재포지셔닝repositioning

현명한 마케터들은 신제품을 런칭할 때에만 포지셔닝을 해야 하는 것이 아니라 포지셔닝은 계속되는 과정이라는 것을 알고 있다. 소비자 피드백, 매출 하락, 또는 시장점유율의 감소는 모두 기업이 포지셔닝 전략에서 전면적인 변화를 시도해야 할 필요가 있다는 것을 시사한다. 또한 시간이 지나도 일관된 포지션을 유지하는 기업은 그러한 포지션이 성공적일지라도, 변화하는 고객 선호를 놓칠 수 있다. 현재와 같은 디지털 시대에서, 표적 시장에 지속적으로 도달하고자 한다면 마케터들은 자신들의 전략을 변경하고 수정해야 한다. 재포지셔닝은 시장의 변화에 대응하기 위해 제품의 포지션을 재수립하는 것을 수반한다. 선키스트(Sunkist)는 유행에 민감한 10대들과 젊은 성인들을 목표로 재포니셔닝 전략을 수립하고 유튜브와 페이스북 플랫폼을 활용하고 있다.

재포지셔닝과 마케팅 믹스repositioning and the marekting mix 재포지셔닝은 전형적으로 하나 또는 그 이상의 마케팅 믹스 요소에 대한 변경을 수반하는데, 제품이나 촉진 변경이 빈번하다. 도미노 피자(Domino's Pizza)의 마케팅 캠페인은 브랜드를 어떻게 재포지셔닝할 것인가에 대한 훌륭한 사례를 제공한다. 도미노 피자의 내부 조사에 따르면, 자사의 최대 소비자 세분 시장인 대학생들은 나이가 들어가면서 저가격보다 품질과 맛을 더 중요하게 여겨서 도미노를 서서히 거부한다는 것이다. 이러한 소비 감소가 성장감소로 이어질 것이라는 판단에서 도미노 피자는 품질과 맛에 대한 소비자들의 부정적인 감정을 강조하는 장면을 광고에 담고 재포지셔닝을 시도하였다. 표적 청중의 태도와 의견을 이해하고 부정적인 반응을 인정함으로써, 도미노 피자의 캠페인 메시지는 소비자들의 반향을 불러일으켰다. 현재 및 과거 고객들은 자신의 문제를 인정하는 도미노 피자의 캠페인 메시지를 믿었고, 이 덕분에 도미노 피자는 메시지의 나머지 부분에서 자신들이 어떻게 변했고 개선되었는지를 이야기할 수 있었다.

경쟁제품 재포지셔닝repositioning the competition 재포지셔닝을 위해 자사 제품의 포지션을 변경하기보다 경쟁제품을 재포지셔닝하는 전략도 있다. 예를 들어, 애플은 맥과 맥이 아닌 PC의 능력과 속성을 비교하는 그 유명한 "나는 맥입니다, 나는 PC입니다(I'm a Mac, I'm a PC)" 광고을 통해서 델(Dell)과 휴렛-팩커드(Hewlett-Packard) 같은 PC 경쟁제품을 재포지셔닝하는 데 성공했다. 그 촉진 캠페인은 애플의 맥은 여유가 넘치고, 사용하기 편리한 제품인 데 반해 PC는 형식적이고 고루한 제품으로 묘사하는 데 성공했다. 이러한 유형의 재포지셔닝 전략은 자신의 포지션은 변경하지 않으면서 상대편을 부정적으로 정의하는 정치 마케팅 전략에서도 흔히 볼 수 있다.

젊은 소비자들을 표적으로 하는 자사 제품을 재포지셔닝하기 위해서, 선키스트의 마케터들은 소셜미디어 매체들과 파트너십을 결성하여 "굉장한 12온스(12 ounces of awesome)" 캠페인을 촉진하였고 브레이크 댄스를 담은 몇 편의 새로운 유튜브 동영상을 제작하였다.

EXECUTIVE PERSPECTIVE

코넬리우스 러브레이스(Cornelius Lovelace)

피트니스 부트캠프 무한책임회사(Fitness Bootcamp Unlimited) 상무 이사

코넬리우스 러브레이스(Cornelius Lovelace)는 대학에서 생물학과 물리치료학을 전공했으나, 성공적인 사업을 일구고 다른 사람들을 돕고자 하는 자신의 목표를 달성하기 위해서는 마케팅이 필수적이라는 것을 곧 깨달았다. 피트니스 부트캠프 무한책임회사(Fitness Bootcamp Unlimited)에서 러브레이스와 그의 팀은 자신들의 포지셔닝을 고객의 특별한 목표를 충족시키기 위한 것으로 설정하고 다양한 연령층 및 상이한 소득수준의 고객들이 더욱 건강한 삶을 살 수 있도록 도왔다. 유사한 서비스를 제공하는 경쟁업체가 많지만, 피트니스 부트캠프 무한책임회사는 잠재고객을 발견해 내고, 개별 트레이닝과 건강 교육을 강조하는 메시지를 전달하여, 고객이 지속적으로 재방문하게 만드는 고품질 서비스를 제공함으로써 성공할 수 있었다.

Q. 성공하기 위해 가장 중요한 것은 무엇이었습니까?

고객들의 목표를 귀담아 듣고 관심을 가지는 일이라고 말할 수 있습니다. 자사는 균형 있는 식단 섭취와 운동으로 사람들이 건강을 유지하도록 돕는 데 주력하고 있습니다. 저는 거의 모든 사업체의 고객들은 사업자가 자신들에게 진심으로 관심을 기울이고 있는지, 아니면 립서비스만 제공할 뿐 진심으로 관심을 기울이는 것이 아닌지를 알고 있다고 믿습니다. 여러분이 고객을 최우선으로 여기지 않는다면, 고객들은 고객을 최우선으로 여기는 다른 회사를 찾을 것입니다.

Q. 예비 졸업생에게 어떤 조언을 해 주시겠습니까?

구전 커뮤니케이션이 최고의 광고라고 여긴다면, 반드시 여러분과 여러분의 사업이 훌륭하며 진실하고 정직하다는 구전이 되도록 해야 합니다. 새로운 사업을 계획하고 있는 모든 예비 창업주들은 고객이 페이스북, 트위터, 또는 제품 후기를 통해 친구, 가족, 때때로 전 세계 사람들에게 이야기할 것이라는 것을 이해해야 합니다. SNS를 사용하는 모든 고객은 여러분의 사업에 도움이 되거나 아니면 해가 될 수 있는 의견을 제시할 가능성이 있습니다. 그렇기에 모든 창업주들은 하나하나의 모든 고객경험을 최고의 경험으로 만들도록 집중해야 합니다. 훌륭하고, 진실하며, 정직한 구전 광고는 가장 강력한 마케팅 도구가 될 것이나, 부정적인 후기는 가장 치명적인 도구가 될 것입니다.

Q. 어떤 마케팅 업무를 수행하고 계십니까?

저는 항상 제 회사를 마케팅하고 있습니다. 특히 사업체의 규모가 작을수록 이것은 중요하다고 생각합니다. 저는 항상 잠재고객과 자사의 메시지를 공유하기 위한 방법을 찾고 있습니다. 웹사이트 디자인에서 회원카드 외형에 이르기까지 모든 사소한 의사결정도 제가 내려야 할 중요한 마케팅 의사결정에 해당합니다.

Q. 본인의 개인 브랜드(personal brand)는 어떠해야 한다고 생각하십니까?

"팀워크가 여러분의 꿈을 이루게 해준다!"고 말하고 싶습니다. 제 개인 브랜드의 중대한 부분은 제

사업과 고객을 위한 결과를 효과적으로 이끌어 내기 위해 제가 많은 사람들과 협업할 수 있다는 것입니다. 최고의 조직은 자신들이 가진 재능을 활용하고 각 부분의 합보다 전체 조직의 성과를 더 뛰어나게 만들기 위해 사람들이 협력할 수 있는 조직입니다.

Q. 귀사에서 시장세분화를 위해 가장 중요하게 고려해야 할 점은 무엇입니까?

자사는 고객들을 더 건강하게 만드는 것에 대해서 고객들이 우리에게 돈을 지불하고자 하는 이유가 무엇인지에 근거하여 시장을 세분화하였습니다. 보다 활기찬 사회생활을 영위하기 위해 건강해지기를 바라는 사람들의 심리적 동기는 높은 콜레스테롤 수치 때문에 자사의 서비스를 필요로 하는 사람들의 심리적 동기와는 다릅니다. 사업의 상당 부분은 이러한 각각의 동기를 가진 고객들이 목표를 달성할 수 있도록 자사가 도울 수 있다는 것이며, 각기 다른 동기를 가진 고객들에게 각기 다른 광고와 웹사이트 정보를 활용하여 마케팅을 해야 한다는 것입니다.

DISCUSSION QUESTIONS

1. 졸업 후 취업하고 싶은 기업을 하나 선택해서, 그 기업이 시장세분화로부터 어떻게 이익을 얻는지 논의하라. 그 기업은 현재 시장세분화를 잘 하고 있는가? 왜 그렇다고 생각하는가? 또는 왜 그렇지 않다고 생각하는가?

2. 패스트푸드를 위한 표적 시장을 선정하고, 그 세분 시장이 효과적인 표적 시장으로 간주되기 위해서 다섯 가지의 모든 요건을 어떻게 충족시키는지 설명하라.

3. 포지셔닝에 성공한 브랜드와 실패한 브랜드를 각각 선정하여 그 이유를 비교분석해보자.

4. 재포지셔닝이 필요하다고 판단되는 브랜드를 선정하여 현재 포지셔닝의 문제점을 제시하고 재포지셔닝 방안을 구체적으로 세 가지 제안해 보시오.

CHAPTER NOTES

1. Monte Burk, "Five Guys Burgers: America's Fastest Growing Restaurant Chain," *Forbes*, July 18, 2012, http://www.forbes.com/forbes/2012/0806/restaurant-chefs-12-five-guys-jerry-murrell-all-in-the-family.html.

2. Rob Sachs, "High-End Burger Joints Raise the Stakes," *NPR*, April 21, 2011, http://www.npr.org/2011/04/21/135569985/high-end-burger-joints-raise-the-stakes.

3. Ibid.

4. Lindsay M. Howden and Julie A. Meyer, "Age and Sex Composition: 2010," *U.S. Census Bureau*, May 2011, http://www.census.gov/prod/cen2010/briefs/c2010br-03.pdf.

5. Kaylene C. Williams and Robert A. Page, "Marketing to the Generations," *Journal of Behavioral Studies in Business*, no. 3 (April 2011), pp. 1–17.

6. Stephanie Clifford, "Revamping, Home Depot Woos Women," *The New York Times*, January 28, 2011, http://www.nytimes.com/2011/01/29/business/29home.html.

7. Elizabeth Sweet, "Guys and Dolls No More?" *The New York Times*, December 21, 2012, http://www.nytimes.com/2012/12/23/opinion/sunday/gender-based-toy-marketing-returns.html?_r=0).

8. Colin Barr, "'Mass Affluent' Are Strapped Too, BofA finds," *CNNMoney*, January 24, 2011, http://finance.fortune.cnn.com/2011/01/24/mass-affluent-are-strapped-too-bofa-finds/.

9. Ibid.

10. Penelope Green, "Under One Roof, Building for Extended Families," *The New York Times*, November 29, 2012, http://www.nytimes.com/2012/11/30/us/building-homes-for-modern-multigenerational-families.html?pagewanted=1.

11. Ryan Poe, "Ikea in Birmingham? Metro Falls Short of Retailer's Population Target," *Birmingham Business Journal*, October 29, 2012, http://www.bizjournals.com/birmingham/blog/2012/10/ikea-in-birmingham-dont-hold-your.html.

12. Joshua Caucutt, "Cracker Barrel Is Cracklin'," *InvestorGuide*, May 25, 2010, http://www.investorguide.com/article/6467/cracker-barrel-is-cracklin-cbrl/.

13. U.S. Census Bureau. "Table 14, State Population—Rank, Percent Change, and Population Density: 1980–2010," *Statistical Abstract of the United States: 2012*, n.d., http://www.census.gov/compendia/statab/2012/tables/12s0014.pdf.

14. Todd Haselton, "AT&T Revenue Up 2% in Q2; 3.6 Million iPhones Activated," *BGR*, July 21, 2011, http://bgr.com/2011/07/21/at-3-6-million-iphones-activated/.

15. NBC News Staff, "Where's the Beef? McDonald's Dropping Angus Burgers from U.S. Menu," *NBC News*, May 9, 2013, http://www.nbcnews.com/business/wheres-beef-mcdonalds-dropping-angus-burgers-us-menu-1C9864163.

16. Michele Kayal, "America's Patchwork of Potato Chip Varieties," *Huffington Post*, August 8, 2012, http://www.huffingtonpost.com/2012/08/14/regional-potato-chip-varieties_n_1775098.html.

17. Keith Naughton, "The Great Wal-Mart of China," *Newsweek*, October 29, 2006, http://www.thedailybeast.com/newsweek/2006/10/29/the-great-wal-mart-of-china.html.

18. Sebastian Weiss, "Husband and Wife Team Ties into Rising Tide of E-Business," *San Antonio Business Journal*, December 12, 1999, http://www.bizjournals.com/sanantonio/stories/1999/12/13/story5.html?page=all.

19. Inc., "2012 Inc.com 5000 List," n.d., http://www.inc.com/inc5000/list/2012/400/employees/ascend.

20. Leslie Jane Seymour, "Tween 'R' Shoppers," *The New York Times*, April 22, 2007, http://www.nytimes.com/2007/04/22/nyregion/nyregionspecial2/22RSHOP.html?pagewanted=all&_r=0.

21. Samantha M. Goodin, Alyssa Van Denburg, Sarah K. Murnen, and Linda Smolak, "Putting on Sexiness: A Content Analysis of the Presence of Sexualizing Characteristics in Girls' Clothing," *Sex Roles* 65 (2011), pp. 1–12.

22. David Pogue, "Breaking Free of the Cellphone Carrier Conspiracy," *The New York Times*, April 3, 2013, http://www.nytimes.com/2013/04/04/technology/personaltech/t-mobile-breaks-free-of-cellphone-contracts-and-penalties.html?pagewanted=all&_r=0.

23. Brooks Barnes, "Promoting Nutrition, Disney to Restrict Junk-Food Ads," *The New York Times*, June 5, 2012, http://www.nytimes.com/2012/06/05/business/media/in-nutrition-initiative-disney-to-restrict-advertising.html?pagewanted=all&_r=0.

24. Alice M. Tybout and Bobby J. Calder, eds., *Kellogg on Marketing*, 2nd ed. (Hoboken, NJ: John Wiley & Sons, 2010), p. 89.

PART THREE
고객 접근 방법

Teresa Goodnight
Senior Director of Sales

zayo

Zayo Group
http://www.zayo.com/

Zayo Group is a global provider of data transfer infrastructure services used by wireless and wireline carriers; media and content companies; governments; and high-bandwidth enterprises, like health care, education, financial services, logistics, technology, and numerous other industries.

Terry Matthews
Executive Vice President and President of Intermodal

J.B. HUNT   **J.B. Hunt Transport Services, Inc.**
http://www.jbhunt.com/

J.B. Hunt is a Fortune 500 company and one of the largest transportation logistics companies in North America. It provides safe and reliable transportation services to a diverse group of customers throughout the continental United States, Canada, and Mexico.

Mark Duckworth
Chief Executive Officer and Founder

O P T U S   *Optus Inc.*
https://www.optusinc.com/

Optus provides customers with business telecommunications solutions, offering telephone hardware; engineering, training, and maintenance services; and complementary products.

Andrew Hicks
Law Firm Partner

Schiffer Odom Hicks
& Johnson PLLC
Trial Lawyers.

Schiffer, Odom, Hicks, and Johnson
http://www.sohlawfirm.com/

Schiffer, Odom, Hicks, and Johnson is a boutique litigation firm with offices in Houston, Texas, and Seattle, Washington.

Chapter 8

촉진전략
PROMOTIONAL STRATEGIES

학습목표   이 장에서는 재화, 서비스, 아이디어 등 판매제품의 가치를 소비자에게 알리는 촉진에 대해 학습하고자 한다. 촉진 믹스는 여러 유형의 매체와 메시지가 결합되어 구성되는데, 이 장에서는 광고, 판매 촉진, 인적판매, 그리고 홍보의 촉진 믹스 요소들을 서술하고 이러한 도구들을 통합적 마케팅 커뮤니케이션 전략의 활용에 대해 살펴보게 된다.

촉진 믹스

촉진 믹스의 요소에 대해 이해하고 통합 마케팅 커뮤니케이션 전략과의 관련성 이해

"레드불이 당신에게 날개를 달아드립니다"라는 슬로건과 함께 창의적으로 커뮤니케이션할 수 있는 촉진 방법을 항상 구상하는 레드불(Red Bull)은, 장시간 자유낙하 점프의 세계기록을 갱신하기 위해 익스트림 스포츠 선수인 펠릭스 바움가르트너(Felix Baumgartner)가 고도 39㎞의 성층권에서 점프하여 낙하하는 동안 1,000㎞의 음속을 넘는 속도까지 도달하는 이벤트를 실시하였다.[1] 이 이벤트를 통해 레드불의 라이프스타일을 홍보하였으며, 유투브에서 5,000만 명 이상의 사람들이 시청하기도 하였다.[2] 또한 이벤트의 성공을 광고에 활용하여, TV부터 소셜미디어까지 모든 매체에서 촉진 전략의 영향력을 증강시킬 수 있었다.

촉진은 네 개의 마케팅 믹스 요소 중 하나이며, 대부분의 기업과 시장과의 커뮤니케이션이 일어나는 부분이다. 촉진promotion은 제품의 가치를 커뮤니케이션하고 고객에게 제품을 구매하도록 설득하는 모든 활동이다. 제품을 촉진시키기 위해 사용하는 도구들이 바로 촉진 믹스다. 촉진 믹스는 마케팅 믹스의 하위 구성요소이며, 여기에는 마케팅 커뮤니케이션의 주요한 네 가지 요소인 광고, 판매촉진, 인적판매, 홍보가 포함된다.

레드불은 스카이다이버 펠릭스 바움가르트너가 39㎞ 상공의 성층권에서 시도한 인류 최초의 우주 점프 영상을 제작했다. 전 세계에 생중계된 이 영상은 많은 뉴스 프로그램과 웹사이트에서 방송되었다.

촉진 믹스의 요소들elements of the promotion mix

그림 8.1에서 제시된 촉진 믹스의 각 요소는 기업이 고객들과 커뮤니케이션할 수 있는 도구들을 보여준다. 과거에는 촉진 믹스의 네 가지 요소들이 기업 내 각각의 독립적 부서들에 의해 다뤄졌으며, 요소들이 서로 어떻게 조화를 이루는지에 대해서는 거의 관심이 이뤄지지 않았다. 광고 부서에서는 판매인력과 협업하지 않고 광고 메시지를 계획하며 실행하곤 했으며, 이 때문에 고객이 방문하는 동안 서로 다른 메시지에 초점을 맞추었을 수도 있다. 오늘날 기업들은 네 가지 요소들을 통합시켜, 전체 촉진 믹스가 기여하는 바가 각각의 요소들이 기여하는 총합을 초과할 수 있게 노력한다.

통합마케팅커뮤니케이션integrated marketing communications

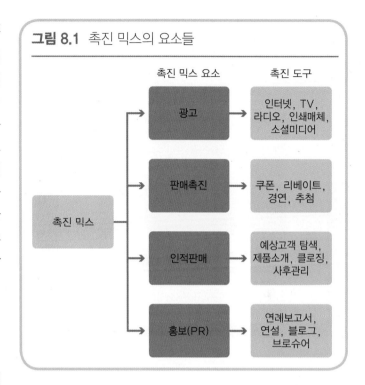

그림 8.1 촉진 믹스의 요소들

촉진 믹스 요소 → 촉진 도구

- 광고 → 인터넷, TV, 라디오, 인쇄매체, 소셜미디어
- 판매촉진 → 쿠폰, 리베이트, 경연, 추첨
- 인적판매 → 예상고객 탐색, 제품소개, 클로징, 사후관리
- 홍보(PR) → 연례보고서, 연설, 블로그, 브로슈어

촉진 믹스의 다양한 요소들을 포함하는 통합된 커뮤니케이션의 해결책은 기업이 고객과의 관계를 효과적으로 창출하고 발달시킬 수 있게 해준다. **통합마케팅커뮤니케이션**integrated marketing communications, IMC 전략에는 다양한 촉진 믹스 요소들을 조정하여 소비자들에게 기업의 제품들에 관한 명확하고 일관적인 메시지를 제공하는 것이 포함된다. 예를 들어, 소비자들이 좀 더 열정적으로 살아가도록(Live Más) 장려하는, 타코벨(Taco Bell) IMC 캠페인의 브랜드 에센스(브랜드, 본질)는 '연료로서의 음식'에서 '경험으로서의 음식'으로 진화하는 고객들의 마음가짐을 반영한 것이다. 타코벨의 광고, 홍보, 판매촉진, 매장내 직원들은 모두 'Live Más'라는 주제에 초점을 맞추었다.[3] 타코벨은 '빅 박스 리와인드(Big Box Rewind)' 제품 촉진을 위해서, 승자가 MTV 비디오뮤직어워드 여행 티켓을 받을 수 있는 판매촉진 경품 마케팅을 활용하였다. 소비자들은 타코벨 페이스북 페이지에 좋아요를 누르고 경품에 응모할 수 있도록 하였다. 마케터들은 또한 이러한 판매 촉진을, 순회 공연 중인 전도 유망한 밴드들에 식사를 대접하고 이들을 지원하도록 돕는 'Feed the Beat' 음악 프로그램과 연결시켰다. 'Live Más' 전략 진행 과정에는 로코스 타코스(Locos Tacos)라는 신제품 출시가 포함되어 있어 아주 효과적인 IMC가 이루어질 수 있었다.[4] 제품 출시를 위한 TV 광고에는 타코벨의 도리토스 로코스 타코스(Doritos Locos Tacos)를 먹어보기 위해서 오하이오까지 간 뉴욕의 한 친구들에 대한 실제 이야기를 토대로 제작된 '로드 트립'이라는 제목의 광고가 실시되어 큰 인기를 끌었고, 출시 10주 만에 1억 개 이상은 판매하였다.

　각 촉진 믹스 요소들은 각기 다른 표적 세분 시장에 영향을 미칠 수 있으며, 마케터는 IMC 전략 내에서 각 요소의 영향을 이해해야 한다. 로코스 타코스 출시를 위해서, 타코벨은 TV 광고에만 주로 의존하였지만, 어떠한 촉진 믹스 요소들이 제품의 수명 주기 중 각기 다

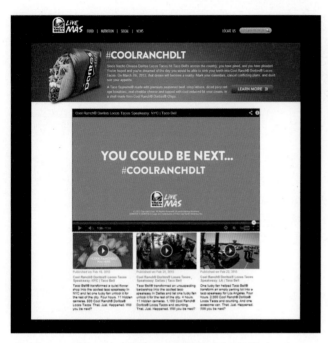

타코벨(Taco Bell)은 프리토레이(Frito-Lay)와 협력하여 쿨 랜치 도리토스 로 커스 타코(Cool Ranch® Doritos® Locos Tacos)의 출시를 알리고자 TV, 라디오, 옥외광고, 소매활동, 온라인 광고뿐만 아니라, 홍보 및 소셜미디어 프로모션 등을 포함한 통합 마케팅 커뮤니케이션 전략을 사용했다.

학습목표 8-2

여러 가지 유형의 광고의 장점과 단점 비교

른 시점에서 각기 다른 세분 시장에 가장 큰 영향을 미치는지를 지속적으로 평가하기 위해서 마케팅 조사 기법들을 사용하여 다양하게 믹스되기도 한다. 마케팅 조사를 기초로 마케팅 부서는 가장 효과적인 요소들에 촉진 예산을 더 많이 배분함으로써 판매량을 증가시키고 브랜드 자산을 구축할 수 있다.

광고

광고는 대부분의 소비자들이 촉진 믹스 중 첫 번째로 여기는 요소다. 광고advertising는 상품, 서비스 혹은 아이디어들에 관한 비인적 촉진 커뮤니케이션으로 그 비용은 기업이 지불하고 누가 광고하는지 광고주가 명확히 드러난다. 정의에서 나타나는 '비용 지불'과 '비인적'이라는 두 단어는 광고의 핵심요소다. '지불'에 담긴 의미는 광고 메시지를 위한 시간이나 공간이 구매된다는 점을 반영한다. 지불이 되기 때문에 광고주의 의도대로 광고 메시지가 제작되어 전달된다는 점에서 통제가 가능하다. '비인적'의 의미는 광고가 소비자들에게 일대일로 마케팅하는 것보다 많은 대중들에게 메시지를 전달하기 위해서 매체(예를 들어, 인터넷, 텔레비전, 라디오, 신문 등)를 사용한다는 사실을 말한다. 기업은 많은 대중들에게 매력을 제시하기 위해서 매년 수천억 달러를 광고에 비용을 들이고 있으며 하나의 주제를 중심으로 여러 개의 광고가 제작되는 광고 캠페인을 실행하기도 한다. 광고 캠페인advertising campaign의 목적은 '알리고, 설득하고, 상기시키는' 세 가지다.

1. **정보전달 광고**informative advertising는 제품에 대한 초기 수요를 구축하는 것이 목적이다. 이는 특히 제품 수명 주기의 도입 단계에서 중요하다. 제품에 대한 소개와 기본정보, 구입처, 구입방법 등이 제시된 광고가 이에 해당한다.
2. **설득 광고**persuasive advertising는 기존 제품에 대한 수요를 증가시키는 것이 목적이다. 설득 광고는 기업들이 직접적으로 경쟁을 하면서 서로 시장을 점유하려 할 때, 제품 수명 주기의 성장 단계에서 일반적이다. 제품의 강점을 명확히 제시하고 경쟁제품에 비해 우수한 점을 강조하는 광고가 이에 해당된다.
3. **상기 광고**reminder advertising는 이전의 촉진 활동을 강화시키고자 하는 노력으로, 제품을 계속 대중에게 선보이고자 하는 것이 목적이다. 상기 광고는 제품 수명 주기에서 성숙 및 쇠퇴 단계에서 가장 일반적이다. 구매고객을 대상으로 이메일을 보낸다거나 잠재고객에게 구매혜택을 제시하면서 구매를 하도록 상기시키는 것이 이에 해당된다.

보통은 광고의 목적에 따라 메시지 전달에 가장 적합한 매체를 결정하게 된다. 그림 8.2에서는 각각의 주요한 매체를 통해 전달되는 세계적 광고의 비율을 보여준다. 즉, 인터넷, TV, 라디오, 잡지, 신문, 옥외광고(광고판, 스포츠 경기장의 간판, 공중광고(skywriting), 건물측면광고, 자동차 등) 등이다. 어떤 매체들은 꾸준히 이용되지만, 신문 광고는 줄어들 것으로 예상되며 인터넷 광고는 약 5%까지 성장할 것으로 기대된다는 점에 주목해야 한다. 각각의 매체 형태는 기업들이 특정 제품과 예산에 가장 잘 맞는 조합을 결정하길 원한다면, 반드시 이해해야 하는 고유한 장점과 단점들을 잘 파악해야 한다.

인터넷 광고internet advertising

인터넷 광고에도 많은 종류가 있다. 유료 인터넷 광고는 검색광고와 디스플레이 광고로 나뉠 수 있다. 검색 광고는 소비자들의 검색을 기초로 원하는 브랜드 콘텐츠나 광고 링크를 제시하는 것이고, 디스플레이 광고는 배너광고가 대표적이다. 최근의 배너 광고는 마우스를 대면 영상이 나오거나 화면이 커지는 등 다양한 형태로 이루어진다. 페이스북과 같은 소셜미디어 플랫폼 또한 온라인 광고를 위한 새로운 전략들을 제공하기 때문에, 선호되는 인터넷 광고 플랫폼으로 활용되고 있으며 소셜미디어를 잘 활용하는 소비자들에게 후원이나 지원을 통해 제품을 홍보하도록 하고 있다.[5] 코카콜라, 리바이스, 유니세프 등등 다양한 기업들이 이러한 부분에 광고 예산을 더 편성하고 있다.

인터넷은 또한 소비자들과 바로 의사소통하고 반응을 얻을 수 있는 직접 광고도 가능하다. 소비자의 구매이력이나 마케팅조사 데이터 등으로 수집된 이메일을 통해 **직접 마케팅** direct marketing을 실시한다. 소비자 데이터를 기초로 전달하는 개인 맞춤형 정보이기 때문에 소비자들이 자주 방문한 레스토랑의 특가 판매 홍보나 흥미를 이끌만한 새로운 제품에 관한 정보를 전달하는 데 효과적이다.

인터넷 광고의 이점advantages of internet advertising 인터넷을 통한 광고의 한 가지 이점은 다른 매체에서의 광고와 비교할 때 상대적으로 비용이 절감된다는 것이다. 온라인 유료 광고비가 2011년 이후 10~15% 감소하였고 소셜미디어 광고 콘텐츠는 게시하는 데 거의 비용이 들지 않는다.[6] 게다가 인터넷 마케팅의 효과는 TV, 라디오 혹은 인쇄 광고보다 훨씬 더 정확한 측정이 가능하다. 광고 1000회 노출당 비용(CPM), 클릭당 비용(CPC), 광고 연결률(CTR)과 같은 지표를 사용하며, 구글 애널리틱스(Google Analytics)와 같은 측정 도구들을 사용할 수 있다. 인터넷 광고 효과를 확인하여 광고효과 및 판매율을 높이기 위해

그림 8.2 주요 매체의 글로벌 광고비용 지분율

백분율

2012: 0.6 / 6.6 / 7.0 / 8.7 / 18.9 / 18.0 / 40.3
2015*: 0.6 / 6.3 / 6.6 / 7.2 / 15.8 / 23.4 / 40.2

연도

텔레비전 | 인터넷 | 신문 | 잡지
라디오 | 옥외광고 | 기타

자료원: ZenithOptimedia, "Advertising Expenditure Forecasts, April 2013," http://www.zenithoptimedia. com/zenith/wp-content/uploads/2013/04/ZO-Adspend- Forecast-April-2013-executive-summary.pdf.

구글 웹 로그 분석 등의 측정 도구는 얼마나 많은 사람들이 자사의 광고를 클릭하고 자사 웹사이트에 방문하며 자사 제품을 구입하는지에 대한 인터넷 광고 전략 데이터를 제공한다.

활용이 가능하다.

- 광고 1,000회 노출당 비용cost-per-thousand im-pressions(CPM)은 기업이 광고의 1000건의 노출에 대해 지불을 하는 것이다. CPM은 잠재적 소비자들에게 기업과 기업의 제품들을 노출시킨다.
- 클릭당 비용cost per click(CPC)은 소비자들이 광고를 클릭할 때마다 기업이 지불을 하는 금액이다. 클릭수는 소비자들의 관심도를 나타내기 때문에, CPC를 살펴봄으로써 마케팅 전문가들은 광고의 효과에 대한 더 정확한 분석을 할 수 있다.
- 광고 클릭률click-through rate(CTR)은 사람들이 얼마나 자주 광고를 보고 또한 그 광고를 클릭하는지를 보여주는 비율이다. CTR은 기업의 광고가 얼마나 효과가 좋은지를 측정하기 위해 사용될 수 있다.

　　인터넷 광고의 또 다른 주요한 이점은 특정 소비자들을 표적화할 수 있는 능력이다. 마케터들은 컴퓨터 내의 작은 파일 형태인 쿠키를 사용하여, 인터넷 이용자들이 방문한 웹사이트에 관한 정보와 그들이 온라인에서 공유하는 정보를 추적하고, 이러한 데이터를 기초로 데이터를 수집하고 광고를 설계한다. 평균 웹페이지 방문당 50개의 데이터 수집이라는 결과를 낳으며, 이는 마케터들이 특정 소비자들을 세분화하여 표적화할 수 있는 방향을 제공해줄 수 있다.[7]

인터넷 광고의 단점disadvantages of internet advertising

인터넷 광고는 실제 공간에서 소비자들에게 접근하기 어렵다는 점과 광고 혼잡 현상 등을 포함한 여러 단점이 있다. 예를 들어 배너 광고는 CTR 평균이 약 0.1%로, 1,000명의 사람들이 배너를 보지만 이들 중 한 명만이 실제 배너를 클릭한다는 점을 의미한다.[8] 소비자들은 웹사이트에서 배너 광고를 보는 것에 너무 익숙해져서, 더 이상 많은 관심을 쏟지 않게 되었다.

인터넷 광고의 또 다른 단점에는 소비자 프라이버시가 포함된다. 프라이버시를 중시하는 사람들은 자신들의 인터넷 습관과 정보가 부적절하게 배포되고 사용될 수 있다는 점에서 우려하고 있다. 그래서 소비자들이 자신의 데이터를 저장하도록 허용한 경우를 제외하고는 24시간 동안만 소비자에 관한 인터넷 정보를 저장하게 하는 새로운 규정을 추진하고 있다.[9] 프라이버시 문제 때문에 마케터들은 이전에 비해 75% 이하로 감소된 소비자들의 웹브라우징 습관에 관한 데이터를 기초로 인터넷 광고를 사용하게 되었다.[10]

TV 광고television advertising

TV 광고의 이점advantages of tv advertising 최고 순위에 있는 TV 프로그램들의 시청률이 감소하는 원인 중 하나가 소비자들이 선택할 수 있는 채널 수가 많아졌다는 것이고, 채널 접속 방식도 유료 시청과 주문형 시청 등 다양해졌다는 것이다. 반면 지역 채널들도 늘어나면서 특정 시장을 표적하여 광고할 수 있는 기회도 생겨났다. **한정지역유선방송**narrowcasting은 기존의 매스미디어인 TV를 통해 특정 지역과 계층에 한정된 시청자를 대상으로 세분화하여 전문서비스를 제공하는 것이다. 예를 들면 테니스채널, 낚시채널, 해운대구 채널 등이다. 테니스 용품 광고가 기존의 공중파 채널이나 ESPN과 같은 스포츠채널에서 광고하는 것보다 테니스채널에서 광고하는 것이 평균 시청률이 낮음에도 불구하고 테니스를 좋아하는 명확한 타깃을 대상으로 하기 때문에 광고효과 및 효율성은 높을 것이다.

TV 광고의 또 다른 주요한 이점은 시각, 청각, 동적 요소를 조합하여 소비자들의 감각에 호소할 수 있는 능력이다. TV 광고는 라디오와 인쇄 광고가 할 수 없는 방식으로 소비자들을 즐겁게 해주고, 정서적으로 소비자들에게 호소하는 메시지를 개발할 수 있다. 게다가 TV 광고는 자동차의 후방카메라나 청소기의 흡수력 등 제품의 특징을 시연해 보일 수 있다. 이러한 시연을 통해 소비자들은 해당 제품을 소유하는 것이 매일의 삶에 어떠한 영향을 미칠지를 더 잘 이해할 수 있다.

TV 광고의 단점disadvantages of television advertising TV 광고의 가장 큰 단점은 아마도 비용일 것이다. 주요 채널에서 황금 시간은 월-목요일 오후 10시로 15초에 1,300만원의 비용이 든다.[11] 미국의 경우, 황금시간대 30초짜리 광고 한 편을 방송하는 평균 비용은 10만 달러를 훨씬 웃돈다.[12] 슈퍼볼이나 아카데미 어워드와 같은 특별 이벤트에서의 광고 비용은 이를 훨씬 더 넘어선다. 최근, 수퍼볼 경기 중의 30초짜리 TV 광고 비용은 300만 달러를 넘어섰다.[13] TV 광고를 제작하는 것 또한 다른 광고 유형에 비해 비용이 높다. TV 광고는 길이, 복잡함, 사용된 방법에 따라 제작하는 데 수만 혹은 수십만 달러의 비용이 들 수 있다. 소비자들은

훌루(Hulu)는 소비자들이 광고 시청 환경을 원하는 대로 설정할 수 있도록 했다. 훌루의 기술은 소비자들이 광고를 빨리 감기 하는 것을 못하게 막는 대신에 소비자에게 세 가지 광고 선택권을 주고 그 중에서 소비자가 가장 보고 싶은 광고를 선택해 볼수 있도록 했다.

쇼나 이벤트를 보는 데 걸리는 시간을 줄이기 위해서 건너뛰거나 빨리 돌리기 기능을 좋아하며, 이 때문에 마케팅 전문가들은 시청자들이 보지도 않는 TV 광고에 광고비를 지불하고 있는 셈이다. 이에 대한 반응으로, 기업들은 시청자들이 광고 콘텐츠를 확실히 시청하게 만들기 위해서 새로운 기술들을 탐구하고 있다. 긴 시간 동안 제품에 카메라를 비추어, 상업 광고를 빨리 돌리기를 하는 시청자라도 제품을 인식할 수 있는 충분한 시간을 가질 수 있게 하는 것은 일반적인 관행이 되었다. 또한 기업들은 간접 광고를 사용하여 프로그램에 광고를 직접 배치하는 새로운 전략들을 실시하고 있다.

간접 광고product placement 간접 광고product placement(PPL)는 기업이 TV쇼, 영화, 그 밖의 매체에 제품들을 배치함으로써 홍보하는 광고 기법이다. 예를 들어 소니(Sony)는 2012년 흥행했던 영화인 〈스파이더맨, The Amazing Spider-Man〉을 활용하여 가전제품을 홍보하였다.[14] 영화에서 스파이더맨이 전화를 하고, 음성 메시지를 확인하며, 경찰의 라디오 방송을 청취하기 위해 소니의 스마트폰을 사용한다. 영화의 악당인 컬트 코너스 박사도 소니의 바이오(Vaio) 랩톱을 사용하여 접속을 하고, 소니의 캠코더를 사용하여 자신의 실험을 녹화한다. 소니는 애플과 같은 기업들에 익숙한 젊은 소비자층을 겨냥하여 스파이더맨에 제품들을 배치하기로 하였다. 간접 광고는 최근 TV와 영화를 넘어서서 확대되었다. 2012년, 전미농구협회(NBA)는 농구 팀들이 선수 유니폼에 광고할 수 있게 허가하여,[15] 2.5 × 2.5인치의 패치의 광고에 NBA 로고를 넣어서 유니폼의 왼쪽 어깨에 부착하였다. 이러한 광고는 NBA 게임을 하는 동안 자사 브랜드를 두드러지게 나타나도록 해준다. NBA는 앞으로 간접 광고의 사용을 통해 연간 1억 달러 이상의 수익을 새로이 창출하게 될 것이라고 예상한다.

라디오 광고radio advertising

라디오 광고의 이점advantages of radio advertising 라디오 광고는 소비자들이 차에서, 온라인으로, 또한 스마트폰을 통해 어디에서나 들을 수 있기 때문에 강력한 홍보 도구가 된다. 라디오 광고는 두 가지 주요한 이점이 있다. 먼저, 기업이 활용할 수 있는 광고 매체 중 비용대비 가장 효과가 높다. TV 광고보다 라디오 광고비용이 훨씬 더 저렴할 뿐 아니라, 제작비용 또한 더 저렴하고, 방송 시간 동안 진행자가 읽고 소개하는 형태라면, 아예 비용이 들지 않기도 한다. 두 번째 이점은 라디오 방송국이 사용하는 형태와 지리적 위치를 기반으로 효과적으로 시장을 세분화할 수 있다는 점이다. 지역 라디오 방송은 지리적으로 작은 지역에 마케팅할 수 있는 훌륭한 방법이다. 라디오의 지역적 특성 때문에 청취 지역의 소규모 상인들에게는 최적의 광고 매체가 된다. 또한 소비자들이 컨트리 음악, 팝, 가스펠, 힙합, 헤비메탈, 스포츠 토크쇼, 정치 등 무엇을 듣는지를 통해 소비자들을 세분화할 수 있다. 이러한 여러 청중들에게 방송하는 방송국에서의 광고는 기업들이 더 효과적으로 표적화할 수 있게 해주는 일종의 지역유선방송과도 같다.

라디오 광고의 단점disadvantages of radio advertising 라디오 광고의 가장 큰 단점은 음성으로만 들을 수 있다는 점이었다. 한 가지 감각에만 호소할 수 있다는 점 때문에 제품의 용도와 혜택을 설명하는 것이 어려울 수 있다. 최근 기술 발전을 통해 라디오 광고의 몇 가지 단점들이 더 나타났다. 인터넷을 통해 무료로 라디오를 들을 수 있는 인터넷라디오가 급성장하면서 기존 라디오 채널보다 광고가 없는 인터넷라디오를 선호하는 소비자들이 늘고 있다. 또한 오늘날 대부분의 신차들은 MP3 플레이어나 스마트폰을 연결할 수 있는 기능을 갖추고 있어 차 안에서의 라디오 청취률이 감소할 수 있다는 점이다. 미국의 경우, 38% 이상이 자동차 안에서 디지털 장치에 있는 내용을 청취하며, 이 수치는 2015년까지 두 배가 될 것으로 예상되며, 이 때문에 전통적인 라디오 광고는 이러한 고객들에게 도달하기가 더 어려워질 것이다.[16] 그래서 많은 기업들은 팟캐스트와 그 밖의 디지털 콘텐츠를 들을 수 있는 창의적인 방법들을 탐구하고 있다. 서브웨이(Subway)는 ESPN과 파트너 계약을 맺고, 빌 시몬스(Bill Simmons)의 "The B.S. Report"와 같이, 가장 인기 있는 몇 개의 팟캐스트를 후원하였다. 이 팟캐스트는 무료이며 에피소드당 평균 600,000 이상의 다운로드 횟수를 기록하고 있다.[17] 각각의 팟캐스트에는 서브웨이 제품에 대한 몇 번의 언급이 포함되며, 이를 통해 기업은 쇼의 청취자들에게 새로운 방식으로 접근할 수 있다.

인쇄 광고print advertising

인쇄 광고의 이점advantages of print advertising 대표적인 인쇄 광고는 신문과 잡지다. 인쇄 광고는 방송매체에 비해 소비자가 더 많은 노력을 투자해야 하는 것이 특징이다. 독자들은 자신이 읽기 원하는 것을 선택하여, 원하는 만큼 시간을 소비할 수 있기 때문에 특히 주택이나 자동차와 같이 고관여(high involvement) 소비자 제품에 대한 자세한 설명 전달이 가능하다. 신문 광고의 이점은 소기업들이 제품이나 서비스를 광고할 수 있는 효과적이며 신문의 특정 기사면을 선택하여 광고를 게재하는 것이 가능하다는 점이다. 예를 들어, 스포츠 제품 점포 광고라면 신문의 스포츠 항목에 게재되어야 한다고 구체화할 수 있다. 잡지의 경우에는 비즈니스 잡지와 소비자 잡지로 분류할 수 있는데, 포춘, 타임, 이코노미스트와 같은 비즈니스 잡지에 비해 보그, 싱글즈, 리빙센스와 같은 소비자 잡지가 독자의 범위가 넓다. 비지니스 잡지와 소비자 잡지 모두 표적 시장에 도달하기 위해 다양한 인구통계, 지리, 행동적 변수들을 기초로 세분화할 수 있게 해준다. 예를 들어, 코스모폴리탄, 맨즈헬스 등은 마케터들에게 광고의 표적 시장을 매우 구체적으로 정할 수 있게 해준다. 또한 잡지 광고는 일간 신문보다 저장 수명이 더 길다. 소비자가 주말에 여행을 하고 집으로 왔을 때 일간 신문이 세 개가 쌓여 있는 경우 세 개를 다 읽을 가능성은 적다. 블룸버그 비즈니스위크 독자들과 비교해 보면, 이들 독자는 새 월간호가 올 때까지 그 내용을 읽게 될 것이다.

인쇄 광고의 단점disadvantages of print advertising 인쇄 매체를 통한 광고의 큰 단점은 주요한 정보원천으로서 이를 사용하는 소비자들이 점점 더 줄어들고 있다는 점이다. 젊은 층의 소비자들은 주로 컴퓨터와 휴대용 전자 장치를 사용하여 뉴스, 엔터테인먼트, 고용

정보 등을 받는다. 여전히 신문과 잡지에서도 정보를 얻지만, 인쇄물을 구매하기보다는 온라인 콘텐츠에 접속한다. 신문 광고의 또 다른 단점은 신문 광고가 다른 광고 및 기사 내용들과 함께 놓이기 때문에 소비자의 관심을 끌기 위해 경쟁해야 한다는 점이다. 작거나 상상력이 부족한 광고를 게재한 기업들은 독자들이 이를 완전히 무시하고 넘어가서 더 크거나 더 흥미로운 그림을 보려 할 수 있다는 위험 가능성이 있다. 다양한 광고들을 보는 독자들은 또한 반무의식적으로 각각의 광고에 시간을 덜 할애할 수도 있다. 잡지 광고 또한 광고를 배치하기까지의 소요시간 등의 몇 가지 단점이 있다. 잡지를 설계해야 하는 시간 구조 때문에 마케터들은 출판하기 몇 달 전에 광고를 계획하고 준비해야 한다. 그 결과, 표적고객들은 기업이 광고에 시간과 자원을 쏟아 부은 후에야 광고를 보게 될 수 있다. 소기업 창업이라면, 수익을 내기 위해서 광고를 위해 기다리며 소비하는 시간은, 사업이 성공하거나 실패하는 여부를 결정지을 수 있다. 뿐만 아니라 광고가 게재되어 소비자들이 볼 수 있을 때까지 여러 사건들이 발생할 수 있으며, 이는 광고의 영향력을 제한시킬 수도, 혹은 사람들이 제품에 대해 인식하는 방식에 영향을 미칠 수도 있다. 게다가 마케터들은 보통 출간물에 포함된 특집 기사나 스토리들과 관련하여, 광고가 어디에 배치되는지를 통제할 수 없다. 효과적인 광고 배치는 광고의 성공이나 실패를 결정지을 수 있다. 잡지 후면에 배치된 광고는 전면에 배치된 광고와 동일한 관심을 받지 못할 수도 있다.

옥외 광고outdoor advertising

옥외 광고의 이점advantages of outdoor advertising 옥외 광고에는 광고판, 스포츠 경기장의 표지판, 공중광고, 건물, 버스, 승용차 측면의 광고 등이 포함된다. 옥외 광고는 융통성과 비용효율성 등의 몇 가지 이점이 있다. 먼저, 옥외 광고는 가장 잘 보일 수 있는 곳에 배치될 수 있다. 예를 들어, 유기농 식품을 판매하는 기업은 농산물 직판장 근처의 광고판에 광고를 할 수 있다. 밤 늦게까지 즐길 수 있는 곳을 찾는 사람들을 표적으로 하는 파티나 주점이라면 인기 있는 식당 옥외에 광고를 할 수 있다. 만약 이 광고가 신문이나 라디오에 게시된다면 표적 시장을 완전히 놓쳐버릴 수도 있다. 또한 옥외 광고는 잠재고객이나 클라이언트에 접근할 수 있는 가장 비용 효과적인 방법 중 하나이며, 일반적으로 TV, 라디오, 인쇄물 광고보다 저렴하다.[18]

옥외 광고의 단점disadvantages of outdoor advertising 옥외 광고는 몇 가지 단점도 있다. 첫째로, 사람들이 자동차를 운전하는 속도 때문에 옥외 광고의 노출 시간은 일반적으로 매우 짧다. 이는 기업이 효과적으로 사용할 수 있는 단어나 이미지 수를 제한시킨다. 옥외 광고에 너무 많은 광고를 싣는 것은 소비자들이 걷거나 운전하는 제한된 시간 동안, 보고, 읽고, 이해하기 어렵게 만들 수 있다. 그리고 광고 범위가 낭비된다는 점을 단점으로 고려할 수 있다. 옥외 광고는 기업이 구체적 분야들을 표적으로 할 수 있게 하는 반면, 옥외 광고를 지나치는 모든 사람들이 표적 시장이 되는 경우는 드물다. 새로운 현지 식당을 위한 옥외 광고는 좋아 보일 수 있지만, 그 효과는 그러한 종류의 음식이나 가격 범위를 좋아하지 않는 사람들에게까지 낭비되고 있는 셈이다.

비전통적 광고nontraditional advertising

TV, 라디오, 신문과 같은 전통적인 광고는 지난 10년간 감소되는 추세였다. 그러나 비전통적인 광고는 발렛주차 티켓부터 허브캡(타이어 휠캡)까지 모든 것에 메시지를 전달하려 하기 때문에 상당히 증가하였다. KFC는 새 소화전이 필요한 인디애나 마을에 도움을 주기 위해서 비전통적 광고를 사용하였다. 이 기업은 세 개의 소화전에 파이어리 그릴드 윙(Fiery Grilled Wing) 광고를 배치하도록 마을에 광고비를 지불함으로써 새 소화전 비용을 충당할 수 있게 하였다.

모바일 광고mobile advertising는 휴대용 장치를 통해 소비자에게 커뮤니케이션하는 광고 형태다. 이 광고는 최근 상당한 성장을 경험하였다. 한국 성인의 83% 이상이 스마트폰을 사용하며,[19] 하루 대부분을 손에 닿는 곳에 두고 있기 때문에 최신 기기에 능통한 마케터들은 사실상 언제라도 소비자들과 소통할 수 있게 되었다. 쉐보레의 최근 슈퍼볼 모바일 광고 중 하나는 "셰비 게임 타임(Chevy Game Time)"이라는 앱이었다. 이 앱은 TV에서 나오는 다른 기업들의 광고로부터 벗어나, 스마트폰이나 태블릿 컴퓨터에서 소비자들의 관심을 끌기 위해 설계되었다. 이 앱에 관심을 쏟은 플레이어들에게 보상을 해주고, 게임을 하는 동안 상품을 탈 수 있는 사소한 질문들에 답을 해 주었다. 700,000명이나 되는 많은 사용자들이 앱에 가입하였고, 2,100만 건의 사소한 질문들이 올라왔고 답변이 제공되었다.[20]

광고에서 빠르게 성장하고 있는 또 다른 분야는 비디오 게임이다. 비디오 게임에서의 광고를 위한 세계 시장은 2010년 31억 달러에서 2016년 72억 달러로 성장할 것이라 예상된다.[21] 예를 들어, 인기 있는 비디오 게임인 FIFA 국제축구대회는 게임을 하는 동안 화면 광고판에 아디다스 광고를 노출시킨다. 비디오게임 광고는 광범위한 인터넷 접속성, 더 큰 대역폭 등이 이점이며, 이 때문에 제조업체들은 원격으로 광고를 제공할 수 있고 게임이 시작된 후에 광고를 업데이트할 수 있다. 2008년 10월, 미국 대통령 후보자 버락 오바마는 정치 성향이 뚜렷하지 않은 10개의 주에서 판매 예정이었던 많은 엑스박스(Xbox) 게임에 광고를 게재하였으며, 레이싱 게임인 번아웃 파라다이스(Burnout Paradise)가 포함되었다.

비전통적인 광고를 시행할 때에는, 마케터들은 소비자에게 피해를 끼치거나 기분을 상하게 하지 않도록 주의해야 한다. 2007년, 닥터페퍼는 매사추세츠, 보스턴에서 보물찾기 행사를 실시하였으며, 이 행사에는 1만 달러 상당의 상품이 숨겨져 있었다. 이 행사에서 소비자들은 결국 이 상품을 찾기 위해 350년 된 묘지에 곡괭이질을 하는 사태까지 벌어졌고, 닥터페퍼는 결국 행사를 취소해야만 했다.[22] 소비자 행동은 계

전통적인 광고 매체로 소비자의 주의를 끄는 것이 점점 힘들어지자 KFC는 인디애나 프로모션 전략의 일환으로 소화전과 같은 비전통적 광고 전략을 사용하였다.

속해서 진화하기 때문에 기업은 TV 광고나 신문 광고와 같은 전통적 광고에서 비전통적 광고에 점점 더 눈을 돌릴 것이다. 마케터들은 표적 소비자들의 시야에서 메시지를 제공할 수 있는 새롭고 더 나은 방법들을 계속해서 찾아보아야 할 것이다.

판매 촉진

판매 촉진의 다양한
유형 이해

판매촉진 활동은 대부분 기업의 홍보 예산 중 많은 부분을 차지한다. 기업은 종종 촉진 믹스의 다른 요소들을 지원하기 위해서 판매 촉진을 사용한다. 판매 촉진sales promotion은 제품의 더 빠르고 잦은 구매를 자극하도록 설계된 비인적 커뮤니케이션 도구다. 예를 들어, 맥도날드는 젊은 소비자들이 해피밀을 통해 만화 캐릭터인 스머프의 플라스틱 피규어를 받을 수 있는 판매 촉진을 실시하였다. 이러한 촉진은 자신들의 스머프 컬렉션에 더 많은 피규어를 포함시키려는 소비자들이 해피밀을 더 많이 구매하게끔 자극하였다.[23] 이와 같은 성공적인 판매 촉진은 단기적인 흥미와 장기적인 고객 관계를 동시에 구축할 수 있다는 잠재력이 있다.

쿠폰coupons

쿠폰은 판매 촉진 중 가장 일반적인 형태다. 쿠폰coupons은 소비자들이 제품의 할인을 받을 수 있는 방법이다. 전통적으로 쿠폰은 소비자들이 할인을 받기 위해 제시해야 하는 인쇄물 형태였으나 모바일 광고나 그루폰(Groupon) 같은 웹사이트의 인기가 높아지면서 스마트폰을 통해 디지털 형태로 쿠폰을 배포하여 사용을 쉽게 만들고 있다. 쿠폰은 기업에는 판매를 자극하고 고객이 추가 구매 혹은 반복 구매를 하도록 장려할 수 있는 효과적인 방법이다. 또한 적절히 쿠폰의 배포와 시기를 통제하여 수요와 공급을 조절할 수 있다. 그러나 쿠폰은 소비자의 쿠폰 불법 복제나 쿠폰 사용 과정에서 구매 후 소비자로부터 쿠폰을 받지 않거나, 너무 많은 할인을 제공한 직원의 실수까지 다양한 오류가 발생할 수 있다. 이러한 상환오류(misredemption)는 기업의 수익성을 감소시키므로 미리 예상하고 줄일 수 있도록 주의해야 한다.

리베이트rebates

리베이트rebates는 소비자들이 구매를 한 뒤 특정 금액을 돌려주는 방식의 판매 촉진이다. 소비자들은 사용이 간편하여 쿠폰을 선호하지만, 기업은 리베이트를 선호한다. 리베이트는 가격 인하라는 보상을 제공하지만, 소비자들은 종종 이를 상환하는 것을 잊어버리곤 하기 때문에 기업은 보통 쿠폰을 발행할 때보다 더 큰 수익을 올릴 수 있다. 리베이트는 리베이트의 지각된 가치가 확대되는 고관여 구매와 결합되어 제공될 때 가장 효과적이다. 세제 구입 시 500원 리베이트보다 평면 TV 20만 원 리베이트나, 신차 200만 원 리베이트가 더 구매를 일으킨다.

샘플samples

샘플은 잠재적 소비자들에게 제품을 실제로 사용해볼 수 있는 기회를 제공한다. 샘플은 수십 년간 효과적인 판매 촉진 도구였으며, 지역 내 식료품점에서 신상품 소시지를 맛보는 것부터 다시보기 TV의 일주일 무료 시청 등 다양한 제품이 포함될 수 있다. 샘플은 제품을 무료로 제공해야 하기 때문에 비용이 많이 들지만, 또한 고객들이 제품을 실제로 구매하게 만드는 강력한 도구가 될 수 있다.

경연과 경품추첨contests and sweepstakes

기업은 경연이나 경품추첨에 연간 약 20억 달러를 사용한다. 경연과 경품추첨이라는 용어는 때로는 교차적으로 사용되기도 하지만, 분명한 차이가 있다.

- **경연contests**은 소비자들이 서로 경쟁하며, 이기기 위해서 기술을 보여야 하는 판매 촉진이다. 경연은 마케터들에게 소비자를 참여시키게 할 수 있는 방법을 제공하며, 기업의 제품과 브랜드를 홍보할 수 있게 한다. 예를 들어, 오레오(Oreo)는 "오레오와 밀크 징글"이라는 비디오 경연을 후원하여, "오레오와 밀크 징글"을 가장 잘 디자인하고 노래한 사람에게 상금과 그룹 여행의 기회를 제공하였다.[24] 경연은 모든 참여에 대한 평가를 해야 하기 때문에 실행 비용이 높을 수 있다.
- **경품추첨sweepstakes**은 운을 기반으로 한 판매 촉진이다. 당첨이 되기 위해서는 참여만 하면 된다. 참여한 모든 사람들은 승자가 될 수 있는 기회가 동일하다. 경품추첨은 광범위한 소비자들로부터 관심과 흥미를 만들어낼 수 있는 이점이 있기 때문에 다양한 소비자들이 제품에 대한 경험을 가지도록 한다. 경품추첨의 잠재적 단점은 발생할 수 있는 법적 및 규제적 문제다. 과도한 경품 행사로 인해 대중을 호도하였다는 이유에서 벌금을 물거나, 소비자들의 비판을 받는 경우도 있으며 경품추첨이 공정하게 이루어지지 못한 경우도 있다. 최근에는 필수적으로 정보제공에 동의해야 경품행사에 참여가 가능하며, 응모한 소비자들의 정보를 제3자에게 판매하는 경우도 있어 정보보호 차원의 문제도 제기되고 있다.

고객보상 프로그램loyalty programs

고객 관계를 강화시키도록 고안된 고객보상 프로그램은 소비자들이 같은 기업과 거래를 하는 동안 포인트나 그 밖의 혜택을 누적되게 한다. **고객보상 프로그램loyalty programs**은 특히 항공사와 호텔의 경우에 인기가 있다. 예를 들어 홀리데이 인(Holiday Inn)은 프라이어리티 클럽의 고객보상 프로그램으로 성공을 거두었다. 고객보상 클럽의 전 세계 멤버십은 6,500만 명 이상이며, 멤버들은 홀리데이 인 호텔에 더 자주 머물수록, 더 빨리 포인트가 쌓이는 보상을 받게 된다.[25] 이 포인트는 무료 호텔 숙박권, 기프트카드로 교환이 가능하며 심지어는 기부를 할 수도 있다.

많은 산업에서 제품에 대한 자연스런 충성도가 감소되고 있기 때문에 고객보상 프로그

아마존 프라임과 같은 다른 고객보상 프로그램들은 치열한 경쟁 속에서도 기업과 제품에 충성도 높은 고객들을 유지, 확보할 수 있도록 도와준다.

램의 중요성이 상당히 증가되었다. 점점 더 많은 소비자들이 이러한 혜택 하나하나를 상품으로 여기고 있어, 만족한 소비자들이 추가적인 보상을 받기 위해서 지속적으로 같은 항공사나 호텔을 이용하는 등 특별히 노력을 기울이도록 한다.

중간상 판매 촉진trade sales promotions

소비자를 대상으로 한 판매 촉진과 달리 중간상을 대상으로 하는 판매 촉진도 실시된다. 중간상 판매 촉진trade sales promotions은 기업대 기업 형태의 촉진 도구이며, 개별 소비자들이 아닌 도매업체와 소매업체가 포함된다. 중간상 판매 촉진에는 앞서 논의된 같은 도구들이 포함되며(쿠폰, 리베이트, 경연과 경품추첨, 고객보상 프로그램), 아래의 두 가지 방법이 추가된다.

1. **공제** 공제allowances는 보통 특정 제품 촉진을 위해 상점 내 혹은 현지 비용에 대해서 소매상에 상환을 하거나, 소비자 판매 촉진과 관련된 재정적 손실에 대해 소매상에 비용을 지불하는 것이다. 소매상이 대신하여 어떤 역할을 해주는 경우에 공제가 많이 이루어지는데, 보장되지 않은 신제품 취급, 대량 진열, 소매광고 등에 대해 제품 공급 시 할인해 주거나 비용을 상환해 주는 것이다.
2. **직원훈련** 소매상의 판매 인력의 직원 훈련을 제공하는 것이다. 브로슈어 혹은 현장 시연과 같은 훈련 활동은 소매 및 도매 직원들이 제품의 혜택을 이해할 수 있게 도움을 준다. 따라서 소비자들과 대화를 나누고 기업의 제품을 판매할 수 있도록 판매원들을 더 잘 준비시킬 수 있다. 훈련은 또한 모든 직급의 직원들이 자신이 판매하려 하는 제품의 특징, 이점, 혜택 등을 이해할 수 있게 도움을 준다.

학습목표 8-4

인적판매

인적판매의 중요성 설명

인적판매personal selling는 소비자의 구매 결정에 영향을 미치기 위해 기업이 비용을 들여 고용하는 판매원과 소비자 사이의 양방향의 커뮤니케이션이다. 경제적 및 기술적 변화에도 불구하고 인적판매의 역할은 예전보다 더 중요해지고 있다. 판매원은 종종 기업과 고객 사이의 중요한 연결고리 역할을 한다. 이들은 기업의 귀와 눈이며, 마케터들이 고객들이 무엇을 좋아하고 싫어하는지, 산업 내에서 어떠한 변화가 이뤄지고 있는지를 이해할 수 있게 도움을 준다. 인적판매는 메시지 흐름이 판매원에서 고객으로, 일대일로 직접 이뤄지기 때문에 촉진 믹스의 다른 도구들과는 다르다. 그러나 각 판매원이 완전히 통합마케팅커뮤니케이션하기 어렵다. 일관적이지 않은 메시지는 판매원의 수만큼이나 많은 마케팅 전략을 가진 기업과도 같기 때문에 판매인력에 대한 정보제공과 훈련이 매우 중요하다. 인적판매는 촉진 믹스 중 가장 비용이 높은 요소에 속하며, 다른 촉진 요소들에 비해 두 가지 고유한 이점을 제공한다.

1. 인적판매는 고객으로부터 즉각적으로 피드백을 받을 수 있다. 가장 중요한 점은, 판매원이 고객의 마음상태와 구매할 가능성에 대한 통찰력을 제공할 수 있는 비언어적 커뮤니케이션을 할 수 있다는 점이다. 게다가 판매원은 직접 고객의 피드백, 반대 의견, 우려사항 등을 들을 수 있다. 이를 통해 판매원은 그에 따라 판매 시 제안 사항을 조정할 수 있으며, 자세하고 맞춤화된 솔루션을 제공하여 판매율을 높일 수 있다.

2. 인적판매를 통해 기업은 고객과 개인적 관계를 구축할 수 있다. **관계 판매**relation-ship selling에는 장기간에 걸친 고객과의 신뢰 관계 구축이 포함된다. 관계 판매는 한 번의 거래 판매로부터 발생된 수익을 통해 생존할 수 있는 기업은 매우 적기 때문에 점점 더 중요해지고 있다.

소셜미디어가 인적판매에 미치는 영향the impact of social media on personal selling

소셜미디어는 고객들이 구매 결정을 내리기 위해 정보에 접근하고 정보를 사용할 수 있는 방법에 혁신을 가져왔다. 과거 고객들은 기업의 제품에 관한 정보를 위해 판매원과 촉진 믹스에 주로 의존하곤 했지만, 이제는 더 이상 그렇지 않다. 오늘날 소비자들은 무수한 온라인 출처를 통해 정보를 얻을 수 있고, 이들 중 대다수는 기업의 직접 통제를 벗어난 것이다. 그러나 변화하는 역할에 두려워하기보다는 소셜미디어를 포함하여 자유롭게 모든 도구들을 포용하여 혜택을 누릴 수 있어야 한다. 포드 (Ford)사는 초기에 온라인 커뮤니티를 통해 고객들과 관계를 구축함으로써 2010 익스플로러가 출시되는 동안 소셜미디어를 통합시켜, 커뮤니티를 통해 신모델 계획에 대한 검토 사항과 피드백을 받을 수 있었다. 열정적인 고객들은 또한 차를 미리 보고 신모델을 시운전할 수 있도록 초대되었다. 기업의 활동은 딜러들에게까지 확장되었다. 포드사는 신차가 공식 출시될 때까지 10,000건의 사전주문을 이미 확보할 수 있었다.[26]

소셜미디어를 통해 판매원들은 현재 고객 및 잠재고객들과 긴밀한 연락을 취할 수 있다. 인적판매는 고객과 개인적 관계를 확립하고 구축할 수 있는 가장 효과적인 방법으로 일대일 상호작용이 중요한데, 소셜미

IBM의 영업사원들은 새로운 방법을 통해 목표 시장의 잠재고객들에 도달하고 있다. 그들은 잠재고객들이 자사의 소프트웨어 문제를 해결하고자 인터넷에 검색하는 단어들에 대한 검색데이터를 수집하고 그러한 문제를 쉽게 해결할 수 있는 동영상을 만들어 인터넷에 게시하고 있다.

디어는 이러한 관계를 지지하고 향상시킬 수 있다. 고객의 페이스북 친구인 판매원은 그 사람에게 동기를 부여하는 것이 무엇이고, 그들의 인생에서 어떠한 일이 벌어지는지를 더 잘 이해할 수 있다. 소셜미디어는 인적판매를 더 쉽고 효과적으로 만들 수 있는 새로운 도구들을 제공하였다.

인적판매 과정

인적판매 과정 요약

판매는 먼저 가능성을 찾는 것부터 판매 후 고객들에게 후속조치를 하는 것까지 모든 것을 아우르는 복잡한 과정이다. 각 판매원이 따르는 구체적 과정은 경험, 판매 상황, 기업에 따라 다르겠지만, 일반적으로 그림 8.4에서 제시된 판매 과정을 따른다.

1단계: 예상고객 및 유망고객 탐색step 1: prospecting and qualifying

예상고객 탐색과 유망고객 탐색은 기업이 계속하여 새로운 고객을 찾게 되는 과정에서의 인적판매 과정의 한 부분이다. **예상고객 탐색**prospecting에는 표적 시장에 맞고 해당 제품을 필요로 하거나 원하는 잠재고객 탐색이 포함된다. 잠재고객은 고객추천, 무역박람회, 산업안내책자, 웹사이트, 네트워킹 등 여러 방법으로 찾을 수 있다. 단지 잠재고객을 찾는 것도 중요하지만, 이 단계의 중요한 목표는 적격한 잠재고객을 찾는 것이다. **유망고객 탐색** qualifying에는 기업의 표적 시장 내에서 잠재고객이 제품에 대한 욕구뿐 아니라 제품을 구매할 수 있는 권리와 제품에 지불할 수 있는 자원을 갖추었음을 확인하는 작업도 포함된다. 판매원은 잠재고객과 대화하고, 표적 고객의 요구, 원하는 것, 지불할 능력 등을 더 잘 이해하기 위해 마케팅 조사를 실시하는 것을 포함하여, 많은 도구를 사용하여 유망고객 탐색을 할 수 있다. 일단 판매원이 유망고객을 탐색하면, 기업을 위해 잠재고객이 얼마나 많은 수익을 발생시킬 것인가, 그가 고객이 되는 것이 얼마나 수익성이 높은가를 기초로 추가적으로 잠재고객을 표적화할 수 있다. 이러한 추가적 표적화는 중요한 단계다. 기업은 높은 등급의 잠재고객들에게는 이메일을 받거나 분기별로 전화를 받기만 하는 낮은 등급의 잠재고객들과는 다르게 접근할 것이다.

2단계 사전접근step 2: the preapproach

실제 인적판매 과정에 참여하기 전에, 판매 전문가들은 먼저 잠재고객에 대해 얻을 수 있는 모든 정보를 분석한다. **사전접근**preapproach에는 핵심 결정자를 식별하고, 계정 내역을 검토하며, 제품 요구를 확인하고, 판매 설명을 준비하는 것이 포함된다. 알지 못하는 잠재고객이나 클라이언트에게 접근하는 방법인 전통적인 **전화권유**cold calling보다는, 오늘날의 판매원은 기술을 사용하여 고객을 이해하고 이들의 요구와 이들이 원하는 것을 이해할 수 있다. 우수한 사전접근 조사는 고객이나 기업 그리고, 고객의 인생이나 기업의 산업에 영향을 주는 환경적 힘에 초점을 맞춘다. 전체 인적판매 과정은 판매원이 고객에게 접근하여 판매

를 끝내기 전까지 가능한 고객에 대해 많이 알지 못한다면 실패로 돌아
갈 수 있다.

3단계: 접근step 3: the approach

접근 단계에는 판매원과 잠재고객 사이의 첫 만남이 포함된다. **접근ap-
proach** 단계 동안 판매 전문가는 고객과 만나 인사를 나누고 소개를 하
며, 관계의 기반을 마련할 친밀감을 구축하며, 개방적 질문들을 하여 고
객의 필요성과 구매 욕구를 알아낸다. 고객은 판매원이 어느 정도 가치를
제공한다고 확신하게 될 것이다. 고객에게 접근할 때 판매원은 문화적 의
례 등에 대해서도 이해해야 한다. 예를 들어 판매원이 미국인 잠재고객에
접근할 때에는 굳은 악수로 시작하는 것이 좋다. 반대로, 국제적 잠재고
객에 접근할 때에는 관습은 달라진다. 프랑스인은 부드러운 악수를 예상
할 것이고 일본인은 적절하게 목례를 기대할 것이다.

4단계: 제품 소개step 4: the presentation

접근 후, 판매원은 제품의 주요 특성에 대해 설명하고 강점을 묘사하며
그 제품이 잠재고객의 사업이나 인생을 어떻게 향상시켜줄 것인지를 자
세하게 설명할 준비가 되어 있어야 한다. 어떠한 상황에서도 **판매 촉진
sales promotion**에서는 잠재고객에게 기업의 마케팅 메시지를 전달할 수
있는 장을 마련할 수 있어야 한다. 좋은 판매 설명은 다음의 네 가지 특성
을 보여주는 것이다.[27]

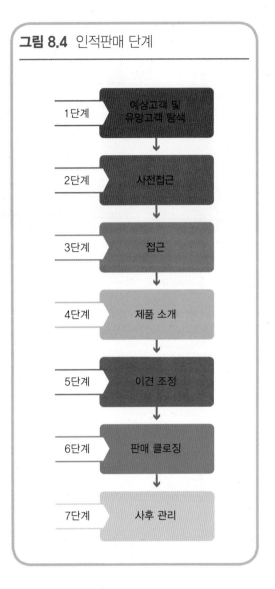

그림 8.4 인적판매 단계

1단계	예상고객 및 유망고객 탐색
2단계	사전접근
3단계	접근
4단계	제품 소개
5단계	이견 조정
6단계	판매 클로징
7단계	사후 관리

1. **가치 제안을 설명한다.** 제품 소개는 제품이 고객에게 갖는 가치
   가 무엇인지 매우 명확해야 한다.
2. **제품의 이점과 혜택을 확실히 말한다.** 각 제품 소개에서는 경쟁
   제품 혹은 제품을 구매하지 않을 때와 비교하여 제품의 이점과
   혜택을 분명히 설명해야 한다.
3. **제품과 회사에 대한 고객의 지식을 향상시켜준다.** 고객들은 좋아하고 신뢰하는 기업
   과 거래를 하길 원한다. 제품의 중요한 정보뿐 아니라, 제품 소개에서는 기업이 왜
   고객에게 좋은 파트너가 될 것인가를 강력하게 보여주어야 한다.
4. **기억에 남는 경험을 만들어준다.** 판매원은 고객이 제품 소개에서 무엇을 기억했으면
   좋은지에 관해 생각할 시간을 가져야 한다. 고객들은 구매 결정을 할 때 이러한 기
   억을 사용할 것이며, 따라서 설명을 하는 동안 핵심 단어, 문구, 이미지 등에 초점
   을 맞추는 것이 중요하다 하겠다.

계획과 준비는 성공적인 제품 소개로 직접 이어진다. 그러나 판매원은 제품 설명을 하는
동안 들을 만한 가치를 과소평가해서는 안 된다. 너무 말을 많이 하는 것은 잠재고객의 요구

제품 소개(판매 프레젠테이션)의 범위는 걸스카우트의 쿠키 판매에서 대기업 구매담당자에게 파워포인트 판매하는 것까지 다양하다.

나 원하는 것에 대해 실제 관심이 부족함을 나타내는 것일 수 있다. 게다가 설명은 고객의 시간의 가치를 이해하면서 준비되어야 한다. 이들은 고객에 도움을 줄 수 있는 솔루션과 기업의 제품, 서비스, 아이디어들을 빠르고 효과적으로 연결시켜야 한다.

5단계: 이견 조정step 5: handling objections

이견은 고객이 가격, 특징, 그 밖의 잠재적 문제에 대해 명확히 하고 다시 확신할 수 있게 하는 기회가 될 수 있다. 이견objections은 제품을 사지 않기 위해 고객이 제공하는 우려나 원인이 된다. 이견을 해결하기 위해서는 전문성, 강력한 커뮤니케이션 기술, 고객의 우려에 대한 진정한 존중이 필요하다. 이견을 극복하기 위한 일반적인 기법은 다음과 같다.

- **이견을 인정한다** "그렇다, 우리 제품이 더 좋다 보니 가격도 더 비싸다." 이는 판매원이 제품의 혜택을 다시 한 번 강조할 수 있는 기회를 제공한다. 예를 들어 고객들은 더 많이 돈을 지불할 명확한 이유(높은 질, 더 나은 안정성, 더 높은 효율성 등)가 제공된다면, 그 가격에 살 의향이 있을 것이다.
- **연기한다** "몇 분 후에 배송 옵션에 대해 논의하기로 하고, 먼저 이 분야에 대한 당신의 요구에 대해 여쭙겠다…" 판매원은 적절한 답에 대한 완벽한 맥락이 구축되지 않았다면 이견을 다루는 것을 잠시 연기해야 한다. 이러한 전략은, 판매원이 이견을 짧게 다루려고 계획할 때 가장 효과적이다. 너무 오래 연기하는 것은 고객에게 짜증을 불러일으킬 것이며 신뢰도를 감소시킬 것이다.
- **부인한다** "그것은 사실이 아니다. 사실은…" 고객이 완전히 잘못된 사실을 말하고 있다면, 판매원은 그 점을 강력히 부인해야 하는데, 고객에게 모욕을 주거나 비난하는 방식이 되어서는 안 된다.

미숙한 판매원은 잠재고객으로부터 이견이 없어도, 전체 판매 설명을 하면서, 실수를 범하기도 한다. 특정 이견에 답을 할 수 있는 능력은 촉진 믹스의 다른 요소들과 비교할 때 인적판매의 주요한 이점 중 하나가 된다. 판매원은 사소한 질문일지라도, 고객은 중요하게 생각하는 것일 수 있기 때문에, 고객의 이견에 타당한 설명을 해 줄 수 있어야 한다. 크고 작은 이견들을 성공적으로 다룬다면, 고객 관계를 강화시킬 수 있으며, 현재뿐 아니라 미래의 판매에도 장려된다.

6단계: 판매 클로징step 6: closing the sale

클로징에서 판매원은 거부당할 수 있다는 기본적인 인간의 두려움을 극복해야 하기 때문에, 클로징closing은 인적판매 과정 중 가장 어려운 부분이다. 판매를 클로징하는 것은 판매원이 고객에게 구매 여부를 묻는 것이다. 대다수의 고객들은 판매를 주도적으로 클로징하지 않을 것이며, 따라서 구매에 관한 질문을 하는 것은 이를 확실히 하는 데 있어서 매우 중요하다. 판매원은 보통 다음의 세 가지 주요한 클로징 전략 중 하나를 사용한다.

1. **요약하며 클로징** 판매원은 구매 의사를 묻기 전에 제품의 혜택과 제품이 고객의 요구에 어떻게 부합되는지를 요약한다.
2. **시도 방법** 판매원은 구매 여부를 직접 묻지 않고 고객의 반응을 유도한다.
3. **추정적 클로징** 판매원은 "언제 제품을 배송받길 원하세요?"와 같은 질문을 하여, 고객이 특정 일자를 답한다면, 그 고객은 구매를 하기로 결정을 내린 것이다.

어떤 판매원도 한 가지 클로징 전략에만 의존할 수 없다. 각각의 전략은 고객과 특정 상황에 따라 효과적으로 사용될 수 있다. 인적판매 초기 단계 동안 고객이 제시한 단서들에 면밀히 귀를 기울이는 판매원은 적합한 클로징 전략을 가장 잘 선택할 준비가 되어 있을 것이다.

7단계: 사후 관리step 7: follow-up

고객에 접근하는 데 시간과 자원을 소비한 후에는 이들 고객을 유지하는 것이 중요하다. 일반적인 통념에 따르면 기존 고객을 유지하는 것보다 신규 고객을 확보하는 것이 다섯 배 더 많은 비용이 든다고 한다. 이 때문에 사후 관리 전략은 고객들과의 장기적 관계 구축과 고객 만족을 이끌어내는 데 있어서 중요한 단계이다. 고객이 기업의 제품에서 문제를 경험했다면, 판매원은 중재하고 고객의 옹호자가 되어, 100% 만족을 보장하여야 한다. 판매 후에도 엄청난 활동이 이뤄진다. 가장 중요한 것은, 고객들이 종종 타인과 자신의 경험을 공유한다는 것이다. 이들은 친구나 가족과 대화할 수도 있으며, 수백, 수천, 수백만 사람들과 소셜미디어를 통해 자신의 생각을 공유할 수 있다. 부지런한 사후 관리는 또한 신규 고객의 요구와 원하는 바를 밝혀내고, 추가 구매를 확보하며, 판매 도구로서 사용될 수 있는 고객 추천과 증언을 얻을 수 있게 해준다.

학습목표 8-6

홍보

촉진 믹스 중
홍보 역할에 대한 설명

홍보 전략은 정보를 제공하며 고객, 직원, 이해관계자, 커뮤니티를 포함한 대중과 함께 기업의 이미지를 구축한다. **홍보public relations, PR**는 기업과 이해관계자 사이의 긍정적 관계 촉진에 초점을 맞춘 비인적 커뮤니케이션이다. 기업은 다음을 포함하여 홍보를 위한 다양한 도구들을 사용한다.

- **연례보고서(Annual reports)**에서는 작년에 얻은 정보를 이해관계자들과 공유하기 위한 기업은 토론의 장을 제공한다. 이러한 보고서는 기업에게 긍정적인 면에서 기업을 보여줄 수 있는 박애주의적 사업뿐 아니라, 재정적 성공을 강조할 수 있는 기회를 제시한다.
- **연설(Speeches)**은 기업 구성원이 자신의 메시지를 직접 기업에 제시할 수 있는 장이다. 이러한 연설은 보통 기업의 핵심 구성원들이 하게 되며, 긍정적인 평가를 이끌어내고 이해관계자와, 일반적으로는 대중들과의 관계를 구축할 수 있게 도움을 준다.
- **블로그(Blogs)**는 사람들이 대중과 함께 자신의 사고와 지식을 공유할 수 있는 미디어다. 블로그는 통찰력, 유머, 혹은 다른 개인적 관심사들의 조합이 될 수도 있으며, 홍보에 중점을 둔 마케터들에게 점점 인기를 얻게 되었다. 메리어트 인터내셔널의 CEO였던 빌 메리어트(Bill Marriott)도 2007년 "Marriot on the Move"라는 블로그를 시작하였으며, 2012년 최고의 CEO 블로그 중 하나로 꼽히기도 하였다.[28,29] 계속하여 블로그를 잘 운영하는 기업 운영진은, 자신이 이끄는 기업에 대한 호의도 이끌어낼 수 있을 것이다.
- **브로슈어(Brochures)**는 보통 대중에게 정보를 알리고 대중을 참여시키려는 목적을 갖는다. 오늘날의 홍보 브로슈어는 종이 혹은 온라인으로 제시되며, 기업, 기업의 사명, 구체적 근거에 대해서 대중에게 알릴 수 있는 장을 제공한다. 브로슈어는 종종 연례보고서와 유사한 정보가 제시되지만, 더 짧고 더 접근 가능한 방식으로 제공된다. 마케터는 브로슈어에 유용한 정보가 담기고, 시각적으로 호감이 가며, 기업의 나머지 촉진 믹스 요소들과 일관적일 수 있게 하여야 한다.

　　이러한 각각의 홍보 도구는 긍정적인 이미지를 촉진시키며, 기업 발전에 관해 이해관계자들에게 알릴 수 있는 하나의 방법을 제공한다. 또 다른 홍보 도구는 **퍼블리시티publicity**이다. 퍼블리시티에는 관심이나 지원을 얻기 위해서 일종의 미디어(예를 들어, TV 스토리, 신문 기사 등)를 통해 돈을 지급하지 않고 뉴스거리를 배포하는 것이 포함된다. 퍼블리시티의 주요한 이점은 잘 이행되면, 마케터들이 매우 낮은 가격으로 소비자들과 소통할 수 있다는 점이다. 가장 최근의 경제침체기 동안, 기업들은 퍼블리시티를 비용을 낮출 수 있는 홍보 방식으로 사용하였다. 퍼블리시티 주요한 단점은 그에 대해 돈을 지불하지 않기 때문에, 정보가 어떻게 제시될지 기업이 통제를 할 수 없다는 점에 있다. 좋지 못한 퍼블리시티와 부정적인 뉴스는 기업의 평판과 이미지를 해칠 수 있다.

위기관리crisis management

홍보는 BP가 멕시코만에서 2010년 석유유출 시 했던 것과 같이, 기업이 위험에 처했을 때 특히 중요하다. 유출로 인해 BP가 받은 부정적 퍼블리시티에 대한 반응으로, 이 기업은 자사 웹사이트를, 전형적인 언론 보도와 다른 기업 사이트에서 볼 수 있는 재무재표뿐만 아니라, BP 관리직의 기술 브리핑, 지도, 차트 등으로 가득 채워, 유출에 관한 내용을 다루려 한 기업의 노력을 자세히 보여주었다. BP는 또한 BP 관리직, 정부기관 대표, 멕시코만에 유출된 석유를 청소하려는 노력에 도움을 주는 많은 지역 거주민들이 나오는 단편 영상을 제작하여 게시하였다. 게다가 이 기업은 유출로 인해 소득이 없어진 주민들을 위한 푸드뱅크를 지원한 100만 달러의 기부, 해고된 직원을 위해, 해변 청소와 석유

멕시코만 기름 유출에 따른 위기관리 전략의 일환으로, BP는 부정적인 퍼블리시티를 완화시키고자 유출작업처리와 대응노력을 브리핑하는 비디오를 자사의 웹사이트에 게재하였다.

로 오염된 어류 청소 등에 대한 적극적인 일자리 창출 등, 취하고 있는 긍정적 조치들도 발표하였다.[30] 마지막으로 BP는 해당 지역의 경제적 상황을 향상시키기 위해 지역의 해산물 산업을 촉진시킬 수 있도록 멕시코만 연안 5개주에 자금을 지원하기도 했다.

홍보의 변화하는 모습the changing face of public relations

오늘날 홍보는 정부 단체, 영리 산업, 비영리 기업 등에 걸쳐 하루 24시간, 주 7일 진행된다. 기술 발전은 이전보다 정보 전달을 더 빠르게 만들었으며, 잠재고객들에게 미치는 정보의 영향도 향상시켰다. 마케터들은 소셜미디어를 포함하여, 앞서 논의된 모든 도구를 사용해, 대중이 가장 긍정적인 방식으로 기업을 인식할 수 있게 하여야 한다. 마케팅에서의 단순한 진실은, 사람들은 자신이 좋아하고 존중하는 기업들과 거래를 하고 싶어 한다는 점이다. 고객들이 기업으로부터 구매하도록 유인하고, 자선 기업에 기부를 하거나, 특정 인물이나 아이디어를 지원하도록 하는 방식으로, 대중과 기업의 조치들을 공유할 수 있게 하는 것이 마케터들의 의무다.

최적의 촉진 믹스 찾기

최적의 촉진 믹스를 찾는 것은 마케터들에게는 매우 어려운 일이다. 최적의 믹스에는 성숙기의 제품에 대한 높은 수준의 판매 촉진 혹은 신제품의 추가적 광고가 포함된다. 그 밖의 기업들은 판매원을 추가로 늘려 촉진 믹스의 잘 꾸릴 수 있는 방법을 결정할 수 있다. 제품이 어떠한 수명 주기에 있는지에 관계없이, 홍보에서는 기업이 위기를 겪은 이후 몇 달간은 더 많은 마케팅 자원을 필요로 한다. 촉진 도구 믹스는 시시각각 변경될 수 있다. 마케터들은 촉진 요소들의 어떠한 믹스가 표적 시장에 가장 효과적일 것인지를 철저하게 고려해 보

고, 촉진 믹스의 각 요소들이 얼마나 성공적인지를 측정하기 위해 마케팅 조사를 실시하여, 각각의 촉진 요소에 드는 비용의 가치를 최대화시킬 수 있는 적절한 조정을 이루어야 한다.

촉진 믹스의 예산 책정 전략

촉진 믹스의
예산 전략 이해

적절한 촉진 예산을 결정하는 것은 어떠한 마케팅 전략에서라도 중요한 결정이다. 예산을 너무 낮게 설정한 기업들은 경쟁업체들에 섞일 수 있는 위험이 있으며, 잠재고객들에게 가치를 커뮤니케이션하는 데 있어서 효율적이지 못하다. 너무 높은 예산을 책정한 기업들은 낭비하거나 수익이 낮아질 위험이 있다. 촉진 예산 결정에서는 기업이 판매하는 제품 유형, 고객들의 지리적 위치, 산업에서의 경쟁 수준과 같은 다양한 요인들을 고려해야 한다. 기업은 전형적으로, 다음의 세 가지 중 한 방법을 사용하여 촉진 예산을 결정한다.

가용예산법affordable method

가용예산법은 단순하며 회계학적으로 보수적인 하향식 접근법이지만 기업에 어떠한 다른 혜택도 제공하지 않는다. **가용예산법affordable method**을 사용하는 기업은 얼마나 예산이 가능하다고 생각하는지를 기초로 촉진 예산을 꾸린다. 가용예산법은 소규모 사업에서 특히 일반적이지만, 촉진 전략을 투자로 여기지 않는 기업에서도 종종 발생한다. 가용예산법의 큰 단점은, 촉진 믹스에 임의로 예산을 배정하는 기업들이 사실상 예산이 소비될 것이라는 사실 외에는 무엇도 보장받지 못한다는 것이다. 기업의 목표를 달성하는 데 도움이 될 것이기 때문이 아니라, 단순히 소비해야 하는 돈이 남았기 때문에 회계연도 말에 촉진에 예산을 소비하는 마케팅 부서에 관한 많은 사례들이 있다. 촉진 예산은 이러한 접근법에서 특정한 기업 목적과 연결되지 않기 때문에, 마케터들은 실제 어떠한 촉진 전략이 달성되어야 하는지에 초점을 맞추지 않고 되는대로 예산을 할당하는 경향이 있다.

판매비율방법percentage-of-sales method

가장 광범위하게 사용되는 접근법 중 하나가 판매비율방법이다. **판매비율방법percentage-of-sales method**을 사용하는 기업은 일정 기간의 총 판매량과 그 기간의 촉진 예산의 일정 비율에 맞추어 할당한다. 이 방법은 판매량이 증가하는 것과 동일한 비율로 촉진 예산이 증가하기 때문에, 단순하다는 이점이 있다. 이 방법의 주요 이점은, 회사의 판매량이 감소할 때 발생한다. 여러분이 자동차 매매소를 운영하고 있으며, 경쟁 증가와 경제적 문제로 지난해 판매량이 30% 줄었다고 가정해 보자. 다음 해를 위한 최고의 촉진 전략이 꼭 30%까지 촉진 비용을 줄이는 것은 아닐 수 있다. 예를 들어, 퀴즈노스(Quiznos)는 서브웨이(Subway)와 같은 경쟁사에 점유율을 빼앗기는 바람에, 2007년과 2011년 사이 50% 이상 총 판매량이 감소하게 되었다.[31] 퀴즈노스는 판매량에 맞게 절반 이상 촉진 예산을 절감하는 것이 시장점유율과 회사 수익을 올리는 데 도움을 주지 못할 것이라는 사실을 깨달았다. 2012년,

이들은 새로운 촉진 캠페인에 착수하였으며, 고품질의 성분에 초점을 맞춘 광고와 판매 촉진에 상당한 자원을 할당하였다.

목표-과업 방법objective-and-task method

목표-과업 방법은 다른 예산 방법들의 많은 강점들을 통합하기 때문에, 최고의 예산 방법으로 여겨진다. **목표-과업방법** objective-and-task method은 구체적 목표를 정의하고, 이러한 목표를 달성하는 데 필요한 과업들을 결정하며, 각각의 과업이 얼마나 많은 비용이 들 것인가를 예측함으로써 예산을 결정하는 상향식 접근법이다. 기업이 달성하고자 하는 것이 무엇인가에 초점을 맞춤으로써, 마케팅 부서는 이러한 목적을 가장 잘 달성하게 해주는 구체적 촉진 믹스 요소들에 예산을 투자하게 된다. 이 방법의 유일한 큰 단점은, 필요한 과업을 결정하는 데 드는 시간과 판단력이다. 그러나 기업은 마케터들이 바람직한 결과를 얻기 위해 가능한 최고의 방법으로 자원을 할당하게 해주는 이러한 시간을 일종의 투자라고 생각해야 한다.

5년간의 부실한 판매실적으로 촉진 예산비용을 줄이고 판매비율예산안을 사용하는 대신, 퀴즈노스는 소비자를 사로잡기 위한 새로운 촉진 캠페인에 착수하였다.

EXECUTIVE PERSPECTIVE

테레사 굿나이트(Teresa Goodnight)
자요(Zayo) 그룹의 판매부 부장

테레사 굿나이트(Teresa Goodnight)는 판매부서의 부장으로 인적판매에 정통하다. 현재 재직 중인 자요(Zayo) 그룹의 판매부서에서 근무하기 전, 그녀는 스스로 판매 업무를 익혔다. 굿나이트는 대학에서 영문학을 전공하고 로스쿨에 진학하고자 하였다. 그러나 사무실에서 전화받는 업무밖에 할 수 없었던 그녀는 점점 법조계에 대해 환멸을 느끼게 되고 새 경험에 대한 열망을 가지게 되었다. 하고 있는 업무를 단지 로스쿨에 가기 위해 돈을 벌기 위한 것이 아니라 자신이 가진 장점을 살려 판매부터 마케팅 커뮤니케이션까지 마케팅에 대한 모든 것을 배우고 익혀나가 마케터들로서 성공하고자 결심하였다. 그로부터 몇 년 뒤, 무역 박람회를 관리하는 마케팅 담당자로 일하면서 판매업에 대해 흥미를 가지게 되었다. 시간이 지나 굿나이트는 자요 그룹의 판매부서로 이직을 하게 되었고 얼마 지나지 않아 판매 부서를 이끄는 장이 되었다.

Q. 성공하기 위해 가장 중요한 것은 무엇이었습니까?

제 성공에는 두 가지 포인트가 있습니다. 한 가지는 하고자 하는 일에 최선을 다해 몰두하는 것과 다른 한 가지는 열정적인 고객 서비스는 반드시 좋은 결과를 가지고 온다는 믿음입니다. 만약 여러분이 여러분 자신보다 더 고객을 세심하게 대한다면 여러분은 성공할 수 있을 겁니다. 사실 이 두 가지 포인트는 별거 아닌 것 같지만 매우 중요하답니다.

Q. 예비 졸업생에게 어떤 조언을 해 주시겠습니까?

여러분이 기업에 헌신하고 기여를 많이 할수록 회사 내에서의 지위도 안정적이게 될 것입니다. 마케팅 부서의 경우, 여타 다른 부서보다 더 기업 성과에 중요한 위치에 있습니다. 제가 당부 드리고 싶은 것은 무언가를 실행할 때 절대 이전에 했기 때문에 다시 하는 일은 없었으면 한다는 것입니다. 만약 마케팅 업무를 하는 데에 다른 사람들의 조언과 명령에 의해 해야 하는 일이라면 일단 그 일을 멈추고 그 일이 진정 도움이 되는 일인지에 대해 생각해 보십시오. 오늘날의 마케터들은 좀 더 사려 깊고 전략적이어야 합니다. 저는 지금껏 많은 기업들이 우스꽝스러운 캠페인이나 불필요한 조사를 함으로써 많은 돈을 낭비하는 것을 보았습니다. 기업의 이해관계자들을 위해 가치를 높이는 데 좀 더 집중하고 그들의 기대에 부합하고자 한다면, 여러분은 훨씬 더 성공적인 마케터들이 될 수 있을 것입니다.

Q. 어떤 마케팅 업무를 수행하고 계십니까?

사내에 많은 직원들이 마케팅 업무를 하고 있고 이는 제품 개발부터 마케팅 커뮤니케이션에 걸치는 과정들을 포함하고 있습니다. 자사 내 가장 중요한 마케팅 업무 중 하나는 주주 가치를 만들어 내는 것입니다. 주주 가치는 여러분의 부서에 따라 여러 의미로 취해질 수 있지만, 저는 마케팅의 가장 주요한 업무가 판매를 지원하는 일이라 생각합니다.

Q. 본인의 개인 브랜드(personal brand)는 어떠해야 한다고 생각하십니까?

열정. 진실함. 책임감. 경청. 우리 고객들은 제가 모든 해결책을 가지고 있다고 생각하지는 않지만, 제가 그 모든 해결책을 제시하기 위해 열정을 다해 일함을 알고 있습니다. 저는 절대 부정적인 말을 고객들에게 사용하지 않습니다. 대부분의 경우 저는 긍정적인 말로 대화하고자 합니다. 또한 저는 저희 CEO에게 그가 듣고 싶던 듣고 싶어 하지 않던 직언을 하는 사람으로 알려져 있습니다. 이것이 칭찬일지는 모르겠지만 늘 정직하고 솔직하게 말하는 것이 제가 되고 싶은 모습의 한 부분입니다. 제가 생각하기에는 제 이러한 점이 고객과의 성공적인 관계를 구축할 수 있게 해주는 것 같습니다.

Q. 소셜미디어가 인적판매에 영향을 미친다고 생각하십니까?

트위터, 링크드인, 페이스북과 같은 소셜미디어들은 최근 기업과 고객의 관계모델에 변화를 이끌어 내고 있다고 생각합니다. 사람들은 소셜미디어를 통해 다른 사람의 프로필 사진을 보거나 경력사항을 보거나 그들이 근무하고 있는 기업이나 함께 일하는 동료들에 대해 어떠한 말을 하였는지를 살펴보면서 그들과 연결되어 있다는 느낌을 가집니다. 기업도 이러한 소셜미디어를 통해 그들 고객에 대한 정보를 알 수 있고 더 나은 고객 서비스를 제공할 수 있습니다.

DISCUSSION QUESTIONS

1. 소비자로써 여러분에게 도달하기 위한 가장 효과적인 매체는 어떤 것인가? 지난 5년간 그것이 바뀐 적이 있는가? 지금부터 앞으로 5년간 여러분에게 광고하기 위해 가장 효과적일 것이라고 생각되는 매체는 무엇이라 생각하는가?

2. 만약 마케팅 수업을 함께 수강하고 있는 친구에게 새로 출시된 어떤 제품을 광고해야 한다면, 여러분은 어떤 매체를 왜 선택할 것인가?

3. 잘못된 광고의 예를 하나 생각해보고 그 이유와 전략을 수정할 수 있는 창의적인 해결책을 제시해 보시오.

4. 학교 수업에 학생들을 출석시켜야 하는 임무를 맡게 된다면, 출석률을 높이기 위한 촉진 도구로 경연이나 경품추첨 중 무엇을 선택할 것인가? 이를 설명해 보시오.

5. 홍보를 잘하고 있다고 생각되는 2개의 기업을 예로 들어 설명해 보시오.

CHAPTER NOTES

1. Red Bull, "Red Bull Stratos," October 14, 2012, http://www.redbull.ca/cs/Satellite/en_CA/Article/Red-Bull-Stratos-Watch-the-mission-LIVE-NOW-021243270035378.

2. Mallory Russell, "Fearless Felix Baumgartner Is Second Fastest to 50 Million Views," Advertising Age, October 19, 2012, http://adage.com/article/the-viral-video-chart/fearless-felix-baumgartner-fastest-50-million-views/237870/.

3. Shirley Brady, "Taco Bell Promotes New 'Live Más' Tagline in New Campaign," February 24, 2012, http://www.brand-chan-nel.com/home/post/2012/02/24/Taco-Bell-Live-Mas-Doritos-Locos-Tacos-Spots-022412.aspx.

4. Taco Bell Press Release, "It's About Time: Taco Bell's Cool Ranch Doritos Tacos Available Nationwide Today, March 7," March 7, 2013, http://www.tacobell.com/Company/newsre-leases/cool_ranch_doritos_locos_tacos.

5. Geoffrey Fowler, "Facebook Friends Used in Ads," The Wall Street Journal, January 26, 2011, http://online.wsj.com/article/SB10001424052748704013604576104532107484922.html.

6. Suzanne Vranica, "Bigger and Less Profitable," The Wall Street Journal, March 14, 2013, http://online.wsj.com/article/SB10001424127887324034804578346540295942824.html.

7. Chuck Hemann and Ken Burbary, Digital Marketing Analyt-ics (Indianapolis, IN: Pearson, 2013), p. 4.

8. Ibid.

9. Steve Lohr, "Privacy Concerns Limit Online Ads, Study Says," The New York Times, April 30, 2010, http://bits.blogs.nytimes.com/2010/04/30/privacy-concerns-limit-online-ads-study-says/ .

10. Ibid.

11. 경향신문, 2015. 7. 13. 기사 'TV 광고비 가장 비싼 시간대는?' http://news.khan.co.kr/kh_news/khan_art_view.html?artid=201507132150595&code=960801).

12. Anthony Crupi, "In Their Prime: Broadcast Spot Costs Soar," Adweek, June 22, 2011, http://www.adweek.com/news/television/their-prime-broadcast-spot-costs-soar-132805.

13. Suzanne Vranica, "Costly Super Bowl Ads Pay Publicity Dividend," The Wall Street Journal, February 3, 2013, http://online.wsj.com/article/SB10001424127887324900204578282360008085752.html.

14. Mark Milian, "Spiderman Spins Web of Sony Products and Bing Searches," Bloomberg, July 6, 2012, http://go.bloomberg.com/tech-blog/2012-07-06-spider-man-spins-web-of-sony-products-and-bing-searches/.

15. Steve Olenski, "Marketers and Advertisers: The NBA Is for Sale, Sort Of," Forbes, July 25, 2012, http://www.forbes.com/sites/marketshare/2012/07/25/marketers-advertisers-nba-for-sale/.

16. Laura Houston Santhanam, Amy Mitchell, and Tom Rosenstiel for the Pew Research Center, "Audio: How Far Will Digital Go?" The State of the News Media 2012, http://stateofthemedia.org/2012/audio-how-far-will-digital-go/.

17. Karl Tero Greenfeld, "ESPN: Everywhere Sports Profit Network," Bloomberg Businessweek, August 30, 2012, http://www.businessweek.com/articles/2012-08-30/espn-every-where-sports-profit-network#p1.

18. Paul R. Lamonica, "Look Up: Big Bucks in Billboards," CNN Money, April 5, 2006, http://money.cnn.com/2006/04/05/news/companies/billboards/.

19. KT경제경영연구소, 2015년 상반기 모바일트렌드, 2015. 7. http://www.digieco.co.kr/KTFront/report/report_issue_trend_view.action?board_seq=10349&board_id=issue_trend.

20. Laura Stampler, "These Are the 11 Best Mobile Ads in the World," Business Insider, June 21, 2012, http://www.businessinsider.com/these-are-the-11-best-mobile-ads-in-the-world-2012-6?op=1.

21. Dean Takahashi, "Global Ad Spending in Video Games to top $7.2B in 2016," Septem-ber 12, 2011, http://venturebeat.com/2011/09/12/global-ad-spending-in-video-games-to-top-7-2b-in-2016/.

22. CNBC, "10 Massive Advertising Failures," n.d., http://www.cnbc.com/id/41624240/page/10.

23. PR Newswire, "McDonalds Goes Blue This Summer with the Launch of The Smurfs," Bloomberg, July 29, 2011, http://www.bloomberg.com/apps/news?pid=conewsstory&tkr=M-CD:US&sid=aaBly7Nclp98.

24. Oreo Press Release, "Oreo Announces Casting Call for National 'Milk's Favorite Jingle' Contest," June 7, 2005, http://www.prnewswire.com/news-releases/oreor-announces-cast-ing-call-for-national-milks-favorite-jingle-contest-54538802.html.

25. Barbara De Lollis, "IHG's Loyalty Club to Raise Point Rates for 25% of Hotels," USA Today, January 6, 2012, http://travel.usatoday.com/hotels/post/2012/01/ihg-priority-club-to-raise-point-rates-but-phase-in-change/591898/1. hun61094_ch08_221-253.indd 252hun61094_ch08_221-253.indd 25210/29/13 2:12 PM.

26. Brian Featherstonhaugh, "The Future of Selling: It's Social," Forbes, December 3, 2010, http://www.forbes.

com/2010/12/03/future-of-selling-leadership-sales-leader-ship-ogilvyone.html.

27. Johnston and Marshall, Relationship Selling.

28. Marty Duren, "9 CEO Blogs to Watch," *SocialMedia Today*, February 12, 2013, http://socialmediatoday.com/marty-duren/1235491/nine-ceo-blogs-watch-2013.

29. Michael S. Rosenwald, "An Old Dog Learns to Write a New Blog," *The Washington Post*, January 16, 2007, http://www.washingtonpost.com/wp-dyn/content/article/2007/01/15/ AR2007011501348.html.

30. Betsy Rate, "Spinning the Spill: BP's PR Ballet," *Need to Know on PBS*, June 14, 2010, http://www.pbs.org/wnet/need-to-know/environment/spinning-the-spill-bps-pr-ballet/1460/.

31. Steve Raabe, "Denver-Based Quiznos Seeks Recov-ery with New Marketing Strategy," *Denver* Post, July 8, 2012, http://www.denverpost.com/business/ci_21025259/quiznos-recov-ery-new-marketing-strategy.

Chapter 9
공급사슬 및 물류관리
SUPPLY CHAIN AND LOGISTICS MANAGEMENT

학습목표 이 장에서는 공급사슬과 물류에 대한 개념을 학습하고자 한다. 공급사슬 관리, 공급망 관리와 관련된 상쇄 관계와 공급사슬 전략의 중요성을 설명하고자 한다. 또한 이 장에서는 공급사슬에서 물류의 중요성에 대해 살펴보고자 한다. 공급망 전략에 맞는 물류관리의 중요성을 배우고 다양한 운송수단과 각 운송수단의 장단점에 대해 알아보도록 하자.

학습목표 9-1

공급사슬

공급사슬 내의
다양한 흐름 구조화

고속도로에서 트럭을 지나치면서 그 트럭이 어디로 향하고 있는지, 무엇을 싣고 있는지 궁금해 한 적이 있는가? 아마 그 트럭은 원산지가 지구 반대편인 곳에서 가져온 완제품을 싣고 최종 목적지를 향해 가고 있을지도 모른다. 트럭은 기업이 공급사슬을 운영하기 위해 필요한 많은 기능 중에 한 기능을 수행하고 있다. 기업은 많은 공급사슬을 이용하고 공급사슬의 일부이다. 공급사슬이 없다면 기업은 생존할 수 없다. 취업 후, 기업을 위해 일하게 되면 어떤 식으로든 공급사슬에 관여하게 된다. 공급사슬은 공급사슬의 다양한 부품 기업들의 자원과 기술을 활용함으로써 최종고객에게 가치를 전달한다. 가치는 기업의 많은 부분에 의해 다양한 방법으로 부가될 수 있다. 예를 들어, 연구개발은 고객의 요구를 충족하거나 초과하는 제품을 디자인함으로써 가치를 부가한다. 구매는 최고의 부품 공급업체와 제품을 위한 원료를 발굴함으로써 가치를 부가한다. 어떤 기능 분야든지 간에, 성공적인 공급사슬 전략에 수반되는 다양한 상쇄관계(trade-offs)를 이해하는 것이 중요하다.

공급사슬은 마케팅 경로를 통해 흐른다supply chain flows through marketing channels

공급사슬supply chain은 "원천으로부터 고객에게 이르는 한 가지 이상의 제품, 서비스, 재

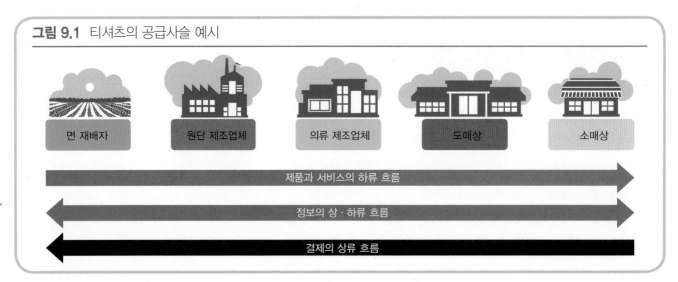

그림 9.1 티셔츠의 공급사슬 예시

| 면 재배자 | 원단 제조업체 | 의류 제조업체 | 도매상 | 소매상 |

제품과 서비스의 하류 흐름 →

← 정보의 상·하류 흐름 →

← 결제의 상류 흐름

정 및 정보의 상류 흐름과 하류 흐름에 의해 세 개 이상의 기업이 직접적으로 연결된 기업이다."[1] 그림 9.1은 공급사슬의 흐름을 보여준다. 하천의 이미지는 이런 흐름을 시각화하는데 도움을 줄 수 있다.

하천의 한 가운데 서서 낚시를 하고 있다고 생각해보자. 여러분 쪽을 향해 흘러오는 물의 원천은 상류이고, 여러분에게서 멀어져 흘러가는 물은 바다로 향해 움직이는 하류다. 고

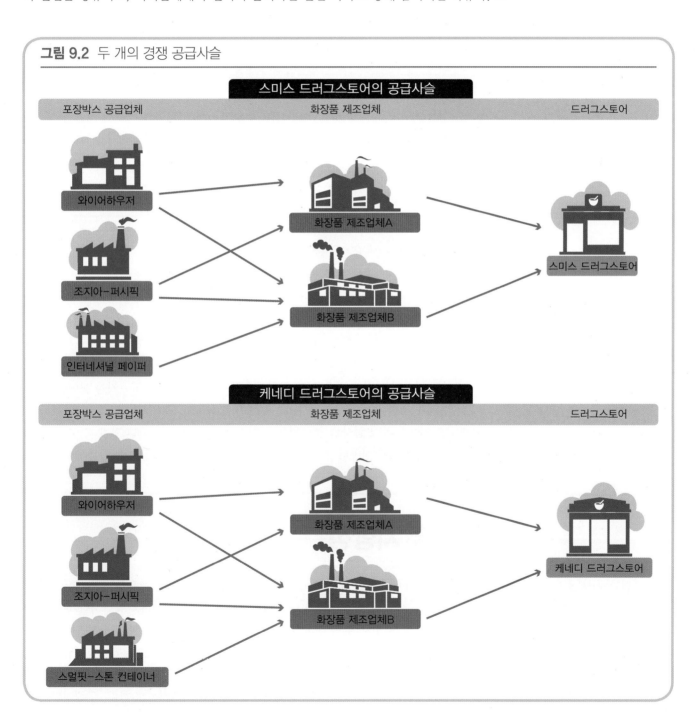

그림 9.2 두 개의 경쟁 공급사슬

객에게 도달하는 제품과 서비스는 공급업체에서 고객의 방향인 주로 하류로 움직인다. 물론, 고객이 제품을 반품할 때에는 반대다. 하류로 흐르는 도중에 제품과 서비스는 유통 경로를 거친다. 유통 경로distribution channels, 혹은 마케팅 경로marketing channels는 제품의 흐름이 이동하는 도매상 및 소매상과 같은 중개인이다.[2] 공급사슬을 따라 움직이는 내내, 유통 경로는 제품의 형태와 위치를 변경함으로써 제품에 가치를 부가한다. 예를 들어, 옷감 제조업체는 면을 옷감으로 변환시킨다. 트럭은 완성된 티셔츠를 소매상에서 여러분과 같은 고객이 구입할 수 있는 가게로 운송한다. 한편, 결제는 상류로 흐른다. 티셔츠를 구입할 때, 결제를 하면 돈은 소비자의 주머니에서 소매상에로 흐른다. 마찬가지로, 소매상은 도매상에 대금을 지불하고, 도매상은 티셔츠 제조업체에 대금을 지불하며, 제조업체는 옷감 제조업체에 대금을 지불하는 방식으로, 결제는 공급사슬의 상류로 흐른다.

정보는 상류로 흐르고 하류로도 흐른다. 소매상은 티셔츠에 대한 자신의 예상 매출액을 도매상에게 전달할 수도 있고, 그럼 도매상은 그 정보를 티셔츠 공급업체에 전달한다. 이에 대해서 티셔츠 공급업체는 티셔츠 배송 가능한 시기에 대한 정보를 전달해 줄 수도 있다. 정보의 흐름은 공급사슬의 모든 구성원들에게 영향을 미친다. 왜냐하면 정확하고 시의적절한 정보가 없다면 기업은 올바른 결정을 내릴 수 없기 때문이다.

공급사슬네트워크supply chain network

공급사슬의 개념은 사실 많은 공급업체와 고객들로 구성된 기업들의 네트워크를 단순화시킨 버전이라고 할 수 있다. 화장품을 생산하는 하나의 기업은 수백 개의 공급업체를 둘 수도 있고, 이들 공급업체 가운데 일부는 동일한 원료나 유사한 원료와 포장재를 다른 화장품 제조업체들에 판매할 수도 있다. 또한 이 화장품 제조업체는 많은 다른 제조업체들로부터 유사한 화장품을 구매하는 소매상에 판매할 수도 있다.

그림 9.2는 기업이 어떻게 많은 경쟁 공급사슬의 구성원이 될 수 있는지를 보여준다. 스미스 약국과 케네디 약국이 서로 고객 확보를 위한 경쟁을 하고 있지만, 이들 약국은 모두 제조업체 B를 자신들의 공급사슬 구성원으로 여긴다. 궁극적으로, 고객에게 가장 큰 가치를 제공하는 공급사슬이 성공하게 된다. 바로 여기에 공급사슬 지향성과 공급사슬 관리의 개념이 등장한다.

공급사슬 지향성

기업에 있어서 공급사슬 지향성과 공급사슬 관리의 중요성 설명

공급사슬 흐름이 자사의 비즈니스에 미치는 영향을 인지하고 이에 대응하는 기업은 공급사슬 지향성이 있는 것이다.[3] 공급사슬 지향성supply chain orientation은 공급사슬 전반에 걸쳐 제품, 서비스, 재정 및 정보의 상류 흐름과 하류 흐름을 적극적으로 관리하겠다는 목표를 향하여 구성원들의 행동을 이끄는 경영 철학이다. 이것은 자사에 대한 내부적인 초점이 아니라, 다른 회사들의 활동에 대한 외부적인 초점을 의미한다. 또한 이것은 최종 고객에게 가치를 부가하는 활동들을 조정하는 데 관여하려는 의지를 의미하기도 한다. 구체적인 행동

을 통해 공급업체와 고객들 전반에 걸쳐 공급사슬 지향성을 시행하려고 하는 기업들은 공급
사슬관리에 관여한다.

기업이 공급정보와 수요정보를 공급업체 및 고객들과 하는 것에 대해 중요성을 알게 되
면, 기업은 공급사슬 지향성을 드러낸다.[4] 경영진이 월마트(Walmart)의 소매연계프로그램
(Retail Link program)과 같이 수요정보의 공유를 가능하게 하는 기술을 설정하면 경영진
은 공급사슬관리를 실천하고 있는 것이다.

공급사슬관리supply chain management

공급사슬관리라는 용어는 고객 가치를 창출하기 위한 추가적인 방법을 모색하기 시작한
1990년대에 일반화되었다. 공급사슬관리supply chain management(SCM)는 공급사슬 내
의 다양한 흐름을 조정하기 위해서 기업이 취하는 조치를 가리킨다. 공급사슬을 구성하는 밀
접하게 연관된 기업들의 전체 시스템을 관리 대상으로 보는 기업들은 자신들이 제공하는 고
객 가치에 대해서 더 큰 통제권을 갖는다. 이것은 결국 기업에 더 많은 수익을 창출하게 해
준다. 이런 개념 이면에 있는 근본적인 철학은 어떤 기업도 독립된 섬이 아니라는 것이다.
모든 기업은 그 활동이 최종 제품에 가치를 부여하는 관련 기업들에 의존한다. 이런 의존성
은 예상 매출액과 제품 배송 정보를 공유하는 형태를 취하거나, 또는 자사보다 다른 기업이
더 효율적으로 또는 더 효과적으로 어떤 기능을 수행할 경우, 그 기업에 그 기능을 수행하도
록 요청하는 형태를 취할 수 있다.

공급사슬관리 결정은 종종 상쇄관계(trade-offs)를 수반한다. 공급사슬의 한 분야에 대
해서 내려진 결정은 다른 분야에 영향을 미치는데, 때로 부정적으로 영향을 미치게 된다. 예
를 들어, 판매사원이 생산 가능한 제품의 양을 모르거나, 제때의 배송을 위해 추가 비용이 든
다는 것을 모르면서 고객에게 대량구매 할인을 하는 것은 기업에 손실을 초래하는 결과를 가
져온다. 또 다른 중요한 상쇄관계는 재고와 고객서비스 간에 존재한다. 고객 수요를 충족할
수 있는 만큼의 충분한 재고가 없을 때, 기업은 추가비용을 물게 되거나, 판매를 하지 못하
거나, 또는 두 가지를 모두에 해당될 수 있다. 그런 상황을 방
지하기 위해서 기업은 때로 여분의 재고를 보관하기도 한다.
그러나 재고로 묶여 있는 자금은 자본투자, 광고, 또는 청구
서 지불과 같이 기업이 다른 목적을 위해 사용할 수 없다. 또
한 재고는 구매(또는 생산)하고 보관하는 데 비용이 든다. **재
고유지 비용**inventory carrying costs은 불용 위험, 세금, 보
험료 및 제품을 보관하기 위한 창고보관 장소를 포함하여, 제
품을 만들거나 구매하는 데 필요한 비용이다. 이런 예들은 공
급사슬의 상쇄관계와 공급사슬관리 결정의 의미를 이해하는
것이 중요하다는 것을 보여준다.

공급사슬관리는 창고에 얼마나 많은 재고를 보유할 것인가와 같은 의사결
정 사항을 다룬다. 너무 많은 재고는 시간이 흐를수록 많은 보관비용을 초
래하고 너무 적은 재고는 수요를 충족시키지 못할 수 있다.

오늘날의 글로벌 비즈니스 환경은 효율적인 공급망 운영에 방해가 될 수 있는 시간과 거리와 같은 장애물을 극복하고자 공급사슬통합을 촉진시킨다.

공급사슬통합supply chain integration

공급사슬관리의 궁극적인 목적은 관련 기업들을 통합해서 공급사슬의 전체 성과를 향상시키는 방식으로 공급사슬 전반에 걸친 활동의 조정을 촉진시키는 것이다. 본질적으로 공급사슬은 확장 기업(extended enterprise)이 된다. 개별 기업들은 하나의 기업으로 기능할 정도로 자신들의 활동을 통합한다.[5] 통합 공급사슬은 일반적으로 비용 감소, 더 나은 고객서비스, 자원의 효율적인 사용, 그리고 시장의 변화에 대응하는 능력에 따라 이득을 본다.[6]

통합 공급사슬이 작동하려면 기업들은 상호 이익을 위한 친밀하고 장기적인 협력을 수반하는 관계중심 전략을 기꺼이 포용해야 한다. 예를 들어, 만약 제조공장의 자재 관리자가 공장의 박스 재고를 취급하는 박스 공급업체와 친밀한 관계를 맺는다면, 제조공장은 공급업체와 생산 일정을 공유할 수 있을 것이다. 그렇게 되면 공급업체는 박스의 배송 일정을 효율적으로 잡을 수 있으며, 공장은 박스가 필요한 시기와 필요한 박스의 수량을 결정하거나 공급업체로부터 박스를 주문하는 인력을 쓰지 않아도 될 것이다. 공급사슬의 두 구성원 모두가 그런 관계중심 전략에서 이득을 본다. 다음 절에서는 기업들이 효과적인 통합을 달성하기 위해 사용할 수 있는 공급사슬 전략에 대해서 알아본다.

학습목표 9-3

공급사슬 전략

기업이 사용하는 다양한 유형의 공급사슬 전략에 대한 비교

효과적인 공급사슬관리와 통합은 기업이 그 목적을 충족하기 위해 공급업체와 고객으로 구성된 올바른 네트워크를 구축하는 데 도움이 되는 신중한 전략을 필요로 한다. 공급사슬의 목적은 기업의 마케팅 목적에 기반을 두어야 하며, 제품과 서비스를 제공하는 시장의 유형 및 위치, 시장 점유율과 요구되는 고객서비스, 신제품이 개발되어야 하는 속도, 그리고 원가 절감 및 수익성 목표와 같은 것들을 포함할 수 있다.[7] 다음 절에서는 세 가지 공급사슬 전략, 즉 푸시 전략, 풀 전략 및 푸시-풀 전략에 초점을 두고 살펴본다.

푸시 전략push strategy

만약 기업의 마케팅 전략이 비용 경쟁력 및 우수한 고객서비스와 관련된 목적을 포함한다면, 푸시 공급사슬 전략을 고려해야 한다. 푸시 전략push strategy(투기 전략이라고도 함)은 기업이 판매 예측을 근거로 제품을 만들고 보관하며 고객이 주문하기를 기다리는 전략이다. 예를 들어, 자동차 산업은 생산계획을 미리 세우기 위해서 판매 예측에 의존한다. 이런 전략 유형의 주된 장점은 기업이 규모의 경제를 달성할 수 있게 한다는 것이다. 즉, 기업은 한 번에 하나의 제품을 대량으로 생산하기 때문에, 제조, 운송 및 기타 비용을 절감할 수 있

다. 자동차 제조업체의 강철이나 유리와 같은 원료나 포장재의 대량 주문은 비용을 낮춘다. 또한 고객의 주문을 기다리는 제품을 이미 비축해두고 있기 때문에 푸시 전략은 종종 고객 서비스에 긍정적으로 영향을 미친다.

푸시 전략의 사용에는 다음과 같은 사항을 주의해야 한다. 첫째, 판매 예측이 정확해야 한다. 만약 판매 예측이 정확하지 않다면, 기업은 아무도 원하지 않는 제품을 너무 많이 보유하게 되거나, 고객들이 원하는 제품을 충분히 보유하지 못하게 된다. 둘째, 일정 기간에 걸쳐 하나의 제품을 제조하기 위해 설립된 생산시설은 변화하는 수요 패턴에 느리게 대응하게 된다. 예를 들어, 만약 휘발유 가격이 갑자기 오르고, SUV 차량에 대한 수요가 둔화될 경우, SUV 차량 대신에 연료 효율이 좋은 소형차를 생산하기 위해서 자동차 공장을 재정비하는 것은 많은 비용과 시간이 소요된다. 셋째, 재고유지 비용이 많이 든다. 재고유지 비용은 일반적으로 제품을 생산하고 배송하는 비용의 25~30%이다. 이것은 제조, 구매 및 운송에서 규모의 경제를 통해 달성된 비용절감에 영향을 줄 수 있다. 따라서 고객 판매를 정확하게 예측하는 능력은 푸시 전략을 이용하는 기업들에 우선순위가 된다.

풀 전략pull strategy

자사의 마케팅 전략이 푸시 전략이 수용할 수 없는 민첩성과 제품 맞춤화(product customization)를 필요로 하는 기업은 푸시 전략 대신에 풀 전략을 택할 수도 있다. 풀 전략pull strategy(대응적 공급사슬이라고도 함)에서는 고객의 주문이 제조 및 유통 운영의 원동력이 된다. 순수한 풀 시스템에서는 고객의 주문을 받은 후에 제품이 만들어진다. 주문을 받기 전까지 제조를 연기하는 것은 원하지 않는 제품을 생산하는 것과 관련 있는 위험을 덜어준다. 또한 이런 전략은 재고유지 비용을 줄여주며, 기업이 제품을 구체적으로 고객의 요구조건에 맞게 제작할 수 있게 하며, 변화하는 시장 상황에 신속하게 대응하는 능력을 준다. 보잉(Boeing)사는 풀 시스템을 사용한다. 보잉사는 고객의 사양에 따라, 그리고 주문을 받은 후에만 항공기를 제작한다. 만약 보잉사가 주문이 들어올 때까지 재고로 보유하기 위해 항공기를 제작한다면, 보잉사는 수백만 달러의 재고비용 부담을 가지게 될 것이다.

풀 전략이 제공하는 유연성과 맞춤화에는 대가가 따른다. 풀 전략은 기업이 규모의 경제를 이용하는 것을 어렵게 한다. 기업은 생산 요건을 충족시키기 위해 즉시 필요한 것만을 주문하기 때문에, 일반적으로 소량 주문으로 수량 할인의 가능성은 줄어든다. 또한 이 전략을 효과적으로 실행하기 위해서는 기업은 다양한 제품을 생산하기 위해 신속하게 변화시킬 수 있는 생산시설과 제품이 만들어지면 빠르게 배송할 수 있는 유통 시스템을 필요로 한다. 이것이 바로 소수의 기업만이 순수한 풀 시스템을 실천하는 이유다.

푸시-풀 전략push-pull strategy

세 번째 전략은 두 가지 전략을 혼합한 것이다. 푸시-풀 전략push-pull strategy에서 공급사슬의 초기 단계는 푸시 시스템으로 운영하지만, 제품의 완성은 풀 시스템에 바탕을 두고 있다. 따라서 기업은 푸시 전략을 사용할 때 하는 것처럼, 판매를 예측하고, 예측에 근거하여 부품 재고를 비축하며, 고객의 주문을 받을 때까지 재고를 유지한다. 그런 다음, 풀 전

델(Dell)은 컴퓨터의 신속한 배송을 고객에게 보장하고자 UPS를 이용한다. 델은 UPS와 맺은 파트너십을 통해 높은 고객서비스 수준을 유지하고 자사의 핵심역량(컴퓨터 생산)에 집중할 수 있다.

략에서 하는 것처럼 기업은 주문에 근거하여 제품을 완성시킨다. 예를 들어, 델(Dell)사는 판매 예측에 근거하여 부품 재고를 만들지만, 주문을 받기 전까지 컴퓨터를 완전히 조립하지 않는다. 푸시-풀 전략은 두 가지 방법의 주요 이점을 결합한 것이다. 즉, 기업은 구매에서 규모의 경제를 달성할 수 있고, 제조에서는 유연성을 발휘할 수 있다. 또한 이 혼합 전략은 판매 예측이 특정한 제품 수준에서가 아니라 종합적인 수준에서 더 정확해지는 경향이 있다는 사실을 활용한다. 델사는 판매할 각 컴퓨터 종류의 수보다는 일정 기간 내에 판매할 컴퓨터의 수를 더 정확하게 예측할 수 있다.

다른 방법들과 마찬가지로 푸시-풀 시스템도 다음과 같은 점을 주의해야 한다. 이 시스템은 기업이 제조와 운송에서 규모의 경제를 활용할 수 없기 때문에, 푸시 시스템만큼 비용 경쟁력이 없을 수도 있다. 또한 기업에 부품을 재고로 보관하는 비용이 발생된다. 마지막으로, 순수한 풀 시스템에서처럼, 기업은 고객서비스 불만을 방지하기 위해서 제품을 신속하게 배송할 수 있는 유통 시스템을 개발할 필요가 있다. 그림 9.3은 공급사슬 전략의 이러한 세 가지 유형을 나타내고 있다.

적절한 전략 선택selecting the appropriate strategy

세 가지 공급사슬 전략 중에서 어떤 것이 기업에 적절한가? 해답은 다음과 같은 요인들에 따라 좌우될 것이다.[8]

1. **수요가 얼마나 안정적인가** 만약 기업이 자사 제품에 대한 수요를 예측할 수 없다면, 기업은 순수 푸시 시스템의 이점을 누릴 수 있는 정확한 판매 예측을 할 수 없다. 수요 불확실성은 제품 수명 주기에서 도입 단계일 때와 성장 단계일 때 종종 발생한다. 이러한 단계 동안에 기업은 풀 전략이 허용하는 최대의 유연성을 고수하거나, 많은 양의 완제품 재고를 보유하지 않고 원자재와 포장재 재고를 유지하는 푸시-풀 전략을 따를 수도 있다.
2. **기업은 비용경쟁력이 얼마나 필요한가** 만약 비용절감이 기업의 전략의 일부라면, 순수한 푸시 시스템은 기업이 구매, 제조 및 운송에서 규모의 경제를 통해 비용절감을 달성할 수 있게 한다.
3. **제품의 맞춤제작은 얼마나 필요한가** 만약 기업이 맞춤형 제품을 배송하는 능력과 제조와 유통의 유연성에 바탕을 둔 높은 수준의 고객서비스에 대해 경쟁한다면, 풀 전략이나 푸시-풀 전략이 좋은 선택일 수 있다.
4. **고객은 얼마나 빨리 제품을 필요로 하는가** 만약 고객이 짧은 리드 타임(주문부터 제품 배송까지 걸리는 시간)을 원한다면, 기업은 제품을 이미 만들어 놓고 배송할 준비가 되어 있어야 한다. 이런 시나리오에는 푸시 전략이 최선이다.

그림 9.3 공급사슬 전략 비교

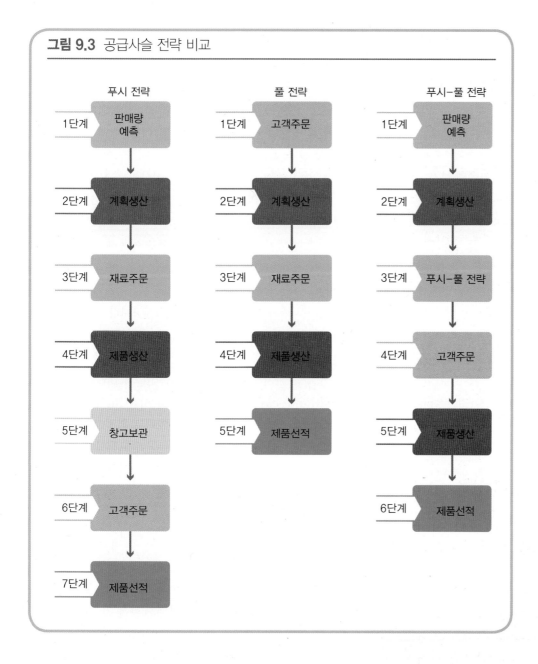

기업은 모든 사항들을 고려하여 적합한 마케팅 전략을 결정하고, 궁극적으로 기업이 추구해야 하는 공급사슬 전략을 결정한다. 이상의 모든 요인들에 의해 큰 영향을 받는 기업들은 푸시-풀 시스템을 이용함으로써 푸시 시스템의 비용절감과 풀 시스템의 유연성을 모두 활용하는 선택을 할 수 있다. 기업이 어떤 공급사슬 전략을 선택하든지 간에, 효과적인 시행은 다음 절에서 논의할 물류 운영에 의해 영향을 받는다.

물류란 무엇인가?

학습목표 9-4

물류 활동이 어떻게 상품의 가치를
증가시키는지 기술

물류라는 용어가 오랫동안 존재해왔지만 대중의 의식 속에 들어온 것은 최근이다. "우리는 물류를 좋아한다" 라고 선언하는 UPS 광고와 물류 솔루션을 홍보하는 트럭의 표지판은 물류라는 용어를 더 대중적으로 만들었지만, 소비자들에게 이 용어를 더 잘 이해시킨 것은 아니다. 대부분은 물류가 마케팅 믹스의 장소 측면과 관련이 있다고 인식하지만, 물류 운영은 소비자에게 티셔츠를 판매하는 소매상에 티셔츠를 배송하는 트럭 이상의 것을 제공한다. 물류logistics는 원산지와 최종 고객 간의 제품, 서비스 및 정보의 흐름을 계획하고, 시행하며 통제하는 공급사슬관리의 일부다.[9] 공급사슬의 복잡성 증가 때문에 물류는 성장하는 분야다. 미국 노동부는 물류 부문의 고용이 2020년까지 25.5% 증가할 것으로 예측하고 있다.[10] 그리고 유에스 뉴스 앤 월드 리포트(U.S. News and World Report)는 물류를 미국에서 가장 유망한 20개 직업 중 하나로 평가했다.

물류는 일부의 사람들이 생각하는 것처럼 공급사슬관리 그 자체가 아니라, 공급사슬관리의 중요한 일부다. 물류는 공급사슬이 원활하게 그리고 효과적으로 운영되게 하는 몇 가지 특정 기능으로 구성된다. 이런 다양한 기능을 통해서 물류는 공급사슬을 따라 움직이는 제품에 가치를 부가한다.[11] 기업이 물류의 일곱 가지 R, 즉 적정한 제품(Right product)을 적정한 장소(Right place)에 적정한 고객(Right customer)에게 적정한 시간(Right time)에 적정한 양(Right quantity)을 적정한 조건(Right condition)으로, 그리고 적정한 가격(Right price)으로 배송하는 것을 수행함으로써 가치를 얼마나 잘 제공하는지가 고객의 만족도를 결정한다. 물류 기능을 성공적으로 실행하는 것은 일부 업체에 경쟁 우위 역할을 할 수 있다. 이런 기능의 대부분은 이 장의 후반부에서 논의할 것이다. 우선, 이들 기능이 4P(마케팅 믹스요소)에 어떻게 영향을 미치는지 논의할 것이다.

물류의 영향the impact of logistics

페덱스의 특급 배송 서비스는 미국 전역의 당일 배송 서비스를 포함하여 다양한 옵션을 기업에게 제공함으로써 기업의 가치를 높이고 있다.

기업의 모든 영역의 관리자들은 물류 운영과 물류 관리인력이 자신들의 기능 영역에 미치는 영향을 알아야 한다. 가장 큰 영향은 마케팅의 네 가지 P에 미치는 영향이 틀림없을 것이다.[12] 물류 운영이 마케팅 믹스의 장소 측면에 어떻게 영향을 미치는지는 쉽게 알 수 있다. 물류는 고객주문을 이행하고, 유통시설의 위치, 활용할 운송수단 및 이용할 운송업체에 대한 결정을 하는 것과 같은 유통 활동을 제공한다. 그러나 물류 활동은 가격, 제품 및 촉진에 영향을 미치기도 한다.

가격(price)은 물류 운영에 의해 여러 가지 방식으로 영향을 받는다. 구매활동은 대량구매 할인, 공급업체의 신뢰성 및 획득한 제품의 질을 통해서 제품을 구매하거나 만드

월마트는 자신의 차량을 이용하여 제품을 배송할 뿐만 아니라 자사 시설에서 제품을 출하할 때도 자사의 트럭을 사용하도록 공급업체에 장려함으로써 운송비를 절약하고 있다.

는 비용에 영향을 미친다. 재고유지 비용이 제품의 비용에 부가되기 때문에 보유할 재고의 수량에 대한 결정 역시 비용에 영향을 미친다. 물류 관리인력에 의한 운송계획도 제품의 가격에 영향을 미칠 수 있다. 제품을 일부만 적재한 차량이 아닌 가득 적재한 차량으로 운송하는 것은 운송비용을 낮추며, 여기에서 절약된 비용을 기업은 더 낮은 가격의 형태로 고객에게 돌려줄 수 있다. 물류 관리자는 포장에 대한 피드백을 통해 마케팅 믹스의 제품 측면에 영향을 미친다. 과도한 포장은 무게와 용량을 늘려서 비용 상승의 원인이 되며, 과소한 포장은 운송 중인 제품에 손상을 초래할 수 있어, 고객 불만족과 대가가 큰 반품이라는 결과를 가져올 수 있다. 마지막으로, 마케터는 촉진을 계획할 때, 증가한 양을 다루기 위해서 충분한 재고, 장비 및 인력이 준비되도록 물류 관리자들로 하여금 예상 매출의 증가를 인식할 수 있게 해야 한다.

　　물류가 마케팅 믹스에 미치는 영향은 가장 분명해 보이지만 마케팅은 물류에 의해 영향을 받는 유일한 영역은 아니다.[13] 물류 관리인력은 생산에 필요한 자재를 넘겨받고, 보관하고, 출고함으로써 제조 운영을 지원한다. 이 두 가지 운영 간 조정은 제조시설을 원활하게 운영하는 데 매우 중요하다. 기업이 보유한 재고량과 창고보관 및 운송 비용이 투자수익률(ROI)에 영향을 미치기 때문에 물류는 재정활동에 영향을 미친다. 또한 물류 관리자의 역량은 고객서비스에 영향을 미치며, 이것은 궁극적으로 수익에 긍정적 또는 부정적으로 영향을 미칠 수 있다. 물류 운영은 기업의 모든 영역에 영향을 미치고 모든 영역에 의해 영향을 받는다. 따라서 여러분의 전공이나 여러분이 졸업 후에 선택할 직업과 상관없이, 물류가 무엇이고 물류가 하는 일이 무엇인지를 이해하는 것은 향후 업무에 큰 도움이 될 것이다.

물류와 공급사슬 전략의 연계aligning logistics with supply chain strategies

앞서 살펴보았듯이, 기업들은 자사의 목적에 따라 푸시, 풀, 혹은 푸시-풀 공급사슬 전략을 이용할 수 있다. 공급사슬관리의 중요한 측면으로써 물류 운영은 각 유형의 공급사슬 전략에 의해 나타나는 다양한 도전을 충족할 수 있도록 올바르게 구성되어야 한다. 푸시 전략에 따라오는 규모의 경제를 추구하는 기업은 많은 물량을 처리할 수 있는 물류 운영을 구축해야 할 것이다. 이런 기업은 많은 물량을 저렴하게 처리할 수 있는 운송수단을 선정할 필요가 있고, 제품을 효율적으로 입고하고, 출고하며, 차량에 신속하게 적재할 수 있는 대형 창고를 갖출 필요가 있다. 효율성을 추구하는 기업은 규모의 경제를 활용하기 위해 수는 적지만 규모는 더 큰 시설을 갖출 것이다.

풀 전략이나 푸시–풀 전략을 이용하는 기업들은 일반적으로 서비스 품질, 혁신 및 유연성을 바탕으로 물류 운영을 수립한다. 구매 관리자는 신속하게 생산하는 공급업체를 선택한다. 운송 관리자는 기업이 보유한 트럭들을 이용하여 적시에 배송을 하고 특별한 고객의 요구사항을 수용한다. 또한 기업들은 물류 운영의 대응성과 유연성을 늘리기 위해서 첨단기술을 활용할 수도 있다. 예를 들어, **전사적 자원관리**enterprise resource planning, ERP 시스템은 기업의 모든 부서들의 정보를 통합하는 데이터 관리 시스템이다. 물류관리사(logisticians)는 ERP 시스템을 통해 물류 운영을 계획하고 시행하기 위한 대부분의 최근 데이터에 접근할 수 있다. 또한 ERP 시스템은 전자문서교환(electronic data interchange, EDI)을 통해 다른 기업들의 정보기술(IT) 시스템과 통신을 하기 위해 사용될 수도 있다. 전자문서교환은 정보를 한 회사의 컴퓨터에서 다른 회사의 컴퓨터로 거의 순간적으로 전송하는 것을 가능하게 한다. 따라서 사전 선적 통지를 고객에게 보내어 고객은 선적이 예정되어 있고, 무엇을 선적할 것인지, 그리고 언제 도착하는지를 창고에 알려줄 수 있어, 두 기업 모두의 입고 과정 속도를 단축시킬 수 있다.

물류기능은 비용절감, 혁신, 유연성, 고객만족, 그리고 기타 중요한 마케팅 목적을 달성할 수 있도록 공급사슬 전략을 지원한다. 다음으로 물류 관리자와 관리인력이 어떻게 고객을 위해 가치를 부가하고 기업의 목표를 달성하는 데 도움을 줄 수 있는지를 보다 더 완전하게 이해하기 위해서 물류 기능의 중요한 운영 측면들을 자세히 살펴본다.

물류기능

물류의 주요 기능들이 어떻게 기업의 공급사슬 전략에 영향을 미치는지 설명

소비자가 제품을 구매하러 상점에 갈 때, 제품은 선반에 있을 것이라고 예상한다. 만약 온라인 사이트에서 어떤 품목을 주문한다면, 그 품목이 아주 빨리 배송될 것이라고 예상한다. 그러나 그 제품의 가용성을 보장하기 위해 또는 그 제품을 고객들에게 배송하기 위해 관여하는 모든 것들에 대해서 깊이 생각해보지 않았을 수도 있다. 물류 관리인력은 이런 일이 원활하게 이루어지도록 하는 중요한 부분이다. 물류의 어떤 기능이라도 붕괴되면 이월 주문, 빈 선반, 그리고 고객 불만족이라는 결과를 가져온다.

재고관리|managing inventories

닥터 페퍼(Dr Pepper) 음료를 정말 좋아해서 기숙사에서 나오면 길모퉁이에 있는 가게에서 구입한 닥터 페퍼 캔을 하루에 세 개를 마신다고 가정해 보자. 방에 얼마나 많은 닥터 페퍼를 구

입해 두어야 하는지 쉽게 예상할 수 있을 것이다. 이틀에 한 번 여섯 개 들이 한 세트를 구입하고, 친구가 찾아올 것을 대비해서 여분의 여섯 개 들이 한 세트를 구입할 수도 있을 것이다. 기숙사 전체의 닥터 페퍼 재고를 담당한다고 상상해 보자. 친구들이 평균적으로 매일 얼마를 소비하는지 알아야 할 것이다. 또한 소비가 많은 날에도 수요를 충족할 수 있는 충분한 닥터 페퍼를 보유할 수 있도록 소비가 매일 변하는지 그리고 어떤 범위 안에서 변하는지 알 필요도 있다. 이제 도시 전체의 수요를 충족하기 위해 충분한 닥터 페퍼, 닥터 페퍼 10 및 다이어트 닥터 페퍼를 보유할 책임을 지고 있다고 상상해보자. 도시의 모든 사람을 만족시키기 위해서 각종의 닥터 페퍼를 취급해야 하기 때문에 문제는 더 복잡해진다. 이 예는 기업들이 재고를 관리하는 데 직면하는 어려움을 보여준다.

다이어트 닥터 페퍼에 대한 전 세계의 소비자들을 만족시키기란 국내 소비자의 수요를 만족시키는 것보다 훨씬 어렵고 복잡함으로 더욱 효율적인 재고관리를 요구한다.

기업들은 몇 가지 이유 때문에 재고관리에 의존하지만 주된 이유는 적정한 때 적정한 양의 재고가 없으면, 고객서비스가 피해를 보기 때문이다. 재고관리의 힘든 점은 비용 효율적으로 공급과 수요의 균형을 맞추는 방식으로 관리하는 것이다. 일부 기업들은 재고를 많이 줄일 수 있는 적시생산시스템just-in-time, JIT 제조 과정으로 전환했다. 적시생산시스템 접근법은 주문을 예상하기보다 고객의 주문에 근거하여 제품을 만들고, 부품은 생산을 위해 필요할 때에만 공급업체에서 받는다. 이 접근법은 공급업체로부터 짧고 일관된 운송 리드 타임, 공급업체와 제조 과정 자체의 높은 수준의 품질, 낭비 제거, 그리고 제품의 소량 생산시행에 의존한다. 이런 요인들이 결합하여 그 과정에서 불필요한 재고를 제거하고, 결국 재고 비용, 공간 및 노동력에 드는 비용을 절감할 수 있다.

재고유형types of inventories 기업은 많은 종류의 재고를 관리해야 하는데, 다음과 같은 재고유형이 있다.[14]

1. **순환 재고cyclical inventory**는 기업이 평균 수요를 충족하기 위해 필요한 재고다. 만약 기업이 재고품을 생산한다면, 기업이 한 번에 가장 경제적으로 생산한다고 판단하는 수량인 생산량 로트 사이즈(production lot sizes)가 순환 재고를 결정한다. 만약 기업이 재고품을 구입한다면(소매상이 그렇게 하듯이), 수량할인, 경제적인 운송 수량, 그리고 보관 공간 가용성이 순환 재고량을 결정한다. 재고유지 비용과 재고품을 보충하는 데 걸리는 시간은 생산된 순환 재고와 구입한 순환 재고 모두에 영향을 미친다.

2. **파이프라인 재고pipeline inventory**는 공급업체와 고객 간에 운송 중인 재고를 가리킨다. 파이프라인 재고는 판매나 또는 생산에 사용되지 않으면서 재고유지 비용을 증가시킨다. 생산자들이 공급업체의 생산능력을 초과할 수도 있는 수요를 따라가려고 할 때, 제품 수명 주기의 도입기 제품을 보유하고 있는 기업은 파이프라인 재고에 종종 의존한다.

3. 비축 재고anticipative stock는 기업이 재고품 가용성에 부정적으로 영향을 미치는 미래에 일어날 것을 예상할 때 생산하거나 구입하는 재고다. 예를 들면 공급업체가 공장을 실제 폐쇄하기 두 달 전에 보수유지를 위해 공장 폐쇄를 공고할 때다. 비축 재고는 기업에 폐쇄 동안 버티기 위한 추가 재고품을 구입할 수 있는 충분한 시간을 준다.

4. 계절 재고seasonal stock는 기업이 그 해 특정 시기에만 또는 특정 계절 동안에만 판매하는 제품을 가리킨다(예를 들어, 오렌지주스를 만드는 데 사용되는 오렌지). 제조회사는 수요를 충족할 수 있을 정도로 충분히 빨리 제조할 수 있기 위해서 계절 제품의 생산을 종종 일찍 시작해야 한다.

5. 기업들은 제품의 디자인이 바뀌고, 제품의 수명 주기가 끝나가고, 제품이 과다 주문되고, 또는 제품의 유효기간이 만료될 때, 불용 재고obsolete inventory를 보유하게 된다. 이에 대한 예로, 제품의 디자인 변경 때문에 창고 전체가 소용없는 골판지 박스로 가득 찰 수도 있다.

기업들은 마케팅과 공급사슬 전략을 지원하기 위해서 이런 대부분의 재고 종류가 필요하다. 단지 기업의 재정을 고갈시키고, 극단적인 할인으로 판매되거나 처분될 수 있는 불용 재고는 기업에 비용이 되므로 예외다.

재고비용inventory costs 효과적인 재고관리 정책은 제품 가용성과 재고유지 비용의 균

공급망 차질은 예기치 않게 발생하며 한 번 발생하면 오랫동안 지속된다. 예를 들면 2011년 일본 쓰나미는 주요 산업에 영향을 미쳐 미리 준비해놓은 재고가 없었으면 극복하는 것이 쉽지 않았을 것이다.

형을 맞춘다. 기업은 보유할 정확한 재고 수준을 결정하기 위해서 세 가지 유형의 비용인 구매비용, 재고유지비용 그리고 재고부족비용을 추적해야 한다.

1. **구매비용**은 주문처리 및 배치 비용, 그리고 구매회사가 운임을 부담할 경우의 운송료를 포함한다. 품목별로 주문을 자주 할수록 연간 구매비용은 많아진다.
2. **재고유지비용**은 보관 및 취급 비용, 자금을 묶어두는 데 따른 기회비용인 자본금, 재산세 및 보험료와 같은 서비스 비용, 그리고 보관 중에 제품에 발생하는 손상이나 제품의 불용과 관련 있는 비용을 포함한다.
3. **재고부족**stockout은 기업이 주문을 이행할 충분한 재고가 없을 때 일어난다. 그런 경우에, 고객은 이월 주문을 하거나 아니면 주문을 취소할 수 있다. 이월 주문을 처리하고 제품이 입고되는 대로 배송하는 것과 관련한 비용이다. 매출 상실은 수익 상실을 의미한다. 더 심각한 상황에서는 고객이 주문을 취소할 뿐만 아니라 더 이상 그 회사에서 구입을 하지 않기로 결정하여, 회사에 미래 수익 상실이라는 손실을 가져다준다.

그림 9.4는 세 가지 비용의 관계를 보여준다. 주문량이 증가하면 재고유지비용이 증가한다. 주문이 많아질수록 기업이 보유할 평균 재고가 더 많아지기 때문이다. 반면에 주문을 적게 하면 구매비용은 감소하고, 평균 재고가 더 많아져서 재고부족이 일어날 확률이 더 낮아지므로 재고부족과 관련된 비용은 감소한다.

다행히 기업은 고객수요, 보충 리드타임, 주문 및 재고유지 비용, 그리고 서비스 수준 요건을 고려하는 모델을 수립함으로써 어느 정도 정확하게 이런 모든 비용을 계산할 수 있다.[15] 기업은 일정 기간에 걸쳐 고객의 예상 주문을 근거로 모델을 수립하기 때문에 판매 예측은 이 과정에 매우 중요하다.

재고관리평가evaluating inventory management

효과적인 재고관리 정책을 시행하는 기업은 고객을 만족시킬 수 있을 뿐만 아니라 제품 비용을 줄일 수 있다. 재고관리의 가장 흔한 척도는 재고회전율inventory turns일 것이다. 재고회전율은 기업의 전체 재고가 판매되고 보충되는 횟수를 가리킨다. 재고회전율은 판매된 제품의 원가를 기업의 평균 재고수준으로 나누어 계산할 수 있다. 재고회전율이 높을수록, 기업은 재고를 수익으로 더 빨리 전환시킬 수 있고, 재고가 불용이 될 가능성은 더 낮아진다. 이 계산은 일반적으로 완제품에 대하여 매년 이루어진다.

효과적인 재고관리의 또 다른 지표는 공급일수(또는 보전일수)다. 공급일수days of supply는 기업의 현재 재

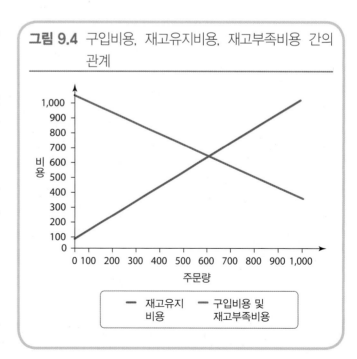

그림 9.4 구입비용, 재고유지비용, 재고부족비용 간의 관계

고를 다 쓸 때까지 며칠이 걸리는지를 측정하며, 현재 재고수량을 일일 평균 사용량이나 매출로 나누어 계산한다. 이 계산은 완제품 그리고 원자재나 포장재의 공급일수를 측정하는 데 사용될 수 있다. 이런 측정을 사용할 수 있더라도, 재고 투자가 고객서비스에 미치는 영향은 기업의 가장 중요한 고려사항이 되어야 한다. 재고회전율이 높은 회사도 주문을 받았을 때 고객에게 배송할 수 있는 재고를 항상 보유하고 있는 것은 아니기 때문에 부실한 고객서비스로 손해를 볼 수 있다.

구매purchasing

구매는 회사를 위한 원자재, 구성요소, 부품, 완제품 및 서비스의 구매와 조달을 수반한다. 구매는 여러 가지 이유로 모든 기업에서 중요한 물류 기능이다. 첫째, 제조를 위해 구입하는 자재는 일반적으로 제품 비용의 40~60%를 차지하는데, 이것은 구매비용의 절감이 회사의 수익에 많은 기여를 할 수 있다는 것을 의미한다. 둘째, 구매는 제품과 서비스 품질의 주요 요인이다. 고품질의 제품과 서비스를 제공할 수 있는 공급업체 선택은 기업이 다른 기업의 품질과 경쟁하거나 심지어 그 품질을 뛰어넘을 수 있게 한다. 셋째, 구매는 제품 디자인 과정의 초기에 적절한 공급업체를 참여시킴으로써 신제품의 제품 디자인을 향상시키고 마케팅을 위한 시간을 활용하는 데 도움을 줄 수 있다. 넷째, 신뢰할 수 있는 공급업체로부터 자재와 제품을 구매하는 것은 기업의 공급사슬에서 제품의 흐름이 수요를 충족할 수 있게 하여, 우수한 고객서비스로 이어진다.

구매활동purchasing activities 기업의 구매전략을 실행하기 위해 구매 관리자는 다음을 포함한 다양한 활동을 수행한다.

- **적절한 공급업체 선정과 자격부여** 적절한 공급업체는 기업의 성공에 매우 중요하다. 기업은 구매 관리자가 기업의 요구에 맞게 수립한 비용이나 서비스 능력과 같은 기준에 근거하여 적절한 공급업체를 선정한다.[16] 기업의 글로벌한 성격을 감안할 때, 공급업체 일부 혹은 전부는 외국이나 다른 지역의 공급업체일 수도 있다.
- **계약협상과 구매발주** 중요한 제품이나 서비스를 위해 새로운 계약을 하거나 계약을 갱신해야 할 때, 기업은 계약조건에 대해서 공급업체와 협상을 하게 된다. 협상은 납품할 구체적인 수량, 품질 요인, 신용 조건 및 납품 조건을 포함하여, 계약의 여러 측면에 걸쳐서 일어날 수 있다. 협상의 조건을 바탕으로 구매 관리자는 명시된 일자에 특정 가격으로 공급업체가 납품할 제품의 일정량을 구매해야 할 법적인 의무인 **구매발주**purchase order를 작성한다. 모든 공급업체와 구매자가 협상 단계를 거치는 것은 아니다. 많은 공급업체가 구매자에게 중요하지 않은 제품이나 서비스를 제공할 수 있으면 구매 관리자는 제품의 단일 납품이나 서비스의 단일 수행에 대한 발주를 할 수도 있다.
- **공급업체성과모니터링** 구매 관리자는 공급업체에 대한 성과 기대치를 수립하고 이들의 성과를 측정하기 위한 방법을 개발한다. 기대치는 품질, 적시 납품, 문제에 대

한 신속한 대응 및 송장의 정확성과 종종 관련이 있지만, 구매자의 요구에 맞추어 수립될 수 있다. 경쟁 우위를 확보하기 위해 혁신에 의존하는 기업은 짧은 기간 안에 새로 디자인된 구성요소의 납품과 관련된 기준을 수립할 수도 있다. 모니터링 활동의 일환으로 구매 관리자는 공급업체와 규칙적으로 만나서 공급업체의 수행을 논의한다. 구매 관리자는 공급업체에 주어지는 일을 줄일 수도 있고, 벌금을 부과하거나, 만약 공급업체가 기대치를 충족하지 못할 경우에 앞으로 거래를 하지 않을 수도 있다.

- **공급업체개발** 공급업체는 구매 기업의 기대치를 충족시키기 위해서 추가적인 도움을 필요로 할 때도 있다. 구매 관리자는 문제를 더 잘 이해하기 위해 공급업체를 방문하고, 전문가를 보내 공급업체 교육을 체계화하며, 필요한 장비 구매를 위해 공급업체에 재정적인 지원을 제공함으로써 공급업체 역량을 개발하는 데 도움을 줄 수 있다. 일반적으로 기업은 높은 비용 때문에 중요한 공급업체에 대하여 이러한 접근법을 준비해 두고 있다. 결국, 관리자는 세계적 수준의 공급사슬을 만들고 싶어 한다. 이런 목적을 달성하기 위해 많은 기업들은 가장 낮은 가격에 최상의 자재, 제품 및 서비스에 대해 접근할 수 있게 하는 글로벌 소싱(global sourcing)에 의존한다. 비록 운송비, 운송 중인 제품의 재고유지비용, 관세 등과 같이 다른 나라에서 제품과 서비스를 구매하는 데 수반되는 많은 추가적인 비용이 있지만, 저렴한 노동력과 자재 그리고 고품질의 제품과 서비스는 이런 비용을 상쇄시킨다. 그러나 해외 인건비와 해외운송비가 인상되기 시작했다. 그 결과 일부 기업들이 다시 국내에서 제품

지속 가능성과 같은 새로운 트렌드는 공급업체로부터 기업이 장비, 재료 및 부품을 구입하는 방법에 많은 영향을 미치고 있다. 그 중 군대는 이러한 트렌드에 영향을 받아 보다 더 친환경적인 제품을 추구하고 있는 많은 기업들 중 하나다.

과 서비스를 구매한다. 어디에 있든지 간에 최고의 공급업체를 구하고, 글로벌 소싱에 수반되는 상쇄관계를 이해하는 것은 구매 관리자의 몫이다.

구매 윤리purchasing ethics 구매 관리자는 다른 기업에 일을 줄 수 있는 능력 때문에 기업에서 독특한 윤리적 위치에 있다. 구매에서 비윤리적인 행위는 많은 형태로 나타난다.[17] 공급업체로부터 선물과 호의를 받는 것은 구매 관리자들에게 공통적인 윤리적 문제이며, 회사의 윤리 방침에서 다루어져야 한다. 일부 회사는 그런 선물에 대한 금전적 상한을 정하고 있고, 어떤 종류의 선물로 허용하지 않는 회사들도 있다. 방침과 상관없이, 공급업체로부터 선물을 받는 것은 아주 의심스러운 행위이며 피해야 한다. 또한 한 업체와 서로 상호성reciprocity을 기반으로 지정구매를 한다든지, 구매 관리자가 사업 용도가 아닌 개인 용도를 위해 물품을 구매하는 개인구매personal buying도 윤리에 어긋날 수 있다. 또한 구매 관리자 또는 구매 관리자의 지인이나 친척이 근무하는 공급업체에 특혜나 모종의 약정을 제공하는 것은 재무적인 이득을 주고받는다는 인상을 줄 수 있기 때문에 비윤리적으로 간주된다.

자재관리, 창고보관 및 유통materials management, warehousing, and distribution

일단 구매 관리자가 원자재 그리고 포장재나 구성요소를 조달하면, 물류 담당자는 제조 운영을 지원하는 비용 효율적인 방법으로 관리를 해야 한다. 자재관리materials management는 자재의 사내 유입과 자재가 제조 과정에 투입되고 제조 과정을 통해 흐르도록 하는 자재의 보관을 수반한다. 효과적인 자재관리는 다음 네 가지 면에서 기업에 이익이 된다.[18]

1. 규모의 경제를 통해 조달비용, 운송비용, 생산비용을 줄여준다.
2. 자재의 공급과 수요를 조정한다. 창고는 순환재고, 안전재고, 비축재고와 같은 다양한 유형의 재고를 필요할 때까지 보관하는 데 사용될 수 있다.
3. 제조활동을 지원한다. 자재관리는 보관 중인 자재나 최근에 수령한 자재가 필요할 때 생산 작업장에 도착할 수 있게 한다.
4. 효율적이고 효과적인 방법으로 제품을 고객에게 선적할 수 있도록 준비해 둠으로써 마케팅 목표 달성을 지원한다.

자재관리는 일반적으로 창고에서 일어난다. 자재관리의 이익을 최대화하기 위해서 물류 담당자는 다양한 창고 기능을 효과적으로 조정해야 한다.

창고 기능warehouse functions 창고는 여러 가지 다양한 유형의 활동을 수행한다. 이런 활동은 보관, 이동 및 생산이라는 세 가지 기본적인 기능으로 정리될 수 있다.[19]

보관 보관은 재고를 필요할 때까지 유지하는 것이다. 보관은 일시적이거나 반영구적일 수도 있다. 일시적인 보관은 제품이 단기간 동안 입고되어 있는 것을 의미한다. 또한 일시적인 보관은 운송비를 줄이려고 소량 화물을 보다 큰 화물로 통합시키기 위해 제품을 집적하는 데 사용될 수도 있다. 반영구적인 보관은 계절 재고와 같이 정상적인 보충을 초과하는 수요를 충족하기 위해 필요한 재고를 보관하거나, 푸시 전략의 일환으로 또는 수량 할인을 통해 구입한 추가 재고를 보관하기 위해 사용될 수 있다.

선별은 제작 주문을 이행하기 위해 창고에서 자재를 출하하고 출하한 자재를 제조에 투입하거나, 고객의 주문을 이행하기 위해 보관한 곳에서 완제품을 출하하여 선적에 대비하는 것이다.

이동 창고의 이동기능은 입고, 적치, 고르기, 출하 및 생산구역까지 운송을 포함한다. 입고는 운송업체로부터 제품을 하역하고, 재고기록을 업데이트하며 필요 시 품질검사를 포함한다. 적치put-away는 제품을 일시적인 보관장소나 반영구적인 보관장소로 이동시키고, 재고기록을 업데이트하는 것을 가리킨다. 선별picking은 제작 주문을 이행하기 위해 보관한 곳에서 자재를 출하하고 출하한 자재를 제조에 투입하거나, 고객의 주문을 이행하기 위해 보관한 곳에서 완제품을 출하하여 선적에 대비하는 것이다. 출하는 선별한 물품을 운송차량에 적재하고, 재고기록을 업데이트하며, 물품을 운송하는 데 필요한 서류를 작성하는 것을 포함한다.

생산 일부 창고는 생산기능도 수행한다. 여기에는 매장 진열품과 같은 제품의 가벼운 조립, 고객을 위해 제품을 맞추어 제작하기(예를 들면, 어느 한 제품의 많은 수량이 필요하지 않은 고객을 위해 제품에 여러 가지 제품을 섞는 것), 그리고 반품된 제품을 보수하는 것이 포함될 수 있다.

유통센터distribution centers 유통은 기업이 제품을 고객에게 선적할 때 일어난다. 이 활동은 유통센터에 의해 수행된다. 유통센터distribution center(DC)는 완제품을 보관하고 고객에게 선적하기 위해 사용되는 일종의 창고다. 유통센터는 회사의 마케팅 목적을 지원하는 추가적인 활동뿐만 아니라 창고와 동일한 보관기능과 이동기능을 모두 수행한다. 유통센터가 수행하는 추가적인 네 가지 기능에는 제품 집적, 분류, 할당 및 구색이 포함된다.[20]

- 제품집적product accumulation은 다양한 공급업체로부터 제품을 입고시키고, 고객이나 다른 기업소유 시설이 주문을 할 때까지 제품을 보관하고, 그리고 운송에서 규모의 경제를 달성하기 위해 주문을 통합하는 것을 포함한다. 고객의 주문은 차량을 채울 정도로 주문한 제품이 충분할 때까지 취합되며, 이것은 운송비를 줄여준다. 그림 9.5는 유통센터의 제품집적 역할을 보여준다.
- 제품분류product sortation는 적절한 재고통제를 용이하게 하고 고객서비스를 효과적으로 제공하기 위해서 유통센터의 한 구역에 유사한 특성을 갖는 제품을 모으는 것을 가리킨다. 예를 들어, 유효기간이 만료된 제품을 선반에서 치워야 한다. 기업은 제품

분류를 통해서 재고에 대한 통제를 유지할 수 있고, 판매에 적합하지 않은 제품을 실수로 선적하는 일을 막을 수 있다.

- **제품할당**product allocation 과정은 고객의 주문을 이행하기 위해서 준비되어 있는 제품을 선별하는 것을 포함한다. 유통센터를 설치해서 제품을 가득 실은 팔레트, 제품을 가득 담은 케이스, 또는 개별 제품을 선별할 수 있다. 유통센터가 제품을 단일 요소로 줄여서 할당하면 고객은 자신의 사업에 적합한 수량으로 구매를 할 수 있게 된다. 예를 들어, 미국의 최대 잡화 판매업체인 월그린(Walgreens)은 판매하는데 수년이 걸릴 진홍색 립스틱을 가득 실은 팔레트를 주문하고 싶지 않을 것이다. 유통센터의 할당기능은 월그린이 필요한 수량만 주문하는 것을 가능하게 한다.

- 유통센터의 제품구색 기능은 수량이 더 적고 더 경제적인 제품의 주문을 지원하기도 한다. **제품구색**product assortment은 각 주문이 한 가지 종류의 제품이 아니라 다양한 제품을 포함할 수 있도록 유통센터가 여러 공급업체로부터 들어오는 제품을 섞어서 주문을 내보낼 때 일어난다. 그림 9.6에서 보는 바와 같이, 고객들은 다양한 공급

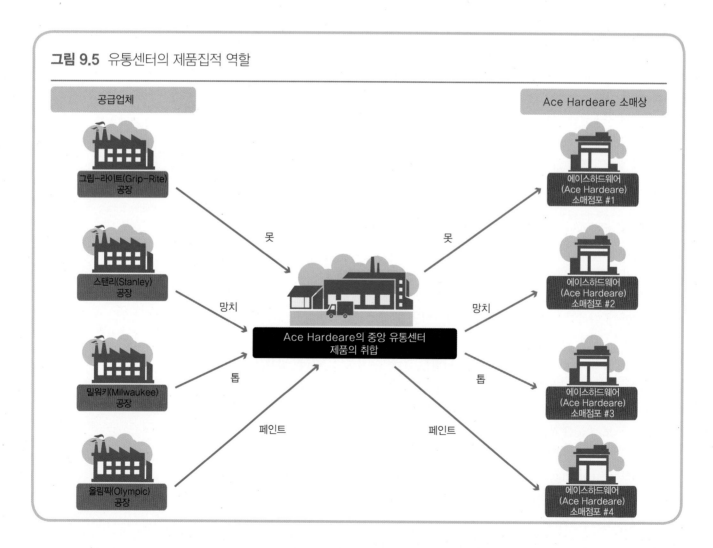

그림 9.5 유통센터의 제품집적 역할

업체에서 생산하는 제품을 소량으로 요구한다. 유통센터의 제품구색 기능은 비용을 절약하기 위해서 동일한 트럭으로 목적지가 동일한 곳인 다양한 제품에 대한 주문을 결합하여 비용 효율적으로 이런 요구를 충족할 수 있게 한다.

유통네트워크설계 유통센터의 수와 위치는 기업이 마케팅 목적을 지원하기 위해 이용할 수 있는 전략에 속한다. 기업은 소수의 중앙집중식 대형 유통센터를 설치해야 할까, 아니면 고객과 더 가까운 곳에 있지만 더 적은 재고를 유지하는 유통센터를 더 많이 설치해야 할까? 답은 기업의 마케팅 전략과 공급사슬 전략을 바탕으로 해야 한다. 기업이 유통네트워크를 설계할 때 고려할 필요가 있는 일부 요인에는 다음이 포함된다.[21]

- **재고수준** 유통네트워크에 시설이 많을수록, 시스템의 전반인 재고는 더 많다. 만약 수요가 예기치 않게 증가한다면 추가적인 재고는 기업에게 이익을 줄 수 있지만, 재고 유지 비용을 증가시킨다.

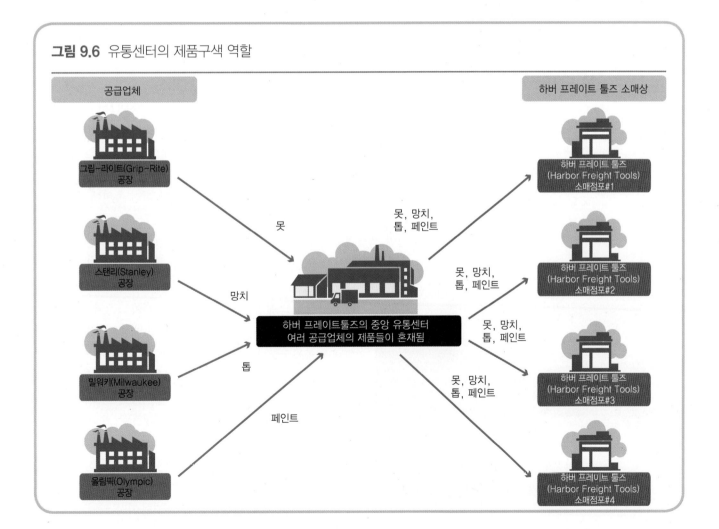

그림 9.6 유통센터의 제품구색 역할

- **운영비** 네트워크에 시설이 더 적을수록 운영비는 더 적게 발생한다. 시설의 수가 더 적은 기업은 유통활동을 수행하는데 관리직원과 사무직원, 그리고 정보기술장비의 필요성이 낮을 것이다.
- **고객서비스** 시설이 더 많으면 시설이 시장과 더 가깝기 때문에 고객에게 더 빠른 배송을 할 수 있다. 그러나 중앙집중식 시설은 일반적으로 더 나은 제품 가용성의 결과를 가져와 더 적은 재고투자로 우수한 고객서비스를 제공할 수 있게 된다.
- **운송비** 시설이 더 많으면 생산현장과 공급업체에서 창고나 유통센터까지 운송비가 높아진다. 그러나 시설과 고객 간의 운송비는 근접성으로 인해 더 낮아질 수 있다.

유통네트워크에 대한 결정은 이런 요인들 이외에 기업의 유통 경로 구조에 의해 많은 영향을 받는다. 기업이 이런 중간상(intermediaries)을 이용하는 방법과 중간상이 위치하는 곳, 중간상의 재고와 고객서비스 기대치, 그리고 기업이 이런 중간상과 거래하는 정도가 유통네트워크에 대한 결정에 영향을 미치게 된다. 예를 들어, 월마트(Walmart) 또는 대기업을 고객으로 하는 기업은 이들에게 더 빠른 서비스를 제공하기 위해서 자사의 유통센터를 대기업 소유의 유통 경로에 가깝게 배치할 가능성이 있다.

소매상 월마트(Walmart)와 같은 소매상은 중요한 유통기관이다. 소매상은 주로 최종 사용자인 소비자에게 판매하는 기업이다. 소매상은 구매, 광고, 인적자원 및 기타 기능을 중앙집중화하는 본부의 지휘를 받는 대형 체인점의 형태를 취할 수 있다. 타겟(Target)과 딜라드(Dillard's)뿐만 아니라 월마트가 체인점의 예다. 지역의 서점이나 선물 상점과 같은 독립 소매상은 한두 개의 점포를 보유하고 있을 수도 있다. 또한 소매상은 대기업의 가맹점이 될 수도 있다. 그런 경우, 대기업은 가맹점을 한 사람이나 여러 사람들에게 판매하여 운영하게 하고, 경영교육, 광고, 판매할 제품 공급, 그리고 기타 점포의 여러 측면에 대한 통제를 유지한다.

모든 소매상들이 일반 소매점을 운영하는 것은 아니다. 일부 업체는 자신의 집이나 사무실에서 또는 업체 대표가 보여주는 제품 시연을 고객의 친구나 가족이 지켜보는 고객의 집에서 파티를 통해 고객에게 판매하는 직접 소매업을 수행한다. 메리 케이 코스메틱스(Mary Kay Cosmetics)는 직접유통을 하는 소매상의 예다. 텔레마케팅과 우편주문 소매업은 무점포 형태다. 낚시용품을 판매하는 배스 프로 샵(Bass Pro Shops)은 수년 동안 성공적으로 카탈로그 판매를 하고 있는 기업의 예다. 온라인 소매(online retailing 또는 e-tailing)나 컴퓨터, 태블릿, 또는 스마트폰을 통한 구매는 가장 빠르게 성장하는 소매상 범주다. 아마존(Amazon)과 같은 온라인 소매상들은 인터넷이 연결되는 곳은 어디라도 제품을 판매하기 위해 전 세계에 전자기기와 인터넷이 확산된 것을 활용한다. 소비자들이 온라인 소매상에

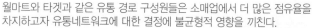

월마트와 타겟과 같은 유통 경로 구성원들은 소매업에서 더 많은 점유율을 차지하고자 유통네트워크에 대한 결정에 불균형적 영향을 끼친다.

기대하는 편의성 때문에, 이들이 유통네트워크 설계에 대해 내리는 결정은 이들 온라인 소매상의 궁극적인 성공에 특히 중요하다.

운송관리|managing transportation

운송관리는 소매상과 공급사슬의 다른 모든 구성원에게 가장 중요한 물류 기능 중 하나다. 효과적인 운송관리는 고객을 만족시키는 데 필수적인 가치를 창출한다. 비용 효율적 운송은 기업이 더 먼 곳까지 제품을 시판하는 것을 가능하게 하며, 이것은 기업이 글로벌 공급사슬을 구축하고 새로운 시장에서 경쟁하는 데 도움을 준다.

운송수단과 운송업체 선정

학습목표 9-6

국내외 공급사슬에 있어서 운송수단과 운송업체 선택의 중요성에 대해 기술

점점 더 연결되는 세계에서의 운송은 기업으로 하여금 전세계에 걸친 공급사슬을 형성할 수 있도록 하며, 공급사슬관리의 물류기능에서 중요한 역할을 담당한다. 기업은 다양한 방법으로 제품을 운송할 수 있지만, 모든 형태의 운송(수단)이 모든 유형의 제품에 적합하지는 않다. 유행하는 의류와 같은 높은 수익을 내는 물품이나 이국적 과일과 같은 변질성이 큰 제품은 속도와 비용 때문에 항공을 선적되는 경향이 있다. 반면에 원유는 파이프라인으로 운송하는 것이 가장 효율적이다. 다른 공급사슬 결정과 마찬가지로 운송수단 선정은 상쇄관계를 수반한다.

여러 운송수단을 연결하는 복합운송은 운송수단 간의 선적을 쉽게 하고 배송 시간을 가속화한다.

운송수단transportation modes

운송수단에는 여섯 가지 종류가 있으며, 각가은 장점과 단점이 있다. 이들 운송수단을 이해하는 것은 효율적이고 효과적인 운송 네트워크를 구축하는 데 필수적이다.

철도railroads 철도는 다양한 제품을 장거리에 걸쳐 운송한다. 미국에서 이동되는 제품의 거의 절반은 철도를 통해 이동된다. 역사적으로 철도는 화학물질, 석탄, 농산물 및 자동차와 같은 큰 규모의 벌크 제품(bulk products)을 수송했다. 그러나 다음장에서 더 상세하게 다룰 복합운송이 도래하면서 다양한 소비재를 운송하게 되었다. 철도운송의 주요 장점은 기업이 많은 양의 다양한 제품을 저비용으로 수송할 수 있다는 것이다. 철도운송의 단점은 손상, 일관성 없는 서비스, 그리고 접근성이다. 접근성은 선적지에서 최종 목적지까지 제품을 운송할 수 있는 운송업체의 능력을 가리킨다. 일반적으로 제품은 최종 목적지에 이르러 철도차량에서 트럭으로 옮겨야 한다.[22]

트럭trucks 트럭(자동차 운송업체)은 미국 화물 이동의 약 1/3을 차지하며, 전국에 제품을 운송하는데 지출하는 금액의 84%를 차지한다. 트럭은 주로 중소규모의 화물을 수송한다. 기업들은 운송업체를 고용하거나 또는 자체적으로 여러 대의 트럭을 소유할 수 있다. 임대 운송업체는 다음과 같이 두 가지 범주로 나누어진다. 하나는 모든 업체에 자신의 서비스를 판매하는 **일반 운송업체common carriers**이며, 다른 하나는 특정 고객을 위해서만 제품을 수송하는 **계약 운송업체contract carriers**다. 트럭은 높은 접근성과 신뢰할 수 있으며 신속하지만, 높은 비용과 차량 용량이 제한적이다. 자동차 운송업체의 높은 접근성 때문에 대부분의 화물의 경우, 수송의 일부분은 마지막으로 트럭이 담당한다.[23]

항공운송air transportation 항공운송은 미국에서 도시 간 운송의 1% 미만을 차지하지만, 항공을 통해 제품이 운송될 수 있는 속도는 물류 운영에서 중요한 역할을 담당하고 있다. 특정 유형의 제품과 화물의 경우, 항공운송은 실행 가능한 유일한 방법이다. 화초가 남미에서 뉴욕에 신선하게 도착하려면 화초는 항공으로 운송되어야 한다. 다른 운송수단을 사용할 수 없다. 긴급 의료용 화물은 또 다른 예다. 생명이 어떻게 될지 모르는 상황일 때, 항공화물은 실행 가능한 유일한 선택이다. 항공운송의 또 다른 장점은 손상의 위험이 낮기 때문에 깨지기 쉬운 고가의 제품을 운송하는 데 적합하다는 것이다. 항공화물이 거의 이용되지 않는 주요 이유는 항공화물의 비용 때문이다. 항공화물은 제품을 운송하는 가장 비싼 방법이다. 또 다른 문제는 접근성이다. 먼저 항공으로 운송된 화물의 최종 배송은 트럭에 의해 이루어진다. 항공화물은 비싼 운송비용을 부담할 수 있거나 하룻밤 사이에 운송되어야 하는 그런 고가의 제품에만 적합하다.

수상운송water transportation 생산이 아시아와 세계 다른 지역의 저비용 생산업체로 이동하면서 수상운송은 큰 의미를 가지게 되었다. 선박은 출항할 때마다 수천 마일을 가로질러 제품을 실은 수천 개의 컨테이너를 수송하면서 정기적으로 항해를 한다. 컨테이너는 빠르고 효율적으로 선박에 싣고 내릴 수 있기 때문에 원자재와 기타 벌크 상품과 같은 전통적인 제품뿐만 아니라 소비재의 국제운 송을 위해 해상수송을 선택하게 된다. 또한 제품은 호수, 강, 그리고 내륙 수로를 통해 운송되기도 한다. 이런 화물은 완제 품이 아닌 농산물 및 광물과 같은 벌크 상품인 경향이 많다. 수상운송의 장점은 낮은 비용과 높은 용량이지만, 다른 운송 수단보다 시간이 더 오래 걸리며 날씨의 영향을 많이 받는다.

파이프라인pipelines 파이프라인은 소수의 산업에만 서비 스를 제공하는 아주 특화된 운송수단이다. 그럼에도 불구하 고 파이프라인은 미국에서 선적되는 운송량의 약 20%를 차지 한다.[24] 파이프라인은 석유, 석유제품, 그리고 천연가스를 수 송한다. 파이프라인은 국가경제에 엄청난 영향을 미치며, 산 업, 개인 및 공익사업 용도에 연료를 제공하는 데 중요한 역 할을 담당한다. 이 운송수단은 매우 효율적이고 저비용이지 만, 몇 종의 제품만 수송할 수 있는 것 이외에 속도가 느리다.

사이버공간cyberspace 자주 사용하면서도 운송수단으로 생각하지 않을 수도 있는 여섯 번째 운송수단은 사이버공간 이다.[25] 디지털화될 수 있는 모든 것은 인터넷을 통해 전송될 수 있고, 기업과 가정에 전달될 수 있다. 소프트웨어, 문서, 그리고 매체(예, 음악, 사진, 영화)는 모두 전자적으로 전송 된다. 일단 기업이 인터넷으로 데이터를 전송하는 기술을 설 치하면, 배송비용이 거의 들지 않으며, 제품은 목적지에 거의

TV, 게임기, 블루 레이 플레이어의 새로운 제품 모델은 고객이 사이버공간 을 통해 전송 가능한 디지털 콘텐츠의 구입을 가능하게 한다.

순간적으로 도착한다. 전자책 단말기 킨들(Kindle)을 이용해 읽을 수 있는 디지털화된 도서 를 폭넓게 선택할 수 있는 아마존과 같은 소매상은 사이버 공간의 운송이 자사 공급사슬 전 략의 한 부분이다.

기업은 물류 운영에서 최대의 이점을 얻기 위해 사용하기로 선택하는 운송수단을 전반적 인 마케팅 전략과 일치시켜야 한다. 글로벌 기업의 공급사슬은 방대한 거리를 대상으로 하고 몇 가지 운송수단을 필요로 하기 때문에 글로벌 운영에서 운송수단 선택은 더욱 복잡하다.

운송수단 선정mode selection

기업은 운송수단을 선택할 때 수송시간, 운송수단의 접근성, 운송수단이 필요한 용적(용량) 을 취급할 수 있는 능력, 그리고 운송수단이 일관되게 고객에게 서비스를 제공할 수 있는 능 력을 포함한 많은 요인들을 고려해야 한다.[26] 비용은 운송수단 선택에 있어 항상 요인이 되 지만, 다른 제품보다 특정 상품에 대한 운송수단 결정에 더 많은 영향을 미친다. 표 9.1은 운송수단 결정에 영향을 미치는 주요 요인과 운송수단이 다른 요인들과 어떻게 비교되는지

표 9.1 6가지 운송수단의 비교

운송수단	접근성	속 도	용 량	운 임	서비스	국제적 기능
철도	낮음	보통	큼	보통	보통	복합
트럭	높음	보통	작음	보통	높음	복합
수상	낮음	느림	매우 큼	낮음	보통	복합
항공	낮음	빠름	작음	높음	높음	복합
파이프라인	낮음	매우 빠름	매우 큼	매우 낮음	높음	제한적
사이버공간	매우 높음	매우 빠름	매우 제한적	매우 낮음	매우 제한적	매우 많음

를 보여준다.

　　많은 기업들, 특히 글로벌 공급사슬을 가지고 있는 기업들은 동일한 화물에 대해서 몇 가지 유형의 운송을 이용하는 것이 수반되는 복합운송intermodal transportation에 의존한다. 복합운송의 예를 들면, 중국에 있는 공장에서 출하된 제품을 트럭으로 항구까지 수송하고, 그 제품을 미국 서부해안에 있는 항구까지 원양 정기선으로 운송한 후에, 그 제품을 테네시주에 있는 복합 조차장(switching yard)까지 기차로 수송하고, 그런 다음 트럭으로 미시시피주에 있는 소매상까지 제품을 운송하는 것이다. 복합운송의 출현은 1950년대의 중요한 운송 혁신인 컨테이너와 함께 시작되었다. 컨테이너container는 일반적으로 국제적으로 제품을 운송하는 데 사용되는 강철로 된 박스다. 컨테이너는 선박에 아주 빠르게 싣고 내릴 수 있으며, 이것은 아시아와 북미와 같은 대륙 간에 많은 양의 제품운송 과정의 속도를 현저히 향상시켰다. 또한 선적은 한 번에 수천 개의 컨테이너를 운송할 수 있어 대단히 비용효율적이기 때문에 컨테이너는 복합운송의 효율화에 기여했다.

　　운송수단의 능력은 제품에 맞아야 한다. 기업의 모든 제품은 동일한 운송수단 조합으로 운송되지 않을 수도 있다. 제품이 제품수명주기의 어디에 속하는지도 운송수단 선정에 영향을 미친다. 제조하는데 100달러 비용이 들고, 500달러에 판매하는 태블릿 컴퓨터 크기의 중국산 전자제품을 고려해 보자. 제품의 디자인으로 인해 이 제품은 경쟁 제품보다 훨씬 뛰어나고, 따라서 수요가 많다. 이 제품은 수익성이 아주 높기 때문에 제품을 고객에게 신속하게 배송하는 것이 필수적이다. 이런 경우, 기업은 수송시간을 최소화하고 손상 위험을 줄이기 위해서 중국에서 항공운송은 사용하려고 할 것이며, 그런 다음 공항에서 최종 목적지까지 자동차 운송업체를 이용할 것이다.

국제 운송수단 선정international mode selection

세계화로 인해 효율적이고 효과적인 국제운송이 아웃소싱과 오프쇼링(offshoring)의 등장에 기여하기 때문에 국제운송은 갈수록 중요한 주제가 되고 있다. 현대의 국제운송은 기업이 자재와 제품을 어디에 있든지 저비용의 생산자에게서 구매하는 것을 가능하게 한다. 그러나 기업들은 국가 간 제품의 운송과 대륙 간 제품의 운송에 수반되는 비용을 분석해야 한다. 국제 간 운송의 비용은 더 긴 경로, 다중 운송수단, 그리고 행정비용 때문에 일반적으로 국내 운송보다 제품에서 더 높은 비율을 차지한다. 또한 변화무쌍한 연료가격, 혼잡한 항구, 해적행위, 노조파업, 그리고 내륙운송 지연과 같은 국제운송의 복잡성은 기업이 비용효율적이고 신뢰할 수 있는 방법으로 제품을 운송할 수 있는 능력에 영향을 미친다. 글로벌 환경에서 제품을 효과적으로 판매하기 위해 기업들은 물류 전문가에게 운송 선택의 미로를 항해하고 기업의 마케팅 전략을 지원하는 해결책을 개발하도록 권한을 부여해야 한다. 물류 전문가들이 고려하는 요인에는 운송수단의 가용성, 운송운임, 서비스 능력, 신뢰성, 그리고 정부의 법적 제한이 포함된다.[27]

운송업체 선정carrier selection

기업은 제품을 위한 운송수단을 선택한 후, 어느 운송업체를 이용할 것인지 결정해야 한다. 하나의 운송수단 내에 있는 대부분의 운송업체는 유사한 비용으로 유사한 서비스를 제공할 수 있다. 그러나 기업은 지역에서 운송업체의 위상에 따라 지리적으로 차이가 있는 운송업체들 간의 개별 서비스 능력과 운임을 철저하게 알아볼 필요가 있다. 화물을 추적하고, 24시간 고객서비스를 제공할 수 있고, 제품을 안전하고 믿을 수 있게 운송하며, 제품을 일정 기간 내에 배송할 수 있는 운송업체의 능력 또한 운송업체 선정에 영향을 미친다. 기업은 다른 많은 운송업체를 이용하는 것이 아니라, 핵심 운송업체 전략을 종종 채택한다. **핵심 운송업체 core carrier**를 채택하는 기업은 수량할인과 양질의 서비스를 제공하는 소수의 운송업체를 선정하며, 이를 통해 기업은 비용에 관한 한, 통제력과 협상력을 가질 수 있다.

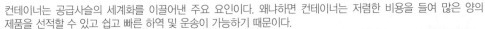

컨테이너는 공급사슬의 세계화를 이끌어낸 주요 요인이다. 왜냐하면 컨테이너는 저렴한 비용을 들여 많은 양의 제품을 선적할 수 있고 쉽고 빠른 하역 및 운송이 가능하기 때문이다.

EXECUTIVE PERSPECTIVE

테리 매튜스(Terry Matthews)

인터모달 제이비 헌트 운송 서비스(Intermodal J .B. Hunt Transport Services)사 선임부사장겸 사장

경제학을 전공한 테리 매튜스(Terry Matthews)는 1980년대 초에 대학을 졸업했다. 졸업 후에 매튜스는 면접을 22번 봤지만 어떤 일자리도 구하지 못했다. 그는 고향으로 돌아가서 대학원에 진학하여 마케팅 공부를 더 하였고, 물류와 공급사슬관리에 관심을 가졌다. 이후 그는 물류가 모든 기업에 중요한 요소이며 아울러 성장 가능성이 큰 산업 분야라는 것을 깨달았다. 대학원 졸업 후 그는 노스 어메리칸 밴 라인즈(North American Van Lines)에 취직했고, 그곳에서 여러 직책을 맡았으며, 이후 제이비 헌트(J. B. Hunt)로 이직했다. 현재 제이비 헌트의 임원인 그는 27억 달러 자산의 복합 물류 회사를 총괄하여 담당하고 있고, 3~5개년 전략, 재무결과, 안전, 서비스 그리고 기업 문화 분야에 주력하고 있다.

Q. 성공하기 위해 가장 중요한 것은 무엇이었습니까?

제 생각엔 실패에 대한 두려움과 끈기 그리고 인내심을 가지는 일인 것 같습니다.

Q. 예비 졸업생에게 어떤 조언을 해 주시겠습니까?

먼저, 성장하고 있는 산업을 찾고, 그 산업 안에 속한 회사에서 일자리를 찾아보라고 하고 싶습니다. 성장하는 산업과 성장하는 회사는 승진의 기회를 더 많이 제공합니다. 또한 직장생활 초기에 가능하면 많은 직무를 수행함으로써 다양한 경험 기반을 쌓는 것이 중요하다고 생각합니다. 그러한 경험은 그 기업이나 해당 산업에 대한 지식을 넓혀 줄 수 있으므로 잦은 부서 이동을 두려워하지 말라고 조언 드리고 싶습니다.

Q. 성공적인 직장생활을 위해 필요한 요건은 무엇이라 생각하십니까?

첫 번째는 융통성을 발휘하라고 하고 싶습니다. 직장을 구할 때 새로운 도시나 주로 이사 가는 것을 꺼리지 말아야 합니다. 만약 이사할 의사가 없다고 고용주에게 말한다면, 여러분은 좋은 직장을 구할 가능성에 크게 제한하는 것입니다. 또한 여러분은 일할 의사가 있는 직무의 종류에 대해서 융통성을 발휘해야 합니다. 불규칙적인 교대근무 일자리나 위험에 노출되어 있는 지역에서 근무하는 일자리는 매력이 없을 수도 있지만, 그런 일자리는 가치로 따질 수 없는 운영 경험을 제공하기 때문에 보통 급여가 더 높고, 더 명망 있는 직책으로 이어집니다.

두 번째는 협력하는 것입니다. 만약 여러분이 함께 일하는 사람들과 좋은 관계를 맺는다면 그들은 여러분이 그들을 필요로 할 때 여러분에게 협조할 것입니다. 또한 여러분은 일하기 편한 사람이라는 평판도 얻게 될 것입니다. 이외에도 여러분이 누군가의 일을 더 쉽게 할 수 있도록 배려해 준다면 여러분은 그들의 감탄과 존경을 얻게 될 것입니다. 이것은 여러분의 직원, 동료, 상사, 그리고 공급업체나 고객과 같이 여러분이 접촉하는 회사 외부의 사람들에게 적용됩니다. 여러분이 할 수 있는 일로 다른 사람들을 도와주세요. 일을 처리하기 위해 언제 그들의 도움이 필요할지 모르는 일입니다. 개인적인 인간관계는 여러분의 성공을 위한 열쇠이고, 궁극적으로는 여러분의 경력을 위한 열쇠입니다.

마지막으로 배움을 멈추면 안됩니다. 여러분이 여러분의 업무에 대해서 많이 알면 알수록, 여러분은 회사와 여러분 스스로에게 더 가치 있는 사람이 됩니다. 학습은 직무에 대하여 질문하는 것, 경험이 많은 전문가들을 따라 하는 것, 여러분의 분야에 대한 정보를 읽는 것, 그리고 추가적인 자격증과 학위를 취득하는 것을 포함합니다. 여러분이 관심을 가지고 있는 분야에서 취득할 수 있는 자격증이 어떤 것이 있는지 알아보세요. 일단 회사에서 자리를 잡았으면, 학사 학위를 취득하기 위해 더 많은 교육을 받을 수 있는 기회를 찾아보세요. 어떤 회사는 여러분의 평생교육에 대한 비용의 전부나 일부를 지원해 주기도 합니다.

Q. 어떤 마케팅 업무를 수행하고 계십니까?

저는 4P 믹스 중에서 유통과 관련된 업무를 주로 합니다. 저희 회사는 제품을 제 시간에 그리고 경제적인 방법으로 해당 장소로 운송할 수 있는 세계 최고 물류 운송기업 중 하나입니다. 성공적인 물류 회사가 될 수 있었던 자사의 능력은 매일 당사의 서비스를 제공하는 데 도움이 될 뿐만 아니라 고객 기업들의 사업 성공에도 도움이 됩니다.

Q. 본인의 개인 브랜드(personal brand)는 어떠해야 한다고 생각하십니까?

저는 무엇보다 높은 직업적 윤리의식과 도덕적 수준을 갖추는 것이 중요하다고 생각합니다. 업무를 진행함에 있어 상사로부터 안 된다는 대답을 곧이곧대로 수용해서는 안 됩니다. 왜냐하면 대개의 경우 여러분이 제시한 전략은 그 기업에서 아직 아무도 시도하지 않은 방법이기 때문입니다.

Q. 트럭운송은 마케팅에 있어 왜 중요합니까?

마케터는 성공하려면 가능한 한 가장 빠르고, 가장 안전하고, 그리고 가장 비용효율적인 방법으로 제품을 고객에게 전달해야 합니다. 경제에 많은 변화가 있었지만, 여러분이 사용하는 제품의 대부분은 공급사슬의 어느 시점에서는 여전히 트럭에 실려 있었습니다. 트럭운송이 제공하는 운송기회를 이해하는 마케터는 제품을 고객에게 빠르게 그리고 효율적으로 전달하는 해결책을 개발하는 데 유리합니다.

DISCUSSION QUESTIONS _____

1. 애크미(Acme)는 에이펙스(Apex)로부터 원료를 구입한다. 애크미는 에이펙스가 매달 제품을 구매하고 30일 이내에 지불을 할 것이라 예상하고 있다. 베터 리테일링사는 애크미의 고객 중 하나다. 베터 리테일링사에서는 애크미 제품이 베터 리테일링에서 판매된 기록을 가지고 있다. 베터 리테일링사는 제품이 판매하는 경우 30일 이내에 애크미에서 받은 상품에 대한 지불을 한다. 애크미, 에이펙스, 베터 리테일링은 공급사슬을 구성하고 있는가에 대해 설명해 보시오.

2. 인도 뭄바이 식료품점은 농가에서 직접 생산된 제품을 구입한다. 뭄바이 식료품점은 농가가 너무 많이 혹은 너무 적게 수확함으로써 피해를 보지 않도록 매일 수확량에 대한 정보를 제공받는다. 뭄바이 식료품점은 공급사슬 지향적인가? 이는 공급사슬관리를 실행하고 있는 것인가? 설명해 보시오.

3. 상하이 컴퓨터는 데스크톱 및 랩톱 컴퓨터에 대한 구성 부품을 구입함으로써 매출을 예상한다. 상하이 컴퓨터는 또한 랜덤 액세스 메모리 누락된 부분적으로 조립된 컴퓨터 메모리(RAM), 하드 드라이브 및 기타 구성 요소의 생산계획을 판매를 예측하는 데 사용한다. 상하이 컴퓨터는 고객의 주문을 받을 때까지 컴퓨터의 조립 완료를 지연한다. 상하이 컴퓨터가 사용하는 공급사슬 전략은 무엇인가?

4. 물류관리로 제공되는 다양한 유형의 효용들은 기업의 마케팅 목표를 달성하는 데 어떠한 영향을 미치는가?

5. 재고의 여러 유형에 대해 설명하고 각 유형은 기업의 마케팅 목표를 충족시키기 위해 어떻게 사용되는가를 설명해 보시오.

CHAPTER NOTES

1.　John T. Mentzer, ed., *Supply Chain Management* (Thousand Oaks, CA: Sage Publications, 2001), p. 14.

2.　John J. Coyle, John C. Langley, Jr., Robert Novack, and Brian J. Gibson, *Supply Chain Management: A Logistics Perspective*, 9th ed. (Mason, OH: South-Western Cengage Learning, 2013).

3.　Mentzer, *Supply Chain Management*.

4.　Ibid.

5.　Coyle et al., *Supply Chain Management: A Logistics Perspective*.

6.　David Simchi-Levi, Philip Kaminsky, and Edith Simchi-Levi, *Designing and Managing the Supply Chain: Concepts, Strategies and Case Studies*, 3rd ed. (New York: McGraw-Hill, 2008).

7.　James R. Stock and Douglas M. Lambert, *Strategic Logistics Management*, 4th ed. (New York: McGraw-Hill, 2001).

8.　Simchi-Levi et al., *Designing and Managing the Supply Chain*, pp. 191–.193.

9.　Council of Supply Chain Management Professionals, "Supply Chain Management Terms and Glossary," February 2010, http://cscmp.org .

10.　*U.S. News and World Report*, "Best Business Jobs, 2013,"n.d., http://money.usnews.com/careers/best-jobs/logistician .

11.　Coyle et al., *Supply Chain Management: A Logistics Perspective*.

12.　Ibid.

13.　Ibid.

14.　Ballou, Ronald H., Business Logistics/*Supply Chain Management*, 5th Edition. Copyright © 2004, pp. 330–31, 470. Reprinted by permission of Pearson Education, Inc., UpperSaddle River, NJ.

15.　Simchi-Levi et al., *Designing and Managing the Supply Chain*.

16.　W. C. Benton, Jr., *Purchasing and Supply Management*, 2nd ed. (New York: McGraw-Hill, 2010).

17.　Robert M. Monczka, Robert B. Handfield, Larry C. Ginipero, and James L. Patterson, *Purchasing and Supply Chain Management* (Mason, OH: South-Western Cengage Learning, 2012).

18.　Ballou, Ronald H., Business Logistics/*Supply Chain Management*, 5th Edition. Copyright © 2004, pp. 330–31, 470. Reprinted by permission of Pearson Education, Inc., Upper Saddle River, NJ.

19.　Stock and Lambert, *Strategic Logistics Management*.

20.　Simchi-Levi et al., *Designing and Managing the Supply Chain*, p. 80.

21.　Ibid.

22.　Coyle et al., *Supply Chain Management: A Logistics Perspective*.

23.　Ibid.

24.　Ibid.

25.　Stanley E. Fawcett, Lisa M. Ellram, and Jeffrey A. Ogden, *Supply Chain Management: From Vision to Implementation* (Upper Saddle River, NJ: Pearson/Prentice Hall, 2007).

26.　Coyle et al., *Supply Chain Management: A Logistic Perspective*.

27.　Stock and Lambert, *Strategic Logistics Management*.

Chapter 10
이윤추구 및 고객가치를 위한 가격책정
PRICING FOR PROFIT AND CUSTOMER VALUE

학습목표 **10-1**   가격책정 전략에 대한 중요성 설명

학습목표 **10-2**   가격 설정 단계 요약

학습목표 **10-3**   마케터가 사용할 수 있는 가격책정 전술 비교

학습목표 **10-4**   가격책정 방법의 영향에 대해 설명

학습목표 **10-5**   국제 시장의 가격책정과 관련된 주요 도전과제에 대해 요약

학습목표 **10-6**   가격책정과 관련된 주요 법적 및 윤리적 이슈에 대해 설명

학습목표 이 장에서는 기업이 직면하고 있는 가장 중요한 전략적 의사결정 중 하나인 가격의 중요성에 대해 학습하고자 한다. 가격설정의 방법, 이익을 극대화하는 데 사용할 수 있는 가격 전략, 그리고 제품의 가격설정에 고려해야 하는 요소에 대해 살펴보고자 한다.

학습목표
10-1

가격책정의 중요성

가격책정 전략에 대한
중요성 설명

가격은 매일의 삶에 영향을 미치며 거의 모든 소비자가 구매 결정을 할 때 중요하게 생각하는 부분이다. 무언가 사고 싶은 제품이 있는데 예상보다 높은 가격 때문에 고민하고 구매를 포기하거나, 또 생각보다 저렴한 가격 때문에 쉽게 구매한 경험이 있을 것이다. 만약 할인을 하는 제품을 보면 즐겁게 구매하게 될 것이다. 그러나 기업의 경우에는 그 할인 폭만큼 이윤을 포기하거나 손해를 볼 수도 있다. 그래서 가격책정의 전략과 전술을 이해하고 소비자 및 기업의 수익구조에 어떤 영향을 미치는지를 이해하는 것이 중요하다.

가격price은 제품을 얻기 위해 구매자가 판매자에게 교환으로 내놓는 무엇인가(돈이나 시간, 노력)의 양이다. 가격책정은 제품이 소비자에게 전달하는 가치뿐만 아니라 기업을 위해 포착하는 가치도 반영하기 때문에 가격책정은 기업이 직면한 가장 중요한 전략적 결정 중 하나다. 정확하게 사용되면 가격책정 전략은 이윤을 최대화할 수 있고 기업이 우월한 시장지위를 획득하는 것에 도움이 될 수 있다. 부정확하게 사용되면 가격책정 전략은 수익과 이윤, 브랜드 인지도를 제한할 수 있다. 그래서 다른 마케팅 믹스의 다른 세 가지 요소(제품, 판매촉진, 유통경로)도 결합되어 가격책정에 영향을 미치게 된다.

가격책정은 수익과 이윤을 획득하는 데에 필수적 요소다. 수익revenue은 고객에게 부과한 가격에 판매된 단위 수를 곱한 것의 결과다. 이윤profit은 단순히 수익에서 총비용을 뺀 것이다. 다음 방정식에서 표시된 계산이 기업의 전체 마케팅 전략의 기초가 된다.

$$수익 = 판매\ 단위 \times 가격$$
$$이윤 = 수익 - 비용$$

전략적 가격책정의 목적은 수익성이다. 전 세계의 마케터와 기업의 대부분은 수익을 증대시키려고 하는데, 수익은 궁극적으로 이윤 증가로 이어질 수 있다. 수익을 증대시키는 두 가지 방법은 더 많이 팔거나 더 높은 가격에 파는 것이다. 그래서 이윤을 극대화하기 위해 판매량과 가격 사이의 전략적 상쇄관계(strategic trade-offs)를 구축해야 한다. 고객이 제품의 가치에 대해 가격이 합당하다고 생각하는 만큼 고가격을 매기거나, 아니면 다른 마케팅 믹스 요인과 결합하여 가치를 추가하고 가격을 높여야 한다. 예를 들어 원하지 않는 메뉴가 포함된 세트를 구매하지 않는 소비자를 생각해 보자. 그러한 상황에서 가격이 높게 책정되어 있다면 고객은 쉽게 다른 제품을 선택할 것이다. 따라서 체계적으로 고려하여 가격을 책정해야 한다.

가격설정 과정

기업이 가격을 설정하는 방식에는 많은 요인들이 영향을 미친다. 기업의 다양한 이해관계자는 자신의 관점에 따라 선호하는 가격대가 다른 경우가 많다. 이익을 추구하는 본사관점에서는 전 제품에 걸쳐 고가격을 책정하고자 하는 반면, 고객과 판매원은 지각된 고객가치를 증대시키고 궁극적으로는 판매 수량을 늘리기 위해 낮은 가격이 책정되는 것을 선호한다. 최종 가격이 기업의 가치를 고객에게 제대로 전달되기 위해서는 그림 10.1에와 같이 가격설정 과정의 각 단계에서 모든 이해관계자에 미치는 영향에 대해 고찰해야 한다.

1단계: 가격책정 목표 설정step 1: define the pricing objectives

가격설정의 첫 번째 단계는 가격책정 목표를 분명히 설정하는 것이다. 가격책정 목표는 기업의 마케팅 목표에서 확장되고 구체화된 것이다. 그래서 가격책정 목표는 가격책정을 통해 달성하기 원하는 목표가 무엇인지 명확히 기술되어야 하고, 기업의 마케팅 목표와 마찬가지로 구체적이며 측정 가능해야 하며 기업이 직면하는 시장 현실이 반영되어야 한다. 보통의 가격책정 목표는 이윤 극대화와 매출 극대화, 생존이 포함된다.

이윤 극대화profit maximization 이윤 극대화는 판매 단위당 이윤을 극대화하도록 설계된다. 이윤 극대화profit maximization, 즉 초기고가정책(price skimming)에는 제품이 출시된 후에 일정 기간 가격을 상대적으로 높게 설정하고, 시간이 경과함에 따라 기업은 장기적으로 지속 가능한 판매가 이루어지도록 가격을 점차 떨어뜨린다. 이윤 극대화는 고객이 제품의 차별화된 특성을 중시하며, 특히 제품 라이프사이클의 초기에 이들 특성을 이용하기 위해 높은 가격을 지불할 의사가 있는 소비자들을 대상으로 한다. 새로 발표된 아이패드(iPad)에 대한 애플(Apple)의 가격책정은 이윤 극대화의 좋은 예다.

기업들은 소비자가 다른 제품이나 서비스를 선택할 수 있는 경우에 위험을 무릅쓰고 더 높은 가격을 부과한다. 최근 일부 케이블 TV 시청자들은 넷플릭스(Netflix) 또는 구글 티비(Google TV) 스트리밍 서비스와 같은 더 저렴한 서비스를 신청하여 기존의 케이블 TV 서비스를 해제하고 있다.

그림 10.1 가격설정 과정

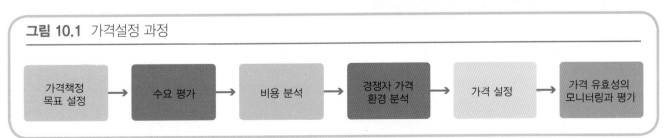

롤렉스 등의 명품 브랜드들은 소비자들에게 높은 가치의 제품에 더 많은 돈을 지불하게 하는 이윤 극대화 전략을 사용하여 제품에 높은 가격을 부과하고 있다.

이윤 극대화 전략이 운영되려면 제품이 경쟁 대체품과 분명히 차별화된 생산방식과 전달방식뿐만 아니라 차별화된 마케팅 믹스를 구성해야 한다. 예를 들어 메르세데스 벤츠(Mercedes-Benz)는 고객이 다른 자동차 회사와 달리 고품격의 품질과 우아함을 연상시키기 위해 판매량을 늘리기 위한 할인정책을 잘 쓰지 않는다. 일관되게 높은 가격으로 판매함으로써 벤츠는 이윤을 극대화하고 또 부가가치와 자사 자동차의 구매 과정에서 훌륭한 브랜드 경험에 힘쓰고 있다.

매출 극대화volume maximization 매출 극대화는 회사를 위해 매출과 수익을 극대화하도록 설계되어 있다. 침투가격책정(penetration pricing)으로 불리는 **매출 극대화**volume maximization는 구입량의 증대를 조장하기 위해 가격을 낮게 설정하는 과정이다. 가격을 낮춤으로써 마케터는 소비자 관여 수준을 낮춘다. 예를 들어 디렉TV(DirecTV)는 고객이 서비스 첫해에 한 달에 40달러 미만으로 150개 이상의 채널에 접근할 수 있는 가격책정 전략을 공격적으로 판촉하고 있다. 가격책정 패키지에서는 2년 계약을 요구하지만(가격은 일반적으로 두 번째 해에 지정 비율로 증가), 소비자는 매달 지불하는 것에서 즉각적으로 절약하게 되고 전체 홈 DVR(digital video recorder) 및 다른 추가 기능을 받는다. 침투가격책정 전략은 디렉TV 고객의 수를 2,000만 명 이상으로 증가시켰다.[1]

이러한 유형의 전략이 장기간 작동하기 위해서 기업은 경쟁사보다 상당한 비용 또는 자원 우위에 있어야 한다. 예를 들면 월마트는 대체로 매출 극대화 전략의 일부로 비용을 줄이기 위해 대량 구매 파워와 효율적 공급사슬을 지렛대로 삼고 있기 때문에 세계에서 가장 큰 소매업자가 되었다.

생존 가격책정survival pricing 단기에 현금 흐름을 극대화하여 생존할 수 있도록 하는 전략으로 곤경에 처한 기업에 의해 이행되고 있다. 생존 가격책정survival pricing은 수익이 비용을 겨우 커버하는 수준까지 가격을 내려서 기업이 어려운 시기를 견딜 수 있게 하는 과정이다. 이것이 영구적인 가격책정 목적이어서는 안 되지만, 사업을 계속하기 위한 일시적 수단으로 유용할 수는 있다. 2007년 말에 시작된 불황기에 GM(뿐만 아니라 수많은 기업들)은 파산을 피하고 기업을 살리기 위한 노력의 일환으로 가격을 인하하였다.[2]

2단계: 수요 평가step 2: evaluate demand

가격설정의 두 번째 단계는 다양한 가격 수준에서 제품에 대한 수요를 평가하는 것이다. 공급과 수요의 개념은 가격설정의 핵심 개념이다. 전통적 경제 이론에 따르면 가격설정은 한계수입이 한계비용과 같은 점을 발견하는 것처럼 간단하다. **한계수입**marginal revenue은 추가적 제품 한 단위를 판매하는 것에서 기인하는 총수입의 변화인 데 비해, **한계비용** marginal cost은 추가적 제품 한 단위를 생산하는 것에서 기인하는 총비용의 변화다. 오늘날 시장에서의 가격책정은 훨씬 더 복잡하다. 우선 환경적 요인들이 제품 수요에 상당히 영향을 줄 수 있다. 예를 들면 불경기 중에 주택 수요는 고실업과 소비자 신뢰 저하, 그리고 소비자가 주택 대출을 얻는 것을 어렵게 만든 은행의 엄격한 대출 기준으로 현저하게 감소했다. 경제 상황으로 인해 미국 대부분에서 주택 가격이 이전 가치에서 15% 이상 하락할 정도로 수요가 감소했다.[3]

환경 요인의 영향을 평가하는 것에 더해, 마케터는 전체 제품 수요뿐만 아니라 다양한 가격 수준에서의 특정 수요도 예상해야 한다. 여기에는 소비자의 가격 민감도price sensitivity에 대한 이해가 요구되는데, 가격 민감도는 제품 가격이 소비자의 구매행동에 영향을 미치는 정도를 말한다. 가격 민감도의 정도는 제품별 및 소비자별로 다양하다. 표 10.1에 제시된 것처럼 많은 요인들이 가격 민감도에 영향을 끼친다. 거액 구매에 일정 액수 이상을 쓸 여유가 없이 새 차를 구입하려는 소비자는 자동차에 쓸 돈이 많거나 새 옷 한 벌과 같은 소액 구매를 하려고 쇼핑하는 소비자에 비해 가격에 더 민감하다. 또한 자동차 대리점에서 자신들이 보는 새 차의 가격이 예상했던 것보다 높으면 소비자들은 가격에 더 민감하다. 차의 기능에 관계없이 자신이 지출할 것으로 예상한 것보다 가격이 높으면 소비자가 그 가격을 지

표 10.1 가격 민감도에 미치는 영향 요소

요소	설명
지출의 크기	소득에 비해 상대적으로 적은 지출일 때 소비자는 가격에 덜 민감하다.
공유 비용	구매 가격의 일부 또는 전부가 다른 사람에 의해 지불될 때 소비자는 가격에 덜 민감하다.
전환 비용	경쟁사로 전환과 관련된 비용(금전적 및 비 금전적 모두)이 추가되는 경우 소비자는 제품의 가격에 덜 민감하다.
지각된 위험	경쟁제품을 비교하는 것이 어렵거나 구매함으로써 얻을 수 있을 것으로 예상되는 이익이 크지 않을 때 소비자는 가격에 덜 민감하다.
최종 이익의 중요성	경제적 또는 심리적 중요성에 있어 비용 편익이 작을 때 소비자는 가격에 덜 민감하다.
가격-품질 인식	제품의 가격이 어느 정도 제품의 품질을 반영하는 경우 소비자는 가격에 덜 민감하다.
준거가격	제품의 가격이 예상했던 것보다 훨씬 비싼 경우 소비자는 가격에 더 민감하다.
지각된 공정성	합리적이고 공정하다고 인식하는 가격의 범위를 벗어난 경우 소비자는 가격에 더 민감하다.
가격 프레임	제품의 가격을 '이득'보다는 '손실'로 인식할 때 그리고 가격이 묶음 제품의 한 부분으로 지불한 경우보다 분할 지불되었을 때 가격에 더 민감하다.

자료원: Thomas Nagle, John Hogan, and Joseph Zale, *The Strategy and Tactics of Pricing*, 5th ed. (Upper Saddle River, NJ: Pearson, 2011), pp. 132–133.

불할 가능성은 더 적다. 마케터는 특정 가격 민감도 동인(driver)의 영향을 이해하기 위해 가격설정 과정에서 각 요인을 고려한다. 일단 마케터들이 표적 시장 구성원이 보여준 가격 민감도를 이해하면, 그들은 가격 변화가 제품 수요 및 다양한 가격 수준에서 기업이 판매하는 제품의 양에 어느 정도 변화시키는지를 계산하기 위해 이 척도를 사용할 수 있다.

수요의 가격 탄력성price elasticity of demand은 가격의 변화율에 대응해서 수요량의 변화율을 나타내는 가격 민감도의 척도다(수입과 같은 수요의 다른 모든 결정요인들이 일정하다고 하면). 이것은 마케팅에서 가장 중요한 개념 중 하나이며 어떤 제품이든 가격책정을 할 때 고려해야 하는 것이다. 다음 예를 살펴보자. 즉, 자동차 대리점이 새로운 재고 전체 가격을 10% 인하한다고 하자. 수요를 예상하기로는 결과적으로 판매되는 자동차 수가 증가할 것이라고 기대할 것이다. 그러나 몇 퍼센트로 해야 매출이 증가할 것인가? 가격의 감소를 상쇄할 만큼 매출이 증가할 것인가? 대리점이 가격을 10% 인하했지만 자동차는 겨우 4% 더 팔았다면, 다음 방정식에서 나타내는 것처럼 처음보다 사정이 더 나쁠 것이다.

3월: 1,000대(판매 대수) × 20,000달러(새 차의 평균 가격) = 20,000,000달러
4월: 1,040대(판매 대수) × 18,000달러(10% 가격 인하) = 18,720,000달러

이 시나리오는 비탄력적 수요inelastic demand의 개념을 나타낸다. 비탄력적 수요란 특정한 가격 변화가 구매량의 아주 작은 변화만을 초래하는 상황을 말한다.[4] 그래서 추가 판매가 가격 감소를 상쇄하지 않으면 가격인하의 의미가 없는 것이다.

그렇다면 다음의 경우는 어떠할까? 자동차 대리점이 가격을 10% 인하하면 판매되는 자동차 수가 20% 증가한다고 가정하자. 그럴 경우 다음 방정식에서 제시된 것처럼 그 회사는 원래보다 사정이 더 나아질 것이다.

3월: 1,000대(판매 대수) × 20,000달러(새 차의 평균 가격) = 20,000,000달러
4월: 1,200대(판매 대수, 20% 증가) × 18,000달러(10% 가격 인하) = 21,600,000달러

넷플릭스의 DVD와 온라인 스트리밍 서비스에 대한 수요가 비탄력적이기 때문에 가격 변화에 영향을 거의 받지 않아, 가격을 인상하여도 수요의 변동이 적었다.

이 시나리오에서 자동차 시장은 탄력적 수요를 보여주었다. 탄력적 수요elastic demand는 가격의 작은 변화에 수요가 현저하게 바뀌는 시나리오다. 가격은 일반적으로 제품 라이프사이클 초기 단계에 더 탄력적이고 제품 라이프사이클의 후기 단계에 점점 비탄력적으로 된다. 이들 개념이 현실세계에서 작동하고 있는 것을 보기 위해 이 원리가 넷플릭스(Netflix)의 비용 증가에 어떻게 적용되는지에 대해 살펴보자. 2011년 넷플릭스는 DVD와 온라인 스트리밍 서비스의 가격을 50% 이상 인상했다.[5] 이 회사는 부정적 여론을 상당히 많이 받았지만, 유료 가입자 중 사용을 중단한 경우는 4% 미만이었다. 사실 이 변화 후의 넷플릭스의 분기 수익과 이익은 둘 다 상당히 높아졌다. 이들 비율을 여기서의 앞의 자동차 예에 대입하면 결과는 아래와 같을 것이다.

3월: 1,000대(판매 대수) × 20,000달러(새 차의 평균 가격) = 20,000,000달러

4월: 960대(판매 대수, 4% 감소) × 30,000달러(50% 가격 인상) = 28,800,000달러

넷플릭스의 경우 비탄력적 수요 때문에 가격을 상당히 올리지만 판매량이 조금만 하락할 수 있었다. 이런 점에 비춰보면 수익성을 제고하기 위해 가격을 인상하는 이 회사의 결정은 좋은 결정이었다.

3단계: 비용 분석step 3: determine the costs

제품 원가를 정확하게 결정하는 것은 마케터에게 가격 하한을 설정하며, 마케터가 제품 가격을 너무 낮게 책정함으로써 손해를 보지 않을 것을 보장한다. 기업이 생존 가격책정 전략의 일부로 매출을 창출하기 위해 원가 이하로 제품 가격을 일시적으로 설정할 수 있는 반면, 아주 오랫동안 이 전술을 채택하는 것은 감당할 수 없다. 마케터는 제품이 재화나 서비스, 아이디어, 또는 이것들의 결합이든 그 제품 제안과 결합된 모든 비용을 이해해야 한다. 제품의 총비용을 계산하는 것은 원가의 두 가지 주요 유형, 즉 고정비 및 변동비를 이해하는 것에서 시작된다.

고정비 대 변동비fixed costs versus variable costs 비용이 일정하고, 생산량 또는 판매량에 기초해서 변하지 않는 비용은 고정비fixed cost라 불린다. 고정비의 예에는 임금과 임차료, 보험, 광고비가 포함되어 있다. 이들 비용이 생산 또는 판매 활동의 수준에 상관없이 발생할 것이므로, 이들 비용은 업무를 하는 과정에서 회수되어야 한다. 마케터는 기업이 장기에 걸쳐 고정비를 회수할 수 있도록 하는 최종 가격을 설정해야 한다.

생산량이나 판매량에 따라 변하는 비용은 변동비variable cost라 불린다. 변동비에는 재료비와 판매 수수료, 광열수도비, 배송비 등이 포함된다. 두 비용 유형의 차이를 예시하기 위해 자동자 대리점의 예를 다시 들어보자. 자동차 대리점의 고정비에는 사무실 및 전시실 임차료와, 종업원 급여 및 수당이 포함되어 있다. 이들 비용은 매월 발생하며 예를 들어 한 달에 자동차가 10대 더 판매된다 해도 변하지 않는다. 자동차 대리점의 변동비에는 대리점 영업사원의 수수료와 같은 것이 포함될 것이다. 기업은 가격이 고정비와 변동비를 처리한 후에 가격을 생성하는 것을 확실히 해야만 한다. 20,000달러 자동차는 모든 고정비가 처리된 후에 대리점에 800달러의 자동차당 이윤을 발생시킬지도 모른다. 그러나 대리점이 영업사원들에게 판매된 신차 한 대당 5%의 수수료(1,000달러)를 제안한다면, 그 대리점은 자동차 판매에서 실제로 손해를 볼 것이다. 그러한 시나리오를 피하기 위해 원가를 면밀히 살피고 그에 상응한 가격을 설정해야 한다.

손익분기 분석break-even analysis 기업이 고정비와 변동비를 추정했다면, 제품에서 수익을 내기 위해 얼마만큼을 판매해야 하는지를 결정하기 위해 이들 비용을 손익분기 분석으로 고려해볼 수 있다. 손익분기 분석break-even analysis은 이익 제로를 달성하는 데 필요한 판매량과 같은 손익분기점을 계산하는 과정이다. 특히 손익분기점break-even point

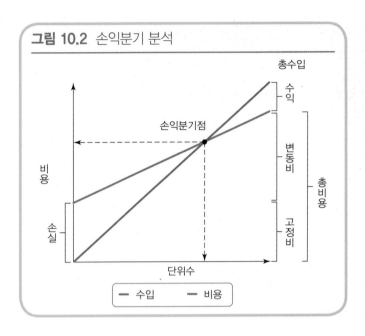

그림 10.2 손익분기 분석

은 제품 생산 비용이 제품 판매 수익과 같아지는 점이다. 일단 기업이 손익분기점에 도달하면 이익을 내기 위해 창출해야 하는 수익량을 추정하는 출발점을 알게 된다. 손익분기점을 계산하기 위해 단위당 공헌이익으로 총고정비를 나누는데, 이 공헌이익은 단위당 판매가격에서 단위당 변동비를 빼서 결정된다. 그림 10.2는 손익분기 분석과 고정비 및 변동비의 영향에 대해 나타내고 있다. 변동비는 판매량이 증가함에 따라 증가하는 데 비해 고정비는 그대로인 점에 주목하자. 일단 단위 매출이 손익분기점을 통과하면 그 기업은 이익을 창출하기 시작한다. 손익분기 분석에 관한 간단한 예를 살펴보자. 한 장치를 생산하는 데 50달러의 비용이 들고 고정비가 1,000달러라면, 각각 100달러와 250달러 가격에서 손익분기점을 다음과 같이 계산할 수 있다.

고정비 1,000달러 ÷ (단위당 판매 가격 100달러 − 단위당 변동비 50달러) = 장치 20개

고정비 1000달러 ÷ (단위당 판매 가격 250달러 − 단위당 변동비 50달러) = 장치 5개

손익분기 분석은 매출의 비용을 분석할 뿐이라는 점에 주의해야 한다. 수요가 다양한 가격 수준에서 영향을 받는 방식을 반영하지 않기 때문에 가격 민감도가 고려되지 않는다는 것이다. 기업의 손익이 균형을 이루기 때문에 장치 5개를 각 가격 200달러에 판매하는 것은 고객이 그 가격에 장치를 구매할 의사가 있다는 것을 의미하는 것은 아니다.

마케터는 가격을 효과적으로 설정하는 기업의 비용을 이해해야 하지만 비용이 가격을 절대적으로 좌우해서는 안 된다. 전략적 가격책정은 고객이 제품에 어떤 가치를 두는지와 산업의 가격 환경 등 마케팅 믹스의 다른 측면들의 비용도 통합적으로 고려해야 한다.

4단계: 경쟁자 가격 환경 분석step 4: analyze the competitive price environment

다른 기업과 경쟁하기 위해 가격을 설정하는 것은 도전적이며 복잡한 일이다. 마케터는 경쟁자 가격과 같게 혹은 경쟁자보다 낮은 가격을 책정해서 고객에게 더 많은 가치를 제공하거나, 아니면 뛰어난 제품으로 더 높은 가격을 책정하는 것을 선택할 수 있다. 이 결정은 마케팅 목적 및 다른 3개의 마케팅 믹스의 요소들과 부합해야 한다. 이 과정에서 산업구조가 중요한 역할을 한다. 예를 들어 자동차 대리점의 경우에서처럼 아주 많은 구매자와 판매자 있는 시장 구조에서 한 기업의 가격책정 영향은 상당히 작을 것이다. 댈러스의 한 자동차 대리점이 어떤 유형의 차 가격을 내리거나 올린다 해도, 가격 변화가 그 지역의 다른 자동차 대리점의 가격책정에 상당한 영향을 줄 것인지는 의심스럽다. 그러나 소수의 기업이 경쟁하는 산업에서 기업들은 경쟁자의 가격에 일반적으로 맞출 것이다. 무선통신 산업의 경우에서는 극소수의 주요 경쟁자들이 수십억 달러 산업에서 시장 점유율을 놓고 싸운다. 에이티앤티

(AT&T)와 버라이즌 와이어리스(Verizon Wireless), 그리고 다른 기업들의 마케터는 통화시간 이월 및 더 좋은 제품의 특징과 같은 비가격 전략으로 경쟁한다.

자사에서도 경쟁자가 자신의 가격책정에 어떻게 반응하는지를 고려해야 한다. 가격책정은 체스 게임과 닮은 점이 있다. 상대방의 향후 수가 어떤 것일지에 대해 항상 생각하고 있어야 한다. 자사가 경쟁자의 가격 변화에 반응하는 방식은 경쟁자가 강한 라이벌인지 아니면

항공 산업과 같은 경쟁이 심하지 않은 산업의 미끼되는 보상프로그램, 향상된 기내 서비스, 그 외 비가격 전략 등을 고객에게 제공함으로써 가격 할인 경쟁을 피하고자 한다.

약한 라이벌인지와, 가격 인하가 비용 면에서 정당화되는지, 즉 낮은 가격이지만 그 기업이 수익성이 유지되는지에 따라 다르다. 예를 들어 약한 경쟁자가 만일 채택되면 비용을 커버하지 못하게 할 가격 인하를 시작한다면, 경쟁자의 가격 인하를 단순히 무시하고 자신의 현재 가격책정을 유지할 가능성이 크다. 그러나 가격 인하가 강한 경쟁자에 의해 개시되고 비용 면에서 정당화된다면, 자사의 기존 고객 기반과 시장 점유율을 방어하기 위해 가격을 내릴 가능성이 클 것이다.

점포 및 온라인 품목 모두의 최초 가격을 결정할 때에 온라인 경쟁자도 고려해야 한다. 최근 소매업자 브룩스톤(Brookstone)은 가격책정 직원 팀을 점포 내 집단과 온라인 상거래 집단으로 분리했다. 온라인 팀은 매일 경쟁자의 온라인 전자상거래의 가격을 확인하기 위해 경쟁자의 웹사이트를 샅샅이 뒤져서 수천 개의 브룩스톤의 온라인 한정품의 가격을 그에 맞춰 조절한다.[6]

5단계: 가격 설정step 5: choose a price

비용을 결정하는 것은 가격 하한을 제공한다. 경쟁을 분석하는 것으로 인해 부과할 수 있는 가격의 범위가 좁아진다. 이 두 단계를 완료한 후는 자사의 가격을 설정할 시간이다. 다시 한 번 가격 결정은 장기적이고 지속 가능한 이윤을 최대화한다는 목표하에서 이뤄져야 한다. 가격 선택은 복잡한 과정이며 이것을 완전하게 수행하는 것은 드문 일이다. 가격 설정에서 흔히 간과되지만, 가격에 영향을 주는 2개의 요인, 즉 준거가격과 언더프라이싱에 대해 먼저 살펴보자.

티제이맥스(T.J. Maxx)나 로만(Loehmann) 같은 소매상들은 상품 가격표에 정가와 할인된 소매가격을 함께 기입하여 소비자가 얼마의 이득을 본건지를 설명함으로써 준거가격을 전략으로 사용한다.

준거가격reference prices 우리는 아마도 교과서에서 커피, 가솔린까지 매일 구입하는 거의 모든 것의 가격을 비교할 것이다. 마케터는 준거가격을 확인하는 표적고객의 이런 경향을 자사 제품의 가격을 설정할 때 활용할 수 있다. 준거가격reference prices은 소비자가 합리적이고 제품에 공정하다고 여기는 가격이다. 제품 가격이 기대보다 높을수록 소비자는 일반적으로 가격에 더 민감해지기 때문에 준거가격은 가격 설정에서 중요한 요인이다. 소비자의 준거가격을 알아내는 데에 판매원의 역할이 크다. 대개의 경우 판매원은 고객과 가장 직접적으로 접촉하며 고객이 지불하는 가격에 대한 생각을 느낄 수 있다. 기업은 더 높은 매출을 달성하기 위해서 이러한 정보를 활용해야 한다. 기업은 제품의 가격을 얼마나 높게 설정할 수 있는지를 이해하기 위해 판매직원들과 긴밀하게 작업해야 한다. 고객 조사와 표적집단면접(FGI) 등의 다양한 마케팅 조사를 통해 소비자가 제품을 어떻게 보는가와 그것에 얼마를 지불한 의사가 있는지를 이해하는 데 도움이 된다.

단지 준거가격을 확인하려고 하는 대신에 마케터는 소비자에 대해 준거가격을 설정할 수도 있다. 예를 들면 애플(Apple)은 다양한 가격 포인트에서 다양한 제품을 출시해 구매자는 제품을 비교할 수 있고 기능을 가격과 연결시킨다. 이 전략의 결과로 고객은 용량이 크거나 기능이 좋은 제품에 더 높은 가격을 지불하는 것에 신경을 쓰지 않는다. 저장용량 8GB의 아이팟 터치(iPod Touch)에 고해상도 저장기능 아이클라우드(iCloud)와, 8GB 나노(가격 129달러)와 같은 아이팟의 초기 버전에 없는 주요 다른 기능이 많이 있기 때문에 고객은 그것을 199달러에 구입할 의향이 있다. 고객이 더 많은 저장용량에 훨씬 높은 가격을 지불한 의향이 있다면 299달러에 32GB의 아이팟 터치를 선택할지도 모른다. 애플이 하는 것처럼 준거가격을 설정하려고 추구하지 않는다 해도, 잠재고객이 가격을 비교할 준거가격이 무엇인지에 대해서는 항상 질문을 던져야 한다.

언더프라이싱underpricing 현대의 가격책정에서의 가장 흔한 실수 중 하나는 지불할 의향이 있는 것보다 낮게 부과하는 것, 즉 언더프라이싱underpricing이다. 고객은 자신이 구입하는 재화와 서비스에 대해 다양한 가치를 부여한다. 찰리 쉰(Charlie Sheen)의 캐릭터인 버드 폭스(Budd Foxx)가 영화 〈월 스트리트〉에서 말한 것처럼, 300달러를 지불할 의향이 있는 사람에게 비행기표를 30달러에 팔아서는 안 된다. 수익은 단순히 판매량에 단위당 가격을 곱한 것이므로, 마케터는 고객이 제품에 부여하는 가치에 공헌하는 다른 요인들 전부를 고려하지 않고 방정식의 판매량 쪽을 증가시키려는 노력으로 가격을 너무 낮게 설정하는 실수를 자주 한다.

항공사는 가격책정 전략에서 수년간 언더프라이싱의 영향에 대해 고찰했다. 지금부터 3개월 후의 댈러스에서 로스앤젤레스까지의 비행편의 비행기표를 오늘 구입한다면 500달러를 지불할지도 모른다. 그러나 그 비행편 출발일에 같은 표를 구입한다면, 1,500달러 범위에서 지불할 수도 있다. 회의에 참석하거나 디즈니랜드에 가족 여행을 하든 3개월 전에 미리 구입한 고객은 비교 쇼핑할 시간이 많다. 그러나 내일 로스앤젤레스에 비행기를 타고 가야 할 필요가 있는 사람은 급한 업무 회의가 있거나 가족에게 아기가 태어나는 경우 등 비행기표의 가치가 매우 높아지게 된다.

6단계: 가격 유효성의 모니터링과 평가step 6: monitor and evaluate the effectiveness of the price

가격 선택은 한 번만 하는 결정이 아니며, 전략이 가격책정 목적을 얼마나 효과적으로 충족시키는지를 결정하기 위해 계속 모니터링되고 평가되어야 한다. 가격책정 전략은 진화하므로 제품 라이프사이클 전체에 대해 재평가되어야 한다. 새로운 유형의 스마트폰의 도입기에 가장 흥분하는 혁신수용자innovators와 얼리 어답터early adopters에서 최대한의 이익을 달성하기 위해 초기고가정책을 선택할 수도 있다. 제품이 성장기에 접어들어 고객기반이 확대되는 가운데 기업은 규모의 경제를 달성하고 경쟁자가 시장에 더 많이 진입함에 따라 가격을 점진적으로 낮출 것이다. 일단 제품이 제품 라이프사이클의 쇠퇴기에 접어들면, 남아 있는 재고를 처리하고자 하거나 가능한 한 제품을 유지하기 위해 생존 가격책정을 사용할 것을 결정할 수도 있다.

　가격책정에서 가장 어려운 측면 중 하나는 가격 인상을 개시하는 것이다. 같은 제품에 더 많이 지불하는 것을 반기는 고객을 상상하는 것은 어려운 일이다. 그러나 비용 증가를 만회하거나 이익을 개선시키려는 노력에서 기업은 가격 인상이 불가피한 상황에 종종 직면한다. 예를 들어 레스토랑 웬디스(Wendy's)와 아비스(Arby's)는 소고기와 다른 핵심 재료의 원가가 5% 이상 상승하자 가격 인상의 압박에 처했다.[7] 가격을 올리는 가장 일반적이고 효과적인 전략은 가격분리(unbundling)나 가격증감 조항(escalator clause)이다. 어느 전략이든 착수할 때 고객이 가격 인상을 왜 시행하는지 이해를 못하거나, 불만을 가질지도 모르지만 그것이 공정하다고 믿게끔 하기 위해 시간을 들여서라도 고객에게 분명하게 설명해야 한다. 회사가 가격 인상의 목적에 대해 효과적으로 의사소통하지 않으면, 가격 인상을 받아들일 마음이 없는 고객은 새로운 정책에 저항하기 위해 소셜미디어 등의 여러 구전 전략을 사용할지도 모른다.

가격분리unbundling 가격분리는 완전한 제품 제안보다 특정 가격 포인트에 초점을 맞추는 고객에게 가치를 제공한다. 가격분리unbundling는 제품을 구성하는 개별 재화나 서비스, 아이디어를 분리하고 각자에 대해 개별적으로 가격책정하는 것을 포함한다. 그런 전략으로 마케터가 핵심 제품에서 비슷한 가격을 유지하지만 관련 재화나 서비스에서 다른 방식으로 비용을 회복하는 것이 가능해진다. 예를 들어 세트메뉴를 분리해서 햄버거는 같은 가격에 팔리지만 이제 고객은 프렌치프라이는 추가로 지불해야만 한다. 항공사는 지난 10년간 가격분리 전략을 추구해 왔는데, 항공사는 수하물 요금을 티켓 비용과 묶는 것보다 수하물 요금을 분리해서 부과하고 있다. 넷플릭스는 스트리밍 서비스를 메일 DVD(DVD-by-mail)

서비스에서 분리하여 가격분리 전략을 사용했다. 고객은 매달 10달러 미만으로 한 서비스나 다른 서비스를 여전히 사용할 수 있지만 두 서비스 모두를 사용할 수는 없는데, 이는 두 서비스를 모두 계속 사용하기를 원하는 고객에게는 가격이 인상된 것에 해당했다.

가격증감 조항escalator clauses 계약서의 가격증감 조항은 일정한 조건에 따라 가격 인상을 제공한다. 가격증감 조항escalator clause은 재화와 서비스의 공급자가 통제할 수 없는 비용인상이나 고객에게 제품을 배송하는 데 필요한 가용성의 저하의 결과로 불합리한 재정 곤란에 처하지 않도록 보장해 준다. 흔히 볼 수 있는 예가 유류할증료다. 물류회사나 항공사의 경우에는 매일 변동하는 연료의 가격에 기초하여 조절이 가능하도록 유류할증료에 대한 항목을 포함하여 가격을 제시한다. 임대계약서에도 가격증감이 반영될 수 있다. 소유주가 재산세 인상 시에 월세를 인상하는 것이 가능하도록 하는 가격증감 조항을 임대계약의 본문에 포함시키는 경우도 있다. 가격증감 조항을 사용하기로 결정한 기업은 이들 조항을 가능한 한 투명하게 작성해야 하며 가격조정은 고정 간격(예컨대 분기별 또는 반기별, 연도별)으로 할 것인지 계약 종료 시에만 하는지를 명시해야 한다.

건설 계약서에는 구리, 아스팔트, 목재, 콘크리트 등 재료 가격이 상승하는 경우 건설업체를 보호하기 위해 가격증감 조항이 포함되어 있다.

가격책정 전술

일단 수요와 원가, 경쟁환경의 분석이 완료되면 최종 가격을 결정하기 위해 다양한 전술을 사용할 수 있다. 이 절에서는 가장 일반적인 방법 중 몇몇에 대해 논하고 각각의 장점과 단점에 대해 논할 것이다. 어떤 전술을 사용할지는 고객이 지각하는 제품의 가치와 고객의 지불능력, 고객의 제품 사용 의도에 따라 다르다.

마크업 가격책정markup pricing

마크업 가격책정 또는 원가가산 가격책정cost-plus pricing은 용이하기 때문에 가장 일반적으로 사용되는 가격책정 전략 중 하나다. 마크업 가격책정markup pricing에서 마케터는 최종 가격을 설정하기 위해 제품 원가에 일정량을 추가한다. 가격책정 분석가는 스프레드시트를 검토해서 다음 방정식에서 나타낸 것처럼 접이식 의자(lawn chair)와 같은 각 품목의 원가에 20%를 추가함으로써 마크업 가격책정 전략을 쉽게 시행할 수 있다.

마크업 가격 = 10달러(접이식 의사 단가) + (10달러 × 0.2) = 12달러

마크업 가격책정이 쉬운 이점이 있지만, 가격책정의 궁극적 목표인 이윤 극대화에는 그다지 효과적이지 않다. 마크업 가격책정이 접이식 의자의 가치를 포착하지 않는 방식의 예에 대해 살펴보자. 고객마다 자신이 구매하는 제품에 부여하는 가치는 상이하다. 마케팅 조사와 판매원, 다른 자료 출처는 각 고객이 여기의 예에서 접이식 의자에서 부과하는 가치를 더 잘 이해하는 데 도움이 되어야 한다. 접이식 의사를 각각 10달러와 14달러, 15달러, 20달러라고 개인적으로 평가하는 표적고객이 4명 있다고 상상해 보자. 기업이 마크업 가격책정 전략을 사용할 경우 각 접이식 의자에서 벌어들일 것으로 예상할 수 있는 이윤 마진이 어느 정도인지 표 10.2에 나타나 있다. 이윤 마진profit margin은 제품이 제품 자체의 총비용을 넘어서 팔리는 금액이다. 접이식 의자를 구입하는 각 고객의 이윤 마진이 20% 마크업 때문에 2달러(판매가 12달러 – 단가 10달러)이며 기업에게 6달러의 총이윤을 가져다준다는 것에 주목하자.

이제 이것을 가격설정 과정을 보다 효과적으로 사용하는 기업과 비교한다. 제품 생산 원가는 여전히 접이식 의자당 10달러이지만, 경쟁사가 의자당 16달러 이상을 부과하며 많은 고객들이 접이식 의자를 15달러 이상으로 평가한다고 마케팅 조사에 의해 그 기업은 알게 되었다. 그 결과 그 기업은 가격을 15달러에 설정한다. 표 10.3은 대체 가격책정 전략을 사용해서 기업의 성과가 개선된 예를 나타내고 있다. 고객이 가격이 너무 높다고 인식해서 그 기업은 하나를 덜 파는 것으로 끝났지만, 10달러라는 총이윤은 마크업 전략을 사용해서 기업이 벌어들인 총이윤 6달러보다 더 높다.

표 10.2 마크업 가격책정 전략 사용으로 발생한 수익

	고객이 지각하는 가치	고객이 20% 마크업된 가격에 구매하는가?	이윤마진
고객1	$10	No	$0
고객2	$14	Yes	$2
고객3	$15	Yes	$2
고객4	$20	Yes	$2

표 10.3 마케팅 조사를 통한 가격책정 전략으로 발생한 수익

	고객이 지각하는 가치	고객이 마케팅 조사를 통해 책정된 가격($15)에 구매하는가?	이윤마진
고객1	$10	No	$0
고객2	$14	No	$0
고객3	$15	Yes	$5
고객4	$20	Yes	$5

단수 가격책정odd pricing

할인점 진열대에 19.95 달러의 가격으로 진열되어 있는 제품을 보고 왜 가격이 딱 20.00 달러로 설정되지 않았는지 궁금했던 적은 없는가? 아마도 단수 가격책정 전략을 추구하고 있기 때문일 것이다. 단수 가격책정odd pricing은 가격의 끝자리에 0이 아닌 단수를 붙여 몇 센트 싼 가격을 책정하는 가격책정 전략이다. 전략이 성공하기 위해서는 고객이 20.00 달러로 가격이 매겨진 것보다 19.95 달러로 매겨진 제품이 더 많은 가치를 제공한다고 인식해야한다. 가격 차이가 중요하지 않게 보이지만 고객이 싸게 샀다고 느낀다면 고객은 다른 사람들과 그것을 공유할 가능성이 큰데, 그렇게 되면 추가 판매로 이어질 수 있다.

단수 가격책정 시에는 수요의 가격탄력성의 영향을 고려해야 한다. 예를 들어 4.95 달러 가치의 식사를 제공하는 패스트푸드 레스토랑이 가격을 4.99 달러로 올린다면 매출이 감소할 것인가? 아마도 아닐 것이다. 그리고 그 결과로 초래된 0.04 달러 인상은 일 년에 걸쳐 수백만 건의 고객 거래에서 상당한 이윤을 내는 것으로 귀결될 수 있다.

명성 가격책정prestige pricing

최상의 품질과 차별화된 이미지를 포지셔닝하기를 원하는 경우라면 명성 가격책정 전략을

스타벅스는 던킨 도너츠와 같은 다른 커피 업체들보다 더 높은 최상의 가치를 추구함을 고객에 전달하고자 명성 가격책정 전략으로 더 높은 가격을 책정하고 있다.

추구할지도 모른다. **명성 가격책정**prestige pricing은 자신의 품질이 더 높다는 것을 나타내기 위해 경쟁사보다 높은 가격을 제품에 책정하는 것을 포함하는 가격책정 전략이다. 루이비통(Louis Vuitton)과 까르띠에(Cartier), 메르세데스 벤츠(Mercedes Benz)와 같은 명품 브랜드는 이 전략을 유지하고 있다. 이런 브랜드들은 자사의 제품이 고품질이며 스타일리시하다는 것을 암시하기 위해 높은 가격을 사용한다. 제품의 외관이나 포장, 배달, 가능성을 단순히 개선하는 것으로 높은 가격을 정당화하고 명성 가격책정 전략을 지원할 수 있다.

계절할인seasonal discounts

시즌이 지난 재화나 서비스를 구입하는 고객에게 부여하는 가격 할인은 **계절할인**seasonal discounts이라 불린다. 디즈니 월드(Disney World)는 날씨가 춥고 아동이 학교에 다니고 있어 수요가 최저인 2월과 같은 달에 최저가를 제공함으로써 이 전략을 추구하고 있다. 디즈니 월드는 1월과 2월, 그리고 12월 초의 3주가 일반적으로 포함되는, 1년 중 이 시기를 밸류 시즌(value season)으로 광고하고 있다.[8] 계절할인으로 인해 디즈니 월드는 일 년 내내 놀이 공원 방문객의 흐름을 안정되게 유지할 수 있다. 또한 이 전략은 새로운 고객에게 브랜드를 노출한다. (미취학 연령의 아동이 있는) 젊은 가족은 밸류 시즌에 디즈니 월드를 가볼 여유가 있을 수 있고 그래서 많은 사람들이 충성고객으로 되어 일단 아이가 학교에 다니기 시작하면 여름의 피크 시즌에 디즈니에서의 휴가를 보내게 된다.

묶음 가격설정price bundling

제품 구입 방법에는 일반적으로 두 가지가 있는데, 선택식(개별적)과 묶음이 있다. **묶음가격설정**price bundling은 둘 이상의 제품이 함께 포장되어 단일 가격으로 판매되는 전략이다. 마케터는 요소에 대해 개별적으로 가격을 부과하는 것보다 더 높은 가격을 번들에 대해 부과할 수 있기 때문에 번들링을 종종 도구로 사용한다. 포드의 이스케이프 SUV를 산다고 가정해 보자. 기본 모델을 구입해서 문루프(moon roof)나 위성 라디오와 같은 옵션을 고르는 것을 선호하는지 아니면 풀옵션 번들로 자동차를 구입할 여유가 있는지? 일반적으로 선택식 가격책정은 고객에게 유리하고 묶음 가격책정은 기업에 유리하다고 한다. 의심할 여지없이 묶음 가격설정은 마케터 입장에서 일을 단순하게 만들어 준다. 회사는 같은 번들을 모두에게 판매해서 광고비 및 판매비의 절감으로 이어지게 할 수 있다. 마이크로소프트의 오피스 사용자의 대부분은 이용 가능한 기능성의 일부만을 사용한다는 사실에도 불구하고 이 소프트웨어와 같은 번들 소프트웨어 패키지가 거둔 성공에 대해 생각해 보라.

이런 성공 외에는 묶음 가격설정은 최근 수십 년 일부 산업에서 고객의 불만으로 나타났다. 케이블 TV 제공사들은 고객이 자신이 원하는 채널에 대해 개별적으로 지불하는 것보다 채널 패키지를 구입해야 하는 묶음 가격 전략에 기반을 두어왔다. 최근에 이들 채널의 묶음 가격이 계속 상승함에 따라 이 관행은 맹비난을 받고 있다. 소비자보호 운동가들은 10개 채널밖에 보지 않는데 왜 85개 채널 값을 지불해야 하는가라고 지적한다. 그들은 그런 움직임이 소비자 가격을 떨어뜨릴 것이라는 희망을 갖고 선택식 가격설정 시스템을 추진하기 시작했다.

학습목표
10-4

기술과 가격책정

가격책정 방법의 영향에
대해 설명

기술은 현저하게 그리고 점점 더 강하게 가격책정 전략에 영향을 미친다. 기술은 가격결정에서의 힘의 균형이 고객으로 이동하는데 큰 영향을 미쳤고, 고객은 이전보다 가격에 대해서 더 많이 알고 있다. 인터넷으로 인해 고객은 문자 그대로 전 세계의 제품을 비교 쇼핑할 수 있게 되었다. 오늘날 전 세계 서점과 아마존과 같은 온라인 장터에서 비교쇼핑을 하거나 출판사에서 직접 디지털 서적을 구입할 수 있다. 인터넷의 파워에 더해 모바일 앱과 역동적 가격책정이 가격책정의 성격을 급격히 변화시키고 있다.

모바일 앱mobile applications

소비자가 가격을 비교하기 위해 스토어에서 모바일 디바이스에 모바일 앱과 검색엔진을 사용함에 따라 스마트폰과 태블릿 기술은 가격책정 투명성의 새로운 시대를 열었다. 이에 대응하여 경쟁적인 가격 환경에 대한 분석의 일부로 품목의 최초 가격을 설정할 때, 전통적인 오프라인 스토어의 마케터는 온라인 스토어의 가격을 보다 공격적으로 검토한다.

더 많은 사람이 제품을 주문하는데 휴대폰과 태블릿을 사용하기 때문에, 앱은 구매를 완료하기 위해 온라인 사이트로 사용자를 이끄는 데 있어 점점 더 중요해지고 있다. 이베이(eBay)의 레드레이저(RedLaser)와 더파인드(The Find)와 같이 인기 있는 가격 비교 앱은 2010년에 각각 600만, 100만 다운로드에서 2011년에 각각 1,600만, 1,400만 다운로드로 급증하였다.[9] 두 앱으로 인해 사용자는 스토어에 있는 동안 바코드를 스캔하거나 사진을 찍고 제품을 검색할 수 있고, 온라인 가격을 비교해줌으로써 모바일을 통해 제품을 즉시 구입할 수 있도록 해준다. 더파인드는 자사의 모바일 앱이 매달 평균 1,800만과 2,000만 사이에서 가격 체크가 이뤄지는데, 이는 지난해 매월 1,300만에서 1,500만 체크에서 증가한 것이라고 말한다. 최근의 연구에 의해 고객의 40% 이상이 인스토어 쇼핑 앱이나 온라인 검색엔진을 사용해서 저가 제품을 검색하고 구입한다는 것을 보여줬다.

역동적 가격책정dynamic pricing

DVD 박스 세트 같은 선물 품목은 기업이 블랙 프라이 데이에 고객을 유치하기 위해서 역동적 가격 전략을 사용함으로써 가격이 크게 변동한다.

역동적 가격책정은 새롭지 않은 반면, 그 인기는 그 사용을 촉진하는 기술 도구가 개선되고 쉽게 입수 가능해진 탓에 폭발적으로 성장했다. 역동적 가격책정은 공급이나 수요, 시장 상황의 변화를 반영하기 위해 항상 가격 업데이트를 포함하는 가격책정 전략이다. **역동적 가격책정dynamic pricing**은 마케터가 수익관리를 강조하는 데 도움이 되는데, 이 **수익관리yield management**는 기업이 스타디움에 한정된 좌석 수만 있는 스포츠팀과 같이 판매량이 고정되어 있을 때에도 수익을 극대화하는 전략이다.

역동적 가격책정의 도입을 단순화하기 위해 마케터에게 더 많은 데이터와 가격 탄력성을 추정하는 강화된 방법을 제공하는 에스에이피(SAP)와 오라클(Oracle)과 같은 기업의 데이터 관리 시스템을 사용하는 기업들이 점점 더 많아지고 있다. 스포츠 리그는 티켓 가격과 실제 참석자 수의 균형에서 딜레마의 압박으로 인해 팬들이 불편해질 가능성에 항상 직면해 있다. 팀은 가능한 한 최대의 티켓 가격을 부과하기를 원하질 모르지만, 그 가격이 너무 높다면 실제 게임 참석자 수는 더 저조할지도 모른다. 그에 반해서 가격이 너무 낮게 정해지면 그 팀의 마케터는 사람들이 지불하고자 하는 것보다 싼 가격에 한정된 수의 티켓을 판매함으로써 수익관리를 통해 이윤을 개선시킬 기회를 놓친다. 이 문제를 해결하기 위해 일부 스포츠 리그에서는 특정 이벤트의 경우 팬들에게 진정한 가치를 반영하는 가격으로 티켓을 판매하기 위해 역동적 가격책정을 도입했다. 예를 들어 야구의 샌디에이고 파드리스는 2010년대 초에 역동적 가격책정을 사용하기 시작했다. 이 팀은 시즌이 시작하기 전에 각 홈경기의 티켓 가격을 정했다. 그러나 시즌이 진행됨에 따라 방문팀이 플레이가 좋지 않거나 부상으로 스타 플레이어가 결장하게 되면 다른 팀과의 예정된 홈 경기에 팬들이 흥미를 잃을지도 모른다. 그럴 경우 파드리스는 수요 수준을 측정하고 그에 부응해서 티켓 가격을 조정하려고 한다. 예를 들어, 리그의 베스트 플레이어 중 하나로 여겨진 로스앤젤레스 다저스의 외야수 맷 켐프(Matt Kemp)가 2012년 부상자 명단에 두 번 올라가서 그 시즌 파드리스와 다저스의 경기관람에 영향을 미쳐 이에 관련된 가치를 떨어트렸다.

글로벌 가격책정

학습목표
10-5

국제 시장의 가격책정과 관련된 주요 도전과제에 대해 요약

가격책정은 성공적인 글로벌 마케팅 전략의 중요한 구성요소다. 역사적으로 기업은 국내에서 판매한 동일 제품보다 국제적으로 판매한 제품 가격을 더 높게 설정해 왔다. 그러나 기술진보와 전 세계적인 인터넷 접속의 증가로 인해 글로벌 가격책정이 더 투명해졌고 대부분의 경우 더 가격경쟁이 치열해졌다. 게다가 지난 10년간의 도전적 경제 상황은 글로벌 맥락

제품에 부과된 관세는 기업이 기준가격을 어떻게 책정하느냐에 따라 다른 나라의 전체 제품 가격에 영향을 줄 수 있다. 미국산 서핑보드는 다른 나라에서는 20%의 관세가 부가됨으로 현지 시장에서 경쟁 우위를 갖기 위해서는 더 낮은 가격으로 설정되어야 한다.

에서 가격책정에 영향을 미쳤다. 중국은 다른 나라에 판매하는 중국 기업과 중국 소비자에게 판매하는 기업 모두의 가격책정 전략에 영향을 준, 2011년에 시작된 경기침체를 경험했다. 이 경기침체로 미국 마케터는 점점 더 가격에 민감한 중국 고객을 잡기 위해 가격을 수정해야만 했다.[10] 예를 들어 맥도날드는 판매 감소와 싸우기 위해 15위안(당시 약 2.40달러)부터 시작되는 밸류 디너(value dinner)를 도입했다. 기술적 및 경제적 요인 외에도, 글로벌하게 제품을 마케팅함으로써 추가 수익과 이윤을 얻으려고 하는 기업들은 회색 시장과 관세, 덤핑 등 글로벌 가격책정과 관련된 특유한 도전에 직면한다.

회색 시장gray market

허가받은 유통채널 밖에서 제품을 불법적으로 사고 파는 것을 말하는 암시장에 대해 들어본 적이 있을 것이다. 암시장의 친척격이지만 덜 알려진 것이 회색 시장이다. 회색 시장gray market은 합법적이지만 무허가인 유통채널을 통해 판매되는 브랜드 제품으로 구성되어 있다. 이러한 거래 형태는 품목의 가격이 나라 간에 가격 차이가 클 때 흔히 발생한다. 개인이나 집단이 외국에서 낮은 가격으로 신제품 또는 중고품을 구입해서 국내 시장으로 합법적으로 재수입하고, 국내 시장에서 정상적 시장가격보다 싸게 판매한다. 회색 시장 상품은 합법적으로 생산된 품목을 소비자들이 정상적으로 할 수 있는 것보다 싼 가격으로 획득할 수 있게 해주기 때문에 소비자에게 요긴할 수 있다. 그러나 회색 시장 상품은 기업의 수익과 이윤을 떨어트려, 정식 수입업체로 하여금 그런 활동을 통제하고 억제하는 방법을 찾도록 한다. 세계경제가 점점 더 상호 연결되면서 회색 시장 교환이 더 쉬워지고 있으며, 이러한 시장의 가격변화로 인해 경쟁가격을 파악하는 데 어려움을 겪기도 하지만 국제 가격 경쟁력이 높아지므로 이 시장의 잠재력을 인식하고 있어야 한다. 기업이 스마트폰이나 서적의 가격을 국내 시장보다 외국에서 상당히 낮게 설정한다면, 기업은 현대 기술을 이용해서 제품을 국외에서 구입해서 국내 소비자가 지불하는 표준 요금보다 싸게 공급하는 가격으로 국내에서 판매하는 회색 시장 구매자에게 문을 열어줄지도 모른다.

관세tariffs

많은 국가는 일부 국가에서 관세가 25% 이상인, 특히 과일과 채소와 같은 다양한 제품에 관세를 부과한다. 관세tariffs는 국가 간의 수입품과 수출품에 대한 조세이다.[11] 예를 들어 2012년에 미국은 미국에서 생산된 솔라 패널의 가격 경쟁력을 더 크게 하기 위해 중국제 솔라 패널에 대해 2.9~4.7% 범위의 관세를 부과했다.[12] 마찬가지로 관세는 해외 고객이 미국에서 생산된 상품에 지불해야 하는 가격을 올릴지도 모르는데, 이것은 이들 시장에서 미국 기업의 가격 경쟁력에 부정적인 영향을 미쳤다. 미국 기업의 국제적 가격책정 전략은 외국이 그 상품에 부과할 잠재적 관세를 고려해야만 한다. 마케터는 관세가 낮거나, 북미자유무역협정

(NAFTA, North American Free Trade Agreement)과 같은 관세인하에 관한 국제협정을 맺은 국제 시장을 목표로 하는 것을 일반적으로 선호한다. 미국과 멕시코, 캐나다 사이에 관세가 없다는 것은 이들 나라의 기업과 소비자 사이의 거래를 용이하게 해준다.

덤핑dumping

최근 국제협약에 의한 관세 제거에 의해 각국이 현지 시장을 보호하기 위해 반덤핑법과 같은 비관세장벽으로 전환하게 되었다. 덤핑dumping은 기업이 동일 제품을 국내 시장에 판매하는 것보다 더 낮은 가격으로 수출품을 타국에 판매할 때 발생한다.[13] 예를 들어 지난 10년간 인도의 비단 생산자는 인도에서 팔리는 중국제 비단의 가격이 인도 회사가 경쟁할 수 없을 정도로 싸다고 주장했다. 인도의 비단 생산자는 중국 생산

AMC 극장, 아메리칸 이글 아웃피터스(American Eagle Outfitters) 등의 이르는 기업들은 현직 군인과 참정용사에게는 일반 고객보다 더 낮은 가격으로 제품과 서비스를 제공하고자 하는 합리적인 가격 차별 약정을 맺고 있다.

자가 제품을 덤핑하고 있다고 단언했다. 중국 회사가 비단을 터무니없이 싼 가격에서 판매함으로써 인도 회사에 부정적 영향을 끼쳐 인도 회사에는 단지 2개의 옵션, 즉 중국 생산자에게 고객을 뺏기거나 손해를 보고 비단을 파는 것밖에 없다고 인도 회사들은 불만을 토로했다.[14] 세계무역기구가 덤핑을 불법적이라고 분류하지 않았지만 많은 나라에서 이 전략을 억제하기 위해 자국 법이 제정되었다. 국제적 가격책정 전략을 개발함에 있어 기업은 반덤핑법이 그 업종의 비슷한 회사에 영향을 미치는 방식을 모니터하고 반덤핑 규제가 매출에 끼치는 잠재적 영향을 계산해야 한다.

가격책정의 법적 및 윤리적 이슈

학습목표
10-6

다양한 법적, 윤리적인 이슈가 가격책정 결정에 영향을 미친다. 가격책정은 조직과 개인의 재정적 생존력에 직접 영향을 주기 때문에 가장 많이 감시받고 규제받는 마케팅 활동 중 하나다. 다음 절에서는 가격차별과 가격고정, 약탈적 가격책정, 기만적 가격책정 등 제품 가격을 설정하려고 할 때 직면할지도 모르는 윤리적 이슈 일부에 대해 논할 것이다.

가격책정과 관련된 주요 법적 및 윤리적 이슈에 대해 설명

가격 차별price discrimination

여러분이 차별적 가격책정에서 다양한 방식으로 이익을 얻었을 가능성이 있다고 해서 놀랄 수 있다. 영화관에서 학생 할인을 받거나 휴대폰이나 케이블 공급업자를 변경하면서 신규고객할인을 받았다면 시험 가격(introductory price)을 지불한 것으로 가격차별을 이용한 것이다. 가격차별price discrimination은 동일제품을 대해 상이한 가격을 상이한 고객에게 부과하는 관행이다. 가격차별이 부정적으로 들리겠지만, 경쟁을 손상시킬 때에만 불법이다.

조직은 합법적인 이유로 고객에게 다양한 금액을 부과할 수 있다. 이것은 고객의 구매량이나 기업의 전략적 가치에 기인하거나 한 기업이 계약 교섭을 잘했다는 단순한 이유에서 다양한 고객에게 다양한 요금을 부과할 수 B2B 환경에서 특히 흔한 일이다.

약탈적 가격책정predatory pricing

체인 슈퍼마켓이 개인이 운영하는 지역식품점에서 거리를 사이에 두고 오픈한 상황을 생각해 보자. 이론적으로 비용과 고객 수요가 비슷할 것이기 때문에 두 가게의 가격은 비슷해야 한다. 그러나 체인 슈퍼마켓은 체인기업의 후원에 의지할 수 있기 때문에 가격을 급격히 낮춰서 고객을 더 많이 끌어들여 궁극적으로 경쟁자를 퇴출시키려는 결심을 한다. 이 예는 약탈적 가격책정이라고 불리는 전략을 보여주고 있다. 약탈적 가격책정predatory pricing은 경쟁자를 시장에서 퇴출시키거나 새로운 경쟁자가 시장에 진입하는 것을 방해할 의도로 처음에 가격을 낮게 설정하고 나중에 가격을 정상 수준으로 올리는 관행이다. 이러한 유형의 장기적으로 공격적인 가격책정 전략은 독점을 만들려는 시도로 여겨질 수 있다. 그러나 약탈적 가격책정을 증명하는 것은 어렵다. 미국 대법원은 약탈적 가격책정으로 고소된 기업(앞의 예에서 체인 슈퍼마켓)이 다른 기업을 퇴출시킨 후 나중에 더 높은 가격을 부과함으로써 최초 손실을 보충할 수 있다는 것을 피해자가 증명해야 한다는 판결을 내렸다.[15]

월마트의 최저가격보장제는 로빈슨–패트먼법에 의해 허용됨을 보여주는 한 예다. 로빈슨–패트먼법은 같은 제품을 경쟁업체가 더 싸게 팔고 있음을 증명하는 소비자에게만 다른 가격을 제시할 수 있게끔 해준다.

기만적 가격책정deceptive pricing

기만적 가격책정 관행은 가격 혼동(price confusion)으로 이어질 수 있는데, 이 상태에서 소비자는 자신이 실제로 지불하고 있는 것을 구분하는 데 어려움을 겪는다. 기만적 가격책정 deceptive pricing은 가격 프로모션으로 고객을 의도적으로 유인하는 것을 포함하는 불법적 관행이다. 기만적 가격책정의 가장 일반적인 예에는 허위로 도매 가격책정을 광고하거나, 인위적으로 높은 소매가격을 상당히 할인해 주겠다고 약속하는 회사가 포함되어 있다. 이러한 기만적 가격책정 유형은 신용카드에서 가계대출에 이르는 업종에서 최근 크게 비난을 받고 있는데, 여기서는 종종 중요한 정보가 알아차리기 힘들고 읽기 어려운 권리포기와 정보 안에 깊숙이 묻혀 있다. 2011년, 중국은 월마트와 그 프랑스 경쟁자 까르푸(Carrefour)를 기만적 가격책정으로 고발했다.[16] 중국인들은 카르푸와 월마트가 고객에게 바가지를 씌우거나, 자신들이 제안하는 제품 할인액이 상당한 것처럼 보이도록 하기 위해 원래 가격을 더 높이 부른 예를 인용했다. 예를 들어 난닝(南寧)이라는 도시에 있는 월마트 매장은 네스카페 커피를 광고 가격 6.67달러에서 할인한 5.44달러로 가격을 매겼는데, 사실 원래 가격은 5.66달러였다. 이와 유사하게 지린성(吉林省) 성도인 창춘(長春) 소재 카르푸 매장은 남성 면직물 속옷을 원래 가격이 25달러를 조금 넘는다고 광고한 것에서 7달러 정도로 할인했다고 한다. 원래의 가격은 규제당국에 의해 18.07달러임이 확인되었다.

EXECUTIVE PERSPECTIVE

마크 덕워스 (Mark Duckworth)

옵투스(Optus Inc.)사 최고경영자 겸 설립자

마크 덕워스(Mark Duckworth)는 성공한 기업가가 되고자 하는 자신의 꿈을 이루기 위해 시간을 허비하고 싶지 않았다. 대학에서 회계학을 전공한 그는 첫 직장을 회계업무로 시작했지만 사회생활을 할수록 자신이 정말 좋아하는 일은 판매 그리고 사람들과 직접 부딪치면서 거래를 하는 것이라는 것을 깨닫게 되었다. 이후 회계 일을 그만두고 영업직으로 옮겨 다년간 판매 경험을 쌓은 후 통신회사 옵투스(Optus)를 설립하기로 결심했다. 최고경영자이며 설립자로서 덕워스는 자사가 수익을 낼 수 있도록 옵투스가 고객에게 부과하는 요금을 의사결정하는 일을 하고 있다. 오늘날 옵투스는 100명이 넘는 직원을 고용하고 있으며, 덕워스는 경영진에게 자사의 전략적 관리와 방향을 제시하는 데 주력하고 있다.

Q. 성공하기 위해 가장 중요한 것은 무엇이었습니까?

제가 성공을 한 이유를 설명하자면 많습니다. 가장 중요한 요인들 중 하나는 직원, 고객, 그리고 거래업체와 진정한 관계한 구축하는 것이었습니다. 또한 저는 개인적으로 판매 성공은 사전에 이루어진 구매 노력 때문에 보통 성공한다고 생각합니다. 저는 제가 구입하는 무언가의 용도를 바탕으로 많은 돈을 벌었습니다. 저는 좋은 가격에 대해서는 모험을 합니다. 왜냐하면 시장이 있거나 수요를 창출할 수 있다는 것을 알기 때문이죠. 마지막으로, 저는 항상 긍정적이며, 장래의 가능성에 초점을 두지만, 그것과 건강한 현실과의 균형을 맞추려고 노력합니다. 끈기와 긍정적인 태도의 가치를 절대 과소평가하지 마십시오.

Q. 예비 졸업생에게 어떤 조언을 해 주시겠습니까?

기초를 탄탄히 하기 위해 제대로 된 교육을 받고, 여러분이 초점을 두고 있는 특정 분야에서 이점이 있다면 대학원에 진학하는 것을 고려해 보세요. 만약 기업가가 되고 창업하는 것이 꿈이라면, 관련 산업에서 1년이나 2년 동안 일해 보는 것을 고려해 보십시오. 하지만 창업은 일찍 시작해야 합니다. 가족이 생기고 위험 수용성향이 변하기 전에 그런 투자에 집중하기가 훨씬 더 쉽습니다. 제가 사업을 시작했을 때, 저는 미혼이었으며, 항상 난관을 극복하고 일자리를 구할 수 있다는 것을 알았기 때문에 실패할 수 있었습니다. 나중에 결혼을 하고 아이가 생겼을 때, 그것은 바뀌었지요. 만약 제가 창업을 하기 위해 기회를 기다렸다면, 그런 모험을 할 수 없었을 것이며, 아마 창업 자체를 시작할 수 없었을지도 모릅니다.

Q. 어떤 마케팅 업무를 수행하고 계십니까?

저는 마케팅과 판매 중심 기업의 최고경영자입니다. 따라서 마케팅은 저와 관련이 아주 많습니다. 저희 회사가 성공할 수 있었던 이유는 좋은 제품을 확보하고, 우리 회사 및 고객들에게 최대의 가치를 제공하는 방법으로 제품의 가격을 결정하고, 그리고 그런 고객들에게 더 높은 가치를 가져다주는 방법으로 제품을 홍보하고 전달함으로써 가능하였습니다. 저희 회사가 속해 있는 산업은 특히 경쟁이 아주 치열한 시장이기 때문에 무엇보다 전략적인 마케팅 결정이 중요합니다. 이러한 훌룡한 전략적 마케팅 의사결정과 이를 장단기적으로 시행하는 능력이 성공적인 기업을 이끌어 나가는 데에 중요한 요소라고 할 수 있습니다.

Q. 본인의 개인 브랜드(personal brand)는 어떠해야 한다고 생각하십니까?

저는 시장에서 경쟁으로 제공되지 않는 독특한 저만의 가치를 제공합니다. 그것은 바로 경쟁사들보다 더 나은 서비스를 제공하고 그들과 진정한 관계를 만들고자 하는 열정입니다.

Q. 가격결정 과정에서 마케터들에게 가장 어려운 단계는 무엇이라고 생각하십니까?

저는 원가 결정이라고 봅니다. 저는 수년 동안 각 제품의 원가가 실제 얼마인지 정확하게 알지 못하는 회사들을 너무 많이 보았습니다. 수익을 낼 수 있는 방식으로 가격을 결정하기 위해서는 창고 임대료든지, 인사팀의 급여든지, 혹은 책상에 놓여 있는 스테이플러의 비용이든지 간에, 각 제품 가격에 그러한 모든 고정비와 변동비가 반영되어야 합니다.

DISCUSSION QUESTIONS

1. 준거가격을 결정하는 것이 어려운 이유는 무엇인가? 만약 학교 주변 상권에 피자점을 오픈한다면 준거가격을 결정하기 위한 정보를 수집하고 준거가격을 도출해보자.

2. 마크업 가격책정의 문제점은 무엇인가? 구매자와 판매자는 마크업 가격책정의 문제점을 어떻게 해결할 수 있는가?

3. 언더프라이싱(underpricing)된 제품의 예를 몇 가지 들어보시오. 어떤 이유로 제품을 생산하는 기업이 그 가격을 상향조정해야 된다고 생각하는가?

4. 수요가 탄력적인 제품 하나와 수요가 비탄력적인 제품 하나를 예를 들어 보시오. 예를 들어 서브웨이(Subway)가 가격을 10% 상향 조정한다 가정하면 10% 때문에 먹는 횟수를 줄일지, 아니면 가격조정에 전혀 영향을 안 받을지를 생각해 보시오. 대부분의 소비자들도 이 두 경우에 대해 같은 생각을 할지 고민해 보시오.

CHAPTER NOTES

1. Alex Sherman, "DirecTV Spurns Dish's View that Wireless Is Satellite TV Savior," *Bloomberg Businessweek*, May 6, 2013, http://www.businessweek.com/news/2013-05-06/directv-spurns-dish-s-view-that-wireless-is-satellite-tv-savior.

2. Nick Bunkley, "Sales Decline 20%, but GM Sees a Bright Spot," *The New York Times*, September 3, 2008, http://www.nytimes.com/2008/09/04/business/04auto.html.

3. Nick Timiraos and Kelly Evans, "Home Prices Rise Across the U.S.," *The Wall Street Journal,* July 29, 2009, http://online.wsj.com/article/SB124878477560186517.html.

4. Campbell R. McConnell, Stanley L. Brue, and Sean M. Flynn, *Economics* (New York: McGraw-Hill, 2012), p. 76.

5. Cliff Edwards, "Netflix Seen Cracking Down on Sharing to Bolster Profit," *Bloomberg*, April 22, 2013, http://www.bloomberg.com/news/2013-04-22/netflix-seen-crackingdown-on-sharing-to-bolster-profit.html.

6. Dana Mattioli, "Retailers Try to Thwart Price Apps," *The Wall Street Journal*, December 23, 2011, http://online.wsj.com/article/SB10001424052970203686204577114901480554444.html.

7. Lisa Baertlein, "Wendy's/Arby's Mulls Price Increases," *Reuters*, May 10, 2011, http://www.reuters.com/article/2011/05/10/us-wendysarbys-idUSTRE74935120110510.

8. Isaiah David, "Tips to Save Money on a Disney Vacation," *USA Today*, http://traveltips.usatoday.com/tips-save-moneydisney-vacation-14495.html.

9. Mattioli, "Retailers Try to Thwart Price Apps."

10. Justina Lee, "China Slowdown Forcing Discounting at McDonald's," *Bloomberg*, August 1, 2012, http://www.bloomberg.com/news/2012-08-01/china-slowdown-forcingdiscounting-at-gome-to-mcdonald-s.html.

11. Renee Johnson, "The U.S. Trade Situation for Fruits and Vegetable Products," *Congressional Research Service*, December 17, 2012, http://www.nationalaglawcenter.org/assets/crs/RL34468.pdf.

12. James O'Toole, "U.S. to Impose Tariffs on Chinese Solar Panels," *CNN Money*, March 20, 2012, http://money.cnn.com/2012/03/20/markets/chinese-solar/index.htm.

13. World Trade Organization, "Anti-Dumping," n.d., http://www.wto.org/english/tratop_e/adp_e/adp_e.htm.

14. Charlotte Windle, "China Faces Indian Dumping Allegations," *BBC News*, July 31, 2006, http://news.bbc.co.uk/2/hi/business/5224370.stm

15. Thomas T. Nagle, John E. Hogan, and Joseph Zale, *The Strategy and Tactics of Pricing*, 5th ed. (Upper Saddle River, NJ: Pearson, 2011).

16. Parija Kavilanz, "China Accuses Wal-Mart of Deceptive Prices," *CNN Money*, January 26, 2011, http://money.cnn.com/2011/01/26/news/international/walmart_china_fines/index.htm.

Chapter 11
성공적인 브랜드 구축
BUILDING SUCCESSFUL BRANDS

학습목표   이 장에서는 성공적인 브랜드 전략의 중요성에 대해 학습하고자 한다. 브랜딩(branding)은 경쟁기업으로부터 제품, 서비스, 아이디어를 차별화하는 데 사용하는 가장 중요한 마케팅 전략이다. 성공적인 브랜드를 구축하는 것은 기업의 수익성을 향상시킬 수 있는 매우 중요한 마케팅 노력이다

학습목표
11-1

브랜딩

성공적인 브랜드 구축의
중요성 설명

브랜드가 고객들에게 의미하는 바가 무엇일까. 브랜드의 차별화된 특성은 상품과 관련된 유형적인 것일 수도 있고 감성적이거나 특별한 기억에 관련된 것일 수도 있다. 하나의 브랜드 brand는 이름, 용어, 기호, 디자인이자, 이것들의 조합으로서, 한 기업의 상품들을 식별하고 구별하게 해준다. 고객이 다양한 상황에서 브랜드를 식별할 수 있으면 브랜드 인식brand recognition이 있는 것이다. 나이키(Nike), 맥도날드(McDonald's)와 같은 기업들은 브랜드 마크brand marks를 사용하는데, 그런 마크들은 기호, 색깔, 디자인과 같이, 고객이 즉각적으로 인식할 수 있는 단어로 표현되지 않은 브랜드의 요소들이다. 나이키의 스우시(swoosh)와 맥도날드의 황금색 아치는 그 기업들에 강력한 마케팅 도구가 되어준 브랜드 마크들이다. 브랜드 인식의 중요성은 고객과 보다 나은 공감을 시도하기 위해 자사의 상징이나 로고를 바꾸거나 갱신할 때 가장 잘 확인할 수 있다. 고객은 주로 특정 브랜드의 로고나 상징에 점점 더 애착을 가지게 되므로, 브랜드의 변화는 고객의 반발을 불러일으킬 수 있다. 예를 들어, 갭(Gap)은 새로운 로고를 출시한 지 1주일 만에, 불쾌해 하는 고객들로부터 온라인과 소셜 미디어 전반에 걸쳐 수천 건의 불만접수를 받은 탓에, 그 로고를 포기해야 했다.[1]

브랜드 이미지brand image는 대상고객들과 이해관계자들이 브랜드에 대해 갖는 독특한 연상이다. 이는 그 브랜드가 다른 브랜드들 사이에서 현재 나타내는 것을 의미한다. 예를 들어, 마운틴듀(Mountain Dew)의 마케터는 에너지와 흥분을 나타내는 젊고 재미있는 제품의 브랜드 이미지를 구축했다. 오늘날, 마운틴듀 제품들은 익스트림 스포츠, 비디오 게임, 기타 젊은 층의 활동을 연상시키고 있다.

한 고객이 제품에 대한 만족으로 인해 반복적으로 그 브랜드를 구매함으로써, 꾸준한 충성을 보일 때에는 브랜드 충성도brand loyalty가 형성된다.[2] 브랜드 충성도가 있는 고객들은 일반적으로 가격민감도가 낮기 때문에 장기적인 성공 및 이윤창출에 중요한 기여를 하게 된다. 코카콜라(Coca-Cola)는 브랜드에 충성하는 수백만 명의 고객을 확보하고 있는데, 그 고객들은 코카콜라 제품을 적극적으로 구하며, 펩시(Pepsi)보다 가격이 높아진다 해도 코카콜라를 구매할 것이

갭은 기업의 현대적 이미지를 나타내고자 브랜드 마크를 종전의 로고(왼쪽)에서 수정된 로고(오른쪽)으로 교체하고자 하였다.

다. 이러한 브랜드 충성도는 코카콜라의 가격 결정력 및 그에 따르는 높은 이윤 유지에 보탬이 된다.

　브랜딩이 제품에만 적용되는 것은 아니다. 우리도 각자 개인의 브랜드를 가지고 있다. 자신의 이름이나 별명이 브랜드 마크가 되고, 자신과 관련된 연관된 이미지가 형성이 될 것이기에 자신의 이름을 건 브랜드를 관리해야 할 것이다. 관리자와 동료들이 여러분의 이름을 들을 때, 어떤 생각을 할까? 그들은 여러분의 브랜드에 대해 어떤 연상을 하는가? 그들은 여러분을 열심히 일하는 노동자, 팀의 리더, 사려 깊은 고용인으로 생각하는가, 아니면 영리하지만 게으르고 함께 일하기 힘든 사람으로 생각하는가? 하나의 브랜드 이미지를 구축하는 일은 성공적인 브랜드의 요소들에 대한 이해로 시작된다.

성공적인 브랜드의 요소components of a successful brand

제품 브랜드를 구축하든, 개인의 브랜드를 구축하든 그 과정에는 다음과 같은 네 가지 필수 요소들이 포함된다.

1. **품질 좋은 제품을 전달한다** 제품은 포장, 전달(배달), 혹은 이용자에게 전달하는 가치를 통해, 고객으로부터 긍정적 반응을 이끌어 내야 한다. 만일 고객이 특정 제품을 이용하는 중에 가치를 인지하지 못하면 지속적인 고객이 될 수 없다. 강력한 브랜드는 시간이 지남에 따라 고객들에게 지속적인 가치와 질을 제공한다. 사우스웨스트 항공사(Southwest Airlines)는 지속적으로 낮은 운임료를 제안하고, 다른 항공사들이 수화물 수수료를 부과하는 것과는 달리 무료로 제공함으로써 높은 성과를 달성했다.

2. **일관된 브랜드 이미지를 구축한다** 마케팅 전략과 그에 따른 촉진 및 판매원들 모두 고객 마음에 일관된 경험을 심어줌으로써 브랜드를 강화해야 한다. 만약 마운틴듀가 시니어 골프대회를 후원하거나 무역잡지에 광고를 게재한다면 지금까지 젊고 에너지 넘치는 익스트림 브랜드로 쌓은 이미지가 물거품이 될 것이다. 개인 브랜드의 경우에도 옷차림이나 대인관계, 커뮤니케이션 스타일 등이 브랜드 이미지를 결정할 것이다.

3. **일관된 브랜드는 메시지를 창안한다** 브랜드 이미지와 마찬가지로 브랜드 메시지는 일관되고 간결해야 한다. 포지셔닝하고자 하는 제품의 속성에 대해 고객이 회상하고 떠올리기 쉬워야 한다. 너무 많은 메시지를 전달하려고 하려는 실수를 흔히들 하는데, 이는 잠재적으로 고객들을 혼란에 빠뜨릴 수 있다. 자동차 보험회사 가이코(GEICO)는 다양한 광고 속에서도 '자동차 보험에 들 때 고객의 돈을 절약해 주겠다'는 일관된 메지시를 전하고 있다.

4. **피드백을 포착한다** 브랜드의 진정한 힘이 고객의 마음에 존재하기 때문에, 마케터들은 실제로 고객의 피드백을 항상 포착하고 분석해야 한다. 강력한 브랜드를 지닌 기

가이코(GIECO)는 말하는 도마뱀에서 맥스웰이라는 돼지 캐릭터에 이르기까지 다양한 캐릭터를 특징으로 여러 버전의 슬로건과 광고를 사용하였지만, 기존의 고객이나 잠재고객에 동일한 메시지를 전달하고 비용을 절감하고자 하였다.

업들은 일반적으로 고객의 생각, 감성, 고민을 더욱 잘 이해하기 위해 그들의 말을 잘 듣고 다양한 마케팅 연구에 활용한다. 예를 들어, 칙필레(Chick-Fil-A)는 고객들이 온라인에서 그들이 48시간 이내에 방문한 레스토랑에서 겪은 경험에 관한 조사에 응답해 주면, 무작위로 무료 치킨 샌드위치를 받을 기회를 주었다. 조사를 통해 식품의 질, 주문의 표준 분량, 레스토랑의 청결도, 고용인의 친근함에 관한 피드백을 포착했으며, 이런 요인들은 모두 기업의 브랜드 이미지에 영향을 미치는 것들이다. 칙필레는 특정 레스토랑 및 정세와 연관이 있는 데이터를 이용하여, 잠재적 문제들을 식별하고, 경험의 모든 부분을 개선하려 한다. 시장조사기관인 제이디파워(J.D.Power)에 따르면, 이러한 피드백에 대한 포착과 응답이 칙필레가 고객 만족 면에서 최고의 레스토랑으로 인식되도록 기여했다고 한다.[3]

성공적인 브랜드의 요소들을 이해하는 것은 내외적으로 기업에 중요하다. 내적 차원에서 강한 브랜드는 조직 내부의 응집력을 강화하며 미션 달성에 필요한 능력과 기술을 구축하는 데 도움이 된다. 외적 차원에서 강한 브랜드는 기업의 여러 이해관계자인 고객, 기부자, 공급자, 지역사회 등 여러 구성원들과의 신뢰를 조성하게 한다. 만일 한 기업에서 이상의 네 가지 요소들을 성공적으로 관리하고 성공적인 브랜드를 개발한다면, **브랜드 자산**brand equity 구축의 효익을 얻을 수 있을 것이다.

학습목표 11-2

브랜드 자산

브랜드 자산의 적절성 설명

기업은 일반적으로 브랜드 자산을 증진시키기 위해 자사의 브랜드를 개발 및 촉진하는 데에 엄청난 비용을 지출한다. 브랜드 자산은 자사 제품에 대한 고객의 긍정적 인식으로부터 형성되는 가치다. 브랜드 자산을 통해 고객이 경쟁사의 브랜드보다 기업의 브랜드를 구매할 가능성이 높아진다. 글로벌 광고대행사인 영앤루비컴(Young and Rubiciam)은 차별성, 관련성, 존중, 지식의 네 가지 차원으로 구성된 브랜드 자산 평가기준(Brand Asset Valuator)을 개발하였다.[4] 애플(Apple)이나 디즈니(Disney)와 같이 브랜드 자산이 높은 기업들이 이러한 네 가지 차원을 반영하고 있다. 이 기업들은 경쟁사와 명확히 차별화되고 있으며, 큰 세분시장을 확보하고, 세분시장 내에서 널리 알려져 있으며 긍정적인 평가를 받고 있다. 이러한 브랜드 자산을 확보한 기업은 상대적인 우위를 확보하게 된다.

그림 11.1 브랜드 자산 평가의 네 가지 차원

차별화 (브랜드의 차별성 구축)	적합성 (브랜드가 소비자에게 얼마나 적절한가)
존중 (브랜드가 얼마나 존중받는가)	**지식** (브랜드에 대한 친숙한 이해도)

자료원: Y&R, "Y&R BrandAsset Valuator," n.d., http://young-rubicam.de/tools-wissen/tools/brandasset-valuator/?lang=en.

브랜드 자산의 효익benefits of brand equity

높은 브랜드 자산은 기업에도 자산이자, 다음의 세 가지 효익을 가져다준다.

1. **어렵고 경쟁적인 환경에서 기업의 성공 역량을 증진시킨다** 다양한 규모의 경쟁사들이 새로운 특징, 캐치 슬로건(catchy slogans), 저렴한 가격 등으로 고객을 유인하는 경쟁시장에서 브랜드 자산의 구축은 이러한 환경의 영향에 상관없이 고객들이 제품을 좋아하고 구매할 가능성을 높여준다.

2. **새로운 시장으로의 브랜드의 확장을 용이하게 만들어 준다** 마이크로소프트(Microsoft)의 브랜드 자산은 X-박스 게임 시스템의 도입과 함께, 비디오 게임 산업으로의 진입을 용이하게 하는 데 도움을 주었다. 리더로서의 관련성과 지식은, X-박스가 인기를 얻고, 닌텐도(Nintendo)와 같은 게임이 집중하는 기존의 기업들보다 비교적 단기간에 앞서 나가는 데 도움이 되었다.[5]

3. **제품의 질에 관한 긍정적 지각에 기여할 수 있다** 높은 브랜드 자산을 가지고 있는 메르스데츠 벤츠(Mercedes-Benz)의 경우 대부분의 소비자들이 메르스데츠 벤츠 차량을 구매해 본 적이 없어도 새로 출시된 차량이 최고 품질의 차라고 생각하게 한다.[6]

브랜드 자산의 효익은 우리 개인의 브랜드에도 적용할 수 있다. 만일 우리가 기업을 위해 일하면서 가치 있는 결과물을 만들어내고, 그 과정에서 자신의 브랜드 자산을 구축하게 된다면 조직에서 인정받고 많은 기회를 얻게 되는 것과 같다. 개인의 브랜드 자산이든 제품의 브랜드 자산이든 효익을 얻기 위한 자산을 구축해 나가려면 현재 브랜드 자산이 얼마나 구축되었는지 정량화가 필요한데, 다음 절에서는 브랜드 자산을 측정하는 질적인 방법과 양적인 방법들을 살펴본다.

브랜드 자산 측정measuring brand equity

브랜드 자산 측정은 시간에 지남에 따라 브랜드를 구축하고 관리하는 방법을 이해하는 기초가 된다. 많은 기업들은 브랜드 자산을 측정하기 위해 질적·양적 연구 방법들을 이용한다. 질적 연구는 브랜드 자산의 원천 및 소비자 결정 과정에서의 역할을 식별하는 데 특히 도움이 된다.[7] 브랜드 자산 측정의 두 가지 중요한 질적 연구 방법은 자유연상법과 투사법이다.

- 자유연상법(free association)은 소비자들에게 그 브랜드에 관해 생각하면 무엇이 떠오르는지 묻는 방법이다.[8] 예를 들어, FGI에 참여한 소비자들에게 렉서스(Lexus)란 단어를 들었을 때 마음에 떠오르는 것을 목록으로 작성하도록 요청하고 고급스러움, 높은 품질, 강한 스타일리시와 같은 단어와 문구의 대답을 얻어내어, 이런 응답을 통해 고객이 기업의 브랜드에 관해 어떻게 생각하는지, 그러한 연상들이 기업의 마케팅 전략에 적합한지를 통찰하게 된다.

- 투사법(projective techniques)은 소비자가 자기 견해를 표현하길 꺼리거나 표현할 수 없을 때에 진정한 견해와 감정을 밝히기 위해 이용된다.[9] 일반적인 투사 전략은

소비자에게 하나의 브랜드를 인간, 동물, 자동차, 국가 등과 비교하도록 하는 것이다. 예를 들어, 어떤 소비자에게 마이크로소프트가 자동차였다면, 어떤 종류의 자동차였을까? 라고 물어볼 수 있다. 만일 그 소비자가 마이크로소프트를 스포츠카에 비유한다면, 그 소비자는 마이크로소프트를 빨리 움직이고, 흥미진진한 브랜드라고 생각할 수 있다. 하지만 그 소비자가 마이크로소프트를 미니밴에 비유한다면, 그 소비자는 마이크로소프트가 보수적이고, 신뢰할 만한 브랜드로서 애플이나 구글(Google)과 같은 다른 기술 기업보다는 덜 흥미롭다고 생각한다는 것을 알 수 있다.

질적 기법들은 깊이 있는 소비자 통찰을 제시하지만, 일반화하기에는 어려운 소규모로 진행되기 때문에 더욱 완벽한 이해를 위해 다음과 같은 양적 연구 방법이 적용된다. 브랜드 인지도는 브랜드를 알아보는지와 브랜드를 떠올릴 수 있는지로 구성되는데, 알아보는 것은 재인으로 측정하고 떠올릴 수 있는지는 회상으로 측정하게 된다.

- 브랜드 재인(brand recognition)은 그 브랜드를 알아보는지를 말하는 것으로 브랜드를 제시했을 때 그 브랜드에 노출된 적이 있는지를 보는 것이다. 브랜드 재인의 측정은 소비자에게 하나의 제품이나 브랜드, 이미지, 슬로건 등을 제시하고 이전에 이러한 것들을 보거나 들은 적이 있는지 확인한다. 이 과정에서 주의할 점은 소비자들이 전에 봤을 가능성이 없는 유인물(decoy)을 목록에 같이 제시하여 진정으로 자신이 봤던 브랜드를 식별하고 있는지를 구분할 수 있도록 측정하는 것이다.
- 브랜드 회상(brand recall)이란 다양한 상황에서 브랜드를 식별하는 소비자의 능력으로,[10] 소비자가 피자를 주문할 때 떠오르는 브랜드가 무엇인지를 측정하는 것이다. 회상 측정은 소비자들이 구매를 계획할 때 자사의 브랜드를 떠올리는지 아니면 경쟁 기업의 브랜드를 떠올리는지의 여부를 판단하기 위해 이용한다. 구매 전에 브랜드를 떠올리지 못하면 구매 대상에 포함될 수 없기 때문에 브랜드 회상은 중요하다.

학습목표
11-3

브랜드 전략

브랜드 개발을 위한 몇 가지 공통된 전략 비교

브랜드 전략은 브랜드의 매력이나 이윤을 떨어뜨리지 않고 브랜드 자산을 극대화할 수 있도록 하는 것이다. 브랜드 전략은 기업의 전반적인 마케팅 전략에 부합해야 하며, 기업이 자사의 마케팅 목표를 달성하도록 도움을 준다는 목적을 가지고 실행해야 한다.

브랜드 확장brand extension

강력한 브랜드와 높은 브랜드 자산을 쌓았다면 브랜드 확장이 가능하다. 브랜드 확장brand extension은 신제품에 기존의 브랜드를 붙이는 방식으로, 기존의 브랜드 인지도를 통해 신제품의 인지도를 빠르고 쉽게 확보할 수 있다. 주로 브랜드 확장 시에는 다른 범주의 제품에 적용하게 된다. 예를 들어, 맥도날드(McDonald's)는 신규 샐러드, 요구르트 파르페, 프리미엄 커피를 해피밀(Happy Meals)에 포함하여 인지도도 높이고 해피밀의 건강한 콘셉트도 강조하였다. 크레스트(Crest)는 치약 브랜드를 구강 세정제, 칫솔까지 확장하였고, 도브(Dove)는 전통적인 비누에서 모발 보호와 같은 신제품 범주로 브랜드를 확장하였다. 도브 고객들은 이미 도브 브랜드를 보고 질 좋은 제품을 연상하기 때문에, 그러한 연상을 샴푸와 모발 관리 제품들로 확장할 수 있었던 것이다. 이에 도브는 로션과 탈취제의 신규 시장으로도 진입하기 위해 동일한 전략을 채택하였다. 기업은 브랜드 확장 전략을 이행할 때 다음과 같은 두 가지 잠재적 문제를 염두에 두어야 한다.

1. 확장은 고객들이 브랜드에 대해 기대하는 품질에 걸맞게 이뤄져야 한다. 만일 확장 제품의 품질이 고객의 기대치를 충족시키지 못하면, 오히려 기존의 매출, 신뢰, 브랜드 충성도에 부정적인 영향을 미치게 된다.

2. 브랜드 확장은 자기잠식(cannibalization)을 주의해야 한다. 자기잠식cannibali-zation은 신제품을 통해 추가적인 수익이나 이윤을 생성하기보다 기업의 기존 제품 들의 매출을 깎아먹을 때 발생한다. 예를 들어, KFC에서 새로운 그릴 치킨 제품을 내놓았을 때, 기업은 맛 좋고 건강한 선택권을 찾고 있던 고객을 타깃으로 삼았다. 하지만 KFC는 새로운 고객을 확보하지 못하고 기존의 KFC 고객들이 주로 프라이드 치킨 대신 그릴 치킨을 구매한다는 점만을 깨닫게 되었다. 새로운 제품이 출시한지 1년간 많은 촉진 노력에도 불구하고 일부 KFC 매장에서 매출이 감소한 부분적인 원인은 새로운 제품이 KFC의 기존제품에 대한 자기잠식이 발생했기 때문이다.[11]

브랜드 회생brand revitalization

브랜드는 자연적인 죽음을 맞이하는 것이 아니라, 잘못된 관리를 통해 파괴되어 사라지는 것

도브는 브랜드 명성을 활용하여 헤어케어, 로션, 탈취제 등을 비롯한 새로운 제품 범주로 브랜드 확장 전략을 사용하였다.

이다. 브랜드가 회복될 수 없을 정도로 관리가 잘못되었다 하너라도 브랜드 회생을 통해 다시 일어날 수 있다. 브랜드 회생brand revitalization 혹은 리브랜딩(rebranding)은 브랜드 자산의 원천을 새롭게 설정하고 확립하는 것이다. 회생은 주로 소비자와의 신뢰 재구축으로부터 시작된다. 영국의 석유회사 BP의 멕시코만에 발생한 기름 유출 사고로 인해, 소비자들은 이 기업에 투명성, 사회적 책임, 도덕성에 대해 더 많은 요구들을 하게 되자, 그들은 걸프만 지역의 환경개선과 관광 촉진을 위해 수백만 달러를 기부하는 등의 신뢰 재구축을 위한 장기전략을 마련하였다.[12]

이와 유사하게, 도요타(Toyota)의 마케터들은 자사 역사상 최대 규모의 리콜을 이행한 후 '전진'을 모토로 한, 브랜드 회생 캠페인에 착수했다.[13] 그들의 노력은 기업이 소비자와 새롭게 시작하고자 하는 의지를 전달하는 광고를 통해 전달되었다. 결함이 있는 제품을 수리하고, 보다 밝은 미래를 촉진함으로써 리브랜딩을 시작히고, 이러한 캠페인을 시작한 지 1년 내에 브랜드에 대한 긍정적 인식을 증진하는 데 성공하였다.[14]

공동 브랜딩co-branding

신제품 개발을 통한 자사의 브랜드 확장에 대한 대안으로 공동 브랜딩을 활용할 수 있다. 공동 브랜딩co-brand은 둘 이상의 브랜드가 합하여 연상 효과를 더 크게 만드는 방법이다. 기업들이 다른 기업의 브랜드의 자산을 이용하려는 노력의 일환을 하나의 제품을 통해 알리고자 하는 전략을 말한다. 예를 들어, 캐주얼 레스토랑인 T.G.I 프라이데이(T.G.I Friday)에는 잭 다니엘(Jack Daniel)의 풍미를 지닌 스테이크 메뉴가 있다. 이러한 파트너십은 1997년에 시작되었고 여전히 소비자의 인기를 끌고 있다.[15] 1921년에 출시된 제머럴 밀사(Gemeral Mills)의 브랜드인 베티 크록커(Betty Corcker)는 다양한 브랜드로 소비자의 시선을 끌기 위해 간편식 상품에 허시(Hershey's) 및 선키스트(Sunkist) 등과 공동으로 신제

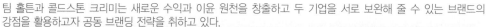

팀 홀튼과 콜드스톤 크리미는 새로운 수익과 이윤 원천을 창출하고 두 기업을 서로 보완해 줄 수 있는 브랜드의 강점을 활용하고자 공동 브랜딩 전략을 취하고 있다.

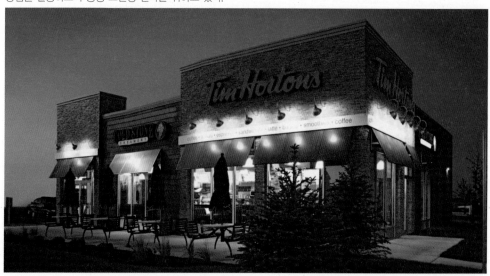

품을 발표해 왔다.

콜드스톤(Cold Stone Creamery®)은 캐나다의 레스토랑 체인점인 팀홀튼(Tim Hortons)과 공동 브랜드로 미국 및 캐나다 전역의 약150개 레스토랑을 운영한다.[16] 공동 브랜딩은 고객에게 가치를 제공하고 두 기업의 수익을 창출하기 위해 서로 보완해 줄 수 있는 강점을 각 파트너의 강점에서 활용하는 것이다. 콜드스톤의 후식은 주로 저녁 식사 중에 판매되는 반면, 커피와 도넛으로 유명한 팀홀튼의 제품은 아침과 점심에 인기가 있다. 그들은 파트너십을 통해 스타벅스, 던킨 도너츠, 맥도날드와 첨예한 경쟁이 일어나는 미국 시장으로 확장할 수 있었고, 콜드스톤은 소비자들을 아침과 저녁 시간에 상점으로 유도할 새로운 방안을 얻게 되었다.[17]

공동 브랜딩은 여러 가지 장점을 지니고 있지만, 관련된 브랜드들 중 어느 하나가 부정적 평판을 얻게 되면, 공동브랜딩 파트너에게 부정적 영향을 미칠 수 있다. 예를 들어, 비즈니스 출장을 온 사람들에게 부가가치를 제공하기 위해, 호텔 체인점과 공동브랜딩 협약을 맺은 렌트카 회사를 생각해 보자. 만일 그 호텔 체인점이 질 낮은 고객 서비스 때문에 부정적 평판을 얻게 되면, 공동 브랜딩을 한 렌트카 회사는 호텔 체인점의 부정적인 이미지로 인해 소비자들로부터 부정적인 영향을 받기 쉽다. 이러한 잠재적 위험을 피하기 위해, 마케터들은 적절한 공동 브랜딩 파트너를 선택할 과정을 개발해야 한다. 에이티앤티(AT&T)와 같은 기업들은 마케터들이 공동브랜딩과 관련된 결정을 내리는 데 도움을 줄 수 있는 공동브랜딩 결정 도구를 개발해 왔다.[18]

유통업체 브랜드PB private label brands

최근 몇 년간 경기침체를 겪은 소비자들은 더욱 경제적인 소비에 관심을 가지기 시작했고, 이에 따라 소매상들은 직접 유통업체 브랜드를 더욱 강력하게 추구하고 있다. **유통업체 브랜드**private label brand(PB)는 소매상이 개발하여 자신의 점포에서만 판매하는 브랜드로, 식품, 화장품, 웹 호스팅에 이르는 광범위한 제품에 적용이 가능하며, 주로 유명한 제조업체 **브랜드**manufacturer brand에 대비하여 저렴한 가격으로 판매가 가능하다. 월마트(Walmart)는 바이엘(Bayer)에 맞서 경쟁하기 위해 아스피린을 개발하였고, 바이엘의 아스피린보다 최대 50%까지 저렴하다.[19]

지난 10년간, PB의 연간 매출이 미국의 슈퍼마켓에서 40% 증가했으며, 미국 소비자 중 40% 이상이 지금은 자신들이 구매하는 식료품 중 적어도 절반이 PB라고 밝혔다.[20] 월마트의 PB인 그레이트 밸류(Great Value) 등은 유럽에서 더욱 인기가 있어, 유럽 소매 매출의 35%가 PB 제품이다.[21] 월마트가 자사의 저렴한 그레이트 밸류 브랜드를 촉진한 방식들 중 하나는 포장 방식이다. 파란색인 그레이트 밸류 로고가 있는 단순한 디자인은, 고객들에게 그들이 지불하는 비용에 부합하는 가치를 전달하기 위해 불필요한 부분이 없앤 제품(no-frills product)이란 점을 인식시킨다. 성공적인 브랜드 구축 과정에서 포장도 강력한 도구가 될 수 있다.

포장

포장이 브랜드 구축에 미치는
영향 요약

소비자가 TV, 라디오, 빌보드, 신문, 온라인 등 얼마나 많은 광고물에 노출되는지 생각해 보면, 얼마나 많은 제품들이 촉진되고 있는지도 알 수 있다. 그러나 소비자는 촉진 메시지를 보고 듣거나 읽은 적이 없는데도 불구하고 그러한 제품들을 구매한다. 이 경우, 마케터들이 소비자의 주의를 끌고 정보를 제공하며 브랜드를 구축하기 위해 이용하는 도구가 바로 포장이다. 포장packaging은 제품의 용기를 디자인하고 생산하는 모든 활동이다. 사실 포장은 마케팅 분야에서 가장 과소평가되는 도구들 중 하나다. 대부분의 모든 재화가 포장된 채 나옴에도 불구하고 마케터들은 브랜드 촉진으로 인해 소비자가 마주하는 혼란을 고려하지 않는다. 평균적으로 미국 소매점의 30,000개의 물품 중 소비자의 눈을 사로잡게 만드는 것은 제품의 포장이다.[22] 기업은 소비자에게 브랜드의 속성을 전달하기 위해 포장지에 단어, 기호, 색, 기타 브랜드 표시를 쓴다. 또한 포장은 브랜드 이미지를 촉진하고 강화한다.

브랜드 이미지 촉진promoting brand image

포장은 제품을 보호하는 용기라는 기본적 측면에서 이해하고 있으나 이는 근시안적 관점이다. 포장은 마케터들에게 소비자들이 브랜드를 보고 연상하기를 원하는 이미지를 촉진할 수 있는 기회를 준다. 예를 들어, 포장을 통해 프리미엄 제품들은 계층과 지적 교양을 전달할 수 있다. 고전적인 티파니(Tiffany & Co.)의 선물 상자는 품질을 나타내며, 선물을 받은 사람과 그 외에 그것을 보는 사람들에게 럭셔리한 라이프스타일을 제시한다. 특히 소비자가 티파니의 매장에서 나올 때 들고 있는 티파니의 상자와 쇼핑백은 다른 소비자들의 눈에 띄며 모바일 광고 역할을 한다. 쇼핑백은 구매를 한 후에도 일정 기간 소비자의 집에 보관되고, 럭셔리했던 구매경험을 떠올리게 해주며, 브랜드에 대한 회상을 증진시킬 수 있다. 포장은 기업이 직접 관리할 수 있는 고객들과의 몇 안 되는 접점 중 하나로, 포장을 통해 매장 밖에서도 소비자들의 럭셔리한 경험을 지속시킬 수 있게 해준다.

간단하지만 우아함이 깃들여져 있는 티파니의 포장은 고급스러운 매장을 연상하게 하고 고객이 실제 매장에서 겪었던 경험을 떠오르게 만든다.

브랜드 이미지 강화reinforcing brand image

브랜드 이미지를 강화하기 위해서도 포장이 활용될 수 있다. 예를 들어, 친환경 포장에 대한 수요의 증가는 포장 방식도 바꾸고 있다. 더욱 많은 소비자들이 환경에 관한 고민이 구매 결정에 영향을 미치는 것으로 나타났다.[23] 단순히 친환경 요소와 제조 과정뿐만 아니라, 포장 요소를 보고 구매 결정을 내린다. 이런 추세에 대비하여, 코카콜라는 2009년에 플랜트 보틀(Plant Bottle), 즉 재활용이 가능한 플라스틱 병을 출시했다. 코카콜라는 2020년까지 자사의 음료를 친환경 포장으로 제공할 계획을 세우고 있다.[24]

어떤 산업에서든 포장이 브랜드 자산의 중요한 지표로써 고려될 수 있다. 브랜드의 품질은 단지 포장에 적힌 품질에 대한 약속의 문구가 아니라, 훌륭한 포장 자체로 인해 전달되어야 한다. 효과적인 포장은 제품과 제품의 포장이 하나의 일관된 이미지를 형성함으로써 브랜드의 제품의 매력을 설득력 있게 전달하는 마케팅 도구여야 한다.

　이는 개인 브랜드에서도 마찬가지다. 취업 인터뷰를 위해 개인을 포장하는 방식을 생각해 보자. 인터뷰 시 우리의 이력서와 입고 있는 옷은 우리의 브랜드 이미지를 나타내는 것과 같다. 이러한 개인의 브랜드를 효과적으로 포장하지 못하는 경우로는, 이력서 내의 오타, 이메일에 담긴 빈약한 문법, 인터뷰에 대한 프로답지 못한 태도 등이 있을 수 있다. 아무리 우리가 능력과 잠재력이 높은 수준이라 해도 자신을 제대로 된 방식으로 포장하지 못할 경우, 아무도 우리의 말을 듣고자 하지 않을 것이다. 따라서 개인 브랜드에 있어서도 브랜드 이미지를 촉진하고 강화하는 방식으로 포장하도록 하고 포장에 시간과 자원을 투자해야 한다.

브랜딩에서 소셜미디어의 역할

학습목표
11-5

소셜미디어가 브랜드 관리에 미치는 영향 요약

기업이 인쇄물이나 디지털 자료에 적을 메시지를 간단하게 작성하고, 사무실에서 그 메시지를 발표하기만 하면 자사의 브랜드를 관리할 수 있다는 개념은 점점 더 시대착오적인 개념이 되고 있다. 소비자들은 소셜미디어를 이용하여 의견 교환하며 자신들이 마주치는 모든 것에 대한 피드백에 전보다 더 많은 시간을 할애한다. 소셜미디어가 기업의 브랜드 구축 및 고객과의 직접적 연결에 미칠 수 있는 효과를 이해하면 성공적인 마케팅이 가능할 것이다. 소셜미디어의 영향을 이해하는 것뿐만 아니라 그런 전략의 이행에 수반되는 위험을 이해하는 것도 중요하다. 맥도날드는 고객이 맥도날드에서 경험한 재미있거나 마음 따뜻한 이야기를 공유하도록 장려하기 위해 트위터에 #Mcdstories를 개시하였다. 맥도날드는 이용자들이 맥도날드의 브랜드에 관해 부정적인 이야기를 공유할 것이라는 것은 전혀 예측하지 못하였다. 'McDsotries'를 검색해 본 소비자는, 그 즉시 이용자들이 맥도날드와 관련한 끔찍한 경험들을 묘사하는 수천 개의 트윗을 보게 되었다.[25]

젤로(Jell-O)는 트위터를 사용하여 행복함과 슬픔의 감정지수를 분석하는 게시판을 만들어 브랜드에 소비자가 참여하도록 했다.

소셜미디어를 통한 고객의 참여customer engagement through social media

그림 11.2는 소셜미디어 이용자들이 소셜미디어를 통해 브랜드에 관심을 갖게 되는 가장 큰 이유들을 목록으로 제시하고 있다.

브랜드 지지자인 소비자들consumers as brand advocates 고객들이

브랜드를 비난하기 위해 소셜미디어를 이용할 가능성이 있긴 하지만, 온라인에 제품에 대한 리뷰를 적은 소비자들 중 대다수는 기업이 일을 잘 처리한다고 인식하고 자신들의 경험을 공유한다고 말한다. 이런 견해에서 기업들은 자사 브랜드의 팬과 추종자를 더 많이 확보하여 자사 제품을 칭찬하는 입소문을 퍼뜨리고 소비자들이 좋아하는 브랜드에 대한 지지자이자 구전자 역할을 하도록 부추긴다. 레드불(Redbull)은 이 분야의 선두주자로 소셜미디어 사이트

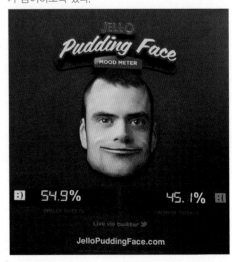

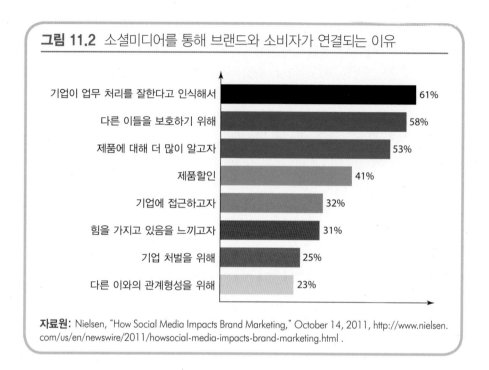

그림 11.2 소셜미디어를 통해 브랜드와 소비자가 연결되는 이유

기업이 업무 처리를 잘한다고 인식해서	61%
다른 이들을 보호하기 위해	58%
제품에 대해 더 많이 알고자	53%
제품할인	41%
기업에 접근하고자	32%
힘을 가지고 있음을 느끼고자	31%
기업 처벌을 위해	25%
다른 이와의 관계형성을 위해	23%

자료원: Nielsen, "How Social Media Impacts Brand Marketing," October 14, 2011, http://www.nielsen.com/us/en/newswire/2011/howsocial-media-impacts-brand-marketing.html .

인 인스타그램(Instagram)의 가장 많은 팔로워 수를 보유한 기업 중 한 곳이 되었다. 레드불은 고객과 팬들에게 브랜드 및 브랜드가 지향하는 재미있고 스릴 넘치는 라이프스타일의 이미지를 게시하도록 독려한다.

브랜드 정보를 공유하는 소비자들consumers sharing brand information 소셜미

디어는 소비자들이 브랜드와 제품에 관한 정보를 발견하고 공유하는 데에 중요한 역할을 한다. 닐슨(Nielsen)의 조사에서는 소비자들 중 60%가 소셜 네트워크 사이트를 통해 특정 브랜드나 소매점에 관해 학습하였으며 브랜드 구축 과정에서 소셜미디어가 하는 역할이 매우크다는 놀라운 결과를 제시하였다.[26] 적극적인 소셜미디어 이용자들은 온라인으로 제품 리뷰를 읽을 가능성이 더 크며, 5명 중 3명은 자신만의 제품 리뷰를 작성한다. 여성 소비자들은 남성 소비자에 비해(여성 81% 대 남성 72%), 타인에게 자신들이 좋아하는 제품에 관해 말할 가능성이 높다.

그림 11.3은 제품 정보의 가장 공통된 원천 및 각 원천을 선호하는 소셜미디어 이용자들의 비율을 제시하고 있다. 전반적으로 이용자들은 다른 출처의 정보에 비해 소비자가 작성한 리뷰와 제품 순위를 더 선호한다. 기업이 소비자의 리뷰를 통제할 수는 없지만, 소비자가 제품 구매에 다른 소비자들의 리뷰를 중요하게 생각한다는 점을 의식해야 하며, 브랜딩 전략의 일환으로써 소비자 리뷰를 다루어야 한다. 30년 넘게 자전거 자물쇠의 선도적 생산업체였던 크립토나이트(Kryptonite)는 소셜미디어가 브랜드에 영향을 보여주는 예들 중 하나다. 몇몇의 소비자는 유투브나 다른 사이트에 동영상을 게시하여, 주변에서 흔히 볼 수 있는 볼펜을 사용하여 크립토나이트의 자전거 자물쇠를 여는 법을 보여주고 있다. 그러한 영상이

급속히 확산되면서 크립토나이트와 관련된 부정적인 소비자들의 리뷰들이 나타나기 시작했다. 크립토나이트는 브랜드 자산을 보호하기 위해 자사의 제품을 재설계하고, 약점이 있는 자물쇠를 구입한 고객에게 무료 업그레이드를 해줌으로써, 부정적인 여론에 대응하였다.[27]

제품을 연구할 때, 소셜미디어 이용자들은 자신들의 친구와 가족이 한 권고 사항을 가장 믿는 경향이 있다. 스타벅스(Starbucks)와 같은 기업들은 이러한 개인적인 권고 사항에 미칠 영향력을 의식하며, 영향력이 높은 자들, 즉 소셜미디어를 통해 수많은 잠재고객에게 다가가려는 노력을 기울이고 있다. 이 경우 클라우트 점수가 높은 소셜미디어 이용자들이 특히 매력적이다. 소셜미디어 사이트에서 활동하도록 타인을 독려하는 이용자의 능력을 토대로 1~100점의 척도로, **클라우트 스코어**Klout score를 통해 이용자들의 영향력이 측정된다. 이 점수는 어떤 특정 이용자가 영향을 미치는 사람들의 수, 그 이용자가 얼마만한 영향력을 보유했는가, 이용자의 네트워크가 얼마나 영향력이 있는가를 살펴봄으로써 계산된다. 2012년에, 클라우트 점수가 가장 높은 사람들은, 오바마 대통령(President Obama), 세라 페일린(Sarah Palin)부터 킴 카다시안(Kim Kardashian), 저스틴 비버(Justin Bieber)에 이르기까지 다양했다.[28]

할인을 원하는 소비자들consumers seeking discounts

닐슨의 조사를 통해 소비자들은 기업으로부터 이익을 얻고 싶은 마음에, 자신들의 브랜드 충성도를 표현하고자 소셜미디어를 점점 더 많이 이용하는 것으로 나타났다. 소셜미디어를 통해 자신의 브랜드 경험을 공유하는 이용자 중에 적어도 41%는 할인을 받기 위해 공유한다고 말한다.[29] 스타벅스가 2012년에 소셜미디어에서 가장 '사랑받는' 브랜드로 등극한 이유 중 하나는, 스타벅스가 충성스런 소비자들에게 제공하는 선물 때문이다.[30] 스타벅스 전용 앱을 통해 고객들은 스마트폰으로 결제하고 마이 스타벅스 보상 프로그램(My Starbucks Rewards program)에서 별을 얻는다. 특별 할인 제공으로 긍정적 피드백이 증가할 수 있지만, 마케터들은 이런 종류의 촉진 활동을 계속 이용할 경우 생길 잠재적 위험을 의식해야 한다. 계속해서 할인과 특매품을 제공하면, 브랜드 및 고객과의 관계 가치를 떨어뜨릴 위험이 있다. 또한 제품을 적정가격 이하로 팔게 되어 이윤이 하락할 수 있다. 이에 마케터들은 자사 브랜드에 긍정적인 소셜미디어의 역할을 기대하며 브랜드 자산 측정치 간의 균형을 맞춰야 한다. 소비자가 어떤 브랜드를 자유 연상함에 있어 그 브랜드를 '일관된 할인'이나 '특별 촉진을 기다린다'고 묘사한다

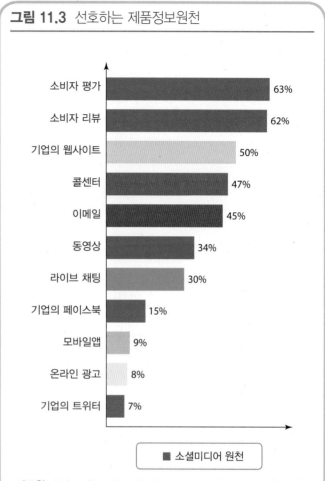

그림 11.3 선호하는 제품정보원천

- 소비자 평가 — 63%
- 소비자 리뷰 — 62%
- 기업의 웹사이트 — 50%
- 콜센터 — 47%
- 이메일 — 45%
- 동영상 — 34%
- 라이브 채팅 — 30%
- 기업의 페이스북 — 15%
- 모바일앱 — 9%
- 온라인 광고 — 8%
- 기업의 트위터 — 7%

■ 소셜미디어 원천

자료원: Nielsen, "How Social Media Impacts Brand Marketing," October 14, 2011, http://www.nielsen.com/us/en/newswire/2011/how-social-media-impacts-brand-marketing.html .

면 그것이 기업이 원하는 브랜드 이미지와 일치하는지를 고려해야 한다. 만약 일치하지 않는다면 기업은 소셜미디어의 사용을 재고해야 할 것이다.

고객서비스를 통한 브랜딩branding through customer service 많은 고객들이 소셜미디어를 이용하여 기업의 고객서비스에 관심을 갖게 된다. 소셜미디어 사이트를 통해 고객이 질문하는 것에 기업이 직접적 피드백을 제공한다면 특정 문제를 더 빨리 해결할 수 있다. 소셜미디어는 부정적인 악평도 확산시킬 수 있지만, 시의 적절하게 대응한다면 기업의 우수한 약속 이행 태도를 보여줄 수 있다. 소셜미디어는 기업이 고객의 서비스 문제 제기에 대응할 수 있는 속도와 효율성이 향상시키지만, 마찬가지로 고객이 자신의 문제가 얼마나 빨리 해결될까 하는 점에 대한 고객의 서비스 기대치도 높이게 된다. 닐슨의 조사에 따르면, 18~34세인 고객 중 42%는 질문이나 불평을 한 지 12시간 내에 고객 지원이 이뤄지길 기대하고 있다고 한다.[31]

소셜미디어 브랜딩 목표social media branding goals

소셜미디어를 통한 성공적인 브랜드를 구축하기 위해 다음의 두 가지 사항을 고려하여야 한다.

1. 기업은 고객과 보다 깊이 있는 관계를 발전시키도록 한다.
2. 소셜 네트워크를 통해 그 브랜드에 관한 긍정적인 입소문이 나도록 한다.

멕시코 스타일 패스트푸드 체인점인 치폴레(Chipotle)는 마케팅 전략의 일환으로 소셜미디어를 이행할 때 이 두 가지 목표를 염두에 두고 있다. 치폴레는 확고한 온라인 추종자를 조성하고, 자사의 활동과 미디어 팀이 그런 추종자들과 정기적으로 교류하도록 하였다. 치폴레는 기업의 웹사이트와 페이스북 페이지를 통해 제기되는 고객의 질문에 신속히 응답한다. 치폴레는 소셜미디어를 통해 긍정적 피드백을 준 것에 고객들에게 감사하고, 고객의 서비스 문제를 해결하도록 지원하고자 노력하고 있다. 또한 치폴레는 팜스마켓(farms market)에 방문하는 날짜에 행사를 개최함으로써 페이스북 페이지에 '진실성을 지닌 식품'이란 사명이 드러나도록 하였다. 치폴레는 또한 전국적으로 유명한 요리사들이 시민들과 함께 하는 경작 페스티벌(cultivate festival)이라 불리는 식품, 음악, 아이디어에 초점을 맞춘 야외 파티와 같은 행사들을 후원하여 더 나은 세상을 경작한다는 철학을 실천하고 있다.[32] 이 기업은 페이스북에 축제 장면을 찍은 사진을 게재하여 행사에 대한 관심을 더욱 키우고 있다. 마케터들은 이런 두 가지 핵심적 목표가 달성되고 있는지, 달성되고 있지 않다면, 소셜미디어를 더욱 효과적으로 이용하기 위해 어떤 전략을 취할 수 있는지 판단하기 위해 자신들의 소셜미디어를 일관성 있게 평가해야 한다.

소셜 브랜드 모니터링monitoring a social brand

소비자들이 하나의 브랜드를 추종하고 관심을 갖도록 촉진하는 것도 중요하지만 소셜미디어 상에서 자신들의 브랜드에 관해 어떤 말이 오고 가는지 면밀하게 검토해야 한다. 이러한 검토에 가장 흔히 이용되는 도구는 다음과 같은 것들이 있다.

- **구글 알리미(Google Alerts)** 기업은 자신들의 기업, 재화, 서비스, 브랜드에 관한 알리미를 설치할 수 있고, 온라인에 알림이 뜰 때마다 이메일을 받을 수 있다. 기업은 자사의 비즈니스에 중요한 산업 용어나 키워드를 이용해 소비자들이 인터넷 검색을 할 때 알리미가 작동하도록 설치할 수도 있다.
- **소셜 멘션(Social Mention)** 블로그와 같은 검색 엔진 기능을 하는 테크노라티(Technorati)와 같은 특정 포럼에 대한 개별적인 도구를 설치하는 것과 달리, 소셜 멘션은 대부분의 소셜미디어 사이트들을 통틀어 브랜드를 관리할 수 있다. 소셜 멘션 검색 엔진으로 100개의 플랫폼을 검토하게 되며, 적절한 키워드를 골라내고, 온라인에서 브랜드의 영향을 측정한다.
- **트위터 검색(Twitter Search)** 트위터로 기업이나 브랜드에 관해 말할 때 반드시 해시태그나 핸들을 이용할 필요는 없다. 재화, 서비스, 기업 이름으로 트위

소셜 멘션(Social Mention)은 다양한 소셜미디어 사이트를 감시하는 검색엔진으로 기업의 소셜미디어 활동이 그들의 제품이나 브랜드 그리고 산업에 어떠한 영향을 미치는지를 측정해주는 여러 툴 중 하나다.

터를 검색하는 것이 멘션 알리미에 의존하는 것보다 더 도움이 되는 것으로 증명되었고, 기업이 고객의 대화와 경험에 관한 정보를 얻고, 그런 것들에 초점을 계속 맞출 있게 할 것이다.

이런 도구들은 비교적 저렴하며, 설치하기 쉽다. 브랜드를 관찰하기 위해 이런 도구를 이용하는 마케터들은 브랜드 자산에 잠재적 위협이 될 요인을 신속히 인식하고 해답을 마련할 수 있을 것이다.

글로벌 브랜딩

학습목표
11-6

글로벌 마케터들이 직면하는 브랜딩 관련 문제 논의

글로벌 브랜드global brand는 여러 국가에서 같은 이름으로 마케팅하는 브랜드다. 표 11.1에는 (1) 브랜드의 경제적 성과, (2) 소비자에게 영향을 미치는 브랜드 역할, (3) 프리미엄 가격을 받게 하거나, 기업 수익에 강한 영향을 미치는 브랜드 역량 등 세 가지 기준을 토대로 2012년에 가장 가치 있는 글로벌 브랜드 목록을 제시하고 있다.

코카콜라(Coca-cola)는 가장 가치 있는 글로벌 브랜드로서 목록의 맨 위에 있다. 애틀란타에 거점을 둔 이 기업은 전 세계에서 마케팅 성공을 거두었으며, 멕시코에서는 1898년에 소개되고 1903년에 하나의 브랜드로 등록되었다. 멕시코 시장으로의 진입을 촉진하기 위해

표 11.1 상위 10위의 가장 가치 있는 글로벌 브랜드	
1. 코카콜라	6. GE
2. 애플	7. 맥도날드
3. IBM	8. 인텔
4. 구글	9. 삼성
5. 마이크로소프트	10. 도요타

자료원: Manish Modi, "Coca-Cola Retains Title as World's Most Valuable Brand," *Bloomberg*, October 2, 2012, http://www.bloomberg.com/news/2012-10-03/coca-cola-retains-title-as-world-s-most-valuable-brand-luble-.html .

코카콜라는 레스토랑과 타코 레스토랑에 무료로 냉장고를 제공하여, 유통과 시음을 독려했다. 이 전략을 통해 점점 더 많은 멕시코 소비자들이 시음해 보았고, 코카콜라는 멕시코에서 가장 오지에 있는 곳까지 널리 유통되었다. 코카콜라는 여러 글로벌 국가에서 이러한 전략을 활용하였다.

글로벌 시장에서의 브랜드 적응adapting brands to the global market

글로벌 브랜딩은 글로벌화와 현지화 간의 올바른 균형점을 찾는다. 디지털 플랫폼들이 많아지면서 기업들은 더 이상 다양한 나라에서 다양한 브랜드 전략을 쫓을 수 없다. 그들은 더욱 통일된 브랜딩 접근법을 채택해야 한다. 브랜드 이미지는 변하지 않고 있는 반면, 그것들 전달하고 현지 소비자들에게 적합하게 만드는 방식들은 각각의 특정 환경에 맞춰 조정되어야 한다. 글로벌 브랜딩에서 가장 큰 도전과제는 어떤 지역에서든 쉽게 인식 가능하게 되는 동시에, 현지 문화 및 전통과 양립 가능해지는 것이다.

마케팅 전문가들은 주로 포장을 통해 현지 문화에 어필한다. 문화적 차이들이 제품 포장을 인지하는 방식에 큰 영향을 미칠 수 있다. 예를 들어, 칠레에서 마요네즈가 주로 커다란 2파운드짜리 백에 담겨 판매되는 이유는, 미국에 비해 평균 소비량이 훨씬 많기 때문이다.[33]

구찌, 샤넬과 같은 명품 브랜드들은 일본과 같은 해외에서 특히 성공하고 있다. 소비자들은 브랜드에 자신의 이미지를 투영함으로 해외 브랜드를 보다 더 선호한다.

KFC가 맨 처음 일본 시장에 진입했을 때, 전통적인 '양동이' 포장은 식품 포장 및 표현에 대한 일본 소비자들의 높은 기준을 충족하지 못했다. 이에 대응하여, KFC는 자사의 포장 및 표현 전략을 바꾸고, 넓은 상자 안에 깔끔하게 담아 포장했다.[34]

　글로벌 마케팅에서 흔히 하는 실수는 국가들, 가령 아시아 국가들을 함께 묶은 다음, 그 나라의 소비자들이 비슷한 취향과 브랜드 선호도를 지니고 있다고 가정하는 것이다. 이러한 근시안적 관점 때문에 브랜드가 국제 시장에 진입할 때 여러 문제를 일으킬 수 있다. 예를 들어, 일본의 소비자들은 모든 선진국 국가의 소비자들 중 브랜드와 지위를 가장 의식하고 해외 브랜드들을 수용한다. 일본 소비자들은 자신들의 정체성 및 자기표현에 기여하는 글로벌 브랜드를 선호하는 것으로 나타났다.[35] 일본에서 가장 성공적인 브랜드 중 대부분은 구찌(Gucci), 코치(Coach), 샤넬(Channel) 및 기타 저명한 이름들이다. 한국 소비자들은 공통적으로 프리미엄 브랜드를 선호하지만, 일본 소비자들과 달리 외국 브랜드에 대해 비교적 부정적인 태도를 견지하는 경향이 좀 더 높아서 한국에 진출하는 글로벌 브랜드들은 재브랜딩(rebrand)하려 하거나, 현지 브랜드와 공동 브랜딩 전략을 추구하려는 경향이 있다.

EXECUTIVE PERSPECTIVE

앤드류 힉스(Andrew Hicks)

시퍼, 오덤, 힉스 그리고 존슨(Schiffer, Odom, Hicks, and Johnson) 로펌 파트너

앤드류 힉스(Andrew Hicks)는 대학 졸업 후 명문 로스쿨에 진학할 목적으로 대학에서 정치학을 전공했다. 그는 로스쿨을 졸업한 후에 텍사스주에 있는, 가장 인정받는 로펌에 취업했다. 몇 년 후 그는 텍사스주에서 몇 안 되는 유망한 젊은 변호사 중 한 명으로 인정을 받았고, 그런 검증을 바탕으로 몇 명의 법률 파트너들과 함께 새로운 로펌을 설립하기로 결심했다. 힉스는 로펌이 성공하는 데에 브랜드가 아주 중요하다는 것을 깨달았다. 힉스와 그의 파트너들은 회사의 브랜드에 대해 심사숙고 했다. 그들은 개인적인 관심 그리고 효율적이고 효과적인 표현을 통해 로펌의 관심을 고객들의 관심에 맞추는 조정을 바탕으로 전략을 실행하기 시작했다. 해당 로펌에서 변호사로서 일하며 그는 상사소송과 국제중재 업무를 맡고 있지만 또한 회사의 설립자로서 기업의 브랜드를 구축하고 관리하는 데 주도적 역할을 하고 있다.

Q. 성공하기 위해 가장 중요한 것은 무엇이었습니까?

바로 근면성이었습니다. 사실 대부분의 경우 우리는 성공하기 위한 요인을 확대 해석하는 경향이 있습니다. 사실 성공을 하는 데에 가장 쉬우면서도 중요한 요인은 다른 경쟁자보다 더 열심히 일하는 것입니다. 대학이든, 직장에서든 간에, 열심히 일할수록 성공할 가능성은 더 많이 주어집니다. 만약 여러분 주변의 다른 사람들이 여러분보다 더 지속적으로 일을 열심히 하고 있다면, 여러분의 목표는 달성하기가 더 어려워질 것입니다.

Q. 예비 졸업생에게 어떤 조언을 해 주시겠습니까?

저는 다양한 분야에서 다양한 계층의 사람들(공장 근로자부터 헤지 펀드 매니저와 최고경영자까지)과 함께 일했으며, 업무에 보편적인 원칙들을 적용하였습니다. 기업에서의 경영은 개인과 개인 간의 인간관계에 기반을 두고 있습니다. 여러분이 어디서 누구와 함께 일하든지 간에 중요한 것은 여러분이 함께 일하는 동료들과 만드는 훌륭한 인간관계와 근면성실함이 성공의 바탕이 됩니다.

Q. 어떤 마케팅 업무를 수행하고 계십니까?

성공적인 기업 경영에서 핵심은 마케팅이라고 생각합니다. 우리 로펌의 브랜드 이미지는 효율적으로 그리고 윤리적으로 업무를 수행하는 뛰어난 변호사들로 구성된 기업이라는 이미지여야 하고, 우리 회사의 법률 서비스가 고객들에게 높은 가치를 제공하고 양질의 서비스가 되어야 합니다. 이러한 서비스의 메시지는 기존고객뿐만 아니라 신규고객에게 전달하고 있습니다. 이처럼 마케팅은 저희 회사와 모든 조직에 성공적인 기업 경영에 있어 중요한 부분입니다.

Q. 본인의 개인 브랜드(personal brand)는 어떠해야 한다고 생각하십니까?

저는 제 이름이 들어 있는 브랜드가 제가 대리하는 고객들에 대하여 근면, 성실, 그리고 열정의 브랜드가 되도록 하기 위해 열심히 일하고 있습니다.

Q. 성공적인 브랜드를 구축하는 데 가장 중요한 구성요소는 무엇입니까?

두 가지 구성요소가 있다고 말할 수 있습니다. 첫째, 양질의 제품을 전달해야 합니다. 양질의 제품이 없으면 좋은 브랜드를 구축하는 것은 거의 불가능합니다. 둘째, 피드백을 파악할 필요가 있습니다. 여러분의 고객이 어떤 생각을 하고 있는지 파악하고 그런 피드백에서 배울 수 있는 방법을 찾아서 조직을 개선하는 데 이용하세요.

DISCUSSION QUESTIONS

1. 충성도를 가지고 있는 브랜드를 골라, 그 브랜드 제품가격이 상승한다 해도 브랜드 충성도를 유지할 것인지에 대해 생각해 보시오.

2. 브랜드 회생이 필요하다고 생각되는 브랜드의 예를 들어 보시오. 왜 이 브랜드를 생각하였는지 이유를 설명하고, 조언을 제시해 보시오.

3. 자신의 개인 브랜드 자산이 얼마나 높다고 생각하는가? 이 장에서 논의된 브랜드 자산 측정방법을 사용하여 자신에게 적용해보자.

4. 집이나 식료품점에서 효과적인 방법으로 포장되었다고 생각하는 두 개의 브랜드를 찾아보고 그 이유에 대해 토론해보자.

CHAPTER NOTES

1. Joseph Schumpeter, "Logoland: Why Consumers Balk at Companies' Efforts to Rebrand Themselves," *The Economist*, January 13, 2011, http://www.economist.com/node/17900472.

2. D. E. Schultz, "The Loyalty Paradox," *Marketing Management* 14, no. 5 (2005), pp. 10–1.

3. J.D. Power, "North America Restaurant Customer Satisfaction Study," September 17, 2010, http://www.jdpower.com/content/press-release/MQ4o1AS/north-america-restaurantcustomer-satisfaction-study.htm.

4. Giep Franzen and Sandra Moriarty, *The Science and Art of Branding* (New York: M.E. Sharp, 2009), p. 427.

5. Don Reisinger, "Xbox 360 Again the Most Popular Gaming Console among U.S. Gamers," *CNET*, February 15, 2013, http://news.cnet.com/8301-10797_3-57569574-235/xbox-360-again-the-most-popular-console-among-u.s-gamers/ .

6. Harris Interactive, "2012 Harris Poll EquiTrend Automotive Scorecard," June 25, 2012, http://www.harrisinteractive.com/NewsRoom/PressReleases/tabid/446/mid/1506/articleId/1035/ctl/ReadCustom%20Default/Default.aspx.

7. Kevin Lane Keller, "Measuring Brand Equity," in *Handbook of Marketing Research—o's and Don'ts*, Rajiv Grover and Marco Vriens, eds. (Thousand Oaks, CA: Sage Publications, 2006), pp. 546–68.

8. Ibid.

9. Ibid.

10. Ibid.

11. Emily Bryson York, "KFC's Stunts Make Nightly News, but Don't Stop Sales Slide," *Advertising Age*, April 19, 2010, http://adage.com/article/news/fast-food-kfc-s-stunts-stop-sales-slide/143359/.

12. Kathy Finn, "Two Years After BP Oil Spill, Tourists Back in U.S. Gulf," *Reuters*, May 27, 2012, http://www.reuters.com/article/2012/05/27/usa-bpspill-tourism-idUSL1E8G-P15X20120527.

13. Anne Marie Kelly, "Has Toyota's Image Recovered from the Brand's Recall Crisis?" *Forbes*, March 5, 2012, http://www.forbes.com/sites/annemariekelly/2012/03/05/has-toyotas-image-recovered-from-the-brandsrecall-crisis/ .

14. Ibid.

15. *Bloomberg Businessweek*, "Twenty Co-Branding Examples,"n.d., http://images.businessweek.com/ss/09/07/0710_cobranded/16.htm.

16. *Bloomberg Businessweek*, "Tim Hortons and Cold Stone: Co-Branding Strategies," July 10, 2009, http://www.businessweek.com/smallbiz/content/jul2009/sb20090710_574574.htm.

17. Courtney Dentch, "Tim Hortons, Cold Stone to Form 100Co-Branded Stores," *Bloomberg*, February 6, 2009, http://www.bloomberg.com/apps/news?pid=newsarchive&sid=a-mENTv5wwAcU

18. Steve McKee, "The Pros and Cons of Co-Branding," *Bloomberg Businessweek*, July 10, 2009, http://www.businessweek.com/smallbiz/content/jul2009/sb20090710_255169.htm.

19. Walgreens, n.d., http://www.walgreens.com/store/c/genuine-bayer-aspirin-325-mg-tablets/ID=prod5589359-product.

20. E. J. Schultz, "Grocery Shoppers Continue to Spend Less,Embrace Private Label," *Advertising Age*, June 10, 2011,http://adage.com/article/news/grocery-shoppersspend-embrace-private-label/228107/ .

21. Nielsen, "The Rise of the Value-Conscious Shopper," March 2011, http://hk.nielsen.com/documents/PrivateLabelGlobal-Report.pdf

22. *The Economist*, "The Tyranny of Choice: You Choose," December 16, 2010, http://www.economist.com/node/17723028.

23. Ernest Beck, "Do You Need to Be Green?" *Bloomberg Businessweek*, June 18, 2006, http://www.businessweek.com/stories/2006-06-18/do-you-need-to-be-green.

24. Coca-Cola, "PlantBottle: Frequently Asked Questions," January 1, 2012, http://www.coca-colacompany.com/stories/plantbottle-frequently-asked-questions.

25. Kashmir Hill, "#McDStories: When a Hashtag Becomes a Bashtag," *Forbes*, January 24, 2012, http://www.forbes.com/sites/kashmirhill/2012/01/24/mcdstories-when-a-hashtag-becomes-a-bashtag/.

26. Nielsen, "How Social Media Impacts Brand Marketing," October 14, 2011, http://www.nielsen.com/us/en/newswire/2011/how-social-media-impacts-brand-marketing.html.

27. Griff Witte, "Flaw Makes Bike Locks Easy to Crack," *The Washington Post*, September 18, 2004, http://www.washingtonpost.com/wp-dyn/articles/A30149-2004Sep17.html.

28. Seth Stevenson, "What Your Klout Score Really Means," Wired, April 24, 2012, http://www.wired.com/business/2012/04/ff_klout/all/ .

29. Nielsen, "How Social Media Impacts Brand Marketing."

30. Richard Satran, "Starbucks Is the Best Loved Food Brand on Social Media," *NBC News*, September 5, 2012, http://www.nbcnews.com/business/starbucks-best-loved-food-brand-social-media-981100

31. Nielsen, "How Social Media Impacts Brand Marketing."

32. Chipotle Mexican Grill, "Chipotle to Host Cultivate Festivals in San Francisco, Denver, and Chicago," April 8, 2013, http://ir.chipotle.com/phoenix.zhtml?c=194775&p=irol-newsArticle&id=1804146.

33. Adam Wooten, "International Business: Cultural Tastes Affect International Food Packaging," *Deseret News*, June 17, 2011, http://www.deseretnews.com/article/705374644/Cultural-tastes-affect-international-food-packaging.html?pg=all.

34. Ibid.

35. Masaaki Kotabe and Crystal Jiang, "Three Dimensional," *Marketing Management* 15, no. 2 (March/April 2006), p. 39.

PART FOUR
고객 반응

Gina Gomez
Executive Director

Hispanic Community Services, Inc.
http://www.jhcsi.org/

Hispanic Community Services, Inc., is a nonprofit organization that
supports the integration of the Hispanic population into their local
communities by providing assistance through social, educational,
legal, health, and other referral services.

Edward Craner
Vice President, Strategy and Marketing

Holt Cat Companies
www.holtcat.com

Holt Cat is one of the largest Caterpillar heavy equipment and
engine dealers in the U.S. It sells, services, and rents Caterpillar
equipment, engines, and generators for construction, mining,
industrial, petroleum, and agricultural applications.

Dean Lee
Athletic Director

Arkansas State University
http://www.astate.edu/

Arkansas State University is a public institution of higher
education that enrolls over 20,000 students as part of the
Arkansas State University system. As a teaching, research, and
service institution, the university seeks to provide students
with a broad educational foundation. The university's athletics
program supports 16 NCAA-level sports.

Chapter 12
고객관계관리
RESPONDING TO YOUR CUSTOMER

마케터는 고객관계관리에 대한 심층적인 지식을 가지고 고객과의 관계를 강화하기 위해 노력해야 한다. 이 장에서는 기업이 고객관계관리를 통해 어떻게 우수한 서비스를 제공할 수 있는지에 대해 학습한다. 어떤 분야이건 직원의 행동과 결정이 고객에게 영향을 미치기 때문에 고객과의 좋은 관계를 형성하고 유지하는 것이 중요하다. 좋은 고객관계를 형성하지 못하면 경쟁에서 도태되기 쉽다. 이 장에서는 고객서비스와 고객만족의 개념을 학습하고 고객관리(CRM) 시스템을 이해하며 고객관계유지와 고객관계회복에 대해 살펴본다.

학습목표
12-1

고객서비스란 무엇인가?

효과적인 고객서비스의
중요성 설명

우리는 평소 좋은 고객서비스와 나쁜 고객서비스 모두를 경험했을 것이다. 컴퓨터 매장에서 주머니 사정에 맞춰 노트북 컴퓨터를 사려면 무엇이 좋은지 고민하고 있는 참에 친절하고도 박식한 고객서비스 상담원이 필요한 용도와 주머니 사정에 딱 맞는 컴퓨터를 골라준 경험이 있거나, 불량품에 대해서 환불을 요구했지만 해당 점포의 환불불가 정책을 제시하며 제조사에 직접 요구하라는 황당한 경험도 당해보았을 것이다. 고객과 마찬가지로 기업들도 좋은 고객서비스와 나쁜 고객서비스를 경험하기는 마찬가지다. 트럭 등의 운송기업들은 운반 중인 물건의 행방을 추적하여 추가적으로 서비스를 제공해 기업 소비자들의 만족을 챙기기도 하지만, 한편 부품배송을 늦게 하거나 소매점에 엉뚱한 물건을 보내는 등과 같이 공급업체의 나쁜 고객서비스로 인해 생산이나 판매가 중단되는 경우도 발생한다.

불량한 고객서비스는 고객을 화나게 하지만, 그렇다고 훌륭한 고객서비스만 있다고 해서 고객들이 행복해지지는 않는다. 좋은 고객서비스를 제공한다 해도 그 서비스가 다른 기업이 제공하는 것과 크게 다르지 않은 이상 기업은 여전히 고객을 잃을 수 있다. 연구에 따르면, 기존고객을 유지하는 것보다 신규고객을 얻는 것이 비용이 더 많이 들어간다고 한다. 신규고객보다 현재의 고객들에게 마케팅 활동을 펼치는 것이 더 저렴하기 때문이다. 특히 한 번 잃은 고객은 영원히 되찾을 수 없는 경우가 있다. 매출의 절반을 홈디포(Home Depot)로부터 얻어가는 한 중견 기업은 만일 고객으로서 홈디포를 잃게 되면 도산하는 것은 당연할 것이다. 신규고객을 얻는 것뿐만 아니라 기존의 고객을 유지하기 위해서는 기업은 다른 경쟁업체들의 것과 차별화된 고객서비스를 제공해야만 한다. 템킨그룹(Temkin Group)과 제이디파워(J.D.Power) 같은 컨설팅 기관에서 고객서비스 순위를 제공해 주고 있다. 표 12.1은 템킨그룹이 제공한 기업 고객서비스 순위다. 현명한 고객들은 이 순위를 이용해서 어느 기업의 제품과 서비스를 구매할지 결정한다. 그러므로 기업들로서는 고객서비스에 대한 좋은 평판을 유지하는 것이 중요하다.

고객서비스의 정의 defining customer service

기업 활동 중에서 고객과 직접 접촉하는 모든 것은 고객서비스의 범주에 해당된다. 고객서비스 customer service는 고객이 필요로 하는 것과 원하는 것을 충족시키기 위해 기업이 벌이는 모든 활동들로, 고객과의 직접적인 소통을 위한 인적 방법(예, 고객서비스 상담원에게

표 12.1 최고와 최악의 고객경험 순위

\multicolumn{3}{c}{2013년 템킨그룹선정: 고객경험 최고 및 최악 기업 순위}					
\multicolumn{3}{c}{상위기업}	\multicolumn{3}{c}{하위기업}				
Rank	Company	Industry	Rank	Company	Industry
1	Publix	Grocery	232	Charter Comm.	Internet service
2	Trader Joe's	Grocery	232	AT&T	TV service
3	Aldi	Grocery	232	Blue Shield of California	Heath plan
3	Chick-fil-A	Fast food	232	Health Net	Health plan
5	Amazon.com	Retailer	239	Charter Comm.	TV service
5	Sam's Club R	etailer	239	Highmark (BCBS)	Health plan
7	H.E.B.	Grocery	239	Medicaid	Health plan
7	Dunkin' Donuts	Fast food	242	21st Century I	nsurance
7	Save-a-Lot	Grocery	242	Empire (BCBS)	Heath plan
7	Sonic Drive-In	Fast food	244	Days Inn Hotel chain	
7	Little Caesar's	Fast food	244	Time Warner Cable	TV service
7	Ace Hardware	Retailer	246	US Airways	Airline

Base: 10,000명의 미국 소비자 대상 조사

자료원: Temkin Group Q1 2013 Consumer Benchmark Study, Copyright © 2013 Temkin Group. All rights reserved.

직접 카탈로그 상품 주문)과 기계적인 방법(예, 웹페이지에서 상품 주문)으로 구성된다. 이러한 활동은 고객관리 철학을 토대로 이루어지게 된다.

　기업의 고객서비스 전략은 해당 전략이 시행되고 추구되는 것을 보장하는 정책들과 절차들을 수립하는 것으로 구체화된다. 그러한 정책들은 고객이 원하지 않는 제품들을 반환하는 것을 허용하는 규칙들을 설정하고, 주어진 기간 동안 영업사원이 고객을 얼마 자주 방문해야 할지를 정해주며, 고객의 불만을 다루는 데 있어 직원이 얼마만큼의 재량권을 지니는지를 정해주거나, 고객서비스 담당부서의 근무시간을 설정할 것이다. 예를 들어, 일부 기업들은 고객이 교환 혹은 환불을 더 쉽게 받기 위해 미리 고객에게 원하지 않는 제품의 반품을 위한 안내와 발송라벨을 제공한다. 인터넷으로 주문된 제품에 대한 높은 반품비율로 인해 이것은 많은 기업의 고객서비스 전략의 실질적인 부분이 된다. 또한 반품을 관리하기 위한 특정 절차들은 어떤 정보가 고객들에게 제공될지, 고객에 의한 반환이 어떻게 처리되는지, 혹은 고객의 불만을 어떻게 처리할지 등을 정해줄 것이다.

　고객서비스 전략을 개선하기를 원하는 기업들은 고객을 얼마나 잘 만족시키고 있는지를

온라인 소핑몰 자포스(Zappos.com)는 쉽고 빠른 무료 반품 서비스를 고객서비스 전략으로 사용하고 있다.

알아보기 위한 측정을 시행하기도 한다. 고객서비스의 중요성을 이해하는 기업들은 고객들의 반응을 거울삼아 그러한 조치들을 개발할 것이다. 기업에 좋은 서비스인 것처럼 보이는 것도 중요한 고객들에게는 빈약한 서비스로 비치는 경우도 있을 것이다. 예를 들어, 고객만족도가 96%라면, 대단히 높은 것일까? 시험에서 96점은 좋은 점수이겠지만, 고객이 주문한 물품들 중 4%를 배달하지 않은 것이라면, 고객은 이것을 과도한 배송누락으로 간주해서 그 기업과의 거래를 중단할 것이다.

뛰어난 고객서비스 제공의 궁극적인 목표는 브랜드 충성도를 높이는 것이다. 고객들이 경쟁사들에 비해 어떤 기업의 제품과 서비스로부터 더 많은 가치를 받는다고 생각한다면, 고객들은 그 기업이나 브랜드에 대한 충성도가 지속될 것이다.

고객서비스 정책의 수립establishing customer service policies

기업은 모든 직원들에게 적합하게 적용될 수 있는 공동 목표를 토대로 효과적인 고객서비스 전략을 수립한다. 고객과 소통하고 문제를 처리하기 위한 정책 내용을 결정해 주는 것이다. B2B 또는 B2C 모두 다음 목표들이 동일하게 적용될 수 있다.

* 제품 혹은 서비스를 완전하고도 시기적절하게 제공한다.
* 주문의 접수 및 이행 절차에 대한 고객의 신뢰를 충족시킨다.
* 고객에게 편리한 소통채널을 구축한다.
* 고객이 자사와 거래하는 것이 편하고 유쾌하다는 인식을 갖도록 업무의 간소화를 촉진한다.

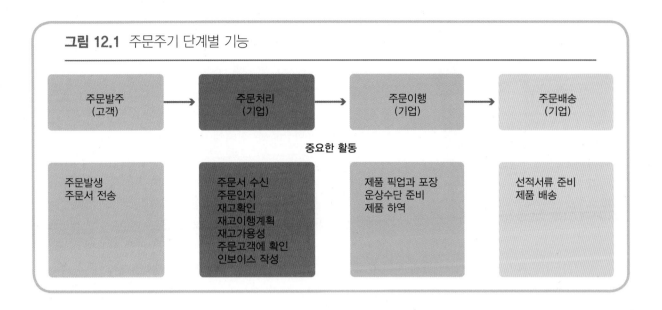

그림 12.1 주문주기 단계별 기능

| 주문발주 (고객) | 주문처리 (기업) | 주문이행 (기업) | 주문배송 (기업) |

중요한 활동

| 주문발생 주문서 전송 | 주문서 수신 주문인지 재고확인 재고이행계획 재고가용성 주문고객에 확인 인보이스 작성 | 제품 픽업과 포장 운상수단 준비 제품 하역 | 선적서류 준비 제품 배송 |

이 네 가지 요소들은 고객서비스를 제공하는 데에, 그리고 궁극적으로는 브랜드 충성도를 높이는 데에 매우 중요하다.

적시성timeliness 고객들은 주문한 제품들이 늦게 도착하는 것을 싫어한다. 적시성time-liness은 고객이 판매 혹은 소비를 위해 이용할 수 있을 것으로 기대하는 시점 이전에 제품이나 서비스를 제공할 수 있는 기업의 능력이다. 기업이 주문을 받고 제품을 고객에게 전달하는 과정을 주문주기라 한다. 주문주기order cycle는 고객이 주문을 해서 제품이 고객에게 전달되기까지 걸린 시간의 총합으로, 그림 12.1에서 보는 바와 같이 수많은 활동들을 수반한다.

군살을 뺀 제조원칙들과 양질의 관리관행을 실천하여 달성하는 재고감축은 업계의 주요 추세를 대변해주고 있고 이 추세는 주문주기 단축 열망의 바탕이 된다. 제품을 고객에게 신속하고 효율적으로 전달할 수 있는 유통 시스템이 구축되어야 주문주기 기능의 완성도를 높일 수 있다. 그리고 기업은 효율적인 주문처리 체계들을 시행해야만 한다. 이 체계들은 주문을 받고, 재고물량을 확인하며, 주문서를 출력하고, 이를 토대로 직원들이 창고에서 제품을 픽업하여 운송차량에 적재하는 과정으로 진행되므로 주문 처리는 적시적인 전달에 있어 중추적인 역할을 한다. 그러므로 기업들은 자사의 주문처리 체계를 유지하고 이 체계에 양질의 데이터가 사용되도록 확인해야 한다.

신뢰성reliability 기업의 정책과 절차에 안내서를 제공해주는 두 번째 고객서비스 목표는 신뢰성이다. 신뢰는 명시된 기한 안에 고객이 제품 혹은 서비스를 제공받는 것을 확신할 수 있고, 주문에 문제가 없다는 것을 보장하는 것과 관련 있다. 신뢰성reliability은 기업 대 기업의 거래에(B2B)서 특히 중요한 목표다. 기업 고객들은 신뢰할 수 있는 공급자로부터의 더

기업들은 배송 추적 기능과 같은 여러 가지 방법으로 소비자에게 중요한 정보를 전달하고 있다.

긴 리드타임(상품 생산 시작부터 완성까지 걸리는 시간)을 수용할 것이다. 그래야만 불확실성을 감소시킬 수 있기 때문이다. 제품의 배송을 신뢰할 수 있다면 기업 고객들은 재고를 줄일 수 있고, 재고유지비용을 줄일 수 있다. 효과적인 재고관리정책을 수립하고, 판매예측을 정확하게 하며, 효과적인 운송 및 유통 활동을 유지함으로써(혹은 이러한 기능들을 수행할 수 있다고 신뢰할 수 있는 제3자를 고용함으로써) 신뢰에 대한 평판을 키운다.

고객과의 소통customer communication 고객과 소통하지 않고 고객들이 자사와 소통할 수 있는 편리한 채널을 제공하지 않는 기업들은 시장에서 좋은 성적을 달성할 리 만무하다. **고객과의 소통**customer communication은 기업과 고객 간의 양방향 정보흐름을 수반한다. 수많은 중요한 유형들의 정보는 기업과 고객 사이에 흐를 수 있고, 이 정보는 정확하고 시의적절해야 한다. 주문 상황에 관한 소통은 주문과 관련된 일체의 것, 즉 주문이 언제 기업으로부터 발송될 것이며, 언제 그것이 고객에게 당도될 것인가에 대한 정보를 고객에게 제공해준다. 주문 상황과 관련된 소통의 예로써 여러분이 아마존과 같은 기업으로부터 받는 운송업체(예, UPS 또는 우체국)에 대한 추적번호를 들 수 있겠다. 이 번호는 여러분이 주문한 제품의 운송 상황을 추적하는 것을 가능하게 해준다. 배송추적능력은 생산라인을 계속 가동하기 위해 반드시 있어야만 하는 운송 중인 자재의 행방을 파악할 필요가 있는 기업 고객들에게 특히 중요하다. 또한 고객서비스 부서는 고객들의 주문과 관련한 질문에 답하는 것뿐만 아니라 이월주문 현황, 재고 가용성, 가격책정에 관한 정보를 제공할 수 있다. 소통은 이메일에 의한 컴퓨터 대 컴퓨터 연결망(예, 주문에 관한 데이터를 자동 전송하는 전자 데이터 교환), 혹은 전화로 이루어질 것이다. 이 모든 유형의 소통은 기업이 고객을 만족시키는 데 도움을 준다.

운영 용이성ease of doing business 편의성은 운영의 용이함에 있어 중요한 요소다. 운영의 용이함ease of doing business은 기업을 다룰 때 고객으로부터 요구되는 노력의 양이다. 예를 들어, 언제라도 고객들의 질문에 답할 수 있는 도움 라인이 있다면, 즉답을 필요로 하는 고객들에게 상당한 편리함을 제공해줄 수 있을 것이다. ABC 스토어(ABC Store)나 나이키(Nike) 등의 점포에서는 스마트폰으로 무장한 판매원들은 고객을 대신해서 주문을 해줄 수 있고, 신용카드 지불을 접수해 주며, 고객이 계산대에 줄을 설 필요 없이 고객에게도 상품을 가져다준다. 웹사이트들도 고객들에게 편의를 제공한다. 여러 제품들과 가격을 신속하게 비교할 수 있게 해주는 제품정보와 간단한 확인절차를 제공한다.

편의뿐만 아니라 거래의 용이함은 구매의 재정적인 측면까지로 확장된다. 신속한 결제에 대한 유리한 결제조건과 할인을 제시한다면, 이보다 유연하지 못한 경쟁사에 비해 차별화 요소가 될 수 있다. 고객서비스 상담원과 판매 사원처럼 고객을 대면하는 직원들을 전문적으로 그리고 다정다감하게 고객을 응대하도록 교육하는 것과 같은 간단한 것들은 고객들로 하여금 기업과의 거래를 용이하게 만들어준다. 인심 좋은 반환정책들은 편의성을 고양하는 또 다른 방법이다. 거래를 원활하게 하는 모든 활동이 충성스런 고객들을 얻는데 도움이 된다.

고객서비스에서 소셜미디어의 역할the role of social media in customer service

즉시 소통과 소셜미디어로 대변되는 오늘날의 세계에서, 고객은 요일과 시간에 구애받지 않고 도움을 즉시 받을 수 있을 것이라 기대한다. 또한 고객들은 자신들이 선택한 소셜미디어로 브랜드와 소통할 수 있으리라 기대한다. 많은 기업들은 고객서비스의 한 형태로 소셜미디어를 사용한다. 이것과 관련된 활동들로는 제품 혹은 서비스에 대한 고객의 평에 대응하고, 고객이 제품들을 사용하면서 겪게 되는 문제들을 해결하며, 정보요청에 응대하고, 불만을 해결해주며, 경쟁력을 갖춘 정보와 제품 아이디어를 수집하고, 자사의 제품을 좋아하고 관심을 갖는 사람들의 수를 파악하는 것 등이 있다.

페덱스(FedEx)와 같은 대기업들은 고객서비스능력을 증진하기 위한 방편으로 소셜미디어를 채택했다. 페덱스는 온라인 채팅, 블로그, 페이스북, 그리고 트위터를 통하는 것과 같이, 자사와 소통할 수 있는 많은 방법을 고객들에게 제시한다. 이 기업은 고객관리를 위해 요청처리와, 고객들이 문제들을 해결하는 데 도움을 주거나 질문에 답하기 위한 후속조치를 전문으로 하는 별도의 팀을 가지고 있다. 몇 분 안에 고객들을 응대하는 것이 이 팀이 지향하는 목표다. 또한 이 팀은 자사와 제품들에 대해 고객들이 무슨 말을 하는지를 추적하기 위해 온라인 대화를 추적하기도 한다.[1] 고객응대 서비스는 전통적인 고객서비스 활동에서도 중요한 부분이었지만 기업들은 소셜미디어를 활용하여 더욱 효과적으로 고객과의 소통을 할 수 있게 되었다.

고객서비스 성과추적tracking customer service performance

고객서비스를 잘하는지 기업들은 어떻게 평가하는가? 일차적으로 기업은 매트릭스라고도 알려진 성과측정을 수립한다. 이것은 앞 절에서 논한 고객서비스의 4가지 목표와 연계된 것이다. 고객서비스 성과추적을 위해 흔히 사용되는 것들로는 다음의 것들이 있다.

- **충족률**fill rate은 주문이 제시간에 그리고 완전하게 발송되는 백분율이다. 충족률은 표 12.2에서 상세히 설명된 계산에서 보는 바와 같이 여러 가지 방법으로 측정될 수 있다.
- **품목 충족률**item fill rate은 기업이 제시간에 발송한 주문 중 전체 품목 수의 백분율을 측정한다. 그러므로 주문상 총 501개 품목이 있고 기업이 제시간에 489개를 발송한다면, 품목 충족률은 97.6%가 된다.
- **현금 충족률**dollar fill rate은 제시간에 발송된 제품의 가치와 주문의 전체 가치를 비교하여 측정한다. 만일 수주한 품목들의 가치가 12,290달러이고 발송된 품목들의 가치가 12,098달러라면, 현금 충족률은 98.4%인 셈이다.
- **라인 충족률**line fill rate은 제시간에 그리고 완전하게 배송된 주문에 대한 재고관리단위인 SKU(stock-keeping unit)의 백분율을 측정한다. SKU는 다양한 방법으로 저장되는 유사한 품목들을 기업이 구분하는 데 도움을 준다. 예를 들어, 같은 브랜드의 샴푸라 하더라도 향이 다른 용기별로 SKU가 달라지며, 용량에 따라서도

표 12.2 충족률 계산법

SKU	주문 수	선적 수	주문액 ($)	선적액 ($)	라인충족률 (%)
1	10	10	$150	$150	100%
2	15	12	300	240	0
3	5	5	75	75	100
4	25	22	475	418	0
5	75	75	1,500	1,500	100
6	66	66	1,250	1,250	100
7	100	99	2,500	2,475	0
8	6	6	250	250	100
9	79	74	790	740	0
10	120	120	5,000	5,000	100
	501	489	$12,290	$12,098	

품목 충족률: 489/501 = 97.6%
현금 충족률: 12,098/12,290 = 98.4%
라인 충족률: 6/10 = 60.0%
완벽주문이행률: 0.0%

SKU가 달라지게 된다. 주문에 대하여 10개의 서로 다른 재고관리코드가 있고, 4개의 이월주문과 함께 6개를 완전히 충족시킨다면 라인 충족률은 60%가 된다.

- **완벽주문이행률**perfect order rate은 주문시스템의 신뢰도를 판단하는 데 사용된다. 이름에서 알 수 있듯이, 이 측정법은 완벽하게 충족된 주문 건수를 측정한다. 완벽주문이행률은 무오류를 측정하는 것이다. 완벽한 주문은 손상 없이 정확한 수량과 정확한 물품으로 정확한 기일에 정확한 장소로 배달되어야 함을 의미한다. 또한 금액이 정확하게 청구되어야 한다. 이 요건들의 어떠한 오차도 실패로 간주되며, 0점 처리된다. 만일 기업이 10개의 주문을 완전히 처리하지만, 나머지 8개에서 오류가 있다면, 완벽 충족률은 0%이다. 이 측정법은 '예외적인' 서비스에 대한 고객의 기대가 시간이 지나감에 따라 커짐에 따라 중요해졌다.

- **정시배송**on time delivery은 제시간에 제품을 발송하는 것으로 충분하지 않다는 것을 인지하는 것이다. 즉, 제시간에 도착해야만 한다. 주문한 물건이 고객이 지정한 장소에 도착하는 기일만 중요한 날짜다. 기업들의 실제 배송측정은 요청된 배송날짜와 비교한 실제 배송날짜에 기반을 둔다. 기업들이 재고물량을 주의 깊게 관찰하는 상황이기에, 이 측정법에 의하면 요청한 날짜보다 늦게 배송하는 것뿐만 아니라 더 일찍 배송하는 것도 실패로 간주된다.

- **주문주기 소요시간**order cycle time 측정법은 주문주기의 길이, 혹은 고객의 주문

창고와 물류센터는 수천 개의 물품들을 보관, 출고, 선적하기 위해 완벽한 기능을 갖추고 있어야 하지만 이를 충족 시키기란 쉽지 않다. 그러나 이는 기업이 경쟁업체로부터 차별성을 가질 수 있는 하나의 수단이기 때문에 고객이 만 족한 만한 수준을 달성하도록 하여야 한다.

에 대응하는 주문시스템의 능력을 측정하는 도구다. 기업 대 기업 및 기업 대 고객 거래 모두에서 고객들은 주문주기를 단축하려 한다.

- 고객과의 소통을 측정하는 것은 3단계로 소통을 검토하는 것을 수반한다. 거래 이 전의 시점에서는 제품 가용성과 배송날짜와 관련하여 고객에게 다시 보내지는 정보 의 정확성 및 적시성을 측정한다. 이 측정법의 이러한 측면은 고객에게 선제적인 조 치를 취하여 정보를 제공하는 것과 관련이 있다. 두 번째 소통시점은 거래가 이루 어지는 시점에 발생하며, 발송상황과 주문추적을 정확하게 제공하는 능력을 측정한 다. 3단계는 거래 이후의 단계로서 제품의 이용과 관련된 질문에 답하고 반송된 제 품을 적시에 처리하는 기업의 능력을 측정한다.
- 응답성responsiveness 측정법은 기업의 유연성을 측정하는 도구다. 유연성은 신 속한 서비스를 제공하고 고객의 문의에 답하며, 문제를 해결하는 기업의 능력과 자 발성을 수반한다.

고객의 피드백이 고객만족충족에 매우 중요하기 때문에 이러한 측정법이 중요하게 다루 어져야 한다. 자사의 고객들이 주문한 제품을 완벽하게 배송받기를 기대하고, 다른 업체도 그것을 충족할 수 있다는 것을 안다면, 95%의 라인 충족률 목표를 세우는 것은 기업에 아무 런 이득을 가져다주지 않는다.

고객의 충성 획득 및 유지

고객 충성도를 강화하는
방법 기술

고객만족을 달성하는 궁극적인 목표는 고객의 브랜드 충성도를 높여 비용 효율성을 높이고 장기적인 이윤을 높이는 것이다. 기업은 제품과 서비스에 대한 고객의 욕구와 기대를 충족시킬 때 고객만족을 충족시킬 수 있다. **고객만족**customer satisfaction은 고객이 기업 혹은 브랜드를 계속 이용하도록 하게 하는 첫 단계에 불과하다. 우리가 정기적으로 구입하는 제품 혹은 서비스에 얼마나 만족하는가? 만일 제품이 마음에 들지만, 다른 업체의 제품이나 서비스가 추가적인 가치를 제공한다면, 여러분은 아마 거래처를 바꾸는 것을 고려해볼 것이다. 이러한 현실에 대응하기 위해 고객지향적 기업은 자사의 고객을 단순히 만족시키기보다는 즐거움을 안겨주려고 노력한다. 즐거움을 경험한 고객들은 자신들이 구입한 제품에 기대했던 것보다 더 많은 가치를 얻는다. 고객의 쇼핑경험을 더 용이하게 해주며, 현저하게 월등한 제품을 제공하고, 더 저렴하게 자사 제품을 판매하며, 고객에게 사후 서비스를 제공하거나 24시간 고객지원체계를 가동할 수 있는 기업은 다른 경쟁업체들에 비해 더 많은 가치를 제공한다. 그 결과, 고객들은 자신의 거래에 즐거워할 가능성이 높다. 즐거움을 경험한 고객은 충성스런 고객이 될 뿐만 아니라 자신들의 경험을 친구나 가족에게도 들려주고, 소셜미디어에 호의적인 평을 게시하며, 아마존과 이베이와 같은 웹사이트에서 해당기업에게 높은 점수를 매길 것이다. 이 모든 긍정적인 행동은 기업이 기존의 고객들을 유지하는 것뿐만 아니라 신규고객을 얻는 데도 도움을 준다.

고객만족의 기반the bases of customer satisfaction

고객만족에 대한 기업의 강조는 고객지향의 결과로서 생겨난다. 고객지향적인 기업은 모든 직원이 고객의 기대를 충족시키거나 혹은 이를 초과 충족시키는 방식으로 고객에게 가치를 제공하기 위해 노력할 것이라는 목표를 설정한다. 고객지향성은 **마케팅 콘셉트**marketing concept의 일부를 구성한다. 기업의 장기적인 성공은 고객이 필요로 하는 것과 원하는 것을 충족시키려는 기업 차원의 노력을 수반해야 한다는 생각을 반영하는 마케팅 콘셉트는 다음과 같은 원칙들에 바탕을 둔다.[2]

1. 기업의 존속, 성장, 그리고 안정에 있어 고객의 역할에 대한 기업 차원의 경영인식 및 인정
2. 개별 부서의 고객과 관련한 결정 및 행동이 부서 사이에 미치는 영향에 대한 기업 차원의 적극적 경영인식 및 관심
3. 까다로운 고객 문제들을 해결하고자 설계된 상품 및 서비스의 혁신에 대한 기업 차원의 적극적인 관심
4. 기업의 현재 및 미래의 수익 달성을 위한 신규 상품 및 서비스 도입의 효과에 대한 일반적 경영관심
5. 고객이 필요로 하는 것과 원하는 것을 판단하는 데 있어 마케팅 정보의 역할에 대한

경영상의 일반적인 인정

6. 고객만족에 기반한 기업 및 부서의 목표들을 결정하는 데 투입되는 기업차원의 경영적 노력

기업들은 충성고객이 될 대만족한 고객(delight customer)을 찾아야 한다. 그러한 고객들은 가족, 친구, 온라인 커뮤니티에 그 기업의 브랜드를 옹호할 것이다.

자사의 비즈니스를 마케팅 콘셉트에 기반을 두는 기업은 수익을 창출을 위해서 고객에게 가치를 안겨주는 데 집중한다. 그러한 기업은 전략과 영업 두 가지 측면 모두에서 고객을 기업의 사고 중심에 둔다. 기업의 모든 부문은 판매와 마케팅에서뿐만 아니라 구매, 재무, 엔지니어링, 제조, 그리고 물류부서 또한 개별 부서의 목표만 달성하는 것이 아니라 고객만족 증진에 초점을 둔다.

고객만족의 한계|limitations on customer satisfaction

고객만족 중시에 바탕을 둔 고객지향의 한 가지 측면은 만족을 제한하는 것들에 대한 인식이다. 고객의 기대를 단순히 충족시키는 것은 충성심을 항상 이끌어내지는 않는다. 만족은 고객 인식과 직결된다. 기업의 능력과 고객들이 진실로 필요로 하는 것과 원하는 것 사이에 간극이 존재한다면, 다른 기업들이 그 간극을 자신들에게 유리하게 이용할 것이다. 예를 들어, 고객은 완벽한 주문처리를 원하지만, 주문이 완벽하게 충족되지 않는다는 것을 깨닫는다고 가정해 보자. 고객의 기대를 충족시킬 수는 있지만, 고객은 이 관계에 완전히 만족해한다기보다 기업이 좋은 서비스를 제공하기 위해 최선을 다한다는 사실에만 만족할 뿐이다. 주문 처리율이 더 높은 다른 기업을 발견한다면 고객은 언제든지 돌아설 수 있다. 이와 마찬가지로 고객이 지속적인 휴대폰 보상범위를 원하지만, 휴대폰 판매업체가 어떤 부분에 일정하지 않은 보상만 해준다면, 고객은 원래의 판매업체가 기대치를 충족시켜준다 하더라도 더 나은 보상을 제공하는 판매업체로 이탈할 것이다. 고객만족이 항상 브랜드 충성으로 이어지지는 않는다.

또한 고객마다 필요로 하는 것과 원하는 것이 별도로 처리되어야 한다. 어느 한 고객을 만족시키는 것이 다른 고객들을 반드시 만족시키지는 않는다. 모든 고객들에게 적용되는 고객서비스 정책은 가치에 대한 고객의 인식이 크게 다를 경우 대다수의 충성스런 고객을 창출하지 못할 것이다. 1대1 마케팅으로도 불리는 직접 마케팅은 무엇이 고객을 만족시키는지를 이해하기 위해 특정한 고객정보를 수집 및 활용하는 것을 통해 기업과 고객 사이의 관계를 개별화한다. 개별화된 소통과 맞춤식 제품제공을 통해 기업은 고객만족과 충성도를 개선한다. 예를 들어, 아마존(Amazon)은 동일한 아이템을 구매한 다른 고객들도 비슷한 제품을 구입했다는 것을 지적하는 메시지를 특정 아이템 구매자들에게 보낸다. 이것은 아마존 고객들에게 높은 수준의 만족으로 이어질 수 있는 개별화된 가치를 제공해준다.

아마존이 고객의 검색기록을 통해 제품을 추천하는 것과 같이 다이렉트 마케팅은 브랜드 충성도를 높일 수 있는 개별화된 가치를 제공한다.

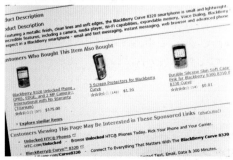

학습목표
12-3

고객 관계개선

고객과의 좋은 관계를 개발하는
방법 설명

고객지향이 우선적인 초점이어야 하지만, 고객만족은 여전히 이윤과 균형을 이루어야 한다. 저렴한 가격, 추가적인 특성 혹은 서비스들의 측면에서 너무 많은 가치를 제공하는 것은 기업의 노력이 결과적으로 비용을 초래하고 손해를 보는 상황으로 이어질 것이다. 기업은 충성스러울 뿐만 아니라 이윤을 남겨주는 고객을 확보하고 그들을 유지하고 싶어 한다. 잠재적으로 손해를 안기는 고객들을 배제한 후, 기업은 좋은 관계를 맺고자 하는 특정 고객들에게 자사의 노력을 집중할 수 있다.

관계 마케팅relationship marketing

일단 자사의 장기적인 이윤에 가장 많이 공헌하게 될 고객들을 찾아내면, 기업은 관계 마케팅을 통해 고객의 브랜드 충성도를 높이는 데 자사의 자원을 쏟아 부을 수 있다. **관계 마케팅**relationship marketing은 고객과의 관계를 형성하고 강화하여 브랜드 충성도를 높이는 데 초점을 두는 전략이다. 다음은 고객과의 좋은 관계를 구축하는 데 기본이 되는 두 가지 핵심사항이다.

1. 첫째, 기업은 고객과의 거래에 있어 자사의 경쟁사들보다 더 많은 가치를 제공할 방법들을 마련해야 한다. **고객 가치**customer value는 제품을 획득하는 것에 따른 비용과 비교하여 제품으로부터 금전적으로나 비금전적으로나 고객 인지한 이득을 가리킨다. 고객의 욕구를 항상 파악하기 위한 특별한 노력을 경주함으로써 고객 가치를 이해할 수 있다. 이 같은 관심은 장기적이고도 호혜적인 관계로 이어질 수 있는 신뢰와 공헌을 낳게 된다. 예를 들어, 월마트의 소매 링크 소프트웨어(Walmart's Retail Link software)를 애용하는 판매업체들은 매일 업데이트되는 제품판매 정보 확인이 가능하다. 이러한 정보는 그들이 소매업체의 욕구를 더 잘 예측하게 하고, 매장의 재고부족을 줄여줄 수 있어 고객서비스를 향상시킬 수 있는 기회가 된다.[3]

2. 둘째, 기업은 고객의 기대를 충족시키거나 이를 초과해서 충족시켜주는 방식으로 제품 혹은 서비스를 제공해야 한다. 이것은 고객이 무엇을 원하는지를 아는 것뿐만 아니라 가치의 측면에서 기업이 지속적으로 무엇을 만족시킬 수 있는지 알아야 가능한 것이다. 지속적으로 지킬 수 없는 약속을 하는 것은 기업에 아무런 이득을 주지 못한다. 때로는 고객 가치를 충족시키기 위해 신뢰할 수도 없고 이익을 남길 수도 없는 가격을 책정하거나, 주문주기 혹은 특별한 혜택 등을 무리하게 제공하여 거래의 두 당사자 모두에게 불만족을 안기기도 한다. 고객이 가치로 인식하는 것이 무엇인지를 단순히 이해하는 것으로는 불충분하다. 그 가치를 안겨주는 기업의 능력을 이해하는 것도 이와 못지않게 중요하다.

서비스 직원들에 대한 권한위임empowering
service employees

앞서 논의한 핵심 전략들에 따라 가치를 제공하고자 하는 기업의 최선의 노력에도 불구하고, 고객들은 기업의 제품에 대한 불만을 여전히 느낄 수 있다. 기업에 대해 고객들이 갖는 부정적인 경험들은 고객과의 관계 및 미래 비즈니스 기회에 손상을 입힐 수 있다. 기업과 다시 거래를 할 것인가에 대한 결심을 하는 데에 긍정적인 경험보다 부정적인 경험의 영향력이 더 크다. 고객의 친구와 친척들에게 전해지는 부정적 구전 또한 미래의 판매에 손상을 입힐 수 있다. 그러므로 고객의 불평을 효과적으로 해결하는 것은 고객과의 관계에 가해진 부정적 경험에 따른 모든 손상을 회복시키는 데 절대적으로 중요하다.

3자 물류 업체인 C.H.로빈슨(C.H.Robinson)은 경쟁사로부터 차별화된 고객 가치를 제공하고자 운송사업에 자사의 전문지식을 활용하여 관계 마케팅을 하고 있다.

고객서비스 직원에게 불평을 했는데 그 당사자가 상부로부터의 허락을 구하지 않은 채 여러분의 문제를 해결해 주었던 경험이 있는가? 만일 있다면, 그 기업은 서비스 직원들에게 권한을 위임하는 것의 중요성을 인식하고 있다고 볼 수 있다. 권한위임empowerment은 고객들을 돕기 위해 스스로 결정을 내리고 조치를 취할 수 있는 권한을 직원들에게 부여하는 것을 의미한다. 이 접근 방식은 영업사원, 소매점 직원, 그리고 고객과 일반인을 직접 상대하는 판매원 등에게 주어지는 것으로, 직원들에게 고객들을 만족시키기 위해 무엇을 해야 하는지를 교육시키는 것과 직원이 고객의 문제를 해결하기 위해서 상부로부터 허가를 요청할 필요가 있는 범위를 설정하는 것이다. 만일 담당 직무가 일상적이고 문제가 경미한 것이라면, 기업은 적절한 응대에 대해 직원들이 실천할 수 있는 일련의 규칙을 개발 할 수 있다. 예를 들어, 애플비(Applebee's)는 음식이 나오는 데 20분 이상이 걸린다면, 웨이터는 자동적으로 무료 디저트 식권을 제공하거나 계산서에서 1%를 깎아 줄 수 있다는 것을 명시하는 정책을 시행하게 된다. 마찬가지로, 노드스톰(Nordstrom)의 직원들은 수익을 안겨주는 고객에게 흠집이 난 경우 제품들을 10%를 할인하여 제공하거나 상품권 유효기간을 연장해주는 권한이 있다.

권한위임에는 직원만족이라는 추가적인 효과도 있다. 권한을 부여받은 직원은 직무를 얼마나 잘 처리할지에 대한 주인의식을 가지게 되고 기업에 대한 강한 일체감을 느끼며 직무에서 더 큰 만족을 얻게 된다. 또한 권한을 받은 직원과 거래하는 고객들은 신속하고도 조용하게 문제가 해결되기 때문에 높은 수준의 만족감을 경험한다. 만족해하는 직원과 고객은 시장에서 기업의 성공에 든든한 버팀목이 된다.

고객관계관리

고객관계관리 과정를
정리

고객과의 관계를 증진하고 그러한 노력을 지원하기 위해 직원들에게 권한을 부여하는 데 관심을 쏟는 기업은 고객과의 관계관리를 마케팅 전략의 큰 부분으로 여기고 그 과정을 공식화하는 경우가 많다. **고객관계관리**customer relationship management(CRM)는 기업이 신규고객들을 얻고 이미 보유하고 있는 고객들을 유지하며 고객들의 구매점유율을 늘림으로써 비즈니스를 키우는 과정이다. 이것은 알맞은 행동, 태도, 그리고 제도들을 통해 고객만족을 달성한다는 포괄적인 목표하에 기업의 모든 활동을 통합하는 전략이다. CRM을 채택하는 기업은 고객이 필요로 하는 것과 원하는 것을 이해하기 위해 데이터를 활용한다. 그러한 이해를 바탕으로, 기업은 고객의 기대를 예측하고 그에 맞는 가치를 안겨줌으로써 고객의 기대에 부응한다.

CRM 소프트웨어가 구매습관과 패턴을 포함한 고객 프로파일(customer profiles)을 작성하고 이를 유지하기 위해 소비자 데이터를 수집하여 저장하고 분석을 실시한다. 기업은 이 정보를 활용하여 마케팅 직원들이 고객들을 위해 개별화된 이행 전략을 설계하도록 한다. 인터넷 사이트가 갖춰진 기업들에 의해 이러한 시스템이 강화될 수 있었다. 자사의 인터넷 사이트를 통해 고객들이 자신들의 웹사이트를 어떻게 탐색하는지, 고객들이 무엇을 보는지, 그리고 고객들이 궁극적으로 무엇을 구매하는지 추적할 수 있기 때문이다. 따라서 물리적인 실체와 인터넷 실체를 모두 갖춘(click-and mortar companies) 기업들은 판매시점의 데이터 수집, 영업사원과의 직접적인 소통의 목록화, 그리고 기업 웹사이트의 트래픽에 대한 모니터링 등의 다양한 방법을 통해 고객을 추적할 수 있는 능력이 있다. 이들 각각의 기회가 모두 **접점**touch point을 의미한다. 접점은 고객과 기업이 접촉하는 지점을 이르는 말이다. 예를 들어, 전제제품 전문점 롯데하이마트(Lotte Himart)는 고객들이 온라인 계정을 만들고 상품을 주문할 때의 접촉점, 고객이 매장을 방문하거나 영업사원과 이야기를 나눌 때의 접촉점, 그리고 고객이 매장에서 제품을 구매할 때의 접촉점을 가진다.

고객관계관리가 지향하는 목표customer relationship management objectives

고객관계관리는 모든 접점(예, 대면접촉, 전화통화, 인터넷이용 등)으로부터의 데이터를 수집하고 고객이 필요로 하는 것과 원하는 것을 이해하기 위해 데이터를 이용하게 된다. 이를 통해 기업은 고객과의 장기적이고도 호혜적인 관계구축을 위한 전술을 개발할 수 있다. 이를 위해 CRM 기술에서는 다음의 활동이 가능하다.

1. 장기간에 걸친 고객행동을 추적한다.
2. 기업이 수익을 안겨줄 가능성이 있는 고객들을 찾아내는 것을 가능하게 하는 데이터를 수집한다.
3. 고객이 필요로 하는 것과 원하는 것을 인지하기 위해 고객과 소통한다.
4. 수집된 정보를 취합하여 맞춤형 제품과 서비스를 제공한다.

특히 인터넷은 기업들이 개별 고객들에게 직접 마케팅을 펼치는 개별 메시지들을 보내기 위해 사용하는 개별 데이터를 수집하도록 가능하게 하는 데에 매우 귀중한 것으로 확인되었다. 예를 들어, 미국의 의류전문점인 제이크루(J. Crew)는 고객들의 이메일을 통해 스타일리스트인 잭오코너(Jack O'Connor)가 친근한 대화를 나누는 듯한 조언을 제공한다. 메이시(Macy's) 백화점은 자사 고객의 쇼핑패턴을 추적하고, 그들에게 이전의 구매를 보완하는 구매 아이템을 제안한다. 니만마커스(Neiman Marcus) 백화점 또한 아직 광고되지 않은 아이템에 대해 큰 폭의 할인을 제공하는 선물공세(gift dash)라 불리는 이메일을 자사 고객들에게 보낸다.[4]

기업들은 세일즈포스닷컴(Salesforce.com)과 같은 데이터 수집과 분석 기술을 고객관계관리를 하는 데 사용하고 있다.

CRM은 기업이 장기간에 걸쳐 수익을 안겨줄 것으로 확인된 고객들과 귀중한 관계를 맺고 이를 유지하기 위한 구조를 제공해준다. CRM을 통해서 기업은 전통적인 마케팅 접근방식에서 추구하던 전체 시장보다는 개별적인 고객들의 욕구를 이해할 수 있는 데이터에 초점을 두기 때문에 고객지향정책을 손쉽게 개발할 수 있다. 이같이 폭이 좁아진 초점은 기업들이 신규고객을 유치하기 위해 시간과 금전을 소비하기보다는 이미 보유한 고객들로부터 최대의 수익을 얻을 수 있도록 해준다.

고객관계관리 과정the customer relationship management process

CRM 과정은 그림 12.2와 같이 반복적인 과정이다. 기업은 원하는 결과를 얻기 위해 필요한 단계들을 반복해서 시행한다.

1단계: 현재의 고객을 확인한다step 1: identify current customers
기업은 자사의 현재 고객들을 확인함으로써 CRM 과정을 시작한다. 예를 들어, 기업고객과 개인고객을 모두 가지고 있는 델(Dell)은 자사 고객들의 특징을 파악하고, 고객유형에 따라 컴퓨터 구매를 세분화하며, 개인과 기업고객의 구매빈도를 계산하고, 각 유형의 고객이 전형적으로 구매하는 컴퓨터 수를 판단함으로써 자사 고객들을 확인할 것이다. 델은 각 유형의 고객 안에서도 차이점을 주목하는데, 대학은 기업고객에 해당하지만, 구매하는 컴퓨터의 유형과 수는 같은 기업고객이라 할지라도 국방부와는 다르다.

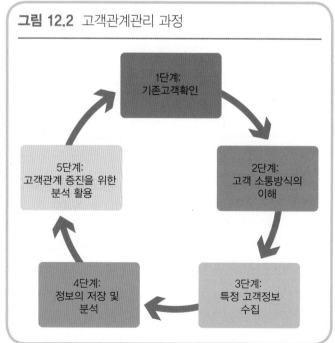

그림 12.2 고객관계관리 과정

- 1단계: 기존고객확인
- 2단계: 고객 소통방식의 이해
- 3단계: 특정 고객정보 수집
- 4단계: 정보의 저장 및 분석
- 5단계: 고객관계 증진을 위한 분석 활용

식료품점 등 많은 기업이 CRM 과정의 한 부분으로서 자사와 고객 간의 상호작용을 이해하기 위해 고객 로열티 카드(customer loyalty cards)를 활용하고 있다.

2단계: 고객들이 소통하는 방식을 이해한다step 2: understand how customers interact

기업과 고객 간의 상호작용이 CRM의 기초다. 그래서 기업은 고객들이 자사와 소통하는 방식, 즉 구매처(가령, 인터넷, 오프라인 매장, 영업사원) 및 소통방식을 이해해야 한다. 이것은 고객이 어떤 채널 또는 접점을 선호하는가와 관련되며, 그 접점에서의 소통방식을 명확히 인식하는 것이다. 델은 개인용 컴퓨터를 판매하는 여러 채널을 운영하고 있기 때문에, 웹사이트와 소매점 등 각각의 채널을 선호하는 고객 유형을 구분하기 위해 고객서비스 부서로의 전화통화 및 이메일, 영업사원들과의 대화, 구매, 설문 응답, 쿠폰 상환, 정보요청, 그리고 수리 혹은 제품반환 요청 등 각 채널에서 발생하는 다양한 형식의 소통을 이해해야 할 것이다. 예를 들어, 고객 포인트 카드 활용은 기업이 고객들에 관한 정보를 추적하는 데 중요한 정보를 제공한다. 구매정보는 계산대에서 수집되어 고객 포인트 카드를 통해 해당 고객정보로 저장되기 때문이다.

3단계: 특정 정보를 수집한다step 3: gather specific customer information

이전 단계들은 일반적인 고객정보를 수집하는 것과 관련이 있다면, 3단계는 일반적인 상황 외에도 발생할 수 있는 웹사이트 방문, 구매이력, 구매 시 쿠폰이나 판촉코드 사용, 보증서 제출, 판매시점 데이터, 고객 문의 등등 어떠한 방법으로든 고객이 기업과 접촉한 지점들에 관한 추가적인 특정 정보를 수집하는 것이다. 이러한 정보수집에는 영업사원이 제격이다. 영업사원은 고객의 연락처 그리고 제품 혹은 서비스에 대한 기호 등과 같은 정보를 CRM 시스템에 기록할 수 있다. 정보를 얻기 위해 고객들이 기업의 웹사이트를 방문하고, 제품 혹은 서비스를 구매하거나 제품 혹은 서비스에 대해 피드백을 제공하는 인터넷 소통은 기업들이 정보를 수집하기 위한, 인기가 더해가는 수단이 되고 있다. 예를 들어, 델은 구매정보를 추적하기 위해 델 프리미어(Dell Premier)라는 소프트웨어를 사용한다. 또한 페이스북, 트위터, 그리고 그 밖의 다른 소셜미디어 사이트들은 기업이 개별 고객들과 소통할 수 있는 방편을 제공해 준다.

4단계: 정보를 저장하고 분석한다step 4: store and analyze information

적절한 정보를 수집한 후, 기업은 CRM 데이터 분석 응용프로그램에 활용할 수 있도록 데이터를 저장하여 CRM 데이터베이스(databases)를 구축하게 된다. 특히 CRM 데이터를 활용해서 고객만족도를 높이고 수익성 높은 장기 고객들을 창출하고 유지하고자 한다면 CRM 데이터베이스에 입력된 정보는 정확하게 기록되고 저장되어야 한다.

저장된 데이터의 분석은 데이터 마이닝 기술을 통해 실행된다. 데이터 마이닝data mining은 많은 양의 데이터에서 의미 있는 추세를 도출해내는 것이다. 델의 마케팅 직원들은 프로클래러티(ProClarity)와 같은 데이터 마이닝 소프트웨어를 이용하여 선별된 기준들을 바탕으로 데이터를 조직하고 고객들을 분석에 필요한 고객 프로파일을 생성한다. 분석에 활용되는 기술은 다음과 같다.

- 고객 세분화 분석customer segmentation analysis은 인구통계학적 특성, 구매 패턴 등의 다양한 기준으로 고객 프로파일들을 생성하고, 고객을 다양한 범주의 세분 시장으로 분류하는 분석이다.
- 최근성-빈도-금액-분석recency-frequency-monetary analysis은 고객들이 제품 혹은 서비스를 얼마나 최근에 구매했는지, 얼마나 자주 구매하는지, 그리고 그 기업의 제품에 얼마나 많은 구매 금액을 소비하는지에 따른 구매패턴에 따라 고객들을 분류하는 것이다. 이 분석을 토대로 수익성 또는 수익잠재성에 따라 고객의 등급을 매기고, 등급별 마케팅 활동이 이루어진다.
- 평생가치분석lifetime value(LTV) analysis은 수익을 가장 많이 안겨주는 고객들에 집중할 수 있도록 기업이 고객들과의 거래를 하는 데 드는 실제 비용을 도출한다. 이 시스템은 각 유형의 고객을 유지하기 위해 드는 비용을 알아보기 위해 기존 고객을 유지하는 데 드는 비용과 신규고객을 확보하는 데 드는 비용을 비교하고, 어떤 한 고객이 일정한 기간 동안에 얼마의 가치가 있는지를 예측할 수 있다. 이 시스템은 또한 기업이 장기적인 관계를 개발하기 위해 비용을 투자할 가치가 있는 잠재고객을 찾아내는 데 도움을 주기도 한다.
- 예측 모델링predictive modeling은 고객들의 미래 행동을 예측하기 위해 첨단 알고리즘을 사용한다. 이전 구매행동의 패턴들을 토대로, 현재 혹은 과거의 행동에 따라 고객들이 어떻게 행동할지에 대해 예측한다. 예를 들어, 항공사는 자사의 CRM 시스템을 활용하여 이전의 항공권 구매 시기와 빈도에 기반을 두고 특정 고객이 미래에 항공권을 구매할지 예측이 가능하다. 이러한 예측을 토대로 가까운 미래에 항공권을 구매할 가능성이 큰 고객들을 찾아내 집중적인 촉진활동이 이루어질 수 있다.

5단계: 고객과의 관계를 증진하기 위해 분석을 활용한다step 5: utilize analysis to build customer relationships

CRM 5단계는 고객과의 관계를 증진하기 위해 이전 단계들에서 수집되고 분석된 정보를 활용하는 것이다. 이 단계에서 정보는 판매부와 마케팅부서와 같은 기업 내 기능 부서에 보내지고, 각 부서들은 특정 고객들을 겨냥한 맞춤 활동을 전개한다. 예를 들어, 항공사는 자사를 자주 이용하는 고객들에게 할인을 해주거나 좌석을 업그레이드해줄 것이다.

고객정보의 활용leveraging customer information

맞춤식 판촉tailor customer promotions 가장 두드러진 CRM 데이터 활용은 고객의 프로파일에 맞춰 판촉활동을 전개하는 것이다. 예를 들어, GS칼텍스(GS-Caltex)는 자사의 고객 포인트 카드 회원들에게 가솔린 구매에 대한 할인을 적용해준다. 과거의 구매와 고객의 영수증을 토대로 고객들에게 할인쿠폰을 보내고 매장을 다시 찾을 수 있도록 인센티브를

기업은 고객이 구매 시 좋았던 기억을 상기시킴으로써 구매 후 인지 부조화를 완화시키고자 CRM를 통해 수집된 데이터를 활용할 수 있다.

제공한다. 주로 기업의 웹사이트를 통해 컴퓨터를 구매하는 델 고객은 이메일을 통해 판촉물을 받는 반면, 매장에서 구매하는 고객은 우편으로 쿠폰이나 카탈로그를 받을 것이다.

CRM 데이터베이스는 특정 고객들을 겨냥한 직접 우편 광고도 가능하게 해준다. 우편주문 기업들은 고객들의 구매와 문의사항들을 추적할 수 있고, 고객 주소로 보낸 특정 카탈로그에 다양한 고객이 어떻게 반응하였는지를 직접적으로 분석할 수 있다. 이러한 CRM 시스템은 기업의 판촉 효율성을 높여주기 때문에 수익률 대비 판촉 지출비율을 최대로 줄일 수 있다. 또한 기업들은 다양한 세분시장의 고객에게 여러 가지 판촉활동을 적용하여 성과를 분석함으로써 세분시장별 판촉활동 결과를 상호참조(cross-referencing)하고 맞춤 조정이 가능하여 판촉 성과를 높일 수 있다.

인지 부조화 방지combat cognitive dissonance 한 기업들은 구매자의 선택에 대해 축하의 메시지를 전달하고 구매한 상품 혹은 서비스의 가장 좋은 측면을 부각시킴으로써 인지 부조화를 줄일 수 있다. 이때, CRM 정보를 활용할 수 있다. 예를 들어, 자동차업체가 제이디파워(J.D.Power)로부터 고객만족부문 최고 브랜드로 선정되었거나 안전도 평가에서 높은 점수를 확보하였다는 정보 등을 지속적으로 전달함으로써 구매 이후에도 자동차를 구입한 것에 대해 만족할 수 있는 메시지를 전할 수 있다.

기업 대 기업의 관계개선improve business-to-business relationships 다른 기업에 제품을 판매하는 기업들도 기업 대 고객 거래기업들이 개인고객들과 거래를 하는 동일한 방식으로 CRM 시스템을 사용하여 고객관계의 수익성을 개선할 수 있다. 교차판매(기존의 기업고객이 구매할 수도 있는 다른 제품들에 대한 판촉활동)를 진행하고, 고객서비스에 접수된 불만과 반환된 제품들을 추적하며, 특정 기업고객들에 맞춤식 프로그램을 제공할 수 있다. 이외에도 CRM 시스템에 있는 정보를 통해 판매예측이 가능하고, 생산량 설정에 따라 제조업체 및 소매점에도 유용한 정보를 제공할 수 있어 기업 간의 관계를 더욱 강화하는 데 도움이 된다.

학습목표
12-5

고객관계관리의 보안 및 윤리문제

고객관계관리 시스템을 사용하는 데 따른 보안 및 윤리문제 논의

고객들은 자신의 정보가 기업의 컴퓨터 시스템에 축적되어 저장되는 것에 안심하지 않는다. 개인정보를 빼내기 위한 컴퓨터 해킹의 사례들이 대중에게 알려짐에 따라 프라이버시 문제는 점점 더 심각해지고 있고, 고객들은 생일, 신용카드번호, 주소, 그리고 그 밖의 다른 개인 정보를 저장하는 모든 컴퓨터 보안 시스템이 뚫릴 수 있다는 것을 인지하고 있다. 게다가 기업들이 다른 무엇보다도 고객의 구매습관과 제품 선호에 관한 정보를 활용할 수 있기 때

문에, 프라이버시 침해에 따른 일반적인 불편함은 만연되어 있다. 그러한 정보는 기업들 사이에서 판매되거나 거래될 수도 있다. 고객과의 좋은 관계구축이 부분적으로는 신뢰에 기반을 두기 때문에, 개인 자료의 보안에 관한 의심을 품는 고객은 기존의 거래처를 다른 곳으로 옮길 수 있다.

보안관련 문제발생을 예방하기 위해서는 고객들의 프라이버시를 보호하기 위한 강력한 방화벽을 반드시 갖추어야 한다. 모든 CRM 응용프로그램들이 보안상에 결함이 있는 가운데, 클라우드 컴퓨팅(cloud computing) 응용프로그램들을 사용하는 기업들은 데이터를 제3자(third-party vendor)에 위탁하는 것에 따른 위험 증가를 이해하고 데이터 해킹을 저지하고 예방하기 위한 보호조치를 사용할 것을 요청해야 한다. 고객들의 프라이버시와 신뢰를 지키려면 상시적인 경계와 보안시스템에 대한 정기적인 업그레이드가 필요하다. 정보 보호를 위한 법률들을 시행되고 있음에도 불구하고, 기업들은 정보를 어떻게 수집할 수 있는지, 수집하는 정보를 어떻게 사용할 수 있는지, 다른 업체들과 정보를 공유해도 되는지, 그리고 정보를 어떻게 보호할지를 규정하는 기업 정책을 명확히 해야 할 것이다. 많은 기업들이 그러한 정책들을 갖추고 있지만, 그 정책을 적용하는 직원들에게 완전한 교육이 이루어져야 하며, 실행 과정과 결과를 예의주시해야 한다. 직원들에 의한 비윤리적인 행위 또는 실수의 가능성은 언제나 존재한다. 그러므로 자사 고객들의 기밀정보를 보호하고자 하는 기업들은 그러한 정책들을 개발하는 것뿐만 아니라 그 정책들이 반드시 매일 준수되도록 보장하기 위해서 일치된 노력을 해야만 한다. 그렇게 하지 못한다면, 고객들은 기업에 대한 신뢰를 잃게 될 것이다.

고객관계관리의 효과성 판별

CRM 전략이 제대로 작동하고 있는지 기업은 어떻게 판별하는가? CRM 프로그램의 효과성을 판단하기 위해 기업이 사용할 수 있는 기본적인 4가지 기준들이 있다. CRM 전략의 효과성을 측정하기 위한 기준들을 이해하는 것은 중요하다. 자사의 사업영역 중 특정 부분의 성공 수준을 평가하지 못한다면, 그 기업은 자사의 수익성에 영향을 줄 문제들을 찾아내어 해결할 수 없기 때문이다.

1. **고객점유율** 고객점유율share of customer은 고객의 수라기보다는 각각의 고객이 특정 기업의 제품들에 지출하는 금액의 비율을 측정한다는 점에서 시장점유율과 다르다. 어떤 기업의 CRM 노력으로 인해 어떤 한 고객이 구매한 제품 혹은 서비스의 수가 증가했다면, 고객점유율을 늘리는 데 성공한 것이다. 고객점유율이 증가함에 따라 기업의 수익도 증가한다. 만일 CRM 노력이 기업의 고객점유율을 늘리지 않는다면, 기업은 그 이유를 알아내기 위해 그에 대한 노력에 대해 평가하고 수정조치를 취해야만 한다. 예를 들어, 어떤 고객이 현대 아반떼 자동차를 구입한다면, 기업은 보증기간이 만료되는 시점에 그 고객과 접촉하여 보증기간 연장 제의를 한다.

만일 이러한 후속조치를 취하지 않는다면, 고객점유율을 높일 기회를 놓치고 만다.

2. **고객자산** 고객자산customer equity은 기업이 고객들을 유치하고 유지하는 데 투입한 재정적 투자를 해당 투자로 인해 발생된 수익과 비교하는 비율이다. 기업은 이 비율로부터 자사의 CRM 프로그램의 가치를 판단할 수 있다. 만일 기업이 자사가 수익으로 벌어들이는 것보다 CRM에 더 많은 돈을 지출한다고 판단한다면, 기업은 그 프로그램을 평가해서 문제들을 수정해야 한다. 예를 들어, 한 판매사원이 다른 기업들이 제공하지 않는 판매 후 서비스를 제공하기 위하여 기업 고객들에게 후속조치를 취하지 않는다면, 기업은 그 고객들에 투입된 투자에 대한 재정적인 수익증가의 기회를 포기한 것이다.

3. **고객초점** 고객초점customer focus은 각각의 고객이 지닌 수익성에 기반을 두어 CRM 프로그램이 고객 등급을 제대로 설정하는지를 측정한다. 수익성이 매우 높은 고객들을 찾아내어 그들에게 초점을 두는 것을 가능하게 해주는 CRM 프로그램은 기업으로 하여금 모든 고객과 동등하게 소통하도록 허용해주는 프로그램보다 기업에 더 많은 수익을 안겨줄 가능성이 높을 것이다. 만일 CRM 시스템이 수익성이 높은 고객들을 적절하게 찾아줄 수 있다면, 기업은 시간과 비용이 많이 드는 자사의 인적판매 노력을 현재 수익성이 높거나 미래에 수익성이 높을 가능성이 있는 고객들에게만 집중할 수 있다.

4. **평생가치** 앞서 살펴본 바와 같이 평생가치lifetime value는 개인 혹은 기업이 고객인 동안에 고객이 기업에 안겨주는 총수익에 의해 측정된다. 제대로 이루어진다면, 기업의 CRM 노력은 고객들의 평생가치를 최대화할 수 있을 것이다. 어느 고객이 장기간에 걸쳐 가장 많은 수익을 안겨줄 것인가를 예측할 수 있는 기업은 평생가치가 낮은 고객들에 대한 서비스를 중단하거나 줄일 수 있어 고객서비스에 드는 비용을 줄이는 반면, 평생가치가 높은 고객에 대한 서비스를 유지하거나 늘릴 수 있다.

EXECUTIVE PERSPECTIVE

에드워드 크래너(Edward Craner)

홀트 캣(Holt Cat) 전략마케팅 부사장

에드워드 크래너(Edward Craner)는 다양한 경험을 할 수 있는 직무를 거쳤다. 라디오와 텔레비전 생산을 공부하던 대학생이었을 때 배관사업을 창업했고, 이어서 경영학석사(MBA) 과정을 밟으면서 교회 프로그램 디렉터로 잠시 일을 했다. 이러한 조직의 서비스관련 업무를 하면서 그는 고객만족과 효과적인 고객관계관리의 중요성을 배웠다. 대학원 졸업 후에는 AT&T(당시 SBC Communi-cations)사의 조달부서에서 일하며 공급사슬관리, 공급업체 품질, 판매운영, 전략 프로젝트, 그리고 고객경험과 같은 다양한 업무를 맡았으며, 이러한 경험을 통해 사업운영의 복잡성과 브랜드 충성도 향상의 중요성에 대한 통찰력을 가질 수 있었다. 이런 소중한 경험을 바탕으로 그는 마침내 전략마케팅 이사로 홀트 캣(Holt Cat)에 입사했고, 4년 만에 부사장으로 승진했다. 크래너는 홀트의 대리점을 위한 모든 마케팅 업무를 총괄하여 담당하고 있다. 그는 또한 홀트의 전략적 계획수립과 실행 과정을 이끌고 있다.

Q. 성공하기 위해 가장 중요한 것은 무엇이었습니까?

저는 함께 일하는 영광을 가질 수 있는 뛰어난 사람들로부터 끊임없이 배우고자 하는 자세가 중요하다고 생각합니다. 저는 그동안 운이 좋게도, 자신의 일을 효과적으로 처리하고 다른 사람들의 주목을 끌게 만드는 능력이나 개성을 가진 동료들과 함께 일을 하였습니다. 저는 그들의 프리젠테이션 준비력, 전사적 차원의 효과적인 의사소통 능력, 아이디어 표현 방법력, 데이터 분석력, 적극적인 경청자세, 아이컨택의 중요성, 진실된 미소(여기에서의 핵심은 눈으로 미소를 짓는 것), 그리고 상황에 구애받지 않는 일관된 행동 같은 특성이나 능력을 본받아 제 자신의 것으로 만들려고 노력했습니다. 제 성공의 비결은 다른 사람들의 훌륭한 능력을 본받고 배우기 위해 진심으로 그들의 능력, 개성 및 행동을 받아들인다는 것입니다. 즉, 더 나아지기 위해서는 더 나은 사람이 되어야 합니다.

Q. 예비 졸업생에게 어떤 조언을 해 주시겠습니까?

어떤 일에 종사하든지 조직에 개인적 기여를 통해 자신을 가치 있는 사람으로 만들어야 합니다. 우리들 각자는 우리가 맡은 직무에서 조직에 기여할 수 있는, 다른 사람과 차별화시킬 수 있는, 남들보다 뛰어난 가치 있고 독특한 능력을 가지고 있습니다. 여러분만이 할 수 있는 일의 능력을 찾아서 그것을 연마하여 더 나은 것으로 만들고, 팀, 부서, 혹은 기업이 성공하는 데 도움을 줄 수 있도록 그것을 이용하도록 하세요. 그렇게 함으로써 여러분은 그러한 특정 능력이나 기여가 필요할 때 찾을 수 있는 유일한 사람이 될 수 있습니다.

Q. 어떤 마케팅 업무를 수행하고 계십니까?

마케팅은 제가 홀트에서 하는 거의 모든 업무에 필수적인 요소입니다. 새로운 목표시장을 지정하는 것부터, 가격전략을 개발하고, 훌륭한 고객서비스를 실행하는 것에 이르기까지 마케팅은 우리 회사 성공에 매우 중요합니다.

Q. 본인의 개인 브랜드(personal brand)는 어떠해야 한다고 생각하십니까?

저는 늘 호기심을 가져야 한다고 생각합니다. 모든 문제에는 그것을 해결할 수 있는 최적의 방법이 있습니다. 문제가 일어나는 곳이 기업의 경영이든, 인간관계이든, 직장 내 팀이든, 제품이든 혹은 과정이든 간에 그것을 해결하기 위해 필요한 최적의 방법은 바로 '그 문제를 어떻게 하면 해결할 수 있을까'라는 작은 호기심에서부터 출발한다고 생각합니다. 저는 이러한 호기심을 늘 곁에 두고 지속적인 학습을 가능하게 하는 환경을 조성하고자 노력합니다. 사실 그 모든 문제를 알아내려고 하다 보니 가끔 이상해질 때도 있습니다. 하지만 모든 사람은 주변에 이상한 사람이 필요할 때도 있죠!

Q. 훌륭한 고객서비스를 제공하는 데 가장 중요한 측면은 무엇인가요?

A. 홀트의 종업원들은 고객서비스의 모든 측면에서 열정적입니다. 진정으로 성공한 고객서비스를 제공하기 위해서는 전 사원이 열정적이어야 한다고 생각하기 때문이죠. 가장 중요한 측면을 하나 꼽자면 저는 신뢰성이라고 말하고 싶습니다. 저희 회사 고객들은 회사에 의지하면 문제가 해결된다는 것을 알고 있고, 어떤 문제에 봉착했을 때 홀트는 항상 그들을 도와줄 것이라는 것을 믿고 있죠. 우리 회사의 많은 고객들은 소규모 기업을 운영하고 있으며, 자사의 신뢰성은 그들이 보다 효율적으로 사업을 운영하는 데 도움을 주고, 아울러 홀트에 대한 브랜드 충성도 구축에도 도움이 됩니다.

Discussion Questions

1. 만족하였거나 만족하지 못한 기업의 고객서비스의 경험에 대해 논의하라. 이 특정 사건이 기억에 남도록 만든 상황은 무엇인가? 이러한 경험은 그 기업의 향후 제품 구매에 영향을 미쳤는가? 이러한 경험을 통해 여러분은 고객서비스에 대해 무엇을 배웠는가?

2. 다이렉트 마케팅을 받은 경험을 토대로 기업의 다이렉트 마케팅은 향후에 더 많은 제품이나 서비스를 구매하는 계획에 영향을 미치는지에 대해 평가해보자.

3. 종업원에 대한 권한위임은 고객서비스 향상에 어떤 기여를 하는지 고민해보자.

4. 고객점유율과 시장점유율의 개념은 어떻게 다른가? 기업은 고객점유율과 시장점유율을 증가시키기 위해서 어떠한 차별적 노력을 기울여야 하는가?

CHAPTER NOTES

1.   Ekaterina Walter, "The Big Brand Theory: How FedEx Achieves Social Customer Service Success," *SocialMedia Today*, May 27, 2013, http://socialmediatoday.com/ekaterinawalter/1494726/big-brand-theory-how-fedex-achievessocial-customer-service-success.

2.   George Schwartz, ed., *Science in Marketing* (New York: John Wiley & Sons, 1965), pp. 70–7.

3.   Sam Hornblower, "Always Low Prices," *Frontline*, November 16, 2004, http://www.pbs.org/wgbh/pages/frontline/shows/walmart/secrets/pricing.html.

4.   Elizabeth Holmes, "Dark Art of Store Emails," *The Wall Street Journal*, December 19, 2012, http://online.wsj.com/article/SB10001424127887323723104578187450253813668. html.

Chapter 13

기업의 사회적 책임과 지속 가능성

SOCIAL RESPONSIBILITY AND SUSTAINABILITY

학습목표 13-1 성공적인 기업의 사회적 책임 프로그램의 기능 기술

학습목표 13-2 지속 가능한 마케팅이 기업의 사회적 책임 활동에 기여하는 방법에 대해 설명

학습목표 13-3 마케팅의 성공에 영향을 미치는 환경 결정론에 대해 서술

학습목표 13-4 환경보호를 통한 지속 가능한 마케팅 이슈에 대해 설명

학습목표 13-5 기업이 기업의 사회적 책임 활동을 지원에 소셜미디어를 어떻게 활용하는지 분석

학습목표

이 장에서는 오늘날 시장에서의 시회적 책임, 지속 가능성 및 환경주의(environmentalism)의 중요성에 대해 학습하고자 한다. 전 세계적으로 기업의 사회적 책임과 지속 가능한 프로그램에 대한 중요성이 강조되고 있다. 그 결과 많은 기업들이 관련 프로그램을 마련하여 재정적 · 사회적 이익의 일부를 추구할 가능성이 높다. 이 장에서는 기업의 사회적 책임에 대한 노력에 기여하는 지속 가능한 환경주의 관점 프로그램에 대해 이해하고 이러한 노력이 국내외적으로 어떻게 적용되는지 그리고 이에 소셜미디어는 어떤 영향을 미치는지를 살펴보고자 한다.

학습목표
13-1

성공적인 기업의 사회적 책임
프로그램의 기능 기술

기업의 사회적 책임

여러분은 탐스 슈즈(Toms Shoes)의 신발을 사거나 유기농 식품매장 홀푸드(Whole Foods) 마켓에서 사과를 사본 경험이 있는가? 만약 그렇다면 여러분은 구매결정을 하는 데에 기업의 사회적 책임에 대한 기업의 명성을 중요하게 생각하는 소비자 중 한 명일 것이다. 오늘날의 기업은 새로운 경제현실을 직면할 수밖에 없는 상황을 맞고 있다. 즉, 기업의 의사결정에 영향을 미치는 이해관계자들(고객, 커뮤니티, 종업원 등)과 함께 경제적 번영을 공유해야 한다. 기업이 종업원을 존중하고 사랑하는 마음을 가지고 고용하는 것처럼 소비자들도 기업을 가치 있게 생각하고 지지하는 마음으로 그 기업의 제품을 구매하는 일이 증가하고 있다. 이로 인해 기업은 사회의 행복과 이윤 간의 균형에 대해 책임을 가지기 시작했다. 기업의 성공은 기업과 함께 발전하는 고객 및 기타 이해관계자들과의 관계 품질로부터 시작된다. 이러한 관계는 기업의 사회적 책임에 있어 가장 중요한 부분이다.

기업의 사회적 책임corporate social responsibility(CSR)은 기업이 사회에 미치는 긍정적인 영향은 극대화하고 부정적인 영향은 최소화하기 위한 조직의 의무를 의미한다. CSR은 훌륭한 인재를 유지할 수 있게 할뿐만 아니라 기업의 브랜드 이미지를 개선하는 것과 같은 많은 이점을 가지고 있다.[1] 많은 기업에 있어 마케팅 부서는 마케팅 교육의 중요한 부분인 CSR 프로그램을 구성하는 아이디어와 전략 업무를 주로 담당하고 있다. 그러나 CSR이 성공하기 위해서는 기업 내 모든 부서에서 CSR이 반영되고 행해져야 한다. 회계사들이 저소득층이나 고령층의 시민들에게 무료로 세금업무를 대행해 주는 것이나 관리자들이 지역사회를 위해 미래의 지도자가 될 학생들과 함께 일하는 것도 기업의 CSR이다.

CSR은 경제적 · 법적 문제뿐만 아니라 이해관계자들에 대한 도의와 책임에 대해서도 다루고 있다. 이해관계자 책임stakeholder responsibility은 기업의 목적 달성에 영향을 미치는 이해관계자들의 의무를 말하며 최근 상당한 관심을 받고 있다. 이해관계자 책임은 CSR의 네 가지 차원(경제적, 법적, 윤리적, 자선적 고려사항)에서 살펴볼 수 있다. 그림 13.1에서와 같이 경제적 · 법적 고려사항은 CSR의 토대를 형성하고 있다. 윤리적 · 자선적 고려사항은 기업에게 요구되지 않는 기업의 역할까지 아우름으로써 이해관계자들의 기대를 충족시켜 준다.

경제적 차원economic dimension

영리기업은 이해관계자들에게 기업의 수익성을 보장해줄 책임을 가지고 있다. 이윤이 없는 기업은 살아남을 수 없고, 실패한 기업은 직원, 투자자, 지역사회를 다치게 한다. 더 이상 기업이 후원하는 어떠한 자선활동에도 참여할 수 없게 된다. 상장기업들은 투자자들에 대해 고유의 책임이 있다. 주주들은 기업에 투자함으로써 퇴직기금이나 대학 교육자금이 될 높은 주가와 배당금을 받게 되리라 기대한다. 미국 주식시장에 참여한 50% 이상의 미국인들은 주식을 함으로써 해당 기업의 성공뿐 아니라 전반적인 국가의 경제활성화에 경제적 차원이 중요한 영향을 미친다고 생각한다.[2]

그림 13.1 기업의 사회적 책임(CSR)의 차원

자선적 차원
좋은 기업시민

윤리적 차원
윤리적인 기업

법적 차원
법을 지키는 기업

경제적 차원
이윤을 추구하는 기업

자료원: Adapted from Archie B. Carroll, "The Pyramid of Cor-porate Social Responsibility: Toward the Moral Management of Organizational Stakeholders," *Business Horizons* 34, no. 4 (July–August 1991), p. 39.

법적 차원legal dimension

기업은 그들이 활동하는 지역사회의 법과 규제를 이해하고 준수할 책임을 가지고 법률을 준수해야 한다. 이외에도 기업은 그들이 활동하는 외국의 법과 규제의 대상이기도 하다. CSR 프로그램은 때로 국내외에서 발생하는 법적 문제와 공공관계에서 발생하는 사고를 줄이기 위해 실행된다. 회계부정을 일으킨 엔론(Enron), 아서앤더슨(Arthur Andersen), 그리고 월드콤(WorldCom) 같은 몇몇 기업들은 합당한 법과 규제를 지키지 않아 파산·해체에 이르게 되었다. 이러한 예는 법을 지키지 않음으로써 얻은 경제적 차원의 단기적 이익을 보여준다. 잠깐 동안은 경제적 성공을 이루었을지 몰라도, 법을 지키지 않아 결국에는 실패한 이 기업들은 모든 이해관계자들을 다치게 하였다. 수천 명의 종업원들이 직장을 잃었고 고객과 공급자는 그들의 주요 사업 파트너를 잃었으며, 주주들은 투자금을 잃게 되었다.

기업은 넓은 시야를 가지고 법률적 차원과 윤리적 차원의 관계를 고려해야 한다. 2007년 말 시작된 경기 침체는 금융산업에서부터 부동산 산업에 이르는 다양한 산업분야에서 많은 기업들에 법적 차원과 윤리적 차원의 변화를 요구하였다. 경기 침체 후, 분노한 소비자들은 이를 해결할 조치를 요구하였다. 그 결과 기업에 대한 법적 차원을 변경한 도드–프랭크 금융개혁법(the Dodd–Frank Wall Street Reform)과 소비자 보호법(Consumer Protection Act of 2010)이 발효되었다. 도드–프랭크 금융개혁법으로 인해 부동산 거래를 하기 위해선 이전보다 더 많은 절차와 더 엄격한 심사 그리고 더 긴 시간이 소요되었다. 이러한 부동산 거래의 복잡성으로 기업의 수익이 감소되고 투자가 지연되었다. 또한 금융기관들은 직불 카드 및 기타 금융 서비스에 대한 새로운 가격 제한 규제에 직면하였다. 이러한 새로운 규제로 인해 금융기관들은 매출과 이윤을 유지하기 위해 다른 서비스 부문(예, 무료 당좌예금 서비스 종료)에서 수수료 인상을 초래했다.

윤리적 차원ethical dimension

기업이 직면한 윤리적 문제는 많은 곳에서부터 온다. 윤리적 문제는 법적인 문제보다 더 어두운 이면을 가지고 있다. 윤리는 사회가 기대하는 도덕적 기준이다. 기업은 윤리적 차원의 다양한 선택에 대한 책임과 올바른 결정에 대한 책임을 가진다. 이 장에서는 윤리적 의사결정이 "왜 마케팅에서 중요한가"를 설명하고 의사결정을 위한 체계적인 도구를 제시하고자 한다. 기업이 당면한 윤리적 문제를 파악하고 그것을 해결하기 위한 결정이 기업의 이해관계자들에게 어떠한 영향을 미치는지를 고려하는 기업은 올바른 결정을 함과 동시에 성공적으로 문제를 해결할 가능성이 훨씬 더 높다.

자선적 차원philanthropic dimension

기업은 지역사회로의 환원은 옳은 일일 뿐만 아니라 합리적인 비용을 들여 소비자에게 기업의 이름 및 제품, 그리고 홍보를 할 수 있는 좋은 방법이라는 것을 알고 있다. 기업 자선활동corporate philanthropy은 자발적으로 자신의 이익 또는 자원의 일부를 단체에 기부하는 행위다. 최근 기업들은 새롭고 혁신적인 방법을 이용해 자선활동을 하고 있다. 예를 들면 펩시는 펩시 리프레시 프로젝트(Pepsi Refresh Project)에 자선활동과 소셜미디어를 결합하였다. 전통적인 광고에 많은 지출을 하는 대신 '사람, 기업, 비영리 단체에 긍정적인 영향을 미칠 아이디어' 공모전을 실시하였다.[3] 소비자들은 소셜미디어를 통해 매일 그들이 가장 좋아하는 아이디어 최대 10가지를 투표함으로써 참여하게끔 하였다. 펩시는 리프레시 프로젝트에 매달 1,000개의 아이디어를 발굴하여 사회에 긍정적인 영향을 미칠 수 있게끔 하였다. 동시에 캠페인 활동으로 잠재고객에게 다가가고 기업의 이미지를 향상시킬 수 있었다.

공동자선사업의 한 예로 펩시 리프레시 프로젝트는 더 나은 세상을 위해 혁신적인 아이디어를 제시한 개인이나 단체에 소셜미디어를 통한 투표를 바탕으로 보조금을 지급하였다.

성공적인 기업의 사회적 책임 프로그램 개발developing a successful corporate social responsibility program

일반적으로 기업에서 마케팅 부서는 사회적 책임 프로그램을 개발하기 위한 책임을 가지고 있다. 기업은 자사가 마케팅 전략에 경제적 · 법적 · 도덕적 · 자선적 부분들을 충분히 만족시키는 경우에 CSR 프로그램을 실시한다. 기업은 흔히 CSR 공식성명을 통해 이를 표현한다. 표 13.1은 도요타(Toyota)의 CSR 성명서다. 광범위한 관점에서 특정의 활동을 실행하는 것은 어렵지만, 기업은 다음의 주요 요소들을 따름으로써 CSR을 실행할 수 있을 것이다.[4]

1. **훌륭한 이해관계자 관리** 마케터는 기업의 의사결정과 행동에 영향을 미치는 이해관계자와 중요한 상호작용을 해야 한다. 예를 들면 도요타는 제품을 만드는 데 사용되는 플라스틱을 환경친화적인 방법으로 폐기하는 아이디어를 수집하기 위해 투자자, 환경운동가, 환경 규제기관, 그리고 소비자들과 만남을 가질 수 있다. 또한 도요타는 제조공정 중 사용되는 물로 인한 주변지역의 영향을 이해하고자 지역사회와 함께 일할 수 있다.

2. **훌륭한 기업 리더십** 기업의 경영자는 사회적 책임을 가지고 기업활동을 이끌어 나가는 중요한 역할을 한다. 성공은 기술과 역량을 나타내고자 CSR을 필요로 한다.

표 13.1 도요타의 사회적 책임 성명

도요타는 자사의 기본 원칙에 따라 각 국가 및 지역에서 수행하는 모든 비즈니스 활동을 통해 조화롭고 지속 가능한 사회의 발전과 인류에 기여하고자 솔선수범한다.

자사는 지역적, 국가적 그리고 국제적 법률 및 규정뿐만 아니라 정신을 준수하고 정직함과 성실함을 바탕으로 기업을 경영하고자 한다.

지속 가능한 발전에 기여하기 위해 자사는 이해관계자와의 상호작용을 통한 경영을 하는 것이 상당히 중요하다고 믿는다. 자사는 개방적이고 공정한 커뮤니케이션을 통해 이해관계자의 관계를 유지하기 위해 노력할 것이다.

자사는 우리의 파트너들이 이러한 계획을 지지하며, 이러한 계획에 부합되게 행동할 것이라 기대한다.

자료원 : Toyota, "Toyota's CSR Concepts: CSR Policy," n.d., http://www.toyota-global.com/sustainability/csr_initiatives/csr_con-cepts/policy.html .

경영적 사고는 과정에서 사람으로 이동하였다.[5] 오늘날, CSR의 4가지 차원을 균형 있게 고려하고 그에 맞춰 자신의 의도를 전달하는 경영자는 사회적 책임행동을 성공적으로 실행한다.

3. **기업 정책의 모든 수준과 모든 부문에서의 CSR 통합** CSR 정책과 절차는 그것이 문서로 작성되어 있고, 잘 알려져 있으며, 종업원들에 의해 지지받을 때 가장 유용하다. CSR의 절차는 종업원들이 퇴근 전에 불을 끄는 것 같은 절차를 만들어 외국인 근로자를 관리하는 전략적 의사결정에 따라 달라질 수 있다. 그림 13.2는 도요타의 CSR 정책이 전 세계의 자회사들이 어떻게 의사결정을 해야 하는지에 대한 방안을 제시하고 있다.

도요타는 그들의 CSR 정책인 세 가지 핵심 요소에 초점을 맞춤으로써 이해관계자와의 강한 연결관계를 구축할 수 있었다. 도요타는 이해관계자 중심의 접근 방식으로 변모하였고 이를 통해 고객과 종업원의 충성도를 향상시키는 것과 같은 주목할 만한 이점을 얻을 수 있었다.

기업의 사회적 책임 프로그램 감사auditing a corporate social responsibility program

기업이 CSR 프로그램을 개발하고 난 이후에는 그것이 계획대로 잘 운영되는가를 중점적으로 살펴야 한다. CSR 프로그램의 효과 측정은 다음의 요소들을 고려하여 수행할 수 있다:[6]

- **감사 과정에 중요한 모든 이해 관계자들을 포함** 이 점을 고려하지 않으면 자사의 CSR 프로그램을 평가하는 데 있어 큰 실수를 범할 수 있다. 모든 이해관계자가 만족하게끔 하는 것은 매우 어려운 과제이기는 하나, CSR 프로그램을 성공적으로 평가하는 데 있어 기업에 대한 각각의 이해관계자들의 피드백은 매우 중요한 요소다. 예를 들면 CSR 프로그램은 지역사회에 긍정적인 자선 효과를 창출하고 장기적으

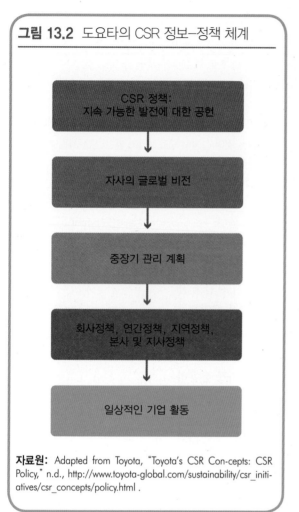

그림 13.2 도요타의 CSR 정보-정책 체계

CSR 정책:
지속 가능한 발전에 대한 공헌

↓

자사의 글로벌 비전

↓

중장기 관리 계획

↓

회사정책, 연간정책, 지역정책,
본사 및 지사정책

↓

일상적인 기업 활동

자료원: Adapted from Toyota, "Toyota's CSR Con-cepts: CSR Policy," n.d., http://www.toyota-global.com/sustainability/csr_initiatives/csr_concepts/policy.html .

로 실행할 수 있지만, 주주의 수익률에 영향을 미치고 기업에 약간의 위험이 있을 수 있다.

• **반드시 양적인 측정과 질적인 측정이 모두 실행** 기업은 CSR 감사의 한 부분으로 CSR과 연관된 투자수익 및 종업원의 회전율과 브랜드 이미지의 변화를 포함한 양적인 측정을 해야 한다. 마케터는 소비자와 종업원들이 기업의 CSR 활동에 대해 정말 잘 알고 있는지를 측정해야 한다. 프록터&갬블(Procter & Gamble), 제너럴 밀스(General Mills), 팀버랜드(Timberland) 등의 기업들을 조사한 결과, 많은 이해관계자들은 기업의 사회적 책임 활동에 대해 잘 알지 못하는 것으로 나타났다.[7] 그러한 기업들의 이해관계자들은 기업의 CSR 활동의 참여에 대한 동기에 대해 의문을 제기하였다. 조사 결과 기업이 수익을 최대화하고자 한다면, 기업의 CSR 활동의 필요성과 실행 근거를 기업의 이해관계자들에게 효과적으로 커뮤니케이션하는 것이 반드시 필요하다고 강조하고 있다. 기업들은 향후 더 성공적으로 CSR을 수행하기 위해 이러한 연구 결과를 참고해야 한다.

자원봉사주의

시빅 50(Civic 50)은 블룸버그 LP(Bloomberg LP)가 NCoC(National Conference on Citizenship), 촛불재단(Points of Light)과 함께 개발한 미국 기업들의 공동체의식(community-minded) 평가표다.[8] IBM 같은 봉사활동에 선도적인 역할을 하는 기업들이 상위권에 있다. 기업의 자원봉사주의corporate volunteerism는 기업과 종업원들이 자원봉사자가 되어 지역사회를 위해 자선단체활동이나 교육후원활동 또는 그 밖의 가치 있는 활동에 그들의 시간과 재능을 지원하는 정책 또는 실천이다. 자원봉사활동의 한 예로, 페덱스(FedEx)는 재난지역에 응급 의료품을 전달하거나 애트나(Aetna)는 빈민지역의 질병문제를 해결하고자 노력하는 등, 기업은 그들이 가장 잘 할 수 있는 분야에서 봉사한다.[9] 캠벨수프사(Campbell Soup Company)는 본사가 있는 뉴저지(New Jersey) 캠던(Camden) 지역에서 비만 억제를 위한 과감한 계획에 착수했다. 캠벨은 종업원들에게 지역학교의 급식 메뉴를 설계하도록 돕고 지역상점을 위해 신선한 농작물의 디스플레이를 도와주었다. 또한 캠벨은 식품을 기탁받아 소외계층에 지원하는 식품지원 복지서비스단체인 푸드뱅크가 복숭아 살사 통조림 54,000병을 생산하는 것이 가능하도록 생산 라인을 추가하였다. 푸드뱅크는 살사 판매를 통해 10만 달러를 수익을 얻게 되었다.[10] 캠벨과 같이 지역사회를 위해 봉사하는 기업들은 2012년 시빅 50 순위에 올랐으며(표 13.2 참조), 지역사회를 위해 봉사하고자 많은 시간과 자원을 기부하였다. 상위 5개의 기업은 지역사회 단체를 위해 10억 5,000만 달러를 후원하였으며 37억 5,000만 달러에 달하는

1억 7,500만 자원봉사자의 시간과 15억 달러에 달하는 기부금을 전달하였다.[11]

지속 가능한 마케팅

오늘날 마케터들은 그 어느 때보다도 지속 가능한 전략의 채택이 도적적 · 윤리적 의미를 넘어 기업의 CSR 활동의 필수적 요소이자 장기적인 경쟁우위에 도움이 되는 요소가 되고 있다는 것을 인식한다. 지속 가능성 개념은 1987년 유엔 보고서인 '우리의 미래(Our Common Future)'에서 처음으로 국제적 관심을 끌었다. 보고서에서는 미래세대가 자신들의 요구를 충족시키는 능력에 위협을 받지 않으면서 현재의 요구를 충족시키는 생활양식을 채택하는 데 전념한다는 것으로서 **지속 가능성**sustainability의 현대적 이해의 토대를 마련했다.[12] 기업의 제품과 서비스의 지속 가능성을 향상시킬 방안을 찾는 마케터들은 기업이 사회적으로 책임을 지는 마케팅 결정을 내리게 될 가능성을 높이기 위해 소비자, 공급자 그리고 공동체와 파트너십을 형성해야 한다.

　　지속 가능한 마케팅sustainable marketing은 지속 가능성 개념을 인식하고 구체화하는 방식으로 가치를 창출하고, 알리며 소비자에게 전달하는 과정이다. 마케터가 지속 가능한 마케팅에 관여하는 가장 쉬운 방법 중 하나는 지속 가능한 실행에 대한 가이드라인(guideline)을 만들어 비용을 절감하는 방법을 찾는 것이다. 기업은 각각 다른 포장의 개발에서부터 적은 에너지 사용에 이르기까지 광범위한 전략과 아이디어로 중에서 선택할 수 있다. 예를 들어, 제너럴밀스(General Mills)는 지속 가능성 계획의 결과로 2015년까지 에너지 소비를

기업의 자원봉사주의 활동의 한 일환으로 페덱스는 직접적 구제(Direct Relief)와 같은 비영리 조직과 함께 재해지역에 응급약품을 전달해주고 있다.

학습목표
13-2

지속 가능한 마케팅이 기업의 사회적 책임 활동에 기여하는 방법에 대해 설명

표 13.2 시빅(Cviic) 50 순위에서 상위 20위 기업

1. IBM	11. Western Union
2. Citigroup	12. FedEx Corporation
3. AT&T Inc.	13. Allstate
4. Aetna	14. Microsoft
5. Capital One Financial Corporation	15. Bank of America
6. Morgan Stanley	16. Target Corp.
7. Campbell Soup Company	17. Intel Corporation
8. The McGraw-Hill Companies	18. UnitedHealth Group
9. General Electric	19. Abbott
10. Hasbro, Inc.	20. Southwest Airlines

자료원: "The Civic 50," *Bloomberg Businessweek*, December 7, 2012, http://www. businessweek.com/articles/2012-12-07/the-civic-50.

20%까지 줄이는 중이다.[13] 공장의 일부 장비에 에너지 모니터기를 설치히여 첫해에 60만 달러를 절약했다.[14] 이외에도 지속 가능한 변화들을 도입하여 전체 실적을 개선하고 있다.

여러분은 리바이스(Levi's) 청바지를 입으면서, 이 기업이 지속 가능한 마케팅에 매우 적극적이라는 것은 알고 있었는가? 리바이스는 의류산업에서 기업의 주요 제품의 전 과정 평가를 시행한 첫 번째 기업이다. 면화가 밭에서 자랄 때부터 제품으로 만들어져 수명이 끝날 때까지 전체 수명주기를 분석한 결과, 제조 과정에서는 물과 에너지 소비에 큰 문제가 없지만, 면화를 재배하는 과정에서는 많은 양의 물이 소비되는 것으로 나타났다. 그래서 리바이스는 중요한 이해관계자인 농민들에게 더 적은 물로 면화를 재배하는 방법을 교육하기 위해 지속 가능한 면화 생산을 위해 조직된 BCI(Better Cotton Initiative)에 가입했다. 오늘날, 각각의 리바이스 청바지는 물을 적게 사용한 면화(low-water cotton)를 약 5% 포함하여 만들어진다. 리바이스의 목표는 2015년까지 제품에 이 새로운 면화를 20% 혼합하여 사용하는 것이다.[15]

지속 가능성 비전sustainability vision

지속 가능성 계획에 대한 이해관계자의 동의를 얻으려면 지속 가능성의 비전을 전달해야 한다. 이 비전은 노력의 중요성과 각 이해관계자에 대한 잠재적 편익을 강조해야 한다. 지속 가능성 비전을 가진다는 것은 기업의 산업과 특정 조직이 더 큰 사회 세계와 자연 세계 내에서 어떻게 기능하는지를 전달해야 하므로 다음과 같은 질문을 고려해야 한다. 세상이 우리

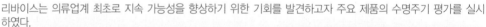

리바이스는 의류업계 최초로 지속 가능성을 향상하기 위한 기회를 발견하고자 주요 제품의 수명주기 평가를 실시하였다.

의 상품이나 서비스에 의해 어떻게 강화되거나 약화되는가? 사회에 미치는 우리의 주요한 영향은 무엇인가? 전체 사업 전략이 이 영향을 어떻게 반영하는가?[16]

지속 가능성 비전 선언문sustainability vision state-ment 많은 기업들은 지속 가능성 비전 선언문을 통해 이러한 질문에 대한 답을 포함하고 있다. 예를 들어, 듀폰(DuPont)의 선언문은 가치사슬을 통해 환경에 미치는 영향을 줄이면서 주주와 사회 가치를 창출하는 데 기업이 전념한다는 것을 강조한다.[17] 펩시(Pepsi)의 지속 가능성 선언문은 우리가 작용하는 세상의 모든 측면을 지속적으로 향상시켜 환경적, 사회적, 경제적으로 오늘보다 더 나은 내일을 만드는 것이다.[18] 이들 모두는 각 기업의 지속 가능성 사명을 명확하게 표현한다. 듀폰과 펩시는 전 세계에 걸쳐 지속 가능한 마케팅의 두 선두업체다.

지속 가능성 활동의 일환으로 코카콜라는 생태지역의 그룹화 (REQ, regroupement des eco-quartiers) 환경 교육 프로그램에 15,890 리터의 빗물을 기부하여 캐나다 몬트리올 주민들을 도왔다.

지속 가능성 비전의 편익the benefits of a sustainability vision 지속 가능성 비전은 기업 내 혁신을 추진시킬 수 있다. 예를 들어, 유니레버PLC(Unilever PLC)는 물 소비를 줄여주는 헤어컨디셔너와 같은 신제품을 개발하고 생산하는 방법으로 지속 가능성을 실천하고 있다.[19] 지속 가능한 마케팅이 없다면, 기업의 연구개발 활동은 소비자들이 만족스럽게 받아들이고 기업의 이익을 개선하는 데 도움이 될 제품으로 이어지지 않을 수도 있다.

지속 가능성에 전념하게 되면 직원들에게도 도움이 된다. 직원들은 지속 가능성 목표를 표현하고 이해관계자에게 책임을 지는 기업을 위해 일할 때 열심히 하는 경향이 있으며, 이 것을 자신들의 직무나 부서보다 상위에 두고 더 중요하게 여기기도 한다. 영국 코카콜라의 그린팀(Green Team)은 직원들이 작업장에서 물 사용을 줄이고 대기에 상당한 양의 탄소를 배출하는 활동을 삼가도록 했다. 이 프로그램을 시작한 직후, 일하기 좋은 기업을 선정하는 GPTW(Great Place To Work Institute)에서 의해 영국에서 일하기 가장 좋은 곳 30 곳 중 하나로 선정되었다.[20]

소비자중심주의consumerism

지속 가능성에 관심이 있는 새로운 소비자 세대는 기업과 마케터로부터 단순히 낮은 가격보다 더 많은 것을 요구하기 시작했다. 이러한 소비자들은 가격보다도 구매하는 제품에서 더 의미를 찾는다. 소비자중심주의consumerism는 소비자를 보호하고 소비자의 이익 증진에 초점을 맞춘 시민과 정부기관으로 구성된 운동이다. 탄산음료 마시기, 모피코트 입기에 반대하는 소비반대 캠페인이나 상품문화와 기업 브랜드에 대한 저항 활동 등을 한다.[21] 또한 지속 가능성에 상반되는 방식으로 생산된 제품과 서비스 구매를 반대하는 운동을 한다.[22] 소비자중심주의 활동은 전 세계적으로 활발해지고 있으며, 캠페인이 제품과 브랜드에 끼칠 수 있는 잠재적 피해와 이러한 캠페인의 힘이 강력해지고 있다. 그러나 이러한 추세에도 불구하고, 지속 가능한 상품을 마케팅하려는 기업들이 시장진출에 있어 다음과 같은 걸림돌에 직면하기도 한다.[23]

1. **인식과 지식의 부족** 아직 많은 소비자들이 구매 행동의 사회적 · 환경적 영향을 어떻게 줄이는지 모른다. 그래서 기업은 광고, 웹사이트, 소셜미디어 그리고 그 밖의 도구들로 경쟁사의 제품이 아닌 자사의 제품을 소비함으로써 소비자들이 어떻게 변화를 줄 수 있는지에 관해 소비자들을 교육할 수 있다. 전통적인 광고에 더하여, 펩시는 자사의 '목적이 있는 성과(Performance with Purpose)' 전략을 홍보하는데 소셜미디어의 힘을 이용하여 지속 가능한 제품을 전달하고 소비자와 사회 전체를 위한 건강한 미래에 투자하는 데 초점을 맞추었다.

2. **부정적 인식** 일부 소비자들은 지속 가능한 제품에 부정적 인식이 있다. 제품의 지속 가능성은 더 반영되지만 품질이 낮아질 수 있다고 생각하는 경향이 있다. 그래서 고품질의 지속 가능한 제품을 설계하고 생산해야 하며, 이러한 품질을 소비자에게 전달하기 위해 애써야 한다.

3. **불신** 일부 소비자들은 단순히 기업의 지속 가능성 주장을 믿지 않기 때문에 제품을 정직하고 윤리적인 방식으로 홍보하는 것이 필수적이다. 월마트(Wallmart)는 최근에 지속 가능성에 대한 초점을 홍보했지만, 월마트 직원들이 전국에 걸친 점포에서 위험한 물질을 부적절하게 다루고 처리했다는 것에 대해 8,100만 달러의 벌금을 물게 되어 어려운 처지에 놓이게 되었다.[24] 지속 가능성 주장에 대해 소비자의 오해를 산 기업은 명성에 손상을 받을 수 있으며, 이익이 줄고 기업의 장기적 생존능력에 피해를 받는다.

4. **높은 가격** 소비자들은 또한 지속 가능한 제품의 생산 비용 때문에 가격이 높아진다고 믿는다. 하이브리드와 전기자동차에 대해 소비자들이 가졌던 가장 초기의 불만 중 하나는 높은 구매비용이었다. 점점 더 효율적인 공급망뿐만 아니라 기술 개선과 규모의 경제는 가격을 점진적으로 낮추고 있지만, 그러한 절약이 가격을 어떻게 낮추는지를 입증하기 위한 홍보가 필요한 것이다. 혹은 환경친화적인 제품 마케팅은 기업이 발생시킨 추가 비용으로 인해 높은 가격으로 이어질 수 있어서, 이런 경우에 소비자들이 높은 가격의 원인을 이해하도록 해야 한다. 제품이 제공하는 추가 가치를 기업이 전달할 수 있다면, 소비자들은 제품에 높은 가격을 기꺼이 지불할 것이다.

5. **낮은 유용성** 유통 효율성이 낮은 작은 공동체나 세계의 개발도상국에 있는 소비자들은 지속 가능한 제품을 구매하는 데 어려움이 있다. 마케팅 믹스의 유통(place) 요소는 지속 가능성에 관심이 있는 소비자들에게 제품을 효율적으로 전달하는 방법을 찾아야만 한다.

환경마케팅

마케팅의 성공에 영향을
미치는 환경 결정론에
대해 서술

소비자들은 가격, 성능 그리고 편의성만을 토대로 제품을 구매했지만, 오늘날에는 제품의
기원과 제조·포장·처리되는 방식에도 신경을 쓴다. 기업들은 이러한 관심사를 젊은 세대
의 영역으로 잘못 판단하는 경우가 있지만, 실제로 모든 베이비붐 세대의 절반 이상은 스스
로를 환경에 관심이 있는 소비자로 간주한다.[25] 이들은 자원을 보존하는 제품을 구매하기로
선택하고 환경에 피해를 줄 수 있는 그 밖의 활동에 관여하거나 환경을 오염시키는 기업의
제품을 보이콧하기로 선택하는 4,000만 명의 소비자다. 이러한 베이비붐 세대들은 그린 마
켓 부문을 대표한다. 그린 마켓green market은 지속 가능성 지향적인 소비자 집단과 이들
에게 제품을 제공하는 사업을 말한다.

환경주의environmentalism는 환경의 보존, 복원 그리고 개선을 지지하는 시민, 정부기
관 그리고 경제계의 움직임이다. 이들의 사명은 기업에 크고 작은 영향을 주며 수많은 산업
과 지리적 위치에 영향을 미친다. 예를 들어, 유럽 소비자의 96%는 환경 보호가 자신들에게
중요하다고 말한다.[26] 중국 소비자들은 갈수록 더 기후 변화에 관해 우려하면서 제품을 구매
한다. 미국 소비자의 80%는 환경에 대한 조치를 취할 것을 주장한다. 이러한 추세에 대응하
여, 글로벌 최대 소매점인 월마트는 지속 가능성 활동을 강조하고 환경과 소비자들이 할 수
있는 제품 선택에 관한 인식을 높이기 위한 글로벌 광고 캠페인을 진행했고, 생활양식과 환
경개선에 초점을 맞춘 3,000만 달러 프로젝트에 착수했다.[27] 월마트 직원들도 자발적으로 이
프로그램에 참여하여 워크숍에서 카풀 출근, 금연 그리고 텔레비전 끄기의 편익에 대해 배웠

콜스(Kohl's)는 친환경적 방법으로 전력을 저장하고 운영하는 시스템을 도입함으로써 미국환경보호청(EPA)의 그린
파워 파트너십(Green Power Partnership)에 의해 공인받은 기업 중 하나다.

다. 이들은 또한 환경적 지속 가능성 수용, 탄소배출 감소 그리고 건강히고 환경친화저인 음식 소비의 중요성에 대해 배웠다. 전 세계 월마트 직원의 약 50%가 프로그램에 참여했다.[28]

그린 마켓은 환경 친화적인 제품만을 찾지는 않는다. 그 구성원들은 환경 친화적인 서비스도 원한다. 의사에서부터 전기기사와 대학에 이르기까지 서비스 제공자는 자신들의 서비스 제공물의 환경적 부분을 보호하기 위한 노력을 한다. 현재 일부 공익기업들은 소비자들에게 풍력, 태양에너지 그리고 그 밖의 재생자원에서 나온 에너지를 구매하는 기회를 제공한다.[29]

환경마케팅 전략environmental marketing strategies

환경마케팅 활동은 다음의 세 가지 단계로 구분될 수 있다.[30]

1. **전술적 녹화**tactical greening는 구매나 광고와 같이 조직의 단일 부문 내에서 제한적인 변화 시행 등, 상대적으로 소규모 조치를 나타낸다. 예를 들어, 제이시페니(JC Penney)는 기업의 환경 요건이나 재활용 요건을 충족하지 않는 공급업체와의 사업을 중단하도록 결정할 수도 있다.
2. **준전략적 녹화**quasi-strategic greening는 마케팅 활동에서 기업의 로고 재디자인이나 제품 포장의 점검과 같이 좀 더 실질적인 변화를 실천하는 것이다. 전기통신 제공업체 스프린트(Sprint)는 100% 재활용 재료로 포장을 위해 콩기름 잉크와 환경친화적인 접착제와 코팅제를 사용하는 활동까지 지속적으로 확대하고 있다. 새로운 포장 역시 예전 포장보다 60% 부피감소와 50% 무게감소를 실천하여 포장비용을 절감하였다.[31]
3. **전략적 녹화**strategic greening는 모든 기능 부문에 걸쳐 환경 이슈에 대해 기업의 모든 활동을 통합하고 조정하는 전체론적 접근법으로, 제품 마케팅 방식의 근본적 전환을 의미한다. 네슬레(Nestle)는 제품의 맛, 영양 또는 소비자 소구에 영향을 미치지 않으면서 환경에 주는 영향을 줄이기 위해 제품의 성분배합을 변경하고, 환경책무에 대해 농민 교육을 실시하였다. 또한 지속 가능한 코코아와 커피를 생산하도록 연구자금을 지원한 결과, 수확량 확대 등 여러모로 네슬레의 수익을 높이고 있다.[32]

이러한 세 가지 범주의 마케팅 활동은 기업이 취할 수 있는 환경 초점의 다양한 정도를 나타내는 것으로, 기업의 전략에 따라 선택할 수 있다. 그림 13.3은 기업의 경쟁우위와 기업이 취한 전체 마케팅 전략에 따라 마케터들이 시행하기로 선택할 수 있는 5가지 종류의 환경 마케팅 전략을 보여준다.[33] 차별화와 조직 유효성을 강조하는 기업들은 저비용을 원하지만 상품이나 서비스 면에서 시장을 주도하고 하는 기업은 다른 환경마케팅 전략을 추구할 것이다.

전략 1: 생태효율성strategy 1: eco-efficiency 기업 활동의 환경적 영향과 비용을 줄

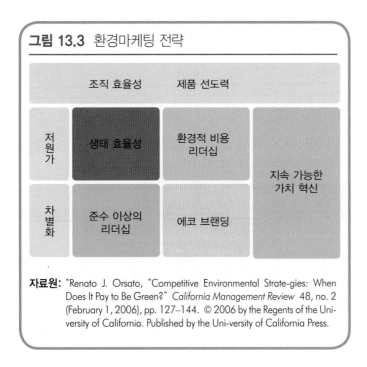

그림 13.3 환경마케팅 전략

	조직 효율성	제품 선도력	
저원가	생태 효율성	환경적 비용 리더십	지속 가능한 가치 혁신
차별화	준수 이상의 리더십	에코 브랜딩	

자료원: "Renato J. Orsato, "Competitive Environmental Strate-gies: When Does It Pay to Be Green?" *California Management Review* 48, no. 2 (February 1, 2006), pp. 127–144. © 2006 by the Regents of the University of California. Published by the Uni-versity of California Press.

이려고 하는 마케터들은 일반적으로 생태 효율성 전략을 추구한다. 이 전략은 비용절감을 가져오는 효과를 내면서 조직 전체에 효율성을 가져온다. 예를 들어, 제이비헌트(J.B.Hunt)와 같은 운송회사들은 연료 효율성을 높일 방법을 찾는다. 연료 효율성은 비용을 절감하면서 환경적 영향은 줄일 수 있다.

전략 2: 준수 이상의 리더십strategy 2: beyond compliance leadership 준수 이상의 리더십 전략을 택한 대부분의 마케터들은 환경친화적인 실천을 하려는 기업의 시도를 이해관계자에게 전달하는 데 초점을 맞춘다. 이 전략은 기업이 환경 전략을 시행하기 위해 경쟁 그 이상을 한다는 것을 소비자에게 보여주는 것으로, 생태 효율성 전략과 달리 비용을 낮게 유지하려는 경쟁업체와 자신을 차별화하는 데 더 신경을 쓴다. 소셜미디어를 활용한 펩시의 리프레시 프로젝트가 이 전략의 예라고 볼 수 있다.

전략 3: 에코브랜딩strategy 3: eco-branding 에코브랜딩 전략은 신뢰할 수 있는 그린 브랜드를 만드는 데 초점을 맞춘다. 이 전략이 효과적이기 위해서는 소비자가 제품의 구매로부터 분명한 편익을 인식해야 한다. 예를 들어, 1회 충전에 320km를 주행하는 전기자동차 쉐비 볼트(Chevy Volt)가 이에 해당한다. 에코브랜딩 전략은 모방이 어려운 산업에서 성공하는 경향이 있기 때문에 차별화가 가능하다.

전략 4: 환경비용 리더십strategy 4: environmental cost leadership 자사의 환경친화적 제품에 대한 가격 프리미엄을 추구하는 기업들은 보통 환경비용 리더십 전략을 택한다. 그린 제품은 때때로 전통적인 제품보다 생산에 더 많은 비용이 든다. 그래서 이 전략은

연료 효율성을 높이기 위해 운송업체인 CR잉글랜드(C.R. England)는 트럭에 운전석부터 트레일러까지 익스텐더를 부착하고 차량의 저항을 감소시켜 공기의 흐름을 원활하게 해주는 사이드 스커트를 부착하였다.

환경에 투자함으로써 이익을 창출하는 방법이다. 그래서 홀푸드(Whole Foods)와 같은 유기농 식료품점은 자사의 제품에 가격 프리미엄을 요구할 수 있으며, 신선한 유기농 제품을 판매하는 데 투자되는 비용을 보전할 수 있게 된다.

전략 5: 지속 가능한 가치 혁신strategy 5: sustainable value innovation 기업이 추구할 수 있는 마지막 전략은 지속 가능한 가치 혁신이다. 이 전략은 소비자를 위한 차별화된 가치를 창출하여 산업을 재형성(re-shaping)하면서 비용 감소와 환경 영향 감소 모두를 달성하는 것이다. 이 전략에 관여하는 기업들은 기존 산업의 경쟁에서 우위를 확보하기 위한 것이 새로운 시장의 창출을 목적으로 한다. 더 낮은 가격에 더 많은 가치를 제공하여 경쟁이 무의미해질 수 있다. 예를 들어, 태양을 따라 움직이면서 태양열 수집을 극대화하는 태양광 추적 채광창, 밀짚으로 만들어진 벽, 조명이 들어가 색이 바뀌는 채널유리 그리고 기타 에너지 효율성이 높은 재료 등이 그것이다.

환경마케팅의 편익benefits of environmental marketing

환경마케팅 전략은 기존의 마케팅 전략과 효과적으로 통합될 때 모든 이해관계자들에게 이익이 된다. 예를 들어, 온라인 소매 및 경매 사이트인 이베이(eBay)는 전 세계의 사람들이 물건을 버리기보다는 교환하고 재사용하기 쉽게 만들어 제품의 수명주기를 연장한다. 또한 지역 내에 거주하는 개인 간에 중고물품을 교환할 수 있도록 이베이 클래시파이즈(Classifieds)를 도입했다. 지역 내에서 교환하기 때문에 운송과 포장에 대한 필요를 없애고 제품의 수명을 연장하여 이베이의 수익창출은 물론, 직원 고용 및 환경보호에 크게 기여하고 있다.

많은 소비자들이 친환경 실천(going green)에 몰입하게 되면서, 환경마케팅을 하는 기업들이 호의적인 평판을 얻으며 고객충성도를 높이고 있다. 델(Dell)은 인쇄광고의 50%를 재활용 용지를 사용하기로 하면서 연간 약 35,000톤의 섬유를 절약할 것으로 보인다.[34] 델의 사무실 프린터는 양면인쇄가 기본으로 설정되어 있다. 또한 제품 포장의 크기를 줄이고 내부포장재도 재생 소재를 사용는 등 다양한 친환경 실천활동으로 소비자들의 호의적인 반응을 얻고 잇다.

델은 제품을 보호하기 위한 포장에 재활용이 가능하고 빠르게 재생 가능한 대나무를 사용하는 새로운 환경친화적 정책을 구현하여 환경마케팅의 혜택을 얻고자 한다.

환경규제environmental regulation

환경 제품에 대한 소비자의 기대를 충족시키는 것과 함께 새롭게 변화하는 환경규제도 고려해야 한다. 환경규제environmental regulations는 개인과 조직에 의한 과도한 피해로부터 자연환경을 보호하기 위해 고안된 법률이다.[35] 규제는 그 범위가 미국의 수자원에서 산업오염을 줄이기 위해 고안된 1972년 수질보호법에서부터 온실가스 배출에 제한을 둔 청정대기법에 이른다. 이런 규제는 어떤 점에서 기업에 제한을 가할 수도 있기는 하지만 기회요소가 되기도 한다. 1992년 에너지정책법에 따라 샤워헤드가 보낼 수 있는 물의 양을 제한되었을 때, 텔레다인 테크놀러지스(Teledyne Technologies)는 새로운 제품 라인인 '샤워 마사지(Shower Massage) 헤드를 개발했다. 절수형 샤워헤드를 먼저 개발하여 판매와 이익을 달성해냈다.[36]

글로벌 환경주의와 지속 가능성

학습목표
13-4

환경보호를 통한 지속 가능한 마케팅 이슈에 대해 설명

글로벌화로 인해 국내 및 국제 시장 모두의 기대에 맞는 전략을 개발해야 한다. 환경을 의식하고 지속 가능성을 추구하는 전략 또한 전 세계 기업의 필수요소가 되고 있다. 영국 소매업체 막스앤스펜서(Marks & Spencer)는 5년 동안 지속 가능성 전략에 3억 2,300만 달러를 투자한 지 단 2년 만에 이미 비용을 회수했다고 발표했다.[37] 에너지 비용을 절감한 것에 더하여, 지속 가능한 제품을 구매하려는 고객들에게 관심을 끌었다.

경영컨설팅 기업인 맥킨지(McKinsey)가 전 세계에서 약 2,000명의 경영자 중 50%가 새로운 제품 개발, 평판의 구축 그리고 전체 기업전략에서 지속 가능성이 매우 또는 극도로 중요하게 생각한다는 것을 조사하였다.[38] 하지만 글로벌 마케팅에서 지속 가능성 활동을 시행하는 것은 특별한 도전이 따른다. 예를 들어, 지속 가능성에 초점을 맞춘 입법에 대한 정치적 환경이나 선거, 소비자 정서의 변화 그리고 기타 외부 요인은 이러한 정치적 장애물을 증가시키거나 감소시킬 수 있다. 오히려 이러한 과제를 긍정적인 기회로 보고, 글로벌 환경을 적극적으로 살펴보면 글로벌 소비사에게 지속 가능한 제품을 마케팅하기 위한 새로운 기회를 제공하는 정책을 발견할 수도 있다. 유럽연합에서 발효된 백열전구에 대한 금지는 소형 형광등(CFL)과 발광다이오드(LED)를 포함한 효율적인 조명 테크놀로지를 유럽표준으로 정했다.[39] 규제와 혁신에 의해 주도되는 이러한 정치적 변화는 그린 제품을 유럽 소비자에게 팔게 하는 새로운 기회를 열었다.

글로벌 시장에서도 지역에 따라 이러한 인식이 달라지는 것을 볼 수 있다. 글로벌 기업의 대부분은 지속 가능성이 자신들의 사업에 매우 중요하다고 생각하기는 하지만, 이러한 관점이 어떻게 영향을 주는지가 중요하다. 특히 인도와 남아프리카공화국과 같은 신흥시장에서 의사결정 시에는 거의 3분의 2는 지속 가능성을 매우 중요한 것으로 간주하는 것으로 드러났다.[40] 반면에 일본에서의 의사결정에서는 1/3 미만, 유럽시장(독일, 프랑스, 영국)에서는 1/4이 그러한 것으로 나타났다. 이에 따르면 신흥시장에서 지속 가능한 마케팅 활동의 기회를 더 발견하고 더 많은 활동을 하게 될 경향이 있다.

마케터들이 지속 가능한 마케팅을 합리화하는 방식도 지역에 따라 달라질 수 있다. 예를 들어, 미국시장에서는 경제적 또는 수익과 관련된 용어와 주장을 사용하여 지속 가능성 전략을 합리화하는 반면, 유럽 기업들은 시민권, 기업의 책임 또는 도덕적 헌신과 관련된 언어에 더 많이 의존한다. 유럽기업들이 지속 가능성을 재무적 요소로 안 보는 것은 아니지만, 재무적 성과보다 지속 가능성에 더 무게를 두는 관점이 반영된 것이다. 정당화에 관계없이, 지속 가능하고 환경적인 전략은 관여된 모든 이해관계자를 위한 편익을 극대화할 수 있을 때 최고의 성과를 내는 경향이 있다.

신흥시장에 투자하기 위해 지속 가능성에 대한 관심을 보이던 보더폰(Vodafone)은, 모바일 기술을 이용하여 잠재 구매자들과 쉽게 커뮤니케이션하기를 원하던 사하라 사막 이남의 아프리카의 농촌 지역의 농부들에게 모바일 정보기술을 마케팅하였다.

기업의 사회적 책임에 미치는 소셜미디어의 영향

학습목표
13-5

기업이 기업의 사회적 책임 활동을 지원에 소셜미디어를 어떻게 활용하는지 분석

기업의 사회적 책임을 실행하는 데에 중요한 요소 중 하나가 커뮤니케이션에 관한 것이다. 사회적 책임을 실천한 결과가 어떤 영향을 미칠지에 대해 진정으로 고민하는 기업이라면 다양한 이해관계자와의 커뮤니케이션을 통해 의견을 듣고 전달하며 공유해야 할 것이다. 최근에는 소셜미디어가 수십 년 전에는 상상도 할 수 없었던 방식으로 사람들이 공유된 목표를 조직하고 협력하고 그리고 달성할 수 있게 되어, 열정적인 소비자 집단과 의사소통하는데 효율적인 수단으로 각광받고 있다. 이러한 기회를 활용하기 위해 각 기업은 다양한 소셜미디어를 구축하고 일관된 커뮤니케이션 관리에 집중하고 있다.

CSR과 소셜미디어의 융합을 선도하는 기업들에는 GE, IBM 그리고 타깃(Target)과 같이 세계적으로 성공한 기업들이 있다. 예를 들어, IBM은 지속 가능성 계획을 알리기 위해 스마터 플래닛(Smarter Planet) 사이트를 구축하고 전 세계의 공동체와 도시에서의 작업을 소개하는 스토리텔링으로 계획과 그 중요성을 설명하고 있다. GE는 환경을 의미하는 에콜로지(Ecology) 'Eco'와 GE의 슬로건인 '상상을 현실로(Imagination at Work)'의 '이매지네이션(Imagination)'을 합쳐 에코매지네이션 챌린지(Ecomagination Challenges) 캠페인을 실시하여 비즈니스, 밴처자본 기업, 사업가, 혁신가 그리고 학생들이 함께 청정에너지 등의 환경제품을 개념을 개발하는 등 환경문제에 대한 혁신적인 시스템을 구축하였다.[41]

GE는 에코매지네이션 챌린지 캠페인의 일부분으로 수백 가지의 아이디어들을 블로그와 페이스북 같은 소셜미디어 도구를 사용하여 제시하고 있다.

고객관계관
사용하는데
운

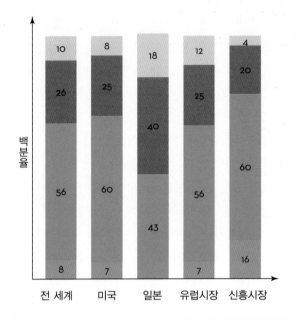

그림 13.4 지속 가능성 노력의 일환으로 소셜미디어를 사용하는 글로벌 기업의 비율

당신은 고객과 관계를 맺기 위해 어느 정도로 소셜미디어와 디지털 기술을 사용하는가?

	전 세계	미국	일본	유럽시장	신흥시장
	10	8	18	12	4
	26	25	40	25	20
	56	60	43	56	60
	8	7		7	16

■ 전혀 사용 안함 ■ 제한적으로 사용함 ■ 아주 많이 사용함
▨ 자사는 모든 제품과 서비스에 고객과의 직접적 관계를 맺기 위해 소셜미디어를 사용함

자료: Total = 250; 미국 = 60; 일본 = 40; 유럽시장 = 75; 신흥시장 = 75
Note: 모든 백분율은 반올림함

자료원: Accenture, "Long-Term Growth, Short-Term Differentiation and Profits from Sustainable Products and Services," 2012, p. 9, http://www.accenture. com/SiteCollectionDocuments/ PDF/Accenture-Long-Term-Growth-Short-Term- Differentiation-and-Profits-from-Sustaina-ble-Products-and-Services.pdf .Copyright © 2012 Accenture. All rights reserved.

타깃(Target)은 더 나아가 학교와 교육에 대한 오랜 헌신에 소셜미디어를 사용한다. 아동의 삶을 개선하는 데 헌신하는 비영리 조직인 서치 인스티튜트(Search Institute)와 파트너십을 맺고 페이스북 페이지에 '여름 학습 효과(Turn Summer Play into Summer Learning)' 시리즈를 제시했다. 이 캠페인은 여름 학습이 아동발달에 어떻게 긍정적인 영향을 주는지에 대한 연구를 지원할 뿐만 아니라 부모들에게 아동의 마음을 계속 적극적으로 유지시키는 방법에 관한 재미있는 정보를 매주 제공했다.[42] 이 시리즈는 교육에 대한 타깃의 헌신을 입증했고 소비자에게 긍정적인 방식으로 브랜드를 홍보하게 되어 부모와 타깃을 연결하는 기회를 만들었다.

글로벌 시장은 CSR 계획을 강조하고 지원하기 위해 소셜미디어를 사용하기에 좋은 기회를 제공한다. 그림 13.4는 전 세계에 걸쳐 지속 가능성에 미치는 소셜미디어의 영향을 설명한다. 예를 들어, 일본에서 80% 이상의 기업이 자사의 상품과 서비스의 지속 가능성에 대해 고객과 관계를 맺기 위해 소셜미디어와 디지털 테크놀로지를 사용한다.[43] 유엔 산하에 구성된 글로벌 연합인 세계지속 가능한관광위원회(GSTC)는 전 세계의 지속 가능한 관광에서 모범 사례를 홍보하기 위해 소셜미디어에 상당한 투자를 하고 있다. **지속 가능한 관광** sustainable tourism은 지역 공동체에 사회적, 경제적 편익을 극대화하고 문화유산과 환경에 대한 부정적 영향을 최소화는 방식의 여행이다. GSTC의 페이스북과 트위터는 그리스에서부터 멕시코와 아르헨티나에 이르기까지 다양한 국가에서 지속 가능한 여행과 관련된 내용과 대화로 가득하다.

국내 시장에 초점을 맞추든 전 세계 시장에 초점을 맞추든, 소셜미디어의 중심 원리인 투명성, 진정성 그리고 공동체와의 관계추구는 기업의 사회적 책임과 지속 가능성을 설득력 있는 비즈니스 철학으로 만드는 데 기여할 것이다. 포춘(Fortune) 500대 기업에서부터 소규모 사업체에 이르기까지 모든 유형의 기업은 소셜미디어가 이해관계자에게 지속 가능한 제품과 솔루션을 창출하며, 알리고 그리고 전달하기 위한 노력에서 귀중한 도구 역할을 할 수 있다는 점을 인식하고 활용하고 있다.

EXECUTIVE PERSPECTIVE

지나 고메즈(Gina Gomez)

히스패닉 커뮤니티 서비스(Hispanic Community Services, Inc.) 전무이사

비영리기관에서 일하는 사람들은 독특한 방식으로 기업의 사회적 책임이 미치는 영향을 느끼게 된다. 지나 고메즈(Gina Gomez)도 예외는 아니다. 심리학을 전공한 그녀는 사람들과 함께 일하고, 그들의 행동을 이해하려고 노력하며, 그리고 그들에게 권한을 부여하고 그들의 삶의 질의 향상에 기여하는 프로그램과 활동을 개발하는 것을 자신이 얼마나 좋아하는지 알게 되었다. 그녀는 히스패닉 커뮤니티 서비스(Hispanic Community Services, Inc.)의 전무이사로서 관리, 홍보 및 기금모금을 관리하고 있다. 또한 그녀는 지역의 커뮤니티와 시민들을 지원하는데 관심이 있는 사회적 책임을 다하는 기업들과의 관계를 발전시키기 위한 활동과 조직 및 지역사회 단체들과 관계를 구축하는 업무를 담당한다. 기업의 사회적 책임에 대한 초점이 기업의 이미지 관점과 경제적인 관점에서 기업에 미칠 수 있는 긍정적인 영향을 인식하는 기업들은 사회적 문제와 세계적인 문제에 큰 영향을 미치는 데 도움을 줄 수 있는 비영리기관과의 협력을 점점 더 추구하고 있다. 그리고 비영리기관들은 기업이 직면하는 문제를 확인하고 해결하는 데 도움을 줄 수 있도록 노력하고 있다.

Q. 성공하기 위해 가장 중요한 것은 무엇이었습니까?

저는 어떤 직업에서든 자신이 하는 일에 대한 열정이 바로 성공의 열쇠라고 생각합니다. 여러분이 하는 일에 열정적일 때, 여러분은 최선을 다하고 최상의 결과를 얻게 됩니다. 저는 자신이 하는 일을 사랑하는 것이 좋은 직원이 되기 위해서뿐만 아니라 삶에 만족하는 데 필수적이라고 생각합니다. 저는 어떤 것도 당연하게 여기지 않습니다. 모든 것에는 비용이 따릅니다. 저희 회사가 2004년에 비영리기관이 되었을 때 모든 일이 쉽지는 않았습니다. 기금모금을 위한 고투는 힘들었지만, 시간이 지나면 처음에 어려웠던 일이 쉬워졌습니다. 저는 제 원칙을 고수합니다. 저의 좌우명은 항상 끊임없이 노력하며, 결코 쉽게 포기하지 않는 것입니다.

Q. 예비 졸업생에게 어떤 조언을 해 주시겠습니까?

제가 해줄 첫 번째 조언은 여러분이 대학에서 공부한 것들을 과소평가하지 말라는 것입니다. 책은 항상 새로운 아이디어와 기발한 아이디어에 대한 훌륭한 영감이 되고, 교수님들이 전달한 지식과 전문기술은 그 값을 매길 수 없습니다. 또한 늘 인내하고 끊임없이 노력하며, 절대 쉽게 포기하지 마세요. 사회생활은 사실 쉽지 않습니다. 사회생활은 때로는 경쟁이 치열하고 복잡하기도 하지만, 꾸준히 최선의 노력과 정성을 기울인다면 정상에 도달할 수 있을 것입니다.

Q. 어떤 마케팅 업무를 수행하고 계십니까?

저는 제 시간의 상당 부분을 우리 웹사이트, 소셜미디어, 그리고 전통적인 마케팅 도구를 통해 이벤트를 홍보하는 데 보냅니다. 저는 우리 지역사회가 성공하는 데 도움을 주는 제품과 프로그램을 개발하고, 그런 아이디어를 이사회에 제시하여 승인을 받는 일도 합니다. 마지막으로, 저는 히스패닉 커뮤니티 서비스사의 가치를 지역 전체의 개인들, 경제계 회원들, 그리고 잠재적인 후원자들에게 전파하기 위해 열심히 노력하고 있습니다.

Q. 본인의 개인 브랜드(personal brand)는 어떠해야 한다고 생각하십니까?

저는 좋은 교육을 받으면서 히스패닉 문화권에서 성장했습니다. 고향을 떠나 삶의 새로운 기회를 찾기 위해 미국으로 건너왔고, 히스패닉 센터(Hispanic Center)에서 미국의 첫 직장을 구했습니다. 이 모든 것이 저의 재능, 교육, 그리고 경험과 결합하여 저를 인정이 많고, 강하고, 단호한 사람으로 만들었습니다. 따라서 저의 개인 브랜드는 다른 사람들에게 동기를 부여하고, 주변의 모든 사람들이 인생의 상황을 개선하는 데 도움을 주면서 제가 해온 일로 정의된다고 말하는 것이 맞다고 생각합니다. 저는 또한 자신들에게 주어진 기회를 이용하라고 독려하고 있습니다. 자신이 하는 일에 대한 정직, 충성, 근면, 그리고 열정이 어떻게 인생에서 성공을 가져다줄 수 있는지에 대한 모범을 제가 보여주었기를 바랍니다.

Q. 기업의 자원봉사는 비영리기관에 어떤 영향을 미치는가요?

회사는 기금을 모금하고 히스패닉 센터를 위해 여러 가지 이벤트를 준비하는 데 도움을 주는 많은 기업 자원봉사 파트너들이 있습니다. 자원봉사자들이 우리 지역사회의 비영리기관들을 돕기 위해 시간과 노력을 투자하는 것을 보는 것은 매우 특별합니다. 저는 더 나은 지역사회를 만들기 위해 자원봉사하는 것을 본 기업들의 제품을 소비자들이 지지하고 구매하려고 한다는 알기 때문에 기업들에도 혜택이 있다고 생각합니다.

Discussion Questions

1. 기업의 사회적 책임 활동이 잘 이루어지고 있는 기업을 선정하고 그 이유를 설명해 보시오. 또한 사회적 책임 활동이 제품 구매에 영향을 미치는지에 대해 토론해 보시오.

2. 학교 앞에서 햄버거 전문점을 운영하고 있다면 어떠한 사회적 책임 활동이나 지속 가능한 전략을 사용할 것인가? 왜 이러한 전략을 선택했는지 이유를 설명하시오.

3. 이 장에서 다룬 지속 가능한 고객 행동을 방해하는 다섯 가지 장애물은 무엇인가? 25년 뒤에 어떻게 달라질 것이라고 생각하는가?

5. 사회적 책임 활동의 한 부분으로 소셜미디어를 사용하는 두 개의 기업을 예를 들어 보시오. 그들은 소셜미디어를 잘 사용하고 있는가? 제안하고 싶은 개선사항은 무엇인가? 고객으로서의 경험을 바탕으로 기업의 사회적 책임 노력을 전달하기 위해 가장 효과적인 소셜미디어(예, 트위터, 페이스북, 유투브 등)는 무엇이라 생각하는가? 이유를 설명하시오.

CHAPTER NOTES

1. Sankar Sen and C. B. Bhattacharya, "Does Doing Good Always Lead to Doing Better? Consumer Reactions to Corporate Social Responsibility," *Journal of Marketing Research* 38, no. 2 (2001), pp. 225–44.

2. Dennis Jacobe, "In U.S., 54% Have Stock Market Investments, Lowest Since 1999," *Gallup*, April 20, 2011, http://www.gallup.com/poll/147206/stock-market-investments-lowest-1999.aspx .

3. Claire Grinton, "Pepsi's Refresh Everything vs. Coke's Live Positively: Which Soda Wins the War?" *Huffington Post*, April 19, 2010, http://www.huffingtonpost.com/2010/02/17/pepsis-refresh-everything_n_464712.html .

4. R. Morimoto et al., "Corporate Social Responsibility Audit: From Theory to Practice," *Journal of Business Ethics* 62, no. 4 (2005), pp. 315–25.

5. C. Kennedy, "The Great and the Good," *Director* 61, no. 3 (2007), pp. 102–06.

6. Morimoto et al., "Corporate Social Responsibility Audit: From Theory to Practice."

7. C. B. Bhattacharya, "Corporate Social Responsibility: It's All About Marketing," *Forbes*, November 20, 2009, http://www.forbes.com/2009/11/20/corporate-social-responsibilityleadership-citizenship-marketing.html.

8. "The Civic 50," *Bloomberg Businessweek*, December 7, 2012, http://www.businessweek.com/articles/2012-12-07/the-civic-50.

9. Diane Brady, "Volunteerism as a Core Competency," *Bloomberg Businessweek*, November 8, 2012, http://www.businessweek.com/articles/2012-11-08/volunteerism-as-a-core-competency.

10. Ibid.

11. Mei Cobb, "Corporate Volunteering: The Civic 50," *United Way*, March 15, 2013, http://www.unitedway.org/blog/entry/corporate-volunteering-the-civic-50/.

12. United Nations, "Report of the World Commission on Environment and Development: Our Common Future," 1987, p. 16, http://www.un-documents.net/our-common-future.pdf.

13. General Mills, "Environmental Sustainability: Energy," n.d., http://www.generalmills.com/~media/Files/sustainability/GM_energy.ashx.

14. James Epstein Reeves, "Six Reasons Companies Should Embrace CSR," *Forbes*, February 21, 2012, http://www.forbes.com/sites/csr/2012/02/21/six-reasons-companies-should-embrace-csr/.

15. Susan Berfield, "Levis Goes Green with Waste<Less Jeans," *Bloomberg Businessweek*, October 18, 2012, http://www.businessweek.com/articles/2012-10-18/levis-goes-green-with-waste-less-jeans.

16. Andrew Savitz, *The Triple Bottom Line: How Today's Best-Run Companies Are Achieving Economic, Social and Environmental Success—nd How You Can Too* (San Francisco:Jossey-Bass, 2006).

17. DuPont, "2012 Sustainability Progress Report," http://www2.dupont.com/inclusive-innovations/en-us/sites/default/files/DuPont%20Sustainability%20Report%2012%20111612.pdf.

18. PepsiCo, "Global Sustainable Agriculture Policy," January 2009, http://www.pepsico.com/Download/PEP_Global_SAG_Policy_FINAL_Jan_2009.pdf.

19. Reeves, "Six Reasons Companies Should Embrace CSR."

20. Coca-Cola Great Britain, "Employment: Our People," n.d., http://www.coca-cola.co.uk/about-us/employment-our- people.html.

21. Diane Martin and John Schouten, *Sustainable Marketing*(Upper Saddle River, NJ: Pearson, 2012).

22. Ibid.

23. Ibid.

24. Tiffany Hsu, "Wal-Mart Pleads Guilty in Hazardous Waste Cases, to Pay $81 Million," *Los Angeles Times*, May 28, 2013, http://articles.latimes.com/2013/may/28/business/la-fi-mo-walmart-guilty-hazardous-waste-20130528

25. Jacquelyn A. Ottman, *The New Rules of Green Marketing: Strategies, Tools, and Inspiration for Sustainable Branding* (Sheffield, UK: Greenleaf Publishing, 2011).

26. European Commission, "Attitudes of European Citizens towards the Environment," March 2008, p. 3, http://ec.europa.eu/environment/archives/barometer/pdf/summary2008_environment_en.pdf.

27. Jennifer Blackhurst and David Cantor, "Developing Sustainable Supply Chains: An Organizational and Supply Chain Employee View," *Center for Industrial Research and Service*, July 2012, http://www.ciras.iastate.edu/publications/Sustainable_Supply_Chains-Employee_View.pdf.

28. Michael Barbaro, "At Wal-Mart, Lessons in Self-Help," *The New York Times*, April 5, 2007, http://www.nytimes.com/2007/04/05/business/05improve.html?pagewanted=all.

29. Martin and Schouten, *Sustainable Marketing*.

30. M. J. Polonsky and P. J. Rosenberger, III, "Reevaluating Green Marketing: Strategic Approach," *Business Horizons*, 9–0 (2001), pp. 21–0.

31. Sprint, "White Paper: Sprint Improved Packaging Sustainability 55 Percent in Three Years," *The New York Times*, May 8, 2013, http://markets.on.nytimes.com/research/stocks/news/press_release.asp?docTag=201305081030BIZWIRE_USPRX____BW6064&feedID=600&press_symbol=109153.

32. Nestlé, "Nestlé and Sustainable Cocoa and Coffee," September 26, 2012, http://www.nestle.com/csv/case-studies/AllCaseStudies/Nestl%C3%A9-sustainable-cocoa-coffee.

33. Renato J. Orsato, "Competitive Environmental Strategies: When

Does It Pay to Be Green?" *California Management Review* 48, no. 2 (2006), pp. 127–44.

34. Dell Press Release, "Dell Joins Prince's Rainforest Project," June 5, 2009, http://www.dell.com/learn/us/en/uscorp1/press-releases/DELLJOINSTHEPRINCESRAINFORESTSPRO-JECT?c=us&l=en&s=corp.

35. Martin and Schouten, *Sustainable Marketing*.

36. Ibid.

37. Julian Evans, "Good Intentions," *The Wall Street Journal*, February 3, 2010, http://online.wsj.com/article/SB10001424052748704878904575031330905332468.html.

38. Michael Adams, Barry Thornton, and Mohammad Sepehri, "The Impact of the Pursuit of Sustainability on the Financial Performance of the Firm," *Journal of Sustainability and Green Business* 1 (April 2012), pp. 1–4.

39. Eoin O'Carroll, "EU Bans Incandescent Light Bulbs," *Christian Science Monitor*, October 15, 2008, http://www.csmonitor.com/Environment/Bright-Green/2008/1015/eu-bans-incandescent-light-bulbs.

40. Accenture, "Long-Term Growth, Short-Term Differentiation and Profits from Sustainable Products and Services: A Global Survey of Business Executives," 2012, http://www.accenture.com/SiteCollectionDocuments/PDF/Accenture-Long-Term-Growth-Short-Term-Differentiation-and-Profitsfrom-Susvtainable-Products-and-Services.pdf.

41. Martin Lamonica, "GE, VCs Offer $200 Million in Smart-Grid Challenge," July 13, 2010, http://news.cnet.com/8301-11128_3-20010378-54.html .

42. Tamara Gillis, ed., *The IABC Handbook of Organizational Communication* (San Francisco: John Wiley and Sons, 2011), p. 77.

43. Accenture, "Long-Term Growth, Short-Term Differentiation and Profits from Sustainable Products and Services."

Chapter 14
마케팅 성과 측정
MEASURING MARKETING PERFORMANCE

학습목표   이 장에서는 마케팅 성과 측정의 중요성을 학습하고자 한다. 마케터는 불확실하고 빠르게 변하는 환경에 직면하여 짧은 시간에 좋은 제품을 만들어내야 한다. 최적의 전략적 의사결정을 하기 위해 기업의 매출, 시장 점유율, 수익성에 따른 마케팅 믹스의 효과를 분석하고자 이 장에서 논의되는 도구들을 사용할 수 있어야 한다. 만약 기업에 문제가 발생하면, 성공을 위해 전략적 변화가 필요한 새로운 과정에 맞추어 조직을 재설정할 수 있어야 할 것이다.

학습목표
14-1

측정의 중요성

마케팅 성과 지표
이해

여러분이 대학을 마치고 직장생활을 시작하면서 확신할 수 있는 한 가지는 업무 도중에 어딘가에서 실수를 할 것이라는 것이다. 마케터로서 우리는 표적고객에게 이르지 못하는 광고전략이나 또는 시장점유율을 확보하기에 너무 높은 가격을 설정할 수도 있다. 어떤 실수를 하든지, 실수를 성공적으로 극복할 수 있는 열쇠는 첫째, 어쨌든 실수를 했다는 것을 인식하고, 둘째, 그 실수가 어떤 실수였는지 구체적으로 이해하는 것이다. 자신이 실수를 했다는 것을 인식하지 못하는 조직과 사람은 그러한 실수를 반복해서 할 수밖에 없다.

뛰어난 조직을 구축하는 것은 마케팅 계획의 통제 부문에 집중하고, 마케팅 전략의 성공을 측정하고 평가할 수 있는 기업의 능력에 좌우된다. 기업의 마케팅 전략의 재무적 성과를 측정하는 효과적인 지표는 기업의 생존을 보장하기 위해 취할 수 있는 방향을 안내하는 로드맵을 제공하는 것이다. 성과 지표performance metrics는 목적이 달성된 정도를 확인하는 데 도움을 주는 척도다. 이번 장에서는 구체적인 많은 측정도구들을 논의하겠지만, 우선 마케팅 성과 지표를 이용할 때 따라야 하는 일반적인 다섯 가지 원칙부터 살펴보도록 한다.

1. **자신의 사업에 정통한다** 어떤 것이든 측정하기 전에, 자기 기업의 마케팅 전략과 목적을 이해할 필요가 있다. 항공사의 성과 지표는 고객서비스에 초점을 두고, 항공편 지연과 분실 수하물을 측정할 수도 있지만, 패스트푸드 체인점은 생산 및 재고관련 척도에 더 중점을 둘 수 있다. 그러므로 자사 조직의 수익과 수익성 목표 및 강령을 염두에 두고 지표를 개발해야 한다.
2. **수정할 수 있는 것을 측정한다** 지표를 개발할 때, 실제로 변경될 수 있는 것에 초점을 둔다. 예를 들어, 만약 특정 제품의 온라인광고 책임자라면, 클릭률(click-through rate)을 측정하고 필요한 경우에 광고를 수정한다. 그러나 통제권 밖에 있는 태그라인(tagline), 브랜드 마크, 소매가격은 그 효과성을 측정하더라도 수정할 수 없으므로 이에 대한 효과성을 측정하는 것은 무의미할 수 있다.
3. **대충하지 않는다** 측정 항목을 충분히 고려하고 그것을 정확하게 측정하기 위해서 자원을 모두 투입한다. 시간을 내서 충분한 데이터를 수집하지 않는 것과 같이 일단 절차나 원칙을 무시하기 시작하면, 지표와 조사 결과의 신뢰성을 떨어뜨릴 것이다. 예를 들어, 패스트푸드점에서 불필요한 메뉴 항목을 고객 세 명에게 물어본다면 충분한 데이터가 되지 못한다. 의사결정을 위해서는 조치 가능한 세부내용으로 분류

마케팅 전략의 효과를 성공적으로 측정하는 것은 그 기업의 비지니스를 이해하는 것으로부터 시작된다. 존 디어(John Deere)와 메이저 리그(Major League Baseball)에서의 성공은 매우 다른 모습을 보인다.

된 구체적이고 풍부한 데이터가 필요하다. 웹 페이지에 얼마나 많이 접근했는지, 또는 광고가 TV에 얼마나 많이 나왔는지에 대한 데이터를 제공하는 것으로는 충분하지 않다. 기업의 성과에 정말 영향을 미치기 위해서는 어떤 고객들이 그 페이지를 이용하는지 또는 광고를 보는지에 대한 데이터를 제공할 필요가 있다. 이를 통해 기업은 목표 시장에 도달하고 있는지 여부를 결정할 수 있고, 그 결과를 조직의 다른 영역의 성과와 연계시킬 수 있다.

4. **명료하게 한다** 측정 보고서는 장문인 경향이 있다. 보고서의 요점을 가능한 한 간결하고 명확하게 한다. 단지 듣기 좋거나, 또는 기업이 달성하기를 바라는 결과를 뒷받침하는 지표가 아니라, 실제로 경영성과를 측정하는 지표를 제공한다. 마케터는 가장 중요한 결과에 우선순위를 매기는 방식으로 결과를 제공해야 하고(예, 고객이 신메뉴의 맛에 불만이 있다), 지표에서 도출된 가장 강력한 결론을 의사 결정자와 분명히 공유해야 한다(예, 맛있는 신메뉴를 개발해야 한다).

5. **측정은 가능한 빨리 시작한다** 대부분의 기업은 결과에 대한 측정을 제품의 수명주기의 초기에 시작하지 않으며, 뒤늦게 그에 대한 대가를 치른다. 비록 데이터를 당장 사용하지 않더라도, 마케터가 마케팅 전략을 분석하고 수정하려고 할 때, 그 자료가 매우 유용할 수 있기 때문에 미리 예측하여 준비해 두는 것이 필요하다. 소규모 기업에서 정보는 마케팅 데이터베이스부터 간단한 스프레드시트에 이르기까지 어떤 방식으로든 저장될 수 있기 때문에 가장 중요한 것은 가능한 빨리 데이터 이력(data history)을 구축하는 것이다.

이런 다섯 가지 원칙에 대한 이해를 바탕으로 마케터는 이용할 수 있는 다양한 유형의 성과 지표를 기준으로 평가를 시작할 수 있고, 마케팅 노력을 투입하는 데 가장 알맞고 적절한 데이터를 제공하는 성과 지표를 확인할 수 있다.

마케팅 투자수익률marketing return on investment

대부분의 기업에서 마케팅은 가장 많은 비용이 투입되는 부문 중의 하나다. 기업은 지출 결과를 보장하기 위해 마케팅 투자수익률을 계산한다. 마케팅 투자수익률marketing return on investment, ROI은 기업의 마케팅 노력에 할당되는 자원을 이용하는 데 있어 그 효과를 나타내는 척도다. 마케팅 투자수익률은 다음과 같이 계산된다.

마케팅 투자수익률(ROI) = (매출 × 매출 총이익률 % − 마케팅 비용) ÷ 마케팅 비용

위의 계산에서 매출은 핵심 및 비핵심 비즈니스 활동에 의해 창출된 모든 수익을 포함한다. 총이익률gross margin은 가격과 비용의 차이이며, 단위당 판매된 제품의 비용을 품목의 판매가격에서 차감하여 계산한다. 예를 들어, 베스트바이(Best Buy)는 평면 스크린 TV를 1,000달러에 판매하며, TV 한대당 판매된 제품의 비용은 500달러라고 가정해 보자. 매출 총이익률 계산을 이용하면, 매출 총이익률은 50%이다.

마케팅 비용marketing expenditures은 특정 기간 동안 모든 마케팅 활동에 지출되는 금액이다. 베스트바이의 매출이 200,000달러이고 마케팅 총비용이 70,000달러인 경우에 마케팅 총이익률은 다음과 같이 계산할 수 있다.

마케팅 투자수익률(ROI) (200,000 달러 × 0.50% − 70,000 달러) ÷ 70,000 달러
= 30,000 달러 ÷ 70,000 달러
= 42.9%

이 시나리오에서 마케팅 총이익률은 42.9%이며, 매우 양호한 수준이므로 마케팅 자원을 유용하게 이용했다는 것을 의미한다. 그러나 마케팅 총이익률은 전체 내용의 일부에 불과하다. 기업들은 자사 마케팅 전략의 측정 측면의 성공을 측정하기 위해서 수익분석, 시장점유율 분석 및 수익성 분석과 같은 추가 분석을 해야 할 필요가 있다.

수익분석revenue analysis

마케팅 총이익률만 보고 지표가 좋다고 생각하는 덫에 빠질 수도 있다. 사실 성공적인 하나의 제품군이 기업의 다른 부문에서의 실패를 가리고 있을 수도 있다. 수익의 원천을 계량화하면 많은 정보를 얻을 수 있으며, 이것은 기업이 추구하고 있는 것보다 표적을 더 분명히 특정하고 더 효율적인 자원의 배치를 가능하게 해, 결국 마케팅 총이익률을 증가시킨다. 수익분석revenue analysis은 조직의 목표 대비 실제 수익을 측정하고 평가한다. 이 척도를 이용하여 어떤 마케팅이 효과가 있고 없는지를 정확히 알아내기 위해서 특정 제품 및 특정 지역의 성과를 분석한다. 예를 들어, 타깃(Target)은 수익분석을 통해 새로운 여성 의류가 중서부 매장의 목표는 충족시키고 있지만, 남동부 매장에서는 목표에 미치지 못하고 있다는 것을 알 수도 있다. 이런 유형의 정보는 각각의 매장에서 판매할 물품과 촉진 자원을 할당하는

방법을 선택할 때 도움이 될 수 있다.

수익을 분석하는 것은 영리조직과 비영리조직 모두에 중요하다. 영리기업은 일반적으로 기업이 매출 목적을 충족하고 있는지 여부에 수익분석을 집중시킨다. 이런 영리기업은 일반적으로 매출을 다음과 같은 세 가지 수익 원천으로 분류한다.

수익분석에 근거하여 펩시는 외식사업에 투자한 자사의 자산을 처분하고 핵심 음료사업에서 창출되는 수익에 주력하고자 전략적 의사결정을 하였다.

1. **기존고객에 대한 지속적인 판매**. 이 척도를 분석하면 기존제품이 확립된 시장에서 입지를 강화하고 있는지, 또는 입지를 잃고 있는지를 판단하는 데 도움이 된다. 예를 들어, 맥도날드(Donald's)는 미국과 해외에서 13개월 이상 영업을 하고 있는 매장의 성장을 면밀히 모니터한다. 전반적인 수익이 증가하더라도 기존 매장에서의 수익 변동이 없거나 감소하면 당연히 우려한다. 이것은 기업이 핵심 표적 시장의 구성원을 잃고 있다는 것을 의미할 수도 있다.

2. **확대되는 시장에서의 새로운 매출**. 기존 매장에서 매출이 증가하지 않더라도 본국과 해외에서 새로운 매장을 계속 확대하고 개설한다면, 총수익은 증가할 수도 있다. 신규매장의 수익을 기존 매장 매출과 다른 시각으로 분석하여 기존 매장의 수익개선이 필요할지 조정할 수 있다. 자사 수익 성장의 진정한 원천을 이해하지 못하는 기업은 자기 만족감에 빠질 수 있다. 시장이 성숙기에 들어가고 수익이 더 이상 늘지 않으면 대책을 마련하기에 늦을 수 있다. 그래서 새로운 매출이 전반적인 수익에 어떻게 기여하는지에 대한 이해는 현재의 시장확대 노력을 평가할 수 있게 하고, 추가적인 확대 기회를 강조할 수도 있다.

3. **핵심사업과 무관한 완전히 새로운 업종**. 펩시(PepsiCo)는 피자헛(Pizza Hut), KFC, 타코벨(Taco Bell)과 같은 레스토랑 체인 덕분에 지난 20년 동안 직접 판매보다 더 높은 수익을 올릴 수 있었다. 이러한 방식이 이익은 되겠지만, 기업의 핵심사업과는 다른 시각으로 보아야 한다. 만약 이들 레스토랑이 핵심사업을 변경하거나 파트너를 바꾸면 펩시는 위기를 맞을 수 있기 때문이다.

시장점유율 분석market share analysis

시장점유율은 마케터가 경쟁자에 비해 자신이 어떻게 성과를 내고 있는지를 한눈에 알 수 있게 해준다. 시장점유율 분석market share analysis은 총 시장의 매출 중에서 해당 기업이나 브랜드의 매출 비중이다. 예를 들어, 애플(Apple)은 부분적으로 자사 제품군 전체가 시장을 상당 부분 점유하고 있기 때문에 기업 주식의 총 가치 측면에서 세계 최대의 기업이 되었다. 아이패드(iPad)는 출시한 지 수년 내에 급속하게 시장점유율이 확대되어 2012년에는 전 세계 태블릿의 50%를 차지했다.[1]

시장점유율은 총 시장점유율이 현저하게 증가하거나 감소할 수 있는 자동차제조와 같은 산업에 특히 중요하다. 2009년 경기침체 따른 미국의 신차 판매량은 10년 전의 연간판매량인 1,600만대보다 낮은 1,040만대로 하락하였다.[2] 시장점유율은 일반적으로 원형의 파이그래프(pie graph)를 이용하여 보여주며, 자동차 제조사들은 줄어드는 파이에 대처할 수밖에 없었다. 경제가 회복되기 시작하면서 파이는 다시 커졌지만, 침체 이전 수준으로 즉시 회복되지는 않았고 모든 자동차 제조사들은 세기 초반에 누렸던 파이보다 적은 파이에 만족할 수밖에 없었다. 그림 14.2는 2013년 5월 미국의 자동차 판매에 대한 시장점유율 그래프를 보여준다.

수익과 마찬가지로 기업들은 시장점유율 데이터만 분석해서는 안 되고, 수익 및 수익성과 비교해서 시장점유율을 살펴보아야 한다. 기업은 가격을 급격하게 인하함으로써 시장점유율을 높일 수 있지만, 수익 및 수익성 감소로 이어질 가능성이 있다. 이익을 최대화시키는 수익과 시장점유율 수준을 찾아야 하는 것이다.

수익성 분석profitability analysis

수익은 모든 비용을 차감한 후 남은 이득(positive gain)을 말하는 것으로 수익성 분석profitability analysis은 이익이 얼마나 되는지를 측정하는 것이고, 지역별·채널별·고객별 등 특정 부분이 이익에 얼마나 기여했는지를 측정하는 것이다. 다음의 두 가지 지표가 많이 이용된다.

그림 14.2 미국 자동차 제조업체의 시장점유율

8% 11.5% 2.6% 14.4% 2.8% 7.9% 3.6% 4.7% 9.7% 17.5% 17.1%

■ 크라이슬러	■ 포드	■ GM	■ 혼다
■ 현대	■ 기아	■ 닉산	■ 스바루
■ 도요타	■ 폭스바겐	■ 기타	

Note: Numbers do not add up to 100 percent due to rounding.
자료원: Edmunds.com, "Market Share by Manufacturer, May 5, 2013, http://www.edmunds.com/industry-center/data/market-share-by-manufacturer.html .

- **고객획득비용(cost of Customer acquisition)** 신규고객을 얻기 위해서 지출된 마케팅(광고, 홍보, 판매 등) 비용이 고객획득비용이다. 고객을 획득하는 목적은 저비용으로 수익성이 있는 고객을 확보하는 것인데, 추가 고객이 반드시 추가 이익이 되지는 않는다. 그래서 마케팅 자원을 효율적을 할당하여 고객획득비용은 낮추어야 하는데, 경쟁상황이나 마케팅전략에 따라 불가능한 상황도 있다. 예를 들어, 미국 최대 소셜커머스 기업인 그루폰(Groupon)의 2011년 1/4분기 고객획득비용이 1인당 52달러를 넘어선 것으로 나타나 전년대비 485% 증가했다.[3] 그루폰은 일단 고객을 획득하면 그런 고객들이 향후 몇 달, 몇 년 동안 이익을 가져다주는 반복 구매자가 될 것이라고 믿기 때문에 더 높은 고객획득비용을 수용하는 전략적인 선택을 했다.

- **개별 고객의 수익성(individual customer profitability)** 그루폰은 수익성 분석의 일환으로 조직 전반에 걸쳐 데이터를 분석한 결과, 불만족이 높은 고객들의 환불 때문에 기대보다 낮은 이익이 나타난 것을 발견하였다.[4] 이에 따라 수익성이 좋은 부문과 지역에 추가 자원을 할당하고, 수익성이 떨어지는 지역에서는 자원과 비용을 줄일 수 있었다.

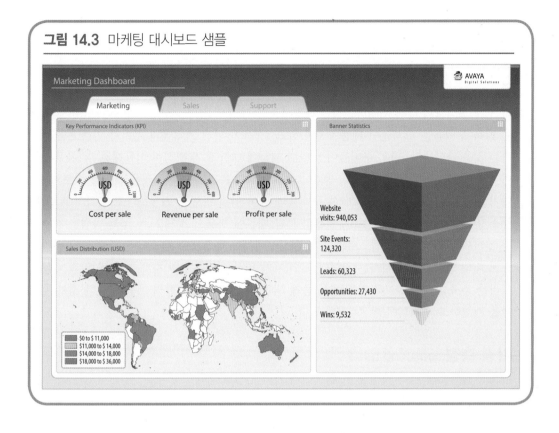

그림 14.3 마케팅 대시보드 샘플

수익성과 시장점유율과 같은 지표는 월 단위로, 주 단위로, 그리고 때로는 매일 점검해야 하기 때문에 관련 지표를 모아 한 번에 볼 수 있는 **마케팅 대시보드**marketing dashboard를 활용하여 빠르게 점검한다. 그림 14.3은 쉽게 읽고 이해할 수 있도록 중요한 마케팅 지표를 모아서 보여주는 마케팅 대시보드의 예다.

마케팅 감사

마케팅 감사marketing audit는 마케팅 믹스의 각 요소의 목표 및 전략, 성과 등을 종합적으로 점검하거나 수정하는 것이다. 이를 위해 마케팅 믹스 요소에 대해 내부직원, 고객, 공급업체 및 기타 이해관계자들로부터 양적 데이터와 질적 데이터를 수입하고 평가하게 된다.

제품 측정measuring product

제품의 성공과 사업에 대한 기여도를 측정하는 것은 매우 복잡하다. 특히 신제품의 경우에는 성공적인 출시가 이루어졌는지를 평가하는 것이 어렵기 때문에, 수익분석, 시장점유율 분석, 수익성 분석에 더하여 구매 유도율을 측정하게 된다. **구매 유도율**rate of trial은 신제품 출시의 성공을 나타내는 척도로, 잠재고객이 처음 신제품을 사용하도록 유도하는 마케팅팀의

학습목표
14-2

각 마케팅 믹스 요소 성과 분석에 대한 중요성 설명

성공에 대하여 신속한 정보를 제공한다. 타코벨(Taco Bell)은 구매 유도율을 이용하여 2012년 새로 출시한 메뉴인 도리토스 로코스 타코(Doritos Locos Tacos)를 시식한 고객의 수를 측정하여 성공적임을 판단하였다. 출시 10주 동안, 1억 개 이상을 판매했으며, 기존 매장의 매출이 6% 이상 증가했다.[5] 더 엄격히 신제품의 출시가 성공적인지를 판단하기 위해서는 초기 구매 고객들이 다시 구매하는지를 측정하는 반복 구매율(repeat purchase rate)이다. 높은 반복 구매율은 고객들이 제품을 좋아하고, 제품이 현재 가격에서 가치가 있다고 생각한다는 것을 나타낸다. 반복 구매율이 낮다면 제품에 대한 초기 관심이 시들해진 후, 소비자들이 제품이 마음에 들지 않았거나 제품이 너무 비싸다고 생각했다는 것을 의미할 수도 있다. 대기업은 주로 구매 유도율과 반복 구매율과 같이 양적 방법이 적절하다고 생각하는 반면, 중소기업이나 비영리조직은 조사비용의 부담 때문에 비용이 적게 드는 질적 방법을 선호하는 경향이 있다. 질적 방법으로는 소비자나 구매자를 대상으로 제품이나 구매에 대한 만족도에 대해 인터뷰를 실시하는 것이다. 소비자가 원하는 것은 소비자가 가장 잘 알기 때문에 이러한 조사를 통해 소비자의 의견을 듣게 되면 적절한 시기에 빨리 제품에 대한 정보나 대안을 저렴하고 쉽게 수집할 수 있게 된다.

가격 측정measuring price

마케팅 감사에서 가격 측정을 위해 고객의 가격 민감도를 분석한다. 가격 민감도는 실제 구매 또는 소비자 선호와 의도 중 한 가지에 초점을 두고 분석하게 된다.[6] 많은 기업들이 소매 스캐너와 고객 데이터베이스를 활용하기 때문에 이를 통해 과거 매출 데이터를 쉽게 얻을 수 있고, 소비자의 가격 민감도와 기꺼이 지급할 의사가 있는 가격에 대한 실시간 추정치를 도출할 수 있다. 예를 들어, 세이프웨이(Safeway) 식료품점은 소매 스캐너를 이용하여 선키스드(Sunkist) 음료 가격을 10% 인하하면 주중에 추가 매출을 올릴 수 있는지 여부를 예측할 수 있다. 다만, 이러한 예측에는 경쟁자, 다른 홍보 예산, 그리고 일반적인 경제 상황 등에 의한 가격 변동의 영향이 반영되지는 않는다는 점을 주의하면 된다.

소비자의 선호와 의도를 측정하기 위해서는 모의 구매 실험을 실시할 수 있다. 소비자에게 실제 제품을 보여주고 다른 가격대를 제시하여 선택하도록 하고, 신제품의 경우에는 간단한 설명을 통해 소비자들에게 가격을 선택하도록 하는 방법을 사용한다. 패스트푸드 레스토랑 롱존실버스(Long John Silver's)는 3.99달러인 피시 콤보(fish combo)는 잘 팔리지만, 몇 개 메뉴를 더 포함하여 5.99달러에 판매되는 세트제품은 잘 판매되지 않는다는 것을 알아낼 수 있었다. 다른 방법과 마찬가지로 이러한 실험과 설명에 고객이 참여할 때는 편향이 개입되지 않도록 실험 목표를 너무 자세히 설명하지 않도록 하는 것도 중요하다.

유통 측정measuring place

마케팅 감사에서 유통 측정은 조직 전반에 걸친 물류기능과 정시 배송 비율, 재고유지 비용, 재고회전율 및 기타 중요한 지표를 이용하여 공급사슬 전반의 성과를 평가한다. 이러한 유통 측정은 판매 및 운영 계획과 협력적 계획, 예측 및 보충과도 연관된다. 예를 들면 측정 결과는 판매 및 운영계획 과정을 이용하여 공급과 수요를 측정하고 균형을 유지하는 데 활용된다. 판매 및 운영계획sales and operations planning(S&OP)은 동일한 목표와 목적을 달성하기 위해 전사적 집중을 위한 하나의 통일된 운영계획을 세우는 과정이다.[7] 고객 수요에 맞춰 생산, 유통, 판매를 통합하여 계획하는 것이다. 예를 들어, BMW는 신차를 공급하기 위한 생산 능력과 신차를 구입하는 고객 수요의 수준 사이에 차이가 있을 때, 제조공장 초과근무를 시행하거나, 생산활동 일부를 외부에 위탁하는 결정을 할 수도 있다. 또한 이런 마케팅 믹스 요소를 측정하는 데 사용되는 지표에 근거하여 더 많은 차를 만들기 위한 추가 생산시설을 설립하여 생산 및 유통능력을 늘리는 장기적인 계획을 승인할 수도 있다.

또한 수요를 측정하고 관리하기 위해서 CPFR을 실행하기도 한다. 협력적 계획, 예측 및 보충collaborative planning, forecasting, and replenishment(CPFR)은 판매 예측을 하기 위해 공급사슬의 다른 기업들과 조정하는 과정이다. BMW와 공급업체처럼 기업들 간에 마케팅 계획을 공유하는 것부터 시작하여, 판매시기를 함께 결정하고 이에 맞추어 판매 예측 및 계획을 세우는 것이다. 제조사들은 이 예측을 기반으로 자동차의 타이어, 와이퍼, 그리고 기타 필요한 부품에 대한 수요를 충족하기 위해 생산 일정을 정하게 된다.

촉진 측정measuring promotion

마케팅 감사에서 촉진에 대한 측정 중 가장 많이 실시되는 부문이 광고와 인적 판매 측정이다.

광고 측정measuring advertising 광고효과를 알아보기 위해서는 캠페인 전후의 효과를 측정해야 한다. 일반적으로 광고 캠페인이 시작되기 전에 표적 대상의 고객 표본이 광고를 평가하는 사전 조사를 실시한다. 사전 조사pretest는 마케터가 차후 캠페인의 성공이나 실패를 평가하기 위한 기준 척도를 정하는 데 도움이 된다. 캠페인 후에 마케터는 동일한 표적 시장의 소비자들을 대상으로 사후 조사posttest를 실시하여 사전 조사와 비교하게 된다. 소비자들이 광고를 보았는지 그리고 광고를 얼마나 인지하고 기억하는지 여부에 근거하여, 종종 인쇄광고와 디지털광고를 측정하는 경우에는 광고를 본 적이 있는지 인지실험recognition test을 실시한다. 인지실험은 광고가 표적 시장의 주목을 받았는지 여부를 판단하는 데 도움을 줄 수 있지만, 인지만으로 소비자들로 하여금 제품을 구매하게 할 수 없을 수도 있다. 그래서 한 단계 더 나아가서 비보조 회상과 또는 보조 회상으로 소비자들의 광고에 대한 기억을 측정한다. 비보조 회상실험unaided recall tests은 소비자들에게 아무런 단서도 제시하지 않고 기억을 떠올려 광고를 회상하도록 요구한다. 보조 회상실험aided recall tests은 기억을 떠올리는 데 도움이 되는 단서를 제시하고 광고를 회상하도록 하는 방법이다. 만약 소비자가 기업의 인쇄광고를 인지하지 못하거나 회상하지 못한다면, 마케터는 광고의 크기나 메시지, 매체를 수정할 수 있다.

또한 마케터는 자신의 다양한 홍보 노력에 얼마나 많은 소비자들이 노출되었는지를 측정하기 위해 특정 기간 동안 홍보 메시지(TV광고, 온라인 광고, 빌보드 등)에 최소한 한 번 노출된 표적 시장의 비율인 도달률reach을 분석한다. 슈퍼볼(Super Bowl)은 도달률을 증가시키기 위한 강력한 도구의 역할을 한다. 이 경기는 일반적으로 그 해 모든 TV 프로그램

고객 촉진 노출 빈도를 최대화하고자 어떤 기업은 목표 시장의 더 많은 소비자들에게 접근하기 위해 많은 비용을 들여 적은 수의 광고를 방영하는 메이저 채널보다는 비교적 광고비용이 저렴한 푸드채널과 같은 전문채널을 선택해 더 많은 광고를 방영하려고 할 것이다.

중에서 최고 시청률을 기록하며, 시청자들이 광고를 적극적으로 시청하는 TV로 중계되는 몇 안 되는 이벤트 중 하나다. 가능한 많은 사람들에게 도달하기 위해서 슈퍼볼 동안에 30초 광고당 300만 달러 이상을 매년 광고비용으로 지출한다.[8] 단일 광고가 아무리 효과적일지라도, 소비자들이 구매하거나 구매습관을 바꾸도록 하기 위해서는 일반적으로 여러 번의 노출이 필요하다. 따라서 도달률도 중요하지만, 표적 시장에 대한 홍보 노출의 빈도를 늘리기 위해 노력해야 한다.

빈도frequency는 특정 기간 동안에 광고수용자(audience)가 홍보 메시지에 얼마나 자주 노출되는지를 측정한다. 미국에서 가장 큰 스포츠 케이블 네트워크인 ESPN을 통해 10만 달러 예산으로 테니스 장비를 광고한다면, 약 다섯 번의 광고를 할 수 있을 것이다. 그러나 테니스 채널(Tennis Channel)에서 광고한다면 동일한 예산으로 수십 번의 광고를 할 수 있다. 테니스 채널은 ESPN보다 평균 시청자 수는 적지만, 광고의 표적 시장 노출 빈도는 도달률 효과를 넘을 수도 있다. 저비용의 고빈도 광고 전략은 총 수익 대비 총 광고비용으로 산출하는 광고비 대비 수익revenue per ad dollar을 개선시킬 수 있다. 만약 테니스 채널에 광고하는 전략이 광고에 대한 추가 금액을 지출하지 않고 수익을 증가시킨다면, 광고비 대비 수익을 증가시키는 것이다.

또한 광고효과 측정을 위해 질적 연구 방법도 사용 가능한데, 표적 집단 면접(FGI) 및 소비자 면담과 같은 기법들이 중요한 결과를 발견하는 데 도움이 되기도 한다. 이런 기법들은 마케터에게 소비자의 미묘한 호불호에 대한 통찰력을 제공하며, 기업이 홍보 메시지를 개선할 때 도움이 될 수 있다.

인적 판매 측정measuring personal selling 촉진의 성공을 측정하는 일반적인 방법이기는 하지만, 영업직원을 평가하는 일은 기업에게는 힘든 일이다. 단순히 지역별, 고객 수, 판매량만으로 영업직원을 일괄평가하기가 힘들기 때문이다. 큰 지역을 담당하는 영업직원은 고객 수가 적더라도, 경제적 소득이 낮은 지역을 담당하는 영업직원보다 판매량이 더 많을 수도 있다. 그래서 영업직원을 평가하는 척도는 일반적으로 객관적인 척도와 주관적인 척도 두 가지 범주로 나누어진다. **객관적 척도**objective measures는 매출수익, 매출 총이익 및 총지출과 같은 기업의 내부 데이터에서 얻을 수 있는 통계를 반영한다. 또한 영원직원이 충족하도록 기업이 기대하는 명시된 판매나 이익 목표인 **판매할당**sales quotas을 달성하였는지를 평가한다. **주관적 척도**subjective measures는 직무지식, 판매지역 그리고 고객관계 등에 대한 관리자의 평가가 반영된다.

소셜미디어 측정measuring social media

최근 소셜미디어를 통한 마케팅이 활발해지면서, 다음과 같은 도구를 활용하여 그 성과를 평가하고 있다.

1. **구글 애널리틱스(Google Analytics)** 구글은 조직의 웹사이트에서 실시간으로 사용자의 활동을 추적하는 데 도움이 되는 종합적인 분석 서비스를 제공한다. 기업은 구글 애널리틱스를 빠르고 쉽게 설치할 수 있고, 자사 사이트에 일일 방문 수, 사용자의 인구통계, 사용자가 사이트에 접촉하게 된 경위, 사이트에 머무는 시간, 그리고 콘텐츠 각각에 대한 상대적인 인기를 포함하여 다양한 데이터를 얻을 수 있다.

2. **클라우트(Klout)** 소셜미디어의 영향력을 측정하는 클라우트 지수는 소셜미디어 플랫폼 전반에 걸쳐 조직이 얼마나 많은 사람들에게, 어느 정도의 영향을 미치는지, 고객 네트워크가 가지는 영향력이 어느 정도인지를 알려준다. 클라우트를 통해서 지난 90일 동안 자사의 소셜미디어 활동을 전체적으로 볼 수 있으며, 이로써 자사의 점수가 증가한 정확한 순간을 상호참조할 수 있다. 그런 데이터는 어떤 콘텐츠가 소비자들을 가장 효과적으로 참여시켰는지에 대한 중요한 통찰력도 제공한다.

3. **와일드파이어의 소셜미디어 모니터(Wildfire's Social Media Monitor)** 소셜미디어 마케팅 기업인 와일드파이어는 기업이 경쟁사 대비 자사의 트워터와 페이스북 입지를 이해하는 데 도움이 될 수 있는 무료 소셜미디어 모니터링을 제공한다. 와일드파이어의 도구는 마케터가 자사 페이지 각각에 대한 좋아요(likes), 체크인 및 팔로워 수를 쉽게 비교할 수 있게 해준다.

4. **마이 탑 트윗(My Top Tweet)** 마이 탑 트윗은 가장 많이 공유하는 조직의 상위 10개 트윗과 리트윗의 순위를 평가한다. 트위터는 점점 더 강력해지는 비즈니스 도구다. 이 척도를 통해 마케터는 소셜네트워크 전반에 확산되고 있는 트윗의 유형을 알 수 있다. 이 수치는 자사의 브랜드를 관리하는 데 도움을 줄 뿐만 아니라, 경쟁자를 포함한 다른 브랜드들에게 영향을 미친 요인이 무엇인지를 알게 해 준다.

개인의 마케팅 성과 측정

마케팅 직원의 동기를 부여하고
보상하기 위한
성공사례 논의

마케팅 전략의 효과를 측정하는 것도 중요하지만 마케팅 계획을 개발하고 실행하는 직원들의 성과도 함께 측정한다. 직원들도 자신이 담당한 마케팅 성과에 대해 분명하게 인식하고 목표의식을 가져야 하기 때문이다. 예를 들면, 가격 분석 담당자가 견적서를 회송하는 데 평균적으로 소요되는 시간, 또는 비영리 마케팅 관리자가 내년에 모집해야 하는 신규 기부자의 금액과 같은 것들이 포함될 수 있다. 마케팅 담당직원의 구체적인 목표는 기업의 규모와 유형에 따라 다르지만, 모든 조직은 직원 각자의 업무가 조직이 전반적인 목표를 달성하는 데 도움이 되도록 성과를 측정하고 평가가 반영되어야 한다. 이러한 평가는 직원에게 동기를 부여하는 원동력이며 절절한 보상을 하기 위한 토대가 되기도 한다. 어떤 조직이든지 마케팅 성공에 가장 큰 요인 중 하나는 직원들의 동기부여 수준이다. 동기가 부여된 직원은 어떤 일에 대하여 행동을 개시하고, 그 일에 대하여 일정한 노력을 하며, 일정 기간에 걸쳐 노력을 지속한다. 직원들에게 동기를 부여하여 훌륭한 결과를 이룰 수 있도록 금전적 보상과 비금전적 보상을 이용할 수 있다.

비금전적 보상nonfinancial rewards

비금전적 보상은 직원의 동기를 부여하기 위한 강력한 도구로, 기업의 규모나 수익성과 관계없이 어떤 기업이든 활용할 수 있다. 인증서, 트로피, 대중들의 인정 등의 여러 가지 비금전적 보상이 동기를 부여한다는 것을 알고 있지만, 이달의 직원을 선정하거나 개인이나 팀 단위로 혁신상을 수여하는 것과 같은 방법을 통해서 직원들의 동기를 부여할 수 있다는 것을 망각하는 조직이 많다. 인정은 직원의 동기를 부여할 수 있을 뿐만 아니라, 그 직원들의 동료들이 자기 동료의 우수한 성과를 알게 되기 때문에 간접적으로 이들의 동기도 부여할 수 있다. 인정의 긍정적인 영향은 마케팅 믹스 전반으로 확대된다. 예를 들어, 안전 인증서와 기업 사보에 실린 칭찬 형태의 트럭 운전사에 대한 비금전적 보상은 많은 기업들의 공급 사슬의 중요한 부분이다. 비금전적 보상은 안정과 적시 운송 영역에서 운전자들에게 큰 동기를 부여한다.[9]

　기업 내에서 승진과 진급 또한 마케팅 담당직원들에게 강력한 비금전적 보상 기능을 한다. 젊고 교육을 많이 받은 전문가들은 진급할 수 있는 기회를 제공하는 기업에서 일하고 싶어 한다. 이들은 자신의 경력을 개발하기 위한 일환으로 지식과 경험을 늘리려고 한다. 그런 비금전적 보상을 제공하는 조직(특히 직원들에게 더 나은 직함과 더 많은 현장 경험을 대가로 영리기업보다 더 적은 보상을 제공하는 비영리 기업)은 비금전적 보상이 종종 마케팅 직원들의 동기를 부여하는 생산적인 방법이라는 것을 안다.

금전적 보상financial rewards

기업과 개인 차원에서 성과를 효과적으로 측정하는 가장 중요한 이유 중의 하나는 금전적 보상을 결정하기 위해서다. 비금전적 보상의 효과에도 불구하고, 모든 직원들은 자신이 하는 일의 대가로 공정한 급여를 받기를 원한다. 훌륭한 조직은 조직에 가장 가치가 있는 직원을 구분하고 그에 따라 급여를 지급하기 위해 성과를 측정하게 된다.

마케팅 직원 보상compensating marketing employees 대부분의 마케팅 담당직원에 대한 보상은 고정 급여의 형태를 취한다. **고정급제**fixed salary 는 특정한 간격을 두고 직원에게 지급되는 지불이다(예, 격주 금요일 또는 매 달 1일과 15일). 고정 급여 이외에 기업은 마케팅 담당직원들에게 보상을 주기 위해서 일반적으로 의료보험과 퇴직금도 제공한다.

오늘날 전 세계의 기업들은 고정 급여에 의존성을 낮추는 대신 특정 목표를 충족했을 때에 보상을 하는 **성과급제**pay-for-performance compensation 를 채택하는 경향이 있다. 고정 급여 또는 성과급제와 더불어 기업은 마케팅 담당직원이 설정된 성과 지표를 달성하거나 초과했을 경우에 경영진의 재량으로 지급되는 지불로 구성되는 **상여금**bonuses을 제공할 수도 있다. 일반적으로 마케팅 담당직원 상여금은 성과평가와 연계된다. 성과평가의 성공을 위해서 기업들은 타당성, 공정성 그리고 이와 관련된 보상을 강조한다. 훌륭한 업무 성과와 높은 상여금 간의 관련성을 알고 있는 직원들은 자신의 직무에서 대한 동기부여를 받게 되고, 조직이 자신의 노력에 가치를 둔다고 생각하게 된다. 보상 프로그램에 대한 결정을 할 때, 모든 직원을 동일하게 대우해야 한다고 생각하는 오류를 유의해야 한다. 만약 기업이 모든 마케팅 담당직원들에게 동일한 수준으로 상여금과 급여 인상을 제공한다면, 기업은 가장 우수한 마케팅 직원의 의욕을 꺾는 위험을 안게 된다. 만약 대단한 일을 하고, 한층 더 노력하는 아주 헌신적이고 생산적인 직원이 기업에 기여를 하고 있지 않은 누군가와 동일한 상여금을 받는다면 어떻게 될까? 대개의 경우, 우수한 직원의 성과는 보상을 받지 못하기 때문에 감소할 것이다. 만약 기업이 알아볼 수 있는 방법으로 성과평가와 보상을 연계시키지 않는다면, 직원들은 평범함에 익숙해지고, 자신의 일을 제대로 할 동기가 줄어들 수도 있다.

마케팅 직원들의 동기를 부여하여 훌륭한 결과를 이룰 수 있도록 기업은 비금전적 보상을 제공한다.

영업직원 보상compensating salespeople 마케팅 담당직원을 보상하는 것과 비교할 때, 영업직원을 보상하는 것은 좀 다른 차원의 어려움이 따른다. 어떤 기업은 영업직원이 판매하는 것을 바탕으로 보상하는 **완전 수수료제**(straight commission system)를 이용한다. **수수료**commission는 영업직원이 기업을 위해 달성한 판매나 이익에 직접적으로 연계되는 보상을 지불하는 것이다. 예를 들어, 베스트바이(Best Buy)의 영업직원은 자신이 판매하는 TV의 한 대의 총가격의 10%를 수수료로 받을 수도 있다. 만약 TV를 700달러에 판매했다면, 영업직원은 70달러의 수수료의 받게 될 것이다. 판매된 제품의 가격을 기준으로 수수료를 제공하는 기업은 수수료를 감당하고 기업의 손익에 기여하기 위해서 충분한 판매이익을 남길 수 있도록 대비를 해야 한다. 판매된 TV 한 대당 50달러의 이익을 남겼다고 가정해 보자. 70달러를 수수료로 차감한 후에 기업 입장에서는 이익이 손실로 변하게 될 것이다. 이런 위험을 피하기 위해서 수수료를 판매가 아니라 이익을 기준으로 삼는다. 예를 들어, 판매

표 14.1 영업사원 보상 방법

보상 방법	특히 유용한 경우	장점	단점
수수료 제도	매우 공격적인 판매가 필요한 경우	인센티브 극대화	보장이 낮음
	비판매 활동이 적은 경우	특정 품목의 판매촉진에 집중 가능	판매원의 통제가 어려움
	영업사원을 직접적으로 통제할 수 없는 경우	판매비용이 판매자원에 직접적으로 연관됨	수수료가 적으면 판매원이 부적절한 서비스를 제공할 수 있음
			판매비용 예측 어려움
결합 제도	판매 가능성이 유사한 지역의 경우	어느 정도 경제적인 보장이 됨	판매비용 예측 어려움
	일부 영업활동을 통제하고자 기업이 인센티브를 제공하는 경우	어느 정도 인센티브를 받을 수 있음	관리하기가 어려울 수 있음
		수익에 따라 판매비용이 달라짐	
		관리자는 비판매 활동을 어느 정도 통제할 수 있음	

자료원: Adapted from Mark W. Johnston and Greg W. Marshall, Relationship Selling, 3rd ed. (New York: McGraw Hill, 2009), p. 367.

된 TV 한 대당 벌어들인 이익을 기준으로 25%의 수수료를 지급할 수도 있다. 만약 700달러의 판매가격 중 200달러가 이익이라면, 영업직원은 이익의 25%를 수수료로 받게 되고, 이는 TV 한대 당 50달러에 해당한다. 이 방법은 영업직원의 보상을 기업의 이익에 맞추어 조정하고 영업팀이 더 높은 이윤을 위해 노력하도록 장려하게 된다.

수수료 보상(straight commission compensation) 구조는 영업직원들이 판매를 하지 못하면 급여가 없기 때문에 이들에게 판매에 대한 동기를 부여할 수 있고, 이것이 전체 매출에 직결되므로 기업에서 선호되기도 한다. 그러나 다음과 같은 단점도 고려해야 한다.

1. 영업직원은 이런 유형의 보상제도에서 경제적인 보장이 거의 되지 않으며, 이것은 기업이 직원들을 이직률을 높이기 때문에 판매비용을 예측하기가 더 어렵다.
2. 또한 조직은 윤리적 위험에 직면한다. 즉, 영업직원들은 자신의 임대료를 내거나 가족을 부양하기 위해서 자신의 수수료를 늘리는 비윤리적이거나, 잠재적으로 불법적인 단기적 결정을 할 수도 있다.

따라서 급여 구성요소는 영업직원들에게 경제적인 안정을 제공하면서, 열심히 일한 대가로 추가적인 급여로 수수료 인센티브를 제공하는 방식의 결합제로 운영될 수 있으며, 그 기준은 객관적인 척도와 주관적인 척도를 결합하여 반영한다. 또한 기본급 대비 인센티브의 적절한 크기를 선택하는 데에도 신중해야 한다. 영업직원 소득의 95%가 기본급인 경우와 소득의 95%가 수수료인 경우에 그 결과는 완전히 달라질 수 있기 때문이다. 그래서 자사와 산업의 특별한 상황을 반영하여 적절하게 조정해야 한다. 표 14.1은 수수료제도와 결합제도의 장·단점을 보여준다.

변화의 장애물

학습목표
14-4

조직의 변화 시행에 대한
장애물 설명

이 장에서는 조직의 마케팅 성과를 측정하고 변화가 필요한 부분을 확인하기 위한 전략을 강조하고 있다. 일단 지표에 문제가 있다고 확인된다면, 기업은 성공을 위해 필요한 변화를 시도해야 한다. 그러한 변화전략에는 브랜드 재포지셔닝(repositioning)에서부터 가격 인상 등 여러 가지 방법이 있는데, 이러한 변화를 결정하고 시도하는 데에는 항상 장애물이 존재한다. 변화에 대한 가장 일반적인 장애물에는 조직구조, 안주하고자 하는 심리, 의사소통장애 그리고 파산 등이 있을 것이다.

조직구조organizational structure

기업의 조직구조는 얼마나 신속하게 변화할 수 있는지에 중요한 부분이다. 조직구조organizational structure는 조직 내 개인과 팀들 간의 관계를 말하는 것으로, 필요한 변화를 할 수 있는 조직의 능력에 영향을 미친다. 확립된 규칙과 프로세스가 마케팅 결정과 활동을 강하게 규정된 공식화formalization된 조직이나, 조직 내 의사결정 권한의 위치가 중앙에 집중되어 있는 집권화centralization된 조직은 시장이나 고객 선호의 급격한 변화에 신속하게 대응하여 성과를 최대화하는 데 어려움을 종종 겪는다. 예를 들어, 집권화되어 있는 기업에서는 고위 의사결정자가 대부분의 중요한 결정을 내리므로, 변화 과정의 속도를 늦출 수 있고, 마케터들이 고객서비스 일선에서 보는 문제들을 해결하지 못할 수 있다. 분권화되어 있는 기업에서는 해당 문제에 더 가까이 있는 하급 직원들이 결정을 내리고 해결책을 개발한다. 기업들은 고객지향성의 일부로서 고객 문제를 신속하고 효과적으로 해결하기 위해 분권화 조직구조로 변화하기도 한다.

안주complacency

조직의 변화, 그리고 개인적으로 우리들 각자에게 또 다른 장애는 안주하고자 하는 심리다. 조직원들은 변화하기보다는 하던 일을 그대로 하는 것을 선호하는 경향이 있어 변화를 수용하지 않으려고 한다. 오늘날 급속하게 변화하는 세계 경제 속에서 안주하고자 하는 심리 때문에 조직의 실패를 앞당기는 경우도 있다. 예를 들어, 2012년에 파산신청을 한 코닥(Kodak)은 충분히 능숙하며 신속하게 디지털 시장으로의 변화에 대응하지 못했다. 한참 번창하던 시기

성공한 기업은 그들의 마케팅 전략에 대해 쉽게 안주해 버리는 경향이 있다. 코닥도 그러한 이유로 후지가 경쟁 시장에서 성공할 수 있도록 발판을 마련해주었다.

인쇄 도서에서 디지털 도서로 변화하는 추세에 대한 내부 의사소통의 부족으로 인해 보더스는 파산하게 되었다.

에 코닥에는 안주의 뿌리가 조직에 자리잡았다.[10] 1970년대 후반, 코닥은 미국에서 카메라와 필름 판매 시장의 80% 이상을 점유했다.[11] 코닥은 심지어 디지털 혁명 전인 1980년대 후반에 시대의 변화를 따라가지 못하고 있었다. 그 당시에 후지(Fuji)와 같은 경쟁자들은 디지털 이미지로의 전환을 준비를 하면서, 기존의 기술인 롤필름에서 변화하는 데 탁월한 수완을 보이기 시작했다. 코닥은 디지털 전환에 필요한 자원을 투입하지 않았다.[12] 결국, 마케터들이 안주를 극복하기 위해 노력하지 않고, 수년간 안주한다면 거의 모든 조직에 부정적인 영향을 미칠 수 있다.

의사소통 장애poor communication

조직이 구조조정이나 제품군 변경과 같은 중대한 변화를 시도할 때, 그러한 변화 과정을 둘러싼 소문이 나돌고 직원들에게 두려움을 가져온다. 직원들은 진행 상황을 알고 싶어 하고, 그것이 자신들에게 긍정적으로 또는 부정적으로 영향을 미치는지 여부를 알고 싶어 한다. 의사소통 부족에서 오는 불안감은 업무를 방해하고 생산성을 떨어뜨린다. 또한 불안감은 직원들로 하여금 자신이 의사결정의 일부가 아닌 것처럼 느끼게도 할 수 있다. 기업들은 변화가 요구하는 모든 변화와 과정의 수정사항에 대해서 직원들에게 정기적으로 최신 정보를 알려주기 위해 쓸 수 있는 모든 의사소통 도구를 이용해야 한다. 또한 기업들은 변화하는 동안에 개방적 의사소통을 강화하기 위해서 회의나 질의응답 시간에 가능한 한 모든 직원들을 참여시켜야 한다.

변화의 필요성에 대해서 소통을 하지 못하면 기업이 고객과 교감하지 못하는 결과를 가져올 수도 있다. 서점 체인점 보더스(Borders)는 변화의 필요성에 대해 조직 전반에 효과적으로 소통을 하지 못하고, 또는 그러한 변화에 대해서 충분히 빠르게 실행하지 못하여 수 년 만에 파산 신청을 했다. 보더스의 의사소통 장애는 업계를 완전히 재편성하고 시장을 대부분 점유하게 될 혁신기술(disruptive technology)이 인쇄물에서 전자도서(eBooks)로 변화시키고 있는 시점에 일어났다. 아마존(Amazon)은 도서판매 사업에서 전자도서로 전환한 최초의 기업이었으며, 이후 반스앤노블(Barnes & Noble)이 뒤를 따랐다. 이들 경쟁자의 발 빠른 변화로 인해 보더스는 전자도서로 전환하고 도서를 유통하기 위한 자체 플랫폼을 개발하는 데 한참 뒤처졌다. 전자도서가 도서산업 매출에서 점점 더 많은 부분을 차지하기 시작하면서 보더스는 수익, 시장점유율 및 수익성을 회복할 수 없었다.[13] 보더스는 변혁적 시장에서 적응하고 성공할 수 있을 만큼 충분히 빠르게 전략을 빠르게 바꾸어야 할 필요성을 마케팅 부서와 다른 직원들에게 전달하지 못한 것이다.

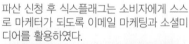

파산 신청 후 식스플래그는 소비자에게 스스로 마케터가 되도록 이메일 마케팅과 소셜미디어를 활용하였다.

파산bankruptcy

2007년에 시작된 경기불황 후, 많은 기업들은 파산하면서 어려움을 겪었다. 파산이 반드시 기업의 끝을 의미하지는 않는다. 가장 일반적인 기업 파산의 두 가지 종류의 차이를 이해해야 한다. 챕터 7 파산chapter 7 bankruptcy은 일반적으로 기업이 운영을 즉시 중단하는 것을 의미한다. 미국의 대형 유통업체인 서킷시티(Circuit City)는 2009년에 챕터 7 파산을 신청하고, 567개 점포의 모든 상품을 청산하고 30,000명의 직원을 해고하는 고통스러운 과정을 진행했다.[14] 챕터 11 파산chapter 11 bankruptcy 보호를 신청하는 기업은 구체적인 조건에 따라 자사의 모든 업무와 자산을 재조정해야 한다. 일반적으로 구조조정의 조건을 충족하는 한, 챕터 11파산을 통해 새로 시작할 수 있다. 제너럴 모터스(General Motors)는 수년간의 손실을 기록한 후 2009년에 챕터 11 파산 보호 신청을 했다.[15] 제너럴 모터스의 구조조정 조건에는 새턴(Saturn) 및 해머(Hummer)와 같이 수익성이 떨어지는 브랜드를 없애는 어려운 마케팅 결정을 하는 것이 포함되었다. GM은 1년도 되지 않아서 회생하였고, 2010년 봄, 몇 년 만에 처음으로 이익을 올렸다고 공시했다.

　놀이공원인 식스플래그(Six Flags) 또한 챕터 11 파산을 통해 성공적으로 회생했다. 구조조정 동안에 다양한 공원에서 정상적으로 영업을 한다는 것을 고객들에게 알려주는 마케팅 노력에 집중했다.[16] 이메일 마케팅과 소셜미디어를 활용하여 고객들에게 친구나 가족과 함께 소식을 공유하도록 장려함으로써 고객들이 자발적으로 마케터가 되도록 했다. 광고와 소셜미디어를 강력히 활용하여 당시 페이스북 379,101 팬 및 13,288 트위터 팔로어들에게 정상적인 영업을 알리는 데 주력하였다.[17]

EXECUTIVE PERSPECTIVE

딘 리(Dean Lee)

아칸소 주립대학(Arkansas State University) 스포츠 관리처장

성과 지표의 개념에 스포츠만큼 크게 연관된 분야도 없을 것이다. 팬과 스포츠 관계자들 모두 통계수치와 그런 통계수치가 선수, 팀, 그리고 경기 결과를 반영한다는 사실을 중요하게 받아들이고 있다. 아칸소 주립대학의 스포츠 관리처장인 딘 리(Dean Lee) 박사는 체육을 전공하던 학생 시절부터 성과 지표를 설정하고 충족시키면서 이에 관여해 왔다. 그는 대학을 졸업하자마자 코치 생활을 시작했고, 현재 아칸소 주립대학의 스포츠 관리처장으로서 근무하며 16개 스포츠, 325명의 학생 선수, 그리고 85명의 직원들을 관리하고 있다. 그는 판매원, 상담사, 기금 모금자, 이벤트 관리자뿐만 아니라 주심, 심판, 연예인, 치어리더, 그리고 회계사 등 매일 다양한 역할을 하고 있다. 그의 업무적 성공은 그가 관리하는 팀의 성과뿐만 아니라 관중 수에 의해서도 측정된다. 리와 그의 팀을 성과 지표로 측정하는 것은 성공을 돋보이게 할 뿐만 아니라 실패 시 실패의 경험을 통해 배움의 기회를 제공하기도 한다.

Q. 성공하기 위해 가장 중요한 것은 무엇이었습니까?

제 경우에는 근면이라고 생각합니다. 저는 항상 남들이 저보다 더 열심히 하는 것을 허용하지 않았습니다. 저는 낙농장에서 태어났으며, 벽돌공의 아들이었기에 근면은 제가 아는 전부였습니다. 어떤 헌신이 필요하든지 간에, 저는 노력을 다했습니다. 저는 어떤 일이든지 해야 할 일이 있다면 항상 기다리고 도움을 주는 사람이었습니다. 또한 저는 운 좋게도 제가 일하고자 하는 분야에서 많은 친구들을 만들 수 있었습니다. 시간이 흐르면서 이런 관계는 든든한 네트워크가 되었습니다. 저의 친구들은 스포츠 분야에서 현명한 조언을 해주는 자문역 역할을 하며, 제가 어려운 시기에 운영하고 관리하는 방법을 알려주는 큰 역할을 하고 있습니다. 저의 마케팅 경험과 판매 경험은 티켓을 판매하고, 기금을 모금하며, 스포츠 학과를 후원하는 데 도움이 되고 있습니다.

Q. 예비 졸업생에게 어떤 조언을 해 주시겠습니까?

먼저 여러분이 좋아하는 일에 뛰어 드세요. 그 일에 참여함으로써 여러분의 모든 것을 거세요. 또 가능하면 많은 경험을 하세요. 주어지는 모든 기회를 경험을 쌓는다고 생각하고 열심히 하세요. 여러분이 하는 일은 경연대회가 아니라는 것을 깨닫고 진중하고 진실되게 매사에 매진하세요. 어려운 결정을 해야 할 때는 조직의 이익을 우선 염두에 두고 결정을 내리세요. 마지막으로 무슨 일을 하든지 간에, 항상 올바른 방법으로 그 일을 하고자 노력하라고 전하고 싶습니다.

Q. 어떤 마케팅 업무를 수행하고 계십니까?

저는 꾸준히 광고, 티켓 가격결정, 후원, 그리고 물류 문제에 대한 결정을 하고 있습니다. 스포츠는 대학을 전체적으로 홍보할 수 있는 훌륭한 방법이 될 수 있습니다. 우리 대학의 스포츠 프로그램에 대한 홍보는 전체 캠퍼스에 긍정적인 관심을 가져다주기 때문입니다.

Q. 본인의 개인 브랜드(personal brand)는 어떠해야 한다고 생각하십니까?

제 개인 브랜드는 결단력, 헌신, 이상주의, 정직, 혁신, 그리고 전체를 보는 시각이라고 생각합니다.

Q. 아칸소 주립대학은 어떤 마케팅 믹스 요소를 위해 주로 성과 지표를 사용하나요?

성과 지표는 우리 대학의 스포츠 학과에서 일어나는 모든 일을 평가하는 방법으로 사용되며 매우 중요한 부분입니다. 마케팅적 관점에서 볼 때, 성과 지표를 주로 사용하는 부분은 가격 결정입니다. 우리 대학은 스포츠 이벤트행사의 티켓이 적정 금액을 청구하고 있는지 여부를 측정하기 위해 여러 가지 정교한 도구를 사용합니다. 우리 대학은 스포츠 학과에 최대 수익을 창출하고자 1년 중 각 시기마다 열리는 모든 경기에 각각의 가격을 달리 설정하여 각 스포츠 팀의 팬들에게 최대의 가치를 전달하고자 노력합니다.

Discussion Questions

1. 두 개의 다른 브랜드를 선정하여, 도달 범위 및 빈도에 대한 이해를 바탕으로 광고전략을 제안해 보시오.

2. 영업사원을 보상하는 데 고정급제와 커미션제, 또는 둘을 결합한 제도 중 어떤 것이 가장 효과적이라 생각하는가? 만약 결합제도를 선택하였다면 보상을 하는 데 있어 고정 급여의 최적 비율이 얼마라고 생각하는가?

3. 영업사원을 위한 두 가지 보상전략을 제안해 보시오. 각 전략은 얼마나 효율적이라 생각하는가? 취업을 하는 데 있어 고려하는 사항들과 어떤 보상 방식이 동기를 부여하는가에 대해 설명해 보시오.

4. 현재 직장이나 앞으로 취업하고자 하는 조직은 공식화되고 중앙집권적 형태의 조직 유형이었는가? 그 조직의 구조가 효율적이라고 생각하는가? 그 이유에 대해 설명하시오.

CHAPTER NOTES

1. Claire Cain Miller and Brian X. Chen, "The Tablet Market Grows Cluttered," *The New York Times*, November 18, 2012, http://www.nytimes.com/2012/11/19/technology/which-tablet-to-buy-among-dozens-confuses-shoppers.html?pagewanted 5 all.

2. Bill Vlasic and Nick Bunkley, "Sales Fell in August for Carmakers," *The New York Times*, September 1, 2010, http://www.nytimes.com/2010/09/02/business/02auto.html.

3. Peter Cohan, "Groupon Fires Its CEO, Andrew Mason," *Forbes*, March 1, 2013, http://www.forbes.com/sites/petercohan/2013/03/01/groupon-fires-its-ceo-andrew-mason/.

4. Brid-Aine Parnell, "Groupon Bungles Figures, Slides $65m into the Red," *The Register*, April 2, 2012, http://www.theregister.co.uk/2012/04/02/groupon_revises_q4_results/.

5. Stacy Curtin, "Taco Bell on Verge of Comeback: Sells 100 Million Doritos Tacos in 10 Weeks," June 6, 2012, http://finance.yahoo.com/blogs/daily-ticker/taco-bell-vergecomeback-sells-100-million-doritos-181206461.html.

6. Thomas T. Nagle, John E. Hogan, and Joseph Zale, *The Strategy and Tactics of Pricing*, 5th ed. (Upper Saddle River, NJ: Pearson, 2011), p. 274.

7. Larry Lapide, "New Developments in Business Forecasting," *Journal of Business Forecasting* (Summer 2002), pp. 11–4.

8. Stuart Elliott, "Super Bowl Commercial Time Is a Sellout," *The New York Times*, January 8, 2013, http://www.nytimes.com/2013/01/09/business/media/a-sellout-for-super-bowl-commercial-time.html?_r 5 0.

9. John Mello and C. Shane Hunt, "Developing a Theoretical Framework for Research into Current Driver Control Practices in the Trucking Industry," *Transportation Journal* 48, no. 4 (2009).

10. Joan Lappin, "Bad Choices, Not Just Photography Going Digital, Put Eastman Kodak into Bankruptcy," *Forbes*, January 19, 2012, http://www.forbes.com/sites/joanlappin/2012/01/19/bad-choices-not-just-photographygoing-digital-put-eastman-kodak-into-bankruptcy/.

11. "The Last Kodak Moment?" *The Economist,* January 14, 2012, http://www.economist.com/node/21542796.

12. Ibid.

13. Ben Austen, "The End of Borders and the Future of Books," *Bloomberg Businessweek,* November 10, 2011, http://www.businessweek.com/magazine/the-end-of-borders-and-thefuture-of-books-11102011.html.

14. Matthew Bandyk, " Circuit City to Liquidate in the Latest Massive Business Failure," *U.S. News & World Report*, January 16, 2009, http://money.usnews.com/money/blogs/risky-business/2009/01/16/circuit-city-liquidates-in-the-latest-massive-business-failure.

15. Scott Gamm, "GM Makes Rare Round Trip: Bankruptcy and Back to the S&P 500," *Forbes*, June 6, 2013, http://www.forbes.com/sites/scottgamm/2013/06/06/gm-makes-rare-trip-from-bankruptcy-back-to-the-sp-500/.

16. Jennifer Rooney, "How Six Flags Markets through Its Bankruptcy," *Ad Age*, November 9, 2009, http://adage.com/article/cmo-interviews/marketing-flags-markets-bankruptcy/140358/.

17. Ibid.

찾아보기